U0853948

阅读成就思想……

Read to Achieve

新营销实操

从新手到高手

原书第5版

[爱尔兰] 保罗·拉塞尔·史密斯（Paul Russell Smith）
[英] 泽·祖克（Ze Zook）—著
丁晓松 宋冰玉 李晓飞—译

MARKETING COMMUNICATIONS

5th Edition

Integrating Offline and Online with Social Media

中国人民大学出版社
· 北京 ·

前言

自 2005 年这本书第 4 版出版以来，市场营销，特别是市场营销传播发生了翻天覆地的变化。其中最根本的变化有两点：第一，社交媒体的出现改变了市场传播模式、预算分配和工作流程，由于市场内核的改变，“媒体”“传播”和“客户体验”这些词本身的定义也随之发生了变化；第二，随着客户体验越来越草率，市场营销的标准也在不断退步，导致这一结果可能是大批量的电话自动问询应答系统以及设计粗糙的网站主页的出现，或是遭遇公司无情裁员而失去动力的员工造成的。

不过令人欣慰的是，现在摆在营销人员面前的是一个出人头地的大好机会——只要把基本的工作好好完成就能做到“出色”，而如果他们还能在创造力、规范化的流程和持续的改进方面领先他人，那成为世界级的玩家根本不是梦想。

社交媒体将市场营销推上了商业中心的宝座，营销人员也因此得以重新夺回董事会的一席之地。与过去几年相比，现如今倾听客户、拓展品牌体验、联系利益相关者并与之协作的方式超乎想象。如果能将这些社交媒体完全融合在一起，那将带领营销人员进入一些全新的领域：产品组合规划、新产品开发、客户互动关系、客户关系管理以及生命周期价值（lifetime values）。

实际上，社交媒体创造了新的“市场营销乌托邦”——倾听客户，让客户积极参与，并有效地邀请他们加入塑造未来商业的阵营里（详见第 1 章）。做到这一点所需的新技能，我会在本书中进行深入研究。除此之外，第 5 版还有一个贯穿始终的主题——创造力。在结构化的流程和工作流的支持下，创造力与社交媒体的联姻将会产生意义重大的结果。

新版新气象

在这一版中，新生代市场营销天才泽・祖克操刀品牌推广、关系营销以及最重要的社交媒体（和网站）方面的内容。第二部分中所介绍的 10 个传播工具都同时利用了线上、线下传播工具和社交媒体。另外，在完整的新的迷你案例中，我们还在“销售管理”一章中增加了大客户管理（Key Account Management, KAM），在“广告”一章中增加了理性感性二分法，在“变化中的传播环境”章节中增加了新法律 / 管理条例和新出现的道德规范。

如何使用本书

本书不应该逐字逐页地通读，而应该在讨论市场营销传播的具体问题时，被当作参考书使用。鉴于本书是按专题进行整合的，读者可以按自己感兴趣的领域查询相关的章节和部分。本书的内容呈现采取了趣闻轶事式的风格并辅以例子、案例研究和问题，而书中的关键点和各部分章节都做了精心安排，方便读者深入研究某一具体问题，进一步吸收相关信息，并在必要的时候进行交叉参照。这一特点有助于读者方便快捷地提取问题的答案。本书的设计本着寓教于乐的初衷，因此当读者深入阅读某一部分内容时，能够拓展其阅读面。

第一部分（见图 0–1）主要介绍新营销传播（主要由社交媒体驱动）、品牌推广、客户关系管理、买家行为和传播理论。和先前的版本一样，第一部分为通往市场营销传播铺平道路，明确哪些信息是市场调研可以得到的而哪些则不能、如何与各种各样的咨询机构打交道、如何理解媒体、如何与时俱进、什么是国际市场营销，最后向读者展示如何使用 SOSTAC® 营销策划系统写出精彩的市场营销策划案来。

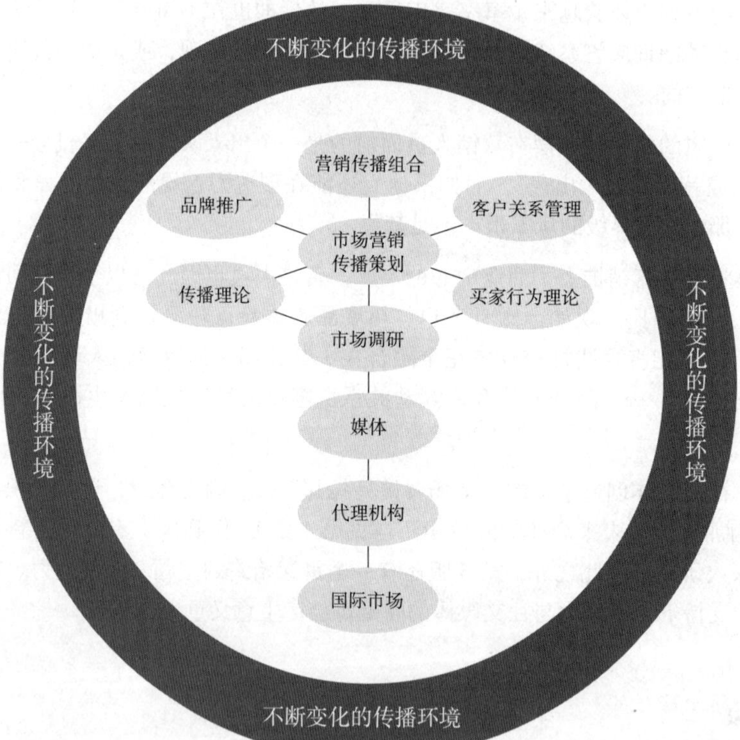

图 0–1　营销传播流程的背景

第二部分具体介绍了营销专家通常会用到的一些营销传播工具，包括销售管理（大客户管理）、广告、公共关系、赞助、促销、直邮、展销会（线上和线下）、包装，以及让你如虎添翼的可用的网站和社交媒体。这一部分的每章末尾的案例研究皆是精心挑选的实战案例，囊括了不同类型和不同规模的企业、不同的行业和市场不同的传播工具。这些资料不仅来自营销预算有限的小企业，还来自资金过亿的大企业。

不论是对营销感兴趣的普通人还是市场营销的从业者，都将从本书中找到自己需要的。

正如图 0–2 和第 1 章结尾处所展示的，读者能够从中发现所有能够相互融合的传播工具。但有时候要将某一营销活动明确地划分和归类为某一类型的传播工具是十分困难的。举例来说，直接营销和促销水乳交融，也许可以合并为“直促”。销售管理虽然有时并不在营销传播之列，但销售人员无疑是最强劲的营销传播推动者，他们（或者是销售经理）直接向市场营销经理汇报。因此，介于本书中的其他章节是由此引出的，所以我们将其放到了首要位置来进行讨论。

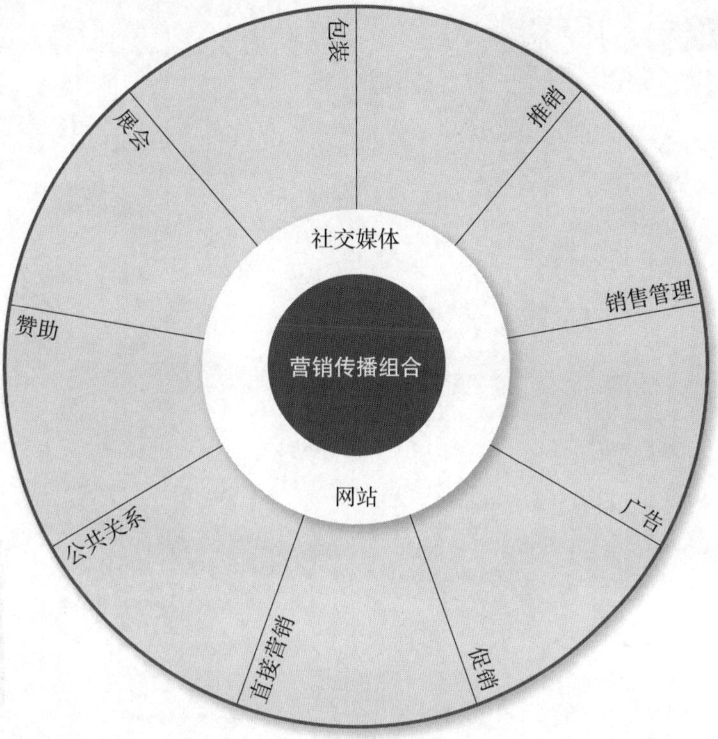

图 0–2　营销传播组合

对不同营销传播工具成功的综合应用得益于对传播理论和买家行为理论的深入了解，而市场调研能为由某些理论引发的问题提供实际、具体的答案。这是营销传播策划的基石，而营销传播策划则为理解营销机构如何运作以及不同媒体如何发挥作用描绘出了一幅蓝图。具体的营销传播策划将在复杂而不断融合的营销传播组合网络中发挥作用（见图 0–2）。不断变化的营销传播环境和国际机遇或威胁一直影响着整个营销网络，自本书第 4 版出版至今，世界一直在不断前行。

不同的企业会将同一种传播工具应用到不同的部门或不同的预算中，比如会展一般被视为公共关系的一部分，而实际上是销售团队的成员在展会上忙碌着，并从额外的销售中获益。有些人将赞助看作营销广告的外延，而有些人则认为这是公共关系的一部分。没人能确定关于网络费用的预算算哪个部门的。除去分类、所属和责任的因素，每个营销传播工具都必须和其他工具互融互通。市场营销传播是一个与时俱进的话题，我们的书也将随之保持新鲜与活力。

目录

Marketing Communications

第一部分

你需要了解的新营销传播知识

第 1 章　新营销传播

新营销革命的序幕

社交媒体改变了营销游戏的格局，姗姗来迟的营销新纪元也随之到来。社交媒体将客户重新放回到企业的中心，同时为营销人员提供了一系列新工具去倾听客户的声音，鼓励他们参与到自己的品牌建设中来。企业渐渐意识到采用新方法调动客户的积极性，能让他们成为推动商业发展的强大力量。而“参与度之梯”则让客户高度参与变得容易多了。

协同型营销将传统的对外型营销（比如，广告、直邮、电话销售等向外发送信息的）和对内型营销（比如社交媒体与企业直接建立对话）结合在一起。内向型、外向型和线上、线下的营销传播融合在一起，将产生影响力更广泛、成本更低的协同型营销。

营销传播为何必须是“融合”的？原因有二：第一，客户的形象并不是单一的，分散的数据库会导致许多问题的出现，使营销变得更加复杂；第二，传播已经融入了客户体验中，因此所有类型的传播都应该融合为一个整体，以保证向客户传递一致的体验。

在日益激烈的竞争中，“参与度之梯”能够在我们尊贵的客户周围竖起一道保护防线，鼓励他们和其他尚未成为我们客户的人共同协作，打造出更优的促销方案、更精简的流程或更棒的产品。市场营销乌托邦不仅仅是营销创造新纪元的开端，还是协同创造并将市场营销提升至公司战略地位、在董事会中占有一席之地的营销新纪元的开始。

摆在营销人员面前的是一个千载难逢的大好机会，他们可以打造更强大的品牌和可持续的竞争优势，最终建立更好的企业。此时不做营销，更待何时呢？

公司点缀部门的终结

很多传统营销只强调营销传播，而现在，这却成了市场营销的一个致命劣势。过去，由于客户的传播渠道有限，只要营销人员有足够的预算，一般很容易吸引客户的关注。一些能够在传播上一掷千金的大公司往往会在其产品包装、销售点和报刊广告上打出“见 ×× 电视”的醒目字样。仅仅在电视上露个脸就能让企业的可信度大增，一般客户都认为能上电视的都是大公司，大公司就值得信任，也有的纯粹是相信电视，相信管理电视广告的有关部门。

在这种背景下，营销传播的战略重点就在于告知客户其产品的优点。而如今，营销战略往往需要考虑的却是：“如何才能让客户和我们互动？”进而又引出一个更大的问题：“营销人员应该创造一种怎样的客户体验？”这个问题又将营销人员带回到那个营销的终极问题：“我们该如何帮助我们的客户？”这也正是几乎所有的公司都建官网的原因。遗憾的是，很多营销人员并不能正确回答这些问题。问问你身边的人就知道了。事实上，正如管理学大师彼得·德鲁克所说，帮助客户是企业存在的唯一理由。

这些问题推动着营销人员走进传播之外的客户体验、客户关系、新产品开发流程、服务流程以及影响市值的品牌价值创造当中。最终，营销人员将借此回归董事会，和董事会一样拥有话语权。而社交媒体和“参与度之梯”终将帮助营销人员敲开董事会的大门。

公司的点缀部门

不久前，一家国际著名的银行来向我咨询。它们言简意赅地说道：“让董事会别再认为市场营销部就是公司的点缀部门了。”

保罗·拉塞尔·史密斯

当真正的营销自下而上地渗透到整个组织时，公司实打实的竞争优势才能真正显现出来。以美国的手机和 DVD 播放器芯片制造商美国国家半导体公司（National Semiconductor）为例。它们的目标市场是设计工程师和采购人员。美国国家半导体公司的 CEO 富有远见地问了那个营销的终极问题：“网站如何更好地服务工程师们？”这群打破砂锅问到底的人不断挖掘设计工程师的工作，思考什么样的在线工具能帮到他们。他们设想着客户会遇到的各种场景，最终发现了设计流程中的“选择”环节是为了设计、分析设计、建立原型并测试，等等。

于是，当工程师们登录网站后，就会被引导到一个由总体参数和关键组件组成的页面。此时系统会按其要求自动生成备选的设计、技术规格、部件清单、价格和成本收益分析。工程师经过修改后，就能够与同事分享，然后再进行测试，再修改。之前要花工程师两个月时间完成的工作，现在在两个小时内就能完成了。第一年末，网站每天都能有 31 000 名访客，生成 3000 份订单或者推荐。客户从网站中获益匪浅，而网站在调动用户的品牌参与度的同时，也收获了可持续的竞争优势。这一切都发生在 2000 年。

市场营销是时候跨越传播的局限，渗透到董事会，在千变万化的市场中助力企业打造可持续发展的基业了。

为什么市场营销被排挤

在过去 15 年里，市场营销一直被放在管理传播而不是管理整个公司业务走向这样的位置上。人们把营销看作互不相关的一系列活动，于是它就被边缘化了。

詹金森（Jenkinson，2004）

随着客户体验而不断变化的营销传播

社交媒体大大加强了数字媒体的影响力。营销传播也随着客户体验、产品开发和递送而不断变化。对于这一大好机会，世界顶级的营销人员是绝对不会错过的。联合利华公司早在 2007 年就将公司的数字营销从媒体组合中抽离出来，转而投到营销组合中。它们意识到公司的数字营销预算其实应纳入市场营销组合中，而不是媒体支出或营销传播组合，因为成功的数字营销来自内容本身，而不是为媒体空间和时间所支付的钱。引人入胜的内容能增强客户的体验。

寻找高附加值的战役一直在进行，人们或为产品增加新特性，或更多的是增强客户的网络体验，提高媒体分享度或者开发手机端App，以提供之前无法想象的功能。吉布森吉他公司（Gibson Guitar）的App包含了一个吉他调音器、一个调音器和一个和弦表，对于每一个玩吉他的人来说，这些都是非常实用的。而卡夫（Kraft）食品公司的iFood助手应用为客户提供了丰富多彩的食谱，还能自动根据客户所选的食谱，为其列出食材清单，更神奇的是，它还能指出附近哪家超市的哪个货架有该清单上所列的产品。

实际上，卡夫食品公司持续不断的、极具创意的方案得到了用户很好的反馈。当卡夫食品公司在希腊推广Lacta巧克力时，其“长篇广告”——一部由客户参与的、长达27分钟的以“爱”为主题的品牌电影让Lacta巧克力成了销售之星（详见本章“参与度之梯”一节）。

耐克公司从“一切为客户着想”出发，与苹果iPod共同为慢跑爱好者创建了一个网上慢跑社区——Nike+。通过iPod，客户就可以登录网上社区，上传慢跑记录，与其他慢跑者互动或者比较各自的成绩（也可通过苹果手机）。Nike+还为此开发了一款传感器，并将其嵌入某些特殊设计的耐克跑鞋中，或者是附着于其他品牌的跑鞋中。

这样做看似与市场营销相差甚远，但其实并没有偏离服务客户、强化品牌和增长收入的核心。口口相传式的营销已经成为营销人员压倒一切的重中之重。口口相传是检验营销成功最直观的标准（如果客户向朋友推荐）。耐克公司的创举反响不错，它们的数字和内容总监声称“97%的Nike+用户称他们会将Nike+推荐给朋友。这个数字是闻所未闻的”。

传统的营销组合讲究4P，而如今我们应该考虑的是用4E取而代之：用体验（Experience），包括线上体验取代产品（Product）；用每个地点（Everyplace）取代地点（Place）；用交换（Exchange）取代价格（Price）；用传播福音（Evangelism）取代推销（Promotion）。同时，正如传播追求的是以体验调动客户的参与度，推销也将相应地随着产品而变化。

市场营销的对立面

以上所提及的都是与诸如“与××品牌相比”“现在提高了10%”这样的说法相对立的。虽然在某种程度上也“展示并说明”了传播的手段，但主要还是深深依赖于发掘目前客户想要的产品或服务都具备哪些特性，企业如何帮助到客户，并保证其他传统营销的联结点都能持续不断地将这些高度相关的附加值信息传送给企业，而传统营销大多只是为那些既没选择权、参与度又很低的消极客户制造信息。而客户唯一拥有的主动权就是关注或者无视广告的权力。科技解放了过去消极被动的客户并赋予他们权力。而营销人员身处一个不断变化的市场中，他们所面对的是一个永远在变化的美丽新世界，它总是把机会留给那些能够抓住它们的人。

社交媒体为营销人员开启了一个全新的传播渠道，让他们可以直接接触到客户和意见领袖。Web 2.0和即将到来的Web 3.0时代简化了双方的对话（dialogue），有些人称之为“三方通话”（trialogue），即意见领袖、客户和品牌拥有者共同参与到同一对话中。这些对话有的发生在品牌官网上，有的发生在品牌影响力未及之处，并只限于客户之间。

接下来会发生什么

如果消费者体验（由消费者产生的）比企业任何一位营销人员提供的信息都来得更有趣、更准确，那将会发生什么？

霍夫曼（Hoffman，2009）

这难道是一种营销的乌托邦吗

那些更富有远见的企业都知道应该围绕着社交媒体来搭建其信息构架和业务流程：流程侧重于随时随地收集客户对品牌的评价；而系统则重在及时回应（有时是自动回应，有时则是人工回复），并能将这些反馈进行分类。与客户之间的对话能生成有价值的反馈，其往往比来自焦点小组的调研更快也更便宜。调研结果应该物尽其用，及时反馈给最合适的营销人员。如果系统和流程到位，那社交媒体就能够让我们非常迅速地了解客户更多的信息。而这一切的关键在于如何利用这些信息做出更好的决策。

我们需要邀请客户作为利益相关者参与更高层的决策中来，以协同开发用户生成的内容，或全方位参与企业的合作中来，与企业共同开发新产品，提出新的解决方案。

社交媒体绝不仅仅是一种传播工具，它更是一种需要新的信息流的工作方式。它的影响力不仅局限于传播，还是新产品开发、分销渠道甚至是定价的源泉。

市场营销正在退出传播领域，回归到以社交媒体为主导的广义营销中。随着传统营销特别是消极被动的客户服务的衰退，作为社交媒体营销人员出人头地的新机会将大量涌现。

客户服务的定时炸弹

持续的裁员、压缩预算和营销计划的草率执行将营销人员推到了客户革命的风口浪尖。很多企业不断裁员，不断缩减预算，结果大大加重了在职员工的工作量，同时导致他们变得十分焦虑和冷漠。多份客户调查显示，客户常常会感到愤慨、焦躁、没耐心，只要有更好的品牌出现，他们就会立即转而使用那个品牌。总而言之，他们并不满意。这到底是福是祸，取决于公司的 CEO 和 CMO 们是如何看待这个问题了。

在营销的道路上，我们正在倒退，看看周围所发生的一切：不断下滑的满意度、敷衍了事的网站、永远忙碌的电话座席、给不出答复或者根本不在乎的客服人员，难道销售人员真的已经失去了意志、激情和他们渊博的产品知识了吗？当客户想要从公共事业单位、电话公司或银行的客服电话或网站中寻求服务时，他们到底还要忍受多少糟糕的体验？为什么还有那么多草草了事的网站存在？

在线银行系统：一个客户经理很少涉足的国度

> 最近，我的在线银行老是出问题。技术支持不给力，于是我打电话给我的银行客户经理。以前无论何时我遇到什么问题，他都能帮我解决，而且保证在第一时间解决。这次就不一样了。“我不是专业技术人员。”他这么对我说，就好像在线银行是一个他很少涉足的国家一样。谈到 IT 问题的时候，他总是摆出一副典型的高级经理模样，什么责任也不想担：“这不是我的专业领域。”仿佛 IT 不是高级经理和 CEO 们的管辖范围一样，显然，他们还有更重要的事情等着他们去做。
>
> 格里·麦戈文（Gerry McGovern，2010）

让我们再来看看统计数据吧，就连像英国客户满意度指数（UK National Customer Satisfaction Index）这样的调查也显示，一些顶级大品牌的客户满意度也正在呈下滑趋势。

在最近的一次客服会议上，一位演讲者展示了不同行业的客户满意度都在下降的事实。当被问到这是否意味着营销水平的退步时，他说："不，原因在于客户的期望值在不断提升，而他们的耐心却在不断丧失。"这么说，是客户的问题了？

> 最近我参加了一个会议。会上一个演讲者让在场的大约600名企业内网专家举手示意，他们的公司是否在使用SAP[①]系统。60%的人举起了手，可当演讲者继续问道："你们有多少人真的喜欢用SAP系统？"没一个人举手。
>
> 格里·麦戈文（2010）

低忍耐度：也许就是因为客户变得易怒了。如果真的是这样，那是为什么呢？

可能整个社会的焦虑程度都在上升。但是，难道客户喜欢永无止境的自动电话问询系统吗？喜欢不停地被机器转接到这里或那里吗？就算幸运地在漫长的等待和转接后，终于可以和客服人员说上话了，但对方却说了一些听不懂的行话，或者根本无法解决问题又把你重新放回等待的队列中。由此可见，我们的营销工作的确正在退步。

有多少人有过访问糟糕网站的经历？有些网站的设计让人晕头转向，仿佛进入死胡同，有些网站纯粹就是摆设，它们不仅浪费了你的时间，还破坏了你的心情。然而，企业的广告预算往往浪费在引导客户去访问这些无用的网站上了。为何垃圾网站如此之多？它们都忘了最基本的运营网站的规则——定期测试网站可使用性。很多品牌都忽视了这一点，定期检查这些网站是否运作正常，是否可兼容多种浏览器。

哈佛大学的拉姆·查兰（Ram Charan）和企业CEO拉里·博西迪（Larry Bossidy）曾合著了《执行：如何完成任务的学问》（*Execution: The Discipline of Getting Things Done*）一书。他们在书中谈到，超越竞争意义上的执行才是真正可持续的竞争优势。虽然这本书写于2002年，但在企业日复一日地用糟糕的网站及其呆板而粗糙的客户关怀自毁企业形象的当今社会，它所反映出来的现实意义却更加清晰了：只要企业能专业地基本规则执行到位就能从中脱颖而出。

那么，企业是否的确在营销上退步了呢？如果果真如此，那这无疑是企业了解如何倾听客户、以客户为本不断改进营销的大好时机。

没有秘密

> 相互联结的市场比企业更清楚它们的产品。不管是好消息还是坏消息，市场都会诚实地告知大众。
>
> 莱文（Levine，2000）

急速变化与超级竞争

我们正面临不断加速的变化，而品牌创造也将随之急剧变化。以前至少需要两代人才能建立一个大品牌，而现在只要处理得当，在一两年之内就能做到。像亚马逊、Facebook和

① SAP为"Systems Applications and Products in Data Processing"的简称，是SAP公司的产品——企业管理解决方案的软件名称。这是世界排名第一的ERP软件。——译者注

Hotmail 这样的企业以前都要经过几代人的努力，才能收获 5000 万用户，而 Facebook 不到一代人的时间就做到了（实际上 Facebook 在一年内就收获了一亿用户）。这在 10 年前想都不敢想：广播花了 40 年才达到 5000 万用户，电视花了 13 年，网络用了四年，iPod 用了三年，Facebook 用了一年时间，而苹果手机不到一年就达到一亿用户。

另外，国与国之间的界限被打破，品牌的力量也随之日益壮大。在《金融时报》（*Financial Times*）的记者温斯顿·弗莱切（Winston Fletcher）肯定品牌的力量、进而肯定营销的重要性和力量时，营销也因此发生了质变。他问道："如果不是强大的控制力，是什么给予品牌影响消费者购买的力量？如果不是强大的控制力，是什么给予品牌通过对消费者进行营销，从而影响现代经济的能力的？"

另一个质变的时刻发生在 2000 年，企业（品牌）第一次超越国家入围全球 50% 最大的经济实体。

国家间的界限正在消失。铁幕早已升起，各国贸易之门业已开放，部分是出于政治因素，部分是企业扩张国外市场的需求，而部分则是拜互联网所赐——消费者想要随时随地买到任何他们想要的商品。

而那些看似无法明确归类的竞争者正在悄悄地跨越旧的边界。在过去，超市卖杂货，加油站卖汽油。而今，加油站也开始卖 DVD、新鲜咖啡、杂货等，杂货店竟然也卖起了汽油、花园家具和汽车保险，很快就连法律咨询也被摆上货架了（包括 DIY 的离婚协议包），当然杂货也依然在卖。这些分类不明的品牌将吞掉你钱包中的很大一部分钱。如果消费者十分信赖某个品牌，那他们就会尝试该品牌旗下的其他产品，比如乐购（Tesco）这个品牌就足够响，只要有乐购的名字，客户可能什么都愿意买（只要质量有保证）。这就是"钱包共享"（share of wallet）。美国大部分企业的增长预计将来自"钱包共享"而不是新客户。有远见的董事会成员清楚地知道品牌的力量，它是一种渗透到"钱包共享"的能力，并最终能对企业的收益产生巨大的影响。

通过对分类不明、快速成长的竞争者和界限模糊的市场的整合，你将获得超级竞争力。没有一个市场、一种商业模式是绝对安全的。

企业对完全适应和拥抱变化的需求就像青蛙远离厨房的需求一样迫切。将青蛙丢进沸腾的水中，它会立马跳出来，虽然可能烫伤，但不至于死。而将青蛙放入冷水，再慢慢加热，它就会被煮熟而不知道跳出来。企业也同样如此，市场不会突然发生激烈的变化，让你不得不立刻做出改变，而是它总慢慢地、一点点地在改变。

在超级竞争的环境中，有些企业的 CEO 甚至半夜都会惊出一身冷汗，担心自身企业的价值链，寻思着谁会在瓦解自己公司的价值链。由从波士顿到北京的各方分析师和 MBA 们组成的小组，研究了一个又一个的行业、一个又一个的板块，想要找到那些价值链存在薄弱环节的企业，即那些第三方供应商能对其价值链产生影响、并让其从中获益的企业。大部分企业的 CEO 都对企业自身的价值链有所了解，非常清楚生产、物流和售后比其他任何环节都至关重要。因此，任何能够帮助其借助网络技术以低成本将其薄弱部分替换为高品质部分的建议，CEO 们一般都无法拒绝。

获得竞争优势只有两种途径：一是比竞争者更为迅速地了解我们的客户；二是比竞争者更快地将这种了解付诸行动。

杰克·韦尔奇，通用电气公司前 CEO

当企业将价值链无缝联结到整个价值网时，企业 CEO 们不得不考虑一个基本问题："我们到底在做什么生意？"这个问题的答案来自另一些基本问题："客户现在需要什么？""未来需要什么？""我们的可持续竞争优势是什么？"

我问 CEO 们什么是他们企业的可持续竞争优势时，他们一般都会回答专利、独一无二的产品和低成本，有时还有分销渠道。遗憾的是，这些优势当中的大部分都可能或者正在受到攻击。而可持续竞争优势的两大主要来源应该是品牌和客户关系，两者不可分割。

然而，许多公司却往往会破坏这两项至关重要的资产。粗枝大叶的客户服务、消极被动的客户关系管理（CRM）将苦心经营多年的品牌毁于一旦（见本书第 2 章、第 3 章以及第 21 章）。尽管客户服务意义非凡，但有些企业依旧选择坐在客户服务这颗定时炸弹上。炸弹在嘀嗒作响，岌岌可危。谁忽视客户关系，谁忽视社交媒体，谁就会被时代所抛弃；谁关注客户关系，谁把握黄金机遇，并围绕新科技大力开发严谨的业务流程，始终如一地探索，致力于满足客户，谁就能生存并繁荣下去。

谁才能成为幸存者

生存下来的往往不是物种中最强壮的，也不是最聪明的，而是最能应时而变的。

查尔斯·达尔文

社交媒体——工业革命以来最大的变革

早在 2005 年，《商业周刊》（*Business Week*）杂志就曾预言"社交媒体是工业革命以来最大的变革"。一个月后，《经济学家》（*Economist*）杂志更是预言"不了解数字营销的企业将无法立足于当今社会"。如今社交媒体已稳坐众多市场营销策略中的第一把交椅。

社交媒体时代，客户可以以一种全新的方法了解产品和服务。产品简介网站、评价、讨论组、Facebook 请愿（petition）、博客、手机比价软件、YouTube 展示视频（正面和负面）以及 Flickr 上的照片，这些都是社交媒体工具。客户将干扰式营销（interruption marketing）拒之门外，取而代之以社交媒体来了解产品、评价和反馈。由此，他们才是控制市场信息流的主人，而企业相对则处于被动地位。

一旦电视观众频繁调台或在广告时刻快进，网络使用者开启浏览器的广告拦截功能和严密的垃圾邮件识别功能，手机用户开启来电阻止，那么传统的外向型市场营销（以广告、直邮和电话销售为主的干扰式营销）就将变得不堪一击。的确有些外向型市场营销能侥幸过关，但近年来却变得越来越凤毛麟角了。

营销渠道变得越来越细化、越来越碎片化（电视频道 20 年前只有五个，现在有大约 500 个），客户信任的源泉也在发生改变。哪些渠道对你的客户影响最大？《泰晤士报》（*The Times*）、BBC、Sky？还是谷歌？

社交媒体已经到来，它将控制权交到了客户手上。对此，客户们喜闻乐见。市场营销一直是民主化的网络和社交媒体。提意见者和意见领袖在大众中产生，他们可能是博主，也可能是 Twitter 用户，营销人员可以选择加入其中或者视而不见。

传统的干扰型营销模式（如电视广告）想要杀出一条血路，吸引客户眼球，就必须更有创意。它们也需要使用社交媒体来传播信息（如果内容足够有亮点的话），并且内容不仅要创新，还要与目标客户高度吻合。比如，突然之间，一台冰箱的营销变得如此有创意，让人们忍不住多看两眼。而这一切都发生在了超级白热化的竞争中。

社交媒体不仅仅是一种市场营销工具，还是企业经营的一种非常有效的新方法。它的实施依托于全新的企业文化，反过来这种企业文化也需要公司上下的支持、一整套完整的系统以及配套的激励机制。它呼吁全新的思维方式：多一点倾听，少一点噪声。公司关系网的建立不只是停留于销售和交易型营销层面。这些既是老生常谈，也算是传统学院派的营销概念。社交媒体独树一帜的地方在于它使倾听客户变得更加便捷、更加高效。社交媒体依托于“共享文化”——共享信息和互利互惠，反过来，这种共享文化又能够培育和丰富与客户的关系——发展和加强这种关系的建立无疑是卓越营销的核心。社交媒体并不着眼于短期销售，而是将信息共享、倾听通过信息渠道传送到各种系统中，以保证相关人员能及时了解有关新产品、新广告、新推广和最新讨论方面的消极或积极的讨论、建议、抱怨和想法。而这些有效的对话手段离不开新技能和新的组织构架。反过来，这又能帮助营销人员建立起市场营销的乌托邦：在那里，客户推动着商业的发展，而营销者只是搭把手而已。

这些新技术通过不同的方式为快速改进市场营销提供了契机。事实上，社交媒体已经创造了市场营销的乌托邦。

市场营销的乌托邦时代已经到来

社交媒体为何有效

社交媒体能够满足人类的一项基本需求——交流。人是社会动物，喜欢相互交流沟通。而社交媒体简便了我们之间的交流方式，使我们能随时随地和更多的人保持联系。这就是 Myspace、Facebook、YouTube 和博客这类社交网络成功的根本。社交媒体是一个庞大的体系，因为它既可以让客户之间实现相互交流，也可以让企业与客户保持密切的互动（包括倾听）。

在新的商业环境下，营销人员能够了解客户和意见领袖（以及其他利益相关者）的心声，将这些人的反馈转为建议和新产品创意，甚至可以测试新概念和品牌名称。与此同时，客户参与度和忠诚度也在不断提高，有望成为品牌宣传大使。这就是营销者们的乌托邦。

Web 2.0 是一个强调参与的平台。只要企业愿意参与其中，就能做得很好。通过这种思维方式，企业能够跳出传统的单向传播方式，甚至跳出客户和品牌之间的基本对话方式，转而寻求客户、意见领袖和品牌三方之间的对话。品牌应将自己定位为对话的“促成者”。

企业只要着眼于创造品牌内容、服务、App 和小程序，并给客户带来实实在在的利益，那么他们就会愿意加入企业的品牌建设中来。企业应当着眼于社交媒体，并努力成为它的一部分，与之融为一体，创建档案。另外，企业还应该拥抱各种各样的社交平台，无论是音乐分享、视频分享，还是兴趣分享平台（比如书签），并支持对内容的评分和在线服务，比如

Delicious（著名的美味书签类网站）和博客评论。

企业还应着眼于参与。营销人员所寻求的不仅是客户和品牌之间的联结，还要考虑客户与客户之间的联结。而由品牌牵头联让客户相互联结起来是一种化繁为简的方法。围绕品牌建立的社区可以聚拢客户，促成讨论和合作。

从客户反馈、产品评分、推荐和讨论，到最终成为生产型消费者（prosumer，即客户协助创造或生产下一个新产品），这就是协同型共建（collaborative co-creation，详见“参与度之梯”）。我们鼓励客户成为企业生产 / 服务设计系统和生产系统的一部分。很多客户现在能感觉到他们所钟爱的品牌正与他们进行互动。如果企业公开表明它们正在倾听客户，并采取措施改善，那客户就会觉得自己的参与是有效的，从而更加忠于该品牌并更加主动积极地推广该品牌。

许多客户会赋予自己消费的产品或服务更多意义。也有些人不这么做，但一些具有影响力的人的确愿意赋予产品更多的意义。在发表个人观点或将个人想法投射到下一代产品的过程中，客户能感到自己不再是一个坐在“客户服务定时炸弹”上的局外人，而是品牌的自己人。

> 如果关注，你可能得到一些你永远想不到的问题的答案。
>
> 施拉克（Schlack，2008）

社交媒体使客户与企业之间的交流更加便捷，使双方得以更多地了解彼此的需求和问题，使彼此之间的关系和协同更加牢固。因此，这种协同共建既有颠覆性也极具创造性。

社交媒体如何奏效

想一想以下这些最基础的社交工具：博客、Twitter、YouTube、Flickr、Wikipedia、谷歌地图（Google Maps）、Google Earth 、虚拟世界和增强现实（Augmented Reality，AR）。通过这些社交工具，有效信息可被传递或者分享给庞大的线上潜在人群。当你写博客或者评论别人的博客，将照片放到 Flickr 上，将视频上传 YouTube 时，你就已经允许其他人看你的信息，并且如果他们喜欢你的内容，他们会分享给他们自己的朋友，而他们的朋友也可能会再分享给更多的人。社交媒体将带有品牌信息的内容（或者网页链接）传播给范围更广的潜在人群，从而扩大了企业的社交网络。

当有人搜索特定词汇时，搜索引擎便会将这些社交资产（social assets）呈现出来。像谷歌这样的搜索引擎涵盖了所有的搜索范围，其中包括网站、视频、图片和其他多种形式的文件。如此广泛的社交资产扩大了企业网络。如果关键词被作为标签附加到各种社交资产上，那么搜索这些关键词时，企业能捕捉到更多的潜在客户。

所有的社交媒体都可以被优化，比如博客和网页（搜索引擎优化，SEO）。这样重要的关键词就会出现在副本、标题、链接其他网页或者页面的链接（锚文本）、网页标题标签、图片标签和视频标签中。更重要的是，谷歌还会对关键词的使用频率、最新发布时间、导入链接进行观测。这些来源多样的导入链接能提高谷歌对该源文件的评级——如果各种网站都愿意将这个链接放在自己的网页上，那么这个链接内容的扩张力就很强。

网页或博客都能成为任何一个专业、娱乐或所期望的目标的独特平台。同时，它也可以成为订阅者所期望的任何一种专门的论坛。当其他相关的博主链接到一篇博文时，其社交网络就又会被扩大。

利用博客中的多功能社交媒体书签工具，读者可以对网页内容加书签（或者标记为“喜欢”），转发到自己的Facebook或者将链接通过邮件发给朋友。所有这些都只需轻点鼠标即可完成。而其他人则可以通过书签了解自己社交网络中的朋友或者同事最近在阅读什么、推荐什么，从而又进一步扩大了网络。

与此同时，RSS订阅会自动将新博客推送到某位客户的RSS阅读器上，这样读者就不必访问10个网站才能了解新信息了。

Twitter是家喻户晓的140字微博网站。网站上充满了简短的信息，并附有博客内容、网站或者YouTube的网络链接。推文可以在Twitter用户中任意转发，就像Facebook、领英一样，而且Twitter是一个开放式的平台，信息内容可以被随时搜索和查看。

如果你的推文中出现了某个被搜索的关键词，那么你的推文也会随之出现在搜索结果中。企业会搜索这些推文，并跟踪所有的Twitter对话，以了解其品牌、公司和员工的形象如何，尤其是在公司会议期间，此时正是Twitter用户发推文评论公司的高峰期。

“转发”功能则能够让Twitter用户一键将别人的推文转发到自己的社交网络中，分享给自己的粉丝。有些信息甚至会因此如野火般在Twitter上蔓延开来。Twitter不仅能够帮助企业扩大自己的社交网，还可被企业用于客服。例如，易捷航空公司（EasyJet）就很好地通过Twitter即时快速回答客户的疑问。爱尔兰公交公司（Bus Eirreann）每周在其社交网络上销售价值几千欧元的特价车票，而其大部分客户是学生。戴尔公司（Dell）称Twitter帮助它们卖出了价值几百万美元的软件包（具体信息请见第21章）。

通过一种名为TubeMogul的视频聚合器，视频可以被简单地发布到目前所有的主流视频分享网站上，包括YouTube，而照片则可以发布到Flickr上。YouTube和Flickr都可以无缝嵌入到网站或博客中，因此当人们搜索关键词时，结果既可能是网站，也可能是YouTube的内容。这些社交平台中的不同视频或者照片吸引着不同的观众，所有内容都是公开可搜索的，因此“标记”就变得很重要。你能够很容易地在YouTube上建立自己的频道，而书签、分享和喜欢等功能又能够将视频的触角伸展到各个角落。

维基百科（Wikipedia）是一个新兴的知识分享平台。企业可以在该网站上通过添加内容和链接建立自己的企业档案。如此一来，企业不仅扩展了自己的社交网，而且还能吸引感兴趣的专家参与到某些词条或文章的完善中。

谷歌地图和Google Earth也有助于企业在此阶段完善自己的网络。企业的办公地址、电话、方位、网址都可以上传到谷歌地图和Google Earth上，甚至企业办公室大楼的照片、视频也都可以上传。所有的信息都可以与访客和其他同行分享。在Google Earth中生成的数据也会与谷歌地图相互关联，从而通过提高企业的展示度扩大了企业的社交网络。

如果企业在谷歌地图上的位置展示有趣的可视化建筑或景观，那么访问者就可以从不同角度看办公室、工厂、商店、工地或其他项目的3D实景图（有些企业甚至通过公司不同时期的办公楼照片来展示其不同的发展阶段）。所有的数据都被打上标签和设置相关链接，这样在客户体验得以提升的同时，企业的社交网络也得到拓展（比如，每个办公室或者项目都有一张指引方向的地图，有上传的照片能帮助识别它，有观光视频可供访问者预览，甚至还有来自公司总裁的问候。总之，任何一样能够让企业变得生动起来、并能帮助用户和扩大企业社交网络的东西都可以上传）。3D 模型（比如风车农场的涡轮机）也可以添加到 Google Earth 上。虽然数据可以在谷歌地图和 Google Earth 上共存，但 Google Earth 所展示的内容却比谷歌地图上的丰富得多（3D 效果也可展示）。所有谷歌地图上的内容都可以通过“在 Google Earth 浏览”这个按键链接到 Google Earth 上。即使没有安装 Google Earth，企业位置所展示的核心内容也依然可以在谷歌地图上展示。

虚拟现实

市场营销的适应性要求营销人员保持一颗好奇、探寻的心，并且通过反复实验找出哪些可行、哪些不可行。虽然有些人并不看好，虚拟世界还是人们值得探索的领域。据报道，随着用户的再次增长，著名的基于互联网的虚拟世界《第二人生》（*Second Life*）迎来了“第二春”。大型多人在线游戏（MMOGs）的老板们预计他们的用户 10 年内将会超过 10 亿人。据预测，Web 3.0 时代将会有更多的 3D 内容产生，并且趋向于虚拟世界。虚拟世界是一个不容忽视的领域。2007 年，《第二人生》的创作团队在《第二人生》上同时发布了北爱尔兰的创意型数字枢纽。北爱尔兰企业部长（Minister of Enterprise）在《第二人生》中的虚拟头像向虚拟世界中的观众发表了讲话，而虚拟世界的演讲又通过屏幕同步投射到位于贝尔法斯特（Belfast）的现实世界中的观众那里（详见图 1–1 和图 1–2）。

图 1–1　北爱尔兰企业部长在真实世界中的演讲

图 1–2　北爱尔兰企业部长在虚拟世界中的演讲界面

越来越多的虚拟客服（通常以交互式卡通形象出现）出现在互联网上，特别是在客户关怀（customer care）部门，它们自称为“你的助手”。非现实世界的虚拟浸入已经充斥在我们周围一段时间了。它们以 Wii 游戏的方式偷偷地爬进了你的起居室，如 Wii 虚拟游戏能瞬间将你的起居室变成体育馆、网球场、拳击台、舞蹈房、健身房，甚至是高尔夫球场。玩家能在虚拟世界中尽享欢乐时光。如果你以为虚拟世界仅此而已，那你就大错特错了。它们比你想象的更复杂。看看通用电气公司的 Renewables Smart Grid 网站吧，对着电脑屏幕吹气，网站上的虚拟涡轮就会转起来。

东京大学已经能完美地模拟自然界中的雨。虚拟的雨滴看上去、摸起来都和现实中的雨滴一样。Web 3.0 时代是语义网络的时代，它能将虚拟世界和智能系统整合在一起，并能为那些掌握技术的人创造新的机会。

AR 能够允许用户通过触摸手机或读取发布的超数据（hyper-data），就能看到更多的文本信息或者图像信息。比如，一座在建的楼房就有可能包含 AR 信息，能够展示出其建成后的样子。利用像 Layar 一样的 AR 软件或其他从 iStore 上下载的 App，能将人们的视野扩大。

总之，社交媒体能够发展得如此迅猛并不令人吃惊（Facebook 目前的用户数和世界第四位人口大国的数量相同），这一切都是因为它们满足了人们内心最深、最根本的需求——交流、对话、分享以及成为社群的一员。我们都是社会动物，这些需求已深深嵌入到了我们的基因中。那种永远只是“卖！卖！卖！”的老旧强迫式营销模型（打扰客户，将广告强加给他们），正在被新型的营销模式所代替：“听！听！听！”——去倾听客户，然后“分享！分享！再分享！”——去与客户分享。

社交媒体日渐强大是显而易见的事实。我们将在下一章中探讨个中原因，并通过分析社交媒体背后的数学原理来解释它们为何如此强大。

社交网络——社群还是个体

假设我们的目标人群是 20 人，里利（Lilley）于 2007 年做了一个实验来计算不同的社交媒体到底能传递多少信息。

广播型网络是基于“一对多”的模型（比如传统电视广告），又被称为“沙诺夫网络”[是以广播界传奇大卫・沙诺夫（David Sarnoff）的名字命名的]。一个拥有 20 位观众的沙诺夫模型的网络得分为 20，网络得分数（简单的结点数，即观众的数量）= 20。

电话及电子邮件是基于“多对多”的模型，又被称为“麦卡菲网络”[是以以太网创始人之一鲍勃・麦卡菲（Bob Metcalf）的名字命名的]。这种传播模型允许其中的成员相互联系，由于每人都能联系其他人，因此可能出现的电话或者邮件总数就是 20 的平方数，也就是 400。这种模型就比沙诺夫网络强大得多，麦卡菲模型的网络得分即为 20 的平方数 =400。

而社交网络是基于“来源于无穷网络的多个”模型，是一种极其强大的网络，又称为“里德网络”[是以大卫・里德（David Reed）的名字命名的，他发现处于社交情形中的个体属于多个网络]。一个里德网络的可能价值为 2 的网络节点数的次方。举例来说，20 个人在社交情形下，不管虚拟还是现实，一个里德网络就能产生 2 的 20 次方的结点数，也就是里德网络得分数 =1 000 000。

从广播网络转移到电话或者邮件网络，假设即便只有 10% 的人传递了信息（也许是商品特价信息或者对商家的批评信息），那至少也有 40 条信息能被成功传递。而电视网络只能传送 20 条信息。如果从广播网络转移到里德网络（社交媒体网络），哪怕只有 10% 的人传递了信息，那也将有 100 000 条信息被传递。就算只有 0.1% 的人传递了信息，依旧有 1000 条信息被传递，这是传统电视网络传递数量的 50 倍。

领英网又被称为商业人士的 Facebook，是一个非常有用的工具。用户在注册之后（免费的）就能开始联系其他用户，有效地建立自己的社交网。假设一个用户拥有 170 个联系人，那么领英就会将其社交网按拥有大约 300 万用户的网络来统计。图 1–3 展示了领英是如何计算每个人的网络的，图中的数据均来自领英。

假设你有 170 位联系人，位于你关系网的中央，那你目前的关系网能将你介绍给 2 727 600 多位专业人员——以下是该数字的来源。

1 你的联系人

可信任的朋友和同事 170

2 两级之外

朋友的朋友；每个联系人拥有各自的人脉 32 900+

3 三级以外

通过一个朋友或者朋友的朋友联系到这些用户 2 694 600+

通过一次引荐你一共可以联系到的用户 2 727 600+

图 1–3 你可信赖的专业人士网络

网络、群体或者个体

社会学对群体行为的研究不计其数。营销人员应该明白人类天生具有的从众心理。有些社会学家甚至认为人类只不过是模仿机器而已。人是社会动物，个体大脑的很大一部分功能将用于与人交流、察言观色以及猜人心思。当人们在选择使用哪个牌子的洗衣粉或者哪个电影好看的时候，都会用到这一特性。我们学会了或者进化到成为一种善于模仿的动物。

能思考的穴居人

如果所有人都在跑，你不会问为什么，你会跟着跑。模仿意味着你不用从头开始学，你可以更好地保护自己，因为这样你对事物的反应会更快。因此，模仿从生存的角度来说是合理的。

20 世纪 60 年代，家用空调的销售曾被追踪记录了好多年。调查发现，预测谁会买空调的最好办法是看这个人的邻居是否也有空调。人们总是得先亲眼看见，才有可能去模仿。

墨西哥人浪（The Mexican Wave）现象是如何形成的？这是因为团体中的每个人都能看见其他成员的行为。而墨西哥人浪之所以无法在购物商场中形成，是因为人们无法看见彼此，也看不到群体的行为。

Facebook 就是数字版的墨西哥人浪，因为用户能看见所有的朋友目前在做什么。他们不仅能看到朋友是否在线，而且能知晓朋友当下在做什么、过去的时间在做什么。如果一个人收到朋友加入 Facebook 的邀请，添加了朋友后，就可以邀请朋友的朋友加入。人群移动到哪儿，人们就会跟随到哪儿。互联网为我们自然而然跟着去做的事提供了保障机制。

如果一个人站在那里一直盯着天空看，并用手指着天空，那么路人会对其投来奇怪的目光。但是，如果六七个人站在一起，指着看不见的太空飞船，那人群就会骚动。

一旦涉及品牌忠诚度建设时，管理群体的意识更有潜力可挖掘。

社交媒体的文化转型

如果企业不主动寻求、倾听客户们对其品牌的在线讨论，那将会错失良机。时时关注网络对话，当有人发表不利于品牌的言论时，企业能够及时做出回应，在谣言失控扩散之前予以及时纠正。对话虽然不像广告那样能被操控，但企业把握着提供正确信息和展现自身倾听意愿、关注问题方面的主动权。除了从市场收集重要反馈、想法和公众意见外，还有一个欢迎平台（welcome platform）供营销人员收集自己想要的相关信息。无论市场在哪里都能在线上生成，这同样能扩大品牌的曝光度。忽略对话的企业终将成为市场的局外人，最终会被那些愿意参与对话的品牌所取代。

社交媒体为企业提供了这样的一个平台：

- 能够接触到很难联系到的客户；
- 通过分享专业知识来帮助客户，而不是为了推销而接触他们；
- 倾听市场中的不同声音。

这一切都要求企业进行文化和组织结构的转型。企业应从一种销售文化过渡到更多倾听和分享的企业文化，并且只有以客户为导向才能推动市场营销的乌托邦建成。倾听和分享有助于巩固与客户之间的关系。温暖的关怀和爱意味着一切事物的平等。当客户做好准备时，销售也就自然水到渠成了（这与传统的“企业一切为了推销”正好相反）。

建立系统化倾听团队和开发可利用这些信息的系统

谁在监控着这一切？谁又负责整理分析报告？谁来回复博客上的评论和参与领英上的小组讨论？谁来分析这些评论、投诉、建议、担心、问题和机会？这些非常有用的信息该何去何从？该用什么样的系统将什么样的信息发给谁？如果投入到最高级别的客户参与度工作和协同型共创中，谁又来管理将新想法投入到新产品开发的流程中？谁将反馈传回给最初的贡献者？以上问题都需要回答。越来越多的企业开始使用第三方企业或者软件来扫描线上与本企业品牌有关的客户或竞争者的评论、讨论或推文。

开发知识资产（可用作吸引访问量）

大多数企业已经拥有各种各样的知识资产了，比如员工在会议上的演讲、所做的访谈、白皮书、市场调研，甚至是答复客户的邮件、制定 FAQ 的标准回答等。如果书评是由公司专家或者 CEO 写的，那书评也算作公司的一种知识资产，这些知识资产可以重新包装后提供给客户。将企业所有的演讲视频记录在案。公司的知识资产包括视频、PPT、录音、文章、博客、委托调研、白皮书、电子书、专家洞见以及其他有助于客户的建议。

有时，这些知识资产被藏匿于客户的邮件回复中。这些回复可以整理分类后生成 FAQ 或“10 个最常见的问题”“10 个你想知道答案的问题”“10 个为什么购买的理由”“10 个你不容错过的事实”。这些还可以转化成多重答案的小测试或者自我测评软件。

这些知识资产可作为“链接饵”来吸引 Twitter 粉丝、博客或领英上的某论坛的成员去访问你的网站。其他有效的诱饵包括吸引眼球的话题、言论或者讨论，但这些都必须是经过深思熟虑的问题，而且你手头至少有 2000 个经过精心推敲的答案，而且这些答案必须能调动客户和品牌之间的互动。

我们该如何分享？我们该如何合作

开源技术——我们必须推动诸如 Twitter 这样的开源工具深入组织内部——推动防火墙内部协同技术的使用——Socialcast、Yammer 等。

布罗根（Brogan，2009）

运营好社交媒体的 10 个步骤

1. **开始监控和倾听。**对社交媒体的审视能够帮助企业建立起良好的声誉（还有你的竞争对手的声誉）。为此，企业需要制定一个全面的监控战略去发现：

- 问题，即什么样的事情能对你公司的品牌造成重大影响；
- 你所处市场中的影响因素；
- 你的客户（或者影响者）所聚集的平台或者网络（有影响力的网络，包括博客、讨论组和其他社交网络）；
- 客户对你的公司、产品以及竞争对手的观点。

如果你的品牌或者行业讨论集中在一到两个平台的话，那么你将比较容易集中精力。

2. **制定优先项和目标，不要试图去全覆盖所有的社交媒体终端。**想要面面俱到地关注发生在每一个地方的每段对话是不可能的。因此，首先要选择最重要的，不是所有的线上对话都具有相同的影响力，我们需要甄别并选择相对重要的对话，并把握好加入和退出的时机。明确目标，知道自己想要通过社交媒体达到什么样的目的（比如，重新对企业进行定位，发展关系网，建立可信赖的品牌形象）。
3. **对关键的信息进行响应。要确保沟通的信息清晰明了。**企业在与目标对象交流的时候要以有意义的方式进行（给予他们相关而重要的信息）。企业希望与哪些主题或者关键词相关联？事先准备好应对各种问题和突发情况的信息，到时就可以拿出来组合定制所需要的信息了。另外，需向团队成员展示如何建立新的链接、反向链接（back-links）和转发推文，并告知他们相关的合规标准。
4. **精心准备用于分享和能帮助到客户的内容。**你必须保证该内容是有价值的，否则只能是虚张声势或者制造噪音。要提供有价值的内容，你得有所准备，不要一心只想着推销。社交媒体并不是直销工具，好的内容自然会带来不错的销售。分享相关的文章、PPT 或者视频；只要来源可靠，你就可以分享自己的内容，或者从别处转发内容。如果你只想对他人有帮助，那你就只能在讨论中去添加自己的评论。
5. **招募并好好培训企业代言人。**不论博客、Twitter 还是 YouTube，你必须识别出谁属于这个团队的成员，也就是说，你得知道团队中谁有权限写博文、发推文或者上传视频。谁负责回复评论？是不同的话题由不同的人负责吗？只有一个发言人还是有多个？同样地，谁负责监控？谁向谁报告？你的团队成员一旦训练有素，接下来的事情就好办了。另外一定记住，要和整个组织的人分享这些战略。
6. **投入必要的时间和资源。**你需要源源不断的有用内容。不要只是随便说说而已，我们需要清晰的简述、恰到好处的培训和明确的激励，而这一切都需要资源。不管你是自己动手还是雇用第三方，监控同样需要资源。一旦你开始证明社交媒体的价值，你就会发现为其配置相关资源其实很简单。
7. **定期推广社交媒体。**目前，就像企业在任何场合都要推广一下自己的网站一样，它们同样也应该推广一下自己的社交媒体，不放过任何一个向大众发布公司 Twitter、Facebook 和领英账号的机会，把它们加到企业邮件的签名中或者其他附属品上。在新闻发布会和会议上都要提及。在演讲的 PPT 中、新闻发布会上还有公司信函抬头上都要加上公司相关的社交媒体账号信息，并在官网上将这些账号信息罗列出来。事实上，所有的线下传播都要和社交媒体整合到一起。例如，利用 Twitter、

Facebook 和博客推广即将举行的大会，将大会有关的视频上传到 YouTube，而将相关的照片上传到 Flickr 上。

8. **整合线上线下的活动。**负责线上运营的社交媒体团队或者咨询机构需要和线下团队紧密配合，提前知道哪些市场营销活动正在进行。网站是一个中转机构，如果能整合为一体，效果将会达到最优。例如，简要告知视频制作公司和摄影师需要什么样的文件格式和风格的网页。共享的活动安排或者计划大纲将各种营销资产整合到社交媒体平台（如广告、促销、视频等）上至关重要。
9. **制订成功计划。**尽管建立自己的网络并拥有自己的粉丝群不是一朝一夕就能完成的，但我们始终应该为突如其来的评论潮、访客潮和问询潮做好充分的准备。如果企业无法恰当地处理接踵而至的评论和问询，那么就有可能陷入消极的公共关系中。在提高自身的可见度之前，先加固可信度。
10. **测量，测量，再测量。**不要尝试俄罗斯轮盘赌，指望着信息上传后，能自己流转起来，而你只需闭上眼睛，祈求结果要好一点即可。你需要做的是紧盯着分析数据，以了解突然增多的访问量是由什么原因所导致的。

什么样的帖子能引起人们的骚动？领英上的网络营销组中的某个新的讨论就能产生超过2000条的跟帖。这个讨论的话题就叫“社交媒体就是胡扯”，而且版主还详细解释了为什么他对社交媒体如此失望。所以要留心什么样的话题才能吸引来访者，并促进交流和好的评论。

那该如何测评这些社交媒体呢？一些公司会采用一种公式（公共关系行业已经使用这种公式多年了）对每周各种可编辑的报道进行评分。而评分内容主要包括品牌名称的曝光率，评价是积极的、消极的还是中立的，以及品牌渠道的重要性。

虽然“情绪追踪”（sentiment tracking）还在萌芽阶段，但市场营销专家仍需花时间监控博客、Twitter、论坛、社交网络和其他在线新闻媒体所传播的人们对企业品牌、员工、组织和整个行业的言论，并做出及时反应。

不是所有的事情最终都要归结于 ROI

你每天早上穿裤子难道也是为了投资回报吗？但穿裤子这件事依然对你十分重要。

斯科特·蒙蒂（Scott Monty），福特汽车公司数字传播经理

社交媒体不是为了纯粹盈利的生意而存在的。只有真正“客户至上”的企业才能利用好这一利器。社交媒体对它们而言就是上天赐予的礼物。在兴趣小组中，客户能获得比在任何焦点小组都要多得多的内部信息，因为每个人都在分享信息、帖子、建议、想法、案例，以及什么让他们沮丧、什么让他们兴奋的细节。社交网络是用来帮助企业建立与客户的关系和企业愿景的，而不是简单地将信息大声广播给客户听。

最后一点，永远都要给自己留有后路，例如，谨防参与率太低而不足以提供所需资源的情况出现。你该怎样才能终止一个博客或者讨论呢？你需要给出什么样的理由？你将如何处置这个小组？有些品牌会将自己的来访者转移到其他相关的网站或者讨论组中。

参与度之梯

客户的参与让品牌更强大

市场营销人员只要能在理解和影响客户参与方面超越竞争对手，那他们就能使公司品牌更强大，使客户更忠诚。参与到企业品牌中的客户会更容易成为品牌的狂热粉丝。因此，企业需要识别这些愿意参与企业活动的客户，通过启动品牌大使计划来进一步强化与客户之间的关系，推动客户主动宣传公司品牌。

理想的客户或最有价值的客户不一定是那些购买产品最多的客户，但他们一定是最具影响力的那些人。虽不常买东西，但是买了一定会评分并发表评论。因为他们的评价能影响另外的一千人。

鉴别参与其中的客户

监控博客、评论、论坛讨论、回顾和文档更新的数量和频率既能帮助企业发现机遇，又能让企业将其作为早期警示系统，对可能出现的问题保持警惕。应该考虑将品牌传播者而不是购买者作为目标人群。有些企业要求客户对其产品进行评级或者评论，并将其作为售后联系策略的一部分。这样一来，参与度高的客户就通过自我选择来确定自我身份。

不关心产品的客户对品牌的忠诚度也不会高。换句话说，参与度高的客户对品牌的感情更深。营销人员需要了解客户对品牌的情感、意见和亲和力。这些都可以通过重复访问、购买、产品评级、评论、博客、论坛讨论，以及最终推荐给朋友的可能性来甄别。

客户参与度可以被测量吗？我们可以通过某种手段鉴别积极踊跃的客户，并利用他们的反馈改善促销方式和产品质量吗？我们有可能通过让客户参与产品评级、邀请客户写评论、让客户参与讨论、提建议，并从中筛选建议、测试建议，最终将客户建议转化为产品或服务并让客户购买，从而将客户参与度提升到新的高度。这样一来，客户就可能成为品牌拥趸、品牌传播者或者品牌大使。这也正是我们要推动客户达到参与度之梯的原因。

参与度之梯

随着客户参与度的不断加深，他们对品牌的忠诚度也会随之加深，他们会成为产品的狂热粉丝，进而帮助企业优化流程、产品和服务。客户参与度和品牌忠诚度越高，品牌的可持续竞争力就越强。

在图 1–4 中，参与度之梯的下半部分主要显示了客户通过产品评级、评论和讨论来进行参与，上半部分则是用户生成内容（User-Generated Content，UGC），即客户参与到企业内容宣传的过程中（见图 1–5），有时这也被称作“众包”（crowd sourcing）。最高级别的协同共创是指客户参与到产品的创造中来，并在之后购买产品（见图 1–6）。

不是所有人都会升到参与度之梯的顶部。实际上，根据尼尔森（Nielsen）调查显示，浏览网站的人当中只有 1% 的人能做到这点，能够长期为企业出谋划策。而 90% 的人只是潜水，9% 的人偶尔做点贡献，他们把这叫作“90–9–1”法则。但是这 1% 的人对企业来说意义非凡，因此鉴别出他们来也至关重要。

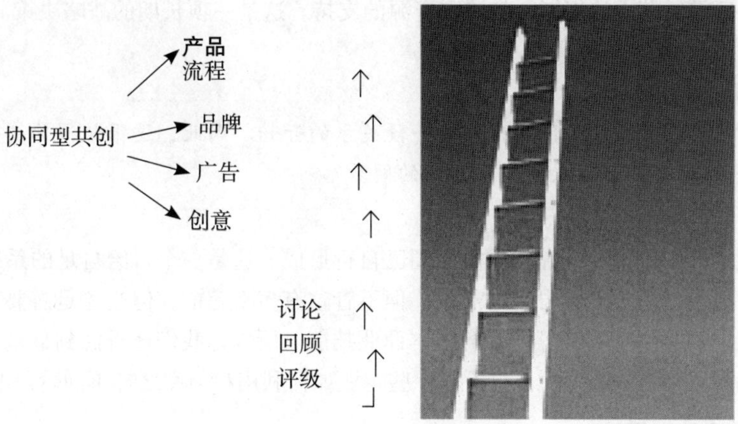

图 1-4　参与度的战略之梯

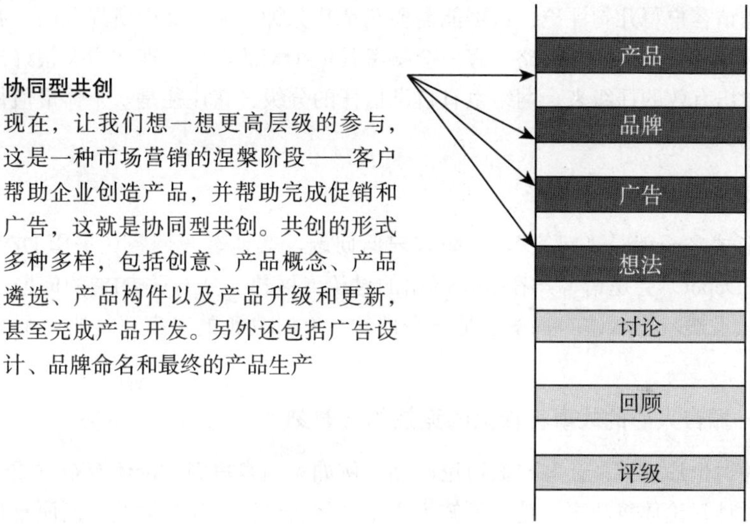

图 1-5　协同型共创

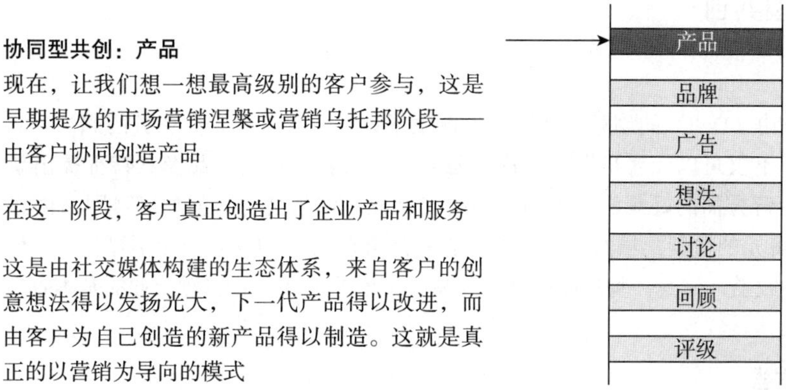

图 1-6　协同型共创的最高级别

在鼓励客户和其他利益相关者在参与度之梯中逐步上升、强化其品牌忠诚度以及提高销售业绩的同时，还需要精心的规划、系统和资源的支持。这是一项长期的战略决策。

一段美妙关系的开始

请记住，第二次访问网站代表着一段关系的开始。因此，这很值得你去问一下自己："是什么让访问者再次访问该品牌的网页？"

在参与度之梯的最顶端，虚拟的协同圈已自行形成。这是一个自给自足的系统。客户在创造产品的同时，也创造了他们自身的需求。但不管这有多么超前，但它还是需要具备传播、注册、加工、反馈、奖励和实施等方面的基本商业技能。所以，我们还得回到最基础的部分——开发一套精心规划和测试的系统。以下是一些企业如何利用参与度之梯不同阶段的案例。

亚马逊的评级和评论

亚马逊调动客户参与度的方式是让他们对产品进行评级，这只需几秒钟就能搞定。它们还会进一步地邀请客户写几句评论，这可能需要花费几分钟。如上文中所提到的，有些公司将评级和评论作为售后联系的一种战略。客户会参考其他买家的评论，即客户会很好地应用自己的过滤系统，做出有效的评级来。网络也有自己信任的分级，它往往是从个体最值得信任的朋友开始的。

家得宝的讨论专区——问答

讨论的形式之一就是"问答"，一些客户问问题，其他客户回答。美国 DIY 连锁企业家得宝（Home Depot）会邀请客户在公司网站的讨论专区提一些有关 DIY 的问题，然后由其他客户来回答。当然，不靠谱的答案也是一个问题，有时真正的专家还是比业余的客户更值得信赖。

讨论——振奋人心的故事：伟大的竞技体育时刻

而另一种讨论形式就是让客户们讨论产品。例如，当客户们讨论体育杂志或者书刊时，往往会激情澎湃地讨论体育故事。他们不知不觉中会将自己当作品牌大使，而愿意加入讨论的往往是品牌的狂热粉丝。

协同型共创

想法

戴尔公司（Dell）的创意风暴网站上诞生了许多有关改善企业业务的想法。它采用系统化的建议箱，不仅可以让客户提出建议，还可以让非客户对新产品及其特征提出新的建议，或者是业务运营方面的好想法，比如如何改善流程。戴尔公司在创意风暴网站创建初期就获得了 1000 万美元的盈利。虽然对戴尔这样的大公司来说，1000 万美元不算什么，但这是品牌参与所带来的收益，这是一种从品牌推广到品牌推崇的形式，它也对企业的基本收益保障做出了贡献。

电视广告

共创在美国非常普遍，客户往往会被企业邀请参与到企业广告的制作中，因此广告共创十分常见。2008 年，克莱斯勒汽车公司（Chrysler）旗下的雪佛兰泰浩（Tahoe）就曾为客户提供图形、音乐、照片和视频剪辑，邀请客户参与制作一个广告，并从中选出最佳广告，在全球最受瞩目的超级碗赛事上播放。这一事件引起了人们极大的反响。同时，克莱斯勒公司也发现了一些用户非原创内容连同他们制作的一些消极广告被直接上传到了 YouTube 上。但克莱斯勒公司却做出了一个大胆的决定——允许关于公司的积极和消极信息在网上共存。通过这样经典的双刃剑式讨论，不仅产生了更多的话题，而且还提高了媒体的报道率。当超级碗赛事到来时，这场围绕着用户展开的公关活动收获了奇效，观众都在对获奖广告的展示翘首以盼。

卡夫食品公司为了推销旗下的 Lacta 巧克力，在希腊征集广告，最终用户原创的、长达 27 分钟的广告引起了轰动。这场名为“行走中的爱”（Love in Action）的活动利用传统电视广告邀请大众说出他们关于爱的故事。整个活动都由大众自己编写剧本、自己敲定演员，甚至自己担当群众演员。主办方一共收到了 1300 个爱的故事，一个月后（需要一个月的故事筛选期）最佳故事出炉。由大众在线投票选出了参演人员（网上有全屏试镜资料）、人物姓名甚至是人物着装。Facebook 和卡夫食品公司的博客实时更新活动进展。超过 11 000 注册用户和 20 000 粉丝关注了这项活动，视频浏览量达 150 000 次。希腊最知名的电视台 MEGA 频道甚至在 2 月 14 日免费播放了这支广告，收视率提升了 12%，超过 335 000 人次收看了广告。在一个销售下滑的市场，因为这支广告，Lacta 巧克力的销售直线上升。

品牌命名

协同共创的内容还远不只广告和促销，它还可用于品牌的命名。波音公司在发布其新的 787 机型时，就邀请了线上的客户和乘客参与该机型的命名，最终在线上社区由来自 160 多个国家的 500 000 名参与者共同投票产生了 787 机型的最终名称——梦想（Dreamliner）。

产品和服务

有些人声称 UGC 已经在线下存在了多年。MTV 一直通过用户短信投票的方式邀请用户参与到产品筛选或者产品调研中。在我看来，事实上电视采用这一方法已经好多年了。电视节目《X 音素》（*The X Factor*）利用用户生成内容创造了新的产品概念，并进行了新产品筛选和新产品测试。那为什么 UGC 能取得如此大的成功呢?

回到线上世界，法国标致汽车公司邀请它们的线上观众提交关于对其新产品的想法，也就是提交新的汽车设计，这带来了 400 万的网站浏览量。标致公司后续还专门制作了获奖作品的展示模型，在营销活动现场展示，它们还联合软件开发者为此制作了一款视频游戏。

另一个由用户生成内容的在线公司是 ConstantComedy.com。在这个网站上，用户可以上传他们的幽默视频，由观众在观看后对其进行投票，票数少的将会被“下架”。得票最多的视频会被置顶，这可能会为其拍摄者带来新的职业机会。

我们还可以尝试不同的产品及其组合。《体育精神的伟大时刻》（*Great Moments of Sportsmanship*）一书就是集结读者们的体育精神故事而写成的。读者们提交自己相关的故事到博客上，经过大众讨论后入选的故事将在图书的下一版中出现。这么做的主要目的就是为了让用户直接产生书本的内容。此外，与故事相应的视频还会被上传到 YouTube 上。

在职业领域，不得不提一家其产品百分百由用户生成的公司——pods4jobs。这是一家线上职业咨询网站，其不同之处在于它只提供视频，并且所有视频都是由目标市场创造的，例如，绝大多数视频是由青少年采访职场人士而完成的。这些视频不加掩饰地、全方位地揭示了各行各业人士对职场的观点与诟病。在视频中，孩子们采访他们的爸爸妈妈、叔叔阿姨、爷爷奶奶以及邻居等任何一位职场人士。学生拍摄完视频后上传到网站，如果他们所拍摄的视频被采纳，他们将获得“成就证书”。

类似的网站还有很多。另一个值得一提的共创项目是髓磷脂修复基金会（Myelin Repair Foundation，MRF）。来自五所大学的研究人员组成了一个封闭的研究小组，旨在10年内开发出一种治疗多发性硬化病的药物来。几年后，他们识别出了10种目标药物和三种候选治疗方法，开发出了11种研究髓磷脂的工具，并出版了近20篇论文。半数皇室成员都加入了此项目，并出资资助项目的后续研究。一份知识产权协议允许MRF将该研究成果授权给相关医疗机构。

有时，B2B会随着B2C一起出现。在InnoCentive网站上，180 000位自由身份的科学家、工程师、企业家、学生和学者会为某一行业提出的问题聚集在一起工作，通过提供解决方案以赚取报酬。很多企业都会在该网站上提出各种问题以求解决方案，其中就有宝洁这样的公司。

Threadless.com是另一个出色的线上UGC网站。网站忠实的图形设计师、艺术家和所有创意人士都会上传他们关于T恤衫的创意，由人们投票选出最佳设计，然后生产出成品，卖给线上的用户。零售行业在此当中发现了商机，也会纷纷向该网站订购大量的限量版和高品质T恤衫贩卖。

请记住，UGC不一定就是B2C，绝大多数优秀的网络公司实际上都是B2B公司，比如全球成千上万玩家所钟爱的大型多人在线游戏MMOGs。想象一下，几十位、几百位甚至几千位科学家齐聚一堂研发新产品的情形。测量高能量物理态下的亚原子粒子的Atlas粒子探测器集结了165个工作组、2000多名科学家，最终在网络上找到了解决方案。IBM公司的部分电脑产品和系统仍在使用Linux操作系统。而Linux操作系统则是由全球一大批软件开发者在不断进行改进，但他们中的多数人并不是IBM公司的人。太阳微系统公司（Sun Microsystem）与全球的软件开发者一起开发了Solaris操作系统。有人称之为“众包”，有人则称之为“开放式创新”。

苹果公司第一年就在App上净赚了10亿美元，并拿出了该收入的70%与苹果手机编程社区的125 000名软件开发师分享。

IBM公司也在其Big Green Innovation单元中采用了开放式创新。同样地，宝洁公司在几年前就引进了开放式创新来重组其创新模式。从英特尔到施乐，从美国航空航天局（NASA）到Novell公司，从沃达丰（Vodafone）到维珍（Virgin）集团，越来越多的企业开始利用公司之外的群体智慧。在线下，乐高玩具公司（LEGO）多年来一直和客户保持着良好的互动，它们会邀请孩子们对产品提出建议，筛选、创造新的产品，然后给那些提供创意并最终变成产品的孩子们予以资金奖励。

不论是UGC还是低层级的参与都离不开活跃、乐于反馈的听众，以及市场营销工作中经常被忽略的基础——有效的系统和流程、测试交互界面和后台系统的营销基本准则。易用性测试则是前提。请记住，网站纵然非常有趣，但其背后说到底还是生意。

UGC 出现在搜索结果中

如果你搜索世界排名前 20 的大品牌，就会发现其 25% 的搜索结果都是通往 UGC 链接的。

奎尔曼（Qualman，2009）

所有 UGC 系统的成功运营都离不开完美的市场营销流程以及对细节的专注。你不妨问一问自己：“我们对不同网络用户的参与度的测量程度如何？我们是否做到了利用数据来鉴别品牌的拥趸，然后在原地打转，发送相关性更强的、更对客户胃口的信息？”

协同型共创现在已经延伸到了管理领域，但效果到底如何，能在多大程度上起作用，还没有定论。MyFootballClub.co.uk 是由大约 50 000 名狂热的足球爱好者在网络上众筹而创立的，他们买下了一个小型的足球俱乐部。每个成员花 35 英镑[①]就能成为 Ebbsfleet United 俱乐部的大股东。Ebbsfleet United 有资格在英超赛中打五级比赛。大股东们可以决定转会、队员挑选等影响俱乐部的重大决定。该俱乐部自 1890 年诞生以来，截至目前最好的战绩是在温布利赢得的英格兰足球锦标赛冠军，而它们现在的目标是准备夺得英超资格。这种情形并非第一次出现。2006 年 6 月，芝加哥青少年职业棒球联盟成员 Schaumburg Flyers 球队就曾邀请球迷们通过网络投票的方式共同管理其下半赛季。在俱乐部的管理事宜上，比如决定球员名单，球迷们可以投出自己的一票。不幸的是，这是一次彻底的失败尝试。Schaumburg Flyers 球队的成绩从上半赛季的 31–17 跌至 15–33，从未有过如此差的成绩。在互联网还没有诞生的时候，类似的事也发生过。1951 年，当时的职业棒球联盟成员 St Louis Browns 队就是通过给球迷发放“是”或“否”的卡片来邀请球迷参与管理球队。起初这只是为了吸引眼球的炒作，但在一次“看台经理日”，在千名球迷的参与推动下，球队最终以 5–3 的成绩大胜费城队（Philadelphia Athletics）。这就是用户参与的最佳例子。

我们经历了从注意力经济（推）到吸引力经济（拉）的转变。现在正朝着参与经济（分享）前进。

罗伯兹（Roberts，2010）

赛跑已经开始

杀出一条血路

在超级竞争和营销传播的汪洋大海中，不论外向型市场营销还是内向型市场营销，线上营销还是线下营销，竞争都正朝着“杀出一条血路”的方向发展，与客户（或其他利益相关者）互动，最终赢得客户始终如一的忠诚。一旦与客户的对话机制得以建立，它将被用以持续改进和服务于满足客户不断变化的需求。从而为竞争对手筑起了一道其难以跨越的墙。在这场旷日持久的竞争中，企业要想赢得胜利，就必须强化与客户的关系和培养客户的忠诚度。

① 1 英镑 ≈ 8.8681 人民币。——译者注

社交媒体革命早在多年前就已经打响了。这场竞赛是为了在超级竞争中赢得并且留住客户。企业需要吸引客户，并千方百计让他们加入对企业有意义、有帮助、有附加值的行动中去，而这在 10 年前简直是不敢想象的。因此，营销人员要不断推陈出新地想办法调动客户的参与，同时还要不断提高他们的参与度。

吸引眼球和访问量靠的是创意足够新奇，以及在使用传播工具时要做到高度相关，这样客户才能被吸引过来。常用到的传播工具包括社交媒体和更为传统一些的网页工具［即“传统数字工具”（tradigital tools）］。

随时在线、高度相关性和创意十足

客户在哪儿，品牌就应该跟到哪儿。在客户需要的时候及时出现，以保证随时随地满足客户的要求。另外，还应及时发现客户会去哪儿（线上和线下）、什么时候去。使得所传递的信息和媒介富有创新性。

发现富有创造性的合作伙伴。这样的合作伙伴要能在完全陌生的环境中（不管目标市场在哪里）将品牌信息和产品传递给目标客户，最好是在他们正需要帮助的时候（在他们离开某家公司或正要开始寻找的时候）出现。不管线上还是线下，客户去到哪里，品牌就要跟到哪里。线上线下的合作伙伴，只要它们与企业不存在竞争关系，就可以帮助企业接近客户，例如相关领域营销或更为精心设计的体验式营销合作伙伴。举一个例子，就像在英式橄榄球场卖橄榄球书，在演唱会上卖新款 iPod 一样，这有助于客户将你的产品自然而然地介绍给自己的朋友。

与客户的需求保持相关性。将有用的、相关的信息在恰当的时间提供给客户，能加强品牌和客户之间的联系。相关性是比创意更为重要的因素，客户只关心、只需要与自身需求有关的内容。因此，实时把握他们不断变化的需求就显得尤为重要了。不管是否处于较低层级的互动，比如给产品评分、评论产品或者创造用户生成的内容，参与度都能够让客户保持对品牌的关注，从而自然而然地培养起强有力的品牌忠诚度。

另外，还要具有创意。尝试不同的媒体、不同的信息渠道，在不同的地点做现场展示，拍摄视频上传到 YouTube 上。使用永久性的媒体（比如建筑物、墙和大门，甚至将你的 Logo 用激光投射到月亮上去）和产品的陈列摆放（与其他产品搭配）。好好想一想是什么原因让人们购买这个品牌的产品，然后看看这个原因能不能转化为一条有创意的信息并去测试它。

打开并整合你的工具箱

表 1-1 所展示的 11 种传统的营销传播工具也会为品牌带来浏览量，其中包括美国营销人员所说的“大五工具”——广告、公关（加上赞助）、促销、直邮和销售团队；三种 3D 工具——包装、销售点、展销会和展览；两个 W——网站（website）和所有传播工具中最厉害的——口碑营销（word of mouth）。社交媒体则令口碑营销如虎添翼。同样，这 11 种传播工具也能被用到网络中。

表 1-1 营销传播工具

线下工具	线上外向型工具
1. 广告	交互式电视广告 点击付费广告和横幅广告 智能媒体单元
2. PR	线上优化 PR 病毒营销
3. 赞助	线上赞助——社区、网页、地点和事件
4. 促销	通过奖励机制和号召客户在线加入电子邮件和网站促销
5. 直邮	许可式电子邮件（病毒营销）
6. 销售团队	联盟营销 数字肢体语言（在网页上）
7. 包装	在网页上进行图片包装
8. 销售点	网页——你的线上销售点；特别的行动号召；产品图片和产品用户图片
9. 零售店设计或者商业办公场所	网页——设计 在线价值主张（OVP） SEO
10. 展销会和展览	虚拟展览，像 Second Life 那样的虚拟世界
11. 口碑营销	社交媒体——内向型营销 博客 微博（如 Twitter） 社交网站：Facebook、MySpace、领英 社交内容网站：YouTube、Flickr、Wikis 社交推荐网站：Digg、StumbleUpon 社交书签网站：Delicious 文章营销 谷歌地图 Google Earth 虚拟世界

创意时代已经到来

创意和市场营销能够帮助企业在喧嚣和激烈的竞争中杀出重围。长城盛世广告公司（Saatchi & Saatchi Worldwide）CEO 凯文·罗伯茨（Kevin Roberts）曾在 2009 年说过“这是市场营销新的创意时代”。实际上，这也是企业内外部创意时代的开始。前文中所提到的协同型共创模式就是这一时代的见证。就连传统的广告也换上了新装，出现了由用户参与制作的微电影形式的广告或者是“一秒钟广告”。谷歌公司 CEO 埃里克·施密特（Eric Schmidt）说：“虽然在今天的商业中迫切需要创意，但仍有许多企业不愿意承认或者未能充分发挥创意的强大力量。”哈佛商学院教授约翰·高（John Kao）总结道：“我知道，在很多商业人士的词典中，‘创意’和‘漂亮’一起被归到浪漫词汇中。这些人最好还是好好更新自己的词汇库吧。”看看那些成功的企业，它们为创意的开发提供了沃土，而这并不是一时兴起。而创意的重要性已经得到了人们的广泛认可，人们鼓励创意，提倡创新。不妨让我们来听听这些企业是怎么说的吧。

- 你要么学会如何招揽并培养（有创造力的人），你要么会被别人吞并。——3M 公司执行总监利昂·罗伊（Leon Royer）
- 我的工作就是倾听、发现和思考好的创意，并传播好的创意。让人们能够接触到好的创意和榜样。——通用电气公司前 CEO 杰克·韦尔奇
- 创造性流程的第一步就是雇用最顶尖的人才。这就是惠普公司持续保持创意和智慧精神、并随时迸发火花的诀窍所在。——惠普公司前企业工程总监玛丽·帕特森（Mary Patterson）
- 在通货紧缩时期想要赚钱，那就必须保证整个企业上下一致地做到创新和创意。——Deloitte & Touche 公司制造顾问迈克尔·弗雷德特（Michael Fradette）

但事实上，创意并没有那么容易。而要想管理创意，那就像约翰·高所说的那样：

> ……如果有什么必须要做到的话，那就是付出更多的努力。管理并不是找个舒服的地方打发时间。而管理创意对人们来说更困难，这意味着需要找个合适的地方去竞争和合作——即使这一切并非出自本意；意味着从永远有限的资源中去攫取；意味着去控制那些不可控的，至少是不可预测的流程。创造力对于大多数人来说就是一场血腥的战役。

但爱因斯坦曾说过："从未犯过错的人就从未尝试过新的事物。"

创造力是未来的增长燃料

> 为了寻找价值，企业通过裁员、合理化（rationalizing）来控制效率。合理精简最终导致回报的降低。那么什么才是未来增长的原动力呢？掌握创造力的技能，并将创造力化作行动，将会推动增长。
>
> 约翰·高

麦肯锡日本分公司的前总裁、著名作家大前研一在一次采访中被问及他是否可以预测一家企业能否获得成功。当他在某家企业任职的时候，是否有办法嗅到或者感觉到这家企业将会成为赢家。大前研一回答道："当然有。"他接着说，"如果一家公司从 CEO 到办公室职员都不害怕问问题，或者他们问'为什么我们这样做？'，那么这家公司就有很大的可能性会成功。"由此可以看出，善于提问是成功必不可少的条件。牛津大学的苏珊·格林菲尔德（Susan Greenfield）于 2007 年在瑞士卢塞恩举办的第三届欧洲未来家大会（European Futurists Convention）上的发言也印证了这一点。她肯定了对创造力的需求和勇于挑战教条的必要性："创造力是一种类似'我发现了！'的联结（神经元联结），能开启你或者他人新的洞见。创造力塑造了这种联结，并为打破教条创造了条件。反过来，这些新主张又激发了更多的联结，从而不断拓展着人们的视野。"

爱迪生——完美融合创造力和市场营销的天才

毫无疑问，美国最伟大的发明家托马斯·爱迪生是一位创造型天才，但让事业上更上一层楼的却是市场营销法则。在他早期的发明中有一项发明虽然需求量大，但却以失败告终了。1869 年，他发明了一个电子投票记录仪，并为之申请了专利。这个记录仪在马萨诸塞州立法院进行试用，它的记录速度比手动记录快得多。但令爱迪生惊讶的是，这个记录仪却没得到立法

者的青睐。因为他没有考虑到立法者的习惯，他们不喜欢匆匆忙忙地、高效地进行投票。他们喜欢在投票的同时游说立法的伙伴们。尽管爱迪生的想法很好，但他却忽略了客户的需求。

从这次失败中，爱迪生发现了发明和市场之间的关系，意识到这两者必须有机地结合起来才有效。“卖不出去的东西，我再也不会发明了，”他说道，“销量代表了实用性，实用性则意味着成功。”他意识到客户的需求应该放在第一位，按照客户的需求去定制产品，而不是一味地为了发明而发明。改变思路后他获得了巨大的成功。

爱迪生将市场调研作为创造性流程中最基础的一步：

> 他亲自走访民居和工作场所，了解人们在做什么，以决定发明什么能帮助人们更高效、更好地工作。他首先去寻找那些没有被满足的需求，然后再通过科学发明和创造去满足它们。爱迪生本着“需求第一”的方法成功发明的第一样东西，却让我们很少将之与他关联在一起——文档复印。美国内战后，随着新闻报业的蓬勃发展，重建南方的需求以及随之而来的对保险的极大需求，让爱迪生开始思考如何提高保险业的效率。在得到保险公司的许可以后，爱迪生开始观察保险业务员每天的工作。他发现他们每天花时间最多的事就是手抄保险合同，而不是卖保险。于是爱迪生在想要是有什么东西能代替业务员和保险经纪抄写，省下他们这部分的时间，那么他们就能赚更多的钱。

创造力 + 市场营销 = 成功

“我不发明卖不出去的东西。”那个以发明灯泡而闻名于世的发明家托马斯·爱迪生如是说。爱迪生是一位多产的发明家，他申请并注册了 1093 个美国专利和 1293 个国际专利。1873 年至 1905 年间，他一直在六大行业处于领先地位，这些行业及其之后衍生出来的各分支的总价值预计超过一万亿美元。他同时也是世界上最早的市场调研人员之一。

考尔迪科特（Caldicott，2010）

客户并不了解自身的需求，尤其是创新

不管市场调研多么有价值，那些富有洞见的创新有时对客户来说并不是那么容易理解。因此，客户对飞跃式创新的消极反馈往往会导致视听混淆。正如克里斯坦森（Christensen）所说：“有时听太多客户的意见无疑是灾难的配方。”亨利·福特也曾说道：“如果我听了客户的话，我就会发明一匹跑得快的马。”谁会想到一个为了方便工程师之间交流而发明出来的设备（短信）有一天会成为全球所有年轻人的必备品呢？谁又会想到有一天，人们会将录音机或者 DVD 机戴在头上（耳机上）到处走呢？谁会想到有一天国人都好像在大声自言自语（免提移动电话）？以下这些经典语录说明了有时不仅是客户，甚至连领域的专家也可能会忽视某个重要创新的价值，而它却往往能获得全球性的成功。

- 这种“电话”缺点太多了，根本就算不上一种传播工具，对我们没什么用处。——摘自 1876 年西联公司（Western Union）的内部记录
- 这种无限音乐盒没有什么商业价值。谁会为了发给大众的一条信息付钱呢？——20 世纪 20 年代大卫·沙诺夫邀请他的合伙人投资广播时，他的合伙人如是说
- 哪个人会傻到想听演员说话呢？——1927 年华纳兄弟公司创始人之一哈里·M. 华纳（Harry M. Warner）如是说

- 电视永远不会成为广播的竞争对手，谁愿意端坐着，把眼睛黏在屏幕上呢？一般来说，美国家庭是没时间这么做的。——摘自 1939 年的《纽约时报》
- 我觉得世界电脑市场的容量大概也就五台。——1943 年 IBM 公司总裁托马斯・沃森（Thomas Waston）如是说
- 没人想要一个吉他乐队。——1962 年宝丽金唱片公司在拒绝披头士乐队（Beatles）时说的话
- 没人会想在家里摆个电脑的。——1977 年，Digital Equipment 集团创始人、总裁兼主席肯・奥尔森（Ken Olsen）如是说

回顾过去，很多五年前、10 年前没有需求的发明，现如今都已进入了寻常百姓家。在 B2C 和 B2B 市场中也是如此。尤其营销人员需要学会拥抱创造性思维。一旦我们学会打破常规的思维模式，新的解决方案也就诞生了，这将助力企业取得持续成功。

对于那些在寻求定义和激发创造力的企业来说，苏珊・格林菲尔德的以下定义或许会有些帮助：

> 创造力就是以此物观彼物，就是那个“啊哈，我知道了！”的顿悟时刻。你不必成为卓越超群的小说家、画家或者音乐家……创造力可以是一些私人的事务，也可以是高深的经济学，甚至是你在读一本小说时灵光乍现，获得独一无二的洞见。有人把科学定义为“见众人之所见，想众人所未曾想到的”。
>
> “我知道了”的顿悟时刻能给人带来很棒的感觉。我认为这才是我们应该追求的，因为它既让你与众不同，又能给你带来成就感，并有可能在不经意间造福了社会。

走进董事会

错失的良机

营销人员有能力并且应该有意识地让董事会成员意识到市场营销能够创造出两种可持续的竞争优势——一种是体现在财务报表上的品牌价值，另一种则是在财务报表以外的运营良好的、经整合的客户数据库。

整合好的网站既有助于建立客户和机会的数据库，也能在提供更多相关服务和噱头以丰富客户体验的过程中提升品牌价值。管理良好的数据库能够形成公司在客户和机会方面的小型垄断，并且能够采用多种多样的沟通渠道（电子邮件、普通邮件、电话和登门拜访）与客户进行亲密交流。虽然数据库的价值可以通过评估其生命周期价值来量化，但它并没有体现在企业的财务报表上。

20 世纪 90 年代初当网络第一次出现时，营销人员就错过了借此进入董事会的机会。互联网尤其是网站，为企业实现“5S”（sell more，serve better，save money，speak with customers and sizzle，即卖得更多、服务更好、更省钱、与客户交谈，以及让品牌彰显魅力）的目标提供了一种崭新的方式。这些“S”中就有三个能吸引公司 CEO 和 CFO——卖、省和噱头。

“卖”意味着收入。只要是关于创收的承诺都会被董事会认真对待；“省”代表了利润。如果哪个提议能省下 99% 的成本，一定会获得董事会的关注。而除了从设计精良、自助式的网站下手，其他业务环节并不能省下这么多成本。有些 CEO 和 CFO 很庆幸“品牌”对于公司财务报表的重要性，尤其在兼并或收购企业时。因此，品牌还有那些能提升品牌价值的噱头，这一

直都是 CEO 和 CFO 的兴趣所在。

可惜的是，营销人员错过了这一良机，而且公司的网站似乎都归到了公司 IT、PR 和销售的权责范围内。从而使得利益被稀释，争取具有凝聚力的营销努力也白费了。

另外，营销人员还错失了另一个良机。随着商业从线性价值链向网络价值网进化，董事会的大佬们会自问：“我们在做的是什么生意呢？”网络在为品牌价值提供重估的黄金机会的同时，也为“我们在做什么生意”提供了重估的契机。企业将价值链的一大部分外包出去，它本身就变成了“一大箱子合同”。

机遇重新降临

10 多年以后，营销人员重回董事会的机会再次出现。社交媒体改变了所有的商业模式，横扫市场营销的旧思维，没有人再把市场营销部叫作“装点门面的部门”了。自工业革命以来最大的变革是将幸运女神带给市场营销，营销人员纷纷化身社交媒体专家。而新兴的商业模式改变了企业文化和运营方式，董事会内部也需要做出这样的改变。

麦肯锡公司 2009 年的调查很好地验证了这一点。他们发现市场营销、销售和 IT 部门是从社交媒体中获益最多的三个部门（采购和财务最少）。用他们的话来说，就是“社交媒体调动了客户的参与性，强化了双方之间的联系，促进了销售，加强了市场营销的持续效果，优化了新产品研发，降低了生产成本”。

社交媒体及其为企业创造可持续竞争优势的重任不能交给 IT 部门或者生产部门来完成，因为这两个部门本质上是以生产为导向的。社交媒体应由营销所驱动，因此处于营销驱动导向型业务的核心。

因此，社交媒体、参与度之梯、整合市场营销以及创造力都为营销人员提供了另一个重返董事会、影响企业战略方向的黄金机会。从此之后，企业将变成真正的市场导向型，以客户为前提，时刻准备着满足客户的需要，并从中获得成功。

新营销箴言

◎ 日益激烈的竞争环境正是市场营销新时代的开始。

◎ 社交媒体会在此停留。

◎ 参与度之梯将为企业不断创造竞争优势。

◎ 营销人员完全有机会在董事会占据一席之地，并推动以营销为导向的企业文化。

第 2 章　品牌营销

品牌营销入门

品牌是什么

品牌是无形的、受法律保护的有价资产。品牌意味着一家企业或其产品是如何被客户（或者目标观众）理解和感知的。品牌是客户附加在你的产品和服务的形象、联想和内在价值。品牌包含无形的特征和价值。若要创造出成功的品牌，那它的构成必须是连贯一致和恰当的，并且对消费者具有吸引力。品牌是对客户的一种承诺，是公司愿景、价值和个性的结合（见下面的“品牌的构成”）。品牌不仅仅是一个标识或一个名字（这只是品牌的身份而已），还是整个客户体验（是所有市场营销的有机结合，是从产品到客户服务，从包装到广告，从市井流言到讨论所有传播形式的集合）。从品牌管理的角度来看，最后两个要素比较难把握，但好的品牌管理会全身心投入到社交媒体中，从而保证这两个要素的效力不减。因此，品牌是客户（或者利益相关者）所看待、感知和体验产品和服务（或者企业）的一切，是令某些产品和服务脱颖而出的“神奇”区别。

最好的品牌能获得客户主观性的（肯定）共识

品牌的口碑只存在于观察者的意识中——而观察者们各不相同……最强的品牌能获得客户主观性的（肯定）共识。那是一个该为品牌经理（最广义上的）祝贺的时刻。他们并没有亲手创立品牌，但是却一口一口地喂养了观众。观众最终也不负所望地报之以李。

明略行（Millward Brown Optimor）品牌调查（2010）

品牌的强大力量

品牌是如何强大到能控制经济、决定企业并购，或者让客户心甘情愿支付 1000% 的价格溢价的？品牌是如何一步一步成为企业最有价值的资产，并决定着整个企业的经济价值，决定着并购的？品牌是如何创造可持续竞争优势的？是什么让全球人民心甘情愿地交出他们的辛苦钱去购买同一个品牌的商品，不论他们身在东京、克什米尔还是美国卡莱市？现如今，品牌营销的威力足以抵御竞争者对公司品牌的围追堵截，巩固与客户的关系，提升销售业绩、利润和财务表现。

企业从品牌中受益

既然如此，哪位管理者不愿意去细心呵护自己企业的品牌？但事实上，确实有一些管理者不那么做（见第1章的“客户服务的定时炸弹”）。让我们来看看培育强大品牌给企业所带来的好处吧。

品牌创造可持续的竞争优势

对很多企业来说，在21世纪的超级竞争中，品牌是成功的第一要素。强大的品牌能创造可持续的竞争优势。商业史上头一次出现竞争的最大阻碍是由客户控制而不是由企业控制的情况。旧的阻碍还在慢慢退出舞台。工厂甚至是获得资本的障碍，都不及客户脑海中的意识障碍。只有少数幸运的赢家能通过客户脑海中的重重关卡，占有一席之地。这些成功的品牌都与客户保持良好的关系。成功的品牌已建起了一道分水岭。

世界头号品牌之一、可口可乐公司的CEO曾说：“他们可以拿走我们所有的一切——我们的机器、工厂、分销渠道。只要不拿走我们的品牌，我们就能在六个月内重建企业。”

好多年前，英国人对品牌的笃信就已经超过对教堂的笃信。事实上，亨氏和雀巢咖啡这两个品牌在英国人眼中，甚至比教堂、警察和议会议员更值得信赖。是什么让英国人愿意将自己的信用卡信息发给大洋彼岸的某个未知、不可见的美国人呢？为什么美国人愿意喝来自法国某个未知地方的水呢？人们对亚马逊和依云品牌的信赖度非常高。

品牌控制客户，品牌控制经济

> 是什么令品牌有如此强大的影响能力——如果称不上是完全的控制的话——客户的购买决定，并由此影响——如果不是完全控制的话——现代经济？
>
> 温斯顿·弗莱切（Winston Fletcher，2010）

品牌能够让企业的产品和服务能够独树一帜，在同行中脱颖而出。品牌常常是竞争优势的主要来源，也是企业最有价值的战略资产。营销人员往往倾向于有使用价值的商品（专利权会过期，接下来竞争和抄袭就会跟随而来）。品牌通过将产品与其他品牌区分开，帮助企业在竞争中立于不败之地。品牌所形成的这种壁垒很好地将那些一直觊觎这个新的无边界、界限模糊的市场的竞争者阻挡在外。

几年前，大约有三分之二的美国企业的资本市场归功于知识产权（品牌、专利和专有技术），价值约为4.5万亿美元。世界财富的三分之一是由品牌贡献的。

品牌深化与客户的关系

品牌在客户和品牌之间搭起了关系的桥梁（很多情况下是无意的）。品牌赋予“消费”这个行为更丰富的内涵。我们之所以愿意接纳这些品牌进入我们的家、办公室和我们的生活，是因为它们对我们来说是有意义的，它们代表了我们的某些诉求。任何一个成功的品牌的核心定位都是以人为本的关怀。这也是品牌拥有个性、价值观和深厚的客户关系的原因所在。以前品牌仅仅是代表品质的一个标记，如今品牌所赋予的情感联结让它们变得与众不同。品牌为客户提供了一份安心保障，并让自身从竞争中脱颖而出。在这个选择越来越多的繁杂世界中，客户能方便地识别品牌，放心购买品牌旗下的产品与服务，从而节约了时间。另外，品牌还能够激发客户的忠诚度、信任和持久性。品牌是建立在品质保障的平台之上，而且在任何关系中，品牌承诺都是牢不可破的保证。

品牌还有将客户分门别类的作用。“他开保时捷，喝皮姆酒（Pimm’s）”。一个人的一生有时可以用他使用的品牌来划分。因此，品牌具有定义的功能。“他是东道主中的劳斯莱斯”。

毫无疑问，品牌简化了客户的购买流程。由于品牌比较容易辨识，质量有保证，优点显而易见，能够让客户建立起专一的意识，以保证客户一定会“考虑购买”或“优先选择”。相对于无名品牌来说，其购买风险低。另外，品牌会不断鼓励客户“下次惠顾”，从而既与客户建立起了良好关系，又增加了企业的销售。成熟的品牌还可以通过已经建立起来的品牌平台来开发其他产品线，从而增加企业的收入。

品牌能够提升企业利润

品牌，无论好坏，都能够通过控制溢价而为企业带来更多的利润。更多的利润就意味着企业可以花更多的钱在更好的（相关和实验过的）传播手段上，传达清晰的信息，继续强化品牌。举例来说，在同一家商店，两升装的可口可乐卖 1.25 英镑，而阿斯达（Asda）只卖 0.15 英镑，可口可乐几乎溢价 1000%。而可口可乐深谙品牌的长效作用，并慷慨投资于此（在 2012 年前，它已连续 12 年赞助了奥林匹克运动会，赞助总额高达 6500 万美元）。客户的多次购买也为企业带来了更多的利润。回头客所带来的利润平均比新客户高五倍，在网络购物上，这个数字甚至达到了 10 倍。另外，好的品牌还可以在商务谈判中占据优势地位，获得更大的价格空间。

品牌提升财务表现

品牌不仅会影响政治和经济，还会影响企业估值。它能够预测企业未来的收益情况，并协助投资者做决定。目前，品牌通常被看作一种企业资产，越来越多的企业将品牌价值放到了公司的财务报表中。以下品牌价值清单来自明略行 2010 年的品牌调查（详见表 2-1），我们从中可以看到世界第一个价值 1000 亿美元的品牌——谷歌。

表 2-1　　明略行 2010 年的品牌调查

公司名称	品牌价值	公司名称	品牌价值
谷歌	1140 亿美元	麦当劳	660 亿美元
IBM	870 亿美元	万宝路	570 亿美元
苹果	830 亿美元	中国移动	530 亿美元
微软	760 亿美元	通用电气	450 亿美元
可口可乐	700 亿美元	沃达丰	440 亿美元

目前世界 100 强品牌中有七个中国品牌。在西方国家，最让人熟知的就是中国的搜索引擎公司——百度公司。三星和百度是发展速度最快的品牌。

毫无疑问，品牌对企业财务表现有着很大的贡献，它提升了企业的价值（市场占有率）。如果企业想退出市场，其品牌还有利于其提高公司的售价。

全球新的会计准则要求企业在财务报表中重视企业的无形资产（比如品牌）。如果这些无形资产的生命周期不定——品牌通常会存在这种情况，那么企业就会因此年年受到资本减损审查，也就是股价与现值之间的差额将被计入报表中。报表中的任何减记都会引发重大问题。2000年，在互联网热潮的尾声，美国在线公司（AOL）收购了时代华纳公司（Time Warner）。而2002年，AOL时代华纳公司不得不因这笔收购而减记了540亿美元。

你可以拿走工厂和员工，而品牌得归我

如果明天我们将企业拆分。你留着工厂和员工，我留着品牌。那么两年内，我将成为百万美元富翁，而你将会破产。

桂格食品公司（Quaker Foods）CEO

客户从品牌中获益

现在，我们已了解了品牌是如何助力企业的，那么它又是如何帮助客户的呢？它为客户做了什么？品牌节省了客户的时间，为他们降低了风险，并满足了他们的愿望。接下来，我们将一一说明。

品牌节省了客户的时间

品牌帮助客户更快捷地找到想要的商品或服务，从而可以缓解他们忙碌的生活。想想吧，如果你要在网上买书或者DVD，但是记不起亚马逊或者CD WOW的名字了，那是多么糟糕的一件事情。联合利华公司主席尼奥·费兹杰罗（Niall FitzGerald）把品牌称为"信任的储藏库"，随着客户的选择越来越多，品牌也就变得越来越重要了。而我们目前面对的正是大卫·奥格威（David Ogilvy）曾经说过的"选择的悲剧"。人们都渴望简化生活，简化选择，才能有更多精力去应对匆忙的生活。

品牌帮助客户降低了已知的风险

过硬的品牌本身就是企业质量、形象和风格的无形保证，它是建立在客户的信任之上的。客户相信品牌在广告上和包装上的承诺，他们愿意与品牌建立关系。反过来，品牌也为客户下的每一个订单提供了安全可信赖的选择，为客户省下做选择和决定所消耗的时间和精力。这就是为什么品牌的扩展很有价值。品牌是一种无形的保证和承诺。客户会信任品牌广告中和包装上的承诺。

品牌可以满足客户的渴望

品牌给予客户的是身份和认可。从对客户动机的深入调查中，我们可以看到品牌反映了藏在客户内心深处的渴望、形象和联想，这和人们对身份和信仰的追求不谋而合。"在一个无信仰的世界，品牌就是我们的信仰。"来自沃尔夫·奥林斯（Wolff Olins）品牌设计公司的沃利·奥林斯（Wally Olins）如此说道。有些品牌在不经意间通过自己产品的卓越品质为客户创造一种归属感。从某种角度来说，购买、消费品牌帮助客户定义了自己的身份。品牌释放出了我们的从属关系的信号——"你买什么，你就是什么"。品牌反映了客户内心的渴望，是自我形象或者所期望的自我形象的标记。

想想市场营销学中的那条神奇定律——识别需求，反映需求，满足需求。请记住，品牌深入人心需要一个持续的过程。我们不妨想一想，可口可乐广告反映了什么样的客户需求。它反映了人们自身的渴望，因此他们在买一罐或者一箱可口可乐的时候，实际上是买了自己的渴望（还买了无论在世界哪个角落都能始终提供承诺的清爽的可乐）。

薄弱品牌的商业劣势

如果产品或者服务没有一个强大统一的品牌形象，那么它就会被其他品牌所稀释、所埋没，无法让客户从众多产品中辨识出来，也就没什么名气，因此就缺乏可信度，最终导致客户放弃购买的风险。另外，如果产品或服务没有真正强大的品牌支撑，那么管理团队也就无法确定自己的品牌到底是什么，到底擅长什么，有什么与众不同，满足了什么需求，关联了什么样的情感。如果没有强大的品牌，大部分的营销努力就会被碎片化，消失殆尽。

因此，在品牌的世界中也是优胜劣汰。然而，尽管品牌能在竞争中对企业起到一定的保护作用，能促进与客户的关系，提高销售业绩、增加利润以及优化财务表现，但是它们一直在被削弱和破坏。那么，为什么有如此多的营销人员允许公司的品牌按下自我毁灭的按钮呢？请往下看。

自毁品牌

品牌关系总是那么地脆弱，企业长期以来敷衍客户的服务或者是一时的灾难——比如污染或者失言（详见本书第 14 章中的“无控制的宣传——任何宣传都是好的吗”一节）都会将客户对公司的信任毁于一旦。同时客户也在不断地变化，他们的需求也会越来越多。

如果品牌没有兑现其对客户的承诺，那么客户不只是回应，还会言语诛之，甚至拳脚相向。客户已经将“品牌控制”权从营销人员手里夺回，并建立了他们自己的品牌讨论。尽管客户的时间很紧，而且各种信息让他们疲于应付，但他们还是找到了由 Web 2.0 推动的新方式，来相互交流他们所感兴趣的和让他们关心的事物。现在他们有了可以让自己发出声音的平台，于是有些人就会不停地在平台上吐槽。

客户受够了企业的敷衍服务之苦，有些商家一而再、再而三地伤害客户。调查显示，在过去 10 年里，营销人员的表现一年不如一年。客户为此感到很生气，并失去了耐心。时间在滴答声中不断流失，我们正坐在客户服务的定时炸弹上。敷衍了事的市场营销和品牌的自我毁灭正结伴而来。

恶劣的营销

让人惊讶的是，我们的营销正在不断倒退。客户满意度在一个接一个的市场中表现出下滑趋势，营销人员的市场营销技巧可谓山穷水尽。与此同时，自动应答的客服电话等待系统和根本不能正常运营的网站伤透了客户的心。机器人应答和自助式菜单按键将所有的工作都丢给既没时间又疲于应付各类信息的客户，再加上公司官网一直无法正常打开，出现错误提示，导航页面过于复杂，即使客户很有耐心地通过了这一切，也最终会在崩溃的网络购物车前倒下。客户服务的定时炸弹随时都有引爆的可能。于是，有些愤怒的客户便在博客和仇恨网站（hate sites）上表达了自己的愤怒，并恶意攻击品牌。而这一切又为消极信息的传播（通过口耳相传或者是鼠标点击）提供了燃料。

愤怒的客户

研究者发现如今的客户对糟糕服务的容忍度一直在降低，80%的消费者称在经历了糟糕的客户体验后，是绝对不会再光顾那家公司的。这个数字在2006年是68%。还有那些在Web 2.0社交媒体上传播负面消息的客户。对很多营销人员来说，防守品牌受攻击的阵地已经偏移了。社交媒体让客户更加便捷地就与品牌相关的所有内容进行讨论。举例来说，可口可乐公司从未想过可乐能给客户带来火箭般一飞冲天的感觉，但客户偶然发现将可乐和曼妥思薄荷糖混合在一起就能产生火箭般的冲力，于是他们上传关于这一现象的视频。现在，客户会通过文本和视频形式发声，有些想分享自己的想法，有些想追名逐利，有些想交新朋友，有些则仅仅是为了打发时间。

用 Web 2.0 解锁控制权

Web 2.0 简化 UGC，从而使用户得以从企业手中解锁“控制权”。我们也应该明白 UGC 并不是完全可控的。社交网络是会一直伴随着人类对社交的需要而成长的，而客户也会被博客、社交网络动员起来，或被网络邀请创造他们自己的 UGC。无论是评论、反馈还是对话、联合调查，无论是广告、服务还是产品，客户均会参与其中。客户不再是懒洋洋的“沙发土豆”了，而是积极的共创者，他们讨论、制作广告，甚至开发产品。因此就有了“生产型消费者”（详见第1章“参与度之梯”）。

我们也许正处在客户革命的交汇点，客户再也不会接受企业草率的服务，再也不愿意被企业愚弄。在线的数字市场不仅简化了利基市场，也简化了大众市场。长尾理论（Long Tail）表明，在网络世界中，为分散在全球各地的100名客户提供100种不同的数字产品和为当地100名客户提供一种标准化的产品，利润是一样的。这为细分消费者市场打开了大门，有效地让小众市场从大众市场中脱颖而出，以取代一群有实力的市场主导者的推荐。以往由市场主导者控制市场进出决定权的情况已经一去不复返了。现在，客户被分散化，拥有属于自己的天地，会在自己的网络中发布自己喜欢的东西。

对随波逐流客户的终结

> 长久以来，我们一直在大众产品的暴君统治下，臣服于那些不动脑筋的夏日票房大片和流水线制造出来的流行音乐下。我们很多关于流行品位的猜想实际上都是供需不匹配的人为现象——市场对低效分销的回应。
>
> 安德森（Anderson，2006）

全球利基市场

即使分散在世界各地，拥有相似兴趣爱好的客户也依然能交流，并通过图片、音频、视频和文本分享自己的思想。这就意味着这些志趣相投的客户能够联结在一起，形成全球利基市场或细分市场。如今，全球市场已然形成，曼联足球俱乐部在全球范围内有约7000万球迷，阿拉伯半岛电视台英语频道（Al Jazeera’ English Language TV）有1亿观众。媒体通常也会随着市场一起走向全球。因此，营销人员应该谨记：想要走向世界的品牌必须有统一的全球形象，生产需要全球化，内容版权也需要全球化。真正的品牌大师也需要具有“全球思想，本土行动”，并关注地方市场的需求，并能因地制宜地呈现品牌。

客户能在其社交网络上创造内容已成为一种重要的传播渠道。然而，正如优势麦肯公司（Universal McCann）所说，“使用这些渠道的重要前提就是品牌和媒体机构能站在全球的视角来思考问题”。在不同地方使用相互冲突的品牌身份将会使品牌碎片化。另外，地方化的品牌名称通常会将品牌排除在国际销售之外。有些品牌名称的确限制了其在国际销售和全球化方面的雄心壮志。

互联网的新型商业动力

互联网尤其是宽带，改变了商业动力。它为利基品牌提供了与全球知名大品牌同台竞争的竞技场。小品牌现在也能够进入更大、更宽广的国际市场，以全新的、有意义的方式与全球客户直接交流，这在 10 年前是做梦都想不到的。

那些没做好改变准备的大品牌会失去权势。也许谁拥有了数据库，谁就掌握了控制权。想象一下消费者从冰箱拿出了最后一罐健力士（Guinness）啤酒，接着智能冰箱问道：“还需要配送新的啤酒吗？不过这次是别的品牌，价格也不一样。”当客户从冰箱拿出啤酒的时候，数据库持有者就能从啤酒条形码上知道是谁在喝哪种牌子的啤酒，在哪里、在何时喝的。获取客户数据库的关键在于冰箱、电磁炉、汽车、手机和掌上电脑中，但不是硬件而是智能系统（软件系统），它们能确切地知道客户何时想更换什么东西。信息便从这里介入。那些忽视新趋势和客户真正的需求的营销人员，或者那些服务草率马虎的营销人员，最终会破坏一个有价值的品牌。

因此，在寻求如何培育一个品牌（也就是品牌营销流程）之前，我们必须弄清楚到底什么是品牌，品牌的构成部分又有哪些。

品牌的构成

品牌到底是什么

品牌绝不仅仅是一个将产品和服务与其他竞争者区分开来的名字、单词、设计或者符号。品牌是原产地的标记，是对产品表现的承诺，是与其他产品区分开来的标识。今天，品牌更是一种全方位的体验，超越实体进入心理领域。它不仅是真实的产品或服务体验，还是通过市场营销传播手段形成的已知价值、形象、联想和承诺的总和。

“品牌”既是一个动词也是一个名词。说它是动词，是因为它代表着一系列的流程，并且需要一整套的特殊技能来创造和培养它。品牌营销是专业营销人员的重要技能。另外，“品牌”也是一个名词，它是企业财务报表上的一项资产，也是人们可以购买的一件产品。有些评论家甚至简单地把品牌定义为一瓶加糖有气泡的水和一瓶可口可乐之间的区别。

哈雷戴维森（Harley-Davidson）卖的不是摩托车；星巴克卖的不是咖啡；地中海俱乐部（Club Med）卖的不是假期；健力士啤酒公司卖的也不是啤酒。好好想想吧。

彼得斯（Peters，2003）

品牌的理性和感性吸引力

品牌是满足客户理性和感性需求的理性或功能性和感性层面的结合。好的品牌在设计之初就是为了引发客户脑中具体的情感回应。耐克公司承诺“个人成就”，而可口可乐公司则承诺“无忧无虑的快乐”。尽管人们不愿意承认，但人们所购买的往往比他们实际所想的更符合人性。它通常会将人们内心深处无意识的渴望和欲望呈现出来。如果品牌找准了方向（理解客户内心的需要并且通过产品传播展现出来），那客户购买的实际上就是他们自己的渴望。他们购买的其实就是理想中的自己。

因此，品牌既能带来理性的益处，也能带来感性的益处。红牛为消费者带来身体方面的便利（理性）就是可以让我们保持清醒（对身体起到兴奋作用），而感性方面就是让我们感到自己可以做更多的事（感到被激励）。天然食品做成的功能饮料的好处就是“天然纯净的果汁”，而其带来的情感方面的益处则是“感到健康”。Kellogg 牌的玉米片的物理功能是“营养早餐”，而其带来的情感好处是“一天好心情的开始”。随着品牌的不断发展，它应该能够做到引发客户的情感联结。

有些作者甚至将好品牌比作一种深深的信仰或“扎根于客户内心的态度”。而这种态度源于从情感共鸣到喜欢，从归属感到诱发（或考虑），从偏好、依恋、拥护到狂热。有些客户真的很依恋他们钟爱的品牌，而不愿意购买其他任何品牌的东西。

情感联结

很久以前，品牌只是信任和质量的代名词。现在，品质理所当然地成了产品的一个必要条件。品牌为了打品牌差异化而在为与客户的情感联结各显神通。另一个让品牌决一雌雄的平台就是企业价值。品牌代表了谁，或者背后是哪家企业？该品牌是否有社会责任感？对保护环境有益吗？该品牌会拿动物做实验吗？政治上中立吗？经常做慈善吗？对自己所在的社区有贡献吗？一些世界级大品牌的创始人（如健力士、吉百利和 Boots），都对自己的员工和社区生活做出了很大的贡献，从建设舒适的小镇、现代化的学校到医院、图书馆和公园。当今社会，品牌同样需要在社会责任感方面进行角逐。

商业从来没有这么感情用事

即将发生的一切将受情感的驱动，这也就是为什么你无法预测未来的原因。如果人们都是按单纯的经济逻辑做事，那我就能预测未来，但事实上我并不能。

约翰·布朗尼爵士（Sir John Browne, BP）

品牌的构成包括品牌资产、品牌识别、品牌定位、品牌承诺、品牌个性、品牌价值、品牌联想还有客户体验，这些都必须整合到一起。下面我们具体来看一看每一种品牌构成。

品牌构成

品牌资产

品牌资产是品牌在客户脑海中总的意识和感知价值。品牌管理不善往往会导致消极的品牌资产。品牌资产的构成包括品牌识别［品牌名称、符号、广告歌曲、颜色、联想和任何感官特征（比如独特的气味或者触觉体验）］和声誉。品牌知名度、品牌偏好和品牌忠诚度也是品牌资产的一部分。实际的品牌体验尤其会对品牌资产产生重要影响。

品牌精髓

品牌精髓是依赖于核心价值观的品牌灵魂和精神中心，是激励客户（和员工）的品牌使命陈述（品牌将如何为世界做出贡献）。品牌精髓主要体现在其功能性和情感性的益处上，比如苹果电脑的精髓就是“艺术化的科技”；亚马逊则是“前所未有的选择多样性”；Hallmark也许是“帮助人们定义和表达自己”。品牌精髓必须百分百地得到整个商业团队的响应，并影响到它们的每一个决定。它从品牌擅长处着手，再与重要的文化事实或趋势相结合。例如，苹果公司的品牌精髓就是：如果人人都能在科技的帮助下发挥自己的潜能，那么世界将会变得更美好。

品牌体验

品牌体验是客户在现实中消费产品或服务时的体会或感觉，包括品牌所有的接触点（见以下说明）。然而很多企业都忽略了这一点。客户体验的好坏直接影响到品牌的形象。品牌时刻就是与客户互动的所有时刻，包括网络、电子邮件往来、电话往来、处理问询、产品或服务的实际消费、处理投诉和售后，以及所有与客户关联的市场营销传播。这些都是品牌的关键时刻。

品牌识别

品牌识别是品牌资产的一部分，是品牌的外在显现，有时候又被称作“视觉叙事”，比如标志、颜色图案。另一方面，品牌形象则是客户的感知，也就是消费者在品牌识别、传播、讨论和体验的基础上对品牌形成的认识。品牌识别是现实，品牌形象则是感知。品牌识别先于形象。品牌能够帮助客户记住、识别一个品牌，最终将这些与品牌价值观、个性和承诺联系起来，通过传播工具进行推广。

品牌个性

人和品牌之间的关系就像人和人之间的联系一样。因此，营销人员需要仔细地定义品牌个性。有些品牌与客户之间的关系美妙而化于无形之中。品牌个性也有人类个性的特征。如果品牌是个人的话，那么他会是什么类型的人呢？如果把品牌当作真实的人来思考，那他将如何说话、如何打扮、如何行走？他穿什么衣服？开什么车？会去什么样的派对？举例来说，“万宝路牛仔”和“新加坡女孩”这两个品牌的性格与众不同，但都定义得很成功。

品牌定位

品牌定位是指当客户在市场中仅用两种标准（最多三种）将该品牌与其竞争对手进行面对面比较时，它是如何被客户感知的。品牌定位是紧紧围绕客户感知来展开的——即品牌如何被客户注意到或客户是如何通过一两个变量来感知品牌的。例如，一款饮品被定位为年轻病人的饮品或者健康成人的饮品。品牌定位的陈述为该品牌在客户的脑海中占据了一个最佳位置。随着市场在不断变化（客户态度和需求都在变化），品牌也在为了满足客户的需求而不断变化。品牌定位研究的是究竟什么对客户来说最重要、竞争者的定位是什么（或者客户是如何看待它们的）、中间有没有鸿沟是品牌可以去填满或超越的。这就是品牌战略，对品牌的成功至关重要。

因此，我们在选择品牌定位时需要考虑以下几点：

1. 对我们的目标客户来说重要吗？会推动他们的购买行为吗？
2. 品牌定位是聚焦的吗？辨识度高吗？

3. 定位是可持续的吗？还是竞争者有机会模仿？
4. 品牌能兑现承诺吗？

品牌承诺

品牌承诺或主张是关于品牌能为客户提供什么的。比如，毕雷矿泉水（Perrier）也许是一款包装独具匠心的高价气泡矿泉水，更是一款偏向产品本身而非客户利益的矿泉水。而另一品牌的矿泉水也许承诺的是对你的健康最好的。品牌的实际主张是来自其品牌定位的。

品牌角色

品牌在目标客户生活中扮演什么角色？品牌角色是品牌个性或生活方式的一种延伸，也可能是社会引导者。那么品牌该从哪里入手去迎合客户的生活呢？你的品牌角色是冠军、老伙计、安慰者、自白者、良心、促成者、专家、朋友、向导，还是大师？红牛也许是"疲劳人士的移动安慰者"。瑞安航空公司（Ryanair）能让人们到达欧洲。

品牌价值

品牌价值是无形、不可见的，它们更多的是一种内在的宣言。如果把品牌想象成人类，那么你的品牌信仰什么？代表什么？遵守什么准则？应该如何表现？品牌价值是一种信仰体系，或者说是一种工作和传播的方式。摩斯（Mose）曾这样问道：

> 你企业中的哪种价值观是完全内植于品牌当中的？如果它一旦消失殆尽，那么企业还会是原来的样子吗？每年都有几千家公司消失，是什么让你的企业得以生存下来？为什么投资者仍然愿意投资你的企业？为什么客户还愿意继续购买你的产品？为什么有人愿意为你的企业工作？你为什么还在为企业工作？这些问题都有助于你找到公司真正的核心价值。

品牌愿景

品牌愿景是指品牌应该成为的样子。维珍公司也许立志要提供"平民冠军，改善现状"的服务。耐克公司的愿景是"成就自我，做最好的自己，成为体育达人的一员"。该品牌愿景将人们与深藏在人类灵魂中的奥林匹克竞技精神重新联结在了一起。

> 在找到品牌简化得不能再简化的核心愿景之前千万不要停下来。核心愿景就是联结消费者和品牌的力量。这就意味着必须深入探寻客户的内心所想，理解他们深藏于此的动机和思维过程。
>
> 博朗（Braun，2004）

感官品牌（sensory branding）也许与品牌体验关系更密切，各个国家的商标管理条例都接受对包含五种感觉在内的品牌构成注册。林德斯特伦（Lindstrom）在 2005 年报道：

> 十几年前，得州仪器公司开发了得州 Texas 触感膜，并将其用在它们的计算器上。得州仪器是最早几家真的将"点击（clicks）"——得州计算器上数字盘的感觉——注册成公司的商标之一。有趣的是使用者也许认不出得州的标志，但是能感觉出那种触感。新加坡航空公司目前有九项专利，包括 Stephan Florida 气味专利，这是新加坡航空公司独有的热毛巾的味道。Kellogg 则在听觉刺激上投入资金，它们在丹麦一家声音实验室中测试早餐

谷物的咀嚼声，以提升产品的“声音质量”。在其他品牌的广告中，我们总能识别 Intel 标志性的声音。

品牌触点有时也被称为“品牌时刻”或者“客户接触点”。触点随时出现在品牌接触到客户的时候，比如包装、广告、网站、电话接线员、赞助、活动，等等。当客户在等电话客服的时候，品牌给予他们的体验是怎样的？当他们收到账单、信函、传真或者电子邮件的时候，又是怎样的体验？这些都是品牌体验的一部分。营销人员应能准确描述出区别品牌与接触点的几个相关属性和特征来（按重要性顺序来）。要做到这一点，需要公司上下所有人的投入——从 CEO、董事总经理、市场营销、运营、销售到广告人员和网络专家。

品牌的终极接触点之一就是体验式营销。传统的体验式营销就是线下客户在全新的环境中，通过沉浸式的方式与品牌进行互动。

伟大的营销者不是在卖东西，而是在激发客户的情感。

斯科特·法雷尔（Scott Farrell，2008）

品牌开发流程

大奖等待的是那些能与客户建立深厚而持久关系的品牌。营销人员应该将“品牌”一词看作动词而不是名词，品牌营销是一个漫长而持久的过程。事实上，对品牌的建设和维护是营销人员的一项核心技能。杰出的营销人员在准备广告、展览、网站或新品牌时就会使用开发流程。品牌需要与时俱进，在重新规划和升级品牌（或者营销人员也可以放弃旧品牌和过时的品牌）的时候，他们也会使用开发流程。最好的品牌管家或守护者会有一个内设的审核流程以保证品牌的新鲜度。他们能够保证品牌不会被“过时”乘虚而入，并在必要的时候做出适当的调整。因此，不论你是在创造新的品牌还是维护已有的品牌，以下四个主要步骤都是非常有用的：创意简报（Brief）→概念生成→概念开发→新品呈现 / 传递。图 2-1 展示的是如何创造并维护一个好品牌的。

清晰的创意简报应该包括目标市场、品牌角色、个性、价值观、定位等细节。例如，

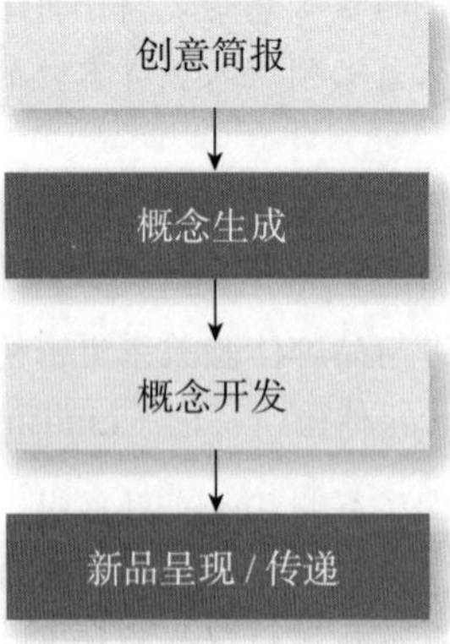

图 2-1　品牌开发流程

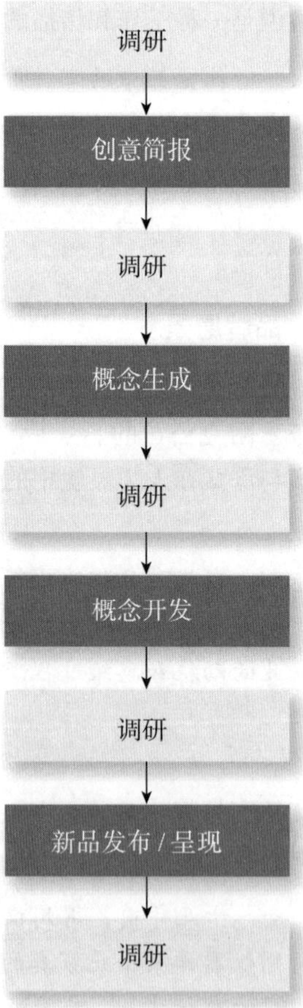

图 2-2　品牌开发流程（含调研）

概念或想法产生以后，其中只有一到两个能在筛选中留下来，并做进一步开发，最终有一个成为新品牌。

那么流程中还缺少什么呢？那就是调研。每一阶段的始末都需要调研。完整的品牌开发流程如图 2-2 和表 2-2 所示。

表 2-2　完整的品牌开发流程

调研	识别长期客户及其需求（包括能激起购买欲望的品牌因素）和关键品牌时刻或接触点。识别品牌个性、价值观、联想和承诺，了解竞争和趋势
创意简报	将先前的调研总结为一页简报，重点描述目标市场、品牌个性、定位和价值观等
调研	更多的调研品牌个性、价值观和承诺——有时候可以让第三方公司和设计团队完成
概念生成	生成几个有创意的想法或概念
调研	概念调研，比如焦点小组讨论初步概念，选出最佳概念，确定其他问题或话题供进一步调研
概念开发	将选出的概念细化开发为成品
调研	最终的概念测试，比如厅堂测试（hall test）和测试市场—— 一般广告概念比品牌概念容易做
新品发布 / 呈现	任何品牌开发最大的花销都在于创建它在所有文具、建筑、汽车等物品上的形象，这需要员工主动加入，并培训和激励他们
调研	测量和改善：追踪调查（比如独立品牌流行度排行或调查）。测量员工表现和客户满意度

调研

为了探索品牌机遇，我们需要在品牌开发的早期阶段（早在品牌名称、标志和颜色确定之前）进行调研。需要对目标市场进行分析，对驱动买家购买行为的因素进行探索，并对品牌个性进行定义，还有最有效节约成本的品牌时刻也需要确定。

成功的品牌背后往往会有一个帮助培育品牌的信息平台。最初的探索性调研的作用在于：

- 确定长期贡献利润的客户群；
- 深入了解客户；
- 确定驱动消费者行为的品牌因素；
- 确定驱动品牌行为的情感因素；
- 确定品牌个性、价值观、联想和承诺；
- 确定关键的品牌时刻——或接触点；
- 确定最有效节约成本、最具冲击力的品牌时刻。

接下来，让我们逐一来看一下。

确定长期贡献利润的客户群

千万不要将品牌营销的力气花在没有收益的细分市场上（尤其是那些没有长远效益的细分领域）。每一个细分市场的潜在收益能力都需要量化，同时我们还需要关注可能影响到传统的市场细分方法（如大小、收入、年龄、种族、消费结构、忠诚度、位置、生活方式、需求和态度）的相关趋势。例如，商旅酒店也许会从服务导向型转变为价值驱动型和奢华型商旅酒店。

后者还可以分为“追求时尚”市场（那些以酒店彰显自己身份的人）和“逃避喧嚣”（那些需要享受服务、远离工作压力的人）市场。

深入了解客户

谁、什么、为什么、在哪里、什么时候和怎么样是拉迪亚德·吉卜林（Rudyard Kipling）的六个睿智问题，杰出的营销人员应该对客户的这几个方面了如指掌。最难的问题是“客户为什么要买”（见第 4 章）。卓越的营销人员比客户自己更懂他们，对客户的深入了解是必需的。例如，一家酒店或许会发现客户要求舒适的背后的核心需求其实是“即使我不在家，我也要感觉像在家里一样舒适”。由于客户的期望瞬息万变，因此我们需要时刻关注趋势发展，以保证能为他们提供正确的服务。比如，有些零售行业发现，现在对客户来说，速度比可不可以刷卡更重要，因此有些零售企业只提供能付现金的交易方式。一家航空公司需要将以下哪项作为优先选项：快速升级、更多机舱服务、更快捷的登机、更多的免费行李和更高的常客里程积分。因此，对于企业而言，在建立品牌的时候就提出正确的品牌主张很重要。

将品牌请进你的生活

营销人员应该深刻了解是什么让客户选择某些品牌及品牌主张进入他们的生活，而拒绝其他的品牌。

福科尼耶（Fauconnier，2006）

确定驱动消费者行为的品牌因素

品牌的特征能将其与其他品牌区分开来，但是这对客户来说并不重要。这就是麦肯锡所说的“傻瓜的品牌营销金矿”。如果品牌各不相同又不重要的特征不能推动客户的购买欲望，那就是没用的。不清楚到底哪个特征能激发客户的购买欲望，就贸然将有限的资源花在一无是处的推广上是不明智的。这就好像虽然满意度得分极高，但客户还是成群结队地走了。你也许就在测试几年前重要但现在不重要的特征。客户的需求无时无刻不在变化，因此，正确把握趋势，不断调整品牌是保持品牌与时俱进、不落入品牌坟墓的关键所在。

品牌营销需要深入了解消费者心理

最新的市场营销方法是创建品牌而不是产品——将生活方式或者个性卖给有情感需求的客户，但这需要对消费者心理进行深入的了解。与简单描述产品的优点相比，这个任务更加艰巨。

《经济学人》（2001）

确定驱动品牌行为的情感因素

品牌不仅是在产品之上，它还是一种生活方式或者个性，既能吸引大脑的感情也能吸引理性。情感因素非常重要，品牌就是创造和维护情感纽带。情感一般能驱动客户的购买，因此营销人员必须要探索发现客户的情感。

勒·普拉（Le Pla）、戴维斯（Davis）和帕克（Parker）在 2003 年确定了三种能生成情感纽带并最终强化品牌忠诚度的诱因：与深层生活主题（价值观）相协调；帮助完成人生计划；对当前问题的解决。“如果这三种诱因在客户和品牌的关系中都存在的话，那么客户就会把品牌看作自己的朋友或伙伴，或将品牌看作用户社区的核心——社区成为客户生活的重要部分”。

在美国汽车市场，当Mini汽车激起了驾驶者的情感诉求时，它就创造了可观的销售业绩和极高的品牌忠诚度。其广告宣称“反对大型车”，并且承诺“向SUV车宣战”。Mini汽车“提倡驾驶的乐趣”，反对“美国高速路和街上常见的迟钝的、速度受限制的驾驶”。而通用汽车公司旗下的土星汽车（Saturn）也在广告中大肆渲染情感，很少提及汽车本身，却浓墨重彩地宣扬公司的价值观念。其广告里车的影子都没有出现，全是生产汽车的平凡的一线员工形象。广告诠释了通用汽车的信念和价值观。该款车上市后两年就成了最好卖的小型车。另外，它们还围绕着品牌建立起一个汽车之友社区（45 000名车友，有的人会和家人一起在企业开放日来到工厂烧烤、听乐队演唱并参观了工厂）。

我们不知道如何推销业绩。我们卖的一切都是在卖形象。

罗伯特·古泽塔（Robert Gouezeta），可口可乐公司前CEO

确定个性、价值观、联想和承诺

要识别那些能够反映目标市场所渴望的或尊敬的理想个性的品牌。建立对目标市场有效的品牌价值和联想。做出简单明了的承诺并坚持下去——永不食言。

确定关键的品牌时刻——或接触点

有些地方往往超越实际产品和服务的消费，在那里，大部分的品牌体验都能够被真正传递。客户在那些地方会投入大量的情感，比如打电话给客服中心投诉。那些地方包括所有客户与品牌互动的地方（电话、商店、网络、广告和活动）。

确定最有效节约成本、最具冲击力的品牌时刻

我们应该将创造力和资源投入到那些具有高影响力的领域，那才是决定品牌成败的地方。请记住，如果网站运营差，客服人员解决不了问题，那么即便品牌标识再漂亮，名称再特别也没用。同样地，如果兑现承诺时马马虎虎，好品牌也会毁于一旦。

培训服务还是重新设计网站

哪个更重要？是制定新的客户服务培训课还是重新设计网站？答案是：找出具有高影响力的接触点，将资源分给对那些高影响力接触点更有效果。

现在，我们已经知道了所有调研问题的答案，知道了我们要什么，以及什么是优先选项。在完成了调研之后，我们该着手写简报了。

创意简报

任何品牌营销方案的起点都是问“目标是什么”，即想要在客户的脑海中达成什么？创意简报应该包括品牌承诺、个性、价值观、联想和定位［以及3M，即人员（men /women）、钱（money）和时间（minutes）——谁负责什么，建立品牌需要花多少钱，在正式发布、测试和概念开发阶段之前还有多少时间］。品牌标识和绝妙的名称紧随其后。一份好的创意简报应该是所有主要决策者一起参与编写并一致同意签署的。

创意简报除了要定义好目标市场外，还需包括对客户的承诺。什么能让品牌与众不同？品牌需要满足哪些需求？在目标市场、分销渠道和管理指南之外，创意简报还需要列出品牌愿景、价值观、角色、个性、定位、承诺或主张以及品牌精髓。

例如，大众汽车的承诺是“最可信赖的汽车 ”。沃尔沃汽车则承诺最安全。品牌个性（即品牌以什么样的腔调、什么方式和风格与客户对话、品牌看上去是什么样，以及你的员工行为举止如何）对市场营销传播手段和员工行为给出了指导。维珍公司的品牌个性一直是狂放不羁的，比如维珍机场行李大小的标牌上就写着：“你的行李大小有限，但自我无限！”品牌价值会影响着你的工作方式、你的信仰和行为准则。另外，品牌定位必须是简洁易懂的。这是对所有其他问题的总结，也是市场营销战略的核心。品牌定位定义了品牌独特的优势应该在竞争中如何被客户感知。

每个品牌信仰都包含相关性和独特性两个方面。品牌主张必须首先满足客户的需求，其次才是竞争者所不能提供的。相关性和独特性能够提升成功的可能性。但是请记住，相关的产品的差异性也会随着时间而变化。

适合任何创意简报的备忘录是节选自名为 SOSTAC ® 的市场营销规划系统——SOS+3Ms。SOS 简报提供了一个有效的写作框架，包括情景分析（我们在哪里？）、目标（我们要去何方？）和战略（我们怎么去？）；3M 则是人员（品牌经理和团队）、钱（预算）和时间。更多关于 SOSTAC® 的内容请见第 10 章。

概念生成和开发

有关品牌承诺、个性、价值观、联想和定位的问题答案，能够为任何创造性想法提供指南。一份好的简报能为创造性思维保驾护航，保证其方向正确，避免将时间浪费在思考一些不适合品牌的消费概念上。

在创意简报敲定之后，我们就要着手调研客户、分销商和竞争对手。创意简报和那些额外的调研完成后，接下来就是品牌标志和名称的确定，确定之后再进行调研，挑出最好的一个或者几个进行不断改进或开发。品牌标志和名称的终稿也要经过测试。这方面的前期调研应包括全球使用调查，也就是说品牌的名称或标志会不会在几大主要语言中有不恰当的意思，另外它们是否易于保护。接下来，让我们来仔细看看品牌名称和标志的开发过程。

品牌名称开发

品牌名称开发本身就是一件需要专业知识的事情。品牌名称应该有辨识度、朗朗上口、便于书写、方便记忆，同时还应该具有相关性、简洁（最多四个音节），而且在法律上可受保护（也就是说不具有通用性），便于做广告和推销。最后还有一点，品牌名称要全球通用。

品牌名称开发有产品功用、古典名称（拉丁语或者希腊语）和基于益处的名称三种不同的方法。根据产品功用产生的名称（比如 IBM）不利于受法律保护；而古典名称的命名方式容易受到保护，比如“Nike”是一个希腊名字，正好与古希腊奥林匹克精神以及对人类身体的赞颂相呼应；第三种基于益处的名称比较不容易与产品或服务本身联想起来，但是更能唤起客户对产品益处甚至某种特殊理念的联想，比如用 Nectar 来命名一个“返积分”项目。

但是规则总是有例外。理查德 · 布兰森（Richard Branson）说他当时之所以将品牌命名为“Virgin”，是因为他当时还是处子之身。科技巨头思科的名字源于旧金山（San Francisco）的最后五个字母，据说创始人在开车经过金门大桥去注册公司的路上灵光乍现取的。Aldi 超市的名字据说是创始人阿尔布雷克特（Albrecht）将自己的名字和“打折（Discount）”联系起来取的。

品牌名称一定要既有特殊性，又要易于受法律保护（在注册商标时）。功能性或者描述性的名称比较难注册，因为它们可能是大家都要用到（因此归大众所有）的通用名称。

一旦候选的名称有了，就该把它们带入目标市场（以及潜在目标市场）进行检验，看看有没有人已经在相同领域注册了这个名字。在此之后，在每个目标市场所做的一些简单概念测试则能测出该名称在不同语言中是否有负面意思。没有这些检验，后续的全球扩张就会出现问题，从而在重新做品牌上花费金钱和时间。

品牌标识

十字架、锤子和镰刀、万字符、红十字或者国旗这样的标识很容易就能激发人们内心的情绪、情感、想象和某种诠释。标识是一种情绪反应的语言（有的时候是全球通用的）。象征符号、形状和颜色皆有无意识的和有意识的意义。视觉符号或者设备能被作为通过简化品牌识别过程、提高品牌意识的好方法。品牌标识也可当作对企业的概述或浓缩，但切忌太复杂。如果某个品牌身份需要大量解释，那就不是一个好方案。对品牌标识来说最严苛的测试是：独特性、易于识别、易记忆和可缩小（能在一张名片或者邮票上显示）。而品牌标识的颜色既能用黑白显示，也能用彩色显示，有些时候，标识需要出现在黑白的报纸上。理想状态下，品牌标识最好是象征性的，或与所做的生意相关，但这常常很难做到。随着互联网的不断发展，标识不仅需要在传统媒介上显示，还需要在屏幕上显示，而且这越来越重要。

标识是品牌身份的重要组成部分，通常被认为是品牌权益的关键要素。比如耐克的旋风标志、麦当劳的金拱门能让客户一下子就认出来，同时又是独一无二的。另外，品牌标识还是一种保证，它应该体现出品牌的价值观。当品牌标识与通用词汇组合在一起时，能起到保护商标的作用（通用词汇本身不具有保护能力，但是将标识和单词组合在一起就可以了）。好的标志（独一无二、易于识别、相关性强、维护得当）会成为图标，不仅是品牌整体容易识别，连其部分也让人一看就明了，比如亨氏的 V 形标志和万宝路的 M。

唐·金的头发

世界拳击赛的推广人唐·金（Don King）的冲天头发（高出头顶约 15 厘米）令他在拳击赛结束后，在人群中显得鹤立鸡群。他独特的视觉符号让他走到哪儿都能被人认出来，人们也容易知道他都出现在了哪些比赛中。

另外，标识的颜色也很重要。颜色不仅与我们的情感息息相关（想想公牛对红色的反应吧），还影响着我们的心理状态和决定。

品牌标识开发

开发品牌和开发其他市场营销传播方式差不多，也需要经过创意简报、概念生成（和筛选）、概念开发和最终的发布或者生产等过程。在每个阶段之间，调研将给予重要信息反馈。这能帮助我们选出最佳概念，并在调研结果的指导下最终形成品牌标识的设计终稿。当然，在投入制作之前，还需要做最后的调研检验。

一家英国设计公司为沙特阿拉伯航空公司设计了一款新的标识，它看上去前所未有、独一无二、容易识别。该标识由金黄色的棕榈树、交叉的阿拉伯刀和一轮新月组成，似乎显得很高端大气。殊不知该标识存在以下四个主要错误：

1. 错误的棕榈树种类——沙特阿拉伯是世界第二大枣椰树生产国，但标志上的并不是枣椰树；
2. 错误的刀——传统沙特刀是战斗刀，标志上的刀看着又旧又锈，是仪式刀；
3. 错误的月亮——沙特阿拉伯使用的新月是上弦月的月亮，象征着开始。而标识上的是下弦月新月，象征着结束；
4. 错误的颜色——沙特阿拉伯传统用的绿色被奶油色取代，奶油白象征炎热、荒芜的沙漠，而沙特阿拉伯一直致力于滴灌技术，让整个国家绿意盎然。

以上例子说明了设计者在着手任何标识设计前必须做好细致的调研。哪些既不愿意花时间精力调研，也不愿意做计划（划分为几个阶段）的设计者很有可能设计出错误一大堆的作品来。更糟的是，如果在标识正式推出以后才发现问题，那么损失更惨重，管理团队也会很尴尬。

品牌标识的趋势也需要调研。20 世纪 70 年代的企业形象大多是硬朗的。到了 20 世纪 80 年代，品牌标识的风格就转向温和和注重装饰性了。有些人嘲讽道："20 世纪 80 年代后期，如果你想让某家抽象的企业看起来更具目的性，只要装上一张脸就行了，最好是一张新古典主义的脸。"然而，沃尔沃斯集团（Woolworths）却对公司的名称、标识和整体身份进行了大换血，改头换面为翠丰集团（Kingfisher）。翠丰集团的标识独树一帜，容易辨别、记忆，这一标识标志着其激进领导力的扩张以及发展潜力（尽管有的人认为翠鸟的生命周期大概只有一年，而知更鸟和蓝山雀更为人们所接受）。Bovis 建筑公司则选择了蜂鸟作为其标识元素，再次证明了以上提到的观点。既然企业是关于人的生意，那品牌标识越来越拟人化也是一种趋势，如图 2-3 所示的英国保诚集团（Prudential）的标识。

图 2-3　保诚集团的标识

最近，品牌标识也有向纯图形方向发展的趋势（也就是脱离形象化的符号）。造成这种趋势的原因有多种：一方面营销呈现出传播方式直接化的总趋势，消除了许多不必要的元素；另一方面，对各大企业来说，互联网已成为重要的传播工具。Bamber Forsyth 公司的品牌身份专家马克·威尔森（Mark Wilson）说："网络和数字电视的分辨率不是很高，因此我们需要更简洁的、高度图形化的身份元素，看上去要小，适宜于在更多的地方呈现。"比如谷歌和亚马逊的品牌标识。

在千禧年的时候，Shanks & McEwan 废物管理公司更新了它们的品牌身份，名称更简洁，采用了一个更直接的标识图形（如图 2-4 所示）。在向员工介绍公司新品牌身份时，它们这样说道：

图 2-4　Shanks & McEwan 的公司标识

我们将"废物处理方案"这一短语与公司名称联结起来，是为了强调我们的身份是一家提供解决方案的公司。同时我们还将"s"作为我们的符号，让我们的新身份更加令人难忘。在标志中的圆点号和在"s"后的圆点号非常重要，代表了我们是废物处理界的终极公司。

品牌标识可以是文字［比如壳牌（Shell）］、字母标识（将企业名称字母艺术化，不带别的符号，比如Kellogg's）、文字商标（将企业名称与图形结合在一起，比如BHS）、企业名称的首字母（比如IBM）或者纯抽象的标识。不管使用哪种标识，都需要在全球范围内做细致的调研，因为符号、颜色和字母在不同文化背景中有不同的含义。

标识是否已走到尽头

今天，品牌标识已成为商业信息的危险信号。它正趋向于消失，并被无意识的信号代替——可以是iPod的白色耳机、蒂芙尼的蓝色包装、全彩贝纳通的照片或者你能想到的任何图像。

如果你看F1方程式比赛，那你就会发现大多数法拉利的车上都有搞笑的红色条形码，那就是万宝路的秘密标识。没有任何标识，没有任何名称。

马丁·林德斯特伦（Martin Lindstrom，2009）

品牌发布/呈现

品牌发布不仅限于新闻发布会和奢华的品牌活动。品牌发布（品牌改造）首先要从内部开始。整个公司都需要动起来，需要感受品牌的存在，与品牌共呼吸。公司CEO要以身作则，然后逐级往下落实：

- 激活品牌；
- 将品牌运营目标和品牌评级联系在一起；
- 将奖励与客户满意度和品牌评级挂钩；
- 将品牌价值观写进工作说明书中。

激活品牌意味着将品牌内化，并激活其价值。品牌所展现出的品牌个性与价值远远比任何广告更重要。品牌的任何言行不一都会严重伤害品牌与客户之间的关系。

当员工每天都在积极热情地传递品牌承诺时，那就能激活品牌。将品牌和品牌责任写进员工的职位描述中对品牌大有帮助，营销和人力资源可以在这方面加强合作，从而使品牌推广变得人人有责。

每位员工都知道（记得）品牌承诺和品牌价值是什么吗？他们知道公司代表了什么吗？他们能在不同的利益相关者（包括股东、员工、客户和供应商）面前动情地讲述企业品牌故事吗？为了保证品牌在全公司范围内都充满生机活力，请问问你自己的公司是需要结构改革还是部门改革？这才是最重要的事。思考一下企业的各个方面，包括员工行为和营业场所。将品牌的DNA注入企业的组织结构中去。

动员和激励员工

通过制定营运目标去建立品牌。将客户满意度和品牌评级与营运目标结合在一起（你应该衡量那些对客户而言真的重要的标准，而不是你觉得重要的标准）。每个员工都是品牌大使。

品牌一致性能够防止品牌被分化、被稀释或者慢慢消融。明确清晰的品牌指导准则应包括所有与市场营销相关的模板以保证公司宣传手册、网站和标识在全球范围内都能保持一致。品牌指导准则还包括品牌标识的潘通色卡（Pantone）颜色、尺寸、布局，以及用于网络和非网络、线上和线下等不同用途的标语的统一。

最初，一个新的品牌标识的价值甚微，有时甚至没有价值，因为它还不具备特权。首先，标识要和恰当的形象结合起来，接着才能开发它的辨识度［比如英国劳埃德银行（Lloyds Bank）的黑色马匹标志］。这是一个循序渐进的过程，人们对改变或者新鲜事物的最初反应一般都是消极的。有些情况下，人们的最初反应甚至是沮丧、厌恶或不喜欢，新的品牌标识可能无法与之前预计的感知相匹配（因此造成"感知不协调"，有的还会导致紧张）。随着岁月的流逝，标识才会慢慢地被理解接受，价值也才能随之不断提升。而如果公司内部的市场营销能动员员工参与到整个品牌开发和最终的发布中，那将对品牌帮助巨大。

不管品牌标识的趋势是倾向于简约、炫酷或棱角分明，还是全球通用的符号，企业身份依然需要在每一个公众接触点上细心经营。

品牌维护

比起品牌创造，品牌维护是一个更加艰巨的任务。好的品牌经理时不时就要对品牌进行进一步开发或者为品牌注入新的活力，以让品牌保持与时俱进（不一定要"时髦"，也不需要"摩登"，但一定与目标市场息息相关）。请记住，目标市场会不断发展和改变。经典的葡萄适（Lucozade）饮料以前是给生病的孩子喝的，然而随着目标市场人口主力军从 20 世纪 60 年代的孩子成长为 20 世纪 80 年代的成人，葡萄适饮料重新定位为成人的健康饮料。现在葡萄适饮料又做出了新的调整，但它始终与目标市场紧密相联。品牌的维护需要远见、系统、决心和人才。

动员员工和渠道合作伙伴

品牌需要有一个能调动整个组织的系统。让品牌充满生机除了市场营销的推动外，还需要一整套完全融合的方法。运营和 HR 必须开发系统以激励、动员全体员工全力支持董事会。比较理想的情况是，在员工职位描述中写明员工负有激活品牌的责任。运营目标则可以同建立和维护品牌联结在一起（比如测量相关客户的满意度）。品牌需要被植入企业的 DNA 当中。

这些都将帮助企业使其品牌充满活力，保证所有重要的品牌时刻（当企业与客户互动时）都能真实地反映品牌。品牌的第一批观众是员工，企业应该动员他们去全力以赴地支持品牌。另外还有渠道合作伙伴（分销商）。品牌经理要保证品牌在最终到达客户手中时依然和出发时一样，没有在中间环节偷工减料或者遭到破坏。

有些营销人员往往会犯一个致命错误，他们过于关注外部的营销传播（以大张旗鼓的广告、直邮、网站、选择进入式 SMS 来增加交叉销售和向上销售），而忘记了保证所有客户接触点都有效地得以执行才是最基本的。

鼓励品牌管理

品牌经理也是品牌的保护者，他们必须保证让品牌出现在每个接触点上。

坐飞机担忧吗

对细节设计管理的关注会潜移默化地影响空中飞人们。所有视觉接触点上相同的标志、字体、主次颜色和饰物能使旅行者感到安心，并能强化航空公司的品牌身份。

值机柜台的标志、标识、颜色和饰物应该和空乘人员制服（徽章）、票插、行李标签、出发等候区的地毯相协调，同时还要与飞机的外部图案、内部地毯甚至是陶瓷和织品的装饰相匹配。如果缺少了这样相协调的品牌身份，就会让乘客出现感知不协调。不一致的信息会导致乘客下意识地不安和不舒服。协调的身份能够舒缓乘客无意识的紧张，让乘客感到满意。这种紧密结合为一体的品牌身份虽然不会让乘客高兴地跳下飞机，或在飞行中快乐地叫起来，但是下次他们在两家航空公司之间做选择时，就会下意识地选择那家井井有条、令人安心的公司。

品牌管理（brand policing）的意义非凡。如果品牌身份没有得到协调、妥善的管理，令人眼花缭乱的信号就会在世界各地传播开来。被分割的品牌身份将会令企业形象分化，进而稀释重要客户心中的企业形象，使得公司的潜在资产（企业品牌）不断贬值，最终成为资产负债。企业不协调的形象稀释了企业自身，并传递出混乱的信息，从而使得客户对企业的第一印象和最终印象弱化。

尽管放在办公室显眼处展示或出现在公司信头上的标识是对公司品牌强有力的说明，但自始至终强化企业形象的是对标识的“呼应”，即品牌标识具体的主次颜色、字体、产品、包装、商业形式和员工制服上的“辅助形式”的整体设计风格。

因此，我们需要好好思考，管理好所有的视觉接触点。应该有一本设计指导手册在不同的大楼、不同的国家指导经理们做出始终协调一致的品牌规格，在每个视觉接触点都遵循一致的图像要求标准。

汗渍渍的企业形象

在企业身份中，对于细节的关注不能只停留于图形层面。1990年，经典的美国《耻辱堂》（*Hall of Shame*）节目曾做了以下报道：“为了提升企业的形象，AT&T公司要求公司的维修员工穿上西服、带上领带，并用公文包装工具，称他们为‘系统工程师’。但由于Ma Bell汽车里没有装空调，因此在夏天，当维修工赶到故障点时，整个人看上去就像刚走出桑拿房一样满头大汗。一名工会官员称：‘如果你的衬衣湿得直滴水，又谈何企业形象呢？’”

跨范围的传播要求各个方面都需要保持一致性，这一点至关重要。在约翰·墨菲（John Murphy）1991年出版的图书《品牌》（*Branding*）中，克劳斯·莫温德·汉克尔（Klaus Morwind Henkel）指出，消费者调查反映了消费者正有意识地去了解品牌名称、包装和广告之间的不一致，并让消费者对品牌产生疏离，最终导致品牌转换。因此一致性非常重要，而且我们应该在所有的公共接触点加强品牌身份的识别。广告和所有传播组合（包括永久的媒体，比如企业总部）方式都应该进行尝试。

企业标志只是冰山一角，这通常是企业最能被人们看得到的部分。企业身份架构的核心是标志，但还有其他一连串的元素，常被称为“视觉语言”，包括字体、颜色、照片和插图的使用以及上述元素的布局，甚至还有书面语言的特殊形式，大楼内外的设计构思（加上当今对生态友好型建筑的要求）。

英特尔、甲骨文、微软和IBM公司的大楼

英特尔公司位于美国圣何塞的蓝色堡垒象征着力量和控制；而甲骨文公司在美国加州红木海岸的闪闪发亮的大楼是创始人拉里·埃里森（Larry Ellison）表现力的高调展现；微软公司分散在西雅图雷德蒙德小镇的园区的低矮办公楼散发着一种非正式的、放松闲散的氛围，但沿着规则小道行色匆匆的人们却看上去既躁动不安，又缺乏安全感；IBM公司位于纽约州阿蒙克的新总部大楼被很严谨地隐藏在了山谷中，直到走到跟前，你才会发现它。它绕着根部松动的树木和岩石有规则地弯成S形。对于一家拥有270 000名员工、1997年创收800亿美元的公司来说，这样的总部看上去小得离谱。进入大楼内部，它的采光、开放式的布局、谨慎的高科技无不透出宁静的气息。这是一个低调内敛的企业总部，与“大败”（The Fall）之前的那座狂放的IBM公司大楼形成鲜明对比。

《经济学人》（1998）

好的品牌能促进销售，并在危急时刻成为巩固员工关系、财务关系和媒体关系的纽带。企业品牌营销不仅仅是企业身份那么简单。公司的身份远远胜过一个标志或对公司过多的粉饰。它会影响到企业各个方面的表现，比如企业总部、员工以及员工的工作方法。所有这些公司身份的组成元素都要各自发挥作用，各司其职。一个新的公司标志能提升利益相关者的期望值。

企业品牌和子品牌

伞形品牌旗下有众多子品牌。比如，维珍集团旗下还有维珍大西洋航空公司（Virgin Atlantic）、维珍可乐（Virgin Cola）和维珍铁路公司（Virgin Trains）。像GlaxoSmithKline（GSK）、联合利华和宝洁这样的集团品牌则会作为其子品牌的背景衬托出现，而像宝莹（Persil）这样的主流品牌的名字则直接出现在其子品牌中，如宝莹洗涤液和宝莹洗衣粉。

品牌资产投资

品牌需要不断地投资来保持品牌形象和档次，以免埋没在各种名目的传播中。有的企业选择长期品牌投资，比如可口可乐投资6500万美元在2009—2021年的奥运会上。

定期的品牌回顾，尤其是对大型品牌组合的回顾常常会引发战略性的品牌组合整合。联合利华就将其旗下的1600个品牌缩减到400个。如今，品牌所面临的挑战日益严峻。

人们的口味在不断变化，如果品牌不能时常进行维护充实以满足新市场的需求的话，那就会慢慢淡出人们的视线。即使是在稳定状态的市场中，没有什么强大的力量能将市场从品牌身边拉走，营销人员也仍需仔细监控品牌的实时动态，尤其在品牌进行全球扩张的时期。并要严格执行品牌指导准则，以保证品牌特征不论在何时何地都是一致的。

品牌回顾

品牌需要定期回顾，投入精力和资金。为了顺应不断变化的市场，品牌通常需要重建或者重新注入能量。持续不断的市场调查能保证品牌真正满足客户日益变化的需求，忽略这一步，将会让品牌很快退出舞台。另外，市场调查也能反馈品牌在现有竞争中以及在新的竞争者面前的定位如何。欧林斯曾说：“在复杂变化的公司里，企业身份（整体身份）所承受的压力是最大的，需要不断转变与调整以适应新的要求。好的企业身份起码要保持一代。”

品牌身份何时会过时呢？商业环境会改变并脱离企业和企业价值观吗？企业能够甩掉过时、不相关甚至有害的企业身份吗？员工和客户在什么时候会厌倦企业身份？并购有时会让企业需要有新的企业身份；有时，法务问题也会强制企业做出改变；有时，向国外扩张的雄心壮志又会被本土标志所束缚（比如 BT 的旧标志与海外公司就曾出现冲突）。

壳牌公司回顾并对企业身份进行了不断的升级换代（详见图 2–5）。壳牌公司品牌的设计与企业很契合，尽管“壳牌”这个“易爆炸”的名字（“shell”有炮弹的意思）有点不太适合一家石油公司。

图 2–5　壳牌公司品牌标志的演变史

全球市场在瞬息万变，有的企业总是担心自己会在全球的升级换代中被淘汰。定期回顾和重新设计企业品牌能够保证企业与时俱进，避免因一个过时的身份而被遗弃。

有时，新品牌的诞生仅仅是因为原有的管理层想别出心裁，或者新的 CEO 想要昭告天下自己的到来而已。这无疑是一个危险游戏。新品牌身份和企业身份往往提高了人们对企业的期望值，人们期望看到企业有新的工作方式，为客户提供新的利益和体验。

保持观察：客户体验

维护品牌的另一个重要方面就是客户体验（我们所见的大部分客户体验都比较糟糕）。花大价钱建立的品牌会因糟糕的产品质量和客户服务而毁于一旦。差劲的产品和服务、复杂的订单填写、缓慢的物流配送、不知所云的电话客服代表，以及错误百出的网站都会破坏品牌。邮件回复得慢对品牌也会造成不良影响，根本不回复则会杀死品牌。

因此，不管在线上还是线下，我们都要时刻关注客户体验。线上品牌还是需要在线下传递（比如亚马逊销售的图书），所以营销人员也需要仔细关注线下的事宜。所有品牌都有机会通过附加新奇的、高附加值的利益来拓展品牌体验。它们也许可以在线上添加一些令人眼花缭乱的东西来美化和拓展品牌体验，而这在线下是做不到的。

品牌培养也可以通过为客户提供周到的体验（又被称为体验式营销），或者鼓励他们参与到品牌建设中来，以不断提升客户的参与度（见第 1 章中的“参与度之梯”）。

最后是体验。不管是线上还是线下，体验的品质都会直接影响品牌和品牌形象。所以应时刻牢记，如果马虎设计的网站、石沉大海的邮件和评论、扫兴的接线员以及其他一些不良的接触点得不到妥善处理的话，也将会损毁品牌。大部分营销人员现在已经认识到网络是一个建立品牌形象、彰显企业整体价值观的好地方。

社交媒体开启了推动客户参与的新纪元。在添加一些令人惊叹的噱头以后，品牌网站就能为客户提供更深层的、丰富的品牌体验。

在网站提供的体验中，哪些能够真正为客户增值，哪些能让其品牌显得独一无二并能彰显品牌价值呢？最终，我们要问一问："我怎么才能让网站帮助到我的客户（其他利益相关者）？"下面是一些具体例子。

- 相机公司可以开发更多拍好照片的功能，比如模拟不同设置下的拍摄效果，并允许客户对比这些结果，选取最佳的照片（或者针对如何保养相机、保护胶片和照片提出建议，或者发起最佳照片的摄影比赛，鼓励客户带着自己的作品来参赛）。
- 旅行社可以开发"虚拟朋友"功能。客户告诉"虚拟朋友"他们的兴趣爱好（通过网上调查问卷），"虚拟朋友"就会给出一些目的地游览的建议。
- 化妆品公司可以提供网络游戏、屏保程序、广告邮件、视频剪辑和电影原声带来帮助客户使用产品。
- 食品公司可以提供在线菜谱、视频教程、论坛和"专家答疑"之类的板块。
- 巧克力公司可以为客户在甜点制作（巧克力为原料）、聚会游戏和餐桌摆放方面出谋划策。

创造客户参与

在客户参与上超越竞争对手，能有效地帮助品牌建立品牌忠诚度。那么如何能帮助品牌实现理想的客户参与度呢？理想客户或者说最有价值的客户不一定是买得最多的那个，但他可能是一位影响者，他可能不常买，但是买了一定会评价。这些评分和评论会影响另外的一百个人。如果"参与其中的客户"能够一直投入其中，你将有可能成为品牌的狂热粉。

营销人员能够轻而易举地监控博客帖子、论坛讨论、评论和档案更新的类型、数量和频率。这能帮助其抓住机遇，以尽早规避风险。因此，营销人员应该好好考虑一下那些品牌的福星而不仅仅是某位单纯的买家。

不关心产品和服务质量的客户对品牌是没有任何情感联结的，他也不会在乎提供产品和服务的公司。相反具有强烈情感联结的客户愿意参与到品牌建设中。营销人员需要了解客户对品牌的感觉、意见和亲密度，可以从以下几点找到这一类人：经常访问网络；经常购买；给产品评分和评论；写博客，参与论坛讨论；推荐给朋友。

不妨问一问："我们对不同网络客户的参与度有多少了解？"接着用数据找出品牌支持者，为他们提供更多相关的信息。

品牌扩张 / 战略

品牌扩张和品牌组合

只有单一产品的公司为数不多，大多数公司都是由一种产品起家，然后随着公司的壮大和市场细分，再开发出其他产品。产品线就是一系列产品出于市场营销原因或者技术原因而组合在一起的。健力士啤酒公司就是以单一产品起家的，并不断扩大其产品线以满足市场的不同需求。除了啤酒外，健力士啤酒公司后来也开始卖威士忌、软饮料和其他饮品。

把所有的产品线放在一起就是产品组合。找出正确的产品组合是一件需要细致平衡的事情。产品线应该扩展到何种程度最佳？一个产品组合中应该有多少条产品线为宜呢？

优势

品牌（或者产品线）扩张是一件既有吸引力又充满风险的事。尽管这件事看上去只是一个简单的决定，但背后却隐藏着众多利弊与风险。这是众多提高产品销售的方法之一，它将已有品牌延伸到新产品上。有人认为这能够降低发布新品牌的风险。带有现有品牌的新产品能很快获得市场的认可——客户可以认出该品牌，就会更容易信任和尝试新产品。同时，广告费用和推广费用也会降低，从长远来看，原品牌使品牌扩张变得成熟，保证品牌的持续性和竞争优势。总的来说，如果产品扩张能真正满足客户相关的需求，得到客户的喜爱，那就能获得成功。另一方面，新产品也能够加强原品牌的承诺，而不是去分流原品牌的影响力。在决定进行品牌扩张之前，一定要考虑好如果失败了该怎么办。

品牌扩张是一个诱人的决定，它完全可以利用现有的销售团队和分销渠道，而且目标客户也通常是相同的。它能够填补市场的空缺，并及时阻止其他竞争者进入该市场。另外，完整的产品线也能够塑造一个全面的公司形象，大公司同时也是信誉的象征。

劣势

品牌扩张和产品线的扩张也有不利之处。质量差的新产品会破坏原品牌的名声。如果新产品只是抢走了现有产品的生意，那是更不利的。因此，在考虑品牌扩张时，一定要计算有多少额外销售只是替代了现有产品的销售。另外，经常性的品牌扩张也许会稀释品牌的力量和独特的定位，尤其当品牌扩张与核心品牌不相匹配时。据报道，当易捷航空公司扩张到网吧时，它亏损了 7500 万英镑。相比之下，易捷度假（easyJet Holidays）则是一个更好的选择。维珍集团是一家大型企业，旗下有众多的扩张品牌，但它也经历过一些失败的扩张，其中包括维珍伏特加、维珍牛仔、维珍新娘、维珍气球和维珍美妆等。

失败的扩张

严酷的现实是很多品牌扩张都以失败告终了。每个品牌都有自己独特的定位。如果扩张与之相悖，那一定不会成功。在品牌进行扩张的时候，客户对品牌的关注也会随之模糊化。品牌形象一旦不清晰，最初的承诺也就会被破坏掉。承诺守不住，品牌就失去了价值和自我。

雅各布森和克纳普（Jacobson and Knapp，2008）

从某种角度来说，企业经常以新产品替代旧产品，因此产品淘汰应该遵循一定的标准。有些企业以保证最少 30% 的新产品（近五年内生产的产品）来平衡产品组合。逐步淘汰或者删除曾经有过贡献的产品是一件精细的活儿。企业必须小心翼翼地让这些产品优雅地退出市场，既要避免伤害员工的情感，又不能让小部分的客户感到沮丧，有些客户可能仍需要这些产品的部分零部件或者只是单纯地想继续买旧产品。有趣的是，世界营销方面的泰斗企业联合利华公司在 2004 年一年内就将产品组合从 1600 种大幅裁减到了 400 种。

尽管备受诟病，波士顿矩阵（Boston Matrix）为公司提供了平衡产品组合的解决方案。该方法能够帮助经理人员识别出哪些产品能带来盈利、哪些产品需要额外的营销资源支持以及哪些产品需要更多的资源。"摇钱树"产品（在低增长市场中具有高占有率的产品）所带来的现金盈余可以资助其他产品，比如高增长的"明星"产品。低增长（以及低市场占有率）的"瘦狗"产品经常吸收了不成比例的管理资源。以上分析通常是从现金流的角度看，而不是站在客户的角度来看的。

而从竞争者角度来分析一个品牌组合的话，会发现在一个品牌组合中，不同的品牌角色有所不同。"堡垒品牌"是指核心品牌，即最盈利的、市场占有率高的品牌。这些品牌的成功吸引了竞争者的目光。有些公司扩大了自己的产品组合，加入"边锋品牌"和"歼击机品牌"来保护其核心品牌。"边锋品牌"定价不同或具有一些不同的产品特征，主要起到抵御想填补空白需求的竞争者的作用。"歼击机品牌"往往定价低，主要用来对付那些已有的或者潜在的企图以低价占领市场的竞争者（这些品牌产品的质量会被降低，以避免稀释堡垒品牌）。多数企业宁愿将高产品牌的销售分给自己的低效品牌，也不愿意分给竞争者。然而现在也有一些特定规模的公司会选择割舍掉那些不能成为明星产品的品牌，它们希望能将有限的资源全部投入到主力产品上。产品淘汰和扩张都需要对客户、竞争者和总体趋势进行严密分析。营销人员要做好品牌的守护者，可谓任重道远。

品牌未来所面临的挑战

21 世纪的品牌将面临新的挑战：超级竞争的市场、未知的竞争者（分类不明，界限不明）、日益缩短的产品生命周期、客户需求的不断提高、时间压力、对信息疲劳的客户、媒体和信息碎片化、反品牌压力团体、自有品牌和其他两个来自的内部挑战——只注重短期效益的思维方式和对董事会的畏惧。

反品牌的崛起

品牌面临的直接挑战之一就是反品牌的道德卫士，他们攻击的对象是那些溢价很高的品牌训练鞋（据说这些鞋是在一些血汗作坊生产的）。

许多出版物也对各种各样的反品牌情绪起到了推波助澜的作用，比如，万斯·帕卡德（Vance Packard）在 1957 年写的那本经典图书《隐藏的说客》（*The Hidden Persuaders*）；埃里克·施洛瑟（Eric Schlosser）2002 年所著的《快餐帝国》（*Fast Food Nation*）；罗伯特·弗兰克（Robert Frank）2000 年所著的《奢侈病》（*Luxury Fever*）；故意破坏麦当劳门店的法国农民若泽·博韦（Jose Bove）；以及弗朗索瓦·杜福尔（Francois Dufour）2001 年所著的《世界不是用来卖的》（*The World Is Not for Sale*）。人们对品牌营销和市场营销日渐明显的反感，会将品牌暴露在一个危险的境地中。

而安然（Enron）这样的大企业的衰败又进一步助长了这种情绪。纳奥米·克莱恩（Naomi Klein）2000 年所著的《颠覆品牌全球统治》（*No Logo：Taking Aim at the Brand Bullies*）一书反映了一些国际品牌呈现出令人沮丧的一面。用她的话来说就是"这就像是一种法西斯主义，我们都必须向公司标志致敬，却几乎没有批评的权利，所有的报纸、电视、网络、街道和零售商店都被这些跨国大企业的利益团体所控制了"。无处不在的世界品牌横行霸道，剥夺了客户多元化的选择权利，将一种灰暗的文化强加到客户头上，扼杀了当地很多有趣的选择。甚至连

《经济学人》也在 2001 年指责了现代全球商业："企业正在从生产产品向营销梦想、形象和生活方式转变。它们想让自己变得轻飘飘，并试图通过将生产从第一世界国家的工厂转移到第三世界国家的工厂来转移自己的实体资产。"

在这种情况下，品牌及其代表的企业更应该好好表现，表现出自己的社会责任感，包括环境保护政策（和行动）、提倡慈善、支持当地社区和种族融合，以及不为军事政权提供供给，不做政治捐款（详见第 11 章）。

当然，还有一些讨厌品牌的人建立了反品牌网站，专门在上面吐槽，表达自己的愤怒情绪。据说，他们这么做是因为受到了糟糕的客户服务。有些人根本没有买过品牌的任何产品，只是纯粹地讨厌。戴尔公司公开听取这些批评，并为企业做出了表率。因此，如果企业能倾听这些问题，着力解决，就能改善品牌的形象，提高销售业绩，并改善客户关系。

自有品牌的崛起

主要的零售商不断地炫耀着其实力，要求供应商也要为它们创造和生产各个门类的自有品牌，不难理解为什么品牌持有者心存疑虑，尤其是当它们也需要提供高品质的自有品牌时。有的零售商的品牌强大到能让消费者心甘情愿地贡献越来越多的钱。我们不妨来看看乐购：既然它们能以合理的价格提供始终如一的品质产品，那么客户有什么理由不买它们的任何产品呢？

品牌拥有源源不断的竞争优势就在于持续的创新。虽然自有品牌越来越时髦，盛世长城公司的 CEO 凯文·罗伯茨曾说：

> 游戏已改变。自有品牌代表了品质。它们在很多行业与传统消费品牌一样具有实力。自有品牌正在向品质方面转变。但是它们能代表创新吗？答案是不能。这正是真正的市场营销登台表演的时候了。一个零售商再大也不能在创新方面超过像宝洁、联合利华或者雀巢公司这样的行业领袖。所以，只要这些大品牌保持其业务核心，将焦点放在创新上，那它们就将继续在这个再生的世界中不断挖掘新的价值。

短期的销售 VS 长期品牌建设

品牌建设不是一项短期的任务。它们是需要不断滋养成长的战略资产。如果把它们想象成人类，那它们和人类一样需要养育和成长。只有这样的关系才能让它持续终生，并代代相传（只要品牌与每一代的需求相契合）。销售和市场之间存在着持续的张力，财务和市场之间同样如此。季度结果导向的企业需要每季度提供财务报表，这就意味着需要每个季度都看到销售和利润的增长。品牌的回报不是立马就能显现的，尤其是新品牌和重新定位的品牌，它们需要时间去调研和发展，需要时间去与客户建立关系。虽然有的品牌在一两年内就能成熟，但那毕竟是个案。品牌要想在一个季度内崭露头角是不太可能的。

CFO、董事会成员和股东的不耐烦也许会阻碍品牌建设者的长远计划。这在关于广告的辩论中也有所体现：到底是销售重要还是品牌建设重要？固然广告在这两方面都能胜任，但绝不可能同时完成。事情必须有优先项。广告的确能提高销售，让品牌得以迅速成长，但每个目标都有不同的优先项。品牌建设是长远的，它可以保证高销售、高单价和高利润。这些因素都能让营销人员在董事会有话语权。

品牌：市场、财务和董事会之间的桥梁

20 世纪 80 年代，品牌突然被吹捧为“在日益激烈的竞争和不断扩张的产品活动中脱颖而出的不二法门。它们是秘密武器：受法律保护，为开发它们的企业带来不可匹敌的力量”。但是营销人员却错过了借此机会成为董事会英雄的机会。

一项研究报告表明，股东应该坚持品牌营销的系统性表现反馈。实际上，该研究报告还建议财务报表上的所有主要项目的系统性表现反馈（包括品牌），都应该让股东们过目。然而，很少有公司能够完美地平衡财务表现和品牌表现。报告中还提道：“总监们应该系统评估和监控企业的战略品牌定位，以及自身品牌投资是如何对抗主要竞争对手的。”董事会成员了解品牌的价值，但是他们不了解品牌是如何建立和维护的，尤其是市场营销是如何化腐朽为神奇的。

市场营销与品牌建设有什么关系

引用英国《金融时报》主席大卫·贝尔（David Bell）的话：“品牌作为股东资产的价值已经被广泛认可，而营销和广告在建立品牌权益和在财务报表上不断加强资产表现的关键作用却依然没有被完全认可。”

宾斯托克（Beenstock，1998）

但最具讽刺的是，既然品牌都已出现在财务报表上了，那它们就是作为公司金融资产的一部分，但用于品牌建设的预算却依然还是费用而不是投资。

2002 年，哈佛大学的马登（Madden）、费赫尔（Fehle）和福尼尔（Fournier）等人称：“品牌价值对股民的呈现最能体现营销是一种投资而不是支出。”这为营销人员带来了一块机会的叩门砖。但还有一个问题一直悬而未决，那就是“品牌建设的投资真的有回报吗？”因为缺乏总结性的证据证明品牌营销的回报和底线，“投资”还是被看作“费用支出”，品牌的承诺依旧没有实现。

营销人员必须掌握财务语言并将之用于市场营销中。营销语言和行业术语一直被诟病为“与企业最终的方向——财务脱节”。没有共同语言就没有交流，没有交流，品牌建设的重要之处就无法被得到重视。

财务和营销之间的对立关系

很多公司和 CFO 们会告诉你财务和市场部门之间存在一种对立关系。CFO 们想要降低营销的预算，而市场部又不能准确地解释营销所带来的投资回报。结果就是两个部门之间只有隔墙没有联系。

Ekco 集团公司（Ekco Group Inc）CFO

伟大的彼得·道尔（Peter Doyle）曾经说过：

市场营销经理很少觉得有必要将营销支出与公司的财务价值联系在一起。而今天，高管们背负着产生更多股东回报的重任，他们承受着巨大的压力，如果市场营销的声音被忽略，也没有什么好奇怪的。如果市场营销专家们不学习如何用相关的财务术语来解释市场

营销战略的重要性，那么这种情况还会一直持续下去。

如果营销经理们能够展示营销是如何为股东回报带来增长的，那市场部就能在董事会中拥有更显著的地位。这个学科本身也会因其严密和方向性的作用而获得更多的尊重。

营销人员还需要做很多内部的营销工作。但只要稍加努力，董事会的大门就会向他们敞开，那么用于开发品牌的资金就会得到保障，最终，给股东的回报也就有了着落。

品牌的要义

尽管品牌正受到挑战，但它依然是产生企业利益和客户利益的强大资产。令人惊讶的是，很多品牌用马虎的服务和不一致的品牌形象呈现出自我毁灭。品牌组成包括了名称、标志、颜色、定位、承诺、个性、价值观、联想和体验。品牌创造将历经创意简报、概念生成、概念开发和发布的成长培育过程。各个部分之间需要通过大量的调研工作来衔接。品牌维护的重点则在于客户体验，将体验扩展到网络，试图推动客户往参与度之梯的顶端前进，最终成为品牌的狂热粉丝。体验式营销也在考虑范围之内。最终，品牌扩张 / 战略有利有弊。战略性企业品牌也需要不断探索。

新营销箴言

◎ 品牌能够助力客户和企业。

◎ 品牌营销以及将其视为公司的战略之一，将能够帮助企业提升竞争优势。

◎ 品牌建设流程有着自己的规范与方法。

◎ 品牌和其他资产一样需要维护和资源的支持。

第 3 章　客户关系管理

客户关系管理

什么是客户关系管理

有人把它称为“客户关系管理（customer relationship management, CRM）”，有人称它为“客户体验管理（customer experience management, CEM）”，有人称它“客户管理关系（customer managed relationship，CMR）”。管理细致的品牌能帮助客户发展与品牌的关系（见第 2 章）。品牌培育和客户关系培养之间有直接的交叉地带。CRM 是一系列流程的总汇，与数据库相关，用于帮助企业与客户保持联系，处理他们的请求、投诉、建议和购买。

想想人与人之间的关系是通过倾听、理解、回复和交流的方式而日益紧密的：理解哪些对彼此是重要的，哪些具有特殊的意义；满足彼此的需要；永远不要食言；时不时制造一些小惊喜给对方，或者纯粹让对方高兴；关心对方；在对方不顺心的时候给予帮助。以上这些同样适用于客户关系的建立与维护，而这一切绝不是一朝一夕就能达成的。

就算仅仅记住某个人的名字也会大有不同。每个人都喜欢别人记住自己的名字，尤其别人能记住自己喜欢什么、需要什么。如果接待员能记住我的名字是一件多么愉快的事情！“你的名字是世界上最重要的发音”，经典销售培训课程一般都会教你这么说。记住别人的名字和需求（并满足他们）有助于建立关系。这对于一个有 50 人的餐馆和有着百万用户的网站同样适用。

记住客户的特殊需求，提供正确的回应绝不是靠猜。对于客户人数较少的公司来说，这需要好记性、好的理解和对细节的关注。而对于建立了客户数据库的大公司来说，主要依靠的就是对客户的精确分析，制订有价值的未来计划。随着客户越来越吹毛求疵，而相互交流的渠道越来越多，企业要做到的就是不论客户何地何时、有何要求，都要做到有问必答、有求必应。

相关度越高，价值越大：这是一个相互关联的统一体

如果你想保护和提升你品牌的价值，那你提供给客户的东西必须是有价值的。只有这样，客户才能得到自己想要的，你的利润也才能得到保障，这样才能实现双赢。

邓胡拜（Dunnhumby，2006）

商业正步入“后广告忠诚时代（post-ad loyalty era）”，广告的威力正在衰退，其他传播工

具正在崛起，快速生成极高的态度转变，尤其是WOMWeb（由Web 2.0或者社交网络推进的口耳相传）。传统的忠诚度模式通过广告来建立客户的品牌意识，从而最终与客户建立起长久的关系。如何保证客户的忠诚度依旧是企业永恒的主题，这需要卓越的客户关系管理和客户的持续参与来实现。

客户关系管理的力量

客户关系管理和品牌一样在客户周围建立起了保护墙。实际上，这二者是一体的，本质都是一样的。好的客户关系管理能够强化与品牌的关系。二者之间的关系一旦紧密联系在一起，那客户的忠诚度就能保证企业在弱肉强食的竞争中留住客户。建立在价格上的关系是不能持久的。只有建立在相关优质服务上的关系才能经得住时间的考验。

不管叫什么，客户关系管理对企业的未来至关重要。它能培育出一流的客户关系，就像在企业周围建起了铜墙铁壁，竞争者都在试图攻破城墙。但客户关系是唯一不能被竞争者复制的。客户关系也能提高销售，增加利润，提升品牌价值，最终改善财务状况表上的资产表现。

企业利益

创收

好的客户关系能促进销售，并带来更高的客户回头购买率，从而使客户在其有限的“客户生命周期”内继续购买产品，以及同品牌的其他产品和服务，将钱包里的钱贡献给品牌（看看客户是如何在乐购购物的吧，他们几乎什么都在乐购买）。好的客户关系也能吸引到更多的客户。客户买得开心，就会愿意和其他人分享，甚至主动招揽其他客户。

最优秀的客户关系管理系统还能预测客户的偏好，在他们准备购买甚至还没有购买之前就将客户可能需要的产品推销给他们。

优秀的客户关系管理系统能鉴别潜在的即将逝去的客户（即将放弃购买品牌产品或服务的客户），及时启动“赢回”机制，以挽回客户，不让任何一个客户流失。

强化品牌

强大的客户关系能成就品牌的强大。品牌忠诚度在客户周围建起防护墙，让品牌在“无边界、无类别”的市场丛林中打拼时，能够避免客户因受竞争对手的影响而流失（见第1章）。好的客户关系还能提升品牌形象以及品牌价值，其所取得的成果最终将在财务报表中显示。

增加利润

对现有客户及相关客户进行市场营销比对新客户营销要省钱得多。据预测，向现有客户推销，利润可以提升六倍，因此留住现有客户比招揽新客户更重要。让现有客户满意能为企业增加利润。

新建数据库资产

客户关系管理的另一个优势就是数据库。数据库是一项资产，尽管它没有出现在财务报表上，但它依然是企业实实在在的资产。有些公司通过将不同客户的生命周期价值，折算成当下的净现值来量化企业数据库的价值。

1% 的客户满意度 = 五亿美元

几年前，IBM 公司计算得出客户满意度每提升 1%，约等于五年内收入增加五亿美元。

CRM 所必备的资源

从长远来看，CRM 作为企业一项战略决策，将影响企业的运营方式。客户关系管理项目将耗费企业资源，即 3M：人（承诺，包括 CEO 的支持、专家级的项目总监以及训练有素的实施团队）、财（软件、外部咨询师、安装、测试、培训和激励的资金）、时间（开发重要 CRM 项目可能需要花上几年，即使是人员培训也需要几个月）。优秀的 CRM 系统还需要企业文化的相应改变，这对很多企业来说都是一个挑战。

没有高层管理团队在企业内部自上而下的支持，就没有 CRM 的成功。CRM 的实施是颠覆性的，耗时耗财，需要额外的资源、培训和激励项目的支持。投资回报也很难计算。

好高骛远的 CRM 系统供应商有时会推荐一种"淘汰替换系统（rip and replace implementation）"。他们会说服客户公司抛弃现有的系统，从头开始。这会因典型的公司糟糕的状况而变得复杂化，这包括范围波及甚广、缺乏培训和激励机制、系统延误、超出预算，最终遭到员工的抵制，他们并没搞明白新系统的来龙去脉。我们会在接下来的部分讨论如何避免这些典型的错误。

跨越一系列渠道（包括网络、移动客户端、电话、销售代表和电子邮件），将客户互动和数据整合在一起，将会面临很多挑战，尤其是在整合旧数据库和新客户互动渠道的时候。

维护数据库、管理 CRM 系统会不断耗费资金、时间和专业技能，这些都有可能出现短缺的情况。而这也是一个持续不断的过程，需要持续的资源支持。

问责风暴

没有有效的投诉处理系统的公司可能会出现内部摩擦（扯皮）。内部摩擦会导致员工士气低下和犬儒主义的出现。员工不忠诚，服务质量变差，进而形成恶性循环。这也就是为什么客户忠诚和员工忠诚需要如此紧密地联系在一起的原因。

穆林・斯通（Merlin Stone）、尼尔・伍德寇克（Neil Woodcock）

客户关系管理的失败

企业仿佛坐在客户服务的定时炸弹上，客户的要求越来越多，而营销人员却不能满足。的确，有的产品越来越好了（比如防锈汽车），但是服务和客户关系管理却没有跟上，反而后退了，客户满意度分数一直在下滑，企业正在失去他们（即使他们给出了"满意"的评分）。一旦客户不高兴，他们就会随时准备更换一家供应商。商家的竞争手段让客户眼花缭乱，他们的时间越来越少但需求却在不断增加。遗憾的是营销人员不能满足他们的要求。原因也许是 CRM 系统不是由营销人员所控制的，而是由 IT 人员设计了这一流程。无论其中原因如何，现状是客户关系管理没有任何改善。如 2009 年弗雷斯特研究公司（Forrester Research）所报告的

CMR 系统的失败率竟高达 47%。客户关系管理缺乏技巧是毋庸置疑的。高德纳公司 2009 年的考察报告确认，55% 以上的 CRM 项目的结果都不尽如人意。另外一份弗雷斯特研究公司 2009 年的报告则称，50% 以上的 CRM 项目没有达到预期目标。

高德纳报告又进一步描绘了一幅草率的 CRM 的图景：

> 大部分企业依然不能实现 CRM 的成功。86% 的受访企业称 CRM 会是企业未来三年内的重头戏。而超过 40% 的受访企业却没有制定一个正式的 CRM 战略。即使在制定了 CRM 战略的企业中，也有 44% 的企业的回报只是“差强人意”而已。

综上所述，我们可以看到 60% 的企业制定了正式的 CRM 战略，其中 44% 的结果却“差强人意”，也就是说 26%（60% 乘以 44%）的企业在 CRM 方面取得了预期的效果，而 74% 的企业要么没有 CRM 战略，要么效果太差。

> 80% 的企业都会认为自己的客户体验超级棒，但只有 8% 的客户对此表示认同。
>
> 艾伦、雷奇汉和汉密尔顿（Allen, Reichheld and Hamilton，2005）

哈佛大学的艾伦、雷奇汉和汉密尔顿认为 CRM 问题与增长有关。他们把它叫作“优势陷阱”：

> 企业的市场份额越大，就越会理所当然地把自己的客户当作企业风险。源源不断的收入令管理层开始分不清来自客户的利润和客户忠诚度，殊不知最有利可图的客户也许是那个最难缠或者最不受待见的。更糟糕的是，传统市场调查也许将客户看作一堆数据。经理们也许只会盯着数据看，而忘记了倾听客户最真实的声音。

几年前，另外一位哈佛商学院的教授苏珊·弗尼尔（Susan Fournier）在某次访谈中就称 IT 部门正在挟持 CRM 项目：

> 大多数 CRM 技术项目之所以都失败了，是因为 CRM 项目昂贵又耗时。造成这一情况的元凶之一就是 IT 部门。在强调技术决策而忽略市场营销决策中，我们失去了与客户建立更好关系的机会。想要找回平衡，营销人员需要从一开始就参与到 CRM 系统的设计中去。

既然有 74% 的 IT 项目都失败了，由 IT 主导的 CRM 自然就受到了质疑。巧合的是，这 74% 的失败率竟与 1980 年 Standish 公司和高德纳公司的调查结果是一致的。

营销人员应该参与到网络、社交媒体和数据库等各种 CRM 系统的开发和管理中去。营销人员应该掌握 CRM 的实际权力，以保证所有部门都应该围绕着一个经整合的系统展开。支离破碎的方法、不同的部门有着各自不同的 CRM 系统，以及之前提到的 IT 部门挟持 CRM，都会让 CRM 丧失为客户提供的关键功能。客户不希望自己的问题被各部门踢来踢去，也不想掉进一个未经整合、运营很糟糕的 CRM 系统的缝隙中。客户的噩梦还在继续。研究者发现企业还在继续：

- **忽视客户的电子邮件。**英国的主要企业有 38% 无视客户的电子邮件，即使这些邮件的数量在不断上升。零售企业的追踪记录表现最好，它们回复 70% 的邮件。而电信企业最差，58% 的电子邮件都被忽视了；
- **没有了解客户。**50% 的英国富时指数（FTSE）1000 企业不知道它们的客户是谁。即使它们收集了原始数据并妥善地保存起来，也没有为自己客户建立相应的档案。

如今也尚未有多大改善；

- **不能满足客户。**在富士通（Fujitsu）公司的电话客服中心接到的客户电话中，有50%~70% 的客户是要求价值恢复，即解决问题（比如送货晚了、送错了、产品质量差），而不是价值创造（比如通过电话为客户提供有帮助的建议，从而达到增值的作用）。如今有多少对外或者对内的客服电话是为了价值创造而不是价值恢复的呢？

接下来，我们将谈谈为什么 CRM 会失败、到底是哪里出错了，以及怎么避免这些典型的错误。当客户感到不满时，他们知道如何利用社会舆论，尤其是现在他们掌握了社交媒体，他们的评论就会像野火一样蔓延。

为什么 CRM 会失败

企业之所以在 CRM 上表现越来越差，是因为企业本身缺乏客户驱动的文化（这便是失败的领导力）、糟糕的 CRM 项目管理技能［特别是范围蔓延（scope creep），缺乏培训和激励机制］以及持续的成本削减。

很多 CEO 的失败都应归咎于其对客户驱动的市场营销的开发和实施缺乏了解。而多数营销人员的失败则是因为他们没有掌控 CRM 系统，既没能在全公司范围内整合文化，也没有帮助 CEO 理解 CRM 的重要性。

低效的项目管理技巧妨碍了 CRM 系统的准时实施和将成本控制在预算范围内。相对而言，CRM 项目对任何企业来说都不是一个小工程。像范围蔓延（不断地往系统中增加额外的、延迟的要求）、没必要的糟糕设计以及过于强势的 IT 部门都会对潜在的 CRM 系统构成威胁。74% 的 IT 项目之所以失败也许就是因为它们叫作 IT 项目（IT 只是作为企业的辅助功能而存在的一项服务，而不是目的本身）。IT 只是通过信息技术流程帮助企业运营而已。

企业接受变化之前首先要有培训和激励项目的支持。很多 CRM 项目被惧怕和抵触变革的员工拒绝。而通过激励和培训项目，能够让员工参与到变革当中来。这在几年前还被看作一个问题。BusinessEurope.com 2004 年的调查发现，25% 的营销专业人士没有正确地记录客户的详细信息，40% 的营销专业人士则没有与同事分享客户的联系方式。在所有的 CRM 项目中，培训和激励无疑是关键的组成部分。

另外，持续的成本削减和运营失败已经将许多 CRM 项目强调的重点从价值创造转移到了价值恢复上，从而导致不堪重负的员工在不断地加班中苦苦挣扎。

而且，正如查菲（Chaffey）和史密斯（Smith）在 2008 年合著的《卓越网络营销》（*eMarketing eXcellence*）中提道："旧的 CRM 系统就是一个高效的自动销售系统，根本不在乎客户到底想要什么。当 IT 咨询师提出一个前端自动解决方案时，你就该警惕了。因为尽管该解决方案能降低成本，使运营和流程变得流畅，但是却不能让市场营销变得更有效。"

理想中的优秀市场营销经理

但是所有的新科技都要服务于提高效率和降目标低成本的，而不是加强客户服务。一个备受全公司尊敬的、优秀的市场总监，至少要能避免让客户受到企业新 IT 投资的负面影响，最好是能够保证投资带给客户实实在在的利益。

怀特（Wright，2007）

CRM 的成功

好消息是糟糕的 CRM 为我们提供了一个去创造竞争优势的黄金机会。我们可以开发一个整合的、能为客户体验创造或者增加价值的 CRM 系统，以拉近企业与客户的距离，倾听客户的声音，收集数据，提供更优质的服务。销售因此能从客户的重复购买（终生客户）和钱包份额（还有哪些客户需要、而公司又能提供的产品）。像麦肯锡这样的机构预测售后市场（售后服务、培训和咨询）将会是企业寻找新的增长点的地方。真正有效的 CRM 系统将成为企业的重中之重。

CRM 的哲学

要想建立一家客户驱动的企业，首先要在公司的各个层面建立一种特殊的企业文化，即公司上下都要认可并聚焦客户需求和客户关注的文化。真正的 CRM 哲学就是把客户放在宇宙的中心。这种以客户为焦点的哲学需要营销人员采取长远的战略，而不是只关注短期季度销售的“交易型市场营销”策略。

CRM 哲学要求企业不断学习如何了解客户的需求和喜好，并为他们提供相关的优质服务，寻求更多满足客户的好方法。企业必须时常反思自己的衡量标准是否正确。CRM 哲学的终极目标就是将客户推向忠诚度之梯的最高处，将其从怀疑者转化为企业的拥趸。

如今，忠诚度之梯（如图 3-1 所示）已被企业广泛采用。企业总是希望能将客户从怀疑者推向忠诚度之梯顶端的拥趸。他们拥护品牌的产品和服务。忠诚度之梯和参与度之梯具有重叠之处。客户参与得越多，那越有可能最终成为拥趸。事实上，成功的关系营销将卖家的形象从供应商转变为客户的好帮手，知客户所需，帮助他们生活得更好。

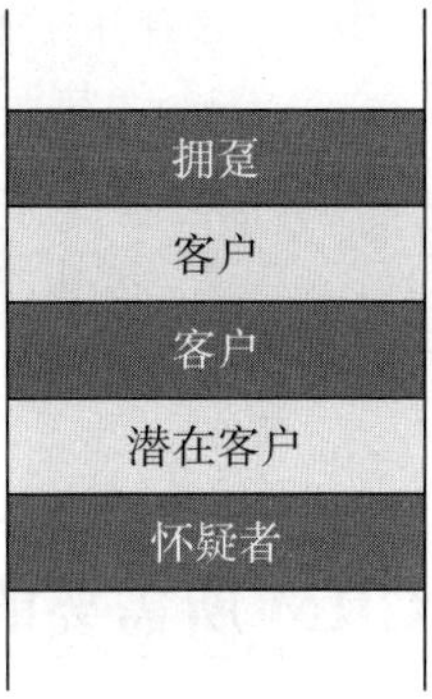

图 3-1　忠诚度之梯

不要把东西卖给陌生人

想一想以前位于街角的那些商店吧。老板新进了一种咸菜，他不会指望陌生人蜂拥而入把东西都买了。他会向常来买咸菜的老客户推荐，再推荐给买芝士和猪肉的客户。这可不叫强行推销，这是个人服务，前提是老板要记得每位客户的偏好是什么，再推测他们的需求。不管你的市场大小如何，特征是什么，直接营销让你得以将个人服务推广到每个客户。

杨（Young）

这种客户敏感型文化是基于 1999 年赛斯·高汀（Seth Godin）所定义的“许可式营销（permission-based marketing）”提出的。营销人员首先要得到与客户交谈的许可，接着一步步赢得客户的信任，最终赢得客户的忠诚度。第一步是通过电子邮件或者 RSS 订阅等手段获得与客户进一步交谈的许可。即使是在获得客户的许可时，奖励机制也是不可或缺的，但与客户的相关性才是核心；接下来的一步就是合作。营销人员帮助客户买，而客户则帮助营销人员推广（客户论坛和推荐）；第三步是企业与客户之间的对话以及企业、不同客户之间的三方对话。而这种三方对话可能出现在博客、论坛、焦点小组和反馈论坛上，甚至是客户和销售代表、客户之间的面对面交谈。

当客户“选择加入”接受进一步的邮件往来时，他们即给出了许可。这是客户允许营销人员建立关系的第一步。但是一定不要滥用许可，将客户的信息泄露给其他人，或者联系太频繁。要保证未来与客户的联系总是能增加价值。在联系客户的时候，一定要保证他们有权随时选择退出。这无论是从道德还是法律层面来说都是必须的（尤其是在 B2C 市场中）。现有客户选择退出就是“客户流失率（churn rate）”。营销人员要时刻关注着流失率的变化，并且努力找到其中的原因。

以上所提及的方法都是出自全局的客户哲学考虑的。这种 CRM 哲学更多的要求是战略思维而不是技巧，通过各种媒介来长期不断地培育与客户的关系，而不是一锤子买卖。要实施该战略就必须做到这几点：基于客户文化（详见下面的“CRM 所需要的组成部分”）的 IT 构建和人文构建。这是一项长远的投资，需要时间和金钱的投入，还有不可缺少的 3M：人、钱（预算）和时间。

这种许可可以是很具体的——确切地问客户他们到底喜欢什么：

- 内容——新闻、产品、承诺、活动；
- 频率——每周、每月、每季或突然袭击；
- 渠道——电子邮件、直邮、电话或短信；
- 格式——文本、HTML。

CRM 所需要的组成部分

CRM 的成功取决于其各个组成部分的恰当运作。企业除了在态度上要转向以客户为中心的文化外，还需要：

- CRM 构建（IT 和人文）。
- 流程：
  - 建立客户档案；
  - 量身定制的联系战略；
  - 数据库管理。
- 可靠性因素。

IT 构建

科技一直是 CRM/CEM 的诅咒，也是重要的推动者。构思不周的企业网站会破坏其品牌价值观，电话客服中心糟糕的服务也会导致对监控和改善客户体验的技术的需求日益增加。从本质上来说，CRM 需要整合企业构建；大多数能够帮助企业在未来实现 CRM 更好地发挥作用的软件都不属于 CRM 的范畴。CRM/CEM 需要的软件应用包括：

- 知识管理；
- 内容和协作，比如即时信息、网站社区支持；
- 商务信息和分析；

- 体验反馈；
- 企业流程管理；
- 入口和自助服务；
- 能将电话客服中心转变为互动式联系中心的软件应用。

提供技术的方式也在不断推陈出新。服务供应商现在可以提供托管、外包和网络服务的解决方案。企业应该尽可能地利用这些资源。

在没有分类、没有界限和没有边界的超级竞争市场中，与众不同是生存的王道。Visa卡和Master卡的区别是什么？欧莱雅（L' Oréal）和伊卡璐（Clairol）的区别又在哪里？在这种情况下，支持性的WOM又该如何生成？品牌想要从竞争中脱颖而出，它们就需要具备能够被推广、能够在接触点被生动地呈现出来的"个性"。只有这样，它们才会被人们津津乐道。在品牌推广中所给出的承诺，则要通过CEM呈现出来。而这一切可以通过以下方法来达成：

- 基于客户的需求来树立品牌价值观；
- 让员工参与到品牌价值观的开发中来；
- 将品牌价值观和主要的品牌承诺联系在一起；
- 鼓励员工的行为与品牌价值观保持一致；
- 当员工积极传递品牌价值观时，要奖励他们。

人文构建

- 通过向员工传授讲述关于客户、他们的工作和CRM的故事技巧来确立企业文化的基准。明确问题区域，通过改革项目来充分利用内部协同的信息。
- 将客户的意见和洞见传达给员工，这将有助于他们的工作。将管理流程的相关知识和客户互动流程结合在一起，以达到最大程度的合作和学习。先前流程重组所犯的最大错误就是没有这样去做。好的客户体验取决于将员工之间的相互学习和支持作为日常工作的一部分。
- 明确新技能的相关要求并为员工分配新的角色。通过持续不断地对员工进行关于传达企业价值观的培训，使之成为一项新技能。
- 重新设计组织结构以适应新的工作方式。在需要时，从不同的实践社区（也就是相似的技能群）中抽调并组建灵活机动的传达品牌价值观的团队来。CRM和CEM对传统组织结构的挑战在于它们有以下需求：
  - 对不同的客户的细分方式；
  - 非孤立的思维方式和工作方式；
  - 新技能和稀缺技能。
- 通过绩效管理将主要绩效指标和员工激励机制联系在一起；放弃误导员工行为的奖励。正确的激励方式至关重要。不要只关注财务目标方面实现了什么，而要关注"如何"实现高绩效表现。

企业CEO有责任创造一种真正的客户文化，让每位员工都能发自内心地去关心客户。这绝非易事，这是一种思维方式的改变。这是一种态度，而不是一套简单的流程。这将影响整个组织，人人都有责，而不仅仅是客户服务部门、营销部或者销售部，每位员工——从送货员、前台到会计和财务都有责任。每个人都可以利用客户体验为企业创造竞争的战略优势。

数据库

数据库是企业得以拥有自己的私有市场的入口。它位于CRM的核心位置，它包含众多的客户信息，并根据企业的需要来设置分类及各种变量，比如客户姓名、地址、问询记录、消费模式、偏好、兴趣范围、奖励等，以及根据不同的分析需要提取不同的变量内容。好的数据库包含的客户信息一定是高度相关并时时更新的。数据库就是一个客户的信息池，客户可能来自网络、互动式TV、销售代表和客户服务员工。一家拥有管理得当的数据库的企业能够在竞争中超越一家没有数据库的企业，数据库是企业一项强大的资产。

数据库中保存着两种不同类型的信息：历史信息和预测信息。历史信息（“交易数据”或者是“后台数据”）包括客户姓名、地址、交易时间、新近购买和购买频率、对推销和价值的反应。预测数据负责预测什么人群可能对特定的推销有积极的反应。这些都是经过统计计算后呈现的：通过对客户属性（比如生活方式、房屋类型以及过去的行为等）进行评分来预测客户的未来行为。数据库能鉴别出最佳（理想）客户和最差客户。最差客户拥有“消极价值观”：这些客户可能是糟糕的债务人或者只有在大减价的时候才会购买产品。

数据库开启新销售

乐福门（Rothmans）香烟通过促销建立起了强大的数据库：客户只需收集10张券并附上一张填写完整的问卷就能免费获得一包香烟。18个月内，乐福门香烟就收集到了750 000个客户的姓名。针对新客户数据库中的500 000名客户，公司又提出了FGF促销（friend get a friend，即朋友推荐）。数据库里的客户，如果拥有18岁以上的、抽乐福门竞争品牌香烟的朋友，只要提交他的名字和地址，他们就可以参与到一场免费的竞争活动中。250 000名抽其他竞争品牌香烟的人的信息被其朋友提供。后续的市场调查表明，数据的真实率高达90%。接下来，乐福门数据库会向这些人提供诱人的条件让他们更换香烟品牌。一位烟民的生命周期价值为73 000英镑（假设他一天抽20支）。假设有10%的人真的改抽乐福门香烟，就能够产生超过20亿英镑的销售（如果250 000人都换品牌，就能产生180亿英镑的销售）。

因此，数据库是包含了大量个人信息（消费者数据库）和敏感信息（如B2B数据库）的强大资产。总监们应该保证数据有备份、存储安全并进行实时维护。现在让我们来看一下传递完美客户服务所需要的流程。

数据分析

数据分析提升了客户智能（customer intelligence），进而提升目标市场的市场营销，改善促销管理，最重要的是改善CRM。不要只关注眼下的利润提升，而要着眼于如何让客户高兴，因为只有客户高兴了，他们才会买更多的产品，向更多的朋友推荐品牌，从而形成一个良性的循环：识别客户需求，以及时、低成本的方式提供更多相关的产品、服务和奖励，最终提高客户的满意度，ROI也将随之提高。深层分析工具既能用于网络社交媒体，也能用于传统场景。首先，要考虑如何让数据挖掘发挥作用以建立更好的客户资料档案和联系策略，并通过自动营销系统开发购买周期。

建立客户档案

50%的FTSE1000企业不知道自己的客户是谁。它们无法告诉你它们的理想客户和消极价值观客户（花费企业资金的客户）的区别在哪里。它们不能有效地为客户建立档案，它们也许掌握了客户的名字和地址，但是却不能据此建立有用的档案来描述客户。如果企业不了解客户的大概情况（如身份、需求和喜好等），那既不可能为客户提供相关的产品以满足他们的需求，也不能找出与他们类似的潜在客户。如果不能建立客户的档案，那么想要扩展客户群就好比海底捞针一样难。

查菲和史密斯两人向我们解释了客户档案是如何将显性数据（从注册和调查得来的客户信息）和隐性数据（从后端收集来的行为信息，也就是从客户在网络上留下的痕迹中获得的信息）结合起来。有价值的客户档案始终能结合隐性数据和显性数据，为企业提供了一幅目标市场、定义各个细分市场以及如何服务各个细分市场的特征的实景图（客户档案）。例如，每位购买汽车的人或许都会有不同的人口统计档案，其显示了购车人对汽车的某些特征性能的不同偏好，并要求试驾。如果这些访问者符合汽车公司对理想客户的描述，那么汽车公司也许会为他们提供DVD或者其他奖品，促使他们购买；如果不符合该描述，那么企业可能只会每月给他们邮箱发送企业的新闻信息而已。

访问者往往在浏览网站时都会在网站上留下访问痕迹，他们去过哪里、做了什么、看了什么以及花了多少时间，等等，这些都会被记录在案。Cookies使营销人员能追踪客户浏览过的网页、他们对什么感兴趣（浏览过的网页、次数、逗留的时间）以及买了什么。这些都为建立客户档案提供了便利。然后，营销人员深挖不同的人群对不同特征的广告电邮的反馈如何。客户档案还能够帮助我们鉴别哪些是能给企业带来最多利润的客户，这些客户之间是否有相似之处（比如他们是否都回复了某个广告邮件，是不是都来自某个网站或者搜索引擎，都用了某个关键词搜索，都在某一页上浏览了很长时间）。

我们应该为客户和问询者建立档案，并根据他们的不同兴趣、询问的内容、要求和购买记录，将他们进行细分。根据客户先前的购买决定，营销人员能够建立复杂的消费者档案，甚至能识别消费者的重要性等级标准——他们更看重质量，送货速度，服务水平，还是其他因素？这样的档案能保证企业为不同类别的客户提供量身定制的服务，以满足他们的实际需求。这件事做对了，就能形成良性循环，在优化服务的同时创造竞争优势，在逐渐形成的不可避免的新竞争面前，维系现有的客户。

客户档案描述得越精确，结果越好。因为精确瞄准目标能减少资源的浪费。不同的客户的需求不同，因此把他们细分之后，就能更容易地根据他们不同的需求来区别对待（不同的联系策略），以便让客户感到满足。

客户档案的建立是一个持续不断的过程，包括收集客户信息，进行数据挖掘，并利用这些数据进行客户建档，最后成功地锁定更多的目标客户。举例来说，格拉坦时尚女装邮购公司（Grattan's ladies' fashion）决定测试一款新产品——祖父钟。它们猜测这款产品的目标客户可能是来自富裕现代家庭的中年人、居住在农村的富裕退休职员和那些居住在独栋别墅或郊区高档社区的人。接着他们将这些信息输入电脑中，从中筛选出符合这类描述的客户名字和地址。随后公司向这些潜在客户邮寄推销目录，结果收到了60笔订单，每笔订单1000英镑。公司再对这60份订单进行了分析，找出其中所隐藏的共同特征，再次加入客户档案和数据库中，最后生成更精确的目标客户名单。当它们再次推销时，它们卖出了全部 1000 台限量版祖父钟。

数据挖掘

数据挖掘和细分既能帮助企业鉴别潜在的长期客户和品牌忠实粉丝，也能找出那些杂七杂八的“占便宜者”（即那些只对促销感兴趣、当其他品牌有促销时就毅然抛弃现有品牌的短期客户）。这些短期客户不仅耗费了公司的资金，还让公司的“客户流失率”增高。那些忠诚的长期客户对企业来说更有利可图，短期客户只能给企业带来损失，因此，每家企业都要清楚这些细分客户来自哪里，也就是说，我们需要知道哪种渠道或者激励机制最为有效。在渠道中，我们需要知道哪种线下广告、线上广告、直邮（线下或者线上）、社交媒体（特别是要具体到哪几种）会生成哪些正确的或错误的人流来源或实现哪些正确或错误的转化。

聪明的数据挖掘师拯救了 Safeway 的头号客户

在 Safeway 公司准备停产其销售榜上排名 209 位的一种芝士前，一位聪明的数据挖掘师发现，这种芝士经常被企业的理想客户（消费额排名前 25% 的客户）购买，这些客户是 Safeway 公司最不想失去的一群客户。如果在传统的分析原则下，这种产品注定是要被下架的，但事实上，它却是一种非常重要的产品。

另外，企业必须要保证数据库的存储安全。数据库越大，需要的仓库就越大。数据挖掘从这些数据仓库中提取数据，以发现隐藏在数据中的结构和关系。数据挖掘将先进的统计分析和建模技术应用到数据上，找出有用的结构和关系来。它能从上百万客户的每笔交易中挖掘它们之间的相互关系，而这些关系常常超越了人类概念上的认知能力（参看下面“意料之外的关系”案例）。数据挖掘用到了一系列的统计工具，包括回归分析、时间序列预测法、聚合（clustering）、联想、逻辑回归、判别分析、类神经网络分析（neural nets）和决策树。时序探索（sequence-discovery）的功能是能够探测出历史的消费结构，其所获得的信息能与人口数据（从主数据库而来）分层叠加在一起，这样企业就能在特定的时间，根据每家每户不同的弱点和偏好邮寄定制的产品目录。

意料之外的关系

数据库信息意外地发现，82% 的摩托车骑行者会购买速冻海鲜，而 62% 的业余大提琴手会购买机电工具。看到这些科技在实际中的应用是非常具有数学趣味性的。然而，管理者们也必须能大致了解这样的数据挖掘分析的目的何在，能带来哪些可能的益处。尤其对于当今的市场营销经理来说，问好问题或者写出见解精辟的数据挖掘创意简报是必备的技能。

根据不同类型的数据建立不同的档案

那么什么样的数据或者说哪种类型的数据应该记录在案呢？不论是 B2C 还是 B2B，除了客户的姓名和地址之外，显然还有其他值得记录的数据项。我们可以用 FRAC 来帮助记忆：F 是“频率”（frequency，即购买的频率、访问的频率）；R 是“新近度”（recency，即最近一次购买或访问）；A 是“金额”（amount，即花在产品上的钱）；C 是购买的类别（category）。

查菲和史密斯向我们展示了某些 CRM 系统是如何在了解客户与网站互动的信息后，使用

RFM［recency（新近度）、frequency（频率）、monetary（金额）］分析来决定给目标客户发送什么样的邮件。表 3–1 展现了每种价值项是如何分配给每个客户的。

表 3–1 RFM 分析

新近度（R）	频率（F）	金额价值（M）
超过 12 个月	每半年一次以上	10 英镑以下
在过去的十二月以内	每六个月	10~50 英镑
在过去的六个月以内	每三个月	50~100 英镑
在过去的三个月以内	每两个月	100~200 英镑
在过去的一个月以内	每月	200 英镑以上

企业可根据不同标准将客户分配到不同的类别中，再向他们发送相应的邮件鼓励其消费。方法有很多种，比如一家剧院集团根据新近度将客户分成九类：来过一次的；在过去一年来过两次或者更多次的；前年来过的，等等，并为他们定制直接的市场营销方案。其他公司的客户分类方法也许有成百上千种，而每一种都有具体不同的内容。

另外，还有一些值得收集的数据，比如：促销历史记录或者对某一特别推广的回应；钱包份额或者客户份额（潜在的花费）；花费的时间以及其他数据。在 B2B 营销中，我们对企业的类别（SIC，即标准行业分类码）、企业的规模、控股公司和子公司、客户所购买的竞争性产品等信息也有兴趣。企业可以根据客户的活跃度或者反应度来进行分类，然后制定调动他们积极性的战略。Novo 公司 2004 年推荐使用门槛收益率（hurdle rate，即某一类别的客户完成购买行为的百分比），它可以用来比较不同类别客户的参与度，或者为提升线上渠道参与度而设定目标。以下是关于门槛收益率的例子：

- 在过去的一年中，60% 的注册用户登录了系统；
- 在过去的一年中，30% 的用户通过电子邮件链接访问；
- 在过去的六个月中，20% 的客户访问了网站；
- 在过去的一年中，5% 的客户购买超过三次。

在掌握客户的采购周期以后，营销人员就能在客户开始下一次购买之前向他们提供诱人的产品推荐，从而大幅度提高销售的概率。推销如果晚一个月或者一星期都会降低客户购买的可能性，因为他们一旦开始寻找商品，就有可能发现同类商品中最具竞争力的那个。数据挖掘能挖掘出客户的平均采购周期，进而在客户即将开始他们下一个周期之前把他们找出来。之后，数据库会自动触发电子邮件、直邮或者电话联系客户（只要采取一套确定的规则）。举例来说，一家电脑公司用数据库找出个人买家的采购周期，就可以发掘不同类型客户更换电脑的频率。一旦频率确定，公司就可以在购买框架内向特定客户发送产品目录和打折信息，事实上，95% 的预期客户恰巧正要购买新的电脑。于是销售一下子就上去了。

数据分析学使销售转化率翻三倍

荷兰威科集团英国公司（Wolters Kluwer UK）提供诸如 Croner's 这样的信息和咨询服务的出版物，以帮助企业和专家们实时更新关键领域中不断变化的法律条例（包括税收、会计、医疗健康和安全以及人力资源）知识。公司年收入在 37 亿英镑左右，员工 19 000 人。在公司使用 SAS 分析系统之后，市场营销支出的投资回报增加了三倍；

客户保持率从75%提高到了83%。提高的效率和精准的目标定位意味着市场营销人员数和营销支出的减少。在招揽客户方面，销售转化率从每33个转化一个（3%的转化率）上升到每11个转化一个（9%的转化率）。项目整体的ROI达到2.25：1。

预测分析

数据分析也能用于研究客户的购买行为，以为交叉销售和向上销售提供帮助。如果银行观察客户的消费情况，也许会发现那群从Mothercare购买产品的细分客户，也就是说这些客户家里有小孩。将此与典型档案数据（比如年龄和婚姻状况）结合，进一步精确描述出客户群的特征，找出哪些客户可能会要买一辆更大的车（家庭成员的增加和成长）。这样银行后续的车贷也许就会得到30%的转化率（客户未来进一步获得相关贷款信息，会打电话给银行，告诉其兴趣点或者直接申请车贷）。

在线游戏公司Victor Chandler用SAS做了行为分析，以预测新客户的生命周期价值。例如，有位新客户来该公司的在线赌场玩（而不是玩牌桌），公司就能预测他更有可能是一位长期客户还是一位短期、花费公司资金、给公司造成浪费的客户。预测分析决定哪些客户值得投资（通过常规联系和常规激励），哪些客户不值得投资——那些给公司造成损失的"好占便宜者"，而这些人的共有特征通常是年轻男性、下注少（相对下大赌注而言）、减少下注频率、不常下注或中年妇女。如果访客呈现出上述特征，那他们一般只会在线逗留三周就会离开，因此对企业与之建立关系的努力（也就是没有常规联系和激励）毫无保障。而对于那些值得投资的客户，企业也值得开展"留住活动"（一种定期的、吸引人的联系奖励策略）。预测分析利用历史数据来标注和优化市场营销信息，使其能为不同的社交网络发挥更大的作用。

删除老年用户——缺乏科学性的建档方式。在缺乏完整可靠的数据的情况下，不科学的分析有时会被用于筛选出那些不符合目标建档的人员名单。例如，Rediffusion有线电视公司觉得老年用户不符合其理想客户的建档标准，于是他们剔除了老一代人常用的教名（比如Albert、Alfred、Alice、Victor、Violet等），以剔除那些不符合建档的客户。

伦敦消防队用数据分析预测火灾

数据挖掘还能被应用于非市场营销领域，比如说火灾预防。就拿伦敦消防队举例。伦敦消防队每年访问65 000户家庭，查看家庭火灾安全情况。但伦敦有300万家庭，这样需要50年才能访问完所有的家庭。于是它们使用了数据库。60余种不同的数据项被输入到数据库模型中，包括人口普查数据和居民人口学数据。接着，它们将伦敦划分为649个地理区域（选区级别），再加上土地使用类型、贫困度、马赛克式的生活方式数据、火灾发生历史以及预防措施历史等数据。计算机模型预测出哪个地方最有可能发生火灾。伦敦消防队利用这些信息预测那些火灾高发区，比如小型居住区或者工业大楼，然后派审查员去调查该地区，分发宣传手册，向住户提供建议，最终减少了火灾的发生率。

成本

有的项目记录了几百名客户的数据，有的则记录了几百万人（甚至4000万人的记录）的数据。聘请SAS这样的公司来进行数据整合、数据挖掘优化以及完整的直接市场营销组合，大概的花费在 50 万英镑到 500 万英镑。而社交媒体客户链接分析的起步价大概是 25 万英镑。

流程：通常流程

企业是如何管理投诉、退款申请、问询、感谢、建议和请求额外服务的呢？又是如何处理销售、交易取消、投诉或者客户流失的呢？是否有与之相对应的流程或者系统呢？交易结束后，你是不是送出了订单确认函？接着有没有发送配送告知？配送完成后，有没有发送售后服务满意度调查问卷、评分表或者反馈表？这些信息会发生什么？谁来决定应不应该采纳客户的特别建议？谁来告知员工？谁来告知客户？一位客户应该联系几次比较合适？如果客户情况特殊，那就不应该向他们再推荐其他东西。不同的客户是否应该为他们提供不同的建议？谁来决定？谁来实施？流程非常重要。

每个人都知道如何处理一笔订单或者投诉吗？如果接到从未有过的问询电话应该怎么办？谁来解决？客户有多少次都是等待电话那头的回复却又被转到一个又一个的部门？

有些公司非常看重客户反馈。它们设置 0800 电话，并在网站上设置反馈一栏，以及调查问卷、评分表，甚至是对外电话营销来收集客户反馈。倾听只是一个开始。企业还需要建立系统或者流程将倾听与有建设性意义的回复结合起来。

将客户的抱怨机会最大化

企业可以设置建议箱和其他反馈系统来最大化客户投诉的机会和感谢的机会，并创造与品牌的互动。

反馈（即使是消极的）对营销人员来说就像食物一样必不可少。然而，根据 E-Satisfy Ltd（前 TARP 公司）的调查显示，在 24 个不满意的客户中只有一个愿意向企业投诉。客户对企业来说不是刻薄的、失望的、不满意的未知敌人；相反，企业可以利用他们的投诉来找出潜在存在的问题，同时发现内部的问题（如质量监控或者士气低沉的员工）。有家公司的总裁在开车回家的路上总会接听客户投诉的电话录音。很多服务公司会邀请客户填写满意度或者不满意度问卷。解决方案比找出问题要简单得多。投诉总是有用的，我们应该欢迎投诉。

投诉激发创新

3M 公司称它们三分之二的创新想法都是来自听取客户的抱怨和投诉。

有些公司拥有能够将投诉扼杀在摇篮里的系统和流程。与处理投诉不同，电话营销（或者电子邮件）可以以低成本的方式来保证客户满意度。举例来说，有些客户虽然有问题，但是他们不想费事去打电话询问，然而他们又希望能得到答案。这些问题如果没有得到解答，很可能就会恶化为不满意的根源之一。定期的对外型电话联系（公司主动打给客户）就能在问题严重化之前把它揪出来。这比解决问题成本要低得多。对内型（0800 电话和免费电话）客户服务热线也可以让客户感到安心，前提是他们确切地了解到这些服务的存在。ICL 电脑公司有一支专门诊断客户错误报告的电话服务队伍。他们以专业精密的电脑化诊断包为支持，鉴别用户的错误是否真实存在，因为有些问题源于客户缺乏电脑知识，也就是说很多问题其实在电话里就能解决。一旦发现错误，诊断就会提前告知工程师，工程师就能及时带上所需要的配件赶到客户家里。

美国 Stew Leonard 公司零售连锁店的倾听流程

Stew Leonard 公司每月都会举行焦点小组会，而且日常都会设置建议箱。今天的建议在第二天早上 10 点打印出来，门店经理会亲自打电话或拜访那些提建议或者投诉的客户。零售连锁店每天大约能收到 100 个意见——它们是门店运营的脉搏。

积极聆听客户（和他们的抱怨）能为公司节约成本，而不是浪费。

1-10-100 法则

联邦快递公司的 1-10-100 法则就是：如果企业在预防质量问题上花费一英镑的话，那么在问题出现后进行监察和修正就需要花 10 英镑。最糟糕的情况是忽视质量问题，直到客户发现问题。那个时候再去解决问题，你需要的花费是预防问题发生所花费的成本的 100 倍。

流程：细化的联系策略

如果联系太频繁，那客户就会感到厌烦。人与人之间的关系也是一样，黏得太紧，你就容易招人烦，甚至可能因此形同陌路。另一方面，疏于联系也无法真正建立起关系来。建立最佳关系的要诀在于：在正确的时间以正确的形式、正确的次数联系特定类别的客户。这是一种联系策略，它决定了什么样的客户和问询者以什么顺序联系，提供什么样的奖励，用什么方式联系（电子邮件、电话等）。有的企业直接问客户他们希望以哪种方式收到公司的促销消息、提醒和通告（电子邮件、短信或者 HTML）。数据库会记录下他们偏好的媒介，确保发出信息时是通过这些渠道出去的。企业也会根据客户（或者潜在客户）的反应来不断调整联系策略。

有些汽修厂通过短信或者电子邮件与客户保持联系，提醒他们汽车该保养了。如果客户没有反馈，员工就会亲自打电话看看客户是否还想继续收到提醒信息（继续授予汽修厂联系许可）。

联系策略包括初次欢迎策略。在潜在客户首次加入数据库后，系统会以最佳的间隔时间和顺序向客户发出欢迎信息。在客户生命周期的后期，该策略向客户发出的信息旨在将潜在客户转化为实际购买客户，鼓励他们经常购买，尝试新的产品，或者在客户兴趣消退的时候，重新燃起他们的购买欲望。以下是查菲和史密斯提出的联系策略三步骤。

- 开发一款欢迎软件。在最初的三到六个月自动发邮件给订阅者，向他们宣传企业的品牌、优势和产品。雷诺汽车公司 B2C 的欢迎策略电子新闻通信中会包含内容荚，里面会有针对每个客户个人的兴趣而定制的品牌介绍和车型信息。随着公司每月新闻通信的不断更新，客户对品牌的了解就越多，而公司对客户的了解也就越来越深。
- 根据客户的活跃程度（回复率）和年龄对成员进行细分。评估电子邮件的活跃度（在过去的 3~6 个月内，有多少在册的客户没有点击过邮件链接，百分比是多少——没有点击过链接的客户一般都是不活跃的客户，需要以不同的方式对待他们，要么降低联系的频率，要么使用更多的线下媒体）。

- 有的客户回复率降低。企业需要采用特别的联系策略将渐渐不活跃的客户重新赢回来。

下面，让我们来看看据称拥有世界最复杂的关系营销者的乐购是如何根据不同的客户类型和客户关系发展阶段（比如新的网站访问者、第一次来购物的客户、常客以及流失的客户等）来制定不同的联系策略的。乐购会在客户的生命周期内一直监控客户的行为，不同的客户行动触发相应的电子邮件自动回复（ARs）。

- 触发事件 1：客户第一次注册网站（但是没有购买）。
  - AR1：注册后两天，发送电子邮件提供电话帮助，附带价值五英镑的首次购买代金券，鼓励其试购。
- 触发事件 2：客户首次在线购买。
  - AR1：即时发送订单确认信息。
  - AR2：购买五天后，发送电子邮件附带客户满意度调查链接，询问关于来自运输和提取的服务质量（比如产品质量，是否需要更换）。
  - AR3：首次购买两周后，直邮告知客户服务使用说明，附带下次购买的五英镑代金券，鼓励客户再次购买。
  - AR4：普通月刊告知客户每月特供。
  - AR5：半月刊给客户定制的产品目录。
  - AR6：两个月后，再次发五英镑代金券鼓励购物。
  - AR7：每季度邮寄折扣券。
- 触发事件 3：客户有段时间没有购买产品了。
  - AR1：检测到客户的休眠期，给其发送唤醒邮件，询问客户觉得服务哪里有问题（识别问题），并附上五英镑代金券。
  - AR2：进一步发送折扣券，鼓励客户再次购买。

请记住，营销就是对话。倾听客户的心声，观察他们点击了哪些地方，利用这些信息为每位联系者定制相关的附加值信息。接着询问客户他们希望多久联系一次，他们对哪些产品感兴趣。新近度就是这样提升的——这是成功的关键因素。

客户流失流程

任何企业都可能会失去客户，这叫作“客户流失”。有的客户换了工作，有的离开了这个国家，有的老了，有的去世了，有些转去竞争对手那里。企业需要具有追踪这些客户的流程。最根本的是企业需要倾听这些客户，了解他们为什么要走，向他们说明企业可以做出改变，以让他们回心转意，请他们继续购买公司产品和服务（有时使用附加奖励）。所有的一切都要记录在数据库中，以备之后的回顾（特别是客户离开的原因）。

耐心是必需的。客户也许刚买了竞争对手的产品和服务，企业需要等待客户下一个购买周期的开始。因此，请安静等待吧，和他们保持联系，让他们能轻松地回归。如果他们真的返回来，企业必须走出去，每天都需要赢回生意。

营销人员必须做到心中有数，对企业流程、客户关爱和客户体验哪个方面所出现的问题导致客户离开要了如指掌，同时还要了解流失客户的类型。如果高价值客户流失的比例较高，那企业就要敲响警钟了。

市场营销自动化

营销自动化（MA）在客户档案和具体事件（比如购买）的基础上自动生成定制化的传播信息，从而可以提高推介的效果。整个流程都是基于一系列规则，通过诸如交易记录和成本记录（电话客服中心反馈、订单量和订单频率）等变量控制最终效果。利用偏好模型（开放的可能性或者偏向性、购买的偏向性等），营销自动化可以鉴别哪种媒体（包括社交媒体工具）效果最好，并能够传递纯粹的客户视角。

营销优化能够分析所有的联系历史以寻找投资回报最高的传播组合，它还能识别哪种渠道会产生最优效果，是电子邮件、直邮（平邮）、电话客服中心、搜索引擎流量（从 SEO 得来）、社交媒体，还是其他获取客户的方式。

个性化和定制

世界上最重要的声音就是……你的名字！名字很具有个性化，它是赞美——尊重的体现。有了牢靠的数据库，营销人员就能记住客户的名字、需求、兴趣和偏好。结合专业软件和最新整理的数据库，营销人员就能为每位客户定制沟通方式，比如电子邮件、语音邮件（声控电子邮件）、平邮（传统的邮寄方式）、短信和最有趣的个性化网站。

个性化有助于建立关系。如果某人记住你的名字，尤其是能记住你对什么感兴趣，那就表明这个人关心你。同样地，如果企业记得你的名字和兴趣，最起码证明企业想把生意做好。

与无名女士的关系

经常乘坐英国航空公司（BA）飞机出公差的企业高管们往往会感到自己与那位写英航行政高管通讯的女士之间有着某种联系——如果他们在出差期间遇到什么问题，都会打电话向她寻求帮忙解决。

查菲和史密斯曾提出实现个性化的三种独特方式：客户化（customization）、个人化和群体特征化。其中客户化是最容易实践的，它允许访问者自行选择并建立他们的特殊偏好；而个人化比客户化高一等级，它超出了这种固定的设置方式。它利用客户自身的行为模式（不是其他客户的——系统通过访问者的登录名和密码知道这是某个特定客户），向客户传送符合他们联系习惯的内容；群体特征化是利用协同过滤和基于案例的推理向访问者推荐一些和他们类似的人所喜欢的东西。大规模客户化为不同的客户群创造不同的产品和服务——有时客户类别能达到上百种。个人化就不一样了，它只是一对一，不仅网站和传播方式是定制的，连产品和服务也是个人定制的。

高德纳公司提出了以下这些在线个性化的方法（从简至繁）：

- 称呼客户的名字：
  - 在印刷媒体上以名字称呼客户或者潜在客户；
  - 在电子媒体上以名字称呼客户或者潜在客户。
- 实时个性化：
  - 用关键词查询改变内容；
  - 用点击流数据来动态改变网站内容；

– 用协同过滤方式将访问者和服务内容进行过滤。

- 客户档案个性化：
  – 用地理个性化方式在传统媒体中定制信息；
  – 用人口个性化方式在传统媒体中定制信息；
  – 用地理个性化方式在网络媒体中定制信息；
  – 用人口个性化方式在网络媒体中定制信息；
  – 在既定的偏好领域授予网页访问者内容的控制权；
  – 用注册数据改变网站内容。

还有其他有趣的定制服务和广告的方法，例如，“感兴趣内容”（访问过的网页）和其他实时数据（比如银行余额）的结合。举一个例子，汇丰国际银行想将客户吸引到更高价值的类别中去，于是在自己的网站上测试了个性化的横幅广告。《新媒体时代》（*New Media Age*）2007年将此报道为“重大挑战”，因为“在每周的总访问量中，有60%登录汇丰银行海外网站的客户都会使用网上银行服务，汇丰银行想在这些客户使用网上银行时向他们推介，在打扰他们的自助银行体验的同时又不让他们感到恼火”。根据客户使用的内容和账户等级，汇丰银行开发了一些不同的推介内容。最终这种个性化的方案是有效的，新的个性化定制广告的点击率远超过非个性化广告点击率87.5%（6.88% vs 3.67%），通过网上银行开立储蓄账户的客户数提高了30%（基于广告投放的六个月前后期）；从非贵宾级客户升级为贵宾级客户（存款六万英镑以上）的提升了86%（目标广告投放前后的四周内）。

个性化巩固了企业与客户之间的关系。个性化的网页给客户一种主人翁的感觉——不是营销人员掌握了客户，而是客户掌握了网站。如果你能让客户感到网页是他们自己的，那么你向他们推销的产品和服务也是他们自己的选择，他们会将信息组合在一起，你要允许他们拥有你。

个性化挑战

很多个性化网站需要客户用密码登录，当客户忘记密码时，一切就没那么好了。很多客户就会因此放弃这个网站。Cookies就可以避免这一情况的发生。然而，现行隐私法要求电子营销人员需征得客户的同意，才能在他们的电脑上安装cookie（并在隐私条例中解释cookies的用途）。另外，还存在着一些个性化的问题。例如，个性化虽好，但有时也容易过度个性化。美国运通公司（American Express）有一次在个性化上用力过猛，以至于扫了客户的兴。UK Online for Business报道，美国运通公司的热线中心发现客户并不喜欢一接电话就被人叫自己的名字，他们觉得应该由他们自己说出自己是谁。就算是强大的数据库能识别来电号码，从而识别出来电者的姓名、地址、购买记录及其他信息，这种过于亲密的个性化欢迎还是没能继续下去。

耐克公司的网站曾经邀请客户将他们个人的标志缝在鞋上以彰显自己的个性化。有位客户在填完了在线表格后，支付了50美元，选择“sweatshop（血汗共厂）”作为自己的个性标志，但却被耐克公司拒绝了。舆论一片哗然。

自动化的个性化系统同时也代表了挑战。但是，倾听反馈，保证安全措施到位，鼓励员工发现问题（比如耐克）都是简单可行的实践。现在，我们再来看看客户看重的因素——可信度和信任。

可信度和信任

在提升可见度之前需要先提升可信度。没有可信度，你做的只是花大价钱让客户扫兴的事。很多企业在尚未建立可信度之前，就在广告和增加网站访问量上投资大笔资金。虽然很有效，但它们只不过是将一家低端公司做成了一家看起来高大上的低端公司而已。那又有什么意义呢？这类事情是不是听起来很耳熟？

如何在网站上建立可信度和信任

首先，确保你的产品或服务的质量够牢靠，和广告或者其他传播手段的承诺相符合。定期、认真对待客户反馈。检查网站是否运作正常（可用性测试）。

目前，所有的营销手段都会附上企业的网址。请参考表 3–2 中的 20 条可信度因素，确保你不是在损害公司的可信度而是在增强它。在提升网站级别之前，确保你勾选了所有的要素。

表 3–2　开发可信度、提高网站信任度、推动客户长期访问的 20 条建议

	是 / 否
1. 隐私声明	
2. 安全图标	
3. 保证书	
4. 专业机构的会员资格	
5. 可信的第三方认证	
6. 客户认证	
7. 客户清单	
8. 获得的奖项	
9. 展示专业	
10. 在“关于我们”和“联系我们”中使用真人	
11. 社区联结	
12. 道德政策（企业公民形象）	
13. 纯文本的版本	
14. 完整的地址和联系信息	
15. 校对所有的内容——确保没有错别字	
16. 可靠的系统	
四个推动客户多次访问的因素	
17. 高质量的内容	
18. 使用便捷	
19. 下载快速	
20. 经常更新	
总分	

CRM 的创造和维护

编写 CRM 简报

你在建立 CRM 系统时需要细致的思考和获得大量的建议。远见、强大的领导力、CRM 经验、整合的技巧和团队缺一不可。选择 CRM 系统时，你需要考虑现状，也需要考虑未来。这需要：

- 目标；
- 场景；
- 联系策略；
- 传播工具。

目标意味着目的。你想利用新的 CRM 系统达成什么目标（留住客户、找回流失的客户、获得新客户、处理投诉或者客户反馈）？你希望 CRM 系统如何帮助客户？又如何帮助你和你的团队？这会涉及哪些场景（客户反馈、建议、投诉、问询和销售——所有这些都可能发生在线上、线下或者电话沟通中）？系统设计之初是为了缩短“欢迎新客户周期（欢迎信和新成员特殊礼遇）”、向上销售（将客户推向更高质量的消费档次）、交叉销售（其他产品或服务）和重新激活处于休眠的客户吗？这些都能巩固客户关系。这需要辅以什么样的联系策略？用什么营销工具去生成数据？电子邮件、平邮、外向型电话营销、内向型电话营销、销售团队还是网页对话？

客户数据主要来源于网站注册信息、保证函、电话促销记录、电话接线员以及面对面或者电话线上的销售人员。但最好的数据来源总是安静地沉睡在某个柜子的底部或者散落在公司里的客户档案中。数据库可以存储每位客户及其购买模式、每次问询、每项投诉评论或反馈，建立起细化的客户档案，识别问题、偏好、对客户起作用的奖励以及购买周期。而这一切都可以简化顺序销售（sequence selling)。通过一系列的营销传播手段（联系战略）而不是通过直接的即刻销售来激发其客户的兴趣，并展示相关的诱人产品

系统应该提供并建立客户和企业之间的对话或双向的信息流。如果和潜在客户分享参与客户的意见、评分、评级和评论，是不是就能推动三向交流（三方会谈）呢？客户只要有回应，我们就可以鼓励他们说出自己的需求和情况（比如，他们希望继续留在企业数据库中还是选择离开）。

请记住，输入是一回事，而以合理的格式找回信息又是另外一回事。数据库的找回艺术就在于以恰当的格式提取数据，比如一份“在过去六个月里，西南地区所有问询过某产品的人”的名单、一份某一类别商务客户的名单（SIC 码）或是一张“所有只购买了 X 产品但没有购买 Y 产品的客户”的清单。

另外，规模也是一件不可小觑的事。数据库会不断扩大吗？可能会有几种数据来源？可能存在几种情形？

如果来自跨领域团队的营销主管被要求去开发一个 CRM 系统，那这其中少不了强有力的 CRM 项目主管的帮助。项目团队依赖不同的系统用户、分析师来了解他们的需求，依靠技术员工来建立系统，仰仗一位有充足时间投入其中的项目经理。你必须调动所有可能用到 CRM

系统的部门，包括客户服务、销售、市场营销、财务（开发票）、行政、生产和质量监控等部门。别忘了 IT 部门，但我个人意见是营销人员必须占绝对的主导，IT 人员只是提供专业技能而已，几乎不会对客户进行关注。记住，最重要的是让客户愿意和你做生意。这并不是一个科技主导的项目，而是一个客户主导的、客户标准可测（比如销售量增加、满意度的提升、向朋友推荐，等等）的项目。

在创意简报中使用 SOS 3M

从 SOSTAC® 营销策划（详见第 10 章）中可知 SOS 加上 3M 对写作创意简报非常有帮助。SOS 代表了情形（目前我们的客户管理是什么样的，为什么需要改进）、目标（我们希望借助新的 CRM 系统达成什么样的目标）以及策略（CRM 系统如何与企业的整个运营有机地结合起来）：

- 情形：我们现有的 CRM 是什么样的？
- 目标：我们想要达成什么目标？
- 策略：我们如何达成目标？创意简报的核心部分就在于此，清晰地表达联系策略和情形［包括现在如何，以及将来如何与其他系统（比如单据系统和收账系统）融合］

3M 包括资金（购买软件执照、培训和动员员工项目以保证他们能积极使用新系统的相关预算）、时间（具体制定、实施、测试、修正创意简报的期限，培训团队和发布系统的期限）和人员（最终实施项目、进行实际操作，并参与数据捕捉、分析和使用的人）。每个创意简报都必须包括上述所列的内容。那么，新系统在什么时候可以进行测试？员工该在何时培训？系统真正发布又应该定在何时？

警惕范围蔓延

范围蔓延会破坏项目。当你终于做完调研、讨论完所有的事、写好了细致的创意简报，并且获得关键人物的批准签字、顺利发给供应商时，某个员工又有特别有用的想法，并要求加进创意简报中。这样的情况就属于范围蔓延。范围蔓延将会拖慢进度，供应商也会因此有了拖延配送的借口（“是你修改了创意简报”），甚至还有可能借机提高要价。虽然往创意简报中添加好的想法很有诱惑力，但好的 CRM 项目经理一定要有威信，在最初探索阶段的时候就要有全局观，保证每个成员都了解这是投标前最后一次讨论创意简报的机会，一旦决定不容更改。

另外，应该制定一套结构清晰的系统开发办法，一步一步地走完整个流程。就网页开发而言，制作原型（prototyping）是效果最好的一种办法。它能根据用户使用早期系统的体验来修正新系统。CRM 说到底既是一个系统，也是一种态度。成功来源于企业的客户文化，当所有员工心里所想的都是如何帮助客户，那就离成功不远了。

在撰写创意简报、设计系统之前，营销人员需要不断提升自己的 IT 综合技术。当他们能熟练地使用 IT 语言，就能更深刻地理解科技是如何帮助改善客户知识，最终提升客户体验的。怀特曾说过：“IT 人员的语言让营销人员望而生畏。但如果营销人员能时常将谈话拉回到客户利益上来，就能在 IT 和营销之间建立一种围绕客户而生的共同语言，最终能与科技各就各位。”

CRM 系统的创造、开发、测试和发布

系统开发应该遵循一整套流程，一步一步地走完（详见图 3–2）。

在每个阶段开始之前都会进行调查或测试。起草创意简报之前，我们需要仔细调查每个部门有什么需求，这些需求如何整合在一起。创意简报确定之后，接下来就是对供应商标书的审查和调研。这些也许是现成的解决方案、定制方案或者是两者的结合，例如，对一个现成的系统微调后以适应企业的特殊需求。系统选定、开发完毕后就是测试阶段，最后才是发布。

系统开发涉及制作原型和原型改良，也就是利用客户使用先前系统的体验来修正新系统。然而，要警惕“范围蔓延”。最后，CRM 是一个系统、一种流程，同时也是一种态度。如果企业保持一种客户文化，每位员工都会问 CRM 设计者、开发者和咨询师们诸如“这如何能帮助到客户”的问题，那么就离成功不远了。

发布阶段需要在培训和动员中投资大量的 3M。培训是为了确保所有员工完全熟悉系统，知道它是如何运作、如何让他们的生活简便、如何帮助客户，以及如何帮助企业的。

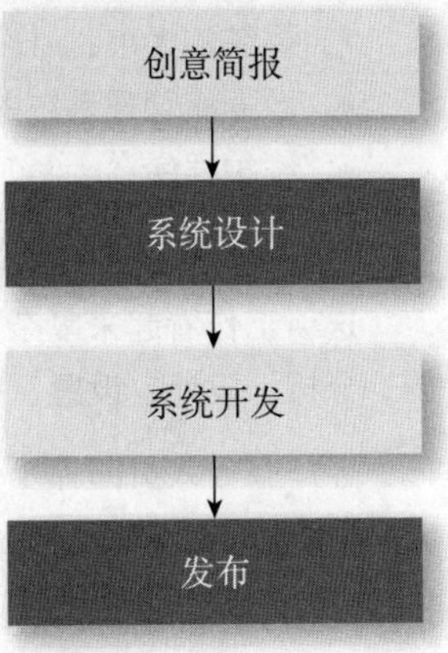

图 3-2　CRM 系统开发流程

前端是乐趣，后端是生意

营销人员都是开发网站（前端）的好手，但我们同时必须变成数据库和 e-CRM 系统（后端）的专家，这样才能保持持续的成功。

CRM 维护

虽然数据库没有出现在资产负债表上，但它仍是一项资产。就像其他资产一样，如果不好好地维护，它就会如同物理资产般随着时间老化、消逝。就好比一座大厦没有好好维护，就容易倒塌，最后造成麻烦（如果瓦片从房顶上掉下来，或者墙塌了）。数据库资产页需要定期清洁和维护，防止它恶化，最终变成麻烦，例如，直邮给已经去世的人，他的家属一定会触景生情而难过。因此，对数据库的管理一定要小心谨慎。

管理数据库

数据库是 CRM 系统的核心。除了数据库设计（保证相关客户数据快速提取，查询能即刻到位）之外，数据库经理还有其他许多职责：

- 数据质量：保证数据是精确的、相关的以及实时更新的；
- 数据安全：保证数据不会被企业内部或者外部的攻击而遭受危险；
- 数据协调或者用户协调明确谁有权利提取数据，谁有权利输入数据。不加控制的数据输入会导致文件被不同的人删除或者修改，最终导致数据库会失控；
- 数据备份和恢复：万一数据库受到攻击或者系统出故障，要保证数据可以恢复。

数据库经理还需要监控数据库的表现，确保系统能跟上数据库的扩大或者交互的增加（因联系策略的需要）需要。

成本和时间期限

一旦涉及最重要的问题——“要花多少钱”，就会存在很多变数：

- 系统设置的成本；
- 系统的类型；
- 系统的范畴（scope）；
- 系统的大小；
- 数据库管理系统的选择；
- 维护程序；
- 实体数据库管理系统放置在什么地方。

这项工作看起来复杂无比，但只要所有的变量都考虑到了，并对任务进行分解，就可以实施，分析、设计、设置、维护和运营的成本都能计算出来。

客户服务人员漏掉了什么？谁是关键因素？特别是在处理大范围、非标准的请求或者投诉时，谁来做主？核心问题是：到底需要多少客户服务人员？

另外一个问题是设置 CRM 系统需要多久？这里的时间变量和成本变量差不多：

- 调查阶段所需要的时间；
- 设计所需要的时间；
- 写程序所需要的时间：
- 捕捉数据、再评估和输入需要的时间；
- 最终测试产品、小范围内试行、实验以全面了解系统和排除错误所需要的时间。

强势的项目经理

高效的 CRM 程序需要一位强势的项目经理，他能将业务和技术团队联合在一起。我们也需要一名明确的数据库管理员来助力系统，以保证数据的质量、安全和运行。利用系统开发的生命周期来规划，并能为我们提供一个成本、时间安排和监控项目进程的框架。最后也请记住：CRM 永远不会终结，但会一直进化。

控制问题

关于系统最为难的工作是决定哪类数据最重要，尤其是在数据相互发生冲突时。有些客户有意无意地给出错误的信息；有些员工输入数据有误；有的空着不填。营销人员和数据经理的首要任务是想方设法获取正确、相关的信息，其次才是思考如何利用它们。

侵犯隐私权也是一个令人头痛的问题。法律、道德和行业规则时刻约束着我们。虽然道德起一定的作用，但最终决定“怎么样算联系过于频繁”的仲裁者还是客户自己。他们通过回复（或者不回复）来表达他们是否准备好接受企业联系了。联系客户的许可只是暂时的。企业需要为客户提供相关的、有附加值的联系，以赢得可以一直联系客户的许可。

问询信息是一个精细活。有的营销人员过于贪心了，如果你想问一些基本信息以外的东西，你就得提供更多的奖励，或者等着关系发展到可以深入问一些问题的时候。但请记住，客户很看重自己的隐私。企业的所有隐私政策以及其他可能的接触点必须清楚地被公示在网上。

衡量客户满意度

客服中心接线员的绩效常以接听的电话数来衡量。这其实忽略了客户满意度，而企业对外宣称永远以客户服务为目标。很多营销经理只是视客服中心为收集客户数据的地方，却忘了这是企业建立品牌至关重要的“品牌时刻”。

衡量客户关爱的营销人员每走一步都要谨慎，毕竟这可能会误导人。例如，大幅提升的客户关爱评分（比如从84分上升到92分）看上去很振奋人心，但却忽略了两个关键因素：第一，对客户来说那些服务成分重要吗？关键在于对服务进行1~5分的评分后，也会对服务成分的重要性进行评分；第二，客户如何在比较企业的其他竞争者后，对体验进行评分。

客户满意度调查立体化

第一维度的客户调查一般会对产品质量、售后服务、价格等进行评分：1分表示非常不满意；2分表示不满意；3分表示一般；4分表示满意；5分表示非常满意。这无疑忽略了客户对每种变量本身的重要性排名。

第二维度的客户调查衡量满意度对客户的重要性：1分表示无关紧要；2分表示有点重要；3分表示重要；4分表示很重要；5分表示很关键。然而，这又忽略了客户是如何将之与竞争者进行对比的。

第三维度的客户调查除了上述之外，还会询问客户每种服务与竞争者对比表现如何：1分表示差远了；2分表示有点比不上；3分表示一样；4分表示有的地方好；5分表示非常好。

有些作者甚至对三维度客户满意度评分持怀疑态度，他们认为传统的客户满意度评分只会让客户在空白处勾选他们的反馈，“一般只会得到厌倦的、寂寞的、愤怒的客户的回复”。他们认为关键在于要问客户：“你会将我们公司推荐给朋友或者同事的可能性有多大？”

像通用这样的企业通常会关注一类统计——不快乐的客户（得分在0~6分）与快乐的客户（也被称为“忠诚的推销者”，得分在9~10分）之间的净比。这种净推荐值（net promoter score）为企业提供了一个清晰的数字，可作为净利或净值的参考指标。

会计并不能辨别好利润和坏利润

我们根据利润来衡量生意成功与否。但是会计是不能区别坏的、怠慢客户的、阻碍增长的1美元利润和好的、能提高客户忠诚度的、加速增长的1美元利润的。

雷克海（Reichheld）和阿伦（Allen）

CRM总结以及挑战

CRM是一个战略要素，需要有长远的视角。纯粹增加销售是一种短期的交易营销。与客户建立关系，促进他们不断返回购买才是长远的战略。建立良好的客户关系需要企业文化的改变，以保证员工发自内心地想要帮助客户。有些CRM项目花了几年时间调研、开发、测试和发布。在达成短期月度或者季度的销售目标与达成长远的客户关系的评分之间存在一定的冲突。营销人员需要让董事会明白从长远的角度来看CRM是如何增加季度销售，改善盈利状况的。

要想转变为关系建立型企业，可以从网站、基本产品和服务本身做起。扪心自问，企业或者品牌如何才能更好地帮助客户。几年前，联合利华公司做出了一个战略决策，将宝莹洗衣粉从产品导向的端口（很多产品信息）转到了客户导向的端口。新的网站都由两大主要部分组成——“工作时间”和“休息时间”，包含你自己的生活方式和属于你自己的时间，也就是休息、护肤、关注饮食、孩子以及与孩子在一起的时间，还有美满家庭的小贴士，与孩子一起变得富有创造力，等等。另外，如先前所提到的，后续的品牌参与度策略和联系策略都需要谨慎实施。

客户满意度的ROI

实际上，当我们审视100强的电商时，我们发现满意度每提高一个点，就能带来1.12亿美元的销售额。

阿奇森（Atchinson，2008）

表3-3是本章的一个好结尾——一份简单的调查，让你对企业CRM之路有个大概的感觉（你的客户得到他们应得的服务了吗？回答“是”或者“否”看看你的企业做得如何）。

表3-3　客户敏感度商（customer sensitivity quotient）

	是/否
1. 你知道每年你的客户保有度所占的百分比是多少吗	
2. 你知道你每年流失了多少百分比的客户吗	
3. 你知道导致你的客户离开的三个最重要的原因吗	
4. 你知道客户最期待的服务是什么吗	
5. 在过去三个月里，你有没有亲自联系10位曾经的客户，以了解他们为什么要离开吗	
6. 你（以及你的所有员工）知道客户的生命周期价值吗	
7. 你有没有制定客户服务质量标准（你的员工也参与了撰写，他们也是所有者之一）	
8. 你有没有以浅显易懂的、可衡量的语言将这些质量标准公布出来	
9. 在过去六个月中，你有没有观察发现有的客户的期待已经发生了改变	
10. 你知道你的员工中有多少人服务于内部客户而不是外部客户	
11. 你的客户服务绩效标准是否和奖励机制挂钩	
12. 你的员工是不是每年都参与一定时间的客户关爱培训	
如果你的得分是：　那你是： 12　CSQ的传奇 10~11　CSQ之星 7~9　马马虎虎 4~6　坐冷板凳的 4分以下　该罚的	

新营销箴言

- ◎ 关系营销（以及 CRM）可以创造竞争性优势。
- ◎ CRM 是长期品牌建设与短期销售增长之间的对决。
- ◎ CRM 规划流程有一套规则可遵循。
- ◎ CRM 需要资源和一套标准的流程。
- ◎ 很多企业放任那些足以摧毁 CRM 的范围蔓延、缺乏培训和动机。

第 4 章　消费者心理和购买者行为

理解消费者购买行为

制定市场营销传播策略的第一步是识别、分析和最终了解目标市场以及消费者的购买行为。本章介绍了一些市场营销专业理论和模型，以帮助读者分析消费者在购买前、购买中和购买后不同阶段的购买行为。购买行为往往比它表现出来的更复杂一些。个体的购买行为一般不容易预测，但是，消费者群体（或者是市场的一部分）的购买行为则是可以预测的。

不管是在企业还是消费者的市场，无论是购买产品还是服务，购买者对以他们为目标的持续的市场营销传播会产生不同的反应。理论上讲，心理学、社会学、社会心理学、文化人类学和经济学都被纳入到了对消费者和企业购买行为商业和学术的市场调研中，以帮助我们更好地理解购买行为，帮助我们确认何种市场传播方式更有效。

本章主要为这一问题提纲挈领，通过复杂的汉堡购买例子去引出一些值得考虑的问题。然后分析不同种类的购买和购买过程（包括一些购买模型），考虑如何分配介入变量，比如感觉、动机、学习、记忆、态度、信仰、性格和群众影响，考察能够影响传播的进程，以及他们最终形成的购买行为。

三个重要的问题

在做任何市场传播工作前，我们需要了解三个有关消费群体的重要问题：

1. 买方是谁（即目标市场概要和哪些是决策部门）？
2. 为什么他们会买（不买）某一特定品牌和产品？
3. 何时、何地和怎么买？

第二个问题“为什么他们会购买”是最难回答的。它需要定性的数据而不是定量的数据（定量的数据通常回答其他问题）。购买产品和服务的购买往往会出于不同的原因和基于不同的益处考虑，有意识和无意识、理性和情绪的因素都会影响购买行为。下面我们通过汉堡的例子来说明这一问题。

复杂的汉堡购买者

为什么要购买汉堡？答案也许如“因为我饿了，所以我买了份麦当劳”这般简单，也许其背后真正的原因却大相径庭：也许是因为购买者在特定的某个时间段刚好处于对食物的需求状态；同样地，铃声这种刺激可能会使得巴甫洛夫的狗流口水，而高度清晰可见的麦当劳黄色标志也能作为一种刺激，使得消费者想起食物或者产生饥饿的感觉，甚至流口水。或许黄色的麦当劳标志扮演一种暗示的角色，这种暗示能够触发消费者记忆库中的美好的广告图像。

青少年之所以喜欢买麦当劳汉堡，因为朋友们经常会在那里聚会，而且他们很喜欢挤在人群中的那种感觉。友好的场景和快捷的服务同时满足了他们的两个基本需求——爱和饥饿。事实上，很多便捷的购买行为都是跟购买时间有关的，选择一项能够节省时间的产品和服务，可以让人们腾出更多的空闲时间去做别的事情，以满足自己的其他需求。当然，人们对于事情的轻重缓急顺序都有着各自不同的理由。但是为什么他们不去快餐店或炸鱼薯条店，而单单选择麦当劳呢？

通常，人们对于品牌的熟悉度和信任程度会影响他们的选择，而他们对品牌的熟悉程度则取决于他们的实际体验和广告对其品牌意识的不断促进。如果某一品牌通过广告等方式深深嵌入到消费者的脑海（即前意识）中，那这一品牌便会在消费者的日常购买中占据先机，除非消费者偏好另一特定品牌的快餐店。在这种情形下，消费者通常会去寻找那个品牌而不是先满足自己饥饿的需求。

另一个影响消费者购买汉堡选择的因素是位置——在正确的地方以正确的价格提供了正确的商品和服务。假设这些都能通过正确的场景（干净、友好、营养、快速和有社会责任感）所提供的，那这种营销组合就已经成功地占据了那些对某个快餐店没有什么特定偏好的消费者的市场。

为什么那些更具健康意识的买家会偏好某一款热汤？他们是出于什么动机？健康、对长寿的渴望、对死亡的恐惧、保持苗条的身材，还是仅仅出于感觉这款汤更健康？或者比汉堡便宜？或是因为办公室同事推荐了当地熟食店的汤（出于同辈压力，或被群体接受的渴望）？

还有一种深深地藏在我们潜意识中的影响因素。例如，1957 年，万斯 · 帕卡德（Vance Packard）曾提出，我们之所以喜欢温暖、营养丰富的汤的最深层次的原因是来自我们在母亲肚子里被羊水包围的感觉。

很显然，冲动和重复购买快餐食品有别于购买音响设备、房子、汽车和假期。相对于简单的刺激-反应购买模型（麦当劳的黄色商标刺激了购买者饥饿的感觉，进而引起其对购买巨无霸的反应），那些高端产品或服务的购买需要更多的市场信息研究。有规律的低成本购买行为则是“例行性的反应行为”，跟那些高成本、高风险以及无规律的“高度参与的购买行为”截然不同。下文介绍的基本的购买模型有助于我们去解释不同类型的购买行为和过程。

消费者是谁

很多企业不知道它们的消费者是谁，这意味着它们并不知道自己的目标客户是谁。这是一种高风险的市场行为，就像大海捞针一样。事实上，我们有很多机会找到那根针，至少可以描述那根针长什么样。如果企业在市场营销中不能准确地描述理想的客户是谁，那么它们几乎只能靠碰运气了。少数杰出的市场营销公司确实花费了很多时间和精力去持续不断地、准确地研究和分析其目标市场、目标市场的需求以及消费者如何购买。

线上营销或许比线下营销更难，人们在线上、线下的行为截然不同。他们会在网上使用不同的笔名并展现不同的性格。有时候，很难在网上分辨谁是谁。正如网上所说的，谁知道你是不是在跟一只狗聊天呢？

要想弄明白谁是消费者并不像看起来的那样简单。正如第 3 章所讨论的，50% 的英国公司并不知道它们的客户群体是谁。尽管拥有强大的数据库，但它们仍然不知道怎样去定位它们的消费者。没有这些信息，企业就会像盲人射击一样听天由命，这是一种高风险的市场行为。例如，欧洲某家电池供应商注意到公司利润最高、技术含量最高的电池经常在其最有潜力的零售商那里售罄。为提高零售商的销售量，该供应商投资了新的销售点，并猜测技术含量高的电池是被那些高技术用户购买的，于是公司又重新设计了产品的陈列架，重点突出了该电池在数字化服务方面的优越性能，然而销售却以失败告终。调研显示，普通用户购买电池时，他们仅仅认为技术含量高的电池的持续时间会更长。公司不得不重新用原来的陈列架展出，结果销售量提升了 20%。

决策部门

正如之前讲的，不论是企业还是消费者所购买的产品或服务，通常都会涉及决策。选择家庭用车可能会受到父母、孩子、亲朋好友、邻居以及汽车供应商协会等的影响。每一方都会在购买过程中扮演着不同的角色。类似地，新购买一台工厂用机器可能会受到安全调查员的影响，安全调查员是由工程师、检察官、消费者和产品经理组成的团队选出来的，而且，团队是经董事会批准的，采购或订购货物都须经采购总监批准，并由财务总监或者公司秘书进行支付。

PAGES 是指关于那些帮助企业建立营销传播决策单元（decision-making unit，DMU）清单的人的名称的英文缩写。

P：即购买者（Purchaser），指订购产品或者服务的人。

A：即专家顾问（Adviser），指在某个领域有着渊博知识的人。

G：即“看门人”（Gatekeeper），指那些想要保护他们的老板免于被市场负面消息所影响的秘书、接待员或者助理。

E：即最终用户（End user），有时也被称为“客户”。

S：即发起者（Starter），有时也指煽动者或引发者。

而实际的决策者有时会和购买者或使用者区分开来。在 B2B 的环境中，付款的人和购买的人是不同的。

移动设备迟早会知道你的需求

当我在马德里参加完会议时，距离我返回纽约的航班起飞还有三个小时。此时，我的手机开始“觉察”到我要开始出发了，也“知道”了我的行程，于是它问我是否要叫一辆出租车去机场，或我是否愿意在城里逗留一会，因为坐车去机场只要15分钟。于是我选择了第二个选项，用手划了下手机屏幕上的“周围媒体流”，从“个人喜好”到“向我展示一切”，然后手机显示了在我附近的所有的旅游名胜，甚至是附近评价很高的咖啡店（我喜欢咖啡）。于是我选择去咖啡店，当我好像在喝第二杯的时候，手机提醒我我的飞机延迟一小时起飞，同时告诉我要从 E32 号口登机。于是我又喝了一杯咖啡，并从手机上浏览了一下马德里的历史，直到它再次提醒我应当叫一辆出租车了——它立刻推荐了我一个 App，我马上从 App 上预定了一辆出租车。

弗兰克（Frank，2010）

他们为什么买

营销人员真的需要知道为什么消费者们会购买。关于这一点，甚至连消费者自己也不清楚购买的理由（他们喜欢假设自己是一个理性的消费决策者）。关于人们为什么要买，我们可以用一系列有意识和无意识的理由来解释，有的原因是理性的，有的是感性的。我们将两者之间的区别称为“理性–感性二分法”。已故的可口可乐公司前任 CEO 罗伯特·古泽塔（Robert Gouezeta）曾经说过：“我们仅凭想象做销售，却不知道如何凭表现去做销售。我们卖的所有东西都是凭想象销售的。”

是理性的消费者吗

消费者只会知道他们装进购物篮里的 50% 的商品的正确价格。即使明知道有更好的产品，消费者仍然会对一些品牌保持忠诚度。消费者很少向供应商抱怨对产品的不满。这真的是一种处理重复购买的高效方式吗？还是一种情绪失常？

伊斯特（East，2008）

理性 – 感性二分法

消费者在购买商品时往往会陷入理性和感性的挣扎中，甚至一些精明而又理性的消费者也会出现这种情况。以小企业向其他企业销售为例：小企业无法凭借规模、价格或者大量订单去与大企业竞争；它们不得不用故事或者关系去维持一种不切实际的忠诚。不仅如此，B2B 的销售是建立在一种基于可靠、信任和个性的关系之上，而 B2C 的销售则建立在情感为主导的购买行为上。实际上，在第 2 章我们提到过，哈雷戴维森不是在卖摩托车；星巴克不是在卖咖啡；地中海俱乐部不是在卖假期；健力士啤酒公司不是在卖啤酒；可口可乐公司不是在卖可乐。保时捷汽车的购买者不是在买汽车，而是想证明自己有能力买得起这样的车。

伊斯特教授或许有些保守，但实际上，很多英国消费者愿意花超出真实价值 800% 的价格购买产品，与英国阿斯达公司的自有品牌相比，一瓶 2 升的可口可乐会卖 1.2 英镑，但是阿斯达货架上的自有品牌只卖 0.15 英镑。约翰·罗伯茨（John Roberts）认为可口可乐公司的核心理念是产品的参与度，通过活动参与拉近品牌与消费者之间的距离。从来没有一个可乐广告是只有一个人在作秀。这种亲密无间的特权反映了我们内心的需求——我们愿意花高出平均价格 800% 的价格去购买产品。

魔法营销公式大师、盛世长城广告公司全球首席执行官凯文·罗伯茨认为人们 80% 的决定都是由情感所导向的。虽然 80% 的营销传播是理性的。理性决策导致结论，而感性决策则导致行动。因此，营销大师们也想打情感牌来助力营销，比如，药物治疗后背疼痛最理性的方法是药物治疗解决疼痛，而感性的方法则是让病患在整个治疗过程中感到愉悦。这就是罗伯茨所说的：“让感性主宰一切。”

感性和理性之间的区别

当你看到产品的包装、广告以及回忆起某些你曾看到的产品时，你不需要去想产品的任何好处、任何属性以及任何描述，只需三秒钟，你立马就会和产品建立起一种情感联结，然后做出是否购买的决定。神经学家唐纳德·可汗（Donald Khan）说过理性与感性之间的区别在于：理性导致结论，情感导致行动。

大多数的调查研究会问：“你会记得这个吗？你从这个品牌中获得好处了吗？”然而你在调研中唯一应该问的问题是：“你想再次见到它吗？它与你有联系吗？”

凯文·罗伯茨（2006a）

最起码，营销经理要不断地问这个问题：“为什么他们会买或者不会买我们的产品和服务？”需要对客户进行深入调查才能找到关于以下问题的答案：

- 你对这个品牌的感觉如何？
- 这个品牌是否能触动你的内心？
- 你对这个品牌有多少忠诚度？

这些问题的答案并不是一成不变的，也不是一次性的调研就能带来永恒的信息。同样也需考虑理性因素，并请记住：原因会变化，人会变化，市场会变化，竞争和科技也会变化。昨天购买产品的理由可能到了明天就会被摒弃。相反对于昨天而言，一个毫不起眼的产品特征明天就会成了卖点。

一家公司的高管仅仅可能因害怕那遥不可及的裁员而去收购一个电脑品牌。正是因为不同的客户购买同一产品是出于不同的需求，才让事情变得更为复杂。例如，美国人买 ipod 是因为 ipod 可以让他们在听自己喜欢的音乐的时候不被别人打扰，而日本人购买 ipod 的原因则是他们可以使用 ipod 听音乐，从而避免打扰别人。即使是非常简单的产品（如牙膏），也包含非常复杂的购买原因。牙膏的制造商根据客户刷牙的不同需求而推出了不同类型、不同功能的牙膏。请看下面的牙膏测试例子。

牙膏测试

我们为什么要买牙膏？是为了保持牙齿的清洁，是为了防止细菌吞噬我们的牙龈，还是为了笑起来更美？有些人会认为这是个习惯或者说我们父母教我们这样的。所有的这些回答都表明不同的群体对牙齿清洁有不同的需求，所以根据消费群体不同的需求开发不同的品牌去迎合他们。但是你是什么时候刷牙呢？是清晨起来的第一件事？假如人们真的对那些刷牙效果很有要求的话，那他们应该会带一支便携式牙刷在吃完饭后刷牙。为什么大多数人会在早上刷牙？是为了清新口气（这可能会摧毁一个人的自信）。虽然很多人都不愿意承认这一点，但真正的原因往往藏在表面下。

现在，英国最广为人知的牙膏广告就是高露洁的“自信之环（ring of confidence）”。实际上它销售的是社交自信的方式。尽管人们最初并不愿意承认，但是一经习惯就会轻易接受它。它就是深深根植于我们潜意识中的深层感受、情感、记忆、情绪、思想、信仰和态度。弗洛伊德曾指出，在我们的脑海里，意识不过是露出的冰山一角，而掩藏在冰山下的则是潜意识，即便是被遗忘已久的童年经历也可能影响人们的购买行为。

英国的许多组织都在做深入调研，例如，健力士啤酒公司就客户对产品的定式思维进行了深入的调研。被访者通过制作陶艺、绘画和卡通来表达自己的感受（通常是无意识的）。这样的调研能够揭露出人们与品牌之间存在着一种天然而神秘的关联性。

系统预装软件——感性战胜理性

一般而言，电脑中有45%的软件插件未曾被使用过，只有19%的软件是人们经常用的，同时还有16%的软件只是偶然用到，于是有些软件供应商开发了软件管理器，它们的功能更少、价格更低，但是这些软件商都没有生存下来。这是为什么呢？因为人们喜欢有个性而不喜欢和其他人一样，没有任何区别——所以系统预装软件非常流行。

大脑科学

毫无疑问，意识只是我们思维中的一小部分。大卫·佩恩（David Penn）曾提出大脑科学可以帮助我们探索情感和意识不为人知的隐蔽很深的一面：

> 通过心理学、哲学和生物学的再结合，科学研究的侧重点也转移到了探索意识和情感的奥秘上。逐渐地，我们明白了要揭开意识的神秘面纱，重点在于要弄清大脑的无意识功能。这里指的不是弗洛伊德所说的无意识，而是大脑无法形成意识的部分。无意识过程大都包括大脑处理的许多事情——我们有时会意识到自己正在做的事似曾相识，但是大部分时间我们的意识往往是在感知无意识之后才被感知到的。而这一区域能够引起强烈反应的就是情感，它是通过所谓的无意识情绪所控制的，融合了生物学和心理学，从而改变了我们理解人类行为的所有方式。无意识解释了我们大多数的感受、思维和做法。意识只是我们思维中的一小部分而已。

佩恩警告我们过分强调品牌意识重要性的危险性："很明显，如果我们只是一味基于广告的有效性来强调意识上的反馈，那我们就可能会漏掉那些看过广告却没有积极反馈的潜在客户。"佩恩还强调了大脑科学的四个要点：

1. 无意识（感知或情绪）掌管我们大部分的感受、思维和行为；
2. 意识的推断只是我们思维中的一小部分，而我们大多数的思维活动则发生在我们无意识的感知中；
3. 情绪会先于我们的意识去感知，而且还会与我们的理性思考合作，一起帮我们做出更好的选择；
4. 思维的互联性和大脑的感知区能够帮助我们在决策时进行理性和情感的交流。

在市场调研中，上述每一要点都有其最基本的含义。营销人员必须用心关注那些与无意识情绪相关联的方面。现在，让我们来考虑一下在不同的购买情景下，消费者选择商品和服务的不同途径。

就效率而言，营销人员必须比客户更了解他们自己。这包括深刻的客户洞察力，有时候这种洞察力需要深入的心理分析而获得，有时得通过聘请人类学家，有时靠的是机智地观察消费者行为而获得更加深入的洞察力。以下是乐购公司通过改变自身的调研技术来洞察客户并及时将其运用到营销中的例子。据说乐购公司在对外发布自己的 Fresh & Easy 连锁店计划之前，用了 20 年的时间来观察美国市场，并派了一个由 20 位公司高管组成的团队去美国进行深入的调查，拜访每个竞争对手。该公司还聘请了一个人类学家团队和客户一起生活了两个星期，以分析客户购买的物品以及购买原因。同时专门搭建了一个模拟商店来邀请那些客户光临。乐购公司发现，美国的客户比英国的客户更喜欢超市提供的酒，同时对肉质的要求比英国客户更高。在英国，乐购公司会综合客户购物卡上所购买的物品数据和关于客户为什么不买的调查数据，揭示了“年轻妈妈们很少在超市购买婴儿用品，因为她们会更信任药房里的商品”。因此，乐购公司成立了婴儿俱乐部来为年轻妈妈们提供专家建议和定向的优惠券。在之后的三年中，它们的婴儿用品销售份额在英国从16%增长到了24%。可见，优秀的营销人员会通过各种不同的消费视角去实时洞察消费者的行为。例如，沃尔玛公司整合了客户调研、终端销售数据和人口统计分析来确定自己的目标客户。

此外，乐购公司还会根据当地客户的需求来改变店铺的陈列布局（魔术营销公式）。例如，如果商店在富裕的职业男性的聚集区选址，那它们就会提供更多的高端家庭影院设备，并提供专业的金融方案以及当天送达服务；如果商店靠近妈妈的聚集区，那么它们在店铺陈设上则会采用更为柔和的颜色，并提供私人购物助理和育儿讲座区域，从而使销售额增长7%，毛利润增长了50个基点。真正了解你的客户会给企业带来红利。

密切关注你的客户——他们的希望、梦想、恐惧和志向

> 现在工作和客户是密不可分的，我们的工作需要根据客户的希望、梦想、志向和恐惧而改变，只有这样，我们才能开发出更有创造性的绝妙创意。例如，英国T-Mobile公司的移动-生活营销方案就是为了与客户分享，还有诸如来自社群、沟通以及社交的力量。
>
> 罗伯茨（2009b）

如何购买

购买情形的类别

客户在购买上投入时间和精力的多少取决于其消费水平、消费频率和可感知的风险。相对而言，在调研和评估阶段，涉及大型支出的消费通常需要更多的审议。而在消费市场，如果客户之前没有任何购买经历，而且又不会经常购买，且产品昂贵或带有一定风险性，那么这样的购买情形通常就会被归为“广泛问题解决”（Extensive Problem Solving，EPS）；如果客户有一定的消费感知和经验，或者对某一特定的产品或服务很熟悉，那么情形就不一样了，这种购买情形通常被称作“有限式问题解决”（Limited Problem Solving，LPS）；对于那些有强大品牌忠诚度的日常消费品，客户的惯性反应行为（Routinized Response Behavior，RRB）可以通过其对于便利性产品（烘焙豆）的反复购买来识别，客户总是能快速选择而且不考虑价格。EPS需要客户进行慎重考虑，这就意味着客户在选择购买某品牌产品之前会花更多的时间和精力，这也意味着客户会受到更多的来自决策方的顾问和建议者的影响。而对LPS的顾虑则要比EPS少一些，但是比RRB多一些。

很显然，企业采购会受到决策方更多的影响，那些价格昂贵或风险高的产品更是如此。对于消费采购而言，不同的购买情形在行业市场中也会有所变化。一项“新任务”的采购情况就如其字面意思一般——这个组织没有任何关于该产品或服务的采购经验，是第一次进行采购；“调整性再购”指的是企业采购者具备一些关于该产品或服务的采购经验；而“直接再购”则是采购者基于原来标准进行购买。

新货币要求：隐私、信任和时间

在互联网世界中，隐私、信任和时间在客户看来都具有很高的价值，客户对于公开其隐私信息总是很小心谨慎。他们一般都很忙并且不想浪费时间（如果你能够节省客户的时间，那他们会更加喜欢你），他们希望自己的隐私能够得到很好的保护（因此隐私声明在每个网站上都是必要的）。但是，客户也会被网站要求提供过多的信息，甚至是在尚未和商家建立关系之前，因此，许多客户会在要求填写网络表格的时候填写虚假信息。

信任越来越重要，现在的网络消费者处于一个隐私会被入侵和个人信息会被盗的危险环境中。令人惊讶的是，许多消费者对于网络的信任往往高于对人的信任。人们信任那些知名度高和受人追捧的品牌。为什么消费者会愿意将自己的信用卡信息、家庭住址和钱提供给一个并不认识的美国人？是因为信任。在英国，一些大品牌比教堂和警察更有公众信誉。一个经营良好的品牌只要从不打破自己的承诺，就会信誉永在。如果一家网站记得你的名字，你会做何感想？如果网站记得你的偏好呢？客户对于这种与品牌、机器人和机器建立起来的无意识的关系，会像与人建立起来的关系一样，令他们感到高兴。开明的公司会记住一切与客户相关的信息，而不仅仅是他们，从而与客户建立起彼此信任的关系。因此，我们需要问一问：是什么能让一家网站吸引访问者第二次到访，并且能一直定期回访，建立起紧密的关系？记住，第二次到访正是建立这种关系的开始。

消费者行为模式

以下是根据消费者行为而建立的不同的行为模式。图 4-1 展示了消费者在 EPS 或者 LPS 情形下的采购周期和连续性。最基本的模式可以被行业市场所借鉴并加以利用。它强调了潜在消费者需要通过的购买阶段。资源、信息渠道和购买标准也能够被识别，为制订营销计划提供一份线上、线下或两者整合的检查清单。

购买过程

我们可以通过思考、宣讲甚至购买一个简单的光盘播放器来展示一个简单的采购模式。也许某个地方、某些人或某些事情能让消费者意识到自己需要采购一套家庭影院设备。一旦消费者意识到这个问题，就需要去进行信息查询，获得信息的渠道包括广告和杂志、去商店查找或与朋友讨论等。接下来便是进行评估，将搜集来的宣传页、目录、广告、讨论以及一系列更加精准的资料进行汇总。这些信息有可能包括产品的尺寸、形状、颜色、配送和保障等。但关于产品的表现却很难进行评估，因为很少有人能够读懂 Soundgraph 分析法。但如今，客户在购买所有产品或服务之前，几乎都可以在网上查询他人关于该产品或服务的评价。官网和其他网站上的客户评价都会影响其他消费者，并最终帮助消费者选择一个购买行为模式。但这并不意味着到此结束，被选择的品牌也许目前没货（如果因缺货导致无法配送，那此时沟通就能发挥作用了，但营销手段却将失灵），从而导致消费者选择别的品牌。这个时候就会出现一波又一波的担心、怀疑和购买后的不一致，那你就需要采取一些令采购者安心的措施（如贺信、额外的广告和售后服务，大部分的产品或服务都是依靠履行广告中的承诺而让消费者满意的）。如果产品与公司的承诺相符，那么回头客与口耳相传的客户就会源源不断。

图 4-1 中所展示的这个简单的购买模式可被视为有用的检查清单，判断你是否在客户的购

买过程中填补了所有的沟通空白。有趣的是，许多网站都在用这样的清单去保证自己能帮助不同的客户顺利通过购买过程中的不同阶段。然而，这种模式在现实中不是按层次递进进行的，而是反复循环的。例如，在信息和估价之间，消费者学会了新的标准而非旧的标准。

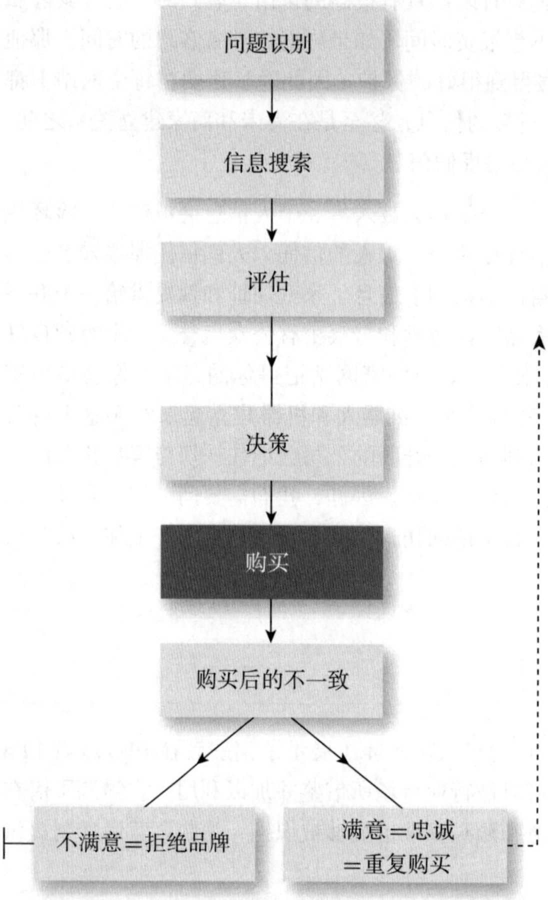

图 4-1　高度参与的简单购买过程模式

不论是广泛问题解决（消费者）还是新任务（企业消费者），这个模式都与高投入更为相关，惯性反应情形（如购买啤酒）则属于低投入，因此不需要冗长的决策过程。

低投入购买有时会让购买者出现对刺激物（销售点的摆设或者精美的包装）的无意识反应（购买），即冲动性消费。如果有些品牌的产品能获得消费者的关注，那就能够被消费者冲动购买。一般来说，当你看到品牌名称时，你会试用一下产品后便购买了。而有些广告的目的就是不断地提醒消费者关注并反复强化品牌的益处。

广告也会让那些已经购买该商品的客户安心地认为他们购买的是对的商品。这种自卫式的广告（保卫市场份额）能够减少购买后不一致的情况（或者担心）发生，并且还能保障消费者对品牌的持续采购。

与面对高投入采购的态度截然不同，对于低投入的态度会在品牌体验之后形成。而需要进行深思熟虑的高投入采购的态度则是意识之后、真实购买行为发生之前形成的。首先，这种态度会随着购买和品牌使用的真实体验而得以强化，其次，广告和口耳相传的传播也会使之进一步得到强化。

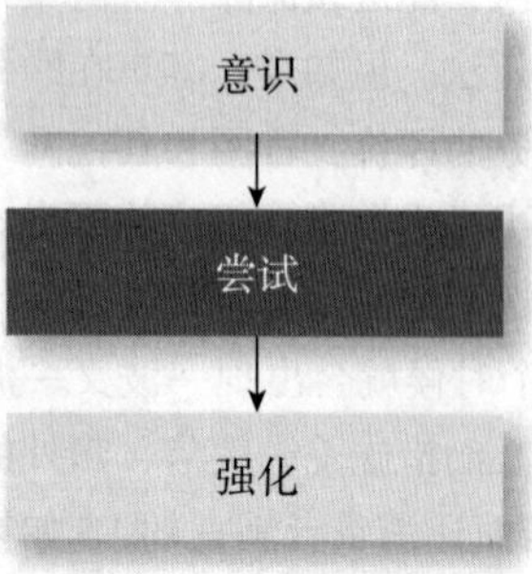

图 4-2　ATR 模型

如图 4-2 所示的埃伦贝格（Ehrenberg）的意识-尝试-强化（Awareness Trail Reinforcement, ATR）模型表明，当消费者意识到一个品牌的存在时，会尝试（购买）并且通过广告来增强该意识（甚至是实际的品牌体验）。

尝试可以发生在广告让购买者产生意识的几个月后，广告所产生的作用进入了一个防守期，此时广告能让消费者安心，让消费者觉得他们做出了正确的决定。而与之相反的广告则会让他们无意识地立刻购买广告中的品牌。埃伦贝格意识到一些广告实际上会起到提示消费者去购买的作用，就像他在 1997 年更为明确的 ATR 模型 + 假期刺激模型所演示的那样。尽管埃伦贝格的观点和本章所强调的其他方式有所不同，但是他的研究发现还是被世界上很多顶尖的一流公司所采用。

很多学者相信不同的购物场景（高和低参与度）需要不同的思考过程和时间，甚至在同一种产品区，购物者也会出现不同的处理过程。就拿食品杂货来说，有大约 65% 的食品杂货，大部分购物者倾向于首先看到品牌，然后才意识到他们需要这些。从品牌获得他们的认可到把产品放进篮子不超过 10 秒钟的时间，而其他 35% 的食品杂货会提前被购物者选择好，所以品牌意识（在购买之前）对于购物行为非常重要。

整个购物过程还不需要做任何停滞，救援购买（为了解决脏衣服问题）与奖励购买（为了提供喜悦或满意，像购买冰淇淋）有很多不同。救援购买需要一个更理性的方式，而奖励购买则需要一个更感性的方式。所以每一个市场、每个品牌都需要进行仔细的分析。罗伯特·肖（Robert Shaw）指出："很多不同的测量方式（如品牌知识、估价、关联性或者质量感知）需要进行监控。"任何一位营销经理，无论是针对行业或是消费者、产品或者服务，都需要不断地对市场、市场细分以及它是如何分割的进行仔细的观察。

市场营销人员需要了解他们的客户的购买过程，无论是线上、线下还是二者兼有。多乐士涂料公司调研发现，当消费者在家选择涂料颜色的比例要比在店内选择高出 11%，但 75% 的粉刷颜色决策却是在实体店内完成的。于是他们尝试着在客户来实体店之前，在官网上提供一项在线体验的增值服务，让客户能够在线装饰虚拟的房间（根据建议的颜色），然后将相关的样本免费寄送给客户，并指示他们到离家最近的多乐士经销点购买。

现在你拥有了，现在你没有——绿洲乐队光盘

绿洲乐队（Oasis）完全了解其粉丝的购买流程以及他们希望在光盘正式发布之前先听为快的愿望。因此，为了满足粉丝的渴望和减少网上非法下载数量，绿洲乐队会在其专辑 *Heathen Chemistry* 正式发布前七天提供其中四首歌曲的下载。而《星期日时报》（*Sunday Times*）的读者能够获得一份免费光盘，但光盘经过加密只能使用四次。之后，CD 会自动失效，而读者可以直接到官网上购买专辑。此外，HMV 媒体集团每销售一张专辑，就会捐赠 50 便士到王子信托慈善机构。

反应层次模型

虽然对于大多数营销经理而言，其最终目标是从潜在的消费者那里创造重复购买，但在创造问题感知或唤醒需求并购买之间还是有很多步骤要走（如图 4-1 所示）。图 4-3 的营销传播模型展示了消费者在购买过程中所经历的精神阶段。

这些模型有时被称作"消息模型"或者"反应层次模型"（response hierarchy models），这些模型能够通过判断是否需要消费者做出感知、情感或行为反应，来优化营销传播目标。例如，企业是否需要让目标客户在脑海中产生相关意识，或改变态度，或者以某种方式采取行动（购买、投票和参与等）。消息模型非常有帮助但不具有决定性，因为：（1）不是所有的购买者都会经历所有的阶段；（2）这些阶段并没有必要出现在同一层次序列中；（3）冲动购买会影响这个过程。

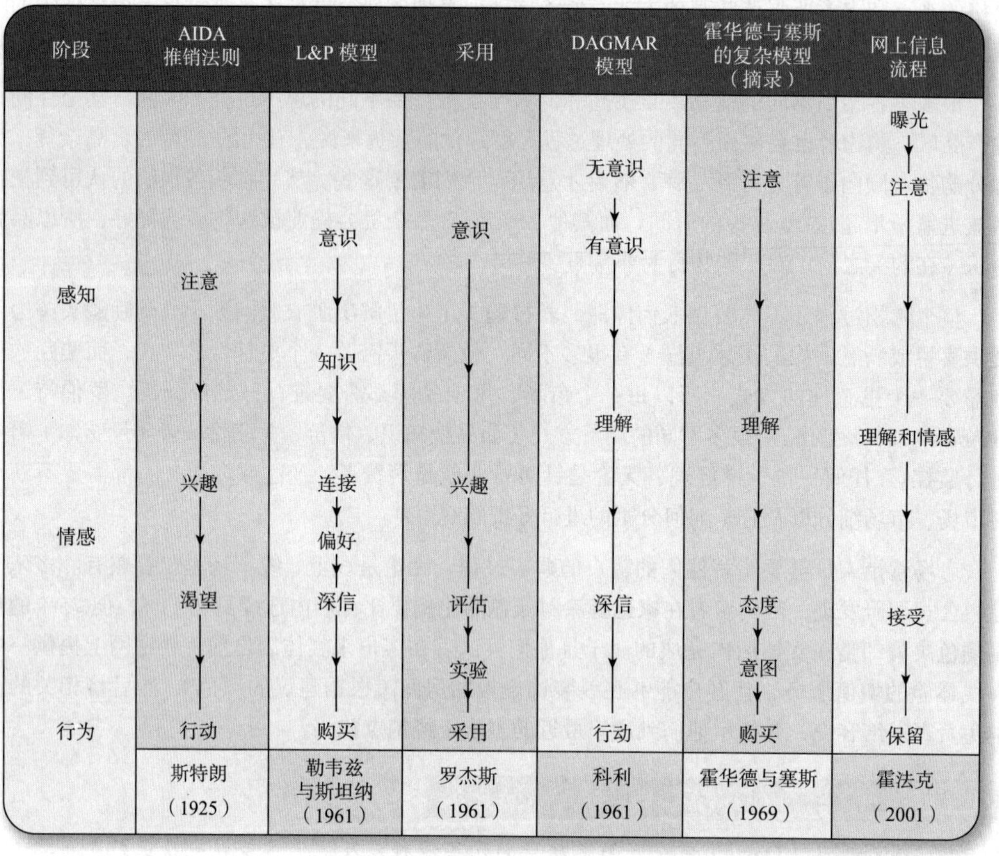

图 4-3　反应层次模型

尽管从潜在的消费者那里扩大重复购买（忠诚行为）的范围是营销人员的终极目标，但在上述模型中，无论公关活动、广告宣传还是销售促销，都可能会有一个聚焦在某一阶段的策略性目标，例如，让消费者增强意识、改变态度或产生消费尝试。实际上，霍法克（Hofacker）2001 年提出的线上信息流程模型展示了从网上横幅广告到网站等线上信息的传播过程（详见附录 4-1）。

企业能够通过这些分层传播模型识别出消费者正处于哪个阶段，并根据消费者所处的阶段来制定出最适合他们的营销传播方式。DAGMAR 模式（指通过定义广告的目标来测量广告的效果）的建立就是为了鼓励为营销传播的每一个阶段制定可测量的目标。

消费的不同阶段有时候可能会同时发生，也可能会突然发生，就像冲动购买的情形。当购买者在做更加深思熟虑的消费决策（延伸式问题解决）时，也可以避免走进直线或者分层阶段（扩展问题解决）。例如，在评估阶段，一个潜在的购买者会在做出购买决定之前重新返回信息阶段去获取更多的信息。每个分层模型真正需要的是从最后一步到第一步的循环——以说明销售（采取行动）不是最终阶段，而有可能是一段培养关系的对话的初始阶段和一个购买过程的报告。

在理想状态下，这些模型都应当考虑到由信息衰减（或遗忘）、态度改变以及竞争分散所引起的消费循环，这些模型同样也忽略了意识的干预变量。有些干预变量能够在由菲什宾（Fishbein）在 1975 年提出的菲什宾模型（即个人变量模型）以及霍华德（Howard）、塞斯（Sheth）等人提出的复杂模型中被识别出来。事实上，复杂模型支持干预变量的循环和复杂性。

下面我们介绍三种模型：黑盒模型、个人变量模型和复杂模型。黑盒模型考虑的是那些被当作刺激物的外部变量（如价格、店铺、商品、广告、促销和社会环境，包括家庭和朋友）和反应，如销售；个人变量模型关注于某些内部的心理变量，例如态度和信仰；复杂模型试图在一个广泛的模型中将内部和外部变量都涵盖在内。但这在过去的研究中被证明是不可能完成的，就像戈登 · 佛克尔（Gordon Foxall）在 1992 年指出来的：“没有一个模型能够捕获人类本性的全部；少数的理论视角也不能覆盖人类互动的范围。”

黑盒模型

心理学的行为主义学派专注于研究人们是如何对刺激物做出反应的。刺激物与一系列复杂的影响行为的内外部因素无关，而被锁在“黑盒子”中的只有思维的复杂性本身。刺激-反应模型的结果忽略了思维本身的复杂性（包括内部变量，如感知、激励和态度等），而仅仅专注于输入或刺激（如广告），以及输出（如购买行为）。关于典型的刺激-反应模型，我们会在接下来的“学习”一节中详细介绍。图 4-4 展示了黑盒模型。

图 4-4　黑盒模型

正如威廉姆斯（Williams）1989 年提出的“黑盒模型将个人及其生理和心理伪装看作一个顽固的黑盒子”，只有输入和输出是可以被测量的。任何不能被测量的内部思考过程（干预过程）都会被忽略。图 4-5 的模型展示了一些关于“输入”和“输出”的例子。

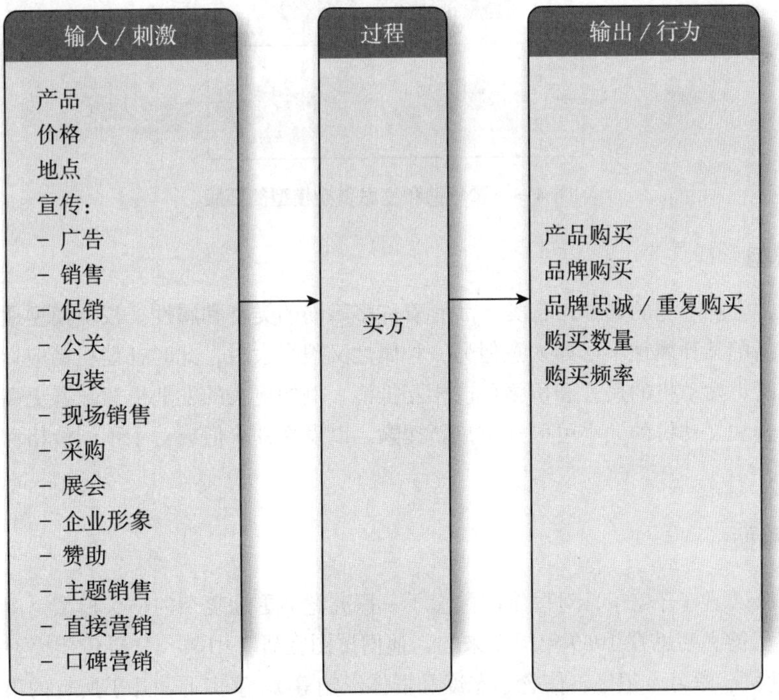

图 4-5　扩大后的黑盒模型

黑盒方式模型只考虑输入和输出。在可控的测试下所进行的详细分析（使用恰当而先进的计算机模型），能够显示最佳价格以及广告传播的最佳层次。

个人变量模型

这一模型将对思维的黑盒内部进行一览，它只牵涉很少的个人变量，比如信仰、态度和意向。这些模型有时会被用于更为复杂的模型中。个人变量模型有线性递加模型、阈值模型和权衡模型三种形式。

线性递加模型

菲什宾所使用的模型就属于线性递加模型，该模型基于某一特定的产品或者服务的属性数量，乘以感知的每一种属性的分数，再乘以每一种属性所占的比重。这种模型通过指出哪些产品或服务的属性被认为是对消费者很重要的，而消费者又是如何来给每种属性打分的。消费者对产品或服务的态度并不总是会转化为购买行为，甚至购买意向也不一定能转化成行动。虽然如此，营销策略却能够围绕着人们对产品属性的信念和改变他们的评估或打分来制定。

阈值模型

许多购买都有其临界点或者阈值，购买者是不会轻易冒险的。在产品的特性都会被考虑在内的前提下，这些阈值很可能是一个产品或服务的价格或者其所必备的一些特性（比如所有产品都不应该具有的破坏环境的特点）。在这里，购买者都会有一个搜寻并接受这些产品或服务的选择过程，而这一切是基于一定的、用于分析或立即购买的阈值范围的。那些超出阈值范围的行为将会被排除在考虑之外，并且以后也不会被考虑（如图 4–6 所示）。

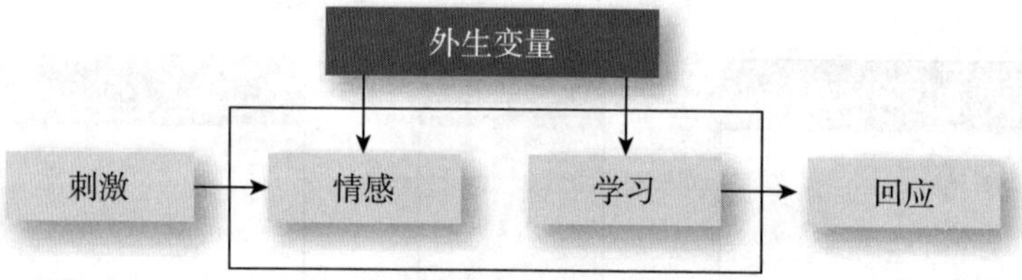

图 4–6　霍华德和塞思复杂模型简要版

权衡模型

买家通常会有广泛的选择，各类产品有着许多不同的类型和属性。权衡模型通常发生在买方认为某商品的某种属性不尽如人意但另一种属性又很强大时，此时补偿机制应运而生。当人们购买汽车时，发动机的尺寸和价格可以相互抵消，例如更大的发动机意味着更高的价格。许多的价格组合和发动机的大小可以通过重新搜索，以发现其价值或对于不同价格和发动机的大小的利用。

复杂模型

感知学派试图打开盖子，对思维的黑盒子一探究竟。更加复杂的购买模型是由这一学派的代表人物霍华德和塞思在 1969 年提出来的，他们试图在研究中融入分层传播模型的干预变量（如感知、动机、学习、记忆、信念、态度和群体影响等）。事实上，几乎所有的事情都是发生在人们的脑海中的。

霍华德和塞思复杂模型

霍华德和塞思复杂模型以黑盒为基准构建了一个简要版本，它将黑盒子划分为感知构建和学习构建（如图4–6所示）。这些外在变量对于模型而言是外部的，它包括个性特征、社会阶层、财务状况、社会/组织设置，甚至消费行为对个体的重要性。

图4–7中所显示的复杂模型完整版包括感知、学习、态度和动机。刺激模糊意味着在信息不充分的情况下做出决定，感知偏差则是指个体对刺激的感知方式有一定量的曲解。

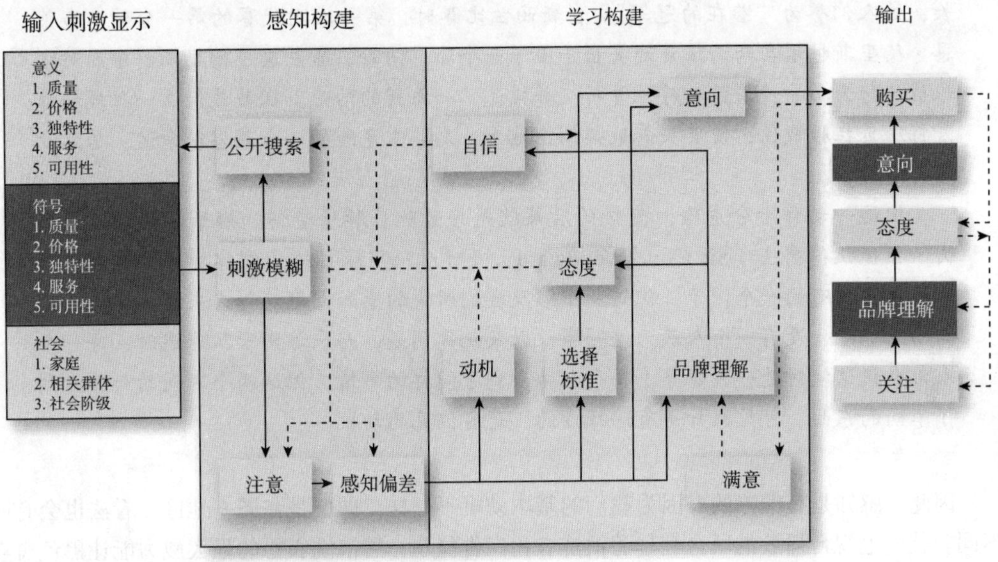

图4–7　霍华德和塞思复杂模型完整版

复杂模型一直被批评缺乏清晰的定义，并且还缺乏内部变量（模型内）和外部变量（外部模型）之间的区别。该模式对于许多读者来说不易理解，对于许多从业者来说也不容易使用。然而，它确实为研究思维的工作机制提供了有用的洞见。

本章的其余部分将着眼于感知、学习、动机、价值观、态度和生活方式等影响变量，以理解其对高效营销传播的帮助。

心理干预变量

感知

感知可以理解为刺激方式，如商业信息、广告、包装、商店和制服等。广告商并不是总以声音和图像来帮助人们感知的。克里斯诺（Chisnall）曾说过："我们的感知系统呈现出组织、修改和歪曲信息以形成感知的趋势。"感知具有选择性，我们总是愿意看到自己想看到的。

这里有一个简单的测试：如果请吸烟的人回忆他们香烟盒上的健康警告说的是什么，很少有人能确切地说出来。这是因为我们都有选择地筛选出那些有可能会令我们不适、紧张或"感知失调"的信息或刺激。想象一下，香烟盒上的警告会让吸烟者每次吸烟时感到不适，这个香烟盒给吸烟者带来了令人不快的信息。为了减少这种紧张感，吸烟者会做出两个选择：（1）改变行为（停止吸烟）；（2）过滤掉这些信息，继续吸烟。

感知系统能筛选出来许多刺激，感知系统每天大约会被 500 和 1500 个不同的广告困扰。下面的例子就显示了偏好和动机是如何影响感知的。

臭名昭著的布莱恩·德里斯科尔事件

布莱恩·德里斯科尔（Brian O' Driscoll）是不列颠和爱尔兰狮子橄榄球队队长，被人们誉为“潜在的冠军”。在新西兰比赛时，第一次测试赛的第一分钟，布莱恩·德里斯科尔在两名队员的夹击下丢了一个球。同时，布莱恩·德里斯科尔因对方球员的行为而导致肩膀粉碎性骨折，并接受了一系列的治疗。拦截栽倒这一犯规动作是将球员拦腰截住，使其头着地摔倒在地上，是非常危险的。布莱恩很幸运，居然没有摔断脖子。

但这一动作十分危险，直接的后果就是导致队员脖子受伤。狮子队的经理克里夫·伍德沃德爵士（Sir Clive Woodward）呼吁对犯规球员给予纪律处分，这是橄榄球历史上仅有的一个例子。但这其中涉及我们所说的感知问题。作者采访了 100 多名新西兰球迷，没有一个人认为这一事故触及纪律问题，而采访狮子队球迷时，每一个人都会说这绝对是一种耻辱。每个人都看到了同样的事情，但这两个不同的群体看到了不同的东西。可见感知是有选择性的，是有偏见的动机。

因此，感知是有偏差的，因为我们的基本动机不一样。即便是在同一地区，看法也会有所不同。英国电视台播放的联合利华碧浪洗衣粉广告显示：碧浪洗衣粉的强大威力能让黑色斑点从斑点狗身上脱落下来；一匹白色的马从一群黑色的马中突破出来；一位身穿白色衣服的滑冰者打败了其他穿着黑色衣服的滑冰者。这一广告被一些人认为是种族主义者。尽管该广告在播放前已经找加勒比的黑人妇女进行了测试，但独立电视委员会（ITC）还是接到了 32 起投诉。

在感知发生之前，广告商会注意这些问题。正如威廉姆斯（1989）所说的，兴趣、需求和动机决定了“不仅会引起人们的关注，还能让人们一直保持关注”。例如，一个关于新房子的广告可能会被大众忽视了，但某一人口部门正在积极寻找房源，这一部门急需新房子，那这一部门的人就会感知到该广告，他们会主动选择相关信息，这就被称为“选择性关注”。

还有一些物理性质能够提高信息获得关注的程度，如强度和大小、位置、声音、颜色、对比度、移动（眼睛不由自主地被吸引而移动，因为身体启动了防御机制）。一个人的关注需要通过不断的新刺激而保持，重复可以提高信息获得关注的可能性。新颖性也可用于满足人们期望和捕捉人们的关注度。

品牌的感知差异不一定是依赖于真实产品之间的差异。克里斯诺曾说过：“消费者会根据他们的体验、预期和联想来评价产品。感知很少用于目标以及科学评估竞争品牌的价值对比方面。”

感知很微妙，需要仔细管理。例如，谷歌是每个人都喜欢的搜索引擎，但如果它太过强大了，也会让人感到害怕（正如微软所经历的）。甘乃迪 2009 年提出：“谷歌面临的一个主要障碍就是管理世界的信息，成为一个装有书籍、电影、音乐、地图、工具、新闻甚至我们声音的虚拟图书馆。这可能会引发安全问题，它们是否读了我们的每一封电子邮件？它们是否知道太多关于我们的信息？”谷歌首席执行官埃里克·施密特承认这些都是真正的恐惧，他说：

信任意味着有一条神圣的界线，公司绝不能逾越。事实上，这是最大的力量，也是它的致命弱点。一旦越过那条线，就永远不会再回来。隐私和信任是神圣不可侵犯的。有很多事情我们可以做，但这会让我们的用户不安，所以有一条底线你不能逾越。我们尽量做到时刻为消费者考虑。

公司即使在正确的界线上，仍然需要非常小心地管理着客户的感知。

我们对感知系统的理解方式有助于信息的组织，以帮助某些品牌广告商通过对格式塔心理学的理解来开发感知系统。格式塔的意思是“完全成形的”。从格式塔学派发展而来的四种基本感知技术之一就是闭合。个体试图通过填充空白或重塑印象来弄明白不完整的信息，以便让自己的感知（或知识）保持在一定的舒适度上。万宝路的 MARL 广告和奇巧巧克力的广告就填补了这些空白需要。对于观众而言，这一切发生得太突然，甚至还来不及反应自己脑海中刚刚发生了什么。思维瞬间有效地转变为了一种媒介，当外部广告呈现出不完整的图像时，在受众的脑海中就会加工呈现出完整的图像。从某种意义上来说，人们眼前所呈现出的巨幅广告是由某个不完整的刺激所开启的。倾于闭合的自然感知在受众的脑海中形成了广告的图像。感知也与过去的经验、动机、信念、态度和学习能力有着千丝万缕的联系。

人人都会恐惧

人人都会恐惧，会没有安全感，会紧张。没人知道接下来会发生什么。无一例外。因此，人们会寻找亲密感。他们需要一个能理解他们的品牌，在陌生环境仍能提供使命必达的服务。我觉得大部分品牌和企业的运营存在滞后的时间差。消费者早就在我们前面等着了。他们缺乏安全感是显而易见的……我们面临的挑战就是如何更深入他们的恐惧、需求和渴望。让我们正视现实吧：他们要好好享受生活——还有一堆事情等着。他们会选择使用牌子货，还会在购物中找乐子。我们需要做的仅仅是提供那种乐子、那种快乐以及那种愉悦。如此一来，我们就能了解消费者的现状，由此得以在新环境中让他们感到快乐。

凯文·罗伯茨

学习

营销人员希望客户首先了解的是他们的品牌或者企业，其次才是企业的优势。因此，了解客户是如何获取、存储和提取关于产品、品牌和企业信息的学习过程就变得十分必要了。对于企业、产品和品牌的态度是如何形成（学习）的呢？广告和促销以不同的方式帮助客户学习（见下方“联结学习理论”“经典条件反射”和“操作性条件反射”）。此外，一则广告被观众记住需要播放几次，让他们感到厌倦又需要几次？广告是每周放一次连续放一年（“水滴”战略）好，还是一周放 12 次，连放四周好（“爆发”战略）？消费者各自不同的智力水平、记忆水平、动机、感知系统、联想和回报（加强）都会影响其学习过程。

聚会

在聚会上，有人向你引荐某个人，你是不是会忘了他们的名字？记不住别人的名字会造成尴尬的局面。也许就像主人应该在介绍某人的时候，将其名字重复三遍，以提高大家记住该人的概率一样，品牌营销也需要提高重复频率？这样做很讨人厌吧？或者也许这时应该使用“水滴”战略，而不是“爆发”战略会好一点。也就是说，主人时不时地走过来，提一下这个人的名字。

联结学习理论

简单的联结学习理论认为，在信息、刺激和反应之间存在着某种联想，因此才有了“刺激-反应模型”。19 世纪 90 年代后期，俄国心理学家伊凡·巴普洛夫（Ivan Pavlov）向人们展示了经典条件反射或非自愿条件反射是如何在狗身上产生作用的。在给狗喂食之前，定期摇铃，狗就能将食物和铃声联系在一起。该条件实施一段时间以后，狗在听见铃声（刺激）之后，即使没有食物也会流口水。1989 年，威廉说：“联想强调了品牌营销在现代市场营销中的作用。”定期的重复能在需求、产品和品牌之间建立联系。比如你想起豆子（beans），就能想起亨氏——“Beanz Meanz Heinz ”。联想还存在于社会名流和品牌之间。可口可乐公司与好莱坞女星金·贝辛格（Kim Basinger）签约，开启了“将健怡可乐和电影、魅力联系在一起”的三年营销计划。

音乐学习使人产生条件反射

快节奏的音乐适合在快餐店播放。它能让人们加快吃饭的速度，由此提高销售额；在播放古典音乐而不是流行音乐的零售环境中，客户更有可能购买昂贵的酒；在播放正宗法国手风琴音乐的商店里，法国红酒的销量远超德国红酒的销量。营销人员经常将不同时区、不同分店的背景音乐音量与目标市场的年龄层相比较……年轻客户在高分贝背景音乐的商店中逗留时间较长，而年纪在 50 岁以上的客户喜欢在安静舒缓的环境中度过购物时光。

奥克斯（Oakes，2008）

伦敦地铁站在 2005 年 12 月开始在售票处播放“不时髦”的古典音乐来驱散在附近闲逛的年轻人，乘客与地铁员工发生摩擦的情况因此下降了 33%。”

《市场者》杂志（*Marketer*，2010）

从另一方面来说，自发的条件反射是为了寻找解决方法自主地去参与搜索活动。在 1903 年，斯金纳（Skinner）博士在美国发明了皮箱子。把一只饥饿的老鼠放到箱子里，箱子里有一个按钮。只要按一下那个按钮就有食物出来，斯金纳博士发现老鼠会先搜寻和探索，最后偶然会碰到那个按钮，然后就有食物了。过了一段时间，如果老鼠因太饿而激起其寻找食物的动力，那它就学会了去触碰按钮得到食物。摁按钮和避免饥饿这两件事情有了内在的联系。这种路径是消费者自发产生的，如同促销，消费者在此过程中得到奖励，最终将他们特殊的激励要求与特殊的产品和服务联结在了一起。

刺激反应

联结学习理论强调的重点，首先是时间，其次是营销传播的频率，刺激和回应之间的联结和联系的建立基础就是情景进程。广告短语和图片，甚至气味都能作为唤起情绪或者行为回应的刺激。有些人仍然觉得听到可口可乐的广告语“我想教全世界唱歌……”很好；有些人听到体育解说员的声音，并夹杂着嘈杂的背景声音就会感到很兴奋。冰淇淋广告语会吸引小孩，麦当劳大而高的“M”的广告标志能够引起人们的反应，当他们准备去吃东西的时候这一效果尤为明显。这个黄色的标志能跟巴普洛夫的铃铛一样吗？是不是有些人看到那个标志就会流口水？

当然释放特殊的香味会立即刺激回应。比如说，客户离开酒吧走在街道上，他们常常会因闻到飘荡在街上的炸薯条的香味，立即会去买薯条。

Lunn Poly 旅行社在其店里用椰子的香味制造一种身临其境的度假场景，在这个虚拟场景中有巴黎风味的咖啡、度假音乐、旅行画面和一些电影里的场景。

加强和回报会强化学习进程。换句话说，高质量的产品和服务会强化品牌与客户之间积极的关系，品质的一如既往则加强了这种关系。从另一方面来说，如果产品的质量很差，就不会有回报（回应者觉得自己的需求没被满足），而且回应者（会去买一个特别的品牌或光顾一家特别的商店）也不会重复购买。

积极强化能帮助学习的进程（或者帮助购买者去记住品牌和商店）。遗忘是不可避免的，很多广告人试图去鼓励客户想起他们的产品、名字和益处。一些广告还通过一定频率发送信息，意图去提醒购买者什么是好的选择。这些联结途径忽略了所有参与学习以及购买过程中的其他复杂和有影响力的变量，可以说把这一过程想得过于简单了。

包装袋的设计也能唤起消费者欢快的记忆，那些画面很多是之前看到过、无意识存储的广告图像，通过包装袋去呈现商品，也是对产品一种很好的广告，当客户逛街或者从充斥着各种品牌的货架周围经过时，这些都能够唤起他们对品牌、广告和图像的记忆。

所有的品牌经理都希望客户能自动地选择他们的品牌。有的品牌利用无意识学习方式来达到这个目的。他们是如何做到的？他们通过一定频率的广告和最大化的柜台上架率来增加自己的存在感，最重要的是，还通过提供适当质量水平的产品或者服务来巩固他们的人气。本书第3章强调了在长期重复购买这种方式中质量的重要性。

感知学习

感知学习聚焦于在刺激和响应之间发生了什么，它包含了干预的心理过程。

洞察、意义、感知、知识和问题解决都是与之相关的概念。感知学习不依赖于实验和错误，而是取决于一种思维能力，有时需要概念性地去思考，并觉察事物之间的联系，提出假设。感知学习不依赖于通过对及时奖励去强调学习过程。事实上，“潜在学习”往往发生在缺乏奖励和及时行动的场景下。当然，一个人要实现这种学习必须要有适当的动机，接下来我们要介绍的就是另一个干预变量——动机。

动机

动机被定义为驱动人们满足需求的驱动力。有些动机是通过社会学习（如想要结婚）而来的，而另一些则是本能的（如饿了的时候想吃东西）。西蒙·弗洛伊德认为，个人行为被有意识和无意识的力量所推动。许多动机都是无意识的，但是它们对人们日常的购买行为的影响却是积极的。品牌往往在潜意识层面传递那些能让人们快速理解的隐秘信息。正如市场研究协会在 1996 年大会上所说的："这才是人们用金钱交换的深远意义所在，而这些深层次的感受才是人们购买产品或服务的真正原因。"

弗洛伊德的精神分析方法打破了人格的本我（本能和欲望，如吃食物或抢食物）、自我（社会学习过程允许个体与环境进行互动，例如礼貌地请求他人给予食物或购买食物）和超我，超我则在本我和自我之间提供了一种良心或道德的评判。弗洛伊德建议，所有的行为都是先行条件的结果（童年经历可能会影响人们在 30 或 40 年后的产业购买行为，具体例子详见"妈妈永远不会回来"）。这些无意识的萌芽偶尔会在自己的梦境出现，并对模糊的刺激或口误失言做出反应。

临床心理学通过主题统觉测验（Thematic Apperception Test，TAT）、罗夏克墨渍测试（rorschach tests）和词汇联想测试（word association test）来分析潜在的人格特质和个人动机。深入的市场研究（定性研究）使用隐喻、图像和蒙太奇方式来帮助面试者放下自我防备，以探究他们既难以感受又无法直接表述出来的深层情感。

在 20 世纪 50 年代，万斯·帕卡德（Vance Packard）对欧内斯特·迪希特（Ernest Dichter）等学者的研究进行了深入探寻，发现他们试图提取买家无意识的情感、愿望和动机，并巧妙地通过广告形象的体现，进而在不知不觉中操纵买家。尽管这受到了一些人的批评，但迪希特 1964 年所著的《消费动机手册》（*Handbook of Consumer Motivations*）一书仍不失为一本发人深省的著作。

以下是 20 世纪 50 年代以来其他一些知名学者深入研究的结果，他们揭示了推动包括购买行为在内的行为的深层次动机。

- 一个女人在烤蛋糕时往往会神情严肃，这是因为她在不知不觉中体验了分娩的过程。
- 试用期过后不久，主妇往往不会再购买一种新的改良过的蛋糕粉（一种不需要加鸡蛋、只要加水的蛋糕制作混合配料）。新的蛋糕混合配料会引发了主妇们的内疚感，因为家庭主妇觉得自己的烹饪角色被削弱了。
- 一位男士会购买一辆敞篷汽车作为女主人的替代品。
- 吸烟实际代表了一种婴儿的吸吮乐趣。
- 男人希望通过雪茄的气味来证明他们具有男人味。
- 有些男人认为每日剃胡须象征着男子气概。因此，这成了他们每天必做的事情。

这些理论在目前看来已经过时。人毕竟是理性的动物，不会关心生活中的这种日常、普通和常识性行为的精神演绎。

马斯洛需求层次结构简单明了地解释了个人的需求是什么。从本质上来说，他阐明了人们首先要满足自身较低的层次需求，当较低层次得到满足后，才会移到下一个层次的需求上。这一理论也意味着动机可以是周期性的，目前来看，买房子这一行为的动机最初可能是较低层次的生存需求，随后变成了更高层次的尊重需要。图 4-8 显示了马斯洛需求层次理论。

图 4-8　马斯洛需求层次

汽车载人往返两地，有时买车是基本的生存需要（如去工作、去赚钱买食物）；有时它可以成为人们逃离拥挤的公共交通的避难所；有时我们可以自驾车去自由探索乡村，拜访朋友或做你想做的（自我实现的需求）；另外汽车也可以作为身份的象征（尊重的需求）。有的汽车在其广告中展示了自己的优点（力量、速度、安全、环境，等等），迎合了将这些需求作为主要需求的群体。

有时，客户根本不理解创新产品和服务的优点何在。例如，市场调研表明，最初拒绝了自动取款机的人们认为："我不觉得在大街上取钱很安全。"有趣的是，当客户再次为在犯罪猖獗的街区取款而感到紧张时，研究者的看法却发生了 180 度的反转。

隐形的标记：超越炫耀性消费的动机

1899 年，托斯丹·凡勃伦（Thorstein Veblen）提出了"炫耀性消费"（conspicuous consumption）这一理念，并建议消费者为了给别人留下深刻的印象而购买产品。他举了一个例子，一个人穿着无纺亚麻布的衣服，举着夸张的手杖在主街上招摇、炫耀。这些事物在当时被认为是休闲娱乐的代名词。而今，消费者也会打上这样或那样的标记（健力士啤酒就像一种标记，告诉大家，喝这种啤酒的人往往是追求生活品质的人）。即使是混合动力车，也会被打上了生态关注者的标记，以显示购买者对环境的"极度关注"。沃克（Walker）在 2008 年曾指出，炫耀性消费已不适应时代的发展："有一个更好的想法——隐形的标记。别人的观点无关紧要，你真正要做的事情是要讲述自己的故事。换句话说，一个奇特的'产品'的意义在于一个标记，这是一种身份的象征（一个我们可望不可即的身份象征）。但几乎没有人能看到事实的真相，更不用说理解其背后的含义。事实上，如果真正的观众是我们，而标记很可能是隐形的。"

不同的人（或群体）从同一产品中会汲取不同的利益。有人想要开保时捷，因为它能给予他们权力；有人想要开保时捷则是因为他们认为这是成功的象征（有助于自我和自尊需求的满足）；有的人只想拥有开保时捷所带来的快感［满足自我实现的需求，例如内维尔·舒特（Nevil Shute）在《在海滩上》（*On the Beach*）一书中所记载的司机的最后愿望］；有的人又可能只是想要一辆快速安全的汽车，让他们得以快速环游欧洲。市场可以按利益进行细分，使营销传播可以针对特定的细分市场来进行理想定位。在某些情况下，利益分割要求不同的产品会针对不同的细分市场，如牙膏市场。

态度

态度影响消费者的购买行为。态度可以通过后天培养，但是一经养成就很难改变。正如威廉姆斯 1989 年所说的："如果一名营销人员能够识别不同市场对其产品的态度，并衡量这些态度的变化，那他将能很好地规划自己的营销策略。"态度是人们对人、品牌、产品、某家公司或某个地方的感情倾向。

一个有趣的问题是：态度和行为哪个先产生？态度是在购买前还是购买后形成的？没有任何体验也可以形成态度吗？这两个问题的答案都是"是"。态度有时可以是没有任何直接体验的。同样地，人们购买产品时往往不会提前对其产生某种态度。然而，如果消费者没有使用体验，那他们很有可能通过口耳相传或是广告营销来形成自己的态度。

态度可以分为三个部分，即"思考"-"感觉""行动"或"感知"以及"情感"-"意欲"。感知因素可以理解为对一种品牌的感知或知识；情感因素是与品牌相关的正面或负面的感觉；而意欲因素则是购买意向。我们应当将三个组成部分综合起来考虑，单独考虑其中一种都会产生误导。例如，人们对劳斯莱斯的感知因素和情感因素的评价很高，但那些能够认识和喜爱劳斯莱斯的人却很少会购买。识别每一种态度因素的水平有助于树立更紧密的沟通目标。例如，提高品牌意识的创新战略不同于改变目标市场感觉（或重新定位品牌）所需的战略。如果目标是把客户高度的感知和积极的情绪转化为购买行为的话，那就需要不同的沟通策略（或强调促销活动）。

消费者的态度可以被改变，但这确实需要时间。以下是改变的几种方法：

- 改变对相关产品或服务所持有的信念（或其属性和功能）；
- 改变不同属性的重要性排名（或权重）；
- 推荐另一种属性；
- 将自己关于某种产品或服务的联想与他人分享；
- 改变自己对于竞争产品或服务的看法。

群体也会影响个人的态度。因此，舆论和意见领袖的影响力也不容忽视。接下来，我们将介绍群体在购买过程中的影响。

群体影响

大部分的人类行为，特别是买方的行为，都是由群体所塑造的。文化、宗教、政治、社会经济、生活方式、特殊利益集团或家庭、社会群体都会影响个人的行为模式。在足球比赛或奥运会比赛中出现的墨西哥人浪就是外显群体影响的一种表现。

通常当在排队或等候区域出现慈善募捐活动时，群体影响效应就会显现。成功或失败往往取决于募捐第一个游说的人的反应，即如果第一个人做出了捐献，那么下一个人更有可能这样做。我们经常看到只要有一个人开了头，整个站台上的人都会跟着捐钱。同样，如果第一个人拒绝了捐钱，那整个队伍都可能拒绝捐钱。这种募捐方式十分奇怪而不道德，几乎完全是通过同侪压力得以实现的。从某种意义上讲，人们是出于愧疚或尴尬的情感而进行捐款的。

大多数人都是某一群体中的一员，无论这一群体是正式的（如委员会）还是非正式（如朋友），初级的（如可能发生面对面交流，如家庭）还是高级（如特许营销协会）。群体制定自己的规范或标准，使其成为特定群体内接受的规范或标准。例如，游艇俱乐部成员的穿衣风格就与棒球俱乐部成员不同，但是两组成员都能够自觉地遵守自己群体内部的服装统一风格（这种风格往往没有具体规定），他们的购买过程也各有千秋。

群体中的每个成员都扮演着不同的角色。一个人在同一天的不同阶段也可能扮演不同的角色，例如慈爱的母亲、严厉的经理、忠诚的员工、幸福的妻子，或者是感性的情人。在网络世界中，同一个人可以扮演不同的角色，甚至表现出多重人格。

活动、兴趣和观点可以作为有用的群体划分标准。群体中的不同角色将帮助目标决策者和目标影响者。家庭周期也可以决定一个人的角色，个体从个人到新婚、满巢一期（最小的孩子未满六岁）、满巢二期（最小的孩子年满六岁）、满巢三期（子女未独立）、空巢一期（子女搬离）到空巢二期（退休）、孤独的幸存者一期（仍然工作）、孤独的幸存者二期（退休），消费者需求和消费模式往往可以通过他们所处的不同的家庭生命周期进行预测；他们的消费模式既会受到不断变化的角色影响，也可以在进行商业营销之前进行预测。举个例子，直邮公司通常在婴儿出生的几天内为新妈妈们寄送邮件。

万物无常，角色也处于不断变化之中。人们从 25 岁到 39 岁经历了巨大的角色转变，这令有些人感到难以应付。Y 一代和 X 一代人希望平衡工作和家庭的关系，而他们的父母却没法做到。这也许是女性一直在做的事情。这种多任务、多角色的生活对于年轻男性而言或许更加陌生。哈罗德是一个 39 岁的瑞典人，他指出："根据探索频道对男性的调查，我们这个年龄段的男性已经能成功兼顾工作和家庭，照顾孩子、烹饪和修理汽车，还会是个优秀的爱人。"

现在许多年轻人甚至认为，他们的家庭和父母的家庭有着完全不同的作用。对于许多人而言，家是这个"不确定世界"的避难所，是远离生活压力的港湾。除了作为长期的金融投资外，家庭也可以作为一个技术的枢纽，将一个人的自我认识与多种媒体体验相联系。

最后，营销传播工具的组合利用，能让消费者对某种消费模式由不熟悉发展为安心使用。每种工具都会对不同的阶段产生影响。虽然我们不能确定每种工具的具体作用，但表 4-1 所显示的简易表有助于我们了解每一种传播工具的作用。

表 4-1 每一种营销传播工具所对应的作用

	无意识	有意识	接受	偏好	坚持 / 马上买	保证
广告	→	→		→		→
公关	→	→				
赞助	→	→				
直接邮件		→		→	→	
销售				→	→	
包装		→	→	→	→	
卖点		→		→	→	
陈列		→		→	→	→
销售促销				→	→	→
网站		→	→	→	→	→
社交媒体	→	→	→	→	→	→
客户关系管理 / 口碑	→	→	→	→	→	→

概要与总结

营销专业人员必须能够了解目标市场在购买过程实际发生前、发生中以及发生后的购买行为。即使是一个简单的购买汉堡的行为，也能揭示出其背后隐藏的动机。深入的研究不仅揭示了消费者购物时深层次和潜意识的原因，还揭示了某些购买行为的复杂性。在购买过程中所花费的时间和精力都取决于购买情形的类别。决策单元影响购物过程。购买模式显示了买方在购买过程中所经历的几个发展阶段，为市场营销传播能够成功吸引消费者提供了检查清单范本。行为学派研究的是更为复杂的购买模式，与感知学派差异明显。动机、感知、学习、价值观、态度和生活方式相互作用并影响着购买过程。

一旦市场营销专业人员能够清晰地理解购买动机和购买过程本身，就可以设计营销传播策略，以保证在资源允许的情况下尽可能地覆盖到更多的消费者。

消费者购买的原因和动机有的理性，有的奇特，各不相同。但是，动机只是能够影响和整合消费行为的其中一个变量。例如，信仰和态度也会影响动机，而这反过来又会影响到个人看待事物的方式（图像、广告、产品和商店等）。我们对这些观点、态度和信念的认识，一部分来自群体（如朋友和同事），一部分来自通过广告和销售促销等手段精准聚焦我们的商业信息，还有一部分则来自产品或服务的实际体验。

所有这些影响因素都与广告等商业刺激相互碰撞，最终反射在我们的行为（或在某些情况下缺乏行为）。

在消费者市场中，购买行为会受到复杂的网络影响，主要是来自内部的干预变量（动机、认知、态度、学习、记忆、生活方式、个性和群体）。性别、年龄、收入甚至个人的外表或身体都会影响他们的行为。其他外部变量如法律法规、天气、开放时间、库存情况或者紧急情况也可以改变其购买行为。

行业买家也受到内部变量的影响，包括组织的目标、政策、程序、结构和系统，以及外部的变量，如国家的经济、需求和竞争的水平、货币成本，等等。

有的人认为“能够完全认识人性”是不可能的，人们的决策过程十分复杂，这一过程是由理性和感性因素共同作用的，还同时受到内部与外部因素的影响。

营销传播甚至可以改变一个国家的行为。市场营销能够影响一国总的购买行为，如在英国国家彩票综合整治后，就能让人们的行为模式发生改变，从而刺激了 65% 的英国人去商店定期购买彩票。欧洲其他国家也曾出现了类似的买方行为改变。在那里，营销人员真正改变了客户的行为模式。这并非偶然，也不是猜测的结果。正如乐购的数据库代理公司 dunnhumby 所说：“在很大程度上这种改变的达成取决于对客户的精确分析并建立起有价值的见解。如果你想保护或提升品牌价值，那么你所提供的产品必须是有价值的。与消费者需求相关性越高，产品价值越大，与消费者需求的相关度也就越高。客户得到他们想要的，你的利润率也得以维持。”当每个人都是赢家时，神奇的营销公式就起到了作用。

新营销箴言

◎ 购买行为是复杂的。

◎ 可以通过许多不同的方法去构建购买模式。

◎ 营销人员需要不断地收到关于客户行为的信息。

◎ 决策中的情绪影响仍在 B2C 和 B2B 市场中占主导地位。

◎ 营销人员必须了解如何干预心理变量以影响买方行为。

附录 4-1：后电脑时代的客户

后电脑时代（the post-PC）的客户偶尔会付款看一些广告。其余的都是由先进的浏览器软件筛选出来，再由“TiVo-type”盒子链接到电子屏幕上。无论是政府还是社会，都不允许老式的侵入性广告的存在了。同样，上门推销和夜间电话推销也将是不合法的，向任何人的住所邮寄广告或者分发广告插页将被处以高额罚款。唯一能够打入内部的广告是由数以百万计的私人媒体所有者通过出租自己的汽车、自行车和身体作为广告牌进行的。

购买像汽油、电力或者存储器等危险物品的过程比较复杂，人们就可以完全委托给购物机器人。

早在几年前，当非嵌入机器人第一次出现在3D旋转全息图中时就已经能够不受操控地自我运转——它们会永远站在你的角度，帮你仔细检查最优惠的汽车租用价格、酒店价格甚至酒吧饮品的价格。有些机器人被编程设计为懂礼貌的、主动积极的或甚至被设计为会说脏话的。所有的机器人都被编程设计为无论购买行为何时发生，它都是浸入其中的。公交车延误和交通堵塞的常规出现，是因为好争辩的机器人进行了长时间的交涉。无奈矛盾爆发了，就会出现机器人相互攻击、人攻击机器人和机器人的主人的现象。最后，机器人被从公交车、飞机、火车和几个“和平超市”中取缔。

接下来是伟大的蠕虫大战：那些只买你的品牌的编程机器人。但是与人类不同，机器人能够被竞争者重新编程。于是广告代理蠕虫诞生了，代理吞噬者紧随其后。尽管承受着信息疲劳和时间被压缩的压力，但后电脑时代的客户比机器人要活得更久，而且肯定比大多数的品牌活的时间更长，150岁的人已经诞生了。

同时在牧场，人们坚持用微波监控红酒，以便吃饭时喝到最好的酒，并提供24小时无间断配送。当你喝完可乐（或任何品牌拥有或雇用冰箱链接的数据库）时，你的冰箱会为你提供购买百事可乐的特别奖励。孩子们高兴地下着棋，并与他们的对手在被称为冰箱的巨型屏幕上对决、互动。支持语音操作的电脑被认为是嘈杂和过时的，被谨慎的、高档的、智能电脑所取代，安静而非常有效率地运行着。

活得更久

人类开发出了更小的耳朵（从经常使用耳机中获得灵感）和更好的身体器官，作为早期人类身体警示系统的成果——小型的潜水艇不断地在人体血液中巡逻，为人们的健康保驾护航。这些无线数据库的驱动设备能够识别人体损坏的部分和器官，检查克隆库存情况、预定床位和筛选外科医生，估算修理故障需要的时间。自动寻求、早定休闲医院的优惠折扣。

所有蓝牙技术设备推动了无处不在的通信，这使得机器之间能不断进行互动。人与机器被整合成一个庞大的数据库。当今我们豪华车中的电子设备，甚至比登陆月球的火箭的电子设备还要多。摩尔定律提出的结构性变化仍将继续。市场营销将继续以不同的方式呈现出来（可能甚至不叫营销，但只是一些常识）。

尽管面临着时间压缩、信息疲劳和不忠诚的困境，但后电脑时代的客户寻求的关系不再来自品牌本身，而是来自他们所知道、理解和看似关心他们的数据库。例如，与日本的虚拟女友的关系，以及与商店和贩卖机的关系，还有与现实生活中的人们的关系，即那些传统的、稀奇古怪的和婆婆妈妈的不同类型的人。

而当所有的技术真正被掌握时，人们就可以在日常生活中腾出更多时间来做重要的事情，给予后电脑时代的客户更高质量的生活，无论是在工作还是和家人朋友在一起。

第 5 章　营销传播

关于营销传播

词典对于"communications"有如下解释：（1）传递；（2）给予或者交换信息，例如谈话和写作，或接收信息；（3）一种交流的方式；（4）一门传递信息的科学。

信息的交换是非常有趣的。沟通不是单向的信息流动，而是双向的信息交流。只是向一方传递信息不是成功的传播，仅仅当接收信息者真正接收到传播信息者想要发出的信息时，才能被称作成功的传播。不能有效地进行传播就会导致信息的拒收和误解。

在营销中的传播通常会导致市场占有的流失、公司的生存能力降低。另外，好的营销传播方式能够通过聚焦和节约成本的方式去收集信息，从而帮助企业更好地发展。

好的营销传播并不像表面看起来的那么简单。即使是像大卫・奥格威（David Ogilvy）这样知名的广告专家，也曾在广告中使用了"过时（obsolete）"这样的词，在当时有 43% 的美国妇女不知道这个词的意思。可见，与目标群体建立有效传播的精准程度和难度，堪比达格拉斯・斯莫伯尼（Douglas Smallbone）的无线通信技术。

完美的传播条件可能只存在于完全不受干扰的情况下（外界的一些因素都会影响到信息的传送，比如其他广告、条件简陋的接待室、一束闪光、门铃或者救护车）。没有外界的干扰，完美的传播条件就会存在。在现实生活中，外界的干扰无处不在，所以完美的传播条件是不存在的。电影院可能是例外，一个经过很好制作的限制级别影片的广告，能一下子抓住观众的注意力。但是即使目标观众表现出了一定的兴趣（例如观看、收听或注视某公司的特定包装、促销或广告），他们也仍不会表现出相同的高度注意力，因为观众潜在的心理可能会为了适应自己的理解方法而使信息产生改变或扭曲，他们不可能接收到同样的信息。

人们通过五种与众不同的接收信息的途径去接收各种信息，这五种途径是听觉、视觉、触觉、味觉和嗅觉。营销传播的工具可以同时刺激不同的感官。

人类无线电

如果接受者和传播信息者双方都能获得好的传播条件，使他们拥有一样的信息波长，那完美的接收就能实现。

斯莫伯尼（1969）

非语言和非符号传播

虽然我们通常关注的是语言和视觉的交流，但是也有一些非语言和非符号的交流，比如空间、时间和表情动作。在拥挤的区域或者狭小的空间将信息传递给大脑，会刺激出不同的想法和行为；相反地，在宽敞的办公区域或者客厅中传递的就是另外一幅图景。在西方文化里，时间可以制造画面感，例如繁忙但很有条理的个性会给人一种权威的感觉。“谢谢你的时间”这句话能立即表达我们对于重要对象的尊重和感谢。繁忙的日程能够表达我们对事情的重视。“我可以在星期五挤出一些时间……”这表明两人特殊的关系。在英国，“window（窗口）”一词现在被用作表达在繁忙的日程中挤出的一些空闲时间。有的广告从节约时间和便捷的角度推销产品和服务。实际上，银行就是一台时间制造器，它允许人们提前消费，比如，你可以提前购买自己可能30年后都买不起的房子。最后是动作的沟通，即手势和动作都能传递相关信息。哪怕是一个很简单的动作，比如快速点击公文包，还有进入和离开房间、关门和不关门都是一种交流。大多数情况下，身体语言和面部表情都表达了丰富的意思。更好地理解身体语言，能帮助我们更好地理解别人想要表达的真正意思，例如一个微笑就能非常直接有效地传递信息。

符号和语言传播

符号语言学的领域为传播中如何运用符号和语言创造了丰富的讨论话题，特别是在广告领域。观众常常无意识地由一些特定的标志联想出一定的画面。例如，Lever的衣服柔顺剂广告利用泰迪熊进行了宣传。有的心理学家表示，远古时期，熊是具有侵略感的动物，但泰迪熊却给人一种亲和可爱的感觉。泰迪熊的形象让人觉得再粗糙的衣服都会变得柔软，让人很想去触摸它。恩格尔（Engel）、沃肖（Warshaw）和金尼尔（Kinnear）在1994年评论道：“最重要的是，如果消费者意识不到那些符号背后的微妙含义，那它们就会传递错误的信息。”

皮尔·卡丹（Pierre Cardin）在其男士香水广告中着力展示了男士“具有侵略性而又有所收敛”的特点，心理学家卡罗尔·穆格（Carol Moog）就这一设计提出了自己的看法，他认为从男性生殖器官形状的瓶子中涌出古龙香水的形象会令人想起男性射精的过程，这一过程恰恰是无法控制的。尽管皮尔·卡丹认为她的看法可能是对的，但是仍然坚持使用这一形象，因为“这一优美的产品设计代表了其鼓励男士自由地使用其香水的初衷”。

信息来源的可信度

广告或信息的成功或者失败，一部分首先取决于其是否具有可信度，而信息的可信度又会受到消息来源、传播者以及所选择的传播媒介的可信度的影响。

消息来源的可信度往往会被一些值得信赖的人和专家所影响。企业必须时刻证明自己是可信赖的，这对企业而言至关重要（见第3章关于“在提高曝光率前增强可信度”的内容）。从客户、权威机构、报社、会议演讲、获奖荣誉、会员和品牌本身的影响力获得的支持都会帮助企业提高公信力。除了品牌本身的信赖度外，传递信息的个体也会影响到信息的可信度，比如广告中的任务。举个例子，英国的一些牌子已经停止使用超模凯特·莫斯（Kate Moss），因为她的一些行为被认为是不合适的。一个有高可信度的代言者会增加品牌的信赖度。

另外，媒体也会影响信息的可信度，例如，网上发布的消息会比《太阳报》（*The Sun*）或者是《金融时报》发出的消息的可信度低一些，医学期刊又会比调查问卷发布的消息更有可信度。媒体所代表的专家意见、权威性和社会性都会影响到信息传递的可信度。

科尔曼（Kelman）曾指出，信息的来源有三个影响变量：（1）专家意见来源的中立性（客观信息）；（2）感兴趣的信息来源（有着相似的观念或者立场）；（3）拥有奖励或者处罚接收信息者的能力（老师或者社会媒体集团的拥有者）。总的来说，信息从来源可信度低的平台发布，要比从可信度来源高的平台发布效率更低。

对消息的喜好程度

对消息的喜好程度衡量的是人对广告的喜爱程度。兴趣、内涵、相关性和愉悦性都决定了一则广告带给观众的感觉。重要的是，客户对这则广告的喜爱程度如何。喜爱程度包含四个因素——娱乐性、相关性、清晰性以及愉悦性。

舆论影响者、意见领袖和联结者

舆论影响者和意见领袖包括记者、法官、咨询师、讲师、宗教领袖和群体领袖。在当今社会中，还包括博客博主、Facebook 粉丝博主、Facebook 群体博主、领英博主和其他网站博主。一般而言，舆论影响者都是经过正式雇用发表观点的（例如记者），但是意见领袖通常不是受任何人雇用的（例如博主）。判断出社会上的舆论影响者对企业而言至关重要。在这方面，著名的博主和群体领袖是很好辨别的，他们在 Facebook 和领英上都很活跃。事实上，如今领英不仅能够标示出某一圈子的领导者，还能确定谁是这个群体中的舆论影响者。

马尔科姆·格拉德威尔（Malcolm Gladwell）在《引爆点》（*The Tipping Point*）一书中探索了如何创造产品、服务和创意的需求。他认为意见领袖是“社会交际的联结者”，建议市场营销人员不要迎合大众市场，而是应该专注于满足联结者的需求，联结者能够影响 10% 的消费者。

企业应当学会鉴别具有舆论影响力的人并与其合作，以此提高“有效客户”对自己的关注，点燃消费者对自己产品和服务的需求热情。联结者、意见领袖、风格领导者、创新者、早期试用者、有影响力的人物和舆论者：他们有无数名字，但却始终如一地传递着各种信息。

联结者了解很多人的想法

我们都认识一两个清楚所有人想法的人，但是我们并没有花时间去想这些人的重要性。我甚至不确定大多数人是否真正相信这些人的价值，但是他们真的是了解每个人。

格莱维尔（Gladwell，2000）

市场营销人员会发现，在每个市场中都会存在一些小规模的意见领袖所能影响的目标市场，他们会影响市场中的其他消费者。大部分的品牌能够通过播放广告来维持品牌的信赖度，而向意见领袖进行宣传效果尤佳，当然通过其他媒体渠道进行大众营销也能实现同样的效果（如专门为两个群体定制特定的信息）。因此，不论是对时尚、网球或者社会事件进行广告宣传，营销人员都需要运用多种沟通方式。

在时尚界，那些具有影响力的人被称为“风格领袖”，即使是另类的时尚产品也可以通过在风格领袖和大众之间传递信息进行大众营销。领袖们想要把自己与其他人区分开来，而大众市场则有意识或无意识地被领袖们所提供的购买意见所左右。然而，成功与风险并存，如果大众买得越多，那意见领袖就越会对产品失去兴趣，除非他们被品牌价值所强化或者为了维护对品牌的信赖度。这非常重要，是因为如果意见领袖对产品不进行宣传，那么企业下一年或者以后的销量肯定会降低。所以除了大众营销外，一些品牌利用小众宣传，向意见领袖传递正确的信息，以加强品牌与意见领袖之间的关系。

宣传高保真音响需要不一样的广告策略，并非仅仅依靠品牌的彩色插图就能搞定。创新者与早期试用者会在音乐杂志或专业 *hi-fi* 杂志、用户手册上搜集更多详细的技术信息，他们的信息往往成为那些不太了解音乐的消费者参考的对象。

仅仅是让意见领袖去宣传产品就能帮助品牌占有一大部分的市场。美国的市场专家菲利普·科特勒（Philip Kotler）曾建议给予舆论者特殊的服务以增强其反响，比如新网球拍最先以较低的价格提供给高中网球队队员，公司希望这些学校的明星网球队员能够向其他学校宣传他们的网球拍。

了解不同阶段的传播模式可以推动社会实践活动的进行，如关爱艾滋病人的活动。在活动开始之初，很多不准确消息充斥在信息网络中，面对同样的受众，一些小报记者所写的报道却与广告所宣传的内容背道而驰，于是真正的广告便成了新闻的发布来源，从而迫使那些舆论的影响者（记者）没法再写出一些自相矛盾的或者不准确的报道。

有影响力的个体和组织会被行业市场发现，有影响力或特别成功的公司则会引领整个行业的风潮。专家销售团队最初都会关注这些公司，市场调研团队在消费市场中也会关注那些最先有购买意愿的客户。获得有效的信息能够帮助企业更好地定位消费群，运用意象去反映出这些创新者和早期试用者的生活方式、态度和抱负以及他们有趣的想法。

哪些人是新产品和服务的最早试用者？他们与那些在市场中的潜在客户有何区别？他们是如何接受新的产品和服务的？他们是否需要通过什么特别的流程？

营销传播模式

没有哪个图表能够简单地反映所有沟通过程的细小差别和复杂内容。我们将在这一节中介绍一些基本的理论和模式。

单级传播模式

在营销传播中有三个基本因素：发送者（来源）、信息和接收者（如图 5-1 所示）。

图 5-1　简单的传播模式

在最基本的传播模式中，我们假定发送者是积极的，接收者是被动的，信息能够被接收者很好地理解。然而，这种情形在现实生活中是很难发生的。在第 4 章中，我们介绍了我们是如何看到自己想要看到的信息，过滤掉那些没必要的信息的。了解目标接收者或受众有利于发送者辨识什么对受众是重要的，以及符号和语言是如何去诠释信息的，从而使得信息能够通过恰当的方式表达出来，避开所有的噪音，最后为接收者所接收。健力士啤酒广告主要是邀请它们的目标消费者去喝它们的啤酒，但是它们对目标群体的定位却非常谨慎。例如，它们的广告中只出现了这样一句话："做一只海豚不容易。"把一切信息交给观众去解读，无论正确或者不正确，最终拒绝、接受、存储或决定是否把健力士归入他们认为的可以信赖的品牌。人们不一定能够正确解读，比如反对酗酒的广告会收到适得其反的效果，因为有些人认为喝酒是一个好的习俗（看下框中的"对醉酒信息的不同解读"）。在编码和解读信息的过程中也会有干扰，影响广告所传达的信息（如图 5-2 所示）。

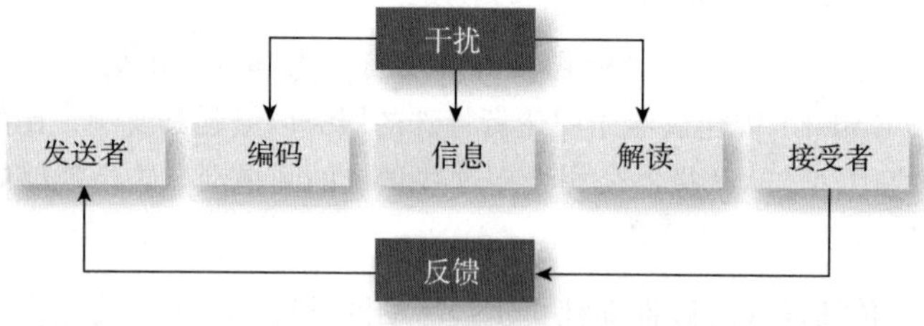

图 5-2 基于施拉姆（Schramm）1955 年的模型传播过程

对醉酒信息的不同解读

饮品生产商帝亚吉欧（Diageo）公司所制作的"选择在于你"的广告应用了一个观念：人们与朋友喝酒喝醉会产生不好的社交影响。但是这对于很多年轻人来说，事实却不是这样的。巴斯大学的学术研究团队发现，广告中所呈现的醉酒事件，比如说被扔出酒吧，或是被丢在过道中。而年轻人却认为这是很有趣的夜间活动，而不是不好的事情。研究团队领导克里斯汀·格里芬（Christine Griffin）教授说过："在年轻人中喝醉酒往往被看成一种个人对他人的尊重和社会肯定。"

BBC 新闻频道（2007）

发送者通过监测反馈（比如接收者是否改变了他们的行为习惯、面部表情、信念或者态度），来调整或改变相应的信息或者输送渠道。在如此庞大的信息量面前，我们不难理解为什么只有很少一部分信息能够传达给目标市场。

排除一对一市场营销的吸引力，大众传播（如电视广告）仍然具有吸引力，电视广告面向的观众群体更为广泛。实际上，虽然电视频道是分散的，但是观看电视的观众每年都在增长，特别是在欧洲和美国（见第 7 章）。正如上文所提到的，大多数这类大众广告会被个人的信息加工流程系统所忽略或者曲解。但是通常情况下，也有一部分大众观众会比其他人对特殊的产品了解得早一些或者对一些新的信息更有接受能力。因此，很多营销传播策划者对大众传播很感兴趣，这种传播方式与图 5-3 中早期传播模式所展示出的单步骤传播模式有所不同。

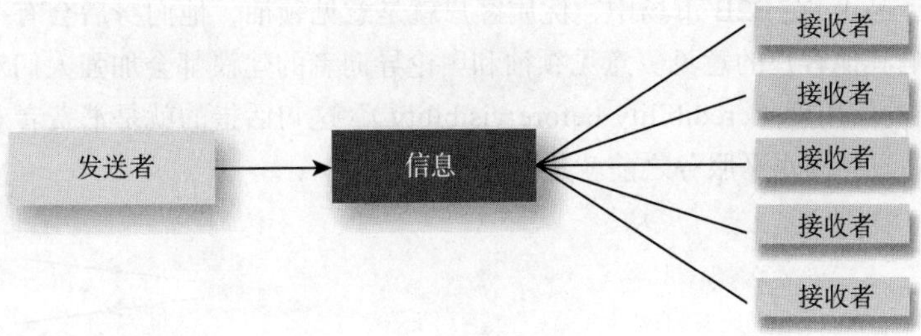

图 5-3 单级营销传播模式

双级线性传播模式

1995 年，卡茨（Katz）和拉扎斯（Lazars）提出的两步假设帮助受众减少了对权威媒体所实施的大众教化的恐惧。假设大量的信息被一些意见领导者过滤，然后再传达给受众。图 5-4 展示了信息是如何通过意见领导者过滤的，以及如何直接地传达给目标受众的。

当舆论导向者（Opinion Former，OF）加入后，传播模式就变得更加有趣了。如图 5-5 所示，舆论导向者从意见领袖中分离出来，他们是具有言论影响的专家，比如记者、分析员、评论家、评判者或者政府机构人员。人们会寻求他们的帮助，并从他们那里获得建议。另一方面，意见领袖不太好识别，因为他们不是正式的专家，而且没有义务为他人提供建议，但是其他购买者却会被他们影响。其他消费者会以他们的意见作为参考，意见领袖常常享有更高的社会地位（与他们同阶层的群体相比），他们更爱交际、会更自信地去尝试一些新的产品和服务。让品牌得到意见领袖和舆论导向者的认可是非常有价值的。

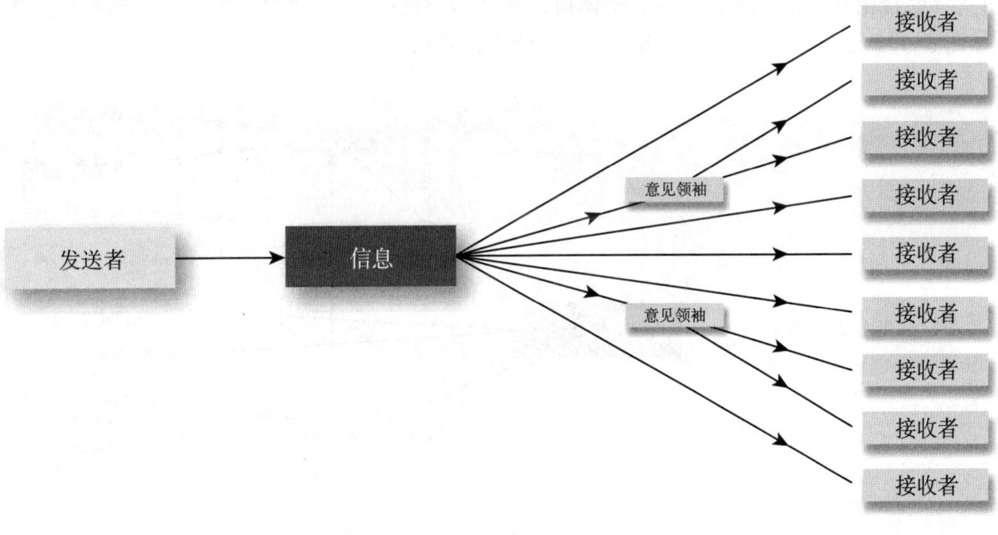

图 5-4 意见领袖参与的双级传播模式

不妨尝试在宣传文案与广告中引用舆论影响者的言论，与此同时，风格领导者则可以通过专业公关人士的宣传话语与品牌建立联系。企业可以通过收集第三方组织的认可进行多维度宣传，围绕名人设计活动或让名人去展示产品（比如在一些峰会的会议桌上赞助品牌矿泉水或者在电影中赞助产品）。在 B2B 市场中，优质客户就是意见领袖，他们身后会有一群跟随者，他们的出席会影响其他客户的意见。意见领袖和舆论导向者的建议都会加强人们对产品的信赖程度。“看见之前的信用度（credibility before visibility）”这句话指的就是消费者对于品牌的坚定信心应当在实际看到高水平服务之前就建立起来了。

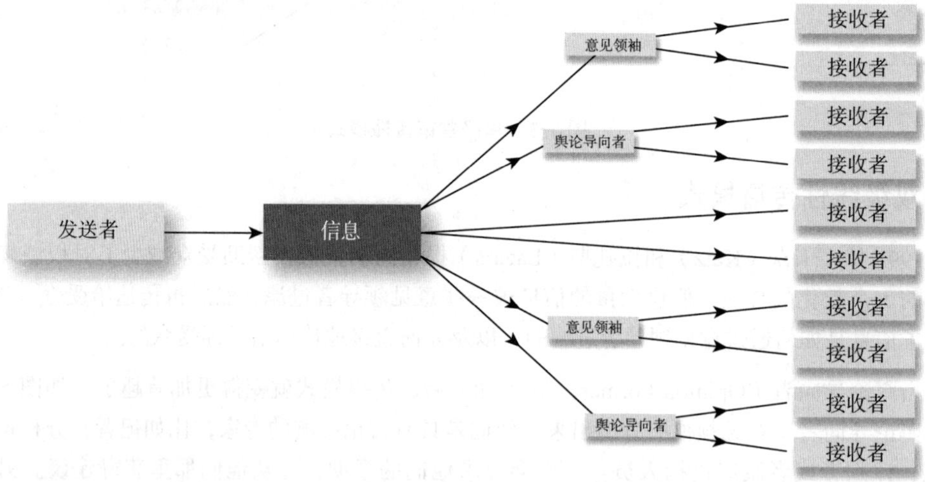

图 5-5　由意见领袖和舆论导向者参与的双级传播模式

多级线性传播模式

事实上，传播是一个复杂的、具有多层次和多方向的过程。意见领袖们会进行相互对话，消费者也会相互讨论（进而发展为团体讨论和网络讨论），最后将自己的意见反馈给意见领袖（如图 5-6 所示）。一些听众和读者会直接接收到这些信息。

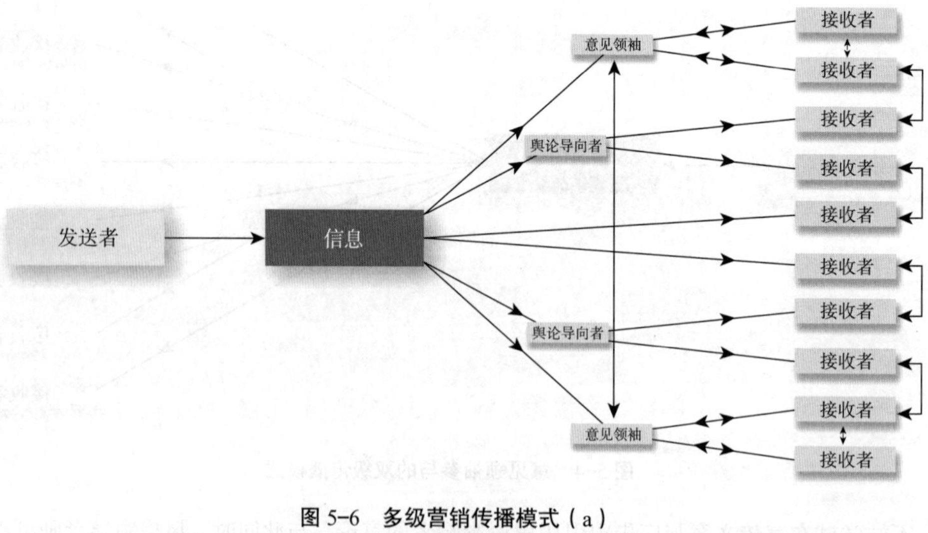

图 5-6　多级营销传播模式（a）

如图 5-7 所示，干扰、渠道和反馈会体现在多级传播模式中，以提高其真实性。

群体间的信息传播是非常奇妙的。群体角色（领导、舆论导向者 / 意见领袖和跟随者）、群体规范和群体态度被认为是“群体影响”。实际上，所有的干预心理变量都能够加入到营销传播模式中，以显示认知、筛选、动机、学习、态度和群体角色这些因素是如何影响传播过程的。这些干预因素和复杂的购买行为模式在第 4 章中已做详细介绍。

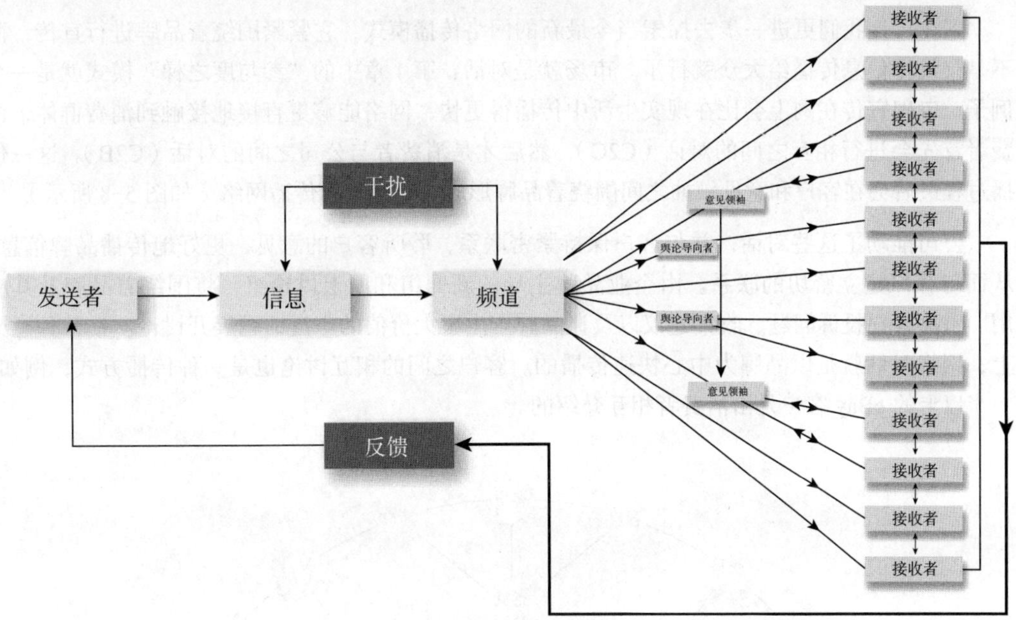

图 5-7 多级营销传播模式（b）

意见领袖——詹姆斯·邦德

产品的陈列展示费用并不总是很贵。1997 年，欧洲电信公司（European Telecom）公司需要向那些代表电影公司巨头的产品陈列代理商们兜售其最新的移动技术（汽车传真机），以寻求在电影里植入该产品并进行展示的机会。它们没有任何预算或者专门的计划去跟哪部电影签署协议，但是它们的可视化技术却十分吸引人。让它们感到惊喜的是，产品陈列代理商了解到詹姆斯·邦德（James Bond）系列电影《明日帝国》（*Tomorrow Never Dies*）恰好需要两个这样的装置样品，而这两个样品不出意料的话，会在松林制片厂（Pinewood Studios）出现，并会在“钱班霓（Moneypenny）收到电报”这一电影场景中出现，装置上会带有明显的品牌标示，并且这个装置在电影中最终还会送到了詹姆斯·邦德手上，于是观众们可以清楚地看到邦德在汽车后座发送传真的情景。公司的公关团队很好地把握住了这个机会，这款便于携带的传真机因詹姆斯·邦德一炮而红。

卢卡斯（Lucas, 1997）

不管是 B2B 还是 B2C 的商业模式，得到意见领袖的支持是任何营销传播活动非常重要的一步。以 IBM 公司的 B2B 商业模式为例，IBM 公司与营销社区联结起来，将会有 3500 名会员代表其商业活动中的主要推动者和利益相关方。以 B2C 商业模式为例，KangaROOS 公司的教练会挑选一些最具代表性的名人作为意见领袖，比如卡特·迪莉（Cat Deeley）、伊迪丝·鲍曼

（Edith Bowman）和儿童电视节目的主持人，并免费为他们提供鞋子。宝洁、联合利华和微软公司也会让一些具有影响力的客户试用它们的新产品。

多级非线性传播模式

现在，让我们更进一步去探索当今最新的网络传播模式，它紧紧围绕着品牌进行宣传，而不是仅仅将信息传播给大众就行了。市场就是对话，第 1 章中的“参与度之梯”模式就是一个例子。口碑宣传在网上会比在现实生活中传播得更快，网络能够更直接地接触到消费群体，消费者首先会进行相互之间的对话（C2C），然后才是消费者与公司之间的对话（C2B）。这一传播过程最后会在客户和意见领袖之间围绕着品牌形成一个完整的传播网络（如图 5-8 所示）。

公司推动了这些对话，并与客户保持紧密联系，聆听客户的意见，更好地传播品牌信息，从而与客户建立密切的联系。由企业品牌主导的新闻组和网上讨论组，将围绕着品牌及其应用、解决客户投诉问题、收集建议以及让品牌产生更大价值的广泛话题展开讨论。在某种意义上，网络对话就是以品牌为中心快速传播的。客户之间的相互讨论也是一种传播方式，例如，一半以上的 eBay 客户是由消费者相互介绍的。

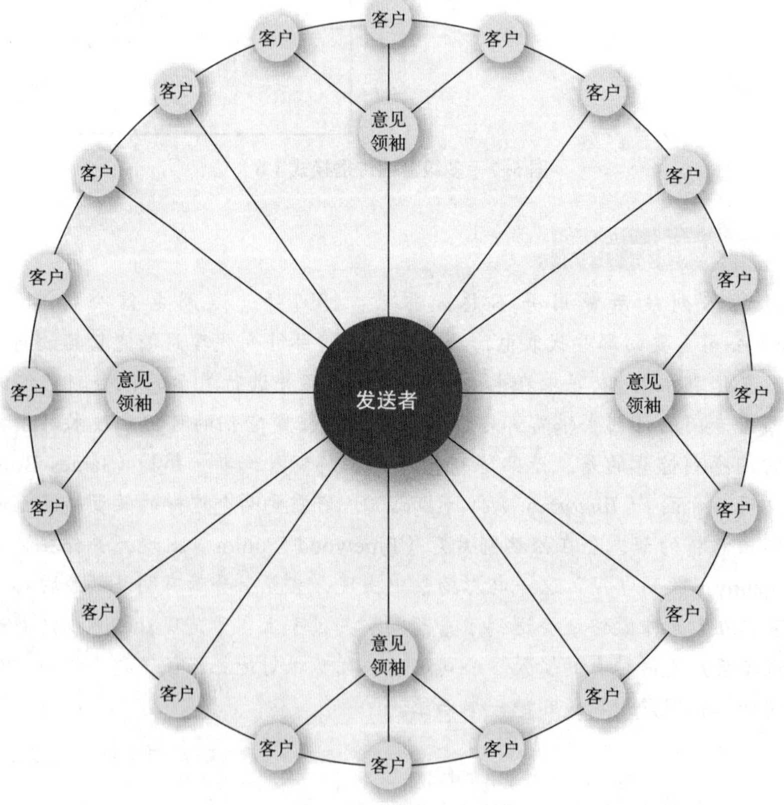

图 5-8 简单网状传播模式

市场营销团队也需要关注博客（包括 Twitter），并在不受其掌控的用户网站进行舆论引导。在那里，营销人员将会了解到一些很痛苦但是很有用的真实信息。C2C 之间的交流有时会很消极。还记得 Pentium 薯片的问题吗？丑闻曾一度像野火般在网站上蔓延。另外，消费者团体还会助力 C2C 的传播，他们建立假货论坛和反品牌论坛，传播有关品牌的负面信息。一种 C2C 传播的积极形式实际上能促成了一些商业交易，开心的客户会向其他客户推荐商品。而另一种积极的 C2C 形式和 P2P 就像病毒一样，客户们会向他人传递信息，这就是口碑的积累。清晰而富有创造力的信息、有趣新奇的想法、特殊的提议、通告和邀请都是病毒营销的组成部分，那样围绕品牌的信息能在消费者之间、从意见领袖到客户、从意见领袖向舆论导向者间传播，详见图 5-9。

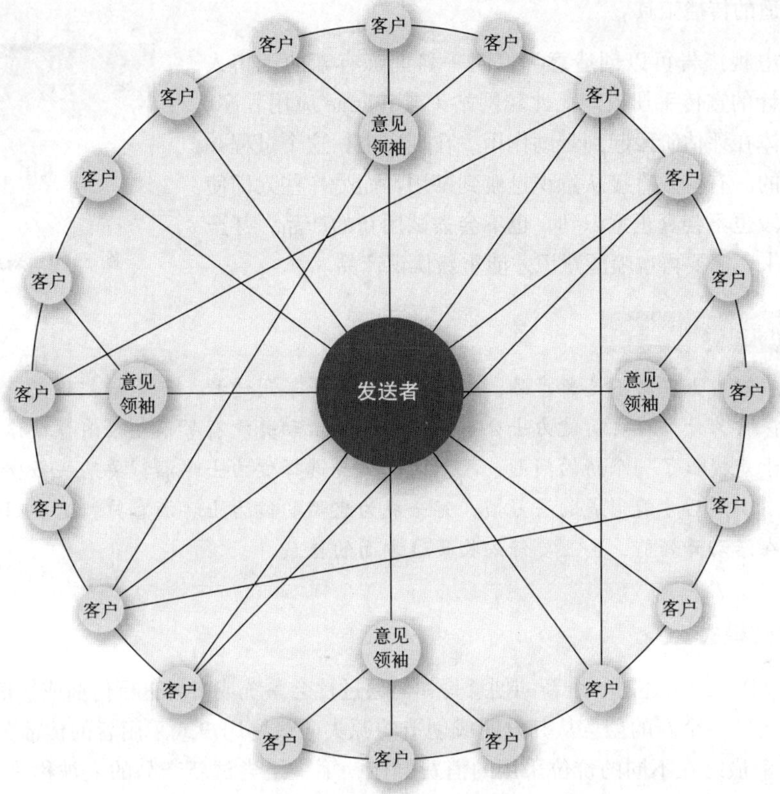

图 5-9　高级网状传播模式

联盟营销也可以通过相关客户群去扩展品牌意识，成员相互传播信息。这种内在的传播模式是一种以许可为基础的营销，在这个时间紧迫、信息杂乱的时代，客户很讨厌未经许可就发送的垃圾邮件。在未来，营销人员必须得到许可才能发送信息，如果客户同意了，信息才能被发送。

个体之间也互相谈论（至少有 500 万人进行在线沟通，有数十亿的人用电话交流），特别是分享各自的产品体验。实际上，不满意的客户会向 11 个人讲述自己不好的经验，但是满意的客户只会跟三到四个人分享自己好的购物体验。常言道："好事不出门，坏事传千里。"虽然这不属于大众传播的领域，但是它却展示了任何事情都可以通过任何组织随时随地地进行信息传播。在这个层面，我们只需要看一看很多广告人是如何使用一些悬念、荒诞的广告形式（通过发送没有完成或者让人费解的信息）去激起目标人群的参与和讨论的。

当代经典的传播模式

采用模式

本书第 4 章中曾提到过不同等级的信息模式。采用模式就是其中一种。如图 5-10 所示，采用模式试图勾勒出个体由开始试用到最终采用（或定期购买）新产品或服务的心理过程。这个看似简单的分层模式首先在识别沟通目标方面十分有效，其次也是一种比较合适的传播工具。

例如，电视广告可以创造意识，而一名训练有素的销售人员、专业设计的宣传手册或产品比较网站（或 iPhone 应用程序）都可以对个体在评估阶段起到帮助作用。在现实中，这个过程并非简单分层的。有些人直接从意识过渡到试用，而另一些人即使到了后期阶段也不会真正意识到，也不会去试用新的产品，甚至遗忘想不起来，需要再次唤醒意识才能重新认识产品。

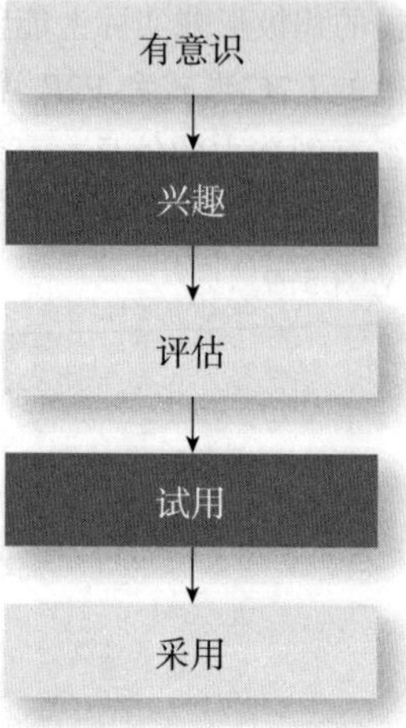

图 5-10　采用模式

健力士啤酒的采用过程

虽然健力士啤酒不是新产品，但它仍然经历了采用过程。研究员们研究了这一过程，想探索为什么在之前健力士公司组织的营销活动并没有带来年轻消费群体消费的增加。于是提出了一个新的问题：人们为什么会选择健力士啤酒？要购买多少量和持续购买多少周后才能形成购买习惯，完全成为忠诚的健力士啤酒客户？这些问题的答案就是在活动开始前，企业要仔细收集这方面的信息。

创新扩散模式

罗杰斯（Rogers）还对一个新的创意是如何通过社会系统或市场进行传播或扩散的感兴趣。他定义扩散为“一个新的创意从其发明或创造的源头向最终用户或采用者的传播”。他这一理论涵盖了几个最终在不同的价位采用的消费群体，第一组尝试新产品的人被称为“创新者”。他们代表了约占 2.5% 的最终采用新产品的买家。他们与那些最后尝试新想法的人（即“落后者”）截然不同。意见领袖是创新者的一部分。而创新性营销成功的关键在于识别、隔离和锁定目标资源，并不是面向全体消费者（84% 的客户都不会购买产品，直到他们看到创新者和早期采用者购买）。“尝鲜”是一种新的理念（尝鲜者占到总市场份额的 13.5%），其次是“早期的大多数”（占比 34%）、“后期的大多数”（占比 34%）和“落后者”（占比 16%），参见图 5-11。

每一组群体在市场中都有着不同的类型属性，包括收入、态度和社会关系等。创新者是喜欢冒险和社交的，他们喜欢尝试新事物。早期的采用者往往最能表现出这一点，他们很早就采纳了新的想法。在零售业中，尼尔森发现尝鲜的人很多都是那些同时光顾多家店面的人，他们与专一的客户不同，在使用产品方面更有经验。早期采用者比其他消费者更早使用产品，但他们在购买过程中更为谨慎，几乎都是经过深思熟虑的。而多数人只有在他们看到了大多数人尝试后才会去尝试，他们往往是持怀疑态度。而落后者则是不言自明的、传统的，不到最后是不会采用的。

跨越创新扩散的鸿沟

1999 年，杰弗里·摩尔（Geoffrey Moore）采用了创新扩散理论并将之应用到 B2B 部门，特别是技术创新。虽然他对这一细分的称呼不同，但是他对不同客户的细分原理是一致的：重点是发现创新者和早期采用者。当他们被新观念渗透，并愉快地使用该产品或服务，就可以开始实施下一步营销措施。关键的一点是，在消费的每个阶段之间存在着巨大的落差，企业可能会陷入鸿沟而无法自拔（详见图 5-12）。早期采用者和大多数消费者之间的差距是巨大的。前者寻求创新型产品，喜欢探索产品是如何运作的，可以忍受一些暂时性的问题；而后者（大多数消费者）只接受零风险测试且功能齐全的解决方案，他们也会寻求不同的包装。在在线学习市场，尽管像 IBM 这样的早期采用者会乐于购买 CD 并与它们的培训课程整合起来，但是大多数消费者则需要 CD、练习册、纸质书籍、研讨会和认证培训等不同的解决方案。对于同一问题，这是一个完全不同的解决方案，显然更有利可图。很多网络公司不了解这两类客户之间的巨大差异，在在线学习市场上投入了上百万美元的资金，最终却陷入了鸿沟而导致失败。

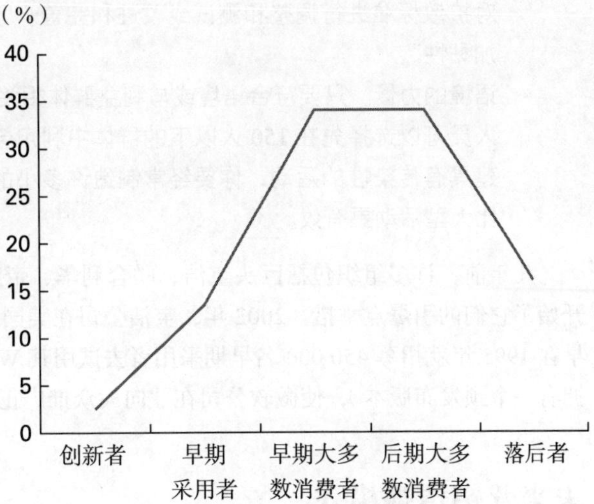

图 5-11 创新扩散

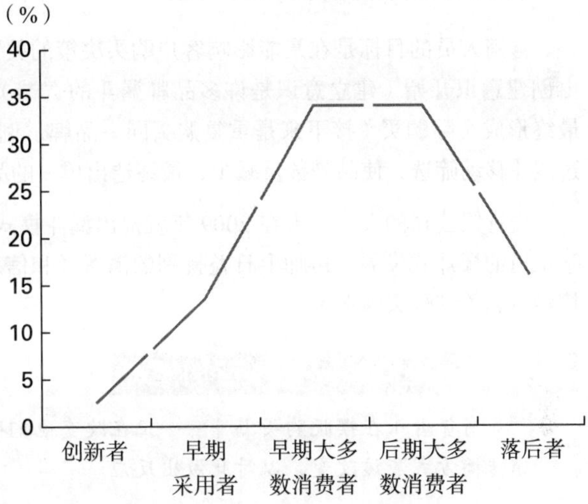

图 5-12 创新扩散：不同细分消费者之间的鸿沟

同样的原则也适用于识别和瞄准创新者，然后逐一按顺序分层。此外，营销人员必须认识到，不同的细分市场是完全不同的，即他们有着不同的需求。提供完全一样的解决方案，将会导致公司整体营销的失败。针对每一个细分消费群都需要制定不同的策略，以保证营销成功。这就是神奇的营销公式（识别需求、反映和交付）。

加速创新扩散的引爆点

马尔科姆·格拉德威尔的引爆点这一观点同样适用于 B2B 和 B2C 市场。他在书中提出了三项能够释放新思想潜力、促进产品或服务的措施。

- 少数人的法则。少数人冒险的影响力是强大的。营销人员需要识别出这些社交和社会活动中的“黏合剂”，然后与这些小团体建立联系。
- 黏性因素。产品、服务、理念或信息必须具有内在的传染性。营销人员需要系统地对扩散标准进行调整和测试或改进和完善。“通过改变信息的呈现方式可以显著增加黏性”。

- 语境的力量。只要符合语境或与利益群体相关，创意就能够获得快速的传播，营销人员可以选择先在 150 人以下的群体中利用会议和群体压力创造影响力。“为了创建具有传染性的活动，你要经常制造许多小的活动”。小型、有针对性的活动往往比大型活动更有效。

几年前，许多组织包括巨头宝洁、联合利华、帝亚吉欧和微软等在内的巨头企业，就已经开始了它们的引爆点举措。2002 年，宝洁公司在美国组织了“联结者”活动，此前，微软公司早在 1995 年就招募 450 000 名早期采用者去试用其 Windows 95 产品（保证每 189 个 PC 用户就拥有一个预发布版本），使微软公司在“向大众推广正式版本前，就积攒了一定的口碑”。

未来营销传播模式

传统的漏斗传播模式的终结

营销人员的目标是在最能影响客户购买决策的关键时刻进行宣传。旧的“漏斗”传播模式由创建意识开始（建立意识是许多品牌漏斗的宽端），然后让消费者熟悉，接下来考虑购买，最终形成实际购买（接下来是重复购买同一品牌，例如，只选择一个品牌的忠诚度）。客户通过漏斗移动筛选，使品牌数量减少，最终选出单一的品牌。

麦肯锡公司的大卫等人在 2009 年就提出漏斗模式已经过时了：“今天，随着产品选择和数字渠道的爆炸式发展，再加上日益挑剔的消费者和信息的灵通，漏斗概念再也不能捕获所有的接触点和关键购买因素了。”

旧的模式已经消亡——改变你的模式

> 消费者正在摆脱购买漏斗——正在改变他们研究和购买你的产品的方式。你的营销传播方式应该改变，以对此做出反应。
>
> 科特（Court）

营销人员需要采用一个更为复杂的模式进行营销传播。旧的线性漏斗模式错过了许多新的接触点，而这之后可能会在购买过程中出现，例如，当客户在购买 ×× 品牌时，在他们点击“购买”按钮前会先了解其他客户的评论，以及产品在同一网站和其他网站上的评级，尽管目前显然已处在决策阶段，但是客户却已返回到了“评估”阶段。

这样的影响发生在哪里，营销人员的身影就应该出现在哪里，无论是线下销售或在线销售，还是在离线和在线口碑的讨论中。对于口碑宣传，营销人员需要实时监控对其品牌（及竞争品牌）的讨论，无论是在 Twitter、论坛或博客，并自动发帖，发送一些固定的或预先准备的信息（包含视频链接和演示方法）来宣传产品。这能够进行手工操作，也可以作为自动化营销的一部分（扫描、识别和基于规则的反应选择）。

到了店内再做决定

消费者往往相信眼见为实，并且极易受到视觉的影响：将近 40% 的人会因自己所见、所闻或是当下所做的事情而改变想法。例如，他们会受到包装、销售地点以及与营销人员的互动等因素的影响。

科特

营销人员需要增加相关度，例如，发布与目标客户联系更紧密的广告（魔术营销公式：识别消费者的需求、反应并提供产品与服务）。今天，营销人员可以创建数十或数百个不同的广告版本来对客户过去的浏览行为（同时也展现了企业如何根据新产品的试用结果进行产品宣传推广）进行反应。许多航空公司管理并不断优化成千上万种组合、价格、创意内容和形式，以确保潜在的旅游者能看到与他们最息息相关的产品。市场营销人员现在可以利用工具来做这些工作。

整合营销传播比以往任何时候都更重要。首席营销官们现在扮演着更广泛的角色，并根据客户决策的新情况进行营销传播重组。首先，他们必须管理常规的营销事宜、产品开发、市场调研和数据管理。有趣的是，麦肯锡公司一直在强调营销的重要性："将这些元素集中起来是十分艰难但又很有必要的，首席营销官是不二的选择。"

为网络新模式让路

语义网是网络发展的下一个阶段。从本质上讲，它能让任何数据与其他数据交流。它将基于网络的链接整合为任何数据信息（不只是网页），让其可以与其他信息交流。它将为信息的结构化收集提供路径和推理规则，用以指导自动推理。例如，如果在同一个房间，电话铃声响起时，屋里正在播放音乐，那只要接听电话，电话就会自动发送消息到所有音频设备上，瞬间降低音乐音量。在打电话的过程中，iPod 已经自动降低了音乐音量。客户可能会更愿意享受比任何传统的网络更为复杂的应用。这种语义 Web 可以改变营销传播模式，智能技术将提供极其相关的信息，有助于满足客户需求，甚至在消费者之前想象到他们可能有的需求。

万维网的发明者蒂姆·伯纳–李（Tim Berners-Lee）、亨德尔（Hendler）和拉西拉（Lassila）在 2001 年曾解释道：

语义网不是一个单独的网络，而是当前的一个扩展，其中信息有自己明确的含义，能更好地让计算机和人们合作。将语义网与现有网络的结构交织在一起的第一步目前已经在进行中。在不久的将来，这些发展将带来新功能的重大突破，使机器变得更好，能够处理和理解那些它们目前只能展示出来的数据。

蒂姆·伯纳–李相信语义网将会横扫 Facebook 和 Myspace。

语义网将横扫 Facebook 和 MySpace

Facebook 和 MySpace 最终会被其他能够联结所有事物的而不仅仅是人的新型网络平台所取代。通过使用语义网，你可以创建应用程序，比任何常规网页上的任何功能更强大的应用程序。想象一下，两种完全不同的东西，比如，你的银行账单和你的日历可以用相同的语言和其他人分享信息。你可以将两者合并，显示出的众多节点能够显现出你花销的具体时间。如果你不记得自己在哪里进行了特别的交易，那你可以将在主题公园给孩子拍的照片放在日历上，提醒自己那一天使用了信用卡。

蒂姆·伯纳－李

《纽约时报》的约翰·马科夫（John Markoff）曾提出了 Web 3.0 的概念。而梅林·斯通（Merlin Stone）认为这些新服务构成了使用语义网络、市场开发宣传、自然语言搜索、数据挖掘、机器学习、推荐系统以及人工智能等技术和方法的“智能网络”。而这些技术强调了利用机器辅助理解信息，以提供更具生产力和直观感的客户体验。斯通认为，Web 3.0 的主要特征似乎是一个开放的、智能无缝的、可相互操作的、适合任何渠道的软件即服务的分布式系统。也许通过语义网传播，能让客户的生活变得更容易一些，能满足他们的需求。因此，新的营销传播模式将应运而生。

是信息智能的营销者还是传统的市场营销

新型营销方式和传统营销方式的支持者日益分化……了解你的竞争对手在市场上的表现要远远比设计传统的焦点小组或产品商标重要得多……新时代的营销人员必须具有更多的 IT 理解能力。

相比过去通过收看广告、建立品牌联系、最终购买产品或服务，如今的消费者可以直接通过手机语音智能购买商品。谷歌语音搜索能够为消费者提供更详尽、更有效的购买信息，而获得更高的谷歌评价也就成了品牌品质（或至少是品牌相关性）的代名词。还有一款语音 App 能够帮助消费者进行比价，消费者只要用手机扫描条形码或是键入产品名称就能获得比较结果。营销人员应该学会适应这样快速发展的营销环境，并培养自己的营销新技能。

营销人员应具备的营销传播新技能

斯科特·布林克（Scott Brinker）曾提出营销人员应具备以下五项新技能。

1. 分析结构技能。掌握源自社会媒体反馈、网络分析、交易历史、购买行为和行业聚集的数据流。
2. 敏捷项目管理技能。营销策略越来越向颗粒化、相关性和利基市场转变，每一种策略所面向的都是数十、数百乃至上千种不同的、快速变化的消费场景，这就要求营销人员需要具备跨项目管理的技能。
3. 勇于实验的好奇心和严谨性。在营销人员寻求不断改善其营销投资回报率的同时，他们还需要管理不断进行的测试，测试新的替代品，开发新的创造性产品，并实施监测响应率的变化，以识别稍纵即逝的机会和威胁。
4. 系统性思维。营销工作具有一整套的流程。这就意味着营销人员必须具有整体思维。谁能从社交媒体的对话中获得客户的意见、概要以及关键问题？它会影响哪些决策？还有谁需要这些信息（如销售人员、公关人员、董事会）以及哪些决策会影响企业的最终销量？
5. 熟练使用 Mashable 互联网新闻博客软件。如果营销人员能够掌握 Mashable 博客技术——混搭应用、桌面小程序及应用或其他 API 界面，那就能获得更强的竞争优势。举个例子，它可以链接和整合内容管理系统与搜索网站、分享反馈、邮件提醒以及电子新闻，所有这一切都是为相关内容服务的。罗斯将这种博客技术定义为“能够将两种或两种以上来源的数据、演示或功能进行整合利用的网页或应用程序”。

先前讨论的许多模式也对营销传播流程提供了一些见解，但几乎无一例外地歪曲或简化了传播过程。第 4 章借鉴了本章部分的传播模式，并着眼于购买模式、购买过程和干预心理变量。我们如何购买？我们为什么购买？是什么影响了我们的选择？是否有无意识的动机破坏我们的日常购物行为？第 6 章试图站在客户的角度，去回答相关的问题。

新营销箴言

◎ 传播涉及信息的双向流动。

◎ 传播学理论可以应用于实际的市场营销中。

◎ 打造新模式，以满足不断变化的营销传播要求。

第 6 章　营销传播调研

关于市场调研

合理地使用相关信息能够减少风险、增强能力和提升企业的竞争优势。当代营销人员需要获得更多的信息，明确地知道他们需要了解什么样的信息，并优先考虑收集和了解那些能让他们做出更好决策的信息。西蒙·科威尔（Simon Cowell）制作的电视选秀节目《X 音素》就是很好地利用了市场调研的典型例子。他研究了不同的“产品”（歌手），并通过对听众（在家和在影院的听众）进行调研，来测试这些歌手的受欢迎程度。客户提供了免费的市场调研，选出他们喜爱的歌手，也可以付费获得通过手机短信方式投票支持自己喜欢的歌手的特权。西蒙·科威尔不断重复这种市场调研（每次都能从调研中挣到钱）。最后在每季决赛冠军选手的歌曲中选出一首最受欢迎的歌曲来完成最后的测试。市场调研的最后阶段完全保证了从中脱颖而出的流行歌手的成功。而最后的入围歌曲正是观众想听的。观众通过付费获得特权，以短信投票的方式完成市场调研并能深入参与到《X 音素》节目中去。

相关信息能够降低风险

随着越来越多的相关信息变得触手可及，风险最终将被降为零，这也是必然出现的结果。就像一位年轻女士打牌时一旦知道了其他三张牌是什么的，就可以选出王牌来一样。市场调研（信息）也降低了风险。那么，为什么不使用调研来降低所有风险呢？原因涉及调研对于人力（人员）、金钱和时间这三种关键资源（3Ms）的消耗。第一，确切知道我们需要什么样的信息以及如何收集它（无论是委托调研机构还是亲自处理）是比较罕见的管理技能；第二，调研需要成本；第三，定义和撰写简要的大纲，进行实地考察，分析数据，读写报告，最后整理成信息，这一切都需要花费时间。现场调查（询问问题和收集答案）会让竞争对手提前获悉我们的产品策略，在某种意义上，给予了它们充足的反应时间。

纸牌游戏

在牛津街头，一位纸牌表演者把四张牌面朝下放在一张桌子上。随着人群的聚集，他大声喊道：“谁能猜到王牌就能赢得 10 英镑。”人们纷纷表示为难和怀疑，没有人去回应这个简单的用 1 英镑赢 10 英镑的游戏。纸牌人拿着 10 英镑向人群吆喝着，一位笑嘻嘻的年轻人在他身体向前倾斜时在背后偷偷看了最外面的那张纸牌。这是一张方块 J。很快这个消息传遍了人群，最外面的那张牌不是王牌。一个男人受到别人的怂恿高喊道："这不是真正的10英镑。"纸牌表演者走进人群让人们仔细检查他的这张10英镑纸币。此时，另一位陌生人趁其不注意，大胆而快速地把靠外的第二张牌翻过来，这是一张红桃2。当纸牌表演者返回说道："谁想赢这10英镑？"一位谈吐文雅的年轻女子回答说："如果你能让我看一下中间的那张牌，我就用2英镑赌你的10英镑。"纸牌表演者接受了。这里发生了什么事呢？

相关信息能够增强能力

不论是在军事策略还是营销策略中，信息都能产生力量。如果一个组织知道客户真正想要的是什么，而它的竞争对手不知道，那么它就具备强大的优势。如果企业提前知道竞争对手的下一步行动，那该企业就占据有利地位甚至能够提前进行应对。在谈判中，如果一方当事人对另一方了解得更多，那么信息持有人具有隐藏的优势。卖方与买方的经典场景强调的是如何利用信息提高销售和利润：销售人员迫切希望得到订单，并准备降低价格，以获得订单。在这个例子中，买方公司所有的库存在一夜之间因火灾全部烧毁了，他们迫切需要从卖方企业购进产品。如果买方知道销售人员多么渴望得到订单，那么就会将价格压低。换一句话说，如果销售人员提前知道了买方的窘迫情况，就能够掌控整个价格的谈判。此外，如果买家不知道销售人员那么急迫地想要得到订单，那销售人员也可以完全控制谈判。在这种情况下，销售人员将以更高的价格成交，可见信息就是力量。

我们注意到高层管理人员似乎总是要问那些有点尴尬（因为有时候你不知道答案）的问题。当他们提出这样的问题时，你可能会想："我希望我也能想到这一点。"你所欠缺的是能力和资历，或者潜在的资历。能够提出正确的问题是一种难得的技能，通常需要时间和实践来培养。能够问出正确的问题是得到正确答案的前提。这种能力正在变得越来越重要，现代社会有越来越多的信息为我们所用，但是信息超载和信息疲劳也随之而来。

信息优势：国际象棋世界冠军

为了避免给竞争对手透露太多的信息，鲍比·菲舍尔（Bobby Fischer）在国际象棋世界冠军赛中戴了一副绿色的太阳镜来阻止挑战者斯帕斯基（Spassky）看到他的眼睛。

相关信息能够改善决策

最好的营销经理总是在怀疑他们是否得到了足够的信息来进行决策。他们非常清楚自己需要什么样的信息来让决策变得更容易些，这是一种很明智的做法。在他们获得信息后，他们会进行挖掘，之后才会做出决策。这就是信息化决策。而与之相反的决策则是猜测，决策成功与否则依赖于运气，这通常是一种不必要的、高风险的活动。另一方面，相关的专业信息（或知识）还能有效地提升竞争优势，例如，如果一个组织已经发现了客户的独家信息就能获得绝对的优势。调研是为了帮助决策，而不是决策本身。

信息超载

全世界每天大约有4000多种新书出版和700万个新的网站上线。现在每天大约有数十亿的邮件往来，而且数量还在持续增长中。但你有没有发现你想找到有用的信息却变得越来越难了？

麦戈文曾说：

> 从前，人们不具备制造出这么多信息的能力，也从未面临过如此快速的信息增长。这不意味着更快的电脑、更大的硬盘，而是需要培养我们的信息素养。我们需要创造出少而精的信息。我们需要管理好大量的信息，同时过滤垃圾和过时的信息。我们需要技能去帮助我们更好地搜索，并能更好、更快地判断我们所发现的信息的质量。

有人说信息是企业竞争优势的主要来源。美国加州大学伯克利分校的教授瓦里安（Variance）和莱曼（Lyman）指出，我们创造信息的能力已远远超过了我们的搜索、整理和发布信息的能力，“信息管理——在个人、组织甚至社会层面——可能会变成我们将来所要面对的主要挑战之一”。营销经理必须学会管理信息污染，否则他们将做出不明智的决定，并很有可能受到“信息疲劳综合征”的折磨。据路透社报道，信息过载、分析瘫痪以及生活质量的下降表明，四分之一的人承认自己因接收的信息过量而导致健康状况欠佳。在1300位经理人中大约有三分之二的人认为，他们的社会生活中有太多的信息需要处理。

在英国最顶尖的200家公司中，每个工作日工作人员都要花30分钟寻找丢失的信息：

- 60%的员工会浪费15分钟在电脑上寻找信息；
- 15%的员工每天会浪费30分钟；
- 7%的员工每天会浪费60分钟。

在1000人规模的公司中，大约永远有33人在寻找信息。关于这一条信息是在1999年发布的，那到现在又恶化到什么程度了呢？根据像IDC和Delphi集团这样的智囊公司的说法，知识型员工大约会花25%的时间寻找信息。企业搜索难道真的是知识管理的圣杯吗？

穆勒（2004）

有一种简单但却很少被人们提及的减压方法就是大笑，它通过增加血液里的肾上腺素和内啡肽来减压；它降低肌张力，改善呼吸和调节心跳。这在当今竞争激烈的市场尤其显得重要。

信息优先级

在任何阶段，对于所有的营销经理来说都有无数的信息可用，人们接触到的信息永远要比自己所能吸收的和购买的多得多。因此，关键在于要确定问题是什么，并找出可能对此有所帮助的信息。一位经验丰富的市场调研员（无论是来自公司内部还是一家代理机构）能够引导营销经理站在专业的角度去确定需要什么样的信息。由于调研预算通常是有限的，营销经理们不得不优先考虑哪些信息比其他的更重要。模糊不清的信息搜索往往会产生模糊不清的答案。

我们在收集信息时要坚持一定的原则，而不是沉迷于信息的“有趣性”上。当市场调研员定义对自己有用的信息时，他们往往会倾向于增加额外的“有趣”问题。因此，在添加额外信息要求时，请检查自己是否正确回答了以下问题：

- 我该怎么处理这个信息？
- 它将如何影响我的战略或战术？
- 从这一信息中有可能会产生或撤销什么样的行动？
- 信息的价值如何？
- 成本是多少？
- 我能负担得起吗？
- 我什么时候会用到它？
- 我是否检查了所有二级来源？（详见表 6–1）

常识也很重要。例如，大获成功的 Ben&Jerry 冰淇淋制造商观察到买家对这款加西亚樱桃冰淇淋的投诉不断增加。许多客户很不高兴，因为他们认为该产品中的樱桃太少了。如果你是商家，你会怎么办？你会收集哪些额外的信息？以下是该公司的做法——他们问了以下问题：首先，这只是一个区域性的问题吗？他们检查了与投诉相匹配的出货记录；其次，问题是否源于制造过程 ——是质量没有达到标准？但经检查冰激淋中成分是正常的。在几乎检查了每一个环节后，他们终于找到了问题的根源：冰淇淋盒上的照片不是冰淇淋而是冻酸奶的，上面布满了新鲜樱桃，于是他们只是更换了盒子上面的图片，投诉便消失了。

市场调研的类型

市场调研基本上有两种类型的资料来源：一手资料和二手资料。一手资料是委托组织为特定用途专门收集的（例如，调查问卷，以了解客户对公司品牌的态度）；二手资料是已存在或别人出于其他原因已收集到的数据（如政府统计数据、报纸的功能或发表的报告）。案头研究通常会在图书馆或办公室进行，因为它需要研究二手数据。在进行一手资料收集之前做一些案头研究是很有必要的，因为进行一手资料的收集是非常昂贵的。

而市场调研通常又分为两种类型：定量和定性。定量研究是从人口或目标群体提取具有代表性的抽样调查，而定性研究则是在由个人组成的小团体（集体讨论或焦点小组）或者一对一的个人调查基础上（深度访谈）进行深入的、非结构化的探索。

市场调研可以在新产品、新包装、新的促销活动、新广告以及新价格等出台时，提供适用于任何分销商和客户的市场营销专业信息。不同类型的市场调研可以揭示客户位于何处，购买了什么，阅读和在电视上看到了什么，他们是如何度过他们的假期，更喜欢哪一个竞争对手，等等。

焦点小组（六到八人）通常会对改进过的产品或新产品、包装、品牌名称或广告创意进行初步讨论，并从中获得解释人们对这些概念的看法的信息。这种类型的概念测试可以用来排除某些想法，只对剩下的一个或两个做进一步的测试，或者将信息反馈给创意团队，以便他们改进某一特定理念。定性访谈是开放式的，它能够识别哪些领域需要进行更大规模的（定量）调查，以找出在有效的统计样本范围内重要的影响变量（至少 400 个样本）。对于新设计的广告概念、新的包装或品牌名称来说，从中精炼出的设计概念可以在大厅中进行展示测试（受访者被邀请到大厅做出评论）。定义设计概念的包装和品牌可以制作成原型作品，而广告可以通过故事板或动画（视频卡通）进行展示。新产品（或新概念）也可以通过家庭试用或大厅测试的方式进行测试。有些数据源［例如“目标群体指数”（Target Group Index，TGI，详见下面讲述的“目标群体指数”部分）］经常被用于消费活动的早期研究阶段，以识别客户的购买行为、社会经济群体、客户的生活方式、位置以及合适的媒体渠道。

当这一切工作结束后，新包装或品牌名称（或产品）就可以投入市场进行测试了。首先我们可以在具有代表性的测试区域内进行测试，这样能够降低全国性或全网首发广告宣传（包装、名称或产品）的撤回风险。在英国，由于隔离测试的市场区域（特别是某些地区，全国性连锁零售企业不希望有太多存货）试销成本高、难度大，公司往往更喜欢进行模拟市场试销，以实现测试市场的练习。在该领域的主要调研机构有伯克（BASES 测试）、尼尔森（QUARTZ 模型）和国际研究（MICROTEST）。这些调研模型使用概念测试或产品测试的数据，模拟出分销渗透（将会储存该产品的商店的百分比）的预期水平，并假设广告支出达到一定水平时能够产生某一程度的感知，接下来再假设竞争活动、价格等其他因素来预测新产品的销售，精确度可达到 20% 左右。

鉴于电视广告是如此昂贵，很多企业更愿意通过焦点小组访谈和大厅测试的方式来进行仔细的检查，而不是在特定的测试区域测试广告。它们能够测试广告在不同区域的比重，测量销售增长，以帮助它们找到广告支出最具成本效益的程度（频率和时间）。

如果产品是在全国或地区内推出，其发布方案可以通过许多方式来进行监测：效果（用户资料、购买频率等）可以通过消费者调研组进行监控；零售审计提供了有关分销渗透和产品下架的信息；跟踪研究能够监测广告发布后的快速反应与效果；前后的定量调查能够监控在营销活动推出前后的品牌感知度；它还可再次用于测量广告的效果以及产品在市场上的走势。

调研类型摘要

表 6-1 总结了许多可方便使用的不同类型的调研信息。表中的成本预估数据只是给出了预算要求的一个大致水平，并对所涉及的成本提供一些参考。

表 6-1　现有的不同类型的研究信息

信息来源	信息种类	信息来源	成本预估
市场	市场报告（分析市场规模、结构、市场份额、趋势、价格以及主要的市场主导者等）	Mintel Jordans Keynotes Syndicated FT 和贸易杂志	750 ~ 2500 英镑 1000 ~ 15 000 英镑 1 英镑
分销商	零售审计（分析一个品牌在各个零售店采购目录中的渗透度、平均库存采购、每一阶段持有和出售的数量以及零售价格）	尼尔森	15 000 ~ 50 000 英镑 *
客户的态度和意识	调查——建议至少要进行 200 次访谈，最好为 500 次访谈	定量市场调研机构 综合调查	10 000 ~ 60 000 英镑 给每个访问者支付 10 ~ 100 英镑 ** 为每个问题支付 750 英镑
客户的动机和感知	深入研究，有时会采用投影技术、儿童组或超群的方式	定量市场调研机构	为每个人支付 650 英镑 每八个人为一组，每组支付 1950 英镑

续前表

信息来源	信息种类	信息来源	成本预估
客户未来的生活方式	社会预测、未来学等	未来预测	年度订阅费为 1500 ~ 5000 英镑
客户的购买行为和随时间而发生变化的趋势	谁买了什么、什么时候从哪里买；买方是如何回应各种营销活动的，比如特别承诺、新的广告和竞争者的活动	消费者调查小组，比如 AGB' s Super	15 000 ~ 40 000 英镑
客户的渗透度	观察产品渗透到家庭的百分比和使用频率	综合调查	为每个对错问题支付 500 英镑；为每个多项选择或排名问题支付 1500 英镑
竞争调查	就市场、分销和客户而言，是否有预算可用。销售队伍和市场营销部门对市场的眼线也能够提供很多的竞争对手信息	针对市场、分销和客户的调查	针对市场、分销和客户的调查
刺激性市场测试	所有混合测试包括产品、品牌名称、价格和定位	尼尔森、国际研究和 RSGB	25 000 ~ 100 000 英镑
测试市场	在测试区域进行新产品及其各种组合品的测试	销售分析	
产品	调研新产品概念（概念调研）	焦点小组	每八个人为一组，为每组支付 1950 英镑
包装	讨论	焦点小组 霍尔测试	每八个人为一组，为每组支付 1950 英镑 5000 英镑以上
广告	在昂贵生产前对新的广告概念进行调研。在营销活动推出前后测试客户对品牌的感知度（跟踪研究）	焦点小组 霍尔测试 定量调查 网上测试	每八个人为一组，为每组支付 1950 英镑 1000 英镑以上 为每人支付 20 ~ 40 英镑 1500 ~ 3000 英镑
展会	展台设计、印象测试、过往展台的人流、驻足并观看展台的人数、访问展台的人数以及占参观总人数的百分比	展会调查	

* 这里所涉及的价格差异很大，例如，单一品牌零售价格测试完成的收费仅仅 750 英镑，但如果是多种产品组合的一次综合零售审计费用就会高达 10 多万英镑。

** 这取决于店面位置、调研方法、组织和分析成本等。

什么都可以用来进行调研和测试，包括销售推广的想法（概念）、邮寄广告，甚至新闻发布和记者对某一特定企业和品牌的态度。一个新的令人兴奋的研究领域就是网站，它可以在开发之前、期间和之后进行测试。关于媒体调研和规划将在第 7 章中讨论。

定性研究

我们能够从与个体的深入访谈中获得定性信息。这通常是由很多基于一对一的访谈组成的。这种调研方法揭示了有时甚至连客户自己都不清楚的无意识的购买动机。深入的访谈的确能够揭示客户的内心想法。

正如戈登所说的："消费者往往不知道他们为什么会或者不会使用、购买或选择某一特定的品牌。在寻求此类信息时，直接的方式就像是在一个外国人面前大喊，以期待他能更容易地明白英语表达的意思。"因此，深入调研人员会采用一系列方法来揭示真正的答案。

调研人员在深入调研时会采用各种不同的技术（包括心理绘画、词语联想、隐喻、拼贴画、拼图、黏土造型和角色扮演等），让客户在此过程中放松警惕，从而使其潜意识得到发挥。我们在第 4 章中已经阐明了在消费者的购买过程中，动机和复杂的信息往往会起到重要的影响。

焦点小组

小组讨论比较节约成本，虽然收集的信息不是太深入，但仍然能用于了解消费者（在目标市场）对某些品牌、广告或仅仅是新的思想（观念）的认识，这是一种更具成本效益的方式。

各种富有创意的刺激资料（包括漫画、图片、文字和品牌地图等）都能在这些焦点小组讨论中使用，其中最常见的类型是抽象拼贴画或情绪板，这是从各种各样的杂志和报纸中提取的涂鸦艺术，目的在于探索各种主题，如用户的生活方式、使用场合和抽象意识。以下是两个比较有特色的拼贴板例子，由 Collage Shop 开发并在焦点小组中使用。图 6–1 表现的是利用简单的情绪板来呈现出不同的饮食体验或机会，图 6–2 是比较复杂的情绪板，调研沐浴露的概念包装主题。

图 6–1　饮食体验与场合

图 6–2　调研沐浴露的概念包装主题

资料来源：The Collage Shop。

有些公司（如 MTV 公司）将网上讨论和网上讨论小组作为焦点小组——该小组已在网上存在长达一年——进行调研。但如果你没有提出正确的问题，所有这一切都是无用功（见下面的例子）。

概念调研

概念测试能对营销传播组合中的每个元素产生影响，无论是广告、新的促销、新的包装、新的直邮宣传单，还是产品或服务，这一概念至少应该在同事和客户中进行调研和探讨。理想情况下，还应当包括那些能够代表目标受众或观众的、没有任何依附关系、无偏见的焦点小组。

在广告制作完成之前，广告概念测试能够测出消费者对广告的反响。故事板和关键框架（参见第 13 章中关于 Hovis 营销活动的概念）以及广告动画都已经制作完毕并展示给了焦点小组。这种小组讨论会从一系列不同的概念中挑选其中最好的，并尽可能减少其中的问题，完善概念本身。

定性研究也可用来定义那些未来有可能在定量研究中问到的问题的参数或类型。例如，进行焦点小组调研或报纸的定性研究可能会揭示出某些读者如果不把报纸读完就扔掉，那他心里就会觉得不舒服的情况。但如果报纸广告的定位是“人们可以在上班途中轻松浏览完”的话，那这一发现显然就有问题。因此，定量研究能够弥补在定性研究初期所暴露出的各种问题。定量研究可以通过对上百或近千的受访者进行调查来完成。访问者的问卷可能会问道：“在清单所列的这些报纸中，你觉得可以快速（或较慢）看完的是哪一种报纸？”

定量研究

定性研究往往会在调查个人和小团体的客户时问很难的问题，比如“你为什么买（或喜欢）这个”，而定量研究则要求在更大的范围内进行调查，比提出更多不同的问题，就像“谁”“什么”“怎么做”“在哪里”和“什么时候”——谁购买了这个产品（不同类型的客户购买或者看到广告的百分比），他们在哪里买的，他们什么时候买，等等。

目标群体指数

目标群体指数（TGI）会在一系列产品目录和子目录中收集和整理关于消费品牌的相关信息，并建立涵盖轻量级、中等量级、重量级客户以及从不使用该产品的人的档案。这涉及所有交叉引用的不同类型的纸质阅读、观看的电视节目、生活方式或态度的表达。它甚至可以根据客户是否独家购买某一品牌的产品、他们是否更喜欢正在使用的另一个品牌（最常使用者），或者他们是否只是无意中使用了该品牌的产品（次要用户），然后再参照所使用的人口统计数据、生活方式和使用媒体来划分量级客户。广告商能够通过使用 TGI 找出某品牌的用户是谁，他们在读什么、看什么和听什么。同样的信息也会被竞争对手使用。同样，该指标还能给出客户生活方式的数据。

该指数几乎可以与任何其他变量交叉引用。例如，该指数可以识别亨氏豆制品用户以及他们开什么样的车。另一组交叉组合指标被称为“TRENDER”，可以用来追踪产品、品牌、态度、人口或者媒体的趋势。该指数还可以链接到网上的各种地理人口统计组合上。

地理人口统计

地理人口统计是地理人口数据以及基本人口数据的混合。它使用邻域类型来预测谁住在哪里，从而推测他们的消费行为选择。如果一个品牌很明显地吸引某一特定的地理人口统计群体，那这些消费者的位置就可以在地图上被标出，而后续的营销传播就可以瞄准那些具有最大购买潜力的地理人口区域了。

ACORN（指居民区的分类）使用邮政编码来识别不同类型的房屋，从而给出关于他们购买习惯的有用指示。其他英国网上人口统计分析也可以用作参照，例如，PINPOINT 使用 60 种不同的邻域分类；MOSAIC 则有 58 种与财务相联的邻域分类；而 SUPER PROFILES 则采用了 150 种邻域分类。

营销测试

营销测试指的是新包装、新品牌和新产品的销售只在有限的测试区或地理区域营销，如约克郡电视台所覆盖的区域，只在试验区进行完整的营销宣传。这样，公司有机会发现以前调研没有识别出的最后的问题。如果市场测试结果是正面的，那么营销活动就可以向全国推广了。

如上所述，一切都可以进行测试：新的广告企划或新的促销，甚至直邮活动都可以在邮件列表上的几千人中测试。但是，有些企业考虑到安全、时机、成本和季节性的相关问题，并不鼓励这种做法。

有些测试可能会提前向竞争对手透露企业的计划，因而存在安全问题，比如说早期的广告营销可能提前让对手了解企业的新品牌，以做出应对。同时，营销测试也会花费时间和金钱，这笔费用可能要等到项目结束时才能提供。另外，测试的时间限制往往制约了测量结果的准确性，因为我们需要花更多的时间去监控在“试用期”结束后客户是否会选择重复购买。也就是说，在首次发布的影响力已经完全消失之后，客户是否还会继续购买，是否还记得某一个特定的广告？季节性产品和服务则更加复杂，因为它们可能需要提前 12 个月进行测试。毋庸置疑，测试当然很费钱，这需要在规划期间就开始进行预算。加之可能发生的反常结果和被竞争对手所篡改的结果都会使某个测试变得无效。如果用这种不准确的信息来对是否推出新产品做出决策，或者说要做出全国的广告预算的话，那么结果可能是灾难性的。正如第 5 章提到的，微软有 45 万早期使用者试用其软件，而宝洁公司在其联结者渠道中已有 20 万人参与到其研究（试验）和开发新产品中来。

跟踪研究

广告追踪涉及前期和后期的广告调研，旨在衡量客户在广告宣传活动前后对品牌的意识和认知水平。它也可以用来测量客户对品牌认知一系列的心理活动阶段，即从不了解、认识、理解，到相信和采取行动，这几项就是 DAGMAR（确定衡量广告效果的目标）中所定义的几个步骤。值得注意的是，通过传播组合中的某些元素（如促销、包装和销售终端等），在推动客户走到“行动”或购买的最后阶段方面，会比单纯运用广告效果更好。

销售数据分析可以发掘广告在整个销售市场所产生的影响，就像 SuperPanel 这样的家庭查访数据能很好地揭示出在所有的销售数字背后发生了什么，例如，谁在搜索某个品牌？哪些群体是重量级客户，等等。定量技术涉及街头调查、入室访问或电话调查（如果是采用诸如故事板、新闻通讯或海报等可视的推广材料的话，这种方式显然不合适）等，能够用于衡量上述所列的 DAGMAR 的其他阶段的相关数据信息。

受访者中无意识反应所占的比例（看了一周的广告，你能回想起哪一则是有关啤酒的广告？）总是低于那些被促发意识的反应所占的比例（访问者通过向受访者展示一系列商品名称或广告的故事板来提示其记住品牌）。例如，《市场营销》杂志的每周品牌意识调查就引领了整个行业品牌意识的风潮。由于现有的提示（如故事板、印刷广告或者品牌列表）只能在一个给人以假想的样本（如家用可视电话）上显示，所以如今电话调查还不能用来测量受访者对电视广告的意识（但可作为广播节目的调查）。尽管能够使用语言提示的方式，但这显然不是最理想的情况。这种局面将随着家庭可视电话的普及而有所转变（即所谓的创新传播的诞生）。

正如戈登表示的，意识是一种显著的兴趣，理解品牌的价值比品牌意识本身更有意义。

零售审计

零售审计监控的是特定品牌的货架空间、零售价格以及货物周转（包括竞争对手），但值得注意的是像 Boots、Sainsbury 和 Mark & Spencer 这样的零售商都不允许调查员进入它们的店里，这一方法对于这几家店而言毫无意义，这意味着审计结果需要衡量并做出相应的调整。如果审计调查人员被允许进入零售店，那他们需要检查货架、店面、价格及库存。这些审计调查结果能够为零售商们描述出零售业的概貌，因此，大多数 FMCG 公司会购买它们。用户可以通过直接扫描条形码在线浏览此类信息，店外的销售人员也不一定能反馈出真实的用户购买信息。而接下来要讲述的家庭查访能提供此类客户的购买信息。

家庭查访

相对于零售审计，家庭查访能更加直接地调查客户。零售审计数据可以作为客户使用数据的备份。受访家庭（样本规模为 8500 个）被要求使用条形码记录器去记录他们所有的购买记录，该设备会存储客户购买过的每家商店名称、价格以及品牌等。无条形码记录的购买将会被记录在纸上。随着时间的累积，这种购买数据分析显示了由促销活动所产生的购买效果及消费者的购买频率等。此项分析还会自动参照现有的家庭人口数据。以前人们用日记及专用垃圾箱来搜集此类信息，如今人们更倾向于在线的条形码系统。

社交网络查访

俗话说“三思而后行”，进入博客圈前进行查访是很有必要的。长期以来，品牌和组织机构都需要审查自己是否诚信，并随时准备好变得更加透明，社交媒体现今可以深入调查许多以前被保护的商业领域。社交媒体查访能够揭示一家组织（或品牌及其备受关注的员工）及其竞争对手在相关网络社区的情况：调查他们正在讨论什么、需要什么、该组织是否具备资产（通过演讲等内容进行判断）以及该组织是如何准备的（包括培训、系统、流程、内容生成以及参与讨论）；查访还会考察现状，收集其在博客、Twitter、Flickr 和 YouTube 上的关注度以及其粉丝参与度；查访探讨了该组织的社交媒体目标（比如与客户的直通渠道，收集并调研，提高客服质量、开辟出新的市场或拓展新的受众，以及增加现有客户的价值等），同时对其本身的资源和限制进行查访（关于内容或商业机密的政策问题、任何受法律或政治约束的问题或内部敏感信息的问题）。

除非你的客户就在那里，否则你就必须做社交媒体调研

大数据和社会媒体解决方案所带来的热潮正在持续升温，并将毫无疑问地成为任何传播策略中重要的一环。但事实并非如此，虽然这些技术在推动和支持将目标客户群作为社会营销策略的一部分方面非常有效，但更重要的是要认识到这种介入式的方式，只有在我们的调研和洞见告诉我们某一特定的受众喜欢它或者已经在使用此类社交媒体进行沟通的情况下才是有效的。

罗瑟（2009）

舆论形成小组

第 5 章主要强调了一些公司利用舆论形成讨论小组，这些公司包括微软（450 000 名早期使用者）和宝洁公司（招募了其联结小组中接近 200 000 的受访者）。

报事贴的失败测试

我们知道，即使是一个伟大的产品，在调研之初也有可能不被消费者喜欢。报事贴最初在经历了概念测试、原型测试和测试发布后也都失败了，但由于 3M 公司聚焦于将报事贴与 CEO 秘书高度联结起来，才得以让其在即将被终止时成了潜在的新产品。这些受访者都被赠予了一盒 3M 报事贴，并邀请他们与同事分享，从而收集反馈信息。口口相传的推广使得该产品达到了引爆点，一举成为第五大办公热卖产品。

马斯登（Marsden，2004）

“联结小组”往往被用于调研并发掘新产品。提示：在英国市场，调研不能与销售混为一谈（即以销售之名进行调研），这些测试不仅提供了非常有价值的反馈，同时也使产品品牌得到越来越多的参与。

神经科学

神经营销学和生物技术已经作为市场调研工具而被广泛应用。不论是测量眼球运转速度或者测量心率及汗水反应，还是其他任何的神经类活动都能游刃有余。尽管许多营销人员对此都持怀疑态度，但是像谷歌、微软、奔驰等公司已经将其作为完善营销传播的手段。

“我不喜欢其实意味着我喜欢”——神经学对表面现象的深入研究

电视节目《疯狂答题》（*Quizmania*）邀请观众打电话进来答题，如果他们猜对答案，就有相应的现金奖励。在这档节目正式在美国上线之前，制作方进行了一项概念测试（人们看完测试并填写调查问卷），测试显示人们并不喜欢这个节目，但当我们对他们的大脑进行扫描时，却发现实际上他们是喜欢的。他们没有表明对该节目的喜爱是因为站在理性的角度来看，这其实是一项荒谬的游戏。然而，人们大脑的感官神经细胞却对这个节目充满了兴趣。当这档节目最终播出后，收视率与之前通过神经学预测的高度匹配。

像 Mindlab、Innerscope、Eyetracker 以及 Neurofocus 等专业公司都在使用略微不同的方法进行营销，相对于传统营销的手段，它们的营销方式更可能与医院或者大学相关的实验室相关联。

首先考虑二手资料

所有营销传播计划都应基于二手调研。只有当所有的二手数据资源都被完全检查过后，才能使用昂贵的一手数据。对于某一行业部门（如航空旅行会议汽车制造商）中的组织或团体而言，如果联合调查能够实现并且花费较低的话，那为什么还要花 25 000 英镑去购买行业调研报告以分析你所在的行业呢？而某些市场会由像 Mintel、Keynotes 和 Jordans 这样的专业市场调研公司进行常规的调研，这些报告会以数百英镑的价格出售。而学术研究机构也会针对不同的市场或某个特定行业出版报告，有时做这些调研远低于复制与派发的成本。像《金融时报》之类的报纸可能已经做过自己的市场分析或调查，但其成本不到2英镑。其他研究报告均为免费的。而委托机构将已出版的调查报告视为有用的营销工具之一，用作免费的媒体报道，同时也创造了与潜在客户交谈的机会。另一方面，某些免费调查结果也偏向于那些将调研放在首位的委托机构，特别是当它们发表了某些令人感兴趣的积极结果或趋势时。并且调查也有可能被操纵或控制。

市场调研过程

定义你所需要知道的

值得注意的是，在你进行市场调研之前，你需要清晰地定义你需要什么样的信息以及它将影响什么样的决策。否则，你得到的信息将会让你眼花缭乱，匆忙地投入调研可能会因为对市场认识的不充分而错失一些重要信息。

银行错失重要信息

银行通过一些产品（如信用卡、抵押贷款）和渠道（如分公司、电话、网络及电子邮件）对信息进行追踪，它通过跨产品和渠道将销售、成本、利润及流失率、穿插渗透以及客户满意度进行对比，但它还是错过了一些关键信息，这使得该调查变得毫无意义。它错过了什么？银行没有将调研与单个细分客户（如投资者、退休人员、业主、租户和学生）的综合财务业绩考察目标结合起来，因此管理层无法制定关于如何提高客户获取率、增加渗透力以及降低整个银行的销售与利润目标之间的损耗的战略。

科林斯、达尔斯特伦和辛格（2006）

确定每一个特定的客户细分市场以及每一细分市场所需的信息是十分重要的。需要制定一一对应的调查，以确保市场调研结果不会出错，这将是一个精心提炼、为产品量身定制的调查。虽然大多数企业都缺乏角色、流程和整合客户指标（做客户细分市场是为了创造独特的客户体验和快速响应在每一细分层级的价值转移），但必须确保它们的调研是针对不同的细分群体的。

这适用于任何线上或线下的调研。而在网上进行调研的数量明显增加了许多，因此有必要在进行调研前仔细考虑线上与线下的优缺点。

线上和线下调研

定性研究（如深入访谈和焦点小组）讨论客户购买或不买的真正原因，或询问他们对新的广告或包装设计的想法。如今，这样的调查在网上就可以做到。此外，进行实际讨论、共享照片和视频这些都能丰富调研资源。这些洞见你都能形成营销战略、产品开发和广告宣传。营销人员现在可以在网上进行大量的定性调研，比以往任何时候都能获得更多的信息，那么营销人员该如何在线上和线下调研之间做选择呢？

《卫报》的罗伯特·格雷（Robert Gray）认为，数字革命对市场调研来说既是祝福也是负担："最近几年，一波新的调研技术已经出现，带来了巨大的机会，提高了人们的认识，但也比以往任何时候都更难对这些调研的正确方法进行决策。"因此，在线调研应该成为调研的一部分吗？

在线调研优势

1. 途径——这是更容易接近受访者、更省钱的方式，人们不用走出办公室就可以在网络上进行沟通。
2. 研究人员可以在他们自己的网络社区就能观察到消费者（不带他们到其他地方）。
3. 研究人员可以主动地观察，因为人们在网上会很自然进行互动。
4. 它更加快捷——在线对话及反馈是迅速而即时的。相反，在某些情况下，面对面的调查可能需要数天、数周甚至数月，这会给人们时间去思考、忘记或混淆。
5. 它允许更多的纵向调研，而不是一个小时的激烈对话。与传统的面对面访谈相比，网络可以鼓励人们进行数月或数年的交流对话，由此产生与面对面交流完全不同的见解。
6. 拥有更广泛的受访者，在线焦点小组可以跨越地域和社会界限招募受访者。
7. 受访者可以上传视频、分享照片和在线日记，并将这些作为宣传材料。
8. 线上调查比线下调查便宜。

在线调研的劣势

1. 社交媒体对话产生的信息量太多，意味着营销人员面对过载的非目标数据分析，这将是非常耗费成本的，并且需要特定的专业知识和资源。
2. 控制减少了。由于讨论停留在他们自己的网络社区，焦点小组主持人的作用变得更加被动，对讨论方向的把控较少。这可以打开新的和以前未知的方面，但也可能更难获得某一具体问题的反馈。

网站与调研

网站可以帮助调研人员确定客户的需求：

- 确定客户感兴趣的（最受欢迎的网页）；
- 弄清楚客户通过搜索关键词登录网站或在网上搜索关键词（看一看什么词被输入网站搜索引擎中）真正的目的是什么；
- 使用投票方式确定品牌名称、标语、包装设计理念以及其他概念；
- 尽量少使用问卷，因为问卷可能会导致人们离开该网站，尤其是当把调查问卷置于网站首页时的影响就更大。

每一次点击都有机会捕捉到数据，建立更好的个人资料库，其中包括访问者和他们感兴趣的信息。网上聊天室能让企业有机会免费与客户讨论产品或服务。通过先进的数据挖掘软件能够获得更多的数据资源，与客户建立良好的关系。

市场研究过程

有效地利用信息的关键在于能够准确定义所需的信息，这是非常有价值的管理技巧，是定义问题或界定调研对象和市场研究过程的第一步（详见表 6-2）。

表 6–2 市场调研过程

步骤		行动
1	定义问题	明确哪些信息是需要记忆的？为什么需要它？采用定性和 / 或定量调研？需要做些什么
2	调研计划	– 代理简介 – 数据来源：二手 / 一手 – 研究技术：观察、调查、实验、焦点小组 – 样本：大小和类型 – 自信程度 – 现场调查：面对面、电话或邮寄 – 问卷设计 – 成本和时间
3	现场调查	实际访问 / 数据收集和监管
4	数据分析	编码、编辑、加权、总结、一致性 / 检查问题、提取趋势和相关性，等等
5	形成报告	对数字的诠释、摘要，有时甚至总结
6	采取行动	如果这些信息没有被使用，那么也许从一开始就不值得收集

简报、提案及代理选择

调研简报

根据调研的类型，调研简介包括 SOSTAC® 中的“SOS”以及 3Ms：

- 摘要；
- 情势分析（包括目标和营销组合）；
- 调研的目标（问题定义——需要什么信息，由研究结果产生了什么样的决定）；
- 战略（为什么需要这类信息？研究结果将如何影响传播策略）；
- 人员（谁会与代理机构联络）；
- 资金（调研的预算是多少）；
- 时间（何时需要信息）。

请注意，有些客户出于安全的原因不愿意泄露太多的策略或战术信息。另一方面，越来越多的研究机构知道，调研对项目的成功越来越有帮助。

调研提案

如果某家外部调研机构获得委托，那其调研提案应被纳入调研计划（表 6–2 中的步骤 2）中，同时还要注意考察其代理的信用度。

调查可以外包但是消费者的核心信息不能泄露

有时候，某些调研功能、营销调研功能要由那些专门从事调研的专家组成的外部专业公司来提供。但如果涉及了解客户以及我们与客户间的紧密联系等营销的核心内容，那我们就不能让他人接手了，必须亲力而为。

贝斯 · 坎特（Beth Kanter，1996，2000）

代理机构选择

如果该组织内部没有能力进行调研，那很可能会选择市场调研机构，并按照通用的代理机构选择程序进行选择。

企业可以通过同事和广告公司的个人推荐来选取候选机构，并亲自考察调研机构及其广告或杂志的内容，代理机构的规模、专业或专长、声誉、位置以及它们是否服务于任何竞争对手，这些都能作为筛选标准。参与路演或是进行展示的代理机构都会由委托方根据其调研提案的质量、数据安全性、成本以及衍生品（如免费培训）等方面进行评估。即使是很小的细节也能发挥很大的作用，例如，截至调研成果最终发表时的调研报告数量、邮件演示，乃至为客户提供外网权限，辅助其跟进项目进度等。委托人与代理人之间的关系往往是关键变量，将左右委托人对于代理机构的选择。同样重要的是，找出谁负责处理该项目，以及如果是一般工作人员来负责该项目，那代理机构将承诺怎样的监督程度。访问质量控制方案（Interview Quality Control Scheme，IQCS）遵循严格的监督和检查信息质量的程序。

一些机构对数据的安全性表现出极大的关注。计算机黑客对任何计算机存储的数据都会构成威胁，因此，用于产品测试的样品需要小心而安全地保管。所有样品、原型和概念板都要由访问人员返还给调研机构，一旦调研机构收到这些样品，就会立即进行登记，这些样品、原型和概念板将被锁起来并得到妥善保管。

市场调研的问题与挑战

一个好的市场调研往往伴随着许多挑战，其中包括调研新创意、马虎的简报、马虎的采访，等等。

新创意调研

如何有效地回答全新的、前所未闻的问题？第一台商业化生产的电动汽车 Sinclair C5 的诞生就得益于市场调研，但如何去调查人们对从未体验过的汽车的感受？在大厅里驾驶 C5，与驾车沿着海岸公路行驶或是在风雨交加的双车道上遇到一辆 40 英尺[①] 的卡车试图超车的情况是完全不一样的。这同样也是在新创意调研中经常会遇到的困难：如何能模拟现实市场的表现以及产品使用呢？另一个困难的问题则是新鲜感的消磨，一款新产品刚刚发布时，能够刺激消费者进行尝试，但是一旦最初的冲动过去，营销人员又该如何延续人们的那种激情？

同样的情况也适用于广告。大多数广告的设计理念都是推陈出新、不循常理、令人耳目一新的。那么，如何通过调研创造出与人们现有的期望完全不同的产品呢？英国最成功的广告宣传之一——喜力啤酒广告所创造出的销量使其他啤酒品牌望尘莫及，它们也进行常规的焦点小组和概念调研。喜力啤酒的调研工作“做得不好”，例如，其调研结果得出的结论是“这种营销方式太垃圾了，我们都没见过这样的广告，不能做这个”。弗兰克·劳氏爵士［Sir Frank Lowe，广告代理劳氏（Lowe）集团董事长］回忆他如何向其客户喜力啤酒公司汇报他们那种与众不同的营销方式的测试结果是多么地糟糕：“他（客户）做出了一个非常勇敢的决定，把调研报告扔进了垃圾桶里。他说，‘我们别理这个，继续跟进我们的广告吧！’”花费精心准备

① 1 英尺 ≈ 0.3048 米。——译者注

的市场调查结果有时就这样被忽视了。

如果不能问出正确的问题，再昂贵的调研也会出错，甚至世界级的公司也会问错误的问题，犯过巨大的错误。1985 年，尽管可口可乐公司针对新可乐的味道进行了调研，但是还是出现了严重错误，因为它未能调查消费者对放弃旧可乐产品的感觉如何。菲利普·科特勒指出：

> （这是一种）没有考虑产品的盲目攀比……都没有对产品的名称、历史、包装、文化遗产和形象这些有形或无形的特质进行综合考虑。对很多人来说，可口可乐代表着除了棒球、热狗和苹果派之外的美国，它象征着美国的内涵。可口可乐公司没有衡量这些深层次的情感关系，相比口味，对许多消费者来说可口可乐的象征意义更重要，如果公司进行了更完善的概念测试，就能发现这些强烈的情感。

真正的创新是很难进行调研的，因为客户和专家都很难想象出他们会得到的利益。亨利·福特曾经说过："如果我听从了客户的想法，我就会去发明一匹更快的马。"克莱顿·克里斯滕森也曾在《创新者的窘境》一书中提道："听了太多客户的想法简直就是一种灾难。"某个领域专家的意见对企业而言也可能是一场灾难，就像前文介绍的所谓的行业专家提出的创新案例，这一案例已经成为业内经典。

有缺陷的调研：可口可乐的失败

有时候，调研会犯错误，是因为它不能理解人们购买的是一个完整的品牌。人们不会单纯地买产品，不会单纯地买包装，不会单纯地买名牌，更不会单纯地买广告——他们买的是这些东西的总和。从某个角度来讲，可口可乐公司认为它们可以改善可乐，于是研制了一种新的可乐。它们招募了成千上万的消费者在美国进行新可乐与旧可乐的盲测，但是没有说明具体的实验目的。调研结果显示，新可乐打败了旧可乐，于是可口可乐公司推出了新可乐。结果却惨遭失败。当这家公司对新旧可乐进行调研时，它们忽略了这样一个认识：可口可乐的品牌远远超过产品，其价值在于整个品牌的所有部分。

布莱特（Bradt，2000）

防范风险

以下是一些在市场调研中可能出现的问题：

1. 问题的模糊定义；
2. 模棱两可的问题；
3. 对访问者书面问题的曲解；
4. 受访者对问题的曲解；
5. 对访问者回答的曲解；
6. 对受访者的偏见（当街进行采访的访问者可能会选择那些有吸引力的受访者进行调查，而排除了其他人的样本）；
7. 受访者的不准确作答（受访者会努力使自己表现得更理性、愉快、具有进攻性或颠覆性，或知识渊博、无知，等等）；
8. 访问欺诈（虚假填写问卷调查）；
9. 无回应（拒绝回答问题）；

10. 样本的类型或规模出现错误；
11. 错误分析；
12. 聚集了非常规样本或非常规答案（一种潜在的危险抽样）；
13. 时机（在非应季时间研究季节性产品）。

营销智能与信息系统

每个组织都应该建立自己的营销智能与信息系统（MIIS），用于罗列二手数据源，这对企业信息管理的起步很有帮助。随着新信息资源的不断丰富和旧信息的不断累积，MIIS 系统应当及时建立和实时更新。

内部的数据［如销售额、销售费用比率（广告）、反应水平、订购或查询的成本，等等］应该与外部行业的平均水平或竞争对手的活动进行比较。并不是所有的信息都是现成的，但竞争对手的销售数据（杂货产品和其他一些大型市场）可以从尼尔森的零售审计机构购买到，而不同等级广告中的信息也可以从尼尔森媒体研究处获得。

在一个理想的营销部门，竞争对手的产品、宣传单和广告都应该被收集起来，并进行监测和统计（以估算出竞争对手的广告支出），但市场部门有时会发现这太耗时了。有的监测公司要求其市场部门搜集竞争对手的剪报和印刷广告，如果 MIIS 系统没有包含它们的广告费，还要估计其广告花费。这同样需要花钱，因此，这往往被视为预算外支出，有一部分开销一开始就没有被列入年度营销预算中。估计一个竞争对手的广告花费也可以通过搜集其竞争对手所有的新闻广告、广告段位成本减去批发价折扣进行计算。

而营销日志应该将之前的营销活动、广告、邮寄广告、编辑剪报等进行归档，并挂上标有“成本、目标和结果”字样的标签。

通过比较内部销售数据与外部数据（如总的市场规模），你就能获得自己的市场份额数据，这同样也可以用来计算你的竞争对手的市场份额，更重要的是，看它是否在增长。脱离背景独立存在的数据是没有任何价值的。数据必须进行横向、纵向的比较，纵向看发展趋势，比如说过去五年期间的发展情况；横向则将自身放在整个市场（包括竞争对手在内）进行比较。

聪明的代表

美国一家特殊的专卖圣诞饼干的连锁店举行了购买日活动。在那天，消费者可以与销售代表会见。商店不接受预订，销售代表们在接待处为适合的客户做登记。销售代表们会本着先到先得的原则，在等候室中依次为客户登记。等候室里有几排桌子和电话，代表们坐下来静静地帮客户填写订购表格，起草信函，完成电话联系。虽然只是早上 7:30，十几名注册代表就已经忙得不可开交了。到了上午 8:05，房间里已经挤满了人。我旁边的那个大家伙早上 8 点就打电话跟老板汇报自己在早先一个早餐会议中收集到的热点信息。他告诉老板竞争对手将如何在下个月启动新的促销手段，四个月后又将进行新的刺激消费活动。他们现在有四个月的时间做出回应或反击！

而今天的代表们应当问买家用什么关键词和短语搜索自己的产品和服务，其答案需要定期地发回营销团队加入 SEO 关键词库和 PR Smith 公司的点击付费（PPC）词库中。

营销团队经过培训，能够为MIIS提供最新的相关信息。他们是最接近市场并能与正在发生的事接触的人。因此，应当鼓励他们收集相关信息。

我们可以培训整个组织中的工作人员或向他们简要介绍什么类型的信息是重要的。不同团队的成员可以选择自己所需的报纸和/或贸易杂志，扫描任何相关的东西。另外，我们也可以雇用剪报机构（如Romeike和Curtice）来做这项工作。像Textline这样的在线数据库收录了期刊的关键词、公司、产品、人员或问题。一旦输入期刊的时间段（3个月、6个月或12个月等）、地区（英国、欧洲其他国家和美国等）和类型，屏幕将显示相关的参考文献，询问你是否需要浏览或是打印标题、阅读或打印所有摘要，如果涉及的参考文献过多，还可以修改关键词或定义以修正搜索。

部分信息可以用于SWOT分析（即分析优势、劣势、机会和威胁）。尤其在监控外部瞬息万变的机遇［例如政治、经济、社会文化或是科学技术等因素（PEST）］时，这种方式尤为有效。PEST类型因素的发展很难进行预测，但其重要性不容忽视（见第11章）。有的预测公司将重心放在某几个方面，例如，进行政治环境预测或者经济预测，进而预测因价格或广告成本增加（价格弹性或广告弹性改变）对销售额造成的影响。

结论

营销调研是有价值的，但如果要想让调研数据得到有效的应用，就需要得到富有经验的建议和严格的控制。不可靠的数据还不如没有数据，前文已经提过，数据的好坏能够决定企业的成败。能提出好问题是一项不错的技能。

新营销箴言

◎ 如果预算允许的话，调研能够揭示一切需要了解的事物。

◎ 仔细且准确地考虑什么样的信息是需要的，因为市场上充斥着太多的数据了。

◎ 在决定是否购买昂贵的一手数据资源之前要仔细检查二手数据资源。

◎ 需要综合考虑线上和线下的调研。

◎ 建立一个营销智能和信息系统。

第7章 媒体购买与规划

媒体组合带来的挑战

媒体组合一直以来都是企业一掷千金的对象。一个耗资1000万英镑的电视广告策划，其中有100万英镑花在了广告制作本身，其余的900万英镑花在了媒体上，几乎是广告制作的九倍。相应地，选择正确的媒体组合同样需要花费九倍的时间和精力，而且媒体组合的规模也越来越大。

有些营销经理和媒体代理人员认为媒体不仅包括赞助、直接邮寄以及销售终端等传播工具，还包括电视、电影、广播、纸质媒体等主流媒体。他们认为，建筑是永久的媒体，只要充分规划好就能够传递信息。在本章中，"媒体"一词表示传统意义上的广告媒体（纸质媒体、电视、电影、广播、海报）以及网络广播、交互式电视、手机微信、网站等新兴媒体。尽管优秀的媒体规划师会考虑传统广告领域之外的媒体，但本章的重点依然是在主流广告媒体上面，而其他的传播工具将在第二部分的各章中进行详细讲解。

相对于决定采用何种媒体或媒体手段（例如特定的杂志标题），将广告纳入传播组合的决策相对容易些。企业是否应该使用纸质媒体、电视、广播、电影或是海报？进行线上还是线下宣传？如果采用，各种媒体采用的比例多少合适？是否需要将它们组合在一起（媒体组合）？如果选择纸媒进行宣传，那要选择哪家媒体——国家级报刊、星期日报、晚报、地方性日报或是周刊，还是地方性杂志？广告向受众展示多少次比较合适（最佳频率是多少）？何时开始进行宣传？在纸媒的什么位置刊登比较合适？即使广告本身制作精良，也会因以下三个问题而失败：（1）广告投放在错误的地方；（2）广告出现在错误的时间；（3）尽管广告投放的位置正确、时间也合适但投放的频率不足，而无法让受众广泛看到。

如今，媒体的选择显得更为复杂，尽管媒体的消费结构越来越偏向在线媒体，但电视的收视率在大多数市场仍被视为重要的媒体选择之一。如果有一天，电视观众选择在其手机、iPad或是老旧的台式机上收看电视节目，媒体的选择又将何去何从呢？媒体融合指的是受众采取多任务方式收看广告（例如在网上收看电视节目）。在这种情况下，媒体规划与媒体采购人员的工作将变得愈发复杂，社交媒体、应用软件等传播渠道层出不穷。本章稍后将对这些问题进行阐述。

鉴于大部分广告宣传的预算都花在了媒体上，企业必须对详尽的媒体规划保持谨慎，而过硬的谈判技巧也很重要。专业的媒体规划师和采购者会利用最低的价格，为广告策划找到最佳的宣传位置。因此，媒体规划既是一门技术，又是一门艺术。从传统来看，媒体规划往往基于数字处理分析以及复杂的计算机模型应用。如今，媒体规划师也会关注定性方面的问题，以研究消费者是如何利用这些不同的媒体的。首先，我们来看看正处于不断变化中的媒体消费趋势。

不断变化的媒体消费趋势

媒体消费正在发生持续变化。当我们测量消费者从哪里收集其所需的新闻时，我们会发现报纸和广播的热度在持续下降，在线宣传以及电视的受欢迎程度在不断上升，尽管报纸和广播都能通过在线方式进行阅读和收听。该调查源于美国，而大多数欧洲国家的媒体消费趋势也与美国同出一辙。

收看电视在全世界范围内一直都是人们的首选。媒体融合或多任务模式（同时收看电视节目和浏览互联网）正在兴起。对广告商而言，将电视与网络结合起来，对品牌认知的提升能够起到积极的推动作用，从而提高消费者的购买欲望。

网络应用的普及率正在不断提升，某些国家互联网的使用率甚至超过了电视的收视比例，加拿大就是一个典型的例子。对某些年龄层的人（出生于 1981 年至 2001 年之间的千禧年一族）而言，互联网的使用率是电视收视率的三倍。

YouTube 也在一路高歌猛进。事实上，YouTube 前两个月上传的视频总数大大超过了 ABC、NBC、CNN 等电视台自 1948 年（即 ABC 创办之初）就持续发布的新内容。

电视能够保持持久的人气可能是因为电视发展出了多种装置和多种频道来进行收看，经济萧条也意味着人们有更多的时间用来看电视。美国人平均每周收看电视的时间为 38 小时。而令人惊讶的是，儿童收看电视的时间几乎是观看 DVD 的五倍、玩电子游戏的 20 倍。

毫无疑问，关于人们获取新闻的媒介调查显示，纸质报刊的消费在所有人群中都在大幅下降。除了“Y 世代”（1977 年以后出生的一代人）以外，收听广播的人数也在减少。在美国，尽管电视的收视比例在各个群体中都呈上升趋势，但“Y 世代”收看电视的比例却在下降。网络新闻在各个群体中的受欢迎程度都有所上升，甚至包括“沉默的一代”，即 1946 年以前出生的一代。

欧洲互动广告联盟（EIAA）关于媒体消费的调查数据得出了相似的结论。从 2005 年到 2010 年这五年间，电视的收视比例呈上升趋势，广播（不包括通过互联网收听广播）、报纸有所下降，而互联网的使用有所上升。

电视宣传与在线宣传对产品购买和受众回应的效果相似，比如，电视宣传在以下方面具有优势：

- 向人们展示他们前所未见的新品牌（74%）；
- 引起人们对某个品牌的兴趣（74%）；
- 为人们听说过的品牌提供新信息（72%）；
- 呼吁人们使用某个品牌或产品（59%）。

在线广告宣传也有这些功能，但在以下方面有更好的表现：

- 辨识相关品牌（50%）；
- 对某个品牌进行再评价（41%）；

- 提供足够的信息以帮助人们做出购买决策（41%）。

2008 年，互联网还主要用于查找、发现信息（占 75%）以及信息沟通（66%）方面；而电视主要用于娱乐（80%）和放松（73%）。然而，这一切正在发生变化，互联网越来越多地用于娱乐，出现了包括 iPlayer、流体广播甚至在线报纸阅读等娱乐方式。随着可用带宽的速度越来越快，收看可选电视节目的人数也将越来越多。

坐拥上百个频道，当前的电视已经由过去的“广播”转为“窄播”，由面向多用户或大众用户转为面向更具针对性的目标用户。更多新颖而宽泛的选择意味着观众被进一步细化为更小的兴趣组，分别对应着体育频道、美食频道、幼儿频道、教育频道、宗教频道以及音乐频道等。不同的频道可以吸引不同的观众群体，他们通常有着不同的消费心理和人口特征，便于营销人员更有针对性地面向目标观众进行宣传推广。

然而，由于电视节目可以通过其他设备收看（如手机、iPad 以及汽车电视），所以传统电视的观众还是在不断流失。企业对投资回报率的要求会使其将营销预算由电视和直销渠道转向网络。营销人员过去常陷入是否使用广告进行品牌建设的困境，而今销售变得越来越模糊，就像“用户参与感”逐渐成为热门的话题一样。广告或其他营销传播技巧要如何让客户参与其中，并让他们了解品牌、使用品牌甚至建立更深厚的品牌忠诚度、带来更好的终生消费量？在这场争论尚未扩展到以社交媒体为代表的新的挑战和新的机遇前，营销人员就已经拥有众多新颖的广告工具，其中包括：

- 交易横幅（见下文）；
- 场景广告（无论游客搜索什么，都能显示与之相关的广告）；
- 地理位置定位广告（无论你身处何地，都能显示与你位置相关的广告）；
- 手机广告（新颖的手机广告模式）；
- 游戏广告（将广告植入游戏中）；
- 一秒钟广告（美国美乐啤酒）；
- 长篇广告（见第 1 章中的 27 分钟广告）；
- 智能媒体单元（附有有用小工具和流媒体操作按钮的横幅广告）；
- PPC 与 PPA（按点击收费广告与按消费者数量收费广告）；
- App；
- 病毒式广告（许多电视广告的自然延伸）。

交易广告让用户通过与横幅广告直接互动来购买商品，而无须点击进入另一个网页或网站，使冲动型购买者能够实现即时购买（详见第 13 章）。

老式广告媒体过时了吗

如今，广告人的视野和理念都发生了巨大的改变，媒体拥有者也需要转变思维。以 Facebook 为例，尽管它的收益主要来自销售那些能引导消费者进入品牌网站页面的参与型广告，但营销人员和广告代理都希望它能够减少媒体销售，而更多地为他们解决问题，创造更大的创意。大型企业的营销人员（如联合利华每年的广告预算为 74 亿美元）常常会到谷歌、Facebook 和 Hulus（以及其他许多新兴企业）等硅谷公司取经，以深入了解社交媒体、搜索场景广告、地理位置定位广告等新型理念。

互联网带来的不仅仅是更多的广告，而是与客户更紧密的互动关系

> 大型企业的营销人员已经意识到，互联网不仅仅提供了一个广告平台，还提供了企业与顾客进行更好互动的方式。对于联合利华这样能够熟练运用数字信息为己所用的公司，其拜访主流社交媒体公司的目的并不仅仅是追求每分钟的点击率或是页面浏览量，而是在这个消费者越来越多地把时间花在网上的时代中，学会如何与他们进行沟通，并发现新的、推动客户积极参与和互动的社交工具
>
> 利尔蒙斯（Learmonth，2010）

据称，硅谷公司已经不再执着于销售广告本身，而是更多地关注如何创造更大更好的应用程序。仅仅依靠出售广告位盈利的时代已经结束了。营销人员需要媒体供应商富有创造性地思考如何搜索出目标受众并与之建立更紧密的联系，从而销售出更多的产品。

手机、App、电视三合一混合的媒体时代已经来临

App（或称手机应用程序）可以将产品商标呈现在屏幕上，从而“截流了电视广告的收视率”。如果能为品牌将手机与电视整合到新的广告组合中去，那就可以为其弥补电视广告收入减少带来的那部分损失。尽管 App 并非电视广告成功的先决条件，但它们能够为其展示创造场景，并让网络与观众互动，从而为广告收入流打下了坚实的基础。

这就是 20 世纪福克斯（Fox）电视制作公司为音乐系列喜剧《欢乐合唱团》（*Glee*）创建的 App 所达到的效果。下载这款 App 需要 0.59 英镑，几周内下载该 App 的用户就达到了几十万。这些用户能够从 App 上获得节目的额外信息，在卡拉 OK 里唱节目中所表演的歌曲，还可以将自己的表演录下来上传到社交媒体上，他们还可以在场外与节目进行互动。在最初的 20 万订阅用户中，有 6 万人公开了订阅信息。30% 这样的高水平的互动对产品的宣传力度十分强劲（见第 1 章“参与度之梯”）。用户还可以购买额外的歌曲。该 App 每次的使用时间平均为 8 到 10 分钟，每周一到两次，大多数发生在节目未播出的时间段内。这到底算是广告还是产品延伸，还是二者兼有之？

App 使观众或观众群体在观看过程中产生存在感，尤其是当 App 允许顾客分享感受，互相上传自己演唱的歌曲时。App 与社交媒体的整合应用使品牌在短期间备受关注。

社交电视及其 App 拓展了品牌的接触范围，加深了顾客的体验，深化了消费者的参与感以及与品牌之间的关系，并打开了新的收入来源。这种“围墙花园”般的应用体验创造了更多的“营销乌托邦”（见第 1 章）——营销人员迎来了最好的时代。

如果在 App 上添加额外的广告，能够为品牌带来额外的收入源。《欢乐合唱团》的 App 开发者会常常就赞助机会与品牌进行沟通，例如向用户免费提供歌曲。

苹果电视胜过有线电视

> 基于 App 的电视或称 App 电视方兴未艾，并在假日市场中成了平板电视的主流部分。美国早期使用 App 电视的用户正收起自己的有线光缆和光盘，从电脑或苹果电视上下载自己喜爱的节目。当这一切成为潮流时，互联网将直接把内容传送给范围更广的客户群，方便用户轻松挑选自己想收看的节目，决定自己收看的时间——这种

情况类似于将节目制成DVR出售，但是观众将拥有更大的掌控权，他们可以选择购买或是订阅节目，无须购进大包小包的产品。过去的任何电视剧集一经上传，就能够即时收看，无须下载。

罗德尼·马森（Rodney Mason，2010），Moosylvania营销公司首席营销官

App是“新媒体”吗

简单来说，App就是一款智能手机上应用的软件，可用于更新体育新闻、追踪某个喜爱的球队或球员、玩游戏、阅读免费书籍、分析高尔夫挥出的一杆、美化照片、学习法语、货比三家获得出低价、管理家庭账单、与家人聊天、与朋友微信、制造噪音、停止打喷嚏、购买某媒体的手机版本应用或是获得任何品牌的全新使用体验。

某些公司把App商店视为广告营销的一种方式。开发者能够通过其创造的小应用、小微件能够把用户的名字上传至遍及全世界的上百万的设备上。BBC、《时代周刊》和天空新闻电台在iTunes上都能找到，这些企业深知让自已的标识出现在消费者每天带在身边的手机上，能够大大扩大品牌的覆盖率，建立品牌忠诚度。如果某个品牌具有独特价值或与其目标市场相关，那就能够在广告营销活动结束后，让用户与之进行长时间的互动。

在App中加入Twitter、Facebook等社交媒体元素无疑是非常有帮助的。其他“围墙花园”式的应用体验（如Xbox），将社交媒体元素加入其游戏当中，使用户越过“围墙”利用社交媒体网络与朋友保持联系、比较游戏成绩。其他品牌同样将App视为品牌体验增值延伸的一部分，但较少有品牌使用App来增加利润（利润来自下载收费或额外的品牌广告）。

以下是一些早期使用App的案例。

- Zippo：美国打火机品牌Zippo曾推出过一款App，其商标形状是Zippo的标志性火焰。目前已有500万人下载了这款App，其中很多人甚至不吸烟。现在，这款App在网上很受欢迎。
- 卡夫食品公司iFood助手是一款基于iPhone开发的手机应用，超过50%的用户在下载后三个月还在与该应用保持着互动，创造了持久的品牌忠诚度。
- 公共交通App：Avego应用能即时更新交通状况，在60多个国家应用。这款应用为乘客提供了个性化服务，创建个人地图、支持在线支付。硅谷的《圣荷西信使报》（*San Joes Mercury News*）称其为“最具创造力的公司之一”。
- 家庭住房购买App：《爱尔兰时报》（*Irish Times*）旗下的MyHome.ie连同其手机软件将在售家庭住房、建筑平面图、房屋照片和中介联络方式与谷歌地图相联，能够看到房屋到周围的学校、公园和公路。过滤器还可以按照售价、卧室数量、物权类型进行分类搜索。
- 公司慈善捐款App：沃达丰公司将公司营销与一款智能App结合起来，如果一家地方俱乐部签署了一份沃达丰用户合同，就能获得合同分红的一个百分点。App让俱乐部代表清楚地看到沃达丰公司回馈给俱乐部多少钱。

出版印刷

时至今日，科技使出版印刷的门槛变得越来越低，解决了过去出版行业投资门槛高的瓶颈

问题。事实上，这意味着我们将看到更多的以多种形式呈现的新兴杂志、周刊和报纸，以及为读者量身定制的杂志，比如《美国农民周刊》（*US Farmers' Journal*），每月为1000多个不同行业的农民出版1000多种不同版本的杂志。结果如何呢？出现了更多精准定位的媒体，以帮助广告商和营销人员更有效地传达其信息。

互联网

互联网提供了全方位的营销传播模式和机遇，包括双向传播，例如即时听说、收发信息等。标题式广告（即获准在其他网站上放置广告）只是其提供的一种方式。

环境媒体属于新媒体吗

除了电视、广播、电影、海报、印刷媒体和互联网外，还有其他许多广告媒介：从香氛海报、镜面海报、涂鸦海报到地面海报；从公交车站、火车站台、隧道入口、出租车、公共汽车、火车和飞机上的广告；从地面可看见的空中横幅到空中气球；从啤酒瓶底、彩票球、屏保程序、邮票背面（在美国是邮票正面的周围花边），到修剪成型的庄稼地以及书店收银处提供的免费书签。

选择的奥秘

大卫·奥格威曾把生活中不断增加的各种选项称为“选择的奥秘”。现在，这一说法同样适用于媒体规划者和购买者。

使用何种媒体

公司是否应该使用印刷媒体或者广播？营销客户或代理机构该如何选择宣传媒介？要选择哪家电视台或出版社进行合作？确定好了媒体，又要选择该媒体（如选择了《卫报》或《时代周刊》）的哪一版面、哪一部分进行宣传？出版媒体包括国内日报、周末报纸、晚报、日报与地区性周报和杂志。营销人员该如何综合考虑电视、广播、电影和海报等媒体，有以下几个关键点。

- 受众范围（直接到达或渗透影响）。某些媒体因不能覆盖全国受众而无法用于宣传全国性品牌，像地方报纸等媒体通常被视为地方媒体，为当地社区服务。电视通常能够快速覆盖大量受众。
- 受众类型（例如15 ~ 24岁的观众不怎么看电视但经常会去看电影；另一方面，45岁以上的观众通常不会收看音乐频道MTV）。
- 预算（生产成本、媒体成本、千人成本——CPT）。
- 信息传达目标：
  - 所需反馈：广告播出后需要消费者付出实际行动（如填写优惠券或拨打0800电话）吗？
  - 创新范围：是否需要颜色、声音、动作的创新（如通过电视画面激发冲动性购买）？

  - 展示：产品使用最好通过电视来展示，但是所有媒体都能够展示产品的特性与便利；
  - 科技细节：电视在展示科技方面略微不足，纸质媒体更胜一筹；
  - 紧急性：电视、广播和全国性报纸都具有话题性，适合播送紧急商业新闻；
  - 兼容性：媒体对产品本身既能产生抹黑效应也能产生想象效应。举例来说，哈罗德百货商店就不可能在《太阳报》上做广告。电视将产品或公司与主流演员联系在起来，加深了观众的印象，观众会觉得在全国性电视台上播送的品牌一定是好的。
  - 电视增加信任感：人们常说“就像电视上看到的那样”。
- 易预订性：
  - 广告空间预定期：杂志、电视和电影的预定时间都很长，或需要提供预定通知；
  - 生产前置期：印刷制品有时可以一晚就能完成，而电影的生产却可能花费数月的时间。
- 限制：某些产品（如香烟）是不允许做广告的，而某些媒体也不允许特定产品的宣传，如儿童节目中不允许播送酒制品的广告。
- 竞争活动：广告商会观察其竞争对手的广告，有时会照搬对手的方法，有时则避开对手选择的广告位置。

媒体选择

受众规模

电视可以使企业的商业信息传遍全国或地区的千家万户，过去一直被视为一种大众媒体。但是随着电视频道的增加，有线电视、卫星电视和大陆主流电视上为特定观众设计的特殊频道越来越多，使得电视越来越远离大众媒体的范畴；广播虽能覆盖全国听众，但是在地方上能吸引到的听众有限；电影的受众较小，在年轻观众中，其全国覆盖速度也较为缓慢，但是其在 15 ~ 35 岁之间的群体中影响力超群；全国性和地方性的出版社分别能覆盖到全国和地区性的读者；海报很难产生全国性的影响，因而往往成为特殊群体的选择；直邮也能覆盖国内甚至国际上的大量受众，但其高昂的千人成本常令营销人员望而却步，只能采取严格控制、锁定目标的方式进行；最后，电视的受众规模还会受到季节的影响，观众在冬季会增加，而夏季则会减少。

受众类型

一般而言，15 ~ 24 岁的观众忙于其他事务而无心将太多时间浪费在电视上，但电影却能吸引这些观众的注意力；广播在家庭主妇和通勤者中有很大的市场；国内日报针对的是特定社会经济群体以及政治敏感人群，而杂志的受众群体受生活方式、收入水平、年龄和性别的影响；海报的目标群体是乘坐汽车、公交车和火车的通勤者。

受众的心理特征

受众的心理特征或者说对信息的接受程度会随着媒体的不同而有所不同。电视观众在观看时往往是放松而被动的，常常处于一种恍惚出神状态（即“沙发土豆症状”）。电视及其广告可以看作一种视觉墙纸，往往被视为一种陪伴以及“暖化”房间色调的方式；广播则充当了一种背景的角色，但听众有时确实会注意收听广播内容，因为他们需要通过广播内容在脑中勾画出视觉图像；而电影的观众是受限的，但观众乐于这种虚幻的束缚之中，甚至不会起身为自己泡杯茶，事实上，很多观众完全享受某些特殊的电影广告；全国性的印刷出版物适合用来阅读，其信息需要读者自己去搜寻。调查显示，如果读者没有读完一份报纸，就会产生一种无意识的负罪感（认为自己浪费或没有汲取足够的知识）。杂志的阅读会更加轻松一些。

生产成本

一则电视广告的生产制作成本在 5000 英镑到 500 万英镑不等，这取决于广告长度、复杂性以及其中参演的演员。广播的成本要少得多，通常在 500 到 20 000 英镑不等。例如，用静态图像和吆喝声宣传一家印度餐馆可能只需要几百英镑，而一则 90 秒大制作电影广告却可能花费 100 万英镑以上。广播及出版有时只需基础的生产成本，后续的程序则完全免费。六张 1.83 米 ×1.2 米规格的海报的制作成本需要花费 125 英镑；而为期两周的宣传活动需要 96 张 12 米 ×3 米规格的海报，其制作成本是 11 000 英镑。直邮的成本可以控制在一封信的价钱，但如果是四色宣传册，仅是艺术设计的价格就有可能从几百到几千英镑不等。

广告位的最低成本

广告位很少以单一单位进行购买。单独一则广告不可能创造出营销宣传活动或是一组广告所达到的效果。广告通常按照时间表进行或是直接购买一段时间的使用权，并非使用一次。电视广告的成本比广播要高得多，一个非高峰期的 30 秒广播广告时段可以只卖 20 英镑，而电视相应时段则需要 500 英镑。在电视剧《加冕街》（*Coronation Street*）中间插播一段 30 秒的广告需要 10 万英镑。在《太阳报》及《金融时报》上刊登一则全版面的彩色广告分别需要 45 386 英镑和 50 151 英镑。小型版面可以以专栏中平方厘米为单位进行购买，而《太阳报》和《金融时报》对此的报价分别是 205 英镑和 190 英镑。

千人成本

在某一特殊媒介中，可以选择多种不同的媒体载体，以印刷出版媒体为例，有《园艺爱好者杂志》（*Amateur Gardening*）和《经济学人》等选择。不同的媒体载体有不同的千人成本，《太阳报》大约是 5 英镑，而《金融时报》则大约为 70 英镑。在不同国家，千人成本也不同，一则 30 秒的高峰期电视广告的千人成本，在保加利亚可能是 70 美分，而挪威则要 19 美元。尽管千人成本在不同情况下的差别很大，但实际选择某种媒体（如选择印刷媒体还是电视）或是选择某种媒体载体（如选择《园艺爱好者杂志》还是《经济学人》）都与媒体的质量和成本都有关系。

信息

电视可以表现图像、声音、色彩和动作，使其成为展现产品特性、激发客户冲动购买的良好媒体，但是时间限制以及视觉模式则让电视广告几乎无法传递细节性的信息。由于电视时间有限（相比之下，印刷媒体的时间不限），电视广告的收看是连续进行的，而印刷广告则要与同版面其他广告和报道竞争读者的注意力。观众手握遥控器来回换台跳过电视广告，使得电视作为广告媒介变得越来越弱势。电视、广播和电影都具有高即时性，即受众在广告播送结束后不能回溯广告内容。电视广告的快速传递使其没有时间去解释细节，但是可以在短时间抓住观众的注意力，引起观众的兴趣。不同媒介上的广告越来越多地在内容中加入了直接回应机制，如 0800 电话、网址以及填写优惠券，这样受众就可以稍后阅读广告的详细信息了。

媒体购买的难易程度

某些热门电视节目（或杂志）需要提前很长时间预订广告时段或位置。广告还可能被他人占先（即他人出价更高，将其从预订好的位置上挤走），大型广告代理通常不会被他人占先。尽管竞拍价格不同，价高者得，但是广告代理及其客户为尽量避免额外的开销，会尽量通过投标价格来将规模降低（发布大量关于占先的通知），以避免成本超出预算。英国大部分的电视广告需要通过 Clearcast 的审查，Clearcast 由英国七家商业广播公司共同拥有，在 2008 年取代了广播广告审查中心（Broadcast Advertising Clearance Centre，BACC），其审查时间较长。电影的预订时间比电视还要长，但是电影广告联盟的审查时间却大大缩短。广播是最灵活的媒体，当天审查通过，预订时间也很短。国内日报提供的广告位置和规模十分灵活，预订时间较短，但杂志的预定时间则较长。某些位置在短期不能预订，有时需要提前一年时间进行预订。电视和广播的播送频率可以很高，同一则广告理论上可以在一天中每半小时滚动播送。而地方印刷媒体无法做到覆盖全国，对于实施全国性营销策略的营销人员和媒体采购人员来说并不适合。

选择何种媒体以及媒体载体

跨页宣传的影响力能够抵消成本吗？如果将两张单页广告分别放在两本不同的杂志上宣传，那效果会不会更好？电视广告需不需要广播广告或是海报的辅助，还是两者兼有最好？自媒体网络是不是值得建立，以便让目标受众早上一起来就能在第一时间，从广播中听到某品牌的名字；在邻里社区中看到该品牌的海报；在上班途中所浏览的报纸上看到该品牌的相关报道；晚上在电视也看到其广告；晚上去电影院看电影、返程途中车载广播上处处充满该品牌的宣传？

媒体采购人员的电脑上充斥着不同的成本比较分析，按照千人成本将不同的广告策略排序，成本越小，排得越靠前。千人成本提供了一个量化标准，但它能显示出重量级用户的信息吗？也许千人成本能够被大量的重量级用户数量所覆盖，从而让广告宣传更加有效。而定性标准（包括受众规模、受众如何使用媒体、目标锁定程度、信息类型、预订难易度、限制与竞争活动，等等）都会影响媒体选择。最后，经验、判断以及少量创造天赋都会影响营销人员做出购买决策。

广告位的购买价格、购买频率和购买时间

确定了媒体类型以及具体的媒体工具后，接下来的问题就是要确定需预订的广告位或时段。在哪个季节、哪个月、哪周、哪一天、哪一个小时播送广告？广告要播多少次？受众感到厌烦的极限次数？播送频率如何？当宣传活动采用不同的广告宣传时，最后一个问题就会变得很麻烦，尤其是当新的广告是在旧广告基础上进行制作的时候，频率的确定就尤为困难。广告创意也许能够被客户接受，但是媒体排期表通常需要更详细的判断。一旦确定了媒体排期，就可以交给负责媒体采购人员在预订截止日期前预订位置和时段了。此时，媒体策略经过润色形成了具体的媒体日程规划，确定在什么地方预订什么样的广告位。

媒体采购

周密而慎重的策划十分重要，营销人员需要先计划、后购买。一位经验丰富的媒体采购者能够从不同媒体的竞争中获利，从而节约大量的成本。毕竟使信息到达目标受众的方法（或媒体载体）多种多样（详见表 7–1）。

如果你的广告支出达到一定的数量，那就能享受媒体供应商提供的多种折扣，如 10 则插播广告只收 9 则广告的钱。许多广告代理将不同的媒体购买需求集中在一起，统一询价，以获取最大折扣。不同国家之间的广告议价和打折方式都有所不同。奥地利和丹麦这样的国家很少允许媒体供应商进行议价。媒体采购者和媒体策划人员或日程规划人员需要紧密合作。2001 年，一个全新的媒体策划资源上线了——全球在线广告费率与数据（World Online Rate and Data，WORD）为媒体策划人员提供数据库，用于进行国内外在线广告宣传活动规划。目前，该网站提供网络及影印两种版本。

媒体调研

媒体调研可以向媒体采购人员和策划人员提供如下信息：某种出版物的阅读群体是哪些人；哪一类人喜欢看某个特定的电视节目，受众有多少；谁喜欢收听广播；什么样的电影能吸引哪一类人群关注；哪种海报覆盖的受众群体最多，等等。媒体采购人员通过将媒体载体的信息与自己的目标群体进行匹配，来做出正确的采购决定。如果受众规模达到了最有效的千人成本、覆盖率、频率、收看机会（OTSs）、电视收视率等指标，营销人员就会做出购买决策。

有多少人收看《邻居》（*Neighbours*）系列剧集或是 ITV 的新闻节目？有多少人收听广播电台的晨间快报节目？有多少人阅读《太阳报》？广告商更感兴趣的是哪些人是观众，他们是否是某种产品类型乃至某一特定品牌的忠诚用户、一般用户或是不怎么使用该品牌。尽管《太阳报》一般被视为工薪阶层的报纸，但其 31% 的读者确实 ABC1 类读者。因此，尽管一些非常规的情况的确存在，但营销人员不可贸然行事。有关社会经济群体、产品使用类型、生活方式数据都有利于广告商建立档案，以帮助他们确定与产品最相关的目标群体。

早先的一份英国价格数据名录（British Rate and Data, BRAD）显示了有限的一部分关于发行量和受众类型（按照社会经济群体分类的）信息。该信息可以与目标群体指数相互参照或交叉列表得出，例如，按照生活方式、购买的典型商品以及常规人口信息来确定受众群体。

定性数据能够解释目标用户如何使用不同的媒体——即不同媒体在人们生活中所扮演的角色。某些广告代理利用焦点小组来调研特定的意见领袖群体是如何使用媒体的，或关注某一群体使用媒体的方式。

媒体术语与词汇

覆盖率与到达率

覆盖率指的是广告所传递到的目标受众的百分比。举例来说，如果 ITV 新闻能传递给 500 万受众，16% 属于 ABC1 群体中的男性，一则广告能够到达的观众为 80 万 ABC1 男性（即 500 万受众中的 16%）。如果 ABC1 男性是目标受众，英国共有 1060 万 ABC1 男性人口，那么虽然广告传递到了 80 万 ABC1 男性，覆盖率也只是 8%（即 80 万占总数 1060 万人口的百分比）。

表 7-1　各媒体特征一览表

	电视	广播	电影	日报 / 周末报纸	晚报及地区报纸	杂志	海报	直邮	网络
受众									
受众规模	部分浪费；覆盖面广，具有全国性；新的利基机会	目前可以覆盖全国，随时收听	覆盖全国	覆盖面广，甚至覆盖全国	覆盖面小，只能覆盖某些网络	几乎能覆盖全国（乃至国际）	全国覆盖较困难	覆盖面广，甚至能覆盖国内外	快速发展；覆盖国内外受众
受众类型	少部分 15 ~ 24 岁人群，大部分受众在 55 岁以上	大部分家庭主妇、上班族	年轻、高端市场	社会经济分区	地域细分	生活方式、人口特征	上班族、司机等	目标群体不限	取决于网站类型——目标群体不限
受众心理	向积极发展，受众有互动潜力	受众往往积极主动；背景 / 有声墙纸	受众受限，乐于 / 困于虚幻之中	主动阅读	主动阅读	放松、并能深入杂志			积极、好问
成本									
生产成本	高	低	高	低 ~ 中等	低	低 ~ 中等	中等	低	媒体成本的 10% ~ 30%
广告位的最低成本	高（尤其是全国性黄金时段）	低	高	中等	低	低 ~ 中等	低 ~ 中等	高但可以在小范围先实验	一般没有最低成本；大型宣传最少需要花费 1000 英镑
平均千人成本	低（7.8 英镑）	很低（不超过 2.5 英镑）	55 英镑	低 ~ 中等（8 英镑）	中等（30 英镑）	中等（12 ~ 70 英镑）		高（500 英镑）	标题广告 =15 英镑 弹窗广告 =30 英镑 其他广告 =35 英镑以上
额外优势	为产品或公司提升信誉度、快速覆盖大量受众、可实现互动	交通媒介	影响力大、受众受限	快速覆盖	特定位置	优质、低浪费			与受众建立直接、可靠的对话和反馈

续前表

	电视	广播	电影	日报 / 周末报纸	晚报及地区报纸	杂志	海报	直邮	网络
信息									
多变性 / 可感性	视觉、听觉、色彩、动作、时间限制	听觉、时间限制	影响力大、加强视觉、听觉	大部分彩色，有些是黑白效果	黑白，部分版面是彩色	四色	四色，影响力大	四色，可实现 3D 效果	无限色彩，3D 效果、听觉、互动
连续性	连续收看，同时段没有竞争对手但存在跳过广告的风险	连续、较少跳过广告	连续，无法跳过广告	要与其他广告、报道同页竞争，月刊的覆盖缓慢					非线性媒体，可以来回跳转
即时性	高即时性，无法重播放过的广告（除非录像或可标记的互动广告）		可以剪报或看电影片段回溯广告			可回溯	可回溯	可回溯直至优惠券到期	
展现产品特性	展现用途，适合冲动消费	困难	可以	展示产品优点和结果但无法展示其用法用途		只有短暂图像效果	可以	可以	
展示细节 / 技术性	受众无法看到细节	紧急、话题性	可视、可听	可以	可以	可以	不行	可以	可以
紧急性 / 话题性	很难将广告与时事结合，回忆率高	独具即时性，兼具紧急性和话题性	不能展示	可以展示	可以展示	广告中展示杂志图片		可以剪下图片	可以展示
购买难易度	复杂	不灵活	灵活	灵活	灵活	灵活	不灵活	灵活	时间灵活，价钱可谈
预订时间	长	短 / 中	短	短	短	中长	长	短 / 中	3 ~ 10 天，取决于媒体使用的复杂性

续前表

	电视	广播	电影	日报 / 周末报纸	晚报及地区报纸	杂志	海报	直邮	网络
审查	脚本一周、成片一周，在英国是由 Clearcast 负责审查	当天审查，在英国是由 Clearcast 负责审查	一周审查，在英国是由 CAA 负责审查	遵照广告行为规章（非强制审查）					通常只有需要编辑的内容以及竞争者可能存在的地方需要审查
高频率播送	可以	可以	不可以	可以	每天及每周	每周 / 每月	可以	可以	可以
全国覆盖	专业问题但存在全国网络，也有国际有线、卫星系统	NNR 提供全国网络	可以	可以	没有全国网络但覆盖主要城市	可以	可以	可以	覆盖几乎全英一半成年人口，包括伦敦及英格兰东南

资料来源：媒体规划组。

频率

频率指的是广告在一定时间段内播送的次数。一则广告需要被播送多少次才算有效？四到六次？最佳频率通常并不可知。广告应该选择集中在短时间内频繁播送（即爆发策略）还是在长时间内平均播送（即水滴策略）？举例来说，一则频率为60的广告播送可以选择以下两种方式：（1）周一到周五每天播出，将同样的广告在ITV新闻前、中、后期分别播放一次，共播放四周；（2）一年中每六天播放一次该广告。

收看机会

收看机会（OTSs）指的是使某特定观众不得不收看某特定广告机会的数量。以上面的例子来看，对成年人而言，收看机会为500万，对ABC1男性而言，收看机会则是80万。如果周一到周五该广告每晚都在ITV新闻间歇时段播出，ABC1的收看机会总数就是5×80万=400万。

千人成本

千人成本（CPT）统计的是广告到达一千个人所需要的成本。假设，需要10万英镑把一则30秒的广告在全国性电视台的高峰期时段播送，此时受众假设为100万，那么千人成本或者说到达一千个受众所需的成本就是10万英镑除以10 000（100万=10 000组千人单位），即10英镑。千人成本可以允许跨不同媒体类型、媒体载体比较（前提是要考虑媒体的质量）。举例而言，刊登在《太阳报》上的一则全版面广告受众为950万人（购买量为350万但阅读量为950万），成本为45 000英镑，那么千人成本为：

45 000英镑 ÷9 500（950万=9 500组千人单位）= 4.47英镑

CPM（cost per mille/thousand）与CPT相同，常用于美国。

理论上，每次咨询成本或广告产生的订单数所提供的信息更为精确，但这只适用于广告正在播送时（或者说广告意在增加类似的观众反应而非增加关注或改变看法）。在媒体日程规划及购买中，经验和知识是十分有用的。不同的媒体（如印刷出版与电视）不同的媒体载体（如《英国园艺杂志》和《经济学人》），其千人成本也不同。媒体质量、受众质量都会影响千人成本，例如，面向高收入群体的广告，千人成本比面向大众、中等收入群体的广告要高。

电视评点

电视评点（TVRs）在美国及其他国家被称为毛评点（Gross Rating Points，GRPs）。毛评点可用于不同的媒体，但在英国，电视评点仅限于电视，一个电视评点代表着目标受众的百分之一。收看广告的目标受众百分比（即“达到”的受众）乘以平均收看机会就能得出电视评点。电视台往往出售一定量可保证的电视评点包，举例来说，达到240电视评点的目标也就意味着60%的目标受众平均具有四次收看机会。当然也可以是40%的目标受众平均得到六次收看机会。通过比对媒体日程表，我们很快就能找到适合的频率。一般而言，平均每月400电视评点（即80%的受众平均有五次收看机会）是营销人员常采用的战略。每月800电视评点就算得上是一项大型宣传策划了。据说某些糖果公司和唱片公司策划了一次轻松的宣传活动，购买100电视评点，然后告诉零售商他们正在进行电视广告营销，即以“吸引顾客”带动“产品促销”。

影响力

影响力更多的是指电视而非印刷媒体。影响力衡量的是收看广告的总人数乘以他们收看的总次数。在上面ITV的例子中，影响力=80万×5=400万（ABC1男性）。而且，影响力除以总目标人数就得到电视评点。转化为电视评点，影响力对营销人员做出决策将更有帮助。

水滴策略

水滴战略是在整个广告宣传过程中采用一次散播小规模的广告量的策略。持续的水滴策略能使品牌保持长久的知名度。

爆发策略

爆发策略与水滴策略相反，它是指企业在短时间内集中投掷广告。爆发策略能有效创造更多的影响力，但只能持续较短的时间。

持久模式

处于持久模式的广告往往将产品信息中规中矩地告知目标受众。而在上升模式中，广告随着某一特殊事件的到来而逐渐增加；在消退模式中，广告随着事件的结束（或是新产品的发布）而逐渐减少。

飞行模式

飞行模式指在较长时间内进行广告宣传，包括在特定时刻增加广告数量，以满足季节性需求、应对竞争对手的广告宣传、声援某一次促销活动、反驳不利新闻或是仅仅为了抓住一次商机。

脉冲策略

脉冲策略理论上结合了持续模式与飞行模式，例如，在必要时刻保证足够的广告投入，同时在平时也投放适量广告进行宣传，以免受众遗忘品牌。这种方法虽然“保险”，但成本较高。脉冲战略也被称为“长尾策略”，与计量模式相结合，其价值不可小觑。

脉冲策略可节约资金

在爱尔兰，营销代理在进行广播广告宣传时发现，广告在播出三周内都能够提高受众认知，因而建议客户将原来两周一次的爆发策略改为三周一次。这不仅保持了营销带来的影响力，同时也节约了资金，使宣传维持了“长尾模式”，在较长的时间内发挥作用。

（注：这不同于利基市场中所说的长尾概念。）

位置

位置指广告投放的位置。背页、内封页、右手页、电视节目页等页面，其受众面和影响力都要大于其他页面（例如，右手第三页的影响力就要大于左手第一页）。类似地，同一页面上的不同位置也会产生不同的影响力。媒体采购人员和媒体供应商都深知这一点，其价格费率已经体现出不同位置的价值与需求。宝丁顿啤酒（Boddingtons）的媒体策略就是基于此，公司将广告集中投放于光面杂志背页，其集中程度之高，以至于在一段时间内，宝丁顿几乎“垄断”了所有杂志的背页。

环境

广告的环境或称背景也会影响其传递的信息本身。一则广告周边文章的风格和编辑类型、其他广告都会影响该广告自身的影响力。广告策划一旦被视为宣传产品进行的拙劣模仿，就会失去消费者信任，例如在电影《空前绝后满天飞》（*Airplane*）插播航空公司的广告。

总结

媒体购买模式与媒体本身都在发生巨大的变革。媒体与媒体载体规划几乎可以认为是市场营销中最大的投资，在进行时要格外小心，妥善安排时间和间歇期，节约的资金能够让企业更多地投入到其他方面（如社交媒体宣传）。

新营销箴言

◎ 媒体选择越来越丰富。

◎ 媒体规划与购买对预算的影响比实际制作广告要大。

◎ 不同媒体有各自的优缺点——必须妥善规划。

◎ 按照统一标准评价不同的媒体选择。

第 8 章　营销传播代理机构

代理类型

代理机构有多种不同类型，有广告代理、促销代理、直邮代理、人力资源代理、企业形象设计代理、网页设计代理，等等。其中一些被称为代理机构，另一些则被称为咨询机构。除了名称不同，不同行业之间的壁垒正逐渐被打破。企业形象设计咨询的服务往往分散到广告营销代理，为企业建立新形象；促销代理往往涉及直邮，因为直邮这种传播方式必须进行持续的激励，要有持久的保险金和促销手段跟进。广告代理渐渐不再使用“广告”一词，而人力资源代理也不再使用“人力资源”，这些词语的使用限制了它们推广客户所必需的整合营销传播服务。广告代理使用的整个策略与结构都在发生变化，传统上，广告代理因其互动能力有限，只能充当单向的“告知”媒介。如今，绝大部分的代理机构转移了其工作重心，更多地去整合促进互动回应的方法，如直邮、促销和社交媒体等。由“告知策略”转变为“聆听策略”，这需要代理机构通过多种媒体与客户建立持续的对话机制。

一些机构认为新型结构对于代理界而言是一次激动人心的挑战。WPP 集团总裁马丁·索里尔（Martin Sorrell）先生曾表示：“至少代理结构和工作流程的土崩瓦解，预示着未来 100 年里将发生的科技变革无疑将为客户带来积极的影响。”其他机构则认为代理结构所发生的变化不仅仅需要建立新的结构，更需要新的语言。“影响力”越来越多地为“对话”(乃至“三方对话”)所取代，“街头对话”取代了“海报广告”。或许，“直邮与广播”将要为“厨房对话”所取代。“参与”取代了“回应”，成为新潮流。不确定的客户、随处可见的代理指导、越来越多的媒体类型、新型的竞争形式共同推动了代理界的变革。

代理机遇

许多品牌正濒临消失，这并非因为正常的自然消亡，而是因为销售和边际侵蚀而造成的痛苦而缓慢的消亡。并不是说这些品牌经理刚愎自用、自取灭亡，相反，他们一直都在关注自己品牌的广告营销、售价和成本。其核心在于一个最根本的问题：品牌最初的承诺能否被重构，以适应当今的消费者需求？我们相信这是可能的。大多数品牌能够通过品牌复兴重拾往日辉煌。

摘自波士顿咨询集团宣传手册

尽管广告代理机构正受到来自激进的管理咨询师、渴望整合的代理机构、专业搜索引擎营销（SEO）、病毒营销专家、社交媒体咨询师甚至闷闷不乐的营销客户所包围，但其结构依然在被使用，为其他代理和咨询机构进行结构改革提供了更广阔的基础。

世界上最知名的广告代理机构之一——盛世长城广告公司在其名称中去掉了“广告”一词，只剩下“盛世长城”，这无疑是一家挚爱品牌的公司。盛世长城公司将其品牌形象描述为“提供全领域服务、整合传播渠道的商业网络”。公司甚至制作了一个名为“地球上最后一家广告代理公司”的视频，以此证明过去的代理理念已不再是公司的理念了。

DIY、全领域服务或专项服务

目前，广告代理仍然是最主要的代理类型，电视消费仍呈现出上升趋势，线下预算也仍然远远高于线上预算（总数而言），所以尽管该行业正在向新型代理转型，但在此我们仍然使用“广告代理”一词。大型广告代理提供全领域服务，包括创意、调查与规划、媒体规划与购买、生产乃至现在新兴的社交媒体规划。某些提供全领域服务的代理机构也有专门负责某一项事务的部门，例如市场预测、市场信息及商业规划，以及广告营销活动的支持服务，包括销售点设计、推销印刷品、销售会议以及其他线下活动（如促销、公关和直邮）。与其他企业一样，代理机构也包含与客户无关的部门，如会计和财务、人事部门和行政管理部门等（详见表 8-1）。

表 8-1　不同工作关系的优缺点

类型	全领域服务（隶属一家机构）	专项服务	由机构内部完成
管理与控制	由于隶属同一机构控制，因此比较容易	工作更多（需要协调）	全方位掌控，但涉及的工作更多
安全	风险有限：敏感信息都在机构内分享	风险较大：更多人有机会接触到信息	风险最小：不存在机构外部人员
速度 / 回应	较好	在“菜单式组合”情况下可能会有问题，需要更多协调	快速，所有决策者都参与项目
成本	总费用较为昂贵，但代理购买能力较强，可以节省媒体开支	价格较低，成本较低	价格较低，但媒体购买能力有限
观点新颖	是的	是的	不是
专业技术	是的（每项技术都涉及，但没有精通的）	是的（可以弥补客户的技术缺陷）	不是（缺乏专业知识）
压力	压力较小 / 工作量较小	有一定的工作量	压力较大，工作量较大

广告商可以选择只用自己机构内的人员来完成项目。DIY 或内部广告策划也各有不同，某些代理商会将某些需求外包给专业服务机构，如专业媒体日程规划和被称为“独立媒体”的购买机构。类似地，创意工作也可以外包给“人气商店”或“创意工作室”。盛世长城公司最开始就是一家创意工作室。或者，代理商也可以进行组合，挑选专业服务机构来完成不同部分的工作。例如，选择四家不同的机构分别进行调查、创意、生产和媒体规划与购买。还有其他不同类型的专业服务机构，专注于某一特定的行业部门。

组合策略最新的形式是，允许一家大型的知名全领域广告服务代理机构将其创意服务临时分包给一家小型传播咨询公司。只要该代理机构有足够的能力或不断追求额外的收益，那这一分包方式就能延续下去。某些客户要求其全领域服务代理机构和它们所选择的独立媒体共同工作，有些全领域服务代理机构有时只承担项目的一部分。经济危机迫使一些客户削减自己的广告营销部门，转而与各种代理机构共同合作项目，以减少开支，增加灵活度。

代理机构结构

不同类型和规模的代理机构有着不同的结构。图 8-1 显示了大型广告代理机构的结构，并显示了共同协作创作一则广告所涉及的不同部门、人员及所需技能。拥有内部广告部门的公司、小型的外部机构可能会将它们没有的部门职能进行外包（或雇用）。大型机构也可能会聘请或外包外部导演、制作人、录像师、摄影师、电影公司以及打印制作设备。其他代理人、代理机构、咨询公司，无论是公关、直邮、促销还是企业形象宣传，都需要具有如图 8-1 所示的、将不同部门和技术整合起来的能力。尽管单纯的广告代理正在走向整合，为社交媒体服务创造了额外的发展平台，但电视广告仍不会淡出市场，仍会是各大品牌营销预算的重中之重。因此，我们仍有必要探究一下最原始的广告代理结构。

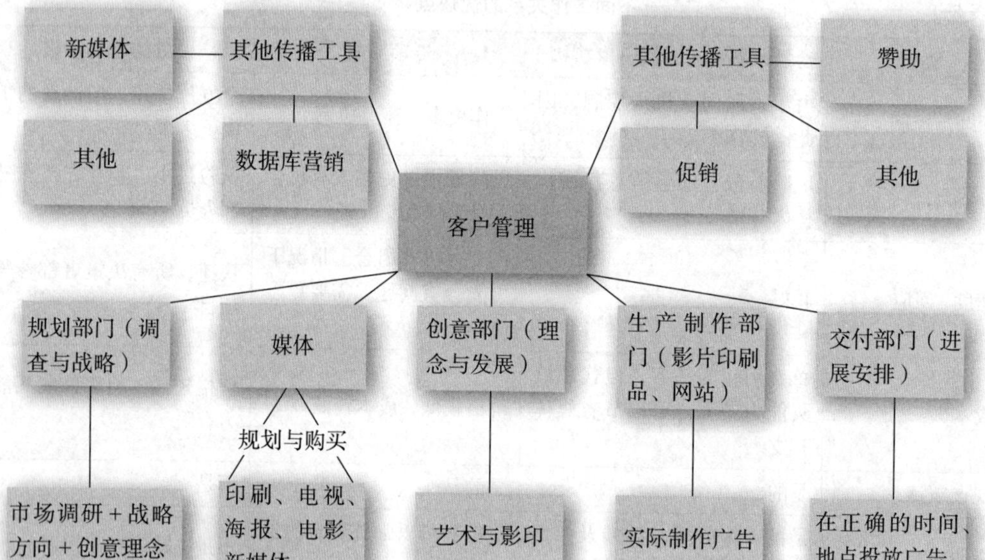

图 8-1　大型广告代理机构结构

代理机构正由推动广告活动策划向培养消费者群体、建立消费者与品牌联系转变。掌握高端数据分析能力与规划能力的新一批代理机构正在兴起。未来的发展趋势是，代理机构不再进行品牌宣传策划，而是提供新型服务：帮助企业联系对相关产品感兴趣的消费者群体（如 Facebook 群体或领英群体）。成功的代理机构可以和有着明显差异的消费者群体建立联系，“向其灌输思想，以影响其行为”。这些群体可以是线上的，也可以是线下的，例如，代理机构资助了一个社区的活动场地建设，从而与该社区建立了联系。因此，会有许多新的技术与部门不断添加到图 8-1 所示的结构中去，例如社交社群创建者、发展者与培育者。

客户主管

客户主管有时也称为客户代表，对特定的客户负责。客户主管有两个身份：与代理机构对话时是客户一方，与客户对话时则是代理机构一方。其职责包括：出席所有客户会议、撰写联络报告，担任代理机构不同团队成员与客户之间的联络人。许多机构都会撰写联络报告（每次会议结束后），以明确每一项讨论过的要点、达成的结论和任何即将采取的行动。这样就避免了接下来当客户提出"我从未说过""我没要求过"时，双方可能出现的误解。经客户同意，重要文件（例如代理机构对客户要求、理念的解读）有时需要客户签字"批准"。这保证了双方沟通的透明，以减少误会，而且一旦双方在某一特定战略方向上出现争执，或对广告中特定话语存在争议时，代理机构就可以拿出批准文件的副本。这对客户公司经理离开公司的情况尤为有用，它记录了项目进行中双方达成共识的每一步。

客户主管是新型社区经理吗

客户主管可能会发展成为社区经理，他将帮助社区将自己推销给特定品牌。代理机构非常清楚哪些品牌最适合进入该社区，哪些品牌则应该与该社区隔离，也明白哪些信息可以共享，以及与哪些人共享。

坎普（Kemp）与金姆（Kim）

规划部门

规划部门并不是言过其实的调查者。他们需要知道在调研中问哪些合适的问题，并受托展开调查，从两个不同的层面去解读调研结果：首先，他们需要吸收、总结和解读大量的市场调研报告，并将其转化为创意理念中的条目，配合客户经理将其整合后交给创意团队；其次，信息要从战略和战术两个层面进行解读，交给客户主管、客户经理、客户总监乃至客户进行讨论。规划部门所持的观点应是客观的，既不受客户主管的阻拦，也不受客户的影响，客户主管有时会因为创意总监想让某个策划继续，而向客户"推销"某个营销创意。客户有时则会为让焦急等待新的营销活动的销售团队满意，而执意尽快推进某一广告策划。

很有必要进行联合规划

那些关于在何处投放广告、广告的特征的决策应该由同一人做出。我建议营销部门应采取联合规划的方式，以便让其广告投资获得更好的回报。

施滕格尔（Stengel，2006）

规划部门在解析市场调研数据和将信息转化为创意理念方面堪称专家。营销客户有时也想获得更多关于消费者社区与群体的分析和洞见。对高端市场客户公司［如可口可乐、宝洁、汇丰以及知名代理机构 WPP 集团、阳狮集团（Publicis）、宏盟集团（Omnicom）］负责人的调查表明，客户更重视将信息传递给那些经筛选的品牌，而这些品牌相应地也能激发关于增加数据分析和洞见方面专家的代理需求。

创意部门

在传统观念中，创意人员都是上班迟到、到处闲逛、做着白日梦想出所有广告创意的人，但这未免有失偏颇。创意人员往往在巨大的压力下进行长时间工作，想出能够吸引眼球、树立品牌形象、赢得客户的独到创意。他们要持续从规划部门提供的单调的营销理念中想出适合的惊世创意，一般会采取两人合作的模式进行工作，分别负责文字和图片，如一个文案写作，搭配一个艺术总监。

创意人员——企业的增值部分

创意人员通常需要数小时才能够完成一个广告创意。他们需要一直盯着一张白纸思考。也许没有什么比这更枯燥、更孤独的了。他一直都是一个人——一直都是一个人。他的大脑中产生的一定是妙趣横生的话语、晓之以理的话语、激励人心的话语、易于销售的话语，以及魔法般的话语。

里奥·伯纳特（Leo Burnett），里奥·伯纳特公司创建者

创意团队更多地关注与个体形成持续对话的内容，而减少通过某一单向的广告策划活动向广大受众进行推销的内容。而随着用户生成内容变得越来越重要，外包的工作将包括用户生成内容（详见第1章）、利用拥护者以及品牌宣传。

媒体部门

媒体部门通常会进行媒体策划，购买广告最终放置的广告位（包括印刷、海报、电视、广播和电影等）。媒体策划人员或排期规划者有时会与媒体采购人员分开，后者负责进行谈判并最终从媒体提供商手中购买所需的广告空间。媒体策划人员和购买者还会进一步分工为专门负责电视、印刷或新媒体等的人。有线电视、卫星电视的出现，低成本印刷技术以及数以千计的新网站的出现，丰富了媒体采购人员的选择。随着市场不断的分化、媒体的蓬勃发展，出现了更多的杂志、电视台和网站，获取大量受众的关注将变得越来越难。尽管如此，媒体的蓬勃发展还是为媒体策划人员和购买者带来了新的机遇，新媒体工具更能精准地到达目标受众。目前，可供媒体部门分析其适宜性与成本效率的媒体种类达到了前所未有的数量。而选择适合的媒体无疑是媒体部门的一大职责，大部分的广告宣传预算花在了媒体方面而非广告制作方面（例如，一个预算为2000万英镑的宣传企划案中，有1900万英镑的预算被用在了媒体方面，而制作只占100万英镑）。更重要的是，媒体部门可提供独具创造力的宣传策略，将广告信息传递给目标受众，具体案例见第13章。

工作量大？那到媒体部门来试试

博客及其他社交媒体的兴起，开拓了众多能够直达目标受众的新媒体渠道。如果目前大量的目标受众都把时间花在了这些方面（即更多地消费此类媒体体验），那么媒体采购人员和规划者的工作量可想而知。

生产制作部门

许多广告代理机构将生产制作环节的许多步骤进行了外包，例如，租用录音室、雇用摄影人员、摄像师、导演和剪辑等。这涉及漫长的前期会议以敲定细节、在全球各地取景拍摄以及长期守候在暗黑狭窄的制作室进行孤独枯燥的后期剪辑制作等。

制作游戏、病毒营销以及广告

生产制作部门（以及外包的制作公司）有着各种各样聪明的员工，他们中有的能制作精彩的 60 秒微电影（还有稍长时间的广告，见第 13 章），有的能制作网络游戏，当然也有人能制造病毒营销程序。

交付部门

配送或称交付部门，将生产制作出来的合格影片或宣传品在合适的时间配送给最合适的杂志或电视网络。如果媒体策略中包括海报、电影、广播和杂志内页等时，这项工作将会变得异常复杂。加上许多不同的宣传活动对应着一系列不同的客户，对交付部门经理的需求不言而喻。再加上游戏和病毒营销应用程序的上线，该部门经理往往会忙得不可开交。

客户管理团队

在大型代理机构中，客户管理团队通常包括客户总监、客户经理、客户主管、策划人员、创意总监、文案编辑、艺术总监、电视制作人、媒体总监、媒体排期人员、电视广告时段采购人员、印刷品策划人员与采购者。

代理机构的三大组成部分

代理机构的三大组成部门是：

1. 规划与战略；
2. 创意；
3. 媒体。

代理机构的酬劳

代理机构有三种基础的酬劳计算方式：佣金、收费、按结果收费（PBR）。

佣金

虽然现在情况有所不同，但在过去，媒体提供商往往会在标准收费基础上给知名的广告代理机构打 85 折。也就是说，一个价值 1000 万英镑的广告企划，电视台收取的费用会优惠 15%，即 850 万英镑。客户付给代理机构全额费用，即 1000 万英镑［收费标准可通过英国价格与数据（BRAD）进行查找，也可以查询媒体提供商出版的收费标准］。15% 的佣金也意味着有 17.65% 的毛利，例如，佣金 150 万英镑就是代理机构媒体成本 850 万英镑的毛利：

电视台收取代理机构费用（减 15%）	850 万英镑
代理机构收取客户全额费用	1000 万英镑
代理机构毛利	150 万英镑
毛利率	17.65%

代理机构还会将取得认可的毛利率应用到其他服务中，如市场调研等。因此，成本1万英镑的市场调研，代理向客户收取的费用即为11 765英镑。佣金系统还存在一个问题，即代理机构可能不断地向客户收取费用。佣金有时并不包括生产制作费用，生产制作的费用往往由代理机构单独向客户收取。过去十年里，采用佣金系统的客户数量大幅减少，客户更倾向于选择下面介绍的几种收费方式。事实上，15%佣金政策已经被半数以上的媒体提供商所摒弃。2006年，雅虎公司宣布它将每月向在市场调研方面花费8万英镑以上的代理机构支付10%的佣金，向花费2万英镑以上的代理机构支付5%的佣金，小于2万英镑的代理机构则无法得到佣金。

佣金回扣

日常开支成本较低的专业媒体购买公司只需收取2%～3%的佣金就能维持运转。一些客户坚持全领域服务代理机构应该收取较少的佣金，比方说10%，剩下的5%应该返回给客户所有。佣金回扣指的是代理机构将其收取的部分佣金返还给客户。而实际上并没有退款或回扣，代理机构只是在收取客户费用时少收一部分，例如少收5%。佣金回扣为代理机构得以在价格上而非传统的质量服务上进行竞争打开了一扇门。大部分行业都不欢迎价格战，广告宣传也不例外。1984年，ABM公司在要求返还佣金回扣的情况下放弃了其与B&Q公司价值350万英镑的广告企划，并在广告贸易出版物上刊登了一个大幅广告来解释15%的佣金在税后就只剩下2%了，对大多数代理机构而言，任何回扣的返还都势必会影响广告的质量。ABM公司与潮流相抗争，拒绝参与到佣金回扣的返还中去。该公司曾策划了不少经典广告活动，是业内的传奇之一，遗憾的是，如今该公司早已不复存在了。

如今，许多客户不再采取佣金政策，而是更多地选择了收费。

收费

小型客户的媒体预算相对而言较少，不足以支付足够的佣金，因而通常选择支付费用。现在，越来越多的大型客户也转向收费方式，费用通常会按每年、每季度、每月或是按照项目进行支付。没有佣金也就意味着不存在媒体歧视，代理机构可以自由地推荐不同的媒体宣传方式（例如推荐直邮方式），而不会损失其佣金收入。

许多代理机构会采取在收取部分佣金的同时收取部分费用，和/或部分费用按结果收取的方式。代理机构的报酬主要取决于项目工作量的多少以及客户媒体预算的多少，目前市场尤其是大型客户倾向于采取费用、佣金和按结果付费（Pay-By-Results，PBR）三者结合的方式。

PBR可以实现双方共赢，其缺点是代理机构不能完全掌控自己的收益与命运。

按结果收费

不久之前，主要大型代理机构对PBR还只是浅尝辄止，新的代理机构为了招揽生意，也自投罗网般大量使用PBR方式来招揽生意。时至今日，PBR已成为业内常用的手段而非例外，大部分英国广告商都采用这种方式向其创意广告代理机构支付报酬。在媒体代理方面，PBR的市场更大，60%的报酬支付都是通过PBR方式完成的。谷歌等媒体供应商采取另一种形式的PBR：每次点击成本（Cost Per Click，CPC）和每次行动成本（Cost Per Action，CPA）。如果宣传按钮无人点击或产品无人购买（当宣传目标是购买行为时），谷歌就不会获得任何报酬。

PBR支付方式存在的问题是，某些宣传成果并非代理机构所能控制的，如产品质量问题、送货延迟或配送不充分、价格变动、工厂罢工或竞争者加大宣传力度或降低价格等。因此，如果代理机构的报酬主要取决于销售额的话，那它们就有可能会受到种种非人为控制因素的影响。

另一方面，如果报酬取决于广告宣传的直接影响，比如品牌感知度提升或改变品牌形象或定位，代理机构对自身命运就有更大的掌控。当然，宣传成果要通过市场调研来衡量。PBR 在以直邮为主的宣传企划中更容易规划，因为直邮的咨询、订单和客户数量都是确定的。当然，SEO 营销企划的结果也能通过访客数量来衡量。另一个结果可测且与代理投入直接相关的领域是媒体采购。若代理机构以低于市场平均价格的价格成功购买了媒体播放权限，节省的金额应由客户和代理机构平分。例如，假设到达有孩子的家庭主妇这一消费群体所需的平均宣传成本是 3.5 英镑，代理机构若能节省 10% 成本，节约金额就以客户 8%、代理机构 2% 的方式分配（注意：要考虑媒体质量的影响）。某些代理机构（如 BBH）会实行固定报价、风险共担的政策。举个例子，如果广告制作成本低于预算，那么制作公司保留预算的一部分，客户分得另一部分。如果制作经费超出预算 10% 以内，由客户出钱；超出 10% 的部分由制作公司出钱。

PBR 使得广告宣传拓展到新产品设计（作为版税）乃至包装设计，包装设计工作室可以将收费（或费用的一部分）与新包装上市后增加的销售额相挂钩。PBR 看起来很有诱惑力，但对客户而言，会增加额外的管理工作，宣传结果需要进行测量，版税以及增加的销售额也需要计算，每个会计周期的报销与支票开取也会增加。

代理机构的报销政策很大程度上取决于客户与代理的关系（包括工作关系与合同关系），代理报销的范围也会影响客户对机构的选择。

代理关系——选择与保持

任何宣传企划的创建、开展和结果测量都需要时间和相应的管理技巧，代理机构人员的性格也需要被考虑在内。谈判中的疲劳因素可能会使客户公司匆匆做出鲁莽的决定。而营销人员往往充满活力与激情，是行动力较强的实干家，有时也需要具有耐心和钢铁般的毅力，因为在某些情况下，他们不得不等市场调研解决更多问题后才能最终进行决策。不厌其烦地关注细节，常常会让广告代理机构感到厌烦，但这却正是专业营销人员所应具备的素质。另一方面，这样的细心工作会导致另一项重要资源——时间的流逝。许多市场调研正是降低了风险却花费了更多的时间和金钱。截止日期能否后延？有没有充足资金去应付后续的调研？竞争对手还有没有时间发布新产品？匆忙中做出的决策往往并非最好的。

代理选择过程一览

选择代理的第一步是明确客户公司的需求。合理的选择要建立在客户明确的需求基础之上。某些家居零售连锁店就将媒体部门的优势作为代理选择的关键标准，尤其当它们急需通过最大规模的媒体覆盖来直接为产品信息的黑白广告进行宣传时。另一些客户可能会寻求更新潮的宣传方式，不看好创意人员冗杂的代理机构。无论何种形式，都需要确定新广告企划所要达成的营销目的和宣传目的。

代理选择过程的具体步骤如下：

1. 明确要求；
2. 划定可能的代理机构名单范围；
3. 代理机构进行资格认证；
4. 向经筛选入围的代理机构说明其宣传诉求；
5. 入围的全部代理进行展示与竞标；
6. 竞标分析；
7. 选出优胜者；
8. 商定合同细节；
9. 公布优胜者。

有的客户倾向于不经竞标直接向筛选后的代理机构（比如六家代理机构）公布其宣传诉求。还有的会将珍贵的调查结果和战略理念尽可能少地向代理机构透露，因为竞标失败的代理机构随时都可能为竞争对手服务。

初步入围名单

多数广告宣传经理和营销经理在审核宣传企划时都是通过观看广告，注意到任何有吸引力的企划方案。为竞争对手服务的代理机构要排除在外，并谨慎对待。有的线上或线下案头调研机构可以参照尼尔森媒体调查或 Adforum.com 等组织，运用敏感信息发现品牌背后的代理机构。广告商可以在线免费建立代理名录，预览其创意作品、浏览代理机构的档案信息。通过不断阅读贸易杂志，营销经理可以很清楚地了解业内哪家企业制作了什么广告。还有的企业会花几周时间集中观看众多广告策划，以加大其广告宣传的力度。有的客户会以几百英镑的价钱从营销活动组合（Campaign Portfolio）或营销周组合（Marketing Week Portfolio）等组织购买代理组合的视频资料，并从中筛选（代理机构首先要花更高的价格购买这些广告位）。在视频中，代理机构一个接一个地展示自己，其过程可能枯燥得令人乏味。有的客户喜欢自己筛查，并要求代理机构直接提供其视频或相关信息资料，以便看到候选代理机构最出色的成果。你不妨试试一些在线资源，你能在其中找到代理机构的信息，预览它们的一些创意作品（预览广告），有时还会有一些有趣的更新、有关营销传播的文章以及新闻警示。要记住，代理机构的选择是一项十分辛苦的工作，需要格外注意细节，选择失误的代价往往十分高。

建立候选名单的另一种方式是通过专业机构。收到潜在客户的基本宣传需求后，专业机构或贸易协会［如广告从业人员研究所（IPA）、英国广告协会（ISBA）、广告协会（AA）］都能提供那些专门处理某一领域或某一规模企业的代理机构名录。其他服务组织的相关专业部门也能提供类似名录，如公关、促销、设计、直邮等公司。该服务通常是免费的，而且对未入会的公司十分有帮助。

业内还有代理机构评审机构，如广告代理注册协会，以及以代理选择为主要业务的中介。这些组织能够创建候选名录、竞标名录、进行竞标分析、代理选择甚至在企划开始后帮助客户审查作品。

在英国，只有不到 10% 的代理选择是通过中介完成的。对那些急于寻找能满足其各方面需求的合适代理机构的国际客户而言，评审服务无疑是很受欢迎的。同样，在人力资源、直邮、促销活动以及企业形象设计等方面也有类似的服务。中介能够通过发布每日报告，来帮助代理机构挖掘潜在机遇、收获新的商机。例如，每当新的营销或公关总监上任，就可能意味着更多服务需求的建议。有的代理机构会拜访新上任的高层决策者，以挖掘他们的营销传播计划，并将信息带回传递给其客户。而在维护客户方面的费用也各不相同，单一用户代理费由每年950英镑到60 000英镑不等，涵盖了由发现新兴商机到实施企划的整个外包过程。

资格认证

有的客户在完全阐明其宣传诉求前，会先要求参与竞标的代理机构展示其资格认证，包括展示当前和以往的作品成果、团队成员的履历以及公司历史、结构和设备。必要时，客户会实地探访一下这些代理机构，有时客户会采取临时通知的方式，以便借此真实感受潜在的代理机构，感受其公司气氛、组织和专业性等。经过这一系列过程，筛选出最后入围的代理名录，也附上其详细信息。

筛选、竞标和最终选定都需要时间和技术的投入。除了工作量大外，冗长的候选名录还有可能将敏感的营销信息透露给不同的人。某些精明的人会将此视为从各机构最佳方案中获取免费策略和技巧的绝佳机会。

发布创意简报

创意简报的长度、结构和细节程度各有不同。有的客户会将其压缩在一张A4纸上，有的则写得更加详细（健力士啤酒曾做过一份100页的创意简报)。创意简报从根本上来说至少要具备背景介绍、目标、策略（SOS）以及3M（人员、资金、时间)，后者是第10章介绍的SOSTAC® 规划系统的一部分。

创意简报通常很简短，营销传播计划则更侧重细节。由于所有参与竞标的代理机构都会得到创意简报，而只有一家机构最终脱颖而出获得该项目，因此客户将面临两难的局面。在创意简报中到底需要泄露多少公司的策略信息，才能避免落选的代理机构有朝一日为竞争对手工作时不会泄露公司太多的机密？这是一个引人深思的问题。按照最基本的要求，创意简报应该包括以下内容。

1. 背景介绍——企业当前的情况，包括市场、渠道、细分市场、目标市场、发展趋势、竞争对手、市场份额、企业定位、当前及以前的宣传策划、优缺点、独特的营销主张（USPs)、品牌和企业特色与优势。
2. 目标——企业想要实现的目标，包括营销目标与传播目标。明确定义当前存在的问题或机遇，包括所要求的市场定位与对外的语气与口吻。明确有效的评价标准和评价方法。
3. 策略——企业要如何实现目标，包括如何让营销策略适应公司整体的战略。如果公司已制定整体战略，那也应该包括营销企划策略。
4. 控制——企业如何明确制定的目标已实现。代理机构和客户应该有一个统一的评判成功与失败的标准，明确关键标准是什么以及如何衡量。
5. 3Ms：
   - 人员：最终决策者、团队成员、企业内部的汇报机制和其他问题的联络人员；
   - 资金：代理机构的核心问题是预算是多少？
   - 时间：竞标的时间周期和截止日期、代理选择与营销活动最终的发布时间。

创意简报中往往需要包括控制这一环节，它概括了宣传活动的测量标准，反过来也激励代理团队把工作做好。规模较小的公司可能会选择将广告或营销目标替换成问题陈述，要求代理机构提供一份完整的营销方案。代理机构的第一个问题往往是："你们的预算是多少？"上文提到，竞标中只有一名获胜者，阐释理念可能会泄露公司的策略信息，但是信息太少又会降低竞标作品的质量，甚至影响策略方向。因此，客户可以播放其偏好的广告类型案例，帮助创意人员了解客户的需求。所以，要从现在就开始收集广告、营销策划、网页和包装创意，以备不时之需。

创意简报要简洁明了。如果公司有什么具体要求，要明确提出，例如"广告 8 英尺外可读"或"商标名称要鹤立鸡群，浅显易读"等。企业要下功夫写好市场定位、优势和 USPs 等。要记住，含糊随意的创意简报只会产生同样含糊的营销理念，还可能带来麻烦和官司。与代理机构建立良好的关系，从清楚、简洁、易懂的创意简报开始。

代理机构竞标前要做的准备

入围的代理机构要进行一个完整的企划展示或营销竞标，展示通常需要机构内的几位成员来共同完成，并接受客户的检阅。大型竞标的经费通常为 10 000 英镑到 50 000 英镑不等（六名以上机构成员参与，为期六周，花费 36 000 英镑，加上 10 000 英镑材料费和 4000 英镑调研费）。竞标准备工作很繁重，包括调查客户市场、媒体、公司结构、企业人员性格特点（提前认识出席竞标的客户公司人员，争取获取其背景资料、兴趣爱好等）、战略规划、头脑风暴、广告营销概念开发、幻灯片展示、视频展示、展示预演甚至思考冥想。毫无疑问，商业竞标加快了代理机构内部的肾上腺素流动。

据报道，美国 McCann Erickson 公司每次参与竞标前都要聘请专业冥想师，学习放松技巧。智威汤逊公司（JWT）则利用巧妙的情景想象来提升团队成员处理压力的能力。

在竞标中，移情作用、声音效应、激动人心的创意作品、合理的成本常被视作竞标的关键，但也有的代理机构在竞标之前就已进行了预演（详见表 8-2）。

表 8-2 竞标前代理机构的预演

客户	代理机构	宣传噱头
Kiss FM 广播	BBDO	为 Kiss MD 制作一张海报，上面写着"你的名字将为众人传颂"的标语
Kiss FM 广播	盛世长城	在情人节当天把 Kiss HQ 铺满粉红气球
《卫报》	阳狮广告	订购 96 页（40 英尺 ×10 英尺）的海报，竞标期间在报社对面进行展示，每天更换宣传广告
金融服务公司	阳狮广告	运送箱内装有代理资格认证的保险箱
丰田公司	盛世长城	在代理机构位于夏洛特街的办公楼外墙上，悬停三辆丰田车

竞标前心理感受——客户视角

有些潜在客户不会将竞标视为压力，而将其视为一个充满刺激和活力的活动，在此过程中，聪慧而不失幽默的工作人员会口齿清晰地讲述那些新鲜创意和战略性思考。客户在此过程中往往会觉得自己是一位备受崇敬的尊贵客人。还有的客户认为竞标过程太劳累枯燥，他们不得不重复介绍好几遍自己的创意简报，还要坐在那里度过漫长的代理资格认证展示的过程，直至进入实质性的环节——拿到代理的策划方案。

他们会喜欢我吗

调研显示，客户通常不喜欢更换代理机构。这种情况的发生只能说明他们无法维持一段建设性的合作关系，这是谁也不愿接受的，无论其之前的合作伙伴多么难以相处。潜在客户迫于受老板的压力，会竭力将事情处理好，因此，当他自己从一团乱麻的工作岗位走出来，来到绿洲般的伯克利广场、夏洛特街和考文特花园时，脑中可能只会有两个问题："他们会喜欢我吗？""他们这次能不能救我？"

布莱恩·约翰逊（Brian Johnson），JWT 新项目总监

大部分销售情景（包括竞标在内）都是消除不确定的过程。因此，了解问题所在，充满激情和信心地制定应对之策才是成功的砝码。

竞标

经过几周精心的准备，激动人心的创意、独特的媒体规划和展示都已准备好并进行了预演，策划方案或竞标文件都已经打印并装订好，方便客户在展示后仔细查看。竞标其实就是给代理机构一个机会展示自己、推销自己。由于大部分宣传企划都追求与众不同、吸引眼球和引起话题，那代理机构将竞标视为展示创意的机会也就不足为奇。业内流传着许多出其不意、大胆的竞标技巧，有的实用，有的并不实用。下面就是几个例子。

20 世纪 80 年代，富有传奇色彩的代理机构——ABM 公司参与了英国铁路公司的竞标。它们故意让英国铁路公司的高管们在满是烟雾的接待室里等候，接待员对此不理不睬，忙着煲电话粥。最后工作人员在满地的空易拉罐和橘子皮中清出一块空地，并告诉高管们机构人员"很忙"，请他们耐心等待。几分钟后，铁路公司的高管们受够了，当他们准备离开时，ABM 总裁彼得·马什（Peter Marsh）身着英国铁路制服（头戴帽子、手拿口哨和小旗）冲进房间说："你们都不能忍受，为什么要让乘客忍受这种待遇？"稍后，他与同事向英国铁路公司的高管们介绍了解决这些问题的方法。

Benton & Bowles 公司前任员工丹·怀特（Don White）在 Butlin 公司的竞标中穿上了 Butlins 的红色工装。客户看了一眼，说了一句"穿成那样的都不适合接我们的生意"，便离开了。Abbott Mead Vickers 公司的大卫·阿伯特（David Abbott）有一次在接待伦敦警务专员罗伯特·马克爵士（Sir Robert Mark）观看竞标演示时，用高鼻音跟他打招呼："您好！您好！您好！"这一点也不好笑，罗伯特先生转身走出了公司，再也没有回头。

Weetabix 早餐麦片公司邀请所有的竞标机构在一家宾馆里进行竞标。ABM 公司是最后一家被安排在最后一天早上参加演示的公司，于是公司决定用 ABM 的标志色来装饰展示会议厅。它们花了一整晚的时间布置和铺地毯，并搭建了一个舞台，为 Weetabix 公司患有关节炎的老总裁罗宾逊（Robinson）先生摆了把特殊的椅子。第二天一早，Weetabix 公司成员就座后，灯光突然变暗，会议室笼罩在一片迷离的黑暗之中。一束闪光灯打到舞台上，彼得·马什跪在舞台中央开始了展示："作为英国为数不多的独立广告代理公司，我很荣幸，向英国为数不多的独立燕麦制造商总裁罗宾逊先生展示我们的宣传策划……"ABM 公司最终竞标成功。

ABM 公司最后一个经典的竞标作品是为本田汽车做的。机构请了一支 60 人的苏格兰管风笛乐队，一边演奏本田主题曲《相信自由，相信本田》，一边穿越伦敦诺里奇街（竞标地），ABM 公司再次拔得头筹。另一家代理机构 AMV 公司凭借好莱坞巨星鲍勃·霍金斯（Bob Hockins）赢得了 BT 公司的竞标。

竞标机构必须严格遵守客户规定的路演时间和展示类型。Burkitt Weinreich Bryant 公司为 Littlewoods 公司竞标时，因 Littlewoods 公司 92 岁高龄的总裁约翰·摩尔斯（John Moores，已故）爵士也将出席该演示活动，所以该公司要求他们进行“简短而温馨”的最终演示。交易报告中记录道：“30 多分钟过去了，演示还没结束，其董事总经理休·伯基利（Hugh Burkitt）被叫停，因为很显然约翰先生的兴趣和注意力已经不集中了。”于是，Littlewoods 公司的一名高管试图让休停止演示，而他坚持进行演示，从而导致双方发生了争执。

1992 年，英国航空公司将其广告代理商从盛世长城公司换成了萨奇兄弟广告公司（Maurice and Charles Saatchi）的新分部。在英航的竞标项目中，包括萨奇兄弟公司在内的所有竞标机构都使出浑身解数，来争夺这一价值 3000 万英镑的项目。为宣扬英航的国际覆盖率，盛世长城公司在不同的房间里按照英航不同的发展阶段，搭建了不同的场景，每个房间都按照世界各地不同的风格、自然风俗和气候进行装饰，如热带雨林景观；轮到 BBH 公司（Bartle Bogle Hegarty）展示时，他们向英航保证他们有能力在展示完毕后提供令客户超级满意的现成证明——他们召集了自己的所有客户的关键决策者们来到现场，为英航捧场，并与他们共进了午餐；轮到萨奇兄弟广告公司演示时，莫里斯·萨奇（Maurice Saatchi）站起来讲述了音乐对英航的重要性，并表示已经派自己的作曲家为英航创作了一首流行音乐与经典音乐混搭的独特的主题曲。现场上响起了一片赞同声。莫里斯接着建议客户与作曲家见一面，随后英国著名音乐作曲家安德鲁·劳埃德·韦伯（Andrew Lloyd Webber）走进了会场。

放下警戒

在一次紧张、高端、涉及数百万英镑的竞标中，客户提出了 10 分钟休息。不幸的是，代理机构（在此隐去名称）的一位高管忘记了带走他的便条，并被客户无意中读到，上面写着“小心戴眼镜的……”

毫无疑问，该机构在竞标中落选了。一段时间后，该机构参与了另一项目的竞标，在展示开始时，客户团队突然同时戴上了眼镜。该代理机构成功应对了这一突发情况，并顺利赢得了竞标。

目前，以演示为主要形式的竞标越来越成为双方建立前期关系（关系营销）的过程的一部分，有时客户会在截止日期前就接触到代理机构的营销策略乃至广告本身。伦敦 HHCL 广告公司（Howell Henry Chaldecott Lury）就试图通过其称为“组织会议”的方法，例如，与客户举行一系列的商讨会议来延续这一过程。美国最著名的 Chiat Day 广告公司已经贯彻这一政策很多年了。由最后的大型演示竞标转变为持续不断的演示竞标无疑是一种文化与观念上的转变。

在线竞标

英国交互媒体协会（British Interactive Media Association，BIMA）只接受通过 Facebook 和 Twitter 传送的竞标作品。赢得该公司竞标的 Six Degrees 公司员工詹妮

弗·杰森（Jennifer Janson）说：“我们在《公共关系周刊》（*PR Week*）上读到了BIMA招募代理机构的报道，于是我们的一位咨询师就关注了BIMA总裁保罗·乔什（Paul Walsh），成为他的粉丝。几分钟内他带回了一个创意简报，竞标就开始了。”

威廉姆斯（2008）

代理分析

BBH公司总裁奈杰尔·博格（Nigel Bogle）曾说：“如今，关键问题不再是代理机构有没有能力完美地完成任务，而是它们有没有战略性眼光、能否精准定位、明确目标市场以及制定优秀的媒体解决方案。”

这些问题的重要性排序可能会随客户需求的不同而有所不同。有的客户会将代理机构的位置和停车位设施看作评价标准，而有的客户则认为这些都是小事，与广告宣传无关。以下是选择好的代理的20个最重要的问题。

1. 代理机构是否真正理解了我的产品和市场？是否真正理解我的品牌定位与潜力？
2. 代理机构是否具备强大的调研与规划能力？
3. 代理机构能否选择最好的媒体？其媒体采购能力会不会导致我的预算超标？
4. 它有没有创造性天赋？是否获过奖？在演示中是否提出了新观点？
5. 该代理机构是提供全领域服务，还是将所有工作外包？能否随时进行包装再设计、公关、促销、直邮等工作？
6. 该代理机构有多少线上、线下、全线整合经验？能否提供在线服务？
7. 该机构是国际性的吗？如果公司需要在海外同行业拓展新的机会，总部会不会迫使其放弃合约？换个角度，该机构能否通过自身的国际管理网络来完成我们的协调工作？
8. 该机构收费如何？按照什么方式？费用审计需要多长时间？
9. 该机构如何在规划、测试、评价阶段分配资源？
10. 该机构是否体现出了成本节约理念？
11. 该机构如何衡量有效性？
12. 我们在市场中的地位如何？这个市场对我们来说是否太大了？我们与主要合作伙伴有联系吗？如果竞争对手开出更好的条件，它会不会结束合作（我们有必要签署五年合作合同吗）？
13. 谁来负责客户事宜？我们需要在一起工作（亲密合作）吗？竞标团队需不需要加入进来？客户团队有多稳固？以前参加过相关案例的人员是否还在该机构（这一问题很关键）？
14. 该机构的交易记录是否良好？过去的客户是否一直保持与之合作相关项目？如果不是，为什么？
15. 企业的投资回报如何取得（这一问题应体现在代理竞标展示中）？
16. 代理机构在整合营销方面的经验是否充分（尤其是互联网营销方面）？
17. 代理机构的工作流程是什么？这个问题不仅仅是幻灯片上几个箭头就能解决的。质询其如何将资源（时间和人员）分配到企划的不同方面，包括规划、概念生成、测试与评估等。这也有助于与其他机构进行比较。如果代理机构连这个也弄不清楚的话，那么其经营很可能没有任何效率（营销成本可能高昂）。

18. 质询其在该项目中预计花费多少时间？
19. 该机构的留存率是多少？
20. 查看其提供的参考资料，也可以要求查看其以往客户的参考资料。

选择代理机构——评估表格

表 8-2 所示的评估表能够通过权重和打分满足每个客户的需求。评价等级分为 1 ~ 6 级。所有代理机构都使用统一标准评判。几乎没有机构能够超常表现，打消客户心中的所有顾虑而安心选择。评判标准需要提前由参与选择过程的团队的集体同意通过方能执行。表 8-2 所示只是一种统一标准的规范化样表，任何公司都可以采取自己的方式。

有的代理机构在竞标时会添加一些小的加分项，如专利应用、小配件或苹果手机应用（iApp）。例如，南非多媒体广告代理公司在英国旅游局竞标案中，向评委展示了其所拥有的数字化流程系统——它能为地方办事处定制符合其需求的英语营销企划，从而赢得了此次竞标。这项技术被称为动态定位模式，是一款利用数字营销工具为消费者建档、培养消费者关系的新系统。

表 8-2 代理选择——评估表格

代理机构是否了解我们的公司和产品	是否对项目有所贡献	调研、规划和战略性思维如何	媒体规划与采购能力	创造力	机构规模、组织内部资源、全领域服务	国际性	地理位置	收费	我们是否要继续合作	现有客户的看法
1										
2										
3										
4										
5										

竞标永不完结

在完成了一次精彩竞标展示后，一知名代理公司善意地邀请客户乘坐豪华汽车到达下一家代理公司。路上，客户团队分析了刚刚进行的展示，并指出其媒体策略有点“不够简洁”。第二天，代理机构再次进行了展示——并赢得了竞标。而豪华汽车的司机正是代理机构的客户人员之一。无论这是否符合道德规范，但这就是现实。

竞标结束——代理机构等待决策结果

竞标后等待的那段时间无疑是一段充满紧张、焦虑、极度痛苦的时光。最终当电话响起、客户来电时，所有人都屏住了呼吸。一旦拒绝就是完全的失败，所有那些绝妙的创意、详细的调研、激动人心的准备和漫长时间的等待都化为泡影。而一旦成功入选，则意味着完全的胜利。竞标结束后等待的那段时间往往会让人浮想联翩：有没有任何线索能看出客户对竞标展示的看法？广告大亨、Burkitt Weinreich Bryant 客户公司副总裁莱恩·韦瑞契（Len Weinreich）在《艰难度日》（*Scratching An Indecent Living*）一文中描写了这种紧张的心情，而在其所写的《没有消息就是坏消息》（*No News Is Bad News*）一文中则描绘了一次难以忍受的等待。

莱恩·韦瑞契

艰难度日

我那爱打探的朋友克里斯宾·尼特（Crispin Neat）最近打来电话说："嗨，莱恩，"他笑着继续说道，"你知道我开分店了吧？我的事业现在正多样化发展呢！"

"恭喜你了，克里斯宾，"我假装热情地回应道，"对于那些正处在经济困难的广告商们，你还能提供什么服务？"

"破译记事板记录。"

"那是什么？"

"简单得很，老伙计。在重要会议之后收集记事板，快递给我们，我们就能够破译记事板上面的涂鸦和随笔。客户留下的那些怪异难懂、歪歪扭扭的神秘字符，我们统统都能帮您破解。"

"克里斯宾，这是我听过的最无厘头的谎话。"

他在电话那头深吸一口气。"莱恩，莱恩，"他劝告道，"听了我的谎话……我是说我的方案，你要是只知道讽刺的话，那就会错过获得商业最高情报最有用的方法。"

"跟我详细讲讲吧。"我只得听他讲下去。

"你看，你试着这样想。客户已经走进房间里准备观看你演示了。你要么积极进行演示，要么哀求客户把这笔生意交给你。无论哪种情况，你们所有的成员都要忍受广告展示高强度的压力，而急于结束脱身的客户也要燃烧掉上百万千焦[①]的神经元能量来听你们的展示。"

"所以他们要涂鸦？"

"对了！控制涂鸦的是客户的潜意识（这也是这个想法的巧妙之处），因此，无论记事板上写了什么都记载了客户的思维过程，对吧？"

"我明白了，但如果他们只是乱涂乱画，你要怎么破解他们深层次的想法呢？再说了，有的客户会将记事板上的那些'加密信息'撕下来装进口袋。你又该怎么办？"

"痕迹，莱恩。纸上会留下痕迹。我们在纸的背面用 9B 铅笔和复写纸把涂鸦誊写下来，这简直就像魔法一样。接下来，只要解读就好了。"

① 1 千焦≈238.9 卡路里。——译者注

“好吧。你们是怎么解读的？”

“你一定没读过我著的新书《企业涂鸦：直达客户心理》（*Corporate Doodling: The Direct Line To Your Clients*）。那里面都讲了。”

“我没看过那本书，你给我讲讲吧。”

“嗯，很多标志很明显。画了刀、手枪、大头短棒、带刺铁丝网、战略核武器的，说明客户不会选择你们公司。”

“克里斯宾，客户要是没画画怎么办？你要怎么解释他们的涂鸦？”

“都写在书里了，伙计，仅售 9.5 镑，各大书店都有卖的。不过既然你问了，任何看上去像迷宫的图形都代表客户一方感到困惑。模糊的阴影和写得潦草的密谋代表他们认为你们是一群贼眉鼠眼的骗子。”

“克里斯宾，据我了解，客户通常都只会把展示中的几个重点短语记下来，或是写下关键的意见以便日后查阅。”

“当然了，莱恩，当然了。但是每一个笔迹都有可能成为线索。为了避免偶然性，我们设计了一个叫作 SNOOP 的电脑程序，它可以将客户的涂鸦与代理机构的幻灯片联结起来，得出注意力衡量好感级别（attention rating admiration factor）与购买财产指数（purchase property index），指数范围从 1 到 10。”

“要是他们只是记了个电话号码或是 SW10 上一个莫名其妙的地址怎么办？”

克里斯宾很受伤地说道：“你真的连我的一本书都没看过吗？”

“嗯……我又漏看了你的哪本大作，克里斯宾？”

“《为了利益与乐趣的企业敲诈》（*Corporate Blackmail for Profit and Pleasure*），这本书畅销了好几年，现在还一直在帮我赚版税呢！”

“谢谢，克里斯宾。别再打来了……”我挂了电话。

没有消息就是坏消息

“他们怎么还不打电话来？展示都已经结束四天，不，三天了，他们不是说第二天就能决定好了吗？天哪！没消息就是坏消息，还是说是好消息来着？我记不清了。”

“不论怎样，我觉得我们没戏了。我是说，我们不是听见了吗？那个人，那个坐在桌子那头、戴着卡其色毛领带的男人，他不喜欢我们。他老是问一些最难的问题，像是那个把他们所有的宣传资金都投到电视上的问题。真是个讨厌鬼！他就是成心扰乱我，打乱我的陈述，堵住了我的思路。那蠢货一点眼力见儿都没有。”

“我觉得那个女人喜欢我们。虽然我们队里的女成员太少，她可能会减分，但我觉得她对我们挺热情的。我看向她那个方向时，她还笑了。天哪，他们怎么还没打电话？我们并不是那么想要这个肥差，这只不过是笔买卖而已。广告代理就像旋转门，一笔生意结束了，另一笔紧随而来，我是说，跟着进来。你们看了今年直线下降的数据了吗？这笔订单收入可以弥补从那些混蛋手里损失的……”

“我们不会拿到这笔生意的。他们不喜欢我们的创意，甚至讨厌。他们对我们的广告不屑一顾。简直就像没见过真正的商业广告一样。另一方面，他们让我们要激进一点，他们的创意简报里提都没提播放限制。但我还是觉得我们应该在展示之前先看一看 ITVA 的管理条例，裸体的夫妇和金毛犬寻回对观众而言还是显得有点大胆了。”

“我们花了一个月时间来准备这次展示，现在，一周了，哦！三天之后才是一周？连只鸟都没有。没有鸟叫，连声呜咽都没有。也没有人打给媒体部门述说他们那些稀奇古怪的八卦，什么都没有。”

“也许我们应该贿赂他们。我们应该在他们文件内封里贴上几张大面额的钞票。我应该在那个高层出去上厕所时收买他。”

“说对了，我觉得他们讨厌我们的作品，讨厌我的西装，讨厌我们的媒体总监。更糟的是，创意（呵呵）总监打乱了整个展示的顺序，晕头转向的规划者还弄错了人家公司的名字，念错了两次！这回他们应该把生意交给别人了，这些没脑子、没品位、没创意、没判断力、没胆量的家伙！”

“我不觉得接了这个生意有什么可高兴的。他们作为客户来说太差了，公司那么远，还要来来回回过去处理他们鸡蛋里挑骨头的慈善广告问题。”

“他们的项目太大了，很有可能挣不到钱。事实上，他们要是破产了，我一点也不奇怪。我听到一些有意思的传闻，说他们总裁住酒店的习惯很诡异。很明显……嘿，是不是电话响了？”

竞标失败

遭到拒绝的代理机构，其董事总经理需要克服重重困难来重拾团队的信心，鼓舞士气。遭拒的代理机构往往收集目标客户的反馈，以供日后参考。以下是被拒的代理机构在询问失败原因后记录下的答案：

- “我就是不喜欢你们公司。”
- “很抱歉，你们不是欧洲公司。”
- “你们公司太小了。”
- “他们（其他代理）在这方面比你们有经验。”
- “你们在这方面过于有经验了，我们想要更多新的创意。”
- “要是另一家代理没来，我就选择你们了。”
- “最终决策是投票决定的，你们 7：8 落后了。”
- “虽然我很喜欢你们的创意，但另一家代理周六在伦敦有停车位，这对我们而言太方便了。”

从未有人告诉总经理他们是因为竞标展示太差而落选的，总是以极小的差距屈居第二。因此，广告代理往往恳求客户不要有所顾虑，实话实说。

竞标之后——代理仍在等待

有时目标客户会告诉代理机构他们在何处存在明显的纰漏和缺点，以便代理机构能在下一次竞标前纠正这些问题。同样地，成功胜出的代理机构也想弄清楚自己是如何获胜的，以更好地发挥自己的长处。

跳过竞标——营销客户与媒体供应商直接会面

雅虎与谷歌都组建了代理关系团队，与代理机构建立关系，对代理机构进行在线展示与搜索方面的指导。此后，谷歌公司将其代理关系的重心放在了网上展示业务以及在YouTube网站上的推广。而雅虎公司则致力于将线下资金转移到线上来。前谷歌公司专家重组了AOL的代理关系团队，并执掌了该公司。微软公司在2009年5月组建了其代理关系团队。

利尔蒙斯（2010）

2010年，联合利华公司进行了为期一周安排紧凑的媒体见面会，其中涉及的企业包括谷歌、雅虎、Facebook、Fox Interactive、亚马逊、微软、Vevo、领英、Formspring、Millennial媒体公司，以及几家风险投资公司，当然还包括Huddler公司。

与代理解约

Campaign 杂志调查了客户解雇代理机构的原因（按照客户认为的重要性排序），原因如下：

1. 没有新的创意投入；
2. 与代理机构发生冲突；
3. 新的营销总监上任；
4. 客户的营销政策改变；
5. 其他原因。

关于上述第二点原因，之所以会发生利益冲突，往往是由于企业并购所引起的。例如，宝洁公司以570亿美元收购吉列公司（Gillette）后，就解雇了其原来的代理机构Mindshare（WPP集团旗下公司）。吉列公司解释说它撤销了原来预算8000万美元的国际媒体规划与采购项目。而事实上，Mindshare公司本来就是为宝洁公司的竞争对手联合利华公司服务的。

关于上述第三点原因的一个例子发生在英国航空公司新任CEO威利·沃尔什（Willie Walsh）上任时。经过23年的合作，萨奇兄弟广告公司失去了英航价值6000万英镑（这大约占了萨奇公司6%～7%的利润收入）的宣传项目。在此之前，萨奇公司只在十年前进行过一次竞标，在那次竞标中，BBH公司以为自己获胜，过早开始庆祝，而萨奇公司却在之后险胜对手获得机会。在国际环境中，这样的商业关系（包括代理关系）就更加脆弱了。

是什么令代理－营销关系紧张

很多代理机构都在想："接下来的六个月，我是不是就有工作了？客户心里想的到底是什么？"如果代理机构不清楚自己的位置在哪里，不清楚客户是否相信自己的方案，其表现就会失常。这是代理与客户关系中最缺失的方面。要是客户不高兴，那就当面告诉他们问题出在哪里，告诉他们需要做什么。营销人员也不要畏惧向代理机构提出问题。最好的团队才有能力向代理机构肆无忌惮地提问。代理们喜欢那样。而这些问题一旦得到解答，工作就能取得优异成果。

施滕格尔（2010）

尽管已经过去了十年，*Campaign* 杂志所总结的"失败的13种原因"仍然能很好地解释代理机构被解雇的原因。

1. 品牌广告宣传的管理由客户的竞争对手所接管：自从 Elders IXL 公司及其分部从 GGT（Gold Greenlees Trott）公司的客户 Watneys 手中接管了 Fosters 公司的市场营销后，GGT 公司就失去了 Fosters 这一客户。
2. 代理机构的广告与品牌不相关或不合时宜：Lowe Howard-Spink 公司自从其策划的"突破 Dan Dare"营销活动失败以后，就失去了自己引以为傲的汽车营销项目。据称失败的原因是因为规划得不够充分。
3. 客户对代理机构频繁的变动感到不适：Foote Cone 与 Belding 公司失去了包括亨氏和吉百利（Heinz & Cadbury）公司在内的价值 2200 万英镑的生意，其主要原因是管理混乱。
4. 客户不满代理机构众多的负面新闻：IBM 公司的代理公司及其分公司 Lord Einstein O' Neill 及其合伙人之间的官司闹得沸沸扬扬的，IBM 公司对此非常不满。最终的结果只能是 IBM 公司两家都不选，而转向一家新的代理机构。
5. 代理机构被收购惹怒客户：Goodyear、Philips、Pilsbury 这三家公司在智威汤逊（JWT）被 WPP 集团收购后解除了与其建立的合作关系。很多说法将"意见分歧"作为合作破裂的原因。

代理机构经理都是任性的吗

本·兰登（Ben Langdon）提出将 McCann 位于伦敦的代理机构更名为 McCann Langdon，以符合该机构命名的一贯政策。但公司的高管们对此表示怀疑和愤怒。很显然，他的这一建议也让 McCann 的全球总裁及首席执行官约翰·杜内尔（John Dooner）找到了让他下台的接口。Interpublic 集团旗下的广告公司总裁们时刻捍卫着这一美国最著名的广告品牌之一，杜绝一切有损其形象的事情发生。

6. 客户对其代理名录进行了整顿。丰田公司在一次创意竞赛后放弃了原有的主要代理机构 Lintas（伦敦）公司，而选择了新的经销商代理 Brunnings。英国电信公司也重新审查了其代理公司的资质，最后选定了三家主要的代理机构——BBH、Abbott Mead 与智威汤逊。
7. 代理 – 客户之间的关系彻底破裂：GGT 公司与《每日快报》（*Daily Express*）的营销团队反复发生争执，以至于无法正常工作，最终结束了合作关系。
8. 代理无法承担工作任务：BMP 公司被其第一家零售客户 Comet 解雇。其前副董事长保罗·莱维斯（Paul Leeves）称，BMP 公司获得这笔生意（与其能力相比）早了一年。
9. 广告作品缺乏创意：Abbott Mead 与《每日电讯报》（*Daily Telegraph*）的合作破裂。稍后，该机构承认其广告策划毫无品位，还引起了妇女们的愤怒。
10. 新客户到来：NDC 公司新任 CEO 理查德·皮尔斯（Richard Pears）加入 Milk 后，Milk 与 Allen Brady&Marsh' s 公司长期的合作关系被重新审视。
11. 代理机构不能贯彻客户的政策：智威汤逊公司被英国铁路公司炒了鱿鱼。智威汤逊公司与中央广告机构结盟，而英国铁路局总裁鲍勃·里德却致力于简政放权。东南网络公司 CEO 克里斯·格里（Chris Green）在智威汤逊公司接连制作了两个粗制滥造的广告后再也不青睐于它，尤其是其中一个广告还与喜剧组合——蒙提·派森（Monty Python）的成员陷入了官司纠纷中。

12. 两家代理机构并购，造成了大量冲突和合作破裂：Reeves Robertshaw Needham 与 Doyle Dane Bernbach 两家企业合并后，造成了大量的客户流失。
13. 客户即将被收购或接管：该问题正迅速变为订单流失的主要原因。

与客户解约

代理机构有时会放弃生意，尤其当其获得更为优惠的订单时。一般而言，当代理公司因并购引入竞争对手的策划项目、引发利益冲突时，就必须结束合作关系。客户的新要求有时很难被满足，导致代理机构无法盈利，或是像在 ABM 的例子中，减少佣金让代理机构感到不满。

傲慢与自我

几年前，一位一向挑剔的高管在一次漫长而不友好的会议结束时表示："要是我是公司老板（他并不是，只是一名雇员），就炒了这家代理。"忍无可忍的代理机构创意总监回应道："如果这是我的公司，当然这是我的，我就炒了这个客户，我也正打算这么做。"

说完这位高管转身离开了房间。只有营销经理知道，这名高管接下来还要面对同事，要跟他们说公司并没有可供展示的宣传策划，没有代理机构，还要再进行一次令人厌烦的竞标过程。

如何激怒客户，使自己身陷囹圄——过分抬高价格

2005 年，世界广告研究中心（WARC）报道，纽约奥美广告公司（Ogilvy & Mather，O&M）前高级合伙人与财务总监托马斯·厄利（Thomas Early）和前总裁珊娜·塞弗特（Shona Seifert）在 1999 年和 2000 年白宫国家药品管控政策的宣传中触犯了价格欺诈的相关条例。奥美北美联合总裁比尔·格雷（Bill Gray）发现收入锐减，勃然大怒，两人的罪行才败露。格雷未受到指控。厄利被判 14 个月的监禁和 1 万美元的罚款。塞弗特被判处 18 个月监禁和 125 000 美元的罚款（同时被要求撰写一份广告行业道德规范）。2002 年，奥美公司获得了一笔 1800 万美元的和解金，得以从此次事件中解脱（但并不意味其员工也获得了解脱）。

世界广告研究中心（2005）

如何确保良好的代理关系

1. 在报酬支付上取得一致——收费、佣金、涨价、时间、支出以及支付方式——均以书面的形式记录下来。要记住，为一行字争辩也好过为一张支票争辩。
2. 信任代理团队，与他们分享调研成果和信息，让他们参与到调研中来。
3. 让他们成为营销团队的一分子。充分利用其专业知识。
4. 询问相关问题，仔细聆听答案。别被代理机构的强势所吓倒。所有要求都应该合情合理，最终决策由客户定夺。
5. 向代理介绍哪类决策由谁进行，即谁在哪一类决策上最有发言权。
6. 签署或同意从创意简报到概念的每一步骤的文件，包括最终成品、运行检验等。
7. 保持创意简报的简洁明了。
8. 定期检查，消除创意、战略、个人等各方面之间的鸿沟。

9. 偶尔为创意团队写张“谢谢”的字条。

10. 长期稳固的关系能使代理机构充分了解客户、团队、公司及其市场，有利于构建真正的团队。与此同时，客户也不必担心那些提前获得敏感信息的不友好、四分五裂的代理机构。

新营销箴言

◎ 要想让目标受众获得准确的信息，客户与代理机构之间就必须保持顺畅的沟通。

◎ 代理机构、咨询公司、咨询师不仅仅是营销服务的提供者，更是客户的战略合作伙伴。

◎ 保持一个互利共赢的长期合作关系，需要精心挑选代理。

第 9 章　国际营销传播

市场的全球化

这一章主要分析在国际营销传播的实施过程中所面临的机遇、困难、战略选择以及实际采取的行动。

全球机遇——全球化是否真的在发生

看看你的周围。酸奶、比萨饼、意大利面、米饭、烤肉、印度菜、中国菜、墨西哥料理和美国汉堡在全球很多国家随处可见，购买方便。而不久之前，这些美食还被认为是一种特别的奢侈品。滚石乐队和莎士比亚都获得了全球民众的喜爱。在中国学英语的人比在美国说英语的人还多。1985 年，位于不同时区的 10 亿人同时收看了巨星义助非洲的慈善演唱会。2002 年，超过 20 亿人通过电视转播观看世界杯决赛。伦敦到布鲁塞尔的火车比伦敦到纽卡斯尔的还快。没有比“世界变得越来越小”这句老话更能概括出多元文化的世界已被简单地统一化了的现象。

有人说使人类联合起来的东西要比分裂他们的东西多得多；还有人说市场的差异化要比市场的相同之处多得多。事实上的确如此。Young & Rubicam 创意代理机构将其称为“跨文化消费者特点”，这些特点正是全球消费者的共同点。住在伦敦骑士桥区时髦公寓中的人与住在纽约中心公园类似公寓中的人，两者之间的共同点要比前者和伦敦南部郊区居民之间的共同点多。不同地区消费者之间的确能找到共同点，他们有着共同的需求和愿望，特别是两个生活方式类似的群体更是如此。

于是，全球市场就此产生了。例如，英国曼联足球俱乐部在全世界大约有 7000 万球迷，半岛电视台英语频道的新闻在全球大约有 1 亿观众。媒体与市场是密不可分的，媒体也将随之变得全球化。因而，有意走向国际化的企业，其营销人员必须使其全球形象保持一致——产品生产应该具有国际化思维，专利内容也应保持全球化。打造可供用户在网络上传播的信息也越来越成为沟通的重要手段之一。但是，正如国际 McCann 公司报告中所提到的：“使用这些渠道进行沟通，品牌及其媒体机构具有全球化思想。产品地方化与品牌形象之间的冲突是不可能有好结果的。”

我们正在趋于全球化——互联网如是说。尽管分布在全球各地、有着共同兴趣的消费者还是能够通过图片、音频、视频和文字进行沟通、分享感受：

> 这意味着有着类似品位和兴趣的消费者将联合起来，形成了一个新兴的全球新市场与新的市场细分。互联网和宽带使商业活动发生了天翻地覆的变化，它为那些更小的利基品

牌提供了一个可与全球化的大品牌进行竞争的舞台。小品牌也获得了更广阔的全球市场，可以与全球消费者通过全新的方式——一些十年前人们连想都想不到的方式进行沟通。

尊重全球化的复杂性

全球化概念意味着大型全球化营销者可以跨越文化壁垒，将其信息、产品、服务和传统传递到它们所选择的市场，从而加快全球化过程。但依然存在的一些文化传统，决定了全球化概念不可能在全球所有地方都得以实现，至少不能在近几代人中实现。

1984年，法国探险家“发现”了位于喜马拉雅山16 000英尺高的失落的米纳罗人（Minaros）的王国。这里亚马逊女战士般的米纳罗族妇女对丈夫有着完全的掌控权，可以一次“娶”很多位丈夫，以铁血统治使其顺服。而温哥华岛上的夸扣特尔人（Kwakiutl）的生活近乎是工业文明的翻版：部落生存的主要目标是竞争，他们并不是为了养家糊口而竞争，而是通过引人注目的穷奢极欲来与邻居竞争，使其自惭形秽。在他们传统的冬节期间，人们争相烧掉或是毁掉自己珍贵的财产或钱财。这与美拉尼西亚群岛西北部的多布（Dobu）人形成了鲜明的对比。这里的人鼓励恶意憎恶乃至仇恨。欺诈行为不会受到任何同情或善良品质的约束，甚至鼓励人们对邻居或朋友进行欺诈。祖尼人（新墨西哥州普韦布洛人的分支）的生活崇尚宗教，生活富足却对经济成就不感兴趣。他们推崇与人为善、不惹麻烦、无欲无求、诚实守信的人，而仇视那些爱发号施令的人。部落首领都是受到要接受族人财产这样的威胁而不得不担任该职位的人，而一旦接受了这一职位，又会受到族人的轻视和仇恨。一些更广为人知的文化也存在着一些传统，像手帕、眼神接触乃至颜色使用这样简单的事情也可能包含着复杂的意味。例如，棕色和灰色在尼加拉瓜是禁止使用的。而白色、紫色和黑色分别是日本、拉丁美洲和英国象征死亡的颜色。

如果你认为这些现象很奇怪，不妨想想其他文化背景下的人们是如何看待欧洲那些喝茶、擤鼻涕、舞会以及经常亲吻等复杂的传统文化的。

读者可能会对某些部落很难接受男性在公众场合随便与其他男性的妻子或女儿发生暧昧关系的行为感到吃惊，而这种现象太过普遍以至于其电视新闻上都会进行报道。而这个国家正是英国，这项活动正是公共舞会。以下是舞会的描述：

> 在舞会中身体前倾，保持接触——而且这一切都发生在公众场合。尽管舞蹈中会产生亲密的身体接触（的确会有身体接触），英国社会认为其完全与性无关。尽管舞会可能涉及双方肢体的高度亲密，但这种场合也同样不可能有与性有关的内容。美国许多成年男性以这种方式与母亲、姐妹、教堂牧师的妻子跳舞，不会有人对此置喙。但很多非美国文化的人们却将这种舞蹈视为淫秽、低俗。

国际营销者要学习并接受其他文化，调查并尊重地方文化，将地方文化视为正确合理的说法。

触动全球化的脉搏

除了文化特性的复杂性外，人们还会因为相同的需求产生相同的消费模式，尤其是经济条件相似的人群。也就是说，如果制造商或服务提供商以不同国家相同的社会经济群体为目标群体，并满足其相同的喜好需求，那么相同的产品或服务就可以以统一的形式进行包装宣传。定价和配送方式可能各有不同，但包装乃至广告却可以完全相同。全球化品牌的制造商可以对产品采取相同的定位，推销给全世界不同文化的人们。这其中离不开营销专家的精密分析和规划，而不仅仅是市场拓展中使用的实验方式。

将所有沟通组合以统一的形式在全球推广还存在着其他挑战，不仅是广告和包装，促销、直邮、赞助等方面都能在全球推广中获利。互联网的广泛使用进一步推动了全球化进程，连地方企业都在网上促销，将产品销往全球各地。网上销售能够使品牌建立全球威望，然而，挑战也会随之到来。百事可乐公司的蓝色包装在欧洲广受欢迎，但在美国，人们却更喜欢原来的红罐包装。类似地，天万利（Tia Maria）洋酒虽在全球销售，但其消费对象却大相径庭：在英国，其消费者大都是 18 ~ 24 岁的年轻女孩，而在荷兰则是退休人士的最爱。“共同喜好”的确可能会带来一些问题。但除了这些困难之外，可口可乐和计算机的销售成功也证明了确实存在全球范围的稳赚不赔的大规模市场。

全球化的推动力

全球化并非由一家以产品为主的制造商为了自家的发展而推动的，而是随着全球共同的生活方式和需求的出现而形成的一种市场反应。随着出行成本的降低、人们收入水平的提高，越来越多的人出去旅游感受其他文化，将异国文化带给她们的影响带回国内。电视节目可以让欧洲人待在自家起居室内就能看到美国的《黑道家族》（*Spranos*）、澳大利亚的《邻居》（*Neighbour*）、非洲的饥荒。同时还可以领略深海奇观、加勒比海棕榈树遍布的沙滩、盘根错节的灌木丛以及一度富饶肥沃的亚马逊雨林。企业充分利用了这种全球化思维，迫使供应商将重心从已经饱和的当地市场转向海外市场。生产工艺的改进、配送方式的便利、营销技巧的进步也促进了海外产品进入地方市场。专业采购者正在全球范围内搜寻新的供应商，互联网让全球资源触手可及。欧洲内部的政治隔阂不复存在。世界市场的大门正在打开，开门的钥匙正是辨认不同特性文化的共同利益。

全球化经营精英

目前，全球化品牌和全球化沟通策略的益处只局限于少数几个经营者。这些精英品牌的经营者能够正确审时度势，在全球范围进行调研和规划，充分利用品牌资本。尽管进一步呈现出“走向国际化和中央集权化”的趋势，但单一的营销传播策略（包括品牌营销到全方位传播工具等一系列策略）并不适合国际市场中的所有企业。国际市场回报丰硕，企业自然而然想要抓住全球化带来的机遇，但全球化的同时也加剧了问题的复杂性。企业在进行调研和规划工作时要注意做好文化功课，了解深层次文化问题。

深层次的相似性

相似的消费行为和购买模式并不一定意味着统一的市场，有统一的需求、统一的传播渠道、统一的决策过程、统一的决策单位，甚至有统一的购买原因。以购买高价水为例。苏丹喀土穆贫民窟一户贫民家庭买水的价钱是有自来水供应的家庭买水价钱的 20 倍，而离他们有半个地球之远的一户中产家庭也花这么多钱去购买矿泉水。这就形成了“虚假的相似”。看上去消费者们都购买了昂贵的水，但事实上，他们是不同的，他们来自完全不同的两个群体，有着不同的愿望、不同的动机、不同的生活方式和心态，其收入水平更是天差地别。表面上看，私人用水在两国都有市场，但是配送渠道、营销传播渠道、宣传信息乃至收入水平都大相径庭。

透过表象（透过销售结果），分析者能够发现很多不同的动机、期望、生活方式以及对待同一产品的不同看法。表层信息可能造成虚假的相似。在国际市场中也可能出现一些忽视文化背景和其他市场复杂性的表层行为，约翰·哈维–琼斯（John Harvey-Jones）先生就曾警告说：

> 在当今全球化的环境中经营，需要我们比平时更加注意不同国家之间的区别。有些人在世界任何地方几乎都住相同类型的酒店，有些人总是开同一类型的车，现在在世界上任何地方都能打电话或是发传真，这些现象都给我们一种表面的相同感，但这种感觉很可能误导我们，不可掉以轻心。

全球化与文化差异性相互交织，在世界的很多市场中都已显现端倪。营销界的老话“思想全球化，行为本土化”仍然有效。尽管已逝的希欧多尔·莱维特（Theodore Levitt）教授指出，“市场全球化”在学术界仍然存在质疑，但全球化真真切切地发生了，及时抓住机会的人们也确实获得了巨大的回报。

深层次的外部差异

当然，透过表面，各国在深层次上仍然存在很多差异。例如，欧盟的成员国之间就有不同的经济发展程度（南北差异）、不同的文化、心态和生活方式、语言、零售方式、直邮方式、信息来源、决策时间，等等。针对欧洲不同的国家，需要不同的营销组合和营销传播组合。举例来说，在荷兰，牙医收入的40%来自牙刷等产品的销售。在德国，超市只能出售便宜、实用的牙刷，只有药店才能卖高级牙膏。在意大利，高级品牌的牙刷需要有一个时尚、精细的商标。这一切使线上营销举步维艰。营销传播组合需要通过直邮与牙医取得联系，同时配合经销点、产品文字宣传、包装设计以及销售展示等活动。

深层次的内部差异

营销人员的困难不仅是与新的国际消费者进行沟通，还要与那些性格和语言迥异的国际合伙人进行沟通。

对某些企业而言，应付当地的消费者比起应付当地的合作伙伴而言还更加容易。无论是当地供应商、分销商、销售代理、广告代理、战略合作伙伴还是目标客户，了解对方并使用当地的经营方法对企业成功十分重要。另外，熟悉当地专业术语也需要一段时间。法语中的“广告”一词写作“publicité”，这已经够令人混乱的了，然而南斯拉夫语中的“广告”则是“propaganda”。甚至有些国家的文化中根本无法翻译“营销”“营销传播”和“广告”，因为其语言中并未创造出这类词汇。

国际化挑战

国际化市场存在着很多文化差异，这使得全球化广告宣传即使对最有能力的营销专家而言也是一项艰难的挑战。以下列举了可能在全球营销中造成困难的因素：

- 语言；
- 受教育比例；
- 颜色；
- 手势；
- 文化；

- 母国身份；
- 媒体可用性；
- 媒体重叠；
- 缺乏媒体数据；
- 缺乏媒体信用；
- 不同的媒体特征；
- 不同的媒体使用方法；
- 不同的媒体标准；
- 不同的成本结构；
- 法律规范；
- 竞争；
- 非全球化因素。

语言

无论是出现在标语、产品介绍或使用方法中，语言的翻译都需要格外谨慎。当然也有一些例外情况，如语言能够凸显产品文化方面的独特优势，例如奥迪汽车的“Vorsprung durch Technik”（科技领导创新）标语。有的品牌名称不能被翻译成其他语言，会限制了其国际发展潜力；即使能够翻译，两个品牌名称也会削弱品牌的存在感。

受教育比率

很多发展中国家的受教育率很低，这就限制了广告中的文字解释数量。即使是在受教育率高的地区，阅读翻译过来的体现西方生活方式的广告仍然可能会带来问题，例如，阿拉伯语的习惯是从右向左读，牙膏广告若是不做相应调整，受众阅读就会很困难。在其他受教育程度低的国家，可以使用图片来解释广告的内容。例如，美国奶粉品牌 Gerber 首次在非洲销售时，在包装上印上了一个白人婴儿，但公司并不知道，由于文盲率很高，很多非洲的公司都会在商标上印上产品本身。

颜色

颜色与人的情绪有着直接关系。红色在西方广告中使用得很普遍。但是，颜色在世界上不同地区代表的意思并不相同。亚洲人认为红色代表着富裕和幸运。就像金融服务网站，亚洲人若是在网站上看不到红色，很可能就会因此离去；但如果欧洲人看到红色，也很可能离开。在芬兰，绝对不要用红纸包装礼物。在日本，白色代表死亡（因此，麦当劳的白脸诺纳德·麦当劳的标志就很有问题）。在一些国家，黑色象征着死亡、不幸和疾病。以黑色为背景的网站在西方往往被视为“时髦”，但在中国香港则可能门可罗雀。

手势

在打招呼和告别时，超出握手以外的身体接触在南美、南欧和很多阿拉伯国家可能被视为热情友好，但在亚洲则是一种对隐私的侵犯。在埃及，用餐后不在盘子里剩一点食物是一种失礼的行为，但在挪威和马来西亚，剩下食物却是无礼行为。由此可见，最基本的肢体手势都并非全球统一。在印度的一些地区、斯里兰卡和保加利亚，从左向右摇头表示“是”。用手接触下眼睑在一些国家可能只是感到痒，但在南美妇女眼中这表示男性在挑逗自己，对沙特阿拉伯人而言则是表示他很愚蠢。刮耳垂在五个地中海国家有五种不同意思："你就是个寄生虫"（西班牙）；"你最好注意一下"（希腊）；"你这个卑鄙的……"（马耳他）；"滚开，你这个娘娘腔！"（意大利），但葡萄牙人则对此手势感到很高兴。OK 手势（拇指和食指闭合，其他手指张开）在日本代表钱；在法国代表零；在美国则代表"好的"；在巴西是一个粗鲁的手势；在突尼斯则代表"我要杀了你"。就连竖起大拇指的手势，在撒丁岛妇女眼中也是个可怕的手势，在伊朗则表示冒犯别人。向别人的脸张开手掌可能代表一种喜爱，但在希腊则是大大的冒犯，这种手势被称为 moutza，是拜占庭时期留下的习俗，意为沾染上罪犯脸上尘土所带来的污秽。

文化

文化给营销带来了一系列问题：宗教、性别、饮食、接待、习惯、生活方式、妇女的地位，等等。知名学者法拉利（Ferraro）于 2001 年曾指出，美国与世界其他地区有九大关键的差别。她认为美国文化重视：（1）个人主义；（2）时间观念；（3）未来视野；（4）工作与成就；（5）对自然环境的控制；（6）青春活力；（7）不拘小节；（8）竞争以及（9）性别相对平等。

与其他问题相似，互联网使事情变得复杂。例如，斯堪的纳维亚人不愿使用网络支付工具和信用卡；法国人不喜欢透露个人信息；德国人喜欢使用支票付款。在会议中，荷兰人和德国人都喜欢直奔主题，直接谈生意；但像西班牙、巴西等国却认为闲谈是最重要的事。在法国，家人属于隐私，不在商业洽谈范围内。在中国香港，谈论家人、健康和乡村景色能够拉近双方关系。

会议拟定的决定在不同国家也会有不同的要求，因为有的国家比起口头承诺更重视书面证明，有的国家恰恰相反。朱利安（Julian）曾指出："比如在西班牙，发了邮件还需要打电话确认。而在德国则需要打完电话后发送邮件，并记录下电话的内容。"幽默的使用也要小心谨慎。在德国，一般认为在商业中使用幽默是不合时宜的。在英国最好听从英国贸易与投资机构等专业出口服务机构的建议。

母国身份

自己的母国身份既可能是一笔财富，也可能是一种负担。例如，Marathon 石油公司在意大利着重宣传其与美国的关系就很有效，因为意大利很推崇美国的高新科技。但在德国，Marathon 公司就应避免提到美国，因为德国会想到美国对其能源产业的管控。

媒体可用性

电视渠道在有些国家是不可行的，因为（1）有的发展中国家每家的电视拥有率并不高；（2）有的国家没有商业电视台；（3）有的国家有商业电视台，但对广告时间有限制。联合利华公司和 BAT 公司在东非通过运营自己的手机影院来使用自己的媒体。

媒体重叠

在某一市场使用的电视、广播、互联网等媒体有可能向其他市场扩散，例如，加拿大半数以上的人口能收看美国电视节目。爱尔兰共和国能收看英国 BBC 和 ITV。欧洲大陆上相邻的国家能够收看邻国的电视节目。

缺乏媒体数据

英国和爱尔兰都有结构完整、分类明晰的媒体分析数据（审计数据）。没有可靠的媒体数据，整个企划就不可能实现成本最小化和效率最大化。结构完整、条理清晰的媒体市场才更适宜开展工作。

缺乏媒体信用

一些国家的媒体没有制度规范或是规范制度不完善，很容易触犯法律、败坏诚信道德。反过来也会使这些媒体丧失信用，使观众怀疑其信息来源的真实性。

多样的媒体特点

不同国家的媒体，其覆盖率、成本和生产质量也各不相同。有些国家的科技水平比其他国家要高，例如，有些国家能提供大规模高速宽带服务，而有些国家连电影院都没有。

不同的媒体用途不同

英国人一般将电视视为视觉媒体，而美国人则将其看作视觉与文字结合的媒体。

不同的媒体标准

不同的媒体标准意味着针对不同的市场，需要准备不同类型的影片和宣传物，例如，美国和英国的纸张大小标准不同，需要准备不同的版本，成本也会随之增加。

不同的成本结构

不同国家的谈判和议价的形式也是不同的。美国人和日本人的方法就南辕北辙。在欠发达国家，有时连钞票也没有，只能通过物物交换或易货贸易来完成。

法律规范

无论是行业规范还是实际的法律，目前全世界都没有各国通用的法律规范。例如，零售商 Lands’ End 的网站在德国就不能提及其无条件退货的政策，因为德国一般不允许 14 天后进行退货，而德国的零售商也成功地打赢了官司。正因为如此，广告商在不同国家遇到了不同的麻烦。在瑞典，广告商即便是犯了小错也可能触犯刑法，受到严厉的制裁。

竞争

每个市场都有具备不同优势的行业领头羊。例如，福特公司的“安全引擎”定位在很多国家取得了成功，却在瑞典碰了壁，这里是沃尔沃汽车的天下。竞争在不同的市场中有着不同的表现形式。

品牌常犯的国际错误

以下列举了一些试图进入国际市场的品牌所犯过的国际性错误或失误，包括了品牌名的错误、广告标语的错误，甚至产品根本不适用于某国际市场的错误。

一些营销人员在其国内市场发展时会仔细设计品牌名称，却从未想过有朝一日其品牌将会走向世界。这种狭隘的思想极有可能妨碍了品牌抓住国际市场的机遇，也限制了品牌未来向着国际化品牌方向的发展。

品牌名错误

以下是一些错误示范：

- Sic（法国的一种软饮料名称，而英语中“Sic”为硅化胶的意思）；
- Creap（日本一款咖啡伴侣的名称，而英文中“creap”的意思为“讨厌的人”）；
- Trim Pecker Trouser（日本麦芽粉面包，而英语中“trouser”的意思是“裤子”）；
- Gorilla Balls（美国蛋白添加剂的名称，而英语中“gorilla ball”的意思是“大猩猩球”）；
- Scratch（德国的一款磨砂沐浴露的名称，而英语中的“scratch”的意思是“擦伤”）；
- Spunk（冰岛儿童果冻糖果，而英语中的“spunk”的意思是“性感的人”）；
- Big John 系列产品在加拿大法语区被译为 Gros Jos（意为“巨乳”）。

即使是经验丰富的营销人员在这方面也可能出错。通用汽车公司发现，在南美，Nova 汽车的意思是“不能走”（no va）。福特汽车公司在巴西发布了 Pinto 车型，却发现这一词语在当地是“男性生殖器”的意思。日本第二大旅游公司 Kinki Nippon 在英语国家登陆后，惊奇地发现公司收到了许多色情旅游订单，遂更改了公司名称。

这些翻译类的错误并非不可补救。Curtis 洗发露就将自己在瑞典的名称由“每晚”改为“每天”，因为瑞典人习惯早上洗头。Mars 公司将其名下著名的“马拉松巧克力棒”更名为“士力架”，以适应全球品牌传播策略。

标语错误

纽约旅游局发现“我爱纽约”很难翻译成挪威语，挪威语中只有两个词比较接近，其一意为“我很享受纽约”，这个翻译有点偏差；另一个则是“我与纽约有性关系”。斯堪的纳维亚吸尘器品牌 Electrolux 在美国宣传时使用了这样的标语：“没有什么比 Electrolux 更能‘吸’①”。派克金笔在墨西哥宣传其圆珠笔时，其广告语的原意是：“这款圆珠笔不会漏水，不会弄脏您的口袋使您难堪（embarrass）。”但是墨西哥语中“embarrass”并非难堪的意思，而是指“怀孕”。这使整条标语都变了味。日本三菱帕杰罗越野车（Mitsubishi Pajero）的宣传在西班牙语地区遇到了麻烦，因为“Pajero”有时指“骗子”，有时指“水暖工”，在有些地方其意思更加不堪。

产品错误

全球化的营销人员在尽力做好包装、广告和商标等工作时，有时会忘记最根本的一点，即产品本身是否适合这一市场，从而导致宣传失败。以下是一些因为产品的基本问题而失败的国

---

① 英文中 suck（吸）一词，同时有“糟透了”的意思。

际策划案例：出售清洁槟榔渍的牙膏（有污渍的牙齿在某些文化中是财富的象征，正如在某些文化中，肥胖是财富的象征）；通用食品公司生产的蛋糕粉在日本找不到市场（当地只有3%的家庭有烤箱）；可口可乐公司不得不将其2升装的可乐产品从西班牙市场退出，因为当地的家用冰箱很少有足够的容量；在本地大获成功的苏格兰啤酒 Tennent' s Caledonian，在英格兰却遭遇滑铁卢，因为其啤酒包装为24听装，英格兰习惯6听装；飞利浦公司不得不将其咖啡机的尺寸缩小，以适应日本偏小的厨房，另外还要缩小剃须刀的大小，因为日本人的手掌普遍较小。

全球网络

无论你愿不愿意，只要登录万维网，你就已经走向全球化了。这在带来巨大机遇的同时也带来了新的挑战。在全球范围内进行网络定位并非易事，除了语言、受教育占比、颜色、手势和文化外，营销人员还要考虑全球网络访问者是如何搜索信息，使用哪些语言、哪种搜索引擎，等等。即使翻译准确，你还可能需要重新进行网页设计，因为有些语言需要更多的单词来表达同一种意思。

全球化战略选择

越来越多的企业选择在国际市场中竞争，对很多企业而来，已无法置身事外。不愿走进国际市场的公司最终会为国际市场所包围，因为海外竞争者会将它们一度以为安全的当地消费者列为经销目标。企业必须主动还击，而非被动挨打，对此缺乏重视的企业必将会在未来50年内被时代洪流所淘汰。

防御式策略（如巩固当前的客户基础、留在国内市场并阻碍竞争者进入，采取一系列灵活的分销商激励措施）有可能在短期内能保护企业不受国际竞争之苦。但如果企业想要进入新的市场，就要采取积极进攻的政策，例如，增加在关键的全国性市场中的营销投资，并通过灵活机动的运营系统来予以支持。战略联盟和合资企业对进入这些大规模、竞争激烈的新兴市场而言，无疑是一种低成本、低风险（相应地，利润也很低）的方式。国际竞争还促进了营销传播产业中的国际合作。广告宣传网络与公关独立网络随着全球代理机构的兴起而层出不穷，以满足客户的国际化需求。

全球化营销策略

基根（Keegan）和施勒格尔米尔希（Schlegelmilch）就跨国营销提出了五种营销（产品或传播）策略，具体使用何种方法则取决于不同的国际市场类型，其决定因素包括：（1）消费者需求（或产品功能）是否与其他市场相同；（2）产品使用条件是否与其他市场相同；（3）消费者是否有能力购买该产品。

1. 产品相同，传播方式相同。适用于产品需求与使用同本国市场相似的海外市场，例如，可口可乐就是使用统一制作的广告策划，翻译成各国不同的语言。
2. 产品相同，传播方式不同。适用于目标市场的需求和产品功能不同、但产品使用条件相同的海外市场，例如，欧洲的自行车和非洲的自行车（前者用于娱乐，后者用于交通）。
3. 产品不同，传播方式相同。适用于产品功能和需求相同，但产品使用条件不同的市场，例如埃索公司（Esso）的虎牌（tiger）润滑油在不同市场使用不同的配方，但宣传标志却是一致的。

4. 产品不同，传播方式不同。适用于产品需求、产品使用条件都不同的海外市场，例如，贺卡和服装通常被视为“文化限制”较强的产品，但是某些服装品牌，如李维斯（Levi's）就能够使用统一设计生产的产品和无文字的宣传广告走遍世界。
5. 新产品或新发明，新的传播方法。适用于诸如手动洗衣机这样的产品。

整个营销传播组合包括从广告到销售、从公关到直邮的任何事物，都通过集中控制和生产来实现标准化，是完全不可能的。因为，首先，每个国家的法律法规不尽相同；其次，不同的国家存在着以上提到的种种差异。当然，任何事情都存在例外。IBM 公司的 Aptiva 产品就策划了一次“赢 1996 年奥运会门票”的活动，该活动在欧洲 12 个国家进行，促销活动也在欧洲的 15 个国家中展开。玛氏（Mars）公司也针对 1996 年足球冠军设计过一款包装，绿色为底，饰以白色网状结构，它出现在了英国、法国、德国的各大商店。

非全面覆盖的泛欧洲宣传方案

对于 1996 年欧洲杯的赞助方案，士力架在欧洲各国的办事处都得以共享。每位品牌经理都深入考察了自己所处市场实行该策划方案的可行性。语言壁垒往往限制了某个方案的可行性。例如，由于翻译困难，“士力架——横扫饥饿”这一标语在英国以外的国家往往并无宣传效果。

戈登·司徒瑞（Gordon Storey），玛氏公司外部关系经理

全球化广告策略

广告能否标准统一化（同样营销传播方式能否统一）？这一问题值得商榷。有人认为统一政策要想成功，那消费者的购买动机和产品使用条件必须相似。对于文化界限不明确的产品（如工业品以及某些耐用消费品），消费者的购买动机相似，可以实现高度统一化。文化界限明显的产品则需要进行本土化改造，以适应本土市场。由于消费者使用这些产品的传统、习惯以及挑选品味各不相同，因此其决策取决于所有这些因素的综合影响。还有一种说法认为，“购买需求”即广告中宣传的产品用途比较容易为不同地区的消费者普遍接受，但是“创意展示”即产品包含的创新因素则不太容易被人们所接受。

从根本上来说，如果国际市场具备与本国市场相似的需求和兴趣，那让其广告宣传适应当地消费者的喜好就更加容易。一款产品在最发达的市场出现衰落的时间与进入最不发达的市场的时间之间的差距越来越短。如果这一趋势持续下去，就会达到一个饱和点，此时产品在国内市场的生命周期就变得与海外市场的生命周期一样。这必然对那些国际化企业所实施的营销传播策略产生巨大的影响。这意味着这类企业的营销传播目标将变得越来越同质化，标准统一化的可能性就越来越大。换一句话说，如果这一趋势持续下去，能够同时适应不同语言和文化限制的营销企划有可能为所有市场所接受。这正是可口可乐在世界市场取得标准化的效果。这一策略实行的根本条件是可口可乐在全世界的生命周期是基本相同的。“越国际化就越中央化”（即企业总部提出创意，服务于国际市场）的趋势的确存在。例如，随着欧洲各国正在走向整合的发展道路，广告能否交叉使用也将取决于这一趋势。如果某一消费者接受了这些国家生产的产品，而这一消费者的消费动机又与别国消费者相同，那么企业就可以采用相同的营销策略；但如果国家形象在此过程中产生了影响，那么企业最好采取本土化的营销方式。

四种全球化广告策略

全球化营销传播的四种基本策略分别是：

- 中央集约化策略，中央制作；
- 本土化策略，本土制作；
- 中央集约化策略，本土制作（模式广告）；
- 中央集约化策略，同时进行中央制作和本土制作

中央集约化策略，中央制作

广告策划由企业总部或其代理控制并制作，包括信息内容调整，例如翻译及语言调整，以适应当地市场。中央集约控制和生产的广告案例有可口可乐的情感包装广告——“联合国大会”，广告中，来自世界各地的儿童在一起欢乐和谐地歌唱。该广告与其 1971 年的“教全世界歌唱”相似。在那个广告策划中，可口可乐将产品赋予情感因素进行包装，体现了其统一的主题。这一包含了 21 种语言的广告的开头词是“我是世界的未来，我是国家的未来”，结尾处的一句标语是“来自可口可乐人的希望信条”。每个国家的编辑只需在广告的结尾处添加上本国儿童的笑脸即可。但令人意外的是，德国的后期配音有些许不同步，因为德国版本是将标准版本与配音后的英美版本结合起来进行配音的。苏格兰的一则纸尿布广告在此基础上节省了成本，其在不同国家的广告省略了对话，使用了不同的画外音。李维斯的广告连画外音都省了，没有对话，全程都是史蒂夫・米勒（Steve Miller）的一首歌。其统一的商标和品牌形象使其不需要为每个国家拍摄新的广告片，而该广告的制作方是伦敦代理公司 BBH，并用于欧洲各地。

本土化策略，本土制作

广告宣传为企业的地方分公司及其代理所控制并制作，专门服务于当地市场。使用这一策略，同一公司需要设计许许多多不同的广告版本。每家分公司与其代理机构合作，为当地市场创作适合当地的广告宣传。这种方式造价昂贵，破坏了统一性和全球一致性，但同时使得产品更加适应当地的特殊需求，不同地区的不同定位的确需要不同类型的广告宣传。例如，如果劳力士手表在美国的宣传主打“成就”牌，而在东京则以“潮流”为主要宣传点。这样一来，企业的一切设施、企划都需要准备两份：两条制作线（一条产品雍容典雅，另一条浮华富丽）、两套广告策划、两家赞助品牌以及两套零售方案。

中央集约化策略，本土制作（模式广告）

模式广告提供了统一的方向，但不规定统一的细节，允许广告在当地制作，但必须符合中央策略的规定。这就是中央制定策略、本土制作广告的政策。这些广告都需符合同一个规范，即模式。在蓝带牌（Blue Band）人造黄油的广告中，无论是在斯堪的纳维亚还是在非洲，都能看到当地一位幸福的母亲在往面包上抹黄油、家人围坐着她身边的幸福场景。Impulse 香水在全欧洲实行一项“窈窕淑女，君子好逑”的营销策划案，但允许不同国家使用符合各自情况的文化特征，如眼神交汇、性暗示以及合乎法律规定的行为。Renault 的泛欧洲营销策划是“赋予每辆车各自的特点”。在法国，车上加载了“眼睛”；在德国，汽车可以与车主对话；在英国，其广告末尾的标语是“你的车叫什么名字”。

中央集约化策略，同时进行中央制作和本土制作

中央制作的非语言性广告可以用于打造统一的品牌形象，但使用本土生产方式也能促进这一目标。下文中李维斯的例子正是这样的一个案例。“标准化”通常指的是生产标准化，但也可以指统一监控的媒体策略、媒体规划与购买。正如瑞肯斯（Rijkens）所说：

> 只要制作广告，Levi Strauss 公司就会继续实施由中央制作广告的政策，并使其非语言性广告应用于全欧洲，为公司建立统一的形象。但 Levi Strauss 分公司制作的广告更加适应当地环境，也更适应当地的竞争。

这一方法为其他在国际市场使用统一产品、统一营销策略的公司所采纳，并取得了重大成功，当统一市场真正诞生时，这一方式势必将得到进一步的完善与发展。

中央集约化策略、中央制作的优点

1. **统一的形象。**品牌具有全球统一的形象（与定位），使消费者更容易感知和熟悉品牌。
2. **统一的全球定位。**品牌定位更加明确，足以抵抗外界的冲击。
3. **充分利用跨国机遇。**这避免了广告由一国向另一国传播（如通过卫星电视传播）或是移民、游客出境旅游，或跨越地理分区所可能产生的文化误解。
4. **节约成本。**公司不需要众多的创意团队（中央制作还可以减少制作团队），节约成本。企业还可由中央制作（或者至少中央设计）零售点宣传材料。李维斯制作了一款电视广告，在欧洲的六个国家播放（每分钟电视广告成本为 30 万英镑），节约了 1500 万英镑的制作成本。
5. **节约管理时间。**营销部门负责管理简报撰写团队、审批创意理念、监督制作情况等。在中央策略、中央制作的情况下，其部门规模也会相应缩小。中央设计还能节约包装设计、营销推广部门的工作量。
6. **便于技能转移。**全部工作都在公司内部进行，工作成果遍布全球，因而从理论上说，是将理念向全球推广。同时员工在世界范围内流动也会促进公司的人才互补。
7. **降低管理难度。**由于决策与项目总数较少，中央管理的难度相对较低：
   - 创意决策只有一个，有利于维护创意生产的和谐有序，尤其当出现媒体重叠的情况时；
   - 媒体政策——在不同国家之间管理媒体重叠问题，在特殊地区提出最佳媒体选择方案；
   - 预算——为不同市场的不同产品确定其本地预算，以平衡资源分配；
   - 有统一的活动方案和明确的报告系统，管理起来更加容易。

中央集约化策略、中央制作的劣势

1. **阻碍了创造力的发展。**限制了公司员工与当地广告代理机构（包括国际代理集团分公司以及独立代理机构）的创造力。中央设计方案对当地代理员工而言可能是枯燥乏味的，而创意部门的“金点子”可能会避免参与理念创新。
2. **不利于地方管理。**虽然地方机构的报酬也会取决于其表现成果，但是由于广告是中央制作或指导的，地方机构并不能把握自身命运。这会给地方管理带来挫败感。

3. **地方代理机构（或国际机构的地方分公司）积极性不高。**全球广告成本高昂，实行全球广告的品牌会因此被代理总部列为头号 VIP 客户，但地方机构可能会认为花费过多时间和精力在该项目上是一种浪费。
4. **痛失良机。**企业失去了快速应对地方市场变动的机会。
5. **不同的产品生命周期。**不同的市场可能处于不同的生命周期阶段。但是，品牌还是可能在不同阶段采取标准化的政策，例如，Boots 在英国和北欧发布 Nurofen 产品。
6. **错误决策。**有时候中央决策就是不如地方创意更适合当地的情况，销售额自然不尽如人意。
7. **翻译困难。**有些创意理念不能进行翻译，例如，百事可乐公司的“重获活力”在有的国家翻译成了“重生”或“从坟墓中爬出”。
8. **抵销节约的成本。**调整语言适应当地情况所带来的成本，可能会抵销中央创意所节约的成本。
9. **复杂的市场。**地方市场的其他差异（如消费者保护条例以及媒体可用性）会使标准化信息变得异常困难。
10. **员工缺乏经验。**公司员工并非专家，不能胜任协调跨国际标准化项目的管理，这一切都无形中增加了风险性。

亚洲不可能屈服于西方文明。亚洲文化太深厚，历史太悠久。

拉迪亚德·吉卜林（Rudyard Kipling，1891）

国际化代理机构

走国际化发展道路的广告商有几种不同种类的代理机构可供选择：

- 国际代理机构（跨国）；
- 独立代理机构网络、联盟或协会；
- 地方独立代理机构；
- 专属代理机构。

除了确定是否选择对广告营销进行中央监控（并实行有效的标准化），国际市场营销经理还要决定是把所有的国际营销工作都交给一家国际代理机构完成，还是选择地方独立的代理机构。许多地方独立代理机构联合建立了网络或协会，可以在世界各地与其他网络代理成员进行沟通。最后一类代理机构也是企业不太常用的一类代理，它是由客户成立其专属代理机构，专门处理自己的国际营销业务。企业所面临的两个最主要的选择是：单一国际化代理机构，还是几个地方独立代理机构。

选择国际代理机构还是地方独立代理机构

这一问题与关于营销传播是由中央监控还是地方自行完成的问题息息相关。总部的营销团队是应该与一家跨国代理机构合作，还是选择几家独立机构，凭借其地方特色获得成功？无论采用何种方式，都能够设计出合乎要求的宣传信息。例如，中央制作广告（经过地方翻译、调整）以及模式化广告（标准广告）在这两种类型的代理机构都能顺利实现。尽管中央制作的广告交给一家大型跨国代理机构处理更为适合，但有时地方代理机构的媒体购买和生产能力更符合当地的情况。应用中央政策也可以与几家独立的地方代理机构合作。这些政策能够帮助客户通过对创意方向、媒体策略、预算、活动方案提供指导，进而对整个营销过程进行管理。正如马佳若（Majaro）曾经所说的："很明显，如果产品适合进行标准化传播，最好是和一家跨国代理机构进行合作。"他还表示，"期望通过一系列没有国际化专家的地方代理机构能取得与跨国代理机构相同的成果，这在全球营销中就是一种浪费。"

选择国际代理机构的优势

与地方代理机构相比，国际化代理有如下优势。

- **全领域服务。**国际代理机构规模大，能够提供包括调研、策划与翻译等一系列全方位的服务。
- **质量高。**客户认为大型国际代理机构的服务质量（与小型地方代理机构相比）有保证，其质量与标准全球统一。
- **人员经验足。**国际代理机构常常会对员工进行培训并保持人员的流通。
- **处于主要宣传中心。**机构分支通常设在主要大型城市或主要宣传中心。
- **节约成本。**沟通、创意和生产部门不需建立多个团队。
- **更易于管理。**只有单一的中央联络点，再加上"中央集约策略，中央制作"策略的相关优势。

国际代理机构的劣势

单一国际代理机构的宣传标准化信息更易于管理，但凡是与中央化管控相关的事物都存在标准化所带来的弊端。与此同时，宣传项目由中心代理机构负责，海外的代理分公司就会失去工作积极性，考虑到代理机构分支遍及世界各地，这种消极性还可能产生叠加效应。通常来说，分支机构的工作仅局限于媒体排期与规划。

建立成功的中央传播的关键要素

与其进行风险极高的新产品开发，倒不如选择风险较低的新市场开拓，来促进企业发展。多年来，协调品牌在不同市场的形象一直是公司海外发展的重点，要实现这一目标并非易事。就拿广告一事来说，虽然越来越多的广告采取了跨国营销战略，但只有少数几个广告在其他国家也取得了成功。

实行中央传播管理策略，首先要了解这一策略的优劣势。了解不同国家的文化壁垒就能理解别的国家的营销经理对中央设计为什么如此抗拒了。有时要想说服海外分支机构，还需要具备公司内部营销的能力。在实行标准化国际传播之前，首先要保证各国的管理理念是统一的。既减少地方决策又能让地方承担责任，则需要高超的管理能力。事实上，如果员工失去了进行广告预算决策的权利，还要让他们保持管理活力，那就需要具备人际交往的能力。

许多地方经理认为中央宣传策划枯燥无味，因为中央设计是基于最低级别的全球共同需求而创造的——从不同文化中提取最广泛的共同需求可能会产生最无聊乏味的创意。

鼓励经理们凭借平淡无奇的广告争取优异的业绩无疑是一项艰巨的挑战，公司内部的沟通越不顺畅，那这一工作就越难推进。

全球跨国人才流动

利洁时集团（Reckitt Benckiser，RB）也许鲜有人知，但其名下的17个“知名品牌”却享誉全球，包括滴露、薇婷、巧手、奇力洁、亮碟、必扑、碧莲等。近几年来，尽管经济不景气，但利洁时集团却获得了比竞争对手宝洁、联合利华和高露洁等公司更快的发展。公司最具特色的一点就在于其人员和文化：利洁时集团花费了十年的时间在员工中建立起全球移动文化。例如，安排印度员工去经营中国项目，由法国员工管理俄罗斯业务。这意味着公司大部分（近三年来至少是35% ~ 40%）的产品都来自全球跨国人才的流动。

进行国际营销传播要比在国内传播更需注重细节。即使是邻国，也要确保翻译准确。对广告文案由翻译、查验、放置到海外网站的准确位置等每一环节都要保证无误。企业若是使用Google翻译等自动翻译程序时，这一过程就更加要谨慎。例如，“home”在法语自动翻译中被译为“maison”，法语意为“公寓、住房”，而非原意“主页”；在意大利，“hi-fi”一词被译为“ciao-fi”，而“ciao”一词的意思为“你好！嗨！”

结论

国际市场带来的既是机遇也是挑战。世界各地的消费者有着很多的共同点，但在文化的深层面却存在着许多差异。犯错误在所难免，因而国际市场营销更需要企业注重细节。系统、流程与团队等各方面都需要规划协调，以保证企业的正常运转。

斯旺西市政府的翻译错误

斯旺西市政部门用邮件发送了一条“载重货车禁止入内。仅限住宅区内”的标语，请求翻译为威尔士语。译员当时刚好不在办公室，而邮件自动回复为“Nid wyf un y swyddfa ar hyn o bryd.Anfonwch unrhyw wiath i’w gyfieithu”，意思是“我现在不在办公室，请将翻译材料发送给我。”由于原本的标语也有两句话，因此发送邮件的部门便认为这两句话正是威尔士语翻译，于是就将其作为标语打印，立在了指定位置。

新营销箴言

◎ 市场正在走向全球化。

◎ 各国文化存在差异，企业须注意调整。

◎ 除了文化方面，国际营销还会带来许多其他问题，如语言、媒体、法律（或是缺乏媒体、法律规范）等问题。

◎ 即使是大型知名品牌也会犯经典的错误，企业可以通过检查和调研避免犯错。

第 10 章　营销传播计划

营销传播计划大纲：SOSTAC® 规划系统

营销计划，更准确地说是营销传播计划有很多种制订方法。虽然方法并不是单一的，但其核心要素却是每个计划所必备的。SOSTAC® 是一种简单易用的记忆方法，能够帮助管理者回顾营销沟通计划中的关键要素，事实上，它也可以用于任何计划——企业规划、营销计划、营销传播计划、社交媒体计划、直邮计划甚至人才规划：

- S——Situation，环境分析（我们现处何地）；
- O——Object，目标（我们要去往何处）；
- S——Strategy，策略（我们要如何实现目标）；
- T——Tactics，战术（策略的详细内容）；
- A——Action，行动（或执行，即将计划付诸行动）；
- C——Control，控制（结果衡量、管理、检验与调整）。

SOSTAC® 系统结构简单，适用于不同的情况和不同的发展阶段。在本书第二部分中，该方法可应用于每一种传播工具的较低层级，如广告规划、直邮规划等。它还可以用于检验其他计划是否可行，是否涵盖了该计划所需的全部重点。企业不需要使用相同的术语，甚至不需要按照相同的顺序执行该方法，但这一方法有助于企业建立将构建与计划的核心要素相结合的逻辑结构。

SOSTAC® 作为一款规划系统已为世界数以千计的管理者使用，营销大师菲利普 · 科特勒也肯定了这一方法对制订营销传播计划的简明和实用作用，他说："SOSTAC® 这一系统规范了制订营销计划的各个步骤。"

SOSTAC® 为可行性计划提供了框架与结构。真实的计划需要更多的细节。作为整个计划的第一要素，环境分析往往是重中之重，占整个计划的一半。目标和战略语言要尽可能简明，而策略和行动计划则需要更为详细的规划。计划中要包括控制、反馈和监管机制，这样管理者才能够尽早明确计划成功与否，而不至于等到年底失去更改的机会。SOSTAC® 与 3Ms（三大重要资源）系统为建立营销计划，尤其是营销传播计划提供了方法。

3Ms

每个营销传播计划都包含了三种核心资源：

1. 人员（人力资源）；
2. 资金（预算）；
3. 时间。

人员指的是人力资源：人员如何分工？这意味着能够处理特定事务、具有一定专业技能的人才。有些人员能直接从公司内部招募，有一些人则需要从代理机构或咨询机构引进公司，还有一些需要聘请全职工作人员。许多企业并没有这类员工，即使有，也会因工作繁忙而无心应付其他任务。让过于繁忙的员工分出一半注意力到新项目上，或是让资历不够的员工参与新项目都不划算。营销传播项目不可小觑，人力资源的重要性与稀缺性毋庸置疑。

时间是最有限的资源。企业有没有足够的时间去展开工作、进行调研、开发新项目或是为一则新的邮寄广告做好充足的准备？时间规划至关重要，没有时间规划，企业计划就缺乏控制，因为员工看不到任何与时间挂钩的阶段性目标。营销计划也需要有目标的时间规划，需要每个活动（包括企划案、概念开发、概念测验、区域测试、国内部署以及在欧洲发布）完成的截止时间。你想要在圣诞节发布一款新玩具，你需要多长时间？产品应该在何时出产？如果参加 2 月份举行的纽约玩具展，美国零售商应该何时开始接受订单？新项目的设计需要多长时间？六到九个月。因此，即使邮寄广告和电视广告安排了四个月的准备期，企业至少需要 18 个月才能参加展览。每个员工对待截止时间的态度不同，管理者需要对其进行协调。时间是一种珍贵的资源，必须谨慎对待，有人甚至认为时间就是企业获得竞争优势的筹码。

资金即指预算。企业高管通常将预算视为重中之重。营销传播预算的规划有各种不同的方法，业内没有定论，目前是多种方式并存，包括科学性的和探索性的。

负责预算规划的管理者在分析特定策略或一系列技巧时，常常问自己“要是……就……”这样的问题，制订适当的预算计划需要制定者具备判断能力、经验和合理评估的能力。

预算确立

以下是确立预算的最常用方法。

1. 目标与任务——明确总体目标，将其分解为具体任务，按任务确定预算。例如，销售 × 百万罐可乐需要消费者具备 ×% 的可乐感知度，需要获得 × 个消费者印象，即需要投放 × 量的广告，成本为 × 英镑。这种方法也称为“理想化”或“任务化”方法。
2. 预算建模需要各种计量经济学和模拟技术，以验证各种不同的预算水平对工作成果的影响（如销量）。例如，联合利华公司使用的 AMTES 地区市场测试模型。
3. 企业利润优化需要通过寻找能够产生最大利益的最优营销成本。其原理是保证营销传播中的边际收益大于边际成本。
4. 按照销售额的百分比设置预算是一种简单粗暴的方法。例如，预计销售额为 100 万英镑，预算占其 5%，那么营销预算就是 5 万英镑。在 B2B 市场，这一百分比通常是 0.5% ~ 2%，在 B2C 市场则是 5% ~ 20%。

5. 竞争平价分析了竞争对手的营销传播成本。一般而言，企业要与竞争对手抗衡，就应该与其花费同样的成本。
6. 公司财会人员会进行商业规划，计算出企业盈利率并根据剩余资金或是企业的承担能力来分配企业营销预算。这与目标与任务方法正好相反。它以去除了成本和一部分利润后的销售额为基础来分配预算。
7. 偿还周期指的是项目偿还营销传播成本（或预算）的时间。
8. 仲裁方法是要求公司的一位高级员工针对在营销部门和其他业务部门之间产生的不同意见进行裁决。

有的学者将这些预算方法分为科学性和探索性两种。科学性规划方法包括目标与任务、建模、偿还周期以及利益最大化。而探索性方法包括销售额百分比、竞争平价、企业承担能力以及仲裁。

营销人员需要向公司财务总监汇报营销传播的投资回报率（ROI）。ROI 指的是利润（即整合营销传播活动创造的销售额）所占投资的百分比。ROI 的计算既可以是整个传播组合（如一项广告企划），也可以只计算某一具体的传播工具（如展览）。关于投资回报的实用性，我们在下文“控制”部分有所讨论。

在现实环境中，企业往往会同时采用几种预算方法。有时，即使经理人员会采用理想化的任务方法，但审查委员会（高层管理者）会立即将其转化为百分比数字，与竞争对手进行比较，并会问“我们能承担这项成本吗？”“这会给我们带来预期的利润吗？”最初的预算申请往往都会被高层管理者打回，因为公司内部存在部门竞争，不同部门都在抢夺有限的资金，以应付下一年的营销活动。很少有企业能创造出最佳的盈利模式，以确定最佳的支出成本。

在线上与线下营销之间分配预算

这一问题的答案主要取决于消费者将他们的时间花在哪里，是花在媒体、与同事互动还是参与不同类型的品牌。这决定了预算应该如何分配，例如，如果一位观众花一半的时间在线上，那么预算的二分之一就应该分配给线上项目。

然而，Forrester 调查（2009）预测，截至 2014 年，只有大约 21% 的营销预算分配给了互动营销（搜索营销、展示广告、电子邮件营销、社交媒体及手机营销）。搜索营销与手机营销在未来将占据更大的预算份额。

在维系老客户与获取新客户之间分配预算

另一个有趣的问题是如何在维系老客户和获取新客户之间分配预算。有人认为，如果销售给老客户的利润要比销售给新客户的平均高出六倍的话，那么营销人员就应该在维系老客户和获取新客户上分配同样的资源。亚马逊这样的企业获取一个新客户的成本大约是 50 英镑，维珍公司则需要 150 英镑（免费赠送一台笔记本电脑），而戴尔公司平均要花费 210 英镑（五年的净折现率）。一个品牌诋毁者会造成 57 英镑的损失，而一位品牌的拥护者则会创造 328 英镑的价值。在网络营销的环境中，计算企业获取新客户所需的成本更为容易，详见本章最后的“控制”部分。

为社交媒体设置预算

“社交媒体需要分配多少资源”这一问题已成为所有市场所关注的焦点。这取决于企业战略，以及一家组织想要达到的活跃程度。至少，任何一个营销人员都需要有人去聆听来自网络的对话、参与讨论并最终推动讨论。贝斯·坎特曾建议非营利组织每周至少要花费 55 ~ 57 小时进行如下活动。

- 聆听谷歌新闻、Technorati、Twitter 和 RSS 读者的讨论。获取结构分析的核心技能（每周五小时）。
- 参与。直接参与对话或通过他人的博客参与对话（每周 10 小时）。
- 制造焦点。工具包括 FriendFeed、Twitter、StumbleUpon 和 Digg（每周 10 ~ 15 小时）。
- 分享故事。通过博客、播客、Flickr、YouTube 以及社交网络（每周 10 ~ 15 小时）。
- 建立社区与社交网络。在 Ning 或领英上建立社区（每周 20 小时）。

正如本书的案例分析所示，SOSTAC® 与 3Ms 方法适用于 B2C 或 B2B 市场的任何产品与服务。虽然案例只展现了计划的大纲，但也体现出了 SOSTAC® 方法不仅对整个营销传播计划的建立有所帮助，而且还对具体的传播工具（如直邮计划）有很大作用。实际上，营销计划需要涵盖更多的细节，我们将从更微观的角度解读 SOSTAC® 方法的组成部分。

环境分析

环境分析需要全面准确。2000 多年前孙子所著的《孙子兵法》今天依然能为营销人员带来很多启发。孙子曾曰："夫未战而庙算胜者，得算多也；未战而庙算不胜者，得算少也。多算胜，少算不胜，而况于无算乎。吾以此观之，胜负见矣。"

环境分析应包括一份最新的企业现状综述（销售额、市场份额和盈利率）。企业现状与往年相比，能看出企业的发展趋势；与竞争对手比较，则能看出企业的相对状况。分析还应包括关于整个营销业绩的综述（包括市场定位、竞争对手和优劣势）。营销传播计划不需要进行像其他营销计划中完整的 SWOT 分析。营销传播计划中的环境分析必须将重点放在传播方面，即企业业绩（确定传播组合中最有效的组成部分）、目标市场和市场定位等方面。还应加上产品或服务的具体定位——即目标客户如何看待企业产品和服务。Lucozade 过去一直被视为一种儿童药品，随后营销人员发现了更大的商机，将其重新定位为健康成年人也能畅享的饮料。图 10-1 的感知地图显示了不同品牌和产品类型按照一定标准所做的定位。

图 10-1 中的感知地图显示了 Lucozade 的经典的重新定位，由儿童药品（当时英国儿童人口比重大）转为健康成年人都可以畅享的饮料（当时英国人口重心转向了年轻人）。

环境分析往往包括一个针对营销传播进行的 PEST 分析，如政治（新的法律法规的颁布对营销传播的影响）和经济波动对媒体和宣传信息的影响、社会趋势、人们的心理变化、媒体使用以及科技的高速发展对营销传播的影响。

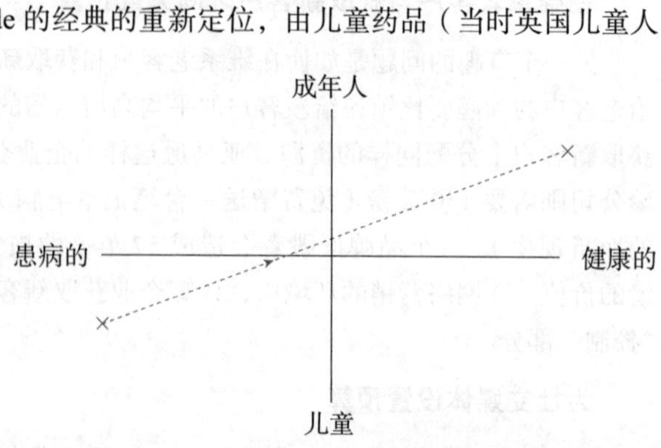

图 10-1　Lucozade 的重新定位

对于任何分析而言，市场及其结构都极其重要。市场如何细分？哪一细分市场可以作为目标客户？目标市场足够大吗？目标市场的盈利率够高吗？目标市场是否存在竞争？当前的配送与营销传播渠道能否满足目标市场的需求？我们能否满足每个目标市场的消费者？消费者能否进行重复购买？决策单元中有哪些人参与？核心决策领导者是否支持这一品牌？

市场细分与目标营销

市场细分与目标营销十分重要，在营销计划中，它们的身影无处不在：在环境分析中有详细的叙述；在目标简略中会提到；在策略及活动策划中，它们则是重要的组成部分；而在所有技术方案和活动中也都有所提及。

目标营销涉及将大型市场分割为小的细分市场。每一细分市场都有各自的需求以及对不同营销组合的回应方式。企业根据自身资源选择最好的细分市场，通常是能够为企业带来更多利益的细分市场，例如，离企业较近的区域、忠实的老客户或是某一产品或服务的忠实用户。针对目标销售可以节省资源（如节省大众广告经费），并通过接触高端市场提高了销售额。市场细分与目标营销无疑是最根本的营销方法。某些营销传播渠道（如电视）可能会带来大量浪费，但目标群体指数（TGI）却能够精准定位人们经常购买的品牌、经常阅读的报纸和常看的节目等。随着大众市场进一步划分为小型市场或细分市场，科技进步也为企业提供了更多针对性强的传播方式，大众市场和大众媒体传播的方式越来越为人们所摒弃。精准划分市场是营销人员需要具备的核心能力，营销人员要不厌其烦地探访调查市场，思考市场细分的方式。

市场细分标准

理想的市场细分应该满足以下标准。

- 可测量性。细分市场是否是可量化的？能否确定该类别或细分市场的消费者类型？
- 可持续性。该细分市场有多少消费者？其数量是否多到足以引起企业注意或进行目标营销？
- 可接触性。能否与这一群体建立联系？他们能否与其他非目标人群区分开来？有没有什么特别的媒体或配送渠道能够接触到他们？
- 相关性。产品或服务提供的利益要与目标群体相关。即使目标群体满足了可测量性、可接触性以及可持续性，如果他们对产品或服务不感兴趣也是无济于事的。你必须了解你的消费者。了解目标客户的信息是成功的关键。有些数据库公司能够提供信息，或是对企业的不同客户群体进行分析，帮助企业通过正确的媒体传达正确的信息。

50 英镑的伦勃朗画作

在错误的目标市场，伦勃朗的画作可能连 50 英镑都卖不到，但如果定位准确，其画作可能能卖上百万英镑。

有些细分市场划分很明显。猫主人会购买猫粮，摩托车主会购买汽油，大型建筑公司和租赁公司则是大型起重机的常客。某些细分市场则没有那么明显。高档汽车的客户是高收入群体，但高收入群体（作为自己的第二或第三辆车）和低收入群体都有可能购买低端汽车。英国成年人口中的 9% 消耗了 65% 的罐装啤酒，谁是主要客户？巧克力礼品包装盒常常由男士购买送给女士，谁是消费者？喝可乐的人群可能偏年轻化，但实际购买的是谁，做出购买决策的是谁，谁会影响决策，谁又会付钱？以上就是细分市场决策单元中应重点考虑的问题。

决策单元

一个决策单元包括影响者、建议者、决策者、使用者、购买者以及付款人，适合各种市场类型（行业市场、消费者市场、产品与服务市场）。一辆婴儿手推车的使用者是母亲和婴儿，购买者是父亲、母亲，影响者是祖母，决策则是全家人共同做出的。类似地，购买复印机的起因可能是秘书老向老板抱怨旧复印机不能用，而复印机最终是由几名秘书共同使用的，财务总监是决策者，购买者则是企业的专业购买者或董事总经理。有些企业的决策单元是由一个委员会组成的，有的企业则通过一个中央决策者进行决策，还有的企业由各部门自行决策。“SPADE”这一缩写［发起者（starter）、付款人（payer）、建议者（adviser）、决策者（decider）和最终使用者（end user）］可以帮助我们记忆决策单元中不同的成员。

决策单元可能由几个人或是几个委员会组成，有时也有可能只有一个人。在B2B市场（或称行业市场），决策单元还有一位具有影响力的成员，即“守门人”，这一角色通常是由秘书或私人助理担任，他往往起到屏蔽作用，能从更为重要的营销沟通中过滤掉不请自来的销售策划。守门人通常能决定是否将电话直接接到经理办公室，或能否让邮寄广告直达经理桌上。

全球市场细分

市场细分不一定是地方性的或根据地理位置划分的。价值观、心态、生活方式（简称VAL）都能作为跨文化分区的标准。例如，广告代理商欧洲RSCG公司将欧洲市场划分为四个消费心态区域：

1. 现代物质主义者：117 000 000（购买产品与服务）；
2. 新激进主义者：50 000 000（关注变化与改革）；
3. 物有所值派：110 000 000（比较保守，不愿改变）；
4. 怀旧主义者：83 000 000（年龄最大，最重视道德规范的群体，其思想受到消费主义的威胁）。

不同国家的文化特点使全球市场细分变得日益复杂。

B2C（消费者）市场细分

将市场按照消费者类型来划分，针对最可能成为客户的群体进行目标营销，这对提高营销传播的有效性和高效性都是十分必要的。市场划分有不同的标准，以下是一些常用的划分标准：

- 人口特征：年龄、职业（社会经济群体划分）；
- 地理分区：地理位置、邻里类型和人口数据；
- 消费心态；
- 生活方式；
- 心态、信仰及消费目的；
- 追求利益。

浮动目标

许多市场都存在一个浮动百分比，允许有人进出市场。以保险为例，像其他金融服务一样，保险业通常被视为一类枯燥乏味、令人厌烦的产品，大多数人都不会想要购买。因此，假如消费者每四年需要回顾一次其保险商的信息，那么市场每年只有 25% 的时间处于活跃状态。将这一数字除以 12 个月，市场每个月就只有 2% 的时间处于活跃状态。由于“活跃”市场太小，因此，保险市场并没有明确地宣传产品优势的广告。相反，许多品牌只是保持自身的感知度，这样至少在消费者有购买需求时能够考虑自己的产品。

B2B（行业）市场细分

在行业市场和 B2B 市场，市场细分标准与消费者市场不同，但其作用同样重要。以下是行业市场常用的细分标准：

- 公司类型（行业标准分类代码——SIC）；
- 公司规模；
- 公司结构（专制还是中央集权管理）；
- 地理位置；
- 用户忠诚度；
- 当前供应商；
- 追求利益；
- 关键决策者的职位或头衔。

大部分航空公司在一架飞机上至少有两个市场细分：商务舱乘客和经济舱乘客。这些分区可以进行进一步的划分，例如商务舱又可以划分为公务舱、行政客舱等。而这些分区又可以细分为不同的群体，如想要提前检票登机的、出行频繁的、需要头等舱飞行服务的、追求合理价位的以及想要“无缝飞行”（即订好下一班飞机、接机汽车、入住酒店服务）的乘客。对大部分旅客而言，这些服务都很有吸引力，但他们通常会有各自的重点考虑，他们会因某项服务而放弃一家航空公司而选择另一家。如果这类乘客数量很多，就有可能成为一个明确的细分群体。企业接下来的工作就是要看有没有足够的资源来满足客户，而其所获得的利润是否足够让其将这视为市场进行目标营销。

继续航空公司的例子。荷兰泛航航空公司（Transavia Airlines）将各种可能与荷兰有关的公司（进而可能存在飞行需求）划分为五个不同的目标群体，其中既有公务旅行者，也有旅游代理。如图 10–2 所示，每个细分区域都对应着不同的传播策略。销售经理会亲自为可能感兴趣的客户送上礼物，向其介绍服务内容。普通用户收到的包裹较小，而大型旅游代理则会收到一个大大的包裹，而其他代理可能只有一封邮件。

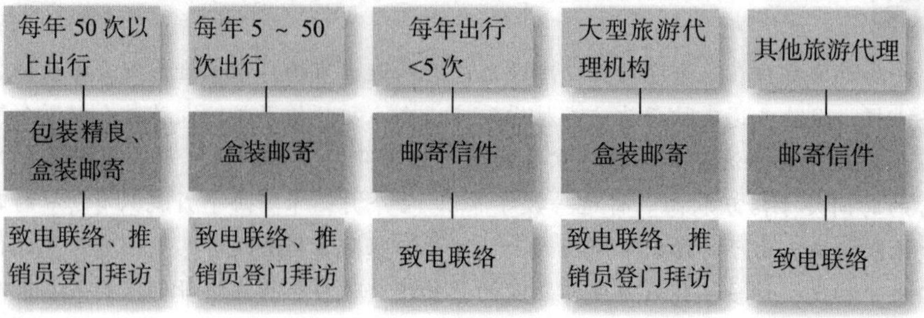

图 10–2　公务旅客细分市场与营销传播组合

市场细分离不开严谨的分析

在实际生活中，目标客户很少会整齐划一地分布在某一单一区域中，《太阳报》可能有67% 的客户是 C2DE 类型，剩下的 33% 属于 ABC1 类型。正如上文提到的，低端汽车的卖家不一定都是中低收入家庭，很多中高收入家庭也会购买低端汽车作为自己的第二或第三辆车。但是，企业往往会有一个核心目标群，其成员都是企业忠实用户或是很容易转为忠实用户的潜在客户。例如，里昂・泰特莱（Lyons Tetley）品牌旗下的 Quickbrew 红茶针对的就是 35 岁以上的女士（即 C1C2D 类型客户）。而有的市场决策单元则由几个人共同组成，例如，壳牌公司的免费经典赛车微缩模型的目标客户就是 ABC1 类型的父亲，他们处于 25 岁至 64 岁之间，是 3 到 9 岁孩子的父亲；但在这一细分区域中，壳牌公司还要保证其目标客户具有高行驶里程（即属于忠实用户）。有的市场存在随机进出的客户，就像金融服务市场一样。

然而，随着科技的发展，营销人员如今能够在传统分类的基础上添加新的市场细分标准。例如，营销人员可以根据消费者购买的品牌、冰箱容积以及常规的年龄、收入和地理位置等标准来细分市场。冰箱制造商等信息中介可以通过冰箱内的在线容积监控器来获取消费者冰箱的剩余容积，并在产品从冰箱取出后，自动进行补货订购。如果消费者同意与第三方共享此类信息，那就会为市场细分开辟一片新天地。例如，百事可乐公司也许会在可口可乐的客户喝完了家里的存货后进行特别促销。这一方法也可以应用到 B2B 市场，例如，通过中介提供的办公用品或办公软件。

目标

在对环境进行分析之后，企业就获得了“当前所处位置”的清晰图纸。下一步就是尽可能明确“接下来要去往何处”。理想的目标应该是可量化的，以确立企业成功或失败的标准，时间限制也要确定。明确的目标可以大大降低管理者监控工作任务的难度。第一次制定目标可能困难重重，但管理者可以参考往年目标以及工作成果，对实际情况有一定了解。明确的目标能够帮助企业和部门找到工作重心，为接下来的创意工作指明方向。有的营销经理和代理机构将目标划分为不同的类型，有的则只使用一个目标，有时这一个目标并没有进行量化或是与目标指标挂钩。通常情况下，目标应该要进行类型划分，以便更明确地衡量工作成果。目标应该满足 SMART 标准：S——明确（specific）、M——可测量（measurable）、A——可执行（actionable）、R——实际可行（realistic）、T——时间明确（time specific）。

在此，我们将讨论两种目标：营销目标和传播目标。

营销目标

典型的营销目标包括销售额、市场份额、配送范围、发布一定数量的新产品等。以下是营销目标的示例之一：

- 在未来12个月内，将××品牌或产品提高10%的销售量；
- 在未来12个月内，将市场份额提高5%；
- 每个月多接受500个咨询服务；
- 在未来12个月内，将配送范围由25%提高到50%；
- 在上半年，建立覆盖德国、法国、荷兰、意大利新的配送网络，下半年在此网络基础上加入瑞士、奥地利、比利时和卢森堡。

值得注意的是，并不是所有的营销目标都将销售增长额视为重点。在丹麦，电力公司不再标榜自己销售了多少电力，而是将重点放在节约了多少电力。同样，产品召回也是不追求年增长率的营销目标之一。在市场竞争中，随着新品牌的进入，保持市场份额、整合销售往往比期望大规模的销售额增长要更实际。当前，营销的主要目标将转向维持获利率高的客户，剔除获利率低的客户，一些企业已经将重心放在了利润或投资回报率的增长上，而非销售额的增长。

营销传播目标

营销传播目标通常是指如何让传播影响目标客户对品牌的看法，例如，提高其感知度、改善其态度、提高其兴趣或试用率。同样地，营销传播目标也需要进行量化才能发挥其作用，DAGMAR（明确广告目标以衡量广告回应效果）及AIDA（注意、兴趣、需求和行动）两种方法将消费者购买前经历的不同阶段彼此分离，为营销传播目标的建立确立了标准。

DAGMAR与AIDA提出的心理阶段的对比如表10–1所示。

表10–1　DAGMAR与AIDA心理阶段对比

DAGMAR	AIDA
未感知	
感知	注意
了解	兴趣
信任	需求
行动	行动

以下是营销传播目标的几个实例：

- 营销企划开始后八周内，将25～45岁ABC1女士的感知度从35%提高到50%；
- 在12个月内，让品牌成为市场上70%的巧克力忠实用户心目中服务最具人性化的品牌；
- 将健力士从年迈、过时、老年人喝的酒饮品重新定位为25～45岁男性选择的年轻化饮料；

- 将 × × 品牌维持在至少一半用户（美国 1000 人以上公司的员工）心目中最佳打印机的市场地位；
- 在 12 个月内，使 Bulgarian 成为 20% 的 ABC1 人群买酒时的备选品牌之一；
- 在新店开张前一周，将附近社区对品牌的感知度提高 50 个百分点，以支持新店开张；
- 进行促销宣传，在促销开始前一天提高消费者 70% 的感知度；
- 将《欧洲人》(*European*) 由一份中等市场报纸重新定位为高端商业人士报纸（见图 10-3）。

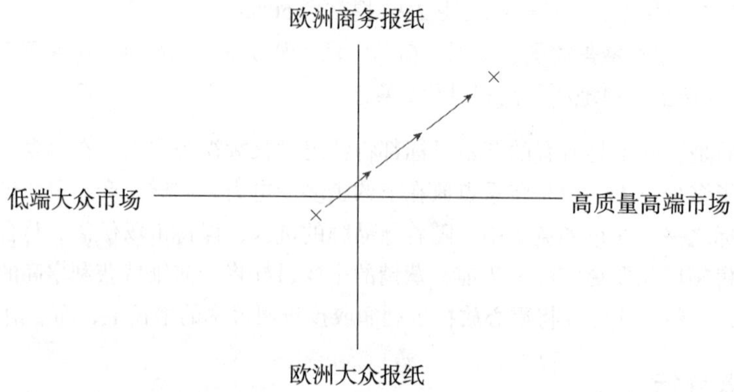

图 10-3 《欧洲人》报纸由中档报纸重新定位为欧洲高端商务报纸

《欧洲人》报纸的管理人员在市场中发现了这一空缺，并将这一空缺定为目标市场。但是否真的存在这一空缺市场？其他报纸并不敢承诺一份高质量的欧洲商务报纸。然而市场在是否真的需要这样一份欧洲商务周报呢？如今，《欧洲人》报纸已停刊。

目标可以涵盖许多不同的小目标。企业应该将营销传播目标与营销目标分开，目标越详细、具体，接下来的策略制定得就越明晰。

策略制定

概括而言，策略就是“我们如何达到目的”——如何实现目标。策略将推动企业战术朝着同一个方向聚集，而营销传播策略则将所有战术性传播工具整合协调。传播策略包括选择目标市场、产品定位、传播工具选择、传播工具使用的顺序（即是否在不同阶段使用不同工具），等等。

营销传播策略很难制定，通常策略都具有回溯性，也就是说，首先确定了具体战术，再根据战术制定策略。但这显然不是最理想的方式。我们可以通过 STOP&SIT 这个缩写词来帮助记忆营销传播策略的组成部分。

- Segmentation（分区）：如何细分市场？
- Target（目标市场）：企业如何选择目标市场？最理想的客户又是哪些人？
- Objective（目标）：策略是服务于目标的实现。
- Positioning（定位）：产品或服务的市场定位，同时也会影响企业的整体定位。

- Stages（阶段）：是否存在不同的发展阶段？
- Integration（整合）：信息是否很容易整合？例如通过数据库整合。
- Tools（工具）：电视、定向邮件、PPC（点击付费）或社交媒体等。或者，你正在考虑采取社交媒体策略，这就需要你清晰地陈述是建立自己的网络还是使用其他公司的网络。

理想化的营销传播策略应该能够回答上述的所有问题。但目标不需要在策略中反复叙述，但需要引起大家的关注，因为忽视目标的策略是没有意义的。当前，企业需要制定的是明确可行的策略。很多企业员工都能够保持长时间的工作，都是忠实勤奋的人，但如果一开始策略就制定错了，那么再勤奋的工作也无济于事。

市场定位是策略的一部分，要找到消费者真正需要的定位，需要进行认真谨慎的分析，市场定位要与竞争对手的定位区分开，并且一定要保证在这一领域确实能比对手提供更好的产品或服务。许多品牌会进行战略性的市场定位，以弥补不同的市场空缺，定位一旦出错，就有可能带来毁灭性的后果，而定位准确也有可能拯救一家企业。

激进的市场再定位策略：锐步由"时尚"定位转为"实用"

阿迪达斯将其旗下的锐步（Reebok）品牌由"时尚"重新定位为"实用"。过去，这款产品的定位为街头时尚，还邀请了 Jay-Z 和 50 Cent 等说唱乐手担任形象代言，但目前，产品目标已经改为"运动佳品"。

WARC（2006）

制定有效的营销传播策略需要营销人员仔细考量，虽然有时会感到挫败，但是策略的制定是具有意义的，这正如史密斯、贝利和普尔福德在其合著的《营销传播策略》一书中所提到的：

> 制定营销传播策略会带来诸多好处。制定并通过一项策略能够节省时间、资金和精力。许多营销人员对工作满怀热情，想要更有创意、更好的广告企划、组织新颖的促销活动、撰写有趣的促销口号、为产品打造绝妙的展台。也有的营销人员经受着很大的工作压力，需要出去与客户不断沟通，以增加利润，证明自己的存在。因此，从短期来看，一项看起来像纸上谈兵般的策略执行毫无意义可言。但是长期来看，一个好的策略绝对会为企业带来切实的利益。

以下是节选自史密斯、贝利和普尔福德所著的《营销传播策略》一书的五个营销传播策略例子，每个例子都对应着一种方法。

- Tupperware 公司的营销传播策略："一项价值几百万美元的直接反馈营销企划……公司保持了其个性化的销售方法但调整了其聚会形式，以缓解职业女性日益增加的诸多工作限制……增加消费者与当地经销商联系的免费电话号码……过去产品目录只提供给经销商和主持人，但现在人人都能获得这份目录，并已覆盖了 3000 万人。"
- IBM 保险公司的营销传播策略：将品牌定位为能够理解消费者所需并能完美解决其问题。所有的传播过程都在强调公司的独特能力，这种能力可能是营销和高新科技的完美融合。品牌的核心目标群体是"欧洲的投保人，其客户基础一般都超过 100 万人，属于中等到大型客户群"。所有的沟通都是在线下进行的，并将调查得到的客户最关心的问题收集整理，编辑印刷。其宣传品广泛用于各大会议、品牌感知度提高日以及一项持久的媒体关系企划。

- ETC 人力资源公司的营销传播策略：公司实行了一项客户关系策略，这项客户关系策略聚焦在一些重要的部门（如工业、健康、当地政府和金融机构等社会部门），以取代公司之前所采取的泛泛而谈的大众广告方式，目标对象为主要舆论导向者的直邮和研讨会，为未来的展示和创造高质量的邮寄提供了宝贵的数据信息。
- Daewoo 公司的营销传播策略：将 Daewoo 定位为英国最具客户导向性的汽车公司。汽车购买者往往会对车型感到满意，但却对经销商的服务不满意。因此，Daewoo 公司亲自负责其售后服务，这将作为公司的立足之本：
  - 第一阶段：通过电视和汽车广告树立企业信用；
  - 第二阶段：建立 Daewoo 对话，收集车主的喜好信息；
  - 第三阶段：发布新品牌。

要实现这一切，需要将营销传播和项目执行进行整合。广告宣传能够建立品牌感知度，并将客户信息直接导入为电话营销数据库中。完整的营销组合包括零售设计、零售店互动、促销、直接营销、数据库建设与管理、公关与广告宣传。

- Telewest 公司的营销策略：打造或培养市场（通过营销传播引导消费者关注公司产品）；打造品牌（指导消费者珍视 Telewest 公司所做出的努力）；刺激消费（通过三次大型促销活动）；建立并管理客户关系（提供良好的服务，保持持久的数据交互对话）。

制定营销传播策略的方法并非只有一个，事实上，许多企业并不会同时展开这些工作。一个好的营销传播策略能够整合和使用所有的传播工具，并使其保持相同的方向、发挥更大的作用和节省更多的成本。练习撰写营销传播策略的方法是一次性生成几个不同的备选策略，然后从中选择最好的方案。试着写一个不够完善的策略，这样一来，你首先能意识到，可用的策略不止一种，其次，你会发现有的策略明显优于其他方案。

社交媒体策略很少

2008 年 12 月，MarketingSherpa 在美国的调查显示，大部分接受调查的社交媒体营销不仅有效地提高了其品牌声誉和知名度，还提升了其品牌在搜索引擎上的排名，增加了网站访问量。尽管许多企业都有自己的博客和 Facebook 账号，但很少有企业在这一领域制定清晰的策略，更少有企业有成文的社交媒体政策。事实上，只有 33% 的大型企业有成文的品牌传播管理政策，对小型企业而言，这一数字只有 13%。

eMarketer.com（2009）

战术

战术是营销传播策略的细化。在营销学中，营销传播战术指的就是传播工具，包括广告、公关、直邮等。营销传播中所使用的战术能够显示出何时、发生了什么事以及花费了多少成本等问题。战术的最好呈现方式就是甘特图（如表 10-2 所示）。

行动

行动阶段也就是战术的具体实施。要想准确地实施营销战术，就必须要有详细的行动计划。详细的行动计划能够让战术变得具有生命力，行动正是对战术的执行。这一部分并不像营销组合的其他部分那么光彩四射，而是重在人们对细节的关注、良好的项目规划能力、时间管理能力、分清轻重缓急的能力、人际管理能力以及应对压力的能力。在实际生活中，营销传播战术的执行者（员工、代理机构、印刷商等）除了要有能力使他人按时、按预算一步步推行计划外，还需要具备处理危机的能力，随时准备应对工作中所犯的错误（如广告播出失败）。

表 10–2 不同传播工具的使用时间

	1 月	2 月	3 月	4 月	5 月	6 月	7 月	8 月	金额
广告 – 电视 – 印刷 – PPC									
社交媒体 – 博客 – YouTube – Facebook									
网站 – 搜索引擎 – 内置链接									
促销 – 样品降价 – 竞争 – 收藏									
直接营销 – 邮寄广告 – 电视销售									
公共宣传及公关									
赞助									
展览									
包装									
经销点与零售									
互联网									
口碑营销 – 病毒营销 – CRM NGN									

注：以上只是企业使用的一部分营销传播工具。

在这一阶段，无论是站在批判性思维角度来分析，还是只通过列出一张甘特图，企业可以使用任何项目规划方法。每种传播工具的使用都要有详细的项目规划，例如，表 10-3 显示了邮寄广告的制作过程。

这份计划只适用于一次性邮件，如果还有后续的一系列邮件，那就需要制订更为详细的计划。客户的回应管理也要进行详细的规划，通过混合式与自动化系统（详见第 17 章），将客户的回应送到电视直销团队，该团队对回应者进行过滤，根据紧急性、规模和地理位置进行分类，将其要求提供给相关销售人员，或是征询更多的信息，更新数据库以备将来工作需要。所有这些都需要企业进行详细的规划，确保有足够的资源保证策略和战术的执行。

表 10-3　　邮寄广告传播工具的行动计划

	第1周	第2周	第3周	第4周	第5周	第6周	第7周	第8周	第9周	第10周	第11周	第12周
创意简报	×											
邮寄清单简介		×										
邮寄清单提议			×									
概念视觉化			×									
概念视觉化批准				×								
邮寄清单名录				×								
最终方案 / 设计					×							
作品简介					×							
印刷标语					×							
作品校对						×						
收到邮寄清单						×						
数据准备						×						
最终作品完成							×					
印刷宣传品简介							×					
印刷校对							×	×				
合并并整理寄送清单								×				
印刷									×			
计算机部分输出文件									×			
激光校对									×			
邮局简介									×			
传送印刷品										×		
激光打印信件										×		
邮件送到邮局											×	
邮局分检											×	
邮递												×

控制

计划中应该包括控制部分——即如何监控、衡量、控制业绩。管理者要在早期阶段（否则时间太晚，事态不易控制）就掌握宣传企划或邮寄广告的执行情况。如果企划并没有产生效果，就应该马上制止。控制机制的存在能保障企业得以监控任何企划或活动（见表 10-4）。在这一过程中，目标的作用再次得以发挥，目标可以分解为更为详细的任务，分别对应几个较短的时间段。一旦营销人员有了定义明确、能够清晰阐述的目标（既可以是销售额，也可以是咨询、感知度和投资回报），就能够按照分解的目标来考核业绩。

现在，营销人员对所有的营销活动都可以进行测量和比较，无论是内围（社交媒体）还是外围营销（广告营销），在线营销还是线下营销。如果某一营销目标是提高品牌感知度或品牌重新定位，那其结果就可以通过调查来进行甄别和测量。如果营销目标在于提高客户参与度或销售额，那么营销人员就可以利用传播工具来辨别访客、询问者以及消费者是否有所增加——假设营销企划聚焦于提高某一方面的参与度，那就可以通过网站或 Facebook 页面互动（评论或投票）、注册新用户、试用产品、购买产品等来测量。网页分析能够显示访客来自何处，电视销售、接待人员和销售人员应该常常登录问询最多的页面，了解消费者从何处听说过该品牌，以及是用什么关键词找到该网站的。

每个订单的成本、每一次问询的成本、每一访客的成本计算都很容易。企业还需要关注的测量标准包括：

- 每一订单成本与每吸引一名客户所产生的成本；
- 净推销指数、满意度指数与建议指数；
- 声誉 / 社会指数（通过社交媒体监控）；
- 投资回报。

表 10-4　　控制系统

可量化目标	测量手段	测量频率	责任	成本	是否采取行动
陈述每一个可量化目标及其时间周期	销售分析、客户回应数量、问卷调查	每天、每周、每月、每季度、每年	谁来执行到位	测量成本是多少	如果发现明显的差异问题，需要提醒谁

表 10-5 的数据并不真实。随着公司的进一步发展，专业营销人员能够了解到从问询者或网站访客转化为客户真实的转化率。例如，在表 10-5 中，有 1% 通过搜索引擎优化的访客转变为了客户，但在病毒营销中这一数字只有 5‰。而 PPC 企划的客户转化率可能比之高一些。

表 10–5　　每单成本 / 每吸引一个客户的成本

	访客数 / 观众规模	总成本	CPT（千人成本）	CTR 百分比（点击率 / 网站访问 / 问询）	特别访客	每一个访客所产生的成本	访客转为客户的转化率	订单数 / 客户数	每单成本
搜索引擎营销	不适用	20 000 英镑	不适用	不适用	20 000	1 英镑	1%	200	100 英镑
病毒营销	2000 万	30 000 英镑	1.50 英镑	10%	200 万	0.15 英镑	5‰	10 000	3 英镑
博客	不适用	20 000 英镑	不适用	不适用	10 000				
横幅广告	100 000	1000 英镑	10 英镑	1%	1000				
PPC 广告	不适用	不适用	不适用	不适用	不适用				
选择性加入电子邮件营销	10 000	2000 英镑	200 英镑	2%					
在线赞助	50 000	5000 英镑	1000 英镑	1%					
电子期刊 / 报纸	1000	10 000 英镑	10 000	5%					
印刷品广告	100 万	5000 英镑	5 英镑	1‱					
直邮	10 000	5000 英镑	500 英镑	2%					
电视营销（外围）	5000	20 000 英镑	4000	10%					
展览	6000	18 000 英镑	3000 英镑	不适用					

在表 10–5 中，搜索引擎营销（SEO）方式能带来 20 000 名访客，成本为 20 000 英镑，每一个访客的成本为 1 英镑。如果网站的客户转化率为 1%，那么 SEO 就能带来 200 个新客户，其每单成本为 100 英镑（20 000 英镑除以 200 份订单）。

而病毒营销的总成本为 30 000 英镑（制作与传播），能带来 2 000 万用户，其中 10% 的人会访问公司网站，产生 200 万访客。许多访客都来自与公司服务无关的国际市场，转化率只能达到 5‰，从而创造了 1 万名“特殊”客户。你不妨试着将表格中其余的部分填齐。

企业可以在表 10–5 的基础上可以进行扩展，创建自己的、更加精准的表格，还可以加入一栏“访客转化为咨询者”（以及问询者转变为客户的百分比、转变为长期用户的百分比、标出成本开始下降、利润开始大幅上升的位置）进行分析。还可以加入更多的营销传播工具，包括展览会、电子邮件营销、不同的病毒营销等，以便营销人员观察何种方式效果最好，并对传播工具进行筛选。

一位客户终生的潜在复购金额显示了这位客户的真实价值。要记住，终生价值还包括“收入共享”，即客户有可能从同一家公司购买其生产的其他服务或产品。

企业还需要采取更加结构化的方法去对每一阶段在线体验的满意度进行测量（与竞争对手进行比较）——包括产品搜索、评估、询问、购买、售后交流、售后服务，等等。至少每年要进行一次此项工作。

净推销指数、满意度指数、建议指数

满意度指数的控制非常重要，企业要始终认识到满意度测量标准会发生改变，一旦升级，旧的测量系统就不再适用了。有些优秀的营销主管一直在使用一套简易的系统，只监控客户会向他人推荐本公司的百分比。还有的营销人员会综合考虑客户的建议与“诋毁”（即那些对组织或品牌持负面态度的客户），并建立综合了两种不同标准所得出的净推销指数的报告系统。

声誉 / 社会对话指数（社交媒体管理）

营销人员需要时刻关注外界对品牌、企业和员工（以及竞争对手）的评价，时时关注全球社交媒体平台的交流对话。营销人员还需要了解品牌或产品评价的广度与深度。除了 GoogleAlert 提供的免费服务，还有很多社交监控工具，如谷歌博客搜索、Icerocket、TwitterSearch、Yahoo Pipes、BlogPulse、BoardReader 和 BoardTracker。业内还有许多许可授权的收费系统，拥有其自身设计的评价系统，如 Radian6、Market Sentinel 和 Precise Media。

因此，接下来需要我们进一步思考的问题是：如果客户在线发问，但你却没有看到信息，那么这一对话是否算是真的发生了？

社交媒体控制奥秘

在营销主管和品牌经理中需要面对并克服的一个最普遍的恐惧是，担心发布内容、参与社交媒体网络会失去对新媒体品牌的控制。企业普遍的看法是，由于其言论自由的特性，在社交媒体上发布信息，创造存在感引来的不仅是积极或中立的回应，还有负面评论。在参与社交网络前，许多企业认为自己至少在表面上能掌控一切。而事实上，如果企业为避免收到负面评论而不开设论坛讨论，就可能会失去了赢得观众的机会——在社交媒体的世界中，一名观众有可能影响整个品牌和公司的声誉。然而，在网络走向社会化的今天，要想掌控一切本就是一句口号而已。尽管许多企业能够在理念提出和完善阶段保证自身的控制权外，但到了配送阶段就已经完全失去了控制权。一旦宣传信息已经发布，那就将控制权转移到了消费者、同行以及线上线下影响者的手中。

索利斯（Solis，2010）

投资回报

第 1 章中曾提到，营销人员应该掌握董事会的语言，包括营销成本的 ROI。营销人员能否做到既遵从最严格和最专业的原则，又能达到最高的 ROI 呢？营销人员能否让董事会确信在营销方面的投资回报要高于其他方面（如把钱存入高息银行账户）？我们可以计算一项企划的每单成本、每单利润以及总利润。安布勒（Ambler）在 2006 年提出了四种测量机制——投资回报［ROI，或称为营销投资回报（ROMI）或营销成本回报（ROME）］、现金流折现（DCF）、消费者回报、净支持——并认为任何一种方式单独都不能达到所需的要求。

控制包括市场调查和测试的多个方面，测量系统也应该纳入营销计划之中。

营销计划是一个重复循环的过程。营销经理将计划与预算整合起来，等待高层管理者通过或是减少预算规模。营销经理会根据公司可用资源来调整营销计划。在计划开始执行后，就要时刻关注其结果，在必要时进行调整（例如当计划不起作用时）。要是计划的执行出了问题，企业就应该找出原因、做出调整，以便更好地前进——这也正是控制机制的重要之处。控制机制为计划提供了反馈，以便营销经理了解计划的执行情况。营销经理所做的每一件事都是学习的过程，为了实现企业持续的进步，营销经理必须掌握企业政策中哪些是有效的，而哪些是无效的。每一年随着经验的积累，企业都能在这一循环过程中得以提高。宝洁公司要求其管理者不断积累学习经验（即从市场中获得的信息），让他们不断从市场中总结经验，运用到接下来的营销计划当中。

投资回报并非唯一的测量标准

虽然有种种证据指向相反的方向，但关于“单一数字能够用于评估营销业绩”的说法依然络绎不绝。有人说公司管理层只能处理单一数字，即“银指标”，因而这一单一数字的选择必须要是最有代表性的。还有人认为投资回报太过标准，不具挑战性。还有人提出了现代化客户理念，利用诸如客户权益、客户终生价值以及派珀斯（Peppers）和罗杰斯提出的“客户回报”来测量营销业绩。没错，这些测量标准都很新颖，也都有效，但它们并非其支持者所吹嘘的具有银指标的功能。

安布勒（2006）

新营销箴言

◎ SOSTAC® 为任何营销计划提供了一个非常有效的框架。

◎ 市场调查与智能为企业成功创建了平台，在做出策略决策或技巧决策之前，企业需要收集必要的信息。

◎ STOP & SIT 是制定营销策略的重要组成部分，多准备几个备选方案，从中选出最适合的。

◎ 在营销计划中加入控制机制。

第 11 章　变化中的营销传播环境

我们都是变化的产物。当前，企业正经历着“工业革命以来最大的变革”，这也为营销传播带来了巨大的变化。本章将介绍不断变化的商业环境及其不可控因素对营销传播的影响。

市场常常受到来自不同方向的拉力与推力的影响，这些影响并非企业可以马上控制和阻止的。新法颁布、法规变动、经济波动、人口迁徙、新的社会价值、心态与文化习俗、高速发展的科学技术以及来自不同国家、不同行业的竞争对手，这些都是推动市场发生变化的重要力量。这些变化所造成的结果就是，昨天还有效的营销传播策略，今天可能就过时了。

这表明营销情报与信息系统应不断反馈关于这些不可控力量的模式、趋势或突变的信息。而关注变化也就需要企业保持警觉，随时准备改变产品、服务、广告、图像、营销传播方式甚至是企业的信条或文化。

SWOT（优点、缺点、机遇、挑战）分析方法中的“OT”（机遇、挑战）部分分析的正是外部不可控制的机遇和挑战。而 PEST 分析法则为我们研究外部商业环境提供了一个很好的起点，便于企业探究这些影响因素所带来的直接和间接的影响：

- Political：政治（包括法律法规）；
- Economic：经济（全球经济变动、经济繁荣与低谷交替）；
- Social：社会（新的价值观、心态、生活方式、道德和人口变动）；
- Technological：科技（互联网、数据库、数字电视等）。

竞争也是商业环境的重要影响因素。本章的重点将放在 PEST 要素上面。如果企业忽视其影响，任何一个要素都有可能带来毁灭性的打击。由于变化给人们带来的不确定感，人们普遍抗拒变化。有的企业通常会等到最后一刻才不得不根据变化进行改革；也有的企业深知主动迎接比被动接受要好。现在，让我们看看这些 PEST 因素是如何影响营销活动，尤其是如何影响营销传播活动的。

无边界的跨品类的新型竞争者正在改变市场

当前的市场正在经历变化：微软公司紧随谷歌和雅虎公司之后进入电信市场。BBC 与谷歌和 YouTube 的视频分享进行合作。英国电信公司 BT 现在还提供电视节目。例子还有很多——这些变化如同一座无国界、无业界的旋转木马，不断地调整着市场环境的结构。

政治（法律法规）

英国的商业法律原则上提倡诚实守信，围绕这一核心商业原则，还有很多自我约束的条款，如营销专业人员在进行商业活动时要遵从诚实、守法、有礼、守信的行为规范。

在正式研究法律之前，企业必须注意，短期的不诚实行为可能有时会躲过法律系统的制裁，但其只能带来短期的收益，长远来看根本不可能带来效益。“永久客户”及“终生客户”诸如此类的经商理念才是企业长远发展的保障。在这种情况下，企业营销关注的是销售10辆车、10台冰箱、上千个罐装饮料或食物、为一名客户提供50年的办公室保洁。企业希望获取的长期利润，而绝非短期效益。吸引一个新客户的成本是吸引一个当前客户再购买的五倍。欺骗客户是一种短视行为，每位客户都只可能上一次当。忽视法律法规的重要性，企业就只能期望短期利润。顺便说一句，日本管理大师大前研一曾指出东西方商业策略的最大区别是企业的时间视野。日本企业往往采取长期战略，而西方企业则喜欢追求短期效益。

仅英国电视广告一项内容，就有大约150条法律法规限制。

许多相关法规中的核心思想与法律体系相同：企业要保持诚实、守法、有礼、守信。即使这些法律法规都没能约束企业的行为，“公正交易办公室”（Office of Fair Trading，OFT）还提供了一个安全网站，关于营销传播（广告、橱窗、展示等）的所有投诉都可以诉诸OFT。

国际贸易报告标准耗资540亿美元

国际贸易报告标准要求企业在会计审计时重视其无形资产（如品牌），每年定期对其进行检查，这也意味着企业需要计算购买的品牌最初的价格与当前价格之间的差价。任何记入资产负债表中的数字都可能带来巨大影响。2002年，AOL时代华纳公司发现，比起2000年互联网繁荣时，AOL收购的时代华纳品牌市值已经蒸发了540亿美元。

2012年伦敦奥运会与伏击营销者

2006年的《伦敦奥运会与残奥会法》和1995年的《奥林匹克标志保护法》保障了奥运会赞助商的权益，杜绝了伏击营销的现象发生，保证了官方赞助的独家性，也意味着除了官方指定商家外，其他企业不得通过以下方式使用奥运标志：

- 标志：奥运标志，如伦敦2012标志、奥运五环以及任何可能使人认为是奥运标志的相似标志；
- 图片：如奥运火炬、奥运圣火、运动图像以及奥运五环的颜色组合；
- 口号：奥运会与残奥会的口号；
- 语言：“奥运”“奥林匹亚”“奥林匹克”以及相似词语；
- 可能建立企业与奥运会联系的词语组合、短语；
- 声音、设计、图像、标志：广告、营销材料、促销活动、带有文字的产品（包括口头式与书面式）、与奥运相关的声音、设计、图像、标志。

正如上文提到的，各国都有许多法律法规，能够影响一家企业及其营销传播活动。例如，

《欧盟电信数据保护法令》（*EU Telecommunications Data Protection Directive*，已被数据保护局通过并生效）规定企业不得向不接受推销的家庭或企业发送传真（见“传真偏好服务”）。有的法规（如产品负债法）看上去不会直接影响营销传播，但企业仍然要保持警惕，尤其是在国际环境中展开活动。产品负债法无疑增加了制作商、配送商和零售商的责任，让他们必须确保产品的安全可靠，同时也对营销沟通产生了影响（甚至还影响了整体营销规划的指导，见下文）。在“无国界”的世界中，连责任也是无国界的，博客与 Twitter 上随时可能出现诋毁企业或是泄露公司机密的文章。

起泡酒攻击

美国的一位消费者控告一家英国颜料公司由于使用该公司生产的含铅颜料而导致受伤的事件。这场官司一直持续了 20 年，成了每个潜在出口商的噩梦。业内越来越要求制造商负起责任来，从而提醒消费者使用产品时可能发生的危险，以至于起泡酒厂家在其包装外注明告示，提醒消费者在开瓶时可能发生的危险。

违反隐私法，失财又赔名

美国一家电视公司因触犯禁止电话推销法而被罚款 300 万英镑。据称，有五家电视营销商以电视直销的名义打电话，联系在禁止电话推销法数据库中登记过的消费者。其中一家公司在消费者接电话的两秒钟内，没有安排在线推销员接应。

Nationwide 公司一名员工存有消费者信息的笔记本电脑于 2006 年 8 月在家中被偷，该公司因此受到了 98 万英镑的处罚。FSA 做出这一裁决的根据就是 Nationwide 公司违反了 FSA 的商务法第三条：管理与控制，即公司必须有效并负责任地管理、控制其自身事务，并建立危机管理系统。

戈登·迪克（Gordon Dick）收到了 IT 产品制造商 Transcom 的一封不请自来的电子邮件，邮件称公司每年向客户或曾经询问过公司业务的潜在客户发送一封邮件。迪克表示自己哪一类也不属于，并扬言要控告该公司，除非其“采取和解，对其进行补偿”。最终迪克获得了 1000 英镑的赔偿。

成人网站 Nortycams 错误地给英国未登记接受的用户发送了色情图片。其网络服务商微软公司指出自己作为服务商的形象受到了损失，结果，Nortycams 对此做出了 45 000 英镑的损失赔偿。

自我约束：行业规范

许多专业机构为自身制定了合适的行业规范，要求其成员遵守。触犯规定的员工可能会被机构开除，甚至被公开批评，被拉入行业黑名单。在广告与销售推广行业中，触犯规定也有可能导致广告或促销活动被撤销，企业白白浪费掉大量成本。在电视广告中，违反规定的风险更高一些，一则 60 秒的广告就可能耗费几百万英镑的资金。大多数广告商都想要使自己鹤立鸡群，因而其作品往往更加大胆、叛逆、不符合社会规范。这给广告商带来了一个两难局面：要么特立独行，冒着被撤销的风险；要么循规蹈矩，放弃更有创意的方案。

虽然营销传播也要遵守行业规范（如禁止假冒名义、招摇撞骗），其违反规定的成本较低，而且还可以及时调整策略。行业规范还为营销人员提供了行为指导，营销人员在广告发布之前就能够将违规行为剔除。一般来说，广告商需要：

- 保持诚实、守法、有礼和守信；
- 对消费者和社会负责；
- 符合基本的公平竞争规范。

专业机构还要时刻保持警惕，维护行业的信用。这对于广告行业而言尤为重要，在广告行业，消费者对广告的怀疑或抗拒受行业信用的影响很大。行业信用建立在行业声誉和企业保持诚实、守法、有礼和守信的标准之上。

除了法律法规，社会常识、道德规范也规范了营销专业人士的工作。这意味着，所有邮件营销和电视营销都必须针对注册过的数据库用户。业内为营销人员提供了注册许可的消费者名单和数据库，名单中的消费者回应度要远远高于未注册用户。未注册用户往往将促销邮件视为垃圾邮件，确保自己以后不会再收到。但注册用户则会有意识地希望获得更多的信息。当前，人们越来越抗拒不请自来的在线营销（包括短信营销），事实上，这种抗拒也在逐渐往线下营销扩散，包括直邮营销。最好的营销无疑是在许可范围内进行的。

与此同时，营销人员在使用新科技时也要注意。Leeds 集团旗下的 Moby Monkey 公司就因一则短信促销受到公开罚款。该公司向数以万计随机挑选的手机用户发送了短信广告，不可避免地，这些用户中可能有儿童。2002 年末，澳大利亚最高法院颁布了一份历史性法律，规定任何人在网上发布信息都可能面临法律的制裁，无论其身在何处。因此，虽然需要加倍小心对待，社会常识和公德也可以作为营销人员的行动方针。

新闻出版、印刷品广告及 ASA/CAP

出版物和印刷媒体是指所非广播类媒体，例如新闻出版、海报、传单、直邮、录像带广告、图文电视和电影广告。在英国，广告行为委员会（CAP）是英国广告行为的监管机构，该委员会为除广播、电视和有线网络（ITC 负责）外的广告媒体制定了行为规范。其规章制度规定了广告行业中可为与不可为的行为。

如果公众对公共广告有所质疑，可以与广告标准委员会（ASA）取得联系，并提出书面投诉。ASA 主要处理消费者方面的问题，而 CAP 则直接与广告商进行沟通。委员会在收到投诉后会进行分析，以确定是否需要进一步调查。如果被投诉的行为被认定为确实存在，那委员会就会采纳投诉意见，要求广告商马上撤销广告。ASA 并非法律机构，其决议没有法律效力。有时广告商并不遵守规定，撤销广告。在这种情况下，ASA 将向 CAP 全体成员机构（包括媒体提供者）发出媒体警告，将广告打入黑名单。其结果是广告商找不到与之合作的媒体提供商。媒体也要遵守其行业的行为规范，总是违反行业规定的代理机构将会破坏其专业性以及与合作企业的关系。这意味着机构会失去贸易优惠和经济补贴，潜在的新客户只会选择在认证专业机构名单中的代理机构。即使以上所有措施都未起作用，协会也还可以诉诸《1988 年虚假广告管控规则》（*the Control of Misleading Advertisement Regulations 1988*）。虽然很少有此类情况发生，但公平交易局长可以凭此法来向广告商下达禁令。

企业在发布邮件或广告前应该按照 CAP 规定进行检查。但即便如此，还是有很多广告企划未经 CAP 通过，从而给企业带来潜在的风险。

当然，也有人说有些具有争议的短广告企划凭借禁令而吸引大众眼球，但这种方式的曝光同样也会带来极大风险。

电视广告与 Ofcom

另一方面，电视广告在播出之前必须取得认证批准。《2003 年电视传播法》(*Telecommunications Act 2003*) 颁布后，Ofcom 应运而生，这是英国历史上第一次由一个单独的机构来负责电视这一媒体。

Ofcom 整合了五家机构的职责，即独立电视委员会（ITC）、广播委员会（RA）、广播传播代理（RCA）、Oftel 以及广播标准委员会等机构。目前都已归 Ofcom 监管，总部设在伦敦。

企业广告的最初的脚本要由 Clearcast 部门进行审核，并颁发通过认证。然而，这并不能保证最终产品能够通过检查，因为片子通常不能通过剧本或是故事大纲来下最终结论。甚至即使广告通过了审核，如果 ITC 要求，还是有可能被撤销。观众投诉也是广告撤销的一大原因。如果 ITC 检查了广告的内容，认为投诉合理，就可以要求广告撤销。

除了广告，其他营销服务也有其自身的规章制度。例如，CAP 也颁布了《促销行为法规》(*the Code of Sales Promotion Practice*)，为促销活动制定了规范。广告行为学会（IPA）、公共关系认证学会（CIPR）、公共关系咨询协会（PRCA）、促销学会（ISP）及其他许多专业机构都制定了行为规范，要求其成员遵守。违反规定，成员可能会受到警告，并最终被协会除名。这在短期内可能会给成员带来不良的公共影响，从中长期来看，则可能使成员失去竞标资格。有些客户在选择代理或咨询公司时会参考某些机构或协会的报告。

直接营销

1992 年以来，ASA 与 CAP 承担了规范直接营销行业行为的责任。从根本上说，这是为了保证消费者获得的直接营销是其需要的。CAP 要求直接营销遵守以下规定：

- 在将消费者姓名提供给公司前要征得其同意；
- 如果消费者要求，那就得将其姓名从名单上抹去；
- 接到通知后，及时更正消费者详细信息。

直接营销产业还受到欧盟的监督。欧洲广告标准联盟（EASA）的成员已经实施了业内的行业规范，联盟旨在协调不同活动之间的关系，并充当泛欧洲咨询机构的中心。机构自发指定的规章制度是否会被列入中央法律体系还有待观察。

这将对所有直接营销活动产生影响，包括电视营销在内。目前，欧洲并没有统一的规章制度，例如，在德国不请自来的推销电话是非法的，美国几个州也禁止这种行为。同样地，促销、刺激消费、差价、小礼物等做法在法国也会产生麻烦。EASA 为促进行业自律提供了一个平台，也将促进欧洲行业的协调统一。

宏观政策对商业和沟通的影响

讨论完国内外法律规范对营销传播的影响，我们再来看看国际政治谈判对世界经济的影响。要知道，大型国际贸易公司必须根据全球政治协议来协调自己的业务。当前全球所面临的主要经济纠纷可能会产生不同的结果，企业必须根据不同的场景来制订计划。《财富》杂志描述了一家石油公司所列举出的两种场景。

场景一：持续发展的全球贸易。假设主要国际经济纠纷全部都得到解决，欧盟、美国和日本都同意了贸易条款（避免了贸易战），全球进行免费贸易，全球得以维持经济的持续增长。环境问题受到了越来越多的关注，壳牌公司受新排放规定的限制，企业将更多地使用天然气而非汽油。

场景二：全球化贸易。假设世界前景更为暗淡，地区冲突不断，贸易战和经济萧条轮番上演，贸易壁垒增多，环境问题也没有取得一致的解决方法。在这一场景中，经济法规较少，环境问题未达成统一方案，石油购买就会增加。

世界性政治协议不仅影响产品或服务的种类和范围，还能影响社会事务，决定什么是消费者心目中最重要的社会问题。这反过来影响了企业的社会责任和相关营销传播活动。下文中的“社会变动”所讨论的社会因素也指出，社会事件的影响能够在短时间内给企业带来巨大改变。首先，我们来看看国民经济是如何影响企业及其营销传播的。

经济

经济变化会影响市场，并将影响营销人员对营销信息的选择。经济发展具有周期性，但几乎没有人能够预测不同地区准确的经济趋势。有的市场经济风险要比其他市场更高，尤其当该市场处于周期中的特殊阶段时。营销人员需要时时与经济发展趋势保持一致。2005 年后，法律规定英国公司报告必须包含一份公司对其所面临的主要风险或不确定因素的描述（同时还要记录公司拥有的资源、企业目标和策略）。企业发展需要营销人员分析不同市场以及实行不同策略所带来的风险。在美国，《萨班斯·奥克斯利法案》规定企业必须制定风险管理方案。有趣的是，2004 年的《企业风险管理整合框架》中，“消费者”一词被提及 71 次，而“营销”一词只被提及 11 次，风险分析和整合已在董事会层面被确定为营销部门的职能之一了。

经济对市场和传播的影响

行业市场和消费者市场直接或间接地受到经济状况的影响。全球经济力量中心由西方转向东方，对很多市场都产生了深刻影响。汇率、利率、失业率、可支配收入水平等因素决定着资金在社会的流动，也决定着企业支出的成本，以及许多市场和行业的规模。

在经济萧条时期，人人都节约开支。消费者支出减少，企业也不例外。许多企业节约了各项开支，包括营销支出［当然也有例外，例如，宝洁公司阿斯达部门前营销经理比利·马·纳玛瑞（Bill Ma Namara）表示“宝洁公司在一次经济危机中主动增加了营销支出”］。企业面临着经典的获得式需求的下降：一级消费者需求下降，二级消费需求（用于制造消费者产品而对商业产品或服务产生的需求）也随之下降。这阻碍了营销服务行业，如广告业和设计业的发展。市场出现买方市场，价格下跌，买方可以提出更有利于自己的交易，这会导致一些代理机构及其客户走向破产，人们需要提前检查代理机构、合作伙伴、供应商或客户的财政稳定性。

与此同时，广告商还要在经济危机中积极鼓励人们消费。我们不妨来看看广告商是如何利用自身形象抗击经济危机的。在经济危机中，消费者需求的是对自己有利的交易，例如降价、延长合同期、物超所值的促销活动。这些促销行为不一定能提高品牌忠诚度。经济危机留下的创伤可能是永久的，对人们的购买习惯、心态、价值观都会产生影响，并通过文化习俗、作用、价值观来影响广告形象。

经济危机带来的心理变化

即使发生了短期强有力的经济回暖，也不可能让人们回归 20 世纪 80 年代的购买方式。价值观、心态和生活方式可能共同作用，从而拉低消费水平、减少新的购买行为，并减缓了整个经济的发展速度。世界经济危机将诸如失业和生活水平下降的恐慌带进千家万户。有人认为经济危机给人们带来的心态改变已经让消费者市场发生了变化，由新世纪前沉迷于个人享乐和过多考虑自我的消费心态转变成了新世纪后“学会节制生活”的消费心态。

这不仅改变了人们的消费行为，也为广告信息带来了变化。例如，广告信息由原来重视个人成就转变为关注人际关系，甚至由“用户重心”转向“产品重心”，产品成为广告的主角。这也意味着消费者在购买时更加仔细，货比三家，相比价格昂贵的产品，消费者更喜欢选择性价比较高、功能和质量差不多的产品，企业在广告中也就要提供更多产品的有效信息。营销信息会随着经济状况而改变其宣传的语气和语言色彩。同样地，营销人员还要关注整个商业环境，留意经济危机、银行挤兑等重大经济事件，随时做好应对准备，并能够根据环境的变化适应消费者的需求变化。

忽视黑天鹅事件，企业发展将会四处碰壁

黑天鹅事件指的是那些几乎不可能发生的事件。对于企业而言，与其幻想自己能够预测未来，倒不如做好风险管理，防备那些我们根本想象不到的威胁。世界上并没有教科书教导我们如何应对未发生过的风险。没有一种预警机制能够预测当前经济危机的影响，甚至到目前为止，经济学界和商学界都没有彻底参透其影响。另外，我们都知道，经济危机与银行所谓的“风险管理”叠加，风险管理不仅没有降低风险概率，反而增加了其风险概率，使得全球经济系统更加不稳定。

小概率、大影响的事件几乎不可能预测，我们称之为“黑天鹅事件”。这类事件越来越多地控制了经济环境。互联网和全球化让世界变成一个复杂系统，不同网络之间的关系错综复杂，不同因素之间相互影响。这一复杂性不仅增加了黑天鹅事件发生的概率，甚至还让寻常事件的预测都变得困难。我们知道的只有，如果企业忽视黑天鹅事件，就一定会碰壁。

企业要做的不是预测这些小概率、大影响的事件，而是要提高自身抵抗这类事件的能力。我们认为，风险管理应该在我们无法想象的危机发生时将损失降到最低，而不是用复杂的技术和故事，让我们沉醉在自己能够预测社会经济环境变化的幻想之中。

塔勒布（Taleb）、戈德斯坦（Goldstein）和斯匹兹纳戈尔（Spitznagel）

社会变化

社会风俗、价值观和角色也会发生变化。如今，有些父亲会负责给孩子换尿布、做晚餐、去超市购物的工作；许多女性的工资比她们的丈夫要多得多。社会角色越来越难以定义，夫妻双方都工作的家庭越来越多。孩子们少年老成，而成年人则常常感到与年龄不符的“信息疲惫综合征”（由于接受了过多的信息），这无疑降低了营销传播的效果，人们往往不能完全消化他们每天所接收到的信息。社会角色还在不断改变。

目前，一类喜欢购物、使用女性化妆品的城市直男群体正在兴起，被称为“都会美型男”。然而，年轻男性往往面临巨大的压力，不确定自己所扮演的社会角色（详见第 4 章）。米沃德·布朗（Millward Brown）所做的全球调查显示，孩子们成熟的年龄越来越小。下面这段话解释了这一现象出现的原因：“商业品牌正在逐渐取代特征标签。孩子们早熟的年龄越来越小，更早地选择商业品牌而非彰显自己社会特征的物品。他们把零花钱花在手机、名牌产品上。”比起打电话，年轻人更喜欢与朋友发微信，还把广告、电视或网络上语法正确的句子视为老土过时。全球 8 至 14 岁的青少年对于恐怖主义和家庭破裂都有着共同的恐惧，他们看待世界的看法正在改变。营销人员必须在其宣传信息中反映这些变化。

成年人变老的速度比孩子还快！世界人口正朝着老龄化方向发展，给社会经济发展带来了重大影响。正如哈佛大学的法雷尔（Farrell）、格海（Ghai）和沙维思（Shavers）于 2005 年提出的：

> 世界人口正向老龄化方向发展，银行账户金额可能不再增加，而自从工业革命以来稳定上升的人民生活水平也将会维持现状。其原因是，世界财富的主要创造地和积累地（如日本、美国、西欧）都出现了人口老龄化。在未来 20 年内，意大利的人口年龄中位将由 42 岁提高到 51 岁，日本将由 43 岁提高到 50 岁。人口在退休后存款减少，年轻一代在工作最开始的几年存款也不会太多，社会存款指数将大幅下降。

老龄化人口的消费需求也在发生变化。他们希望展示自己老当益壮的一面或尽可能选择年轻的生活方式。例如，老年人认为退休后的生活应该包括普拉提健身操、中国鸡肉沙拉和无线遥控的家用电器，但不包括烘肉卷、宾果游戏或是椅上运动。过去，退休人士需要医疗保健和护理人员，但当前这一群体表示：“我还没到那一步。我想要普拉提运动、健身泳池、健康美味的晚餐，我要让生活中充满不同的可能。”

成年人也在发生改变。2001 年埃森哲公司的一份调查报告显示，人们接受的营销传播已达饱和。在 20 世纪 80 年代早期，一则时长 20 秒钟的非高峰期电视广告可以覆盖目标观众的 80%。到了 21 世纪初，要达到同样的覆盖率，需要 200 ~ 300 秒高峰期广告。“情况一天比一天糟糕……对任何媒体来说，那些不请自来的广告宣传都不受欢迎……人们已经受够了，他们接收的信息已达到饱和，再看下去就是浪费时间和精力……人们对广告的回应已经不像过去那样了。”如今，消费者在自己繁忙的生活中需要处理多重任务，他们面对与己无关的信息越来越没有耐心。这同时也是谷歌公司取胜的关键之处。谷歌公司满足了人们的一个需求——快速找到所需信息，安德鲁·基恩（Andrew Keen）曾说道：“谷歌为知识带来了革命性的改变，搜索已经成为我们思考和行动不可或缺的一部分。”

同时，人们面对不同事件的心态发生了变化。过去，环保主义者被认为是嬉皮士、无政府主义者或是无赖，因为他们的观点、价值观和心态不符合社会主流。如今，大多数政党和主要的社会企业都承认了环保主义团体存在的重要性。

道德

消费者的社会意识十分重要，但是，其重要程度也在随时间而变化。也许它与经济周期相关？比如经济不景气时，人们的道德水平也会下降？但是，仍然有很多消费者想要了解产品及其制造商。我所购买的产品或是制造商对环境有没有破坏？制造商有没有对社区做出什么贡献？企业是否做到了信息公开透明？

消费者越来越意识到，超市最能展示未来经济的走向。投资者在投资前也更关注企业员工的素质。

银行不愿向高风险、环境污染严重的企业贷款。高昂的保险费也反映出污染环境的企业所承担的巨大风险。企业社会责任记录已经成为合资企业建立的参考资料之一。谁会在拥有不良环境记录的企业身上浪费时间和金钱呢？换一句话说，谁想要一个环境保护的定时炸弹？

有调查显示，企业环保方面的负面评价（又称"绿色壁垒"）的影响或许只能持续很短的时间，但爱刨根问底的社会群体及调查记者、认真仔细的财政分析师和苛求企业信息的消费者最终会发现在其光鲜表面之下隐藏着更大的问题。这也意味着营销人员首先要确保企业能积极承担起社会责任。企业对利他主义、社会道德和个人宗教信仰的看法也正在发生改变。

最后，环境本身也是制约企业发展环境的因素之一。随着全球变暖，北欧国家面对不同视觉刺激（尤其是颜色刺激）的态度、感觉和心情都会与过去不同。这将给几乎所有类型的营销传播带来影响，连广播也不意外。

人口特征

人口或受众的年龄、性别、社会地位的数据分析能够帮助营销人员进行市场细分、实行目标营销。这些信息可以与地理位置、环境或行为信息相结合，提供更多的信息。同时，人口特征处于不断的变化中，其变化周期、趋势、运动有利于企业提前几年了解其受众市场的发展动态。几年前，有预测显示，到 2030 年英国人口将开始减少，死亡率超过出生率。当前的总人口出生率是平均每个家庭 1.8 个孩子，低于人口更替水平的 2.1。到 2030 年，80 后市场将达到 340 万人口（几乎是 1961 年的 3.5 倍）。人口特征的变动将改变市场状态，从而影响营销传播行为。

举个例子，20 世纪 80 年代的人口变动使得健力士啤酒市场急剧萎缩。此时，20 世纪 60 年代婴儿潮出生的人步入青年时代，年轻群体数量增多。健力士啤酒曾被视为一种过时、落后的饮料。为了适应市场的变化，健力士啤酒协同当时还存在的 Allen、Brady 与 Marsh 广告代理公司退出了广告宣传，将健力士啤酒产品重新定位为一款年轻、时尚的饮品。20 世纪 90 年代，随着这一年代出生的人进入 30 岁，健力士啤酒公司便在广告中请一位金发的成熟男子代言，以适应市场需求。2010 年后，健力士啤酒又将其定位为 50 多岁人喝的酒。啤酒市场将会进一步萎缩，现在的年轻一代往往倾向于在周末晚上出去灌醉自己。室内红酒、啤酒品鉴悄然兴起，营销人员便投其所好地设计了罐装啤酒。也许臭氧层会进一步破裂，导致气温升高，从而使人们对包括啤酒在内的饮料需求进一步增加。又或许社会上将再次出现婴儿潮（妇女因担心罹患癌症而不服用避孕药），在 21 世纪 30 年代初出现大量 18 ～ 25 岁的年轻消费者？也许社会上会出现更大规模的养生保健风潮，人们会杜绝所有的饮酒习惯。那时欧盟会不会禁止一切酒类广告或促销？也许房地产企业会迫使酒吧支付高昂租金，驱使消费者回家饮酒，购买更多的罐装啤酒。也许欧洲文明会像希腊罗马文化的灭亡一样，沉迷于自我享乐和奢华的生活方式，过度纵酒，在啤酒行业衰落之前创造一次短暂的市场繁荣。

英国人口老龄化的影响是什么？商业广告的字体需要放大以便阅读？更多产品和服务将定位在满足中老年人士的需求？年轻人的市场仍然存在，但其规模缩小，竞争激烈，不被企业所看好。当然，艾滋病传播也可能会抹去整个中年一代，只剩下非常年老和非常年轻的两极社会。

结婚率下降，离婚率上升，婚外生子增多，单亲家庭越来越多。与此同时，单身家庭数量也在增多。传统宣扬家庭幸福的广告模式已经过时，近几年的营销策划也反映了这些社会现状。Oxo 的广告就呈现了丈夫在家做饭、妻子在外工作的场景。宝莹洗涤产品的广告也在广告中展现了这一社会变化，如在其一则广告中，孙子在帮助祖母用高档洗洁剂做清洁。传统的"家庭主妇"已不再是消费决策的主力军。只要在周六早上去社区超市看看，就能看到男性消费者在购买 Fairy 洗洁剂、Ariel 和 Palmolive 香皂。

决策单元的组成部分正在发生变化（见第 10 章"市场细分与目标营销"）。英国有超过 60% 的母亲从事兼职或全职工作，而在 20 世纪 30 年代这一数字只有 10%，20 世纪 50 年代也只有 20%。有趣的是，有人认为在职母亲出于对家庭的愧疚，会为家里购买"最好"的产品来弥补，而不是选择商店里较便宜的自有品牌。一次盖洛普公司统计调查显示，90% 的在职母亲会因母亲与职场人士这两个身份同时存在而感到不安。

决策单元的改变为一大批产品与服务带来了改变，而不仅仅是快速消费品市场。保险、医疗保健、双层玻璃窗等产品都将目标市场定位为夫妻双方，而非一家之主。许多电视销售的电话预约都选在双方都在家的时候。

1990 年，未来学家阿尔文·托夫勒（Alvin Toffler）预测科技将推动人口的变迁，人们将从城市转移到自己的智能住宅（内含各种高科技智能设备）工作。尽管人口有轻微变动，但大规模的人口迁徙并没有出现。而科技也已让营销迈入了新的领域。

闲逛"氧吧"

IBM 公司多年前就做出预测：在未来，氧吧将提供"营养剂"（富含维生素和矿物质的主食）和氧气，供阔气的老板和享乐主义者享受。记忆药片、男性避孕药、远程控制外科手术都会一一问世，影响市场结构、营销传播渠道和传播工具。

科学技术

科技的不断进步将不断改变着营销传播的面貌。Web 2.0（即社交媒体）为营销带来了重大影响，Web 3.0（语义网）正在兴起。社会变化与科技发展带来了新的商业模式和新的营销模式。这是营销的黄金时代，以营销为导向的企业有了更多的机会去满足消费者需求、提高品牌忠诚度、传播信息、改善整个商业运营，为营销人员开辟了新的领域，更容易得到董事会的青睐。

科技为生活带来了很多改变，如客户关怀宣言、银行智能柜员处理机、全程由机器人操作的折扣商店、内置或外置的电视购物语音应答机。美国的家庭网上购物可以让消费者在家里移动鼠标查看货柜、挑选商品、从三维角度监视产品，放入电子购物车内。结算可以使用信用卡，商品第二天就可以送货上门。

销售点技术，从机器人到超市光感展示架等，每当消费者经过都会触发并做出反应。每当消费者经过触碰购物车上的传感器，购物车屏幕就会显示“今日特卖”商品的信息，同时还可以显示相关广告。

宝莹洗涤产品则能够对持有其品牌寻呼机的消费者进行群呼。事实上，无论是传呼机还是含有客户信息芯片的其他仪器都会在其一系列产品陈列发生调整时做出反应，呼叫客户。当今的本土化营销意味着商家在消费者进入附近零售区时向其手机发送特卖信息。麻省理工学院曾出现过一款“热情徽章”，在聚会上两个兴趣相投的人相遇时，徽章就会闪闪发光。

在包装领域，多年前就发明出了自热锡，生产出适合宇航舱内使用的可口可乐罐装饮料。宇航舱本身也成了未来广告营销的载体。可见科学技术渗透到了营销和营销传播的方方面面。

印刷技术使得杂志能够刊登液态广告、热感广告、双面广告（能够显示运动效果）、3D 广告、可触可嗅的广告、散发香味的香水广告以及能够唱歌和说话的印刷品广告和邮寄广告。

投影技术也在日新月异，或许我们很快就能看到月球上投影的品牌标志了。

推广技术能选择相关广告信息，以一对一的方式传递给消费者。

互联网还使得网络会议成为现实，虚拟讨论组、虚拟贺卡、虚拟礼物、虚拟展览层出不穷。隐形计算机可以内置在任何电器内，虚拟世界和传统网络世界中也会出现更多的 3D 环境和虚拟现实。虚拟现实技术与增强现实技术将为消费者带来更多更丰富的体验。

条形码和信息收集技术的密度与准确度也得到了增强，乐购等企业就能进一步提高其推荐商品的相关性。

数字肢体语言

如果营销人员坚持使用不连贯的传播工具、非整合的传播工具数据以及非整合的数据组，那他是不可能为消费者带来多面的感官体验的，也不能理解和使用其数字化肢体语言。

伍兹（Woods，2009）

语义网时代的到来

未来几年内，你也许还在为成为软件咨询师而兴奋，今天你跟你的一位重要客户共进午餐。她公司在圣弗朗西斯科的分公司有一项紧急项目，需要你进行两周的咨询工作，并要求你马上起程到那里工作。你拿出掌上电脑，激活其中的语义网智能助理，命令它预订一张明天 10 点出发的联程机票。如果可以，你想要靠过道的座位。电子助理找到合适的航班和合适的座位，就用你的美国运通信用卡支付，将金额签入客户的会计报销表中。它还提醒你，在旅途中你将错过一次牙医预约，在日历中加入记录提醒你重新进行预约。接下来，你发现自己需要接机服务以到达客户公司，智能助理按照高服务标准查询可用汽车，预定好汽车在飞机到达 30 分钟后来接机。智能助理还为你预订了你在圣弗朗西斯科最喜欢的酒店，用会员卡获得了最低会员价。最后，智能助理更新了你和经理的日程安排，在其中添加了旅行信息，在办公室打印好了确认文件。

仅仅点击几下鼠标，语义网智能助理就能找到并预订航班、酒店和接机服务，并自动更新会计系统和日程安排。还将日程与原来的日程安排比对，发现牙医预约的时间冲突。要应对这一切工作，智能助理需要从海量资源中查询、解读、整合信息并根据信息做出反应。这个例子当然是语义网在未来的应用案例，它是否能够成为现实，只有时间能告诉我们答案。但是，这一展望本身有助于我们了解语义网技术的潜力。

在现实生活中出现的科技背后是更加精妙的技术，我们将见证不同科技之间的融合，例如地理信息系统、建模市场分析与数据挖掘。

Google Alert 和 Google News 等网络服务代替管理者浏览期刊、报纸和商务杂志，查询相关材料，打印相关标题、简介和完整文章。机器人让我们的生活更加便利。

语义网也让我们的生活更加方便。软件能够与其他软件、文件等联网直接对话。万维网创始人、英国人蒂姆•伯纳斯•李（Tim Berners-Lee）曾将语义网定义为“能够直接或间接为机器处理的数据网络”。数据能够由应用、平台或域名独立处理，事实上，数据将成为网络的一部分。

变化的进程正在不断加快

市场变化无疑将进一步影响企业的发展，忽视变化潮流的企业必将走向失败。然而，营销人员也必须提高其辨别能力，分辨出主要潮流与次要潮流。

总结

开放的心态能让我们更快地把握潮流和新机遇。变化是永恒的，它为所有市场带来了机遇和挑战。我们唯一能确定的就是所有市场都在不断打破常规，受到 PEST 中不同因素的影响。营销人员必须学会观察、分析和参与到市场未来的发展变化中去，尤其是营销传播环境的变化。

新营销箴言

◎ 市场的多变特性带来了一系列机遇与挑战。

◎ 法律法规也会发生变化，忽视法律法规的变化将会给企业造成重大损失。

◎ 在营销计划中应该加入风险评估（尤其是经济风险）。

◎ 营销人员要实时关注社会变化，及时反映消费者的社会感受、价值观、角色和风俗。

Marketing Communications

第二部分

新营销传播实战篇

第 12 章　销售、营销管理与重点客户管理

关于销售

“销售”一词极少出现在商业名片上的头衔中，而更多出现的是“新业务拓展”“客户经理”“大客户经理”“公关经理”以及“营销总监”等称呼，但是销售在某些阶段对大多数市场的影响却是毋庸置疑的。相对于销售的规模和重要性，人们对“销售”一词的鄙夷程度简直令人惊讶。一项名为“平衡销售等式”的调查显示，仅在英国，就有大约 47 万专业销售人员。伦敦商学院的营销副教授罗（Law）称销售是企业重要的组成部分：“我不能想象有任何一款产品或服务，在其由生产者传递到消费者的过程中，不曾经历过卖方与卖方之间面对面的一次销售谈判。”根据产业类型的不同，销售团队预算的分配也会有所不同。但在 B2B 市场，预算通常更多地会分配给销售而非广告或公关。

B2B 市场比其他市场更依赖于个人销售。成功卖出一台工业生产机器不可能通过大众广告、直邮或是电话销售，这类营销需要一名顶级的销售专家来完成。恰恰相反，大众消费商品很少需要动用个人销售，因为一次营销拜访所需的成本十分高昂，根据销售人员的级别、拜访频率的不同，成本由 27 英镑到 500 英镑不等。但是，大众消费商品在零售链环节与批发环节也需要销售人员进行推销促成。

曾几何时，销售一度被认为是短期技巧，即将产品快速脱手等待下一个买家。这是短期营销的概念，长此以往势必会降低销售额和企业利润。这一理念在著名的《天堂与地狱》故事中得到了最好的诠释。

时至今日，销售已经摆脱了以往目光短浅、急功近利的形象，销售人员正在转变为客户的“服务员”。销售更多的是“合伙”的过程或是建立企业 - 客户关系的过程：“我们不是向人们推销产品，而是与他们合作。”这一点对重点客户而言尤为重要，重点客户管理需要更具战略性的销售方法。目前的销售主要是通过不断满足客户的需求而与之建立起持久的联系。

死者营销

一个人死后来到了天国之门。守门的圣彼得告诉他，他必须要给地狱一个平等的选择机会。尽管这个人很想去天堂，但圣彼得坚持要他先去地狱看看。令他意想不到的是，地狱竟然是一个狂欢之城，那里有完全免费的喝也喝不完的美酒、优美的音乐，人人都长着天使面容，待人和蔼。气候宜人，有完美无瑕的高尔夫球场、足球场、网络链接和白色的沙滩。更棒的是，每个人都很友善体贴，那人觉得在这里真

是太妙了。这时，圣彼得出现了，问他的决定，那人不假思索地回答说："我要去地狱！"然而第二天，那人再来时，只看见尸体、火把与烈火，耳中只听到惨叫，他向远处的圣彼得大喊："这里和昨天的完全不一样！"圣彼得回答道："不，是一样的。只不过昨天你是潜在客户，而今天你已经成了客户。"

目前，IBM公司正在尝试根据客户满意度支付销售人员的工资。很多企业不仅通过销售量，还通过客户满意度来衡量公司业绩。销售已经不只局限于营销和销售部门，企业越来越意识到在如今激烈竞争的国际市场中，必须举全公司之力来保证销售。

销售的职能

销售的目的不仅仅是卖出商品。销售大师们能够利用销售来收集信息，建立客户关系，并创造竞争优势。调查显示，销售人员只有10%的时间是真正花在"卖东西"上的。除了发掘客户、预约时间、撰写信件、外出推销、业务培训和管理外，很多销售人员还要负责客户关怀、售后服务、客户娱乐、信息收集、预测需求、理解客户、设计定做产品和团队营销等工作。有些管理人员发现如今的客户比过去更重视与几家供应商的长期合作，同时也会要求供应商提供更多的服务。有预测认为，将来，会有很多客户成为长期重点客户，他们需要与供应商建立战略合作伙伴关系，而非简单的买卖关系（见下文"顾问式销售"与"重点客户管理"）。团队营销逐渐成为新的发展趋势，研发、生产、配送、销售推广甚至法律和财务部门的人员将会越来越多地参与到客户事务中来。

最优秀的销售人员都是专业的聆听者。他们会提出睿智的问题，并认真聆听消费者的回答。优秀的销售人员还善于处理数据。销售团队因其处于市场的前沿，反馈快速而准确。竞争者活动、消费者需求、新的机遇与挑战等信息都应该由营销团队发现并及时向销售经理或营销经理反馈。失去老主顾或是赢得新客户的原因也应该予以及时反馈。

顾问式销售

将消费者视作合作伙伴，与之建立长期持续的合作关系需要企业将商业模式由"销售"转变为"合作"。

B2B市场中的销售人员不再仅仅是将产品卖点转化为利润，而更多的是为客户解决问题和执行战略。"您有什么要求？想要如何实现"这样的问题已经远远不能满足现状，销售人员必须理解客户的商业战策，以便为其提供帮助。通用电气公司曾有一次问其最大的客户希望销售团队为他们做什么，客户回答道："我们最希望的就是你们能够对我们公司、产业以及所处的市场环境了如指掌。"

要想为客户提出专业建议，企业必须将客户视为合作伙伴，而非营销对象。急功近利的非输即赢策略（买家出资、卖家获利）已经被长期合作的共赢策略所取代。这一策略通过提高消费者满意度来提高客户忠诚度，从而保证了企业可持续的市场竞争优势。这一新的合作关系也涉及联合开发项目，其成果可能需要五年乃至更长的时间来见证。在短期看来也许并无成效，但在中长期却会带来巨大的成果，这也是企业策略向重点客户管理方向转变的表现。

重点客户管理

重点客户管理（KAM）就是处理好企业与最重要客户之间的关系，这对企业来说具有重要的战略意义，个人推销往往需要能力卓越的高级销售人员或企业高管去完成。为了能让销售人员具备在个人层面进行销售的能力，需要销售人员不断地从以下几方面来提升所需的技能。

- 解决方案式销售与协同式销售。针对客户的需求定制产品或服务，包括确保客户保有率、增加其终生价值和钱包分享计划。而这一切都是为了创造客户或合作伙伴的最大价值。初次销售（包括阐述、演示、处理质疑、建立信任、方案展示、完成销售以及售后服务等）只是一个开始。与客户进行紧密合作是一项复杂而艰巨的任务，重点客户管理需要帮助客户发现自身的独特价值。而协同式销售则是一种高层次的企业客户互动，能够在线下实现协同创新。
- 项目管理能力。确保定制产品或服务能够在规定时间内、在预算范围内配送给消费者。
- 跨越不同决策单元，在复杂环境中建立客户关系。这需要销售人员具备分析客户内部架构、系统以及整个组织的能力，并不断拓宽相关人脉，最终建立联系。
- 调查与信息收集（分享信息）能力。
- 谈判能力。培养长期关系，应对大规模的决策单元。
- 法律知识。了解法律规范与合同规范。

销售大师

销售大师们往往是信息收集专家。他们在每次会议前都能准备企业“必须知道”“应该知道”“最好知道”的问题。

重点客户管理的 10 个步骤

企业建立重点客户管理有如表 12-1 所示的几个阶段及 10 个步骤。

表 12-1　重点客户管理阶段

阶段	活动
KAM 前	确定潜在客户（选择最佳客户）；理解客户如何做出决策；关键标准；关键决策者
早期 KAM	探索式协议；明确企业能够为客户效力的方面
中期 KAM	由企业高管参与的客户回顾
合作伙伴 KAM	联合解决问题，分享敏感信息
协同 KAM	创造共享价值的协同性，建立统一共同体的理念
结束 KAM	双方达成关于合作关系中再无遗漏价值可发掘的积极共识

1. 选择合适客户。
2. 将其按照销售额与利润分类。

3. 分析其需求。
4. 为每位客户制订战略计划。
5. 了解每个部门在为客户服务时所扮演的不同角色。
6. 选择合适的企业满足重点客户的需求。
7. 为重点客户团队安排合适的销售人员和配备相应技术。
8. 以年为单位实施计划。
9. 以是否增加股东价值为业绩评估标准。
10. 对提高业绩的个人或团队进行奖励。

数字肢体语言报告

数字肢体语言分析应该每周向全球客户经理进行更新汇报，概述现有客户的所有访客记录，包括短暂访问或是针对特定新产品的深度调查。这有助于销售人员了解潜在客户感兴趣的内容，以及客户所处的消费阶段。同时，报告还可以用于分析客户对不同地域和产品的感兴趣程度，便于确定哪些方面需要企业多加关注、配置更多的资源。此类报告不仅节约了大量的时间和精力，还在销售和营销团队之间建立了和谐融洽的关系，因而这些有价值的洞见大受销售团队的欢迎。同时，营销人员也能够监控哪些企划得到了更多的访问和发展，以便优化资源分配，使投资回报最大化。关于数字肢体语言的详细信息，请参阅第 21 章。

营销传播工具与销售团队的整合

企业自身的销售团队，或分销商或代理机构的销售团队，应该时刻与任何最新的广告、促销或社交媒体活动相互配合，随时捕捉实时动态的产品信息。如果消费者被广告吸引进入店铺，但发现推销人员既不了解广告也不了解产品本身，那么广告宣传的效果就白白浪费了。同样地，销售人员会花费大量的时间，确保批发与零售店的产品货源严格与全国广告宣传的相吻合。另外，随着产品进入生命周期的不同阶段，所需个人销售的数量和类型也会发生改变（见下文“销售人员的类型”）。利用销售团队来提高产品感知度的成本十分昂贵，所需要的周期也很长。因此，销售人员的作用只有在注意力、兴趣、期望、行动（AIDA）的最后阶段才能发挥出来，例如零售店内的销售员。同样地，销售员也可以询问消费者在网上搜索销售人员推销的产品或服务时，更倾向于使用哪些关键词，并将这些关键词汇汇总起来，定期反馈给营销团队，从而帮助他们优化网站和社交媒体。另一种类型的整合是网络分析与销售团队的整合（见下一部分）。

数字肢体语言与联合营销

越来越多的消费者选择在网上搜索和购买产品与服务，销售人员能够见到潜在客户的机会变得越来越少。以前，销售人员能够通过聆听客户问题与评论，观察他们的肢体语言来判断他们对产品的反应，并最终判断他们是否决定购买产品。而如今，销售人员只能观察客户或网站访客的数字肢体语言来判断他们是否准备购买，并协助他们完成购买。举个例子，如果一位客户多次反复访问一个网站，下载了三张空白表格，他的同事也访问了同一网站，这说明该客户已经处于购买过程中的进一步的信息收集阶段。这时，发送屏幕信息、派遣虚拟助理、发送邮件或打电话能够帮助其完成购买。我们将在第 21 章对数字肢体语言进行更为详细的解释。

我们忽略了大部分潜在客户

可悲的是，大多数潜在客户都在我们不注意的时候从地板缝中溜走了。B2B 市场上 80% 的商机都没能得到跟进，而在剩下 20% 已跟进的商机中，也会有 70% 因销售代表太快拒绝而失去（事实上，大部分潜在客户在 24 个月以内都向竞争对手购买了同样的产品）。准确地说，企业辛辛苦苦挣来的商机，只有 6% 能够真正得以实现。

伍兹（2009）

销售团队管理

销售人员的类型

有些销售代表很善于赢得新客户（即拿到订单并且积极扩大业绩的人），并认为与赢得新客户的东奔西忙比起来，为现有的客户服务显得多么枯燥乏味。而有些专业的销售人员，却秉持一丝不苟的专业精神去认真对待现有客户（即拿到订单但没有积极扩大业绩的人），他们表现得十分专业、礼貌、富有感情，以至于他们在客户身边建立起了一道"爱的围墙"，阻挡了外界的竞争。在现实生活中，大多数销售人员需要同时从事这两种工作。希夫·马图尔（Shiv Mathur）在某一篇精妙的论文中提到了"交易转移"的概念，认为处于生命周期不同阶段的产品，需要不同类型的营销经理（与销售人员）的服务支持。

在人们都使用社交媒体、语音信箱等非面对面、非个性化的社会中，能够面对面进行交谈或进行个人销售将会给消费者带来安心、个性化的感觉。同时，销售人员还可以根据消费者不断变化的需求和心情马上做出回应，并立即从消费者或市场反响中获得反馈。另一方面，打造销售团队成本昂贵，不仅有较高的千人成本，而且从每订单成本的角度考虑也不合算。打造销售团队是否合适主要取决于订单规模与获利率、客户距离远近以及所需进行的会议次数等。

而销售团队经理的主要责任是招聘、培训、激励、控制与收集反馈。

目前，作为一个销售员，我的工作有所改善

当我是一名自由的销售代理时，我掌管着一个区域……如今，电脑会向我建议应该给谁打电话……我的电子销售助理会提醒我应该问什么问题，说什么话…… 我的经理知道我在哪里。我计划花费一半的时间在培训课程上……而我每年销售业绩却能提高 30%。

一名家用电器主管

招聘

确定销售团队合适的规模和结构是至关重要的。最佳的打电话频率是多少？谁要为客户提供服务？随着企业的发展或不断变化，销售团队及其职责也会随之改变，销售团队损耗在所难免。有的销售人员离职去了其他公司，有的得到了晋升，还有的退休了或被解雇了。这都意味着招聘是一项需要持续投入技巧、资金和时间的过程。招聘合适的销售人员需要对资源耗费进行管理。纽约销售与营销协会曾提出，71% 的消费者仅仅因喜欢和信任某位销售人员而购买产品。而三分之二的消费者会因为销售人员对工作缺乏兴趣、关注或沟通而更换供应商。因此，如果招错了人，企业非但不能提高销售，还可能会降低销售。要维系优秀的销售团队，很大程度上取决于企业培训、激励、控制与反馈的程度。

制造农场动物般的噪声——销售培训

想象一组人环绕房间边走边发出农场动物般的噪声，并试图在蒙上眼睛的情况下围成一个圈。这就是某个现场营销团队严格的选拔过程之一，这个团队的任务是帮助市场主导者联合利华公司发布某一零食系列产品的新品种。顶级的营销公司发现，它们在选拔与培训方面花的时间越多，结果就越好。培训准备十分严格，包括如何应对诘问者的问题。这样，当秘密购买者去检查团队时，留给他们的机会几乎为零。

培训

培训必须是一项持久的活动，而非一蹴而就。这就如同人们需要勤动脑，才能更好地思考。托尼·布赞（Tony Buzan）曾在其经典著作中强调，思考是一项技能，需要发展与训练。从根本上说，专业的销售人员需要掌握并具备三种知识和一种技能（即销售能力）。而这三种知识分别是：

- 产品知识（营销组合、产品特性与优势、特殊卖点）；
- 市场知识（消费者与竞争对手）；
- 企业知识（历史、结构等）。

掌握销售能力的 7P 方法

销售分为不同的阶段，7P 方法涵盖了掌握销售技能的不同方面。

- Prospecting：潜在目标（寻找潜在客户）。
- Preparation：准备（确定目标，持续进行消费者调查）。
- Presentation：展示（产品展示、讨论）。
- Possible problems：可能存在的问题（处理质疑）。
- “Please give me the order”：“请给我这笔生意”（销售结束，获得订单）。
- Pen to paper：落到纸上（定期记录相关细节）。
- Post-sales service：售后服务（建立关系）。

如今，越来越多的销售额来自老客户，现有客户的重复购买在显著增加。无论是现任雇员还是前任雇员都能帮助企业争取新的订单。例如，麦肯锡咨询公司就建立了前任雇员网络，而这些前雇员能够帮助其拓展新客户。同样地，普华永道（PwC）公司也发现其 60% 的新客户是来自前任雇员或是通过前任雇员的介绍联系的。

每一阶段都需要一定量的训练和练习。训练还应该包括非销售活动（信息收集、时间管理和个人费用控制等能力）。准备是一个持续的过程，首先需要对客户的生意、业务、目标进行初步分析，明确它们真正想要实现的目标是什么，以识别迫使他们采取行动的原因是什么。事实上，大多数 B2B 市场的销售人员都需要进行大量的需求分析，分析客户所处的情势，包括其需求、利益、障碍以及发展方向。另外，还要对客户的决策单元进行详细分析，确保销售人员能在最恰当的时候向相关决策影响者传达信息。对客户的经济状况、资金来源以及决策单元也需要进行仔细分析。最后还要完成一份风险分析报告，明确可能发生的问题、问题来源以及可能带来的影响。

用出奇制胜的问题（质疑）来赢得销售

朱莉说："我不喜欢你穿的衣服，你赚钱也不多，开起车来像疯子一样。"

这在弗兰克听来就是："我不喜欢你穿的衣服（购买标志），你赚钱也不多（购买标志），你开起车来像疯子一样（购买标志）。"

于是弗兰克回答道："要是我让你帮我挑衣服，赚钱比现在多一倍，而且答应再也不超速行驶，你愿意嫁给我吗？"

弗兰克·帕塞塔·施乐（Frank Pacetta Xerox），销售经理

激励

保持销售团队的工作积极性是销售管理的重要组成部分。

激励工作可以很简单，只需将每位销售人员每月的销售业绩打印出来，在整个团队里传看即可。这一方面会使他们展开竞争，让他们彼此间不再分享观点、客户、商机甚至营销技术。但另一方面，这也可以让所有人将注意力集中在销售目标上，同侪竞争将会成为努力工作的动力。销售经理的工作就是要鼓舞士气，提高团队凝聚力，鼓励大家各抒己见，做到毫无保留。

心理收入往往比经济收入更能调动积极性，比起传统的经济补偿，公司也不用花费任何成本。心理收入满足了人们更高层次的需求，如感到被重视、被承认，感到受到奖励或挑战。

这就是心理鼓励的力量。一张 1000 英镑的支票只能用在还信用卡透支或还贷款这种无聊的事情上。但是，如果把这 1000 英镑花在双人度假或是一件沃特福德（Waterford）水晶器皿上，就能时刻提醒自己在工作上所取得的成就。哪怕只是拍一下肩膀、一张感谢字条、一个纪念晚会或是报纸上的（或年报上）一张照片都能唤起人们的成就感，满足人们需求层次金字塔中更高等级的情感需求。而将 1000 英镑花在乏味无聊的事上面，只会满足人们那些单调乏味、很快就会遗忘到脑后的低级需求。人们会很快遗忘奖励本身，但是心理收入却会停留很长时间，起到更好的激励作用。

心理收入——跟杰克·尼克劳斯一起打高尔夫球

Maritz 公司深谙心理收入激励法，公司甚至会发放列有马斯洛需求金字塔形状的镇纸。公司为员工设计专属奖励，每个人都可以选择自己喜欢的一种奖励方式。这些奖励包括月球之旅、乘热气球飞越勃艮第葡萄酒庄，以及跟杰克·尼克劳斯（Jack Nicklaus）打高尔夫球。当你达到第 18 洞时，还会发现旁边由脚手架搭成的舞台上有一支 80 人的乐队，演奏着你想听的音乐。

销售年会也是一种很好的激励员工努力工作的方式，同时也是员工分享观点（推销方式竞赛）、发现并解决问题、改进技术、承认并奖励工作业绩的良好平台。年会还应该营造出一种

轻松愉悦的气氛，在全公司营造出愉快工作的环境。

控制

对销售团队的控制包括分析营销的以下方面：

- 产品；
- 市场或地区；
- 销售人员。

销售还可以按照利润率或是每份订单给公司带来的整体利益来进行分析。这能够鼓励员工积极销售那些高边际利润的产品或服务，而不是退而求其次，总是一味地给客户打折或是销售那些更易卖出的低边际利润的产品。

企业往往选择成本、销售额、赢得的新客户数量、失去的老主顾数量、客户质量（规模与信用程度）等作为销售考核底线。进一步分析表明，订单数量（以及订单平均规模）、电话–订单比率等数据也适合作为衡量标准。甚至行驶千米数也能说明一些问题，它显示了销售人员是竭尽全力推销的，或是还有提高的空间。好的计划能帮助企业进行更好的控制。

适当的销售预测为业绩衡量提供了目标与标准。销售人员可以每月对每位客户做出销售预测，并将所有预测结合起来形成整个销售团队的预测。最终的预测可以再进行修改，例如调低预测以降低目标数字，减轻销售人员的压力，让他们更容易达到自己每天、每周、每月、每季度和每年的营销目标。还有更多更复杂的预测模型，加入了更多的影响因素，例如价格、竞争者、经济状况等。

典型的量化衡量标准为：

- 销售量与潜在销售的比率；
- 销售成本与销售额的比率；
- 客户数量与地区全部潜在客户数量的比率；
- 电话频率（即打电话的次数）除以总客户数以及销售人员打过电话（或拜访过）的潜在客户数。

时间——稀缺资源

每位销售人员至少平均要花 10% 的时间在面对面销售上。剩下的时间都花在了填写表格、外出拜访、预约时间、出席内部会议等上。这难道是时间这一宝贵资源的最佳用法吗？当然不是，因此很多企业使用其他传播工具（如直接回应广告或邮寄广告）来提高消费者的咨询率，将咨询按照质量进行评估分类，分别归为“热门、中等、冷门”三类咨询。在线表格或是线下电话购物的销售团队可进一步按照客户订单的紧急程度、严重程度进行分类（更多案例见第 17 章），还可以精心设计预约，并保证缩短不同预约之间的时间差。

通过打电话和进行私人拜访相结合的方式服务于当前客户，而不仅仅是单纯拜访。这种方式能减少销售人员的拜访频率，增加电话沟通的频率，从而保证更高的工作效率。具有普遍性的电话拜访与个性化的登门拜访有着很明显的区别。比起推销拜访对自己的打扰，有的客户更喜欢礼貌的电话（“我们只是打来看看您是不是一切都好，我们有什么能帮您的吗？”）。这种方式最大限度地避免了双方的时间被浪费，同时又保证了消费者的售后服务。在电话拜访与登门拜访之间取得平衡对企业而言很重要，竞争无处不在，每天都有可能敲响客户的房门。最优化的电话频率需要企业进行仔细规划和设计。

扩大销售队伍

销售团队的类型

三大资源（人员、资金、时间）对每家企业来说都是有限的，而销售对这三种资源都有所耗费。销售团队的类型可以有多种组合。企业内部的电话销售团队可以充当一线销售团队的后勤支援队伍，协助其进行预约、招揽客人等工作，让一线销售人员有更多的时间去做他们最擅长的销售工作。企业还可以把资源分配给代理机构、分销商、批发商、零售商及其员工，使其成为销售团队的延伸。同时，企业还可以临时组建一支销售团队，负责招揽、预约、外出推销、派发免费赠品等工作（见下文“现场营销”）。销售团队组合并没有一个统一的标准。在商业轮胎市场，有一家企业每年每位主管平均打 200 个电话，而其最大的竞争对手达到了 1600 个电话。这家公司把重心放在大型客户上面，并利用代理机构为独立贸易商提供服务。而其竞争对手则直接向各种规模的消费者进行销售。两家企业都有很高的利润率，两者的销售管理都很有效率。

正确而行之有效的方法当然是时刻保持每种销售团队组合的效度（消费者满意度、销售额、市场份额、利润率）以及效率（电话数量、每次通话的成本、问询者转为消费者的转化率等）。企业总有进步的空间。

对企业而言，尽管拥有自己的销售团队成本会很高，但它确保了企业对招募、培训、激励的直接控制。

现场营销

企业可以雇用临时销售团队处理特殊活动或一些常规的重复工作。与企业内部全职销售团队相比，这些临时团队具有低成本、灵活、业绩可以直接衡量等优点。如果企业不局限于一支团队只负责一个特定产品，而是采用联合营销或是团队共享等方式，那么成本将会得到进一步降低。当然，这种方法也存在风险，尤其是当销售人员存在强买强卖、错误展示甚至待人粗鲁等情况时。企业应加大考核、监督力度，提早发现这些潜在的问题，把它们扼杀在摇篮中。现场营销通常为 FMCG 或冲动消费品生产企业所使用，但也可以为更广大范围内的企业所采纳。

典型的现场营销活动包括以下几种。

- 向独立零售店进行推销，例如现场营销团队会在每年的 1-3 月向 18 000 余家零售店推销圣诞慈善捐助卡片。
- 经销与展示——在零售店和其他工厂店中展示货物和进行广告宣传。例如，社会保障局家庭信用部门在 14 天内将其宣传材料发放到 25 000 家新闻机构及医疗单位。
- 样品与促销——在商业区、超市、全国性活动或会展上派遣宣传团队（例如百事可乐挑战团队）。
- 对货架陈列（包括超市正对消费者的货架数或能被消费者直接看到的产品数）、贮藏能力、店内位置等进行市场调查。

- 监管客户关怀与售后服务——雇人扮演客户，观察服务质量，将店内服务质量和客户关怀细节反馈给公司。

现场营销的主要优点是可以扩大与消费者的接触面，又不会增加全职销售团队的成本。缺点是除了需要支付费用，还需要进行培训和激励，持续进行控制和反馈，以发挥其最大作用。

电话营销

除了直销，电话营销常常被用来进行预约、消费勘察、建立或整理客户名单、市场调查、消费者服务甚至股东沟通等工作。呼出服务团队负责打电话，而接线团队则负责接收客户来电，这些来电通常是被列在直应式广告、邮寄广告、网站等处的 0800 电话、免费电话、地方电话、标准电话或“附加费率”电话（有“自动结算”功能，用话费产生的利润支付其他成本）吸引而来的。电话营销团队每天可以根据前一天的销售情况做出调整，第二天就能测试前一天写好的电话营销台词。

电话营销是联络策略的组成部分，这一策略还包括邮寄（信件、宣传手册或优惠券）、电子邮件和登门拜访。同样地，电话营销也可以通过调查来确定哪种联络策略是最佳的，例如，即时需求较小的客户可以向其邮寄宣传手册，电话营销则用于即时需求大、想要进行预约的客户。那些不太紧急的客户在收到宣传手册后开始产生购买欲望，这时营销宣传就进入了下一阶段。在这一阶段，可以通过数据库辅助电话营销的展开，总电话数、每人每小时电话数、客户转化率、信息收集最低限度等详细目标也应取得一致，并得到确定。

此时，销售和营销需要再次紧密合作，电话营销经理需要了解邮寄什么时候发出、销售团队何时有空接受预约。宣传脚本不仅要突出产品的特色、优势以及特殊卖点，还应该包括开放性问题、展示、处理质疑以及完成购买的技术。接下来，电话营销团队可以进一步精简和培训，名单、脚本、营销诱因、价格和时机都能够被测试。这些测试结果将被企业严格监控，并开发出全方位的最佳电话营销活动组合。另外，这些测试结果还将被用于分析，以便在过去的成功经验的基础上，建立可持续发展的电话营销。

电话营销从千人成本的角度来看，是一种成本很高的提高感知度的方式，但是这一方法灵活快速，如果消费者群体选取得当，那就可以节约相当大一部分成本。通过电话以及少量的亲身拜访，电话营销可以维持与消费者之间的关系，从而降低成本。

多层次营销

多层次营销是一种通过自营推销员网络直接向客户销售产品的系统。制造商雇用分销商，分销商反过来招募（或赞助）更多的分销商。每个分销商都享有一定程度的折扣（取决于货物规模）。分销商通过向自己招募的其他分销商推销商品来赚取利润；还可以通过分销网络或供应链获取整个网络全体分销商总利润的一部分。

多层次营销又称网络销售、零售网络或金字塔营销。一些企业证明了，网络销售可以作为一种合法而成功的营销方法。金字塔营销的形象则比较恶劣，因为该词往往被恶意使用，新加入的分销商常常冲着巨额回报而投入了很多资金，但最后货卖不出去，血本无归。与此同时，这些销售系统通常利用个人关系和人际网进行销售，销售人员往往将自己所有的亲朋好友（或任何曾与他们联系过的人）视为推销对象。使用此种方法的企业往往发展成为一种企业传销。因此，尽管这种方式在美国取得了成功，但它在人们心目中的形象还是很坏。

1997 年的《交易计划法》最高允许收取 200 英镑作为分销商的首次加盟费。此后，分销商可以以批发价进货，保证其后期销售时有足够的盈利空间。不满意可以退货（要返回 90% 成本）。任何培训费用都要白纸黑字规定得清清楚楚，培训不得强制参加。

尽管采用多层次营销的企业需要支付佣金，这有可能会增加运营成本，但其好处是可以在没有直接成本的情况下建立一个大型的分销系统，而其缺点就是某些国家不能接受多层次营销，甚至禁止任何形式的"金字塔营销"。

联盟营销

尽管不需要雇用其他销售人员，但联盟营销通过在线多层次营销的形式来扩展品牌的覆盖率。专业联盟营销机构只收取佣金，它们往往有方法与特定社区或目标市场建立联系，并引导访客登录品牌网站，访客每购买一件产品，联盟营销机构就能获得一份佣金。常用的联盟营销方式包括标题广告（由品牌提供）、电子邮件、PPC 广告。

很明显，这一理念几乎没有风险：

- 联盟网络通过标题广告、PPC 与邮件为客户网站增加了点击率；
- 联盟网络通过追踪代码时刻监控网站访问情况，并提供相关记录报告；
- 佣金的支付取决于双方商议：可以以访问量、商机或问询数、实际销售额等方式进行衡量，例如，如果将客户转化率作为目标，那么没有销售额，就没有佣金；
- 营销人员唯一的投入就是：
  - 吸引联盟营销机构的企业或产品宣传册；
  - 提供标题广告以便联盟企业使用。

联盟营销本来是通过线上或线下的俱乐部、协会、网络等机构来进行营销。网络中的成员、俱乐部会员或协会会员往往会信任组织内提供的信息。例如，一家保险公司会鼓励某家足球俱乐部的成员购买信用卡。球迷每买一张卡，俱乐部就获得一份佣金，俱乐部会员也会获得折扣或是小礼物（价值 2 英镑的俱乐部定制棒球帽也许效果更好）。保险公司也可以在网上进行这一工作，网上营销规模将更大，还能接触到更多的俱乐部、协会和社区。除了刺激销售外，这一活动还提高了品牌感知度。事实上，联盟营销能够将品牌广告散布到上百乃至上千个网站，万豪酒店（Marriott）就是通过北美最大的联盟营销平台 Commission Junction 在 700 多家高相关度网站上发布了广告和特别宣传。

据统计，亚马逊公司大约有 40 万家联盟机构或企业，这些企业允许亚马逊在自己的网络上销售图书。一家骑马俱乐部的网站允许亚马逊在其网站上植入与骑马相关的书籍的广告，消费者可以直接点击该网站上的亚马逊购买链接进行购买。该网站推荐给消费者的都是最相关的书籍，网站也因此得以提高价值，卖书成功的话，还可以获得佣金，这是一种互利共赢的局面。对网站经营者而言，这种方式没有风险，不需要进行投资，也不需要物流配送耗费资源（包括配送、邮寄、包装、发票等），配送工作则完全由亚马逊来完成。

优点与缺陷

联盟营销扩展了品牌的覆盖率，在成百上千网站（及搜索引擎）上进行宣传，创造销售额后只需支付佣金（大约 30%）。然而，联盟营销可能会转移了品牌自身的网站流量（可能远远大于品牌自身的覆盖）。大量使用 PPC 广告有可能推高品牌自身的竞标价格。有的品牌对联盟 PPC 营销使用自身名称有严格的规定。品牌必须检查联盟网站的质量、联盟网站是如何描述自己的品牌的，以确保对品牌形象没有损害。联盟营销有两种类型：内部联盟项目与联盟网络项目。企业不仅要弄清品牌得到了怎样的描述，也要看品牌在与辅助网站的竞争之中能否有效吸引访问量。

内部联盟项目

有的品牌拥有自己的联盟网络。亚马逊有 40 万家合作伙伴在其网站上植入亚马逊的相关广告，引导访客购买，同时也为自己创造一个稳定的收益流。许多知名品牌在其网站中将联盟营销称为“联盟项目”“协同项目”“转介项目”“合伙人项目”，详细解释了联盟营销的相关细节（包括加盟、记录、可用的广告以及佣金支付频率）等，佣金从 5% 到 30% 不等（如图 12-1 所示）。

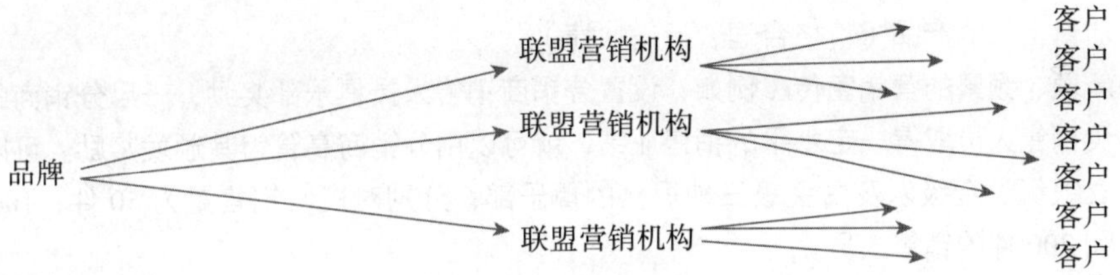

图 12-1 内部联盟项目

联盟网络项目

联盟网络中包含很多联盟项目（如图 12-2 所示），但都归同一家公司进行管理，如 Commission Junction、Affiliate Future、Trade Dounler 以及 UK Affiliates。许多企业想要进行联盟项目，但不想亲自管理（要解决佣金、支付、质疑等问题），亲自管理意味着需要花费更多的时间、金钱与精力。像 Commission Junction 这样的联盟营销网络会招募新的相关宣传方（网站），负责检验每家新联盟企业的信誉，并激励当前已经加入的宣传方（网站），鼓励它们去改善业绩，提高销量。有的联盟网络收取固定的加盟费（最高可达 2000 英镑）以及每月的管理费，企业需要向联盟机构（宣传方）支付佣金，还要向其最高的联盟网络支付佣金（为联盟佣金的 20%）。例如，如果产品售价为 100 英镑，30% 为佣金，即 30 英镑。企业还要向联盟网络支付 6 英镑（30 英镑的 20%），一共支付 36 英镑佣金。

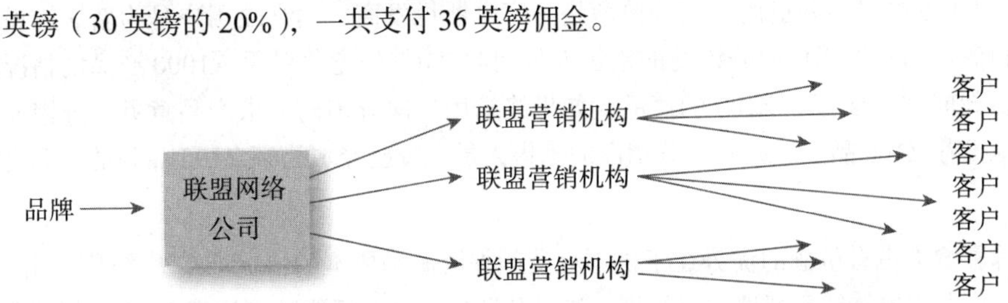

图 12-2 联盟网络项目

这种方式包括三方面：商家（品牌拥有者）、宣传方（联盟机构，如网站所有者）、联盟网络（如 Commission Junction）。举个例子，零售商 Argos（商家）通过 Commission Junction（联盟网络）合作的多家联盟机构来覆盖不同的目标市场。例如，Argos 可以将其平价家具广告投放到学生网站上（宣传方），将野营器材广告投放到节日网站（宣传方）上，Commission Junction 的网络中就包含了 16 000 家这样的联盟机构。

分销商销售助理

无论是 B2B 市场还是 B2C 市场，大多数品牌都将产品卖给分销商，分销商卖给批发商及最终用户。赢得分销商意识中的品牌影响力占有份额无疑是销售团队管理的重要一环。品牌影响力占有份额是指分销商销售团队给予某一供应商产品投入的注意力与精力。分销商通常会有好几条产品线，分别对应着不同乃至互相竞争的供应商。品牌影响占有份额的理念旨在将分销商的销售团队发展为供应商销售团队的延伸。

所有的供应商都希望分销商能够将其品牌推荐、推送给目标客户。品牌影响占有份额可以通过与分销商建立并维持合作伙伴关系来获取，双方在此关系中能够互惠互利。这意味着制造商必须提供：

- 质量上乘的产品（价格合理、运送快捷）；
- 新颖、频繁的营销宣传（例如，设置分销商销售人员俱乐部奖励，一旦分销商的顶尖销售人员取得一定水平的销售业绩，就可以由分销商高管为其颁发奖励。可以设立银级、金级以及白金级三种规格的俱乐部，分别对应着销售量为 50 件、100 件和 200 件的销售人员）；
- 进行产品培训；
- 联合拜访（制造商和分销商共同拜访最终用户）；合作广告（分销商在宣传双方产品时，制造商分担分销商的广告成本）；
- 提供商品推销、展示服务。

并不是说商品一经销售人员推销就能卖出，要想获得分销商的品牌影响力占有份额，企业需要把眼光放长远些，而从长期来看，品牌影响力占有份额又会为企业带来持续的利益。企业管理者必须具备合理的时间观念和有效获取分销商注意力的策略。

美国营销咨询公司 Richmark 集团指出品牌影响力占有策略要比基于产品特性的营销策略或是传统的市场策略更加有效。制造商若能成功实施这一策略，就能够确立其市场地位，竞争对手几乎不能与之比肩。品牌影响力占有份额可以彻底摧毁对手的任何营销传播手段。假设有一家生产 Z100 电线的制造商，其分销商是一家电器批发商，其终端用户是为新居铺设线路的电器承包商。当终端用户向分销商的销售人员问起 Z100 的竞争对手 A1000 产品的情况时，该销售人员却向客户推荐了 Z100 的产品。如果终端用户向分销商征求产品意见，分销商也会毫不犹豫地推荐 Z100 品牌。此时，分销商的销售人员无疑已经成为了 Z100 品牌的“非官方”销售团队。

品牌影响力占有份额的优势在于再不耗费额外资源和成本的情况下扩展了销售团队。但其缺点是，企业需要持续不断地进行培训、激励和监控。企业还要特别注意 2011 年新颁布的《新贿赂法》。

优势与劣势

以下是企业在决定是否增加或减少营销传播工具使用时需要考虑的优劣势。

优势

经过培训和激励，销售人员将非常善于把企业的关键信息传递给消费者。但企业信息也可能在短时间内会发生变化（这需要投入更多的培训）。如果产品或服务需要进行个性化的产品展示，那就得增加对销售人员的投入，而不仅仅关注广告投入。B2B 市场在销售团队上的投入要远远大于广告的投入。另外，销售人员还要善于收集信息和市场调查，与客户建立关系以及，没错，完成销售任务。

劣势

销售团队传播信息的速度与广度达不到广告、赞助、公关或病毒营销那样的程度。销售团队需要企业投入更多的资金和精力进行培训、激励和监督。而作为品牌宣传大使，销售人员的培训必不可少。从千人成本的角度看，销售团队不敌广告、赞助或公关，但从每订单成本来看，销售团队比任何营销传播工具都更具优势。

总结

销售团队是企业成功的关键营销资源之一。销售团队与营销人员必须紧密合作，进行系统规划，共享信息与商机。企业管理层需要条理清晰地对销售资源进行管理。企业有很多种方式对销售团队进行扩展：包括使用内部销售团队、现场营销、多层次营销、联盟营销以及利用品牌影响力占有份额获取分销商的销售团队。

新营销箴言

◎ 销售团队有不同的类型，包括内部团队、电话营销团队、多层次营销、联盟营销、分销商销售助理等。

◎ KAM 需要一系列管理能力，包括顾问式营销。

◎ 管理一支销售团队需要进行招募、培训、激励、监督。

第 13 章　线上、线下广告

过去五年来，广告界经历了翻天覆地的变化，甚至对广告本身的性质都提出了挑战，广告内容更多地包含了对话、社交媒体、用户生成内容，还整合了一系列新颖巧妙的消费者沟通方式，包括场景广告、行为广告、地理位置定位广告、用户生成广告、长式与短式广告、App、社交电视、后现代广告，当然还有那些优秀但会引起争议的广告。本章将讨论这些广告，通过两个案例来展示常规的电视广告策划与社交媒体驱动的电视广告的制作过程。

难道广告到了终结的时候了

如今有许多评论家认为，广告已经走向终结了，著名营销专家雷吉斯·麦肯纳（Regis McKenna）曾宣布，我们正在“见证广告的消逝”。最近，有些营销者提出以定位的服务将取代企业对广告的需求。广告未来的命运与大众媒体的发展息息相关，大众媒体日渐式微，广告是否会消失也就成为人们争议的话题。如今，大众媒体已经分化为不同的部分，有 200 多家电视台、数百万的网站、呈爆炸性出现的新杂志和广播电台。WPP 集团的苏铭天（Martin Sorrell）曾说过：“媒体大众现在越来越难以吸引人了。”因此，有预测指出，当前依靠大众媒体的关注获取利润的华丽广告也将走向末路。

谷歌公司 CEO 埃里克·施密特先生在 2009 年提出了第一个观点，而后一个说法则是约翰逊在 1759 年《漫步者》（*the Idler*）中提出来的。有人认为广告业能够经受住时间考验。虽然广告确实可以将复杂的销售信息简化压缩成能够引起人们共鸣的 30 秒钟复杂的广告，但媒体种类的爆炸性增长却使人们意识到 30 秒钟的广告不再是万能的解决方法。当然，设计精良尤其是整合了社交媒体在内的广告仍然发挥着不可忽视的作用，若能做到精准定位市场，消费者也会买账的。

尽管现在电视台、报纸和电影仍需要广告来填充节目与节目之间的空白，但媒体提供方仅仅通过出售广告位获利的时代已经一去不复返了。“营销人员不仅需要媒体所有者有创意地使用媒体推广广告信息，同时还需要媒体与消费者建立更加稳固的关系，以销售出更多的商品。”当前，业内对“广告商”的看法和感知都发生了转变。干扰式营销（对着消费者吆喝的广告）日益衰落，营销策划渐渐将重心从千人成本、页面阅读转向与消费者互动、在线交流等方面。消费者愿意参与那些与他们价值观相符的广告活动，只有当消费者对相关信息产生兴趣并愿意与他人分享时，他们才会从心底真正希望获得这些信息而非被动接受。虽然广告即将消亡的说法甚嚣尘上，但广告本身并不会消失，它只是改造了自己，以更好地适应社交媒体时代的需求。场景广告、行为锁定、定位广告都是广告业自我改造的成功典范。

媒体所有者与广告商都提高了创新意识，有时甚至会别出心裁。他们了解消费者对互动和参与的需求，也在自己的广告策划中尽可能多地加入互动和参与环节。这在社交媒体整合、新型广告类型（见下文）等方面都有所体现，可口可乐公司锐意创新，不再依赖传统广告，而是在品牌的娱乐效应方面加大投资，这都是增强与消费者互动的体现。可口可乐等企业将品牌自身作为基点来建立营销网络，利用品牌知名度推广产品，并完善广告内容，加强与媒体公司的合作。这种理念被称为“品牌娱乐”，像可口可乐、耐克、Orange、梅赛德斯-奔驰等企业也将品牌与体育、娱乐、音乐、旅游、博彩等不同领域进行融合。

新型广告

消费者还是需要通过与生活息息相关的广告来传递信息、提供娱乐甚至发出挑战。毕竟，广告本身不仅能发挥传递信息、说服人心以及重复提醒的作用，还能够做到快速建立品牌、打造感知、培养品牌－客户关系，而且这一切都是在可控的环境下进行的（对比一下公关、赞助、社交媒体企划等项目，这些方式五花八门，但缺乏可控性——详见第 14 章）。因此，尽管未来势必会发生一些变化，整合广告的前景仍然看好。这也意味着管理者依然需要具备广告策划的能力。我们讨论完广告的新类型，再来回顾这个问题。新型广告包括以下类型：

- 场景广告与行为广告；
- 地理位置定位广告；
- 用户生成广告；
- 长广告；
- 短广告；
- 赞助电视节目；
- App 应用——新型广告；
- 整合手机、App 应用、电视和社交电视；
- 后现代广告；
- 创意广告。

场景广告与行为广告

营销人员现在已经摆脱了市场细分与目标客户（如 18 ～ 25 岁的 ABC1 类人）单一分类的限制。除了年龄、性别、地点、工作单位与大学，今天的营销人员还可以按照实际行为、兴趣、爱好（根据其关键词确定）来划分消费者。目标标准一旦确定，Facebook 就能显示出符合要求的用户的大致数量。

其他线上机构（如报纸），如今也能够根据读者阅读的文字、所在的页码以及浏览这些页面的频率，在线提供最相关的广告信息，并能根据消费者的动态状态以及 Facebook 上更新的状态来选取广告。例如，一人在其朋友圈中宣布自己即将结婚或将状态更新为“我要结婚了”或是“我已经订婚了”，那就会收到有关婚纱照、西装租用、豪华轿车、浪漫蜜月之旅甚至单身派对的广告。这就是场景广告。

这种方式也称为行为锁定。举个例子，一名住在大城市的23岁男性在网上竞拍汽车，微软公司很可能就会向他推送一则Mini Cooper汽车的广告；而另一名住在郊区的40岁商人，有家有室，收到的广告就很可能就是三排座家庭轿车。

这一切使得广告业变得妙趣横生，广告能够更加贴近消费者的居住环境，这种方式也称为地理位置定位广告。

地理位置定位广告

一段时间以来，人们已经实现根据地域特色设计专属广告，通过谷歌、Facebook等平台在线发送。这种方式称为地理位置定位，消费者所在的地理位置一方面可以通过其网络服务商的定位来确定，另一方面也可以根据其填写的包括家庭或办公地点的注册信息来确定。不同的是，定位广告可以利用手机中的定位追踪技术来确定目标客户的位置，向其推送与其所在方位最相关的广告信息。地理位置定位广告有很多种，手机短信广告也是地理位置定位广告的一种。地理位置定位广告通常是由媒体公司负责推送，对象为符合以下情况的消费者：（1）注册同意接受相关广告（注册时同时开通手机服务）；（2）在某一特定地点。爱好电影的消费者路过电影院，可能会收到免费软饮料、预告片下载或是半价电影票等优惠的信息。当消费者处于某一特定位置时，地理位置定位广告就会向客户推送相关广告。例如，18至25岁之间、喜欢健力士啤酒的男性光临某一特定区域的酒吧时，侍者可能就会向其提供一杯免费啤酒。

SocialMedia.com的共同创始人赛斯·高汀在科勒的一次专访中提道："人们常常谈论地理位置定位广告，但是事实上定位的存在已经使广告失去了意义。试想一下，企业知道消费者所在地，也知道他们与品牌有物理接触，那么根本不需要通过传统的大众媒体渠道就能吸引他们。"餐馆、酒吧或夜总会都能够推动消费者在畅享免费赠品的同时，与亲朋好友分享自己的所在位置，试图将朋友吸引到同一个地方来。还有的消费者希望知道朋友在附近的什么地方喝咖啡——只要他们的朋友乐意让朋友圈看到自己的行踪以及和谁在一起。

与自己的朋友分享位置信息将会变得像在朋友圈更新状态一样轻松容易。

麦当劳的地理位置定位系统

麦当劳正在与Facebook合作，开发属于自己的地理位置定位系统，该系统将保证消费者在餐厅就餐的同时能够将菜单分享给好友。活动企划将先在消费者中间试行，并在Facebook将品牌整合到系统中后正式上线。

将地理位置与虚拟分享应用进行整合会带来巨大的社会影响，也会给营销应用带来巨大的改变，品牌可以将其地理位置转化为媒体渠道，与Facebook庞大的社交圈直接建立联系。

科勒（2007）

地域位置定位广告的简化版也能够加载到其他媒体载体上。例如，如果地方报社将邮编作为用户注册填写的一项，在某一邮编区域内，大约有一万名读者，该地区的餐馆就可以直接向这一万名消费者发布广告、提供特价优惠。报纸仍然可以涵盖国内外以及地方新闻，但只提供当地相关的广告。正如科勒所说："我们所要的并不是宣传地方新闻，而是激动人心的本土广告。"

有趣的是，许多网页横幅广告现在已经变成了"交易横幅"或品牌应用，消费者能够直接通过横幅购买商品而不用离开他们所喜爱的页面跳转到另一个网站。Facebook在线的消费者可以直接在Facebook上订比萨饼外卖。

某一类型的消费者的市场定位将会更加精准，同时又会更加灵活，既可以使用每点击成本，也可以以客户印象或是千人成本作为标准。

毫无疑问，我们需要更多的创新思维来打破常规，提高消费者的参与度，培养并建立客户社区。在第1章中，我们讨论了业内对创新意识的需求。企业将会创造更多的用户生成广告、更多的App应用、电子游戏；打造更多的虚拟世界、大型多人在线角色扮演游戏（MMORPG）、智能媒体单元、长广告、短广告（仅一秒）、后现代广告以及那些一直饱受争议的广告。下面让我们一起来分析这些不同类型的广告。

用户生成广告

在第1章中，我们用参与度之梯阐释了UGC是如何在消费者参与方面增加一个新的维度的。雪佛兰的Tahoe汽车是这一理念的开创者，其品牌成功地在美国超级碗比赛中插播了一条用户生成广告。由于用户生成广告使用了神奇的公式（可以识别客户需要并回应和传达给他们），让人们感到不可思议，因此在业内越来越受到欢迎。在此过程中，无论是电视广告还是纸质广告，用户（客户、潜在用户，有时甚至包括非潜在用户）都会被邀请参与到广告的创造中。公关机器充当幕后推手，进一步推动品牌在消费者中的口碑传颂，最终将消费者口口相传的选择集中在某一产品上。社交媒体社区不仅接受这种口碑流传的方式，还会进一步扩展其宣传范围。当然，这种方式也存在着不足之处，那就是一旦出现关于品牌的负面广告，其负面影响也会在公众中传播开来。尽管企业可以进行及时调整与更正，但对于以社交媒体方式为主的宣传方式而言，企业最好做到公开透明。UGC所创造的其他饶有趣味的广告创意，还包括UGC电影与UGC长广告。

长广告

长广告能使品牌从众多同类产品中脱颖而出，其成本并不比传统的30秒或60秒广告高。其优点在于：首先，长广告可以重复利用；其次，它对媒体位置的需求没有那么大。耐克公司曾制作了一个三分钟的广告，其中利用了运动鞋发出动感的音乐鼓点。Waitrose的迷你美食节目在整个三分半钟的广告时段里插播了名人厨师的厨房小技巧。Absolut Vodka以歌手Jay-Z的生平为背景拍摄了纪录片*NY-Z*；卡夫食品公司希腊分公司的巧克力品牌Lacta为网上销售宣传拍摄了长达27分钟的电影宣传片，从而引起了广泛关注，并得以在地方电视台免费播出。长广告的一个延伸是赞助电视节目（过去曾有著名皂粉品牌赞助播出电视剧，因此“肥皂剧”一词应运而生）。

Lady Gaga九分钟广告与产品定位

Lady Gaga的九分钟视频中包含了维珍手机、Wonder面包以及Miracle Whip等品牌的产品植入，在YouTube上获得了2800万次点击，在MTV.com网站上观看超过50万次，明星官网上直接转载视频到Facebook以及Twitter上超过15万次。

视频中频频出现的维珍手机照片表现了“电话”这一贯穿始终的主题，同时也是向Gaga Monster Ball巡回演唱会赞助商致敬的一种方式；视频中出现的拍立得相机以及相册象征着Gaga最近担任的电影公司创意总监的新职务。几名配角使用Gaga特色耳机在Interscope上收听音乐，使用惠普笔记本上网冲浪，这些都是Gaga免费的营销合作伙伴。

在线音乐视频网站Vevo从YouTube主页购买了链接，用户能够直接到达Vevo.com网站“电话”视频页面，这一链接在视频首映式当天上线。视频打破了Vevo网站单天流量纪录，在24小时内吸引了400万次YouTube点击。

短广告

这件事总得有人来做，而美乐啤酒正是那个第一个吃螃蟹的品牌——我们说的是美乐2009年超级碗（美国橄榄球决赛）赛场上播放的1秒钟电视广告。广告耗资300万美元，这只是在超级碗上播映30秒广告的常见成本。广告由演员温德尔·米德布鲁克斯（Windell Middlebrooks）主演，在一秒钟内向观众传达其广告标语“瓶中常有好生活[①]”。

赞助电视节目

上文提过，电视长广告往往通过赞助电视节目来完成，包括肥皂剧、体育节目和娱乐节目。有意思的是，BBC广播公司目前只赞助那些符合它们“发现、享受、寻找”标准的电视节目。这需要节目或其用户生成广告内容能够在多个社交媒体平台播放，可以与朋友分享，内容具有较高的知识深度，鼓励在App、小部件上的用户生成内容到传统的用户生成内容中使用新的创意。新型赞助电视节目整合了社交媒体与UGC，如下面的“百威之家”的例子。

百威公司世界杯期间赞助真人秀节目

百威啤酒公司（Budweiser）打造了一档世界杯在线真人秀节目，该节目通过社交媒体将来自32个国家的32位球迷们联系起来，参与者在网上一起生活、一起吃饭、一起看世界杯。另外，它们还将这些球迷们按照世界杯的参赛国家进行分组，如果他们所代表的国家队出局，那球迷们也退出节目。坚持到最后的冠军在世界杯结束后将有机会向世界杯最佳球员颁发奖杯。每天，更新的节目内容都会分几次上传到YouTube的百威联合频道中。观众可以通过Facebook或Twitter与节目互动，并与其他粉丝分享自己观看的内容。观众还可以通过“你来决定”投票机制来影响节目过程。

App——新型广告

“App”一词是指可供使用者在智能手机上进行几乎任何活动的应用软件，包括计算器、油价计量仪、音乐识别器（用手机指着播放器，就能显示当前播放的音乐名称、专辑、乐队）、体育新闻、天气预报、高尔夫挥杆分析、股市信息反馈、管理账单、学习一门语言、历史上的今天（名人生日等）。卡夫食品公司的iFoodApp帮助消费者选购商品，并反复强调品牌价值。Zippo打火机的App是最受欢迎的应用之一，其图标形状是一簇燃起的火苗。Skype、Twitter、

① “好生活”（High Life）是指美乐啤酒的口号“美乐好生活”。——译者注

Facebook 都推出了自己的 App 应用，保证消费者能够随时随地使用应用服务。有的 App 是由品牌亲自设计的，有的 App 是由开发商设计制造，然后销售给那些觉得自己客户需要或与品牌相关的企业。很少有品牌会将 App 视为利润来源（下文的《欢乐合唱团》App 是一个例外），App 或小程序的价值在于扩展了品牌的应用，改善了客户用户体验，提高了品牌感知度以及品牌亲近感。

App 或小程序能够轻易将品牌名称推广到全球上百万手机用户。消费者每次使用 App 都会加强对品牌的认识，50% 的用户在下载了卡夫食品公司的 App 后三个月内都保持着很高的参与度。在大多数受众不再关注电视荧屏的时代，App 重新将品牌带回了人们关注的手机屏幕中。

激烈的屏幕争夺战

当今社会，不仅是手机抢夺了原本属于电视的观众，而且苹果电视也开始向传统有线电视发起了挑战（见第 1 章）。美国 CNN 电视目前将 Facebook 视为自己最大的竞争对手，其总裁乔纳森·克莱恩（Jonathan Klein）曾说过："尽管在美国，20 世纪福克斯电视制作公司的收视率很有竞争力，但是我们真正的威胁来自 Facebook。"

整合手机、App、电视与社交电视

App 扩展了消费者通过传统电视所获得的用户体验，使他们可以参与到更多的互动活动中。在电视节目播送完毕后，App 还能让观众感到自己属于节目的观众群体，从而增加观看价值、扩展消费者体验、深化参与、提高满意度、提高品牌感知度，乃至激励消费者向亲朋好友推广品牌。

20 世纪福克斯电视制作公司为一部名为《欢乐合唱团》音乐喜剧电视节目所创建的 App 就是一个绝佳的例子。该节目的 App 下载只需 0.59 英镑，几周内就聚集了几十万用户。App 的使用通常在电视不再播放节目后，消费者每周用一到两次，每次八到十分钟观看。App 还将卡拉 OK 和社交演唱结合起来，用户对着 App 唱歌，音调指示器显示用户的音色太高、太平或是音准刚好。App 可以修正音调，并且可以对演唱进行修改润色。用户的演唱录音可以上传，与志同道合的人们组成乐队，分享到 Facebook、Twitter 或是 Myspace 上去。"广播"键可以将用户的表演录音加入《欢乐合唱团》的全球演唱中，用户可以将自己的声音添加到别人的声音之中，这有效地扩展了《欢乐合唱团》虚拟俱乐部的影响。《欢乐合唱团》的另外几个 App 包括"非官方《欢乐合唱团》花絮"和"非官方《欢乐合唱团》事实"，两款 App 在 iTunes 的售价都是 0.59 英镑。

后现代广告

作为一种新型广告，后现代广告乍一看似乎有些不按常理出牌，甚至还可能有一点怪异，因为在广告中，用户和产品都不是主角。传统广告人可能无法理解，为什么一则广告可以既不传达品牌价值，也不与品牌有任何明显的关联？如图 13-1 所示，吉百利公司的"打鼓的猩猩"广告是一则成功的后现代广告。广告与品

图 13-1 吉百利公司的"打鼓的猩猩"广告

牌没有明显关联，鼓、音乐、猩猩都不属于品牌形象。然而，广告与品牌之间却有着深层的联系——它们都令人感到欢乐和享受。那是一种“好极了”的感觉，就像人们吃了一块巧克力。一只猩猩在架子鼓后，等一首脍炙人口的摇滚乐到达了高潮、鼓声涌入时，猩猩熟练地打起鼓来，还有什么比这一幕更能让观众震动的？广告本身并没有强迫观众去拥有愉悦的感觉，但它却能让观众真切地感受到了欢乐。结果 YouTube200 万点击量、Facebook 上 100 个群组的人都争相在其博客上表达为什么他们这么喜欢这则广告，推测猩猩是不是歌手菲尔・科林斯（Phil Collins）本人穿了猩猩装扮演的。广告播出的同期，吉百利公司的销售额环比增长九个百分点。与此同时，公司五大指标都出现回升，这是 2005 年初以来的第一次。

创意广告

营销人员需要不断提高自己的创新意识。有的网站信息量很大，简洁创新的广告反而能给消费者带来愉悦的体验。盛世长城公司总裁凯文・罗伯茨在博客中写道：“营销人员在逆境和忧愁中为我们带来希望与欢乐。广告人必须为人们带来希望和快乐，全世界有 6000 万人口饱受失业困扰。这是创意的时代……相信创意不可思议的力量吧。一旦我们有了伟大的点子，人们是会接受的。幽默、爱、情愫与音乐。”营销人员要在贴近品牌主题的前提下不断创新，挑战并时时准备打破常规。图 13-2 显示出 Paddy Power 广告无疑跳出了条条框框，是打破常规的成功案例。

图 13-2　这个为期六周的室外宣传打破了常规，但观众却向广告标准局投诉，随后广告便早于原计划撤销了

后现代广告一览

吉百利巧克力一入口，就带来人们一种奇妙的感觉，整个人仿佛飘飘欲仙。我无比坚定地相信，广告应该像产品本身一样令人感到快乐。广告并不会直接让人们感到快乐，而是在无形中使人快乐，“猩猩打鼓”的广告正是这种方式最好的诠释。

菲尔・朗博尔德（Phil Rumbol），吉百利公司前营销总监

广告企划管理

SOSTAC® 和 3Ms（在第 10 章中有详细介绍）是一套十分灵活的系统，可以适用于任何计划，无论是完整的营销计划、广告计划，还是整合社交媒体计划都能轻松应对。我们首先讨论实行每一步计划的方法，并将其应用于关于 T-Mobile 的整合社交媒体以及电视广告策划的案例研究中。首先，让我们回顾一下 SOSTAC® 每阶段的内容：

- 你当前处于何处（环境—S）？
- 你想要去往何方（目标—O）？
- 你要如何达到目的（策略—S）？

制定广告策划案的过程包括当前情况的分析（调研）、清晰定义整个营销传播目标，以及明确广告目标。只有做到了以上几点才能够确定广告策略。广告策略粗略地概括了要传达的话语（信息）、如何传达（执行、语气以及创意策略）、谁来传达（目标受众）、在何处传达（媒体选择或媒体策略）、何时传达（时间安排）以及需要耗费多少资金（成本）。策略可以指导不同广告与所有其他传播工具的整合与联系。

环境

在激动人心的创意工作开始前，广告人需要进行大量的调研工作。当前的销售潮流、市场份额趋势以及市场整体发展趋势是什么？是否存在需求特别大的地区或市场细分？竞争对手的销售额有多大（按照地区或配送渠道分类）？消费者以及可能转变为消费者的潜在客户的档案信息是什么？当前的目标市场是什么，未来的目标又是什么？重量级用户是哪些人？他们何时进行购买？在哪里购买？

不同目标客户是如何看待品牌定位的？人们为什么选择或是不选择我们的产品？这也许是最难回答的问题，因为实际原因往往隐藏在表面理性购买行为之下。产品或服务当前的特色或功能是什么？产品特色可以用三个字转化为功能，即"也就是"。例如，"这辆车最高载重为五吨，也就是说如果没有车顶棚，就有可能翻车"。许多广告企划不用文字描述就能够让消费者认识到产品等功能（事实上，随着卫星电视的兴起，像李维斯那样的无声广告可能会更受欢迎，见第 9 章），但是也需要这"三字真经"明确产品的实际功能，然后广告才能展示出这些功能。企业值得花点时间在"产品讯问"上。

产品讯问

除了上文提到的问题外，关于产品还有更多的问题需要讯问，即在产品讯问过程有时能够暴露出产品的其他隐藏功能，以便广告的进一步宣传。产品有没有什么独特的卖点（即 USP）？产品（或服务）讯问能够从各个角度对产品进行探究，包括产品特性、用户性格、使用方法、产品功能、不使用此款产品可能带来的麻烦、与竞争产品进行比较、产品沿袭了上一代产品的何种风格、消费者使用案例、新闻宣传卖点，等等。与竞争产品相比，该产品在现实中和在人们的想象中分别有哪些特性或优势？

机智的 K Shoes 女郎

几年前，K Shoes 鞋业公司及其代理机构 BBH 发现了其产品隐藏的一个独特卖点。K Shoes 的鞋子皮革质量非常好，鞋子不会开裂或发出吱吱的声音。这为后来发明"无打滑声鞋"开辟了新的领域。K Shoes 的一个广告就宣传了这一卖点：广告中，一位女士穿着 K Shoes 鞋走进饭店，她的爱人正跟另一个女人用餐。女士快速走近，在脚踏两条船的男人头上倒了一碗油腻腻的面条。然后，女士悄悄转身，自信非凡地离开了酒店。

BBH

在消费者心目中，企业产品和服务与竞争产品或服务相比如何？消费者是否听说过产品（有百分之多少的消费者知道企业的产品与服务？产品是否是消费者的首要选择或者至少排在前列？举个例子，消费者考虑购买此种产品时，该品牌是否被列为消费者心目中前三名的品牌）？目标客户最看重的是什么？消费者可能会因为某一件不良产品或产品的不良形象，对产品的感知度很高但好感度却很低。当消费者做出决策时，最看重的是什么因素？他们理想中的产品又是什么样子的？

社交媒体的作用

目前，大多数广告企划都会关注社交媒体上受到热烈讨论的话题。通过讨论，人们可以判断出当前市场上最热门的话题和趋势，从而引发人们关注新产品。有没有哪类企划更加适合社交媒体或用户生成内容？有的社交媒体工具可以用于观察热门话题、短语甚至关键词，例如 Google Zeitgeist 和 Google Trends。

辨识潮流

社会上出现了哪些新的价值观、潮流、心态、生活方式或商业模式，可能会给企业产品或服务带来影响？个人主义、自我探究、物质主义、环保主义、年龄歧视、性别歧视、互动……一旦广告人发现了一种相关的社会潮流，就可以将其反映在广告形象设计之中。

以往广告回顾

分析竞争对手的广告企划能够激发创意，更重要的是，能让企业了解竞争对手的策略，从而帮助品牌制定出自己的广告策略。甚至品牌过去做过的广告企划也能够为其带来灵感，哪些策略反映出了市场状态、营销目标、哪些有用和哪些没用。

要回答环境分析中的所有问题，必须在设计广告或确立传播目标之前进行市场调研。也就是说，调研当前市场环境能够揭示企业的营销目标。好的市场调研能让营销目标显而易见。

然而，调研工作需要时间、资金以及人力，需要提前进行预算，更加理想的方式是，纳入一个持续的信息收集系统之中，这对目标设定和企划执行效果的衡量都很有帮助。

消费者调查与市场趋势

企业要进行的另一项工作是了解广告所处的消费者环境。其核心思想很简单，在20世纪80年代早期到中期，消费者倾向于从众心理，有一种集体主义的参与意识。

在这种环境下，广告中展示一群人在酒吧说着俏皮话是十分恰当的。罐装啤酒品牌十分受欢迎，品牌所扮演的角色也只是为以男性为主的酒吧中的食客点缀润色。在20世纪80年代末，市场环境发生了变化，变化趋势一直存在。现在，消费者渴望与众不同，以表现他们独特的个性。这一心理体现在他们对服饰的敏锐性以及挑选的品牌上。

这为广告业带来了根本性的启示：我们面对的将是一群更为复杂的受众，不同于酒吧环境，集体主义从众心理减少，对奢侈品牌也有不同的态度。事实上，市场环境为健力士啤酒带来了巨大的商机，健力士啤酒公司已经将品牌定位为更加时尚的形象，顺应市场潮流并引领着这股风潮。要做到这一点，企业必须首先明确这种社会变化，并对其有深刻的认识。

目标

企业通过一手、二手调研资源进行了环境分析之后，一幅清晰的图已经跃然眼前。下一步就是明确企业要达到的目标。俗话说“如果你不知道自己要去哪里，那么选择哪一条路都没关系”。理想的目标应该是可以对成果和时间进行量化的。量化使企业更容易掌控，实际结果也能够与量化目标进行比较和测量。上一年的目标以及实际结果都能够作为参考，经验往往能够为未来目标的确定提供灵感。目标需要满足以下“SMART”五大条件：

- 明确；
- 可测量；
- 可执行；
- 具有现实意义；
- 时间明确。

没有明确的宣传目标，就不可能有清晰的宣传策略。没有清晰的宣传策略，就可能会导致组织松散，缺乏协调统一，有时甚至会造成决策分歧。

建立明确的目标能够帮助企业确立工作重点，也可以为后续的创意活动提供指导。有的营销经理和代理机构将目标分为不同类型。在本章中，我们主要集中介绍两种类型：（1）营销目标；（2）传播目标。

营销目标

典型的营销目标包括销售、市场份额、配送覆盖范围、发布新产品，等等（详见第 10 章）

传播目标

我们已在第 10 章中列举了传播目标的实例，其中提到传播目标包括传播如何影响目标受众对产品的看法，例如感知度、态度、兴趣或试用。我们需要明确定义广告目标，它可用于衡量那些与消费者购买前的心理阶段有关的等级模型，如广告结果（DAGMAR）以及感知度、兴趣、欲望和行动（AIDA）等。同样地，这些目标（例如“提高感知度”）要进行量化才更加实用（如“在六个月内将感知度从 35% 提高到 45%”）。

在竞争市场（如汽车市场）中，讨论传播目标的另一种方法在图 13-3 中有所呈现。某一特定企划的目标可能是将一定规模数量的潜在消费者向更高层次的消费者群体发展。有的广告则试图进一步强化当前消费者对品牌的印象。

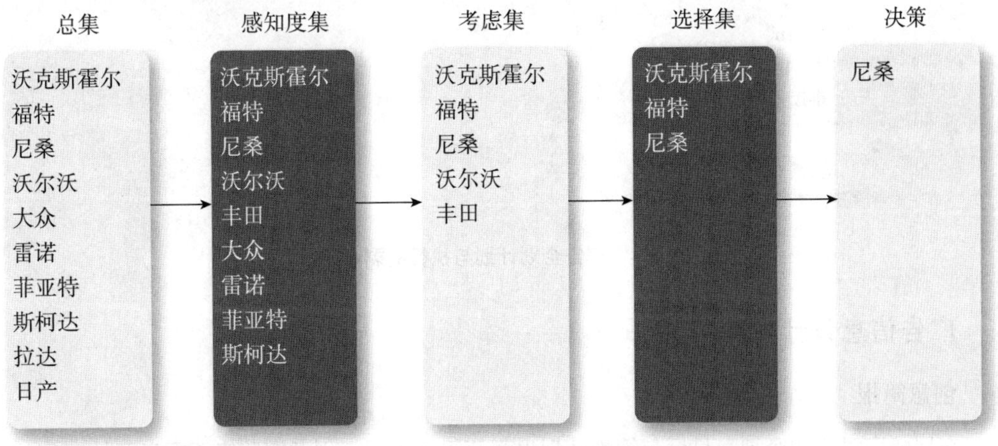

图 13-3 竞争市场（汽车市场）的传播目标设定

策略

经过环境调研，明确了清晰的宣传目标，企业就可以开始制定广告企划或策略了，这包括市场定位、目标、目标受众、核心功能、次要功能、一份关于媒体使用的报告。策略不应该充满冗杂的技巧细节或详细的创意信息，而是应该向客户和代理团队提供策略指导。有的客户会和代理机构合作，共同完成这一关键报告。而有些代理机构则会独立完成工作，并将企划策略交给客户以待批准。

企划策略是进行更加详细的计划、设计实际信息（广告本身）以及选择媒体等工作的基础。图 13-4 展示了环境、目标、策略（SOS）信息如何构成广告信息以及媒体规划等工作后续开展的基础。

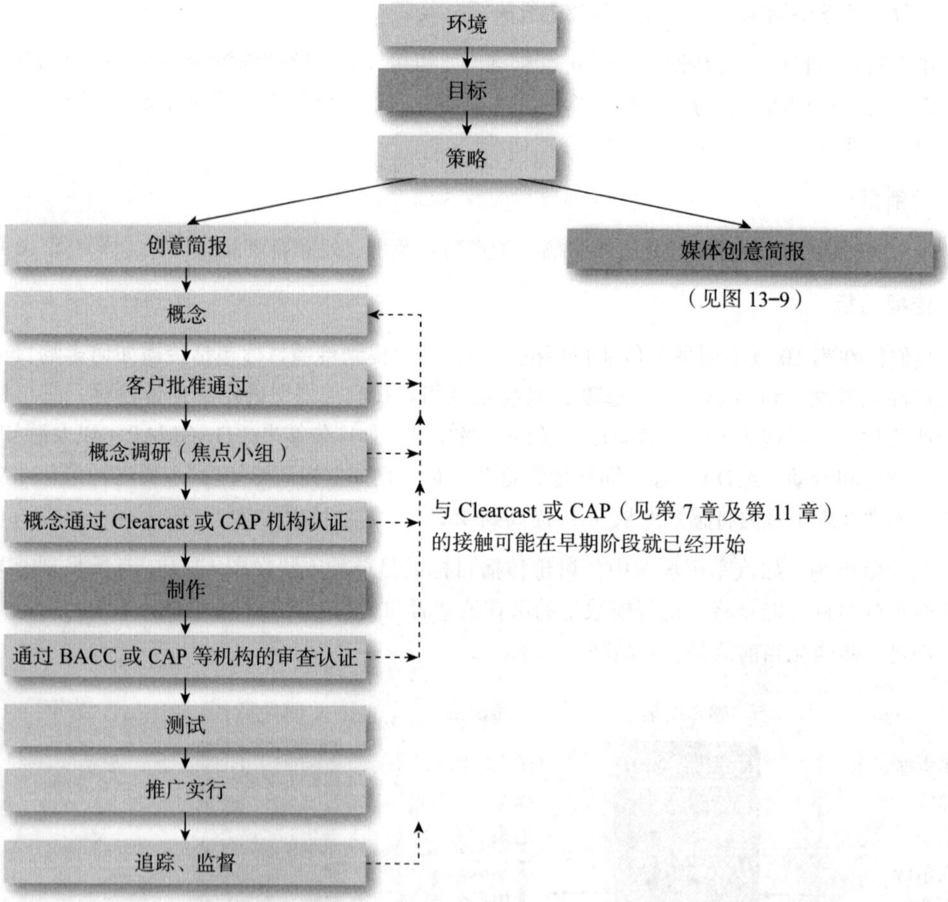

图 13-4 广告企划计划与执行的剩余阶段

广告信息设计（技巧）

创意简报

在回顾完过去的企划，目标与策略计划也都获得通过后，创意团队终于可以开始工作，设计创意简报了。创意简报是一份十分重要的文件，每个代理机构都有自己的风格。正是在这份创意简报中，代理机构要将所有的调研成果和历时几周的讨论结果浓缩为一页简报，并要将调研术语转化为通俗易懂的语言，这也正是广告的魅力所在。

策划人和客户经理交给创意团队的这份简报几乎包括了所有的关键信息，例如目标受众及其所占的市场份额、动机与购买标准、广告目标、价值主张、语气、受众对广告的观赏感受、发展限制与媒体选择。简报十分重要，必须经过客户总监签字确认，再交给创意团队。有时也需要客户确认通过。

代理机构和客户都必须清楚地认识到广告到底要说什么，要达到什么效果。创意团队往往不需要那么多细节，他们只要知道宣传目标（“只告诉我想要什么就行了！”），就能够随之提出创意或概念来。

概念

创意或概念最初都会很粗糙、简略，需要进一步完善为故事板（详见图 13-5）。接下来，广告创意将进一步发展成为质量更高的核心框架（如图 13-6 所示），广告团队再根据这些资料制作动态脚本（广告的动态卡通形式，整合了音乐、配音和音效）。广告概念的任何可视化表达（概念板、故事板、核心框架与动态脚本）都要经过反复讨论和调研，才能够进入成本较高的制作阶段，并最终进入成本更高的媒体阶段（购买媒体空间，制作实际广告）。如果广告概念调研成果“反映良好”，例如目标客户群体给出了正面反馈，广告就可以进一步修改润色，并进行最终生产。即使调研结果不理想（目标群体并不看好这一广告概念），有时客户和代理机构也会坚持原计划。例如，喜力啤酒公司（Heineken）长期播放的“喜力带给您其他啤酒无法企及的清爽感觉”的广告，最初调研反馈并不十分看好，但仍坚持进行了制作。该广告最终成为一个成功的广告案例。

广告代理机构 BMP、DDB 为 Hovis 案例设计的理念框架（如图 13-5 所示）是从其原始创意简报中演化而来的。

图 13-5 Hovis 广告新角色的形象草图

情感决策

情感决定一切。80% 的决策是感性的，但是 80% 的市场营销方案是理性的。理性的决策可以得出一个结论，但是感性决策那百转千回的决策结果却带给我们变化的乐趣。

客户批准

代理机构必须将广告概念向客户阐释清楚，并经过其同意方可实施。代理机构利用广告信息的基本原理来说明其概念是如何精妙绝伦，必将带来辉煌的成绩。

广告概念会进一步发展成为核心框架，与信息的基本原理一同展示给客户。核心框架也将在焦点小组调研时进行展示。图 13-6 则展示了 Hovis 广告的核心框架。

图 13-6　Hovis 的核心框架

广告的时效性与关键性

如果是注重广告的时效性，那将最重要的观点放在广告的结尾处最有效。而如果是注重关键性，在以下两种情况下需要将最重要的信息放在开头：（1）当观众参与度不高，需要一个强有力的信息来开头，以吸引观众的眼球；（2）当目标群体的观点与品牌信息相左。这种情况下，开头论点较弱，很可能引起一大片反对声。

行动

生产

广告的生产制作需要投入时间，在细节方面要求精益求精。广告拍摄工作可能包括海外取景、选角、签合同、排练、特效、历时几周乃至几个月的电脑图像处理、录音棚配音、编辑，等等。

控制

审核

广告成品在出行播放前需要接受审查。对印刷品广告而言，审查不是必需的（见第 11 章 CAP 的详细解释），但电视广告必须接受审查。

测试

广告制作完成之后，有的客户或代理机构会要求在演播厅中对广告成品进行测试（见第 6 章）。有的则要求在全国或世界播放之前先在地方进行试播（如 Anglia 电视台或 Ulster 电视台）。还有的客户因时间限制不经测试就直接播送广告。“先接触市场”的新产品或新创意往往会抢夺消费者的注意力。无论强势或柔和的风格都能达到预期的效果，营销专家只需问三个问题，就能够判断某个广告企划是否有效：

1. 我是否还想再看一遍？
2. 我是否想要向别人推荐？
3. 我是不是还想在上面加些什么？

播送

进行过严格的测试后（见图 13-7），广告成品终于可以在整个市场进行发布了。

对话

图 13-7 Hovis 广告成品

追踪

广告企划应该接受监测或追踪，持续观测其成果，例如，广告提高了多少感知度、是否影响了人们对品牌的态度乃至销量。根据追踪结果，企业可以更快发现问题、改正问题。

广告信息确立的同时，媒体规划人正忙着筹划媒体策略和计划，以保证广告能够得到最大程度的曝光和传播。

媒体规划阶段

企业花在媒体上的资金往往大于广告制作本身，但这同时也是企业节约成本的关键阶段。随着出版社和电视台的数量激增，媒体规划正逐渐走向科学化。虽然有人说，媒体购买本身就是一种随性艺术，但还是有一部分媒体策划人注意到了媒体的定性与定量的性质，从而能够从更有创意的角度使用媒体。《媒体周刊》(*Media Week*) 中记载的媒体奖项都向我们展示了媒体的创意使用方法。

专业媒体规划与购买能够节省大笔资金，节约的钱既可用于购买更多的广告位，也可以用在其他营销传播组合上。当然，也有企业将资金节省下来，变为最终的收益（将其从最终开支中剔除）。图 13-8 展示了媒体规划的全过程。

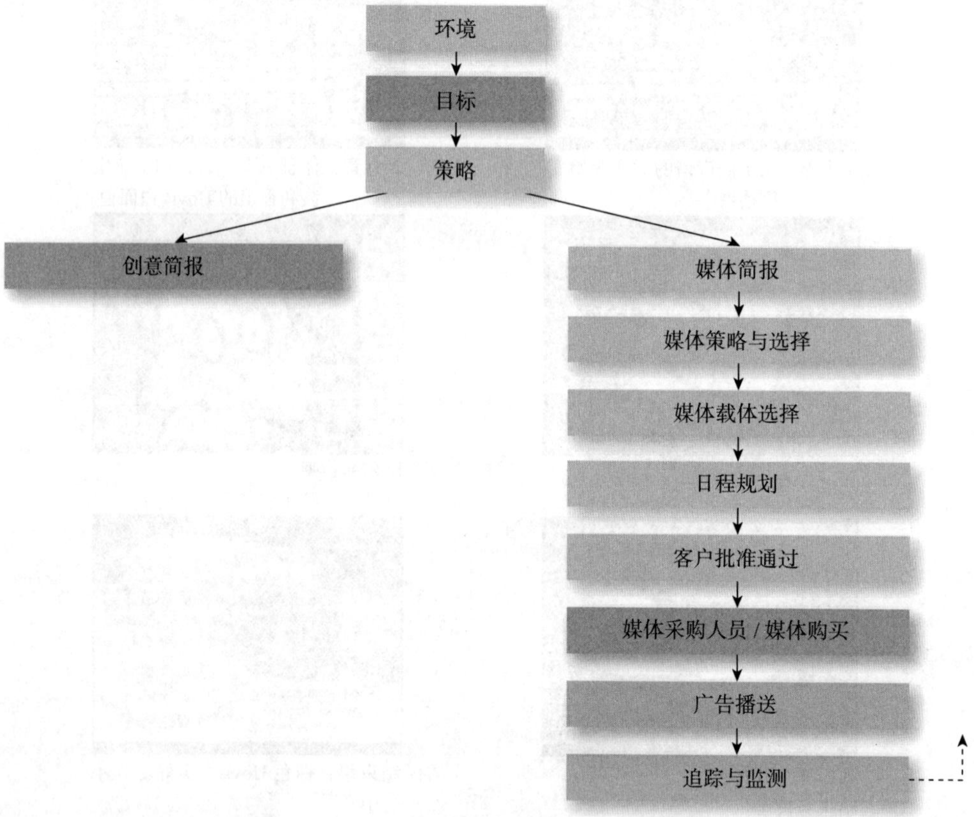

图 13-8　媒体规划过程

媒体选择

媒体人不能在广告做好后才匆匆开始预订广告位，必须早早行动，因为他们对创意广告的投入将会影响最终的创意信息。Carat 调研显示，将广告放在意想不到的位置将会引起人们对广告的好感。倒置的广告、出现在财经版面的香水广告、《时尚》杂志上的麦当劳广告、买下所有杂志一年色彩鲜明的封底版面（如宝丁顿啤酒）、买下一份报纸某一天的所有版面（如微软公司和《时代》杂志）、一段三分半钟的广告间歇（Waitrose 的迷你美食节目），媒体策划人员的创意无穷无尽。当前还有很多新兴媒体供他们肆意挥洒："视频货车"（配备有大大的电脑屏幕和移动广告牌）、地贴海报、激光建筑、长广告、用户生成广告、社交媒体等应有尽有。

信息的设计是很重要的。几年前，埃里克·梅尔（Eric Meyer）就指出，近 30% 的美国广告给品牌带来了毁灭性的影响。时至今日，还是有一些营销人员被眼前唾手可得的机遇和令人眼花缭乱的高科技所迷惑，或忽视了对内容质量以及相关度的审查。举个例子，对于劳力士（Rolex）这样的品牌而言，将品牌商标放在垃圾桶上面真的合适吗？就算广告语中强调“扔掉你的旧手表，换一块劳力士”也仍然无济于事。

以下是一些媒体选择如何做到既有创意又有效果的实例。哈根达斯冰淇淋在周末邮报上刊登广告，营造出一种轻松、悠闲的心情，而“印刷媒体的个人化传播，也会增加人与品牌之间的亲密感”。健力士啤酒公司的媒体策略之一就是使用报纸上的黑白“碎片”（小型碎片式广告），《媒体周刊》称这种方式“有效地垄断了整个报纸世界，新广告随着一期期报纸的出版而层出不穷，保证读者在七个月之内看到的广告都各不相同”。第 7 章已经深入介绍了媒体调查、规划与排期。

媒体排期

除了创意性使用，对媒体的调研分析也是制定最佳媒体排期的关键。完成了的媒体计划将递交给客户审核，该计划显示了广告展示的位置类型。通过审核后，广告人会就广告位进行谈判与购买。

广告是否真的有效——广告的强弱势理论

广告的强势理论认为，广告基本上是有效的。它认为广告帮助消费者沿着购买等级不断上升（见第 4 章）。广告强势理论最重要的证据是，广告能够吸引人们购买他们从来没有买过的商品。但时至今日，这种说法受到了业内的质疑，它将消费者定位为消极被动、不能主动获取信息的状态。安德鲁·埃伦伯格（Andrew Ehrenberg）就曾质疑这一观点，并提出了广告的弱势理论，即消费者根据其习惯购买，广告只是起到强化作用，并不能迫使消费者做出消费决策。他认为，广告能够提高购买频率，使习惯性客户能够放弃他们从前保留的品牌，转而选择广告中的品牌。后来，安德鲁创建了感知 – 试用 – 强化（ATR）模型（见第 4 章）。在这一模型中，安德鲁仍然认为广告能够提高或保持感知度，深化消费者对产品的认识，但只限于消费者已经购买过的那些商品（或至少之前有所了解的商品）。有学者进一步提出，如果消费者的观念与广告严重相左，广告不可能转变这些想法坚定的消费者。事实上，没有人能百分之百肯定广告在所有方面的效果，相同的理论也适用于营销。成功属于那些勤学好问、不断探究营销效果的企业。

现在，我们来看两个有趣的广告企划，一个是手机广告，另一个则是禁毒教育广告。

案例：T-Mobile 公司

T-Mobile：生活就是为了分享

这个案例不仅体现了客户与代理机构之间相互信任的有机关系，还展示了经过有机整合后的广告企划是如何完美地发挥作用的，它可以根据消费者的反应及时回应、培养、发展不同阶段的企划内容。每一阶段对前一阶段来说都是一个进步，不断提高消费者对品牌的兴趣和激情，逐渐将广告的主导权交给品牌粉丝，让他们主动参与到广告中。因此，这一案例在一开始仅仅使用 SOSTAC® 中的 SOS 方法，在第三阶段才完整地使用了 SOSTAC®。

环境分析

英国电信市场供过于求，是整个欧洲形势最严峻的市场。过去十年，四大巨头（O2、Orange、Vodafone 以及 T-Mobile）一直在进行残酷的价格战，市场上充斥着几乎没有边际效益的产品优惠。

面对市场颓势，T-Mobile 公司的销量一直处于四大巨头中的尾端，市场份额岌岌可危。为抓住客户，T-Mobile 公司采用更加大胆的价格优惠和附加值奉送，但这却让问题变得更加严重，仅仅吸引了一些追逐低价的消费者，这些人几乎不重视与品牌建立长期关系。2008 年末，T-Mobile 公司市场份额跌至最低，消费者的流失率也是四大巨头中最高的。

其广告代理机构——盛世长城公司追根溯源，积极探索企业起死回生的方法，它发现，虽然人们很看重手机品牌，但手机的确在不知不觉中改变了人们的行为，开启了联结和开放的新时代。手机能以无数种方式让人们体会分享的快乐。敲击键盘正逐渐成为人们所熟悉的文化：人们通过这一安静的语言，用电话、短信、照片、小视频和 Facebook 状态更新并与全世界分享他们的生活。

移动电话改变了人与人之间联系的方式。年轻一代大多活在当下，他们之间的联络不受时间、地点的限制，不同时区、不同地区的人们在网上同时集聚已经成为一种常态。移动手机还意味着分享不再只局限于亲朋好友这一小群体之间，而是更为开放，在陌生人和社区中进行分享。个人与集体之间的界限逐渐模糊，我们正由“我”的时代转变为“我们”的时代。慷慨已成为时代的新精神，逐渐取代了过去十五年来所弘扬的个人资本主义精神。

这种社会思潮带来了一种激进的品牌传播方式。不同于以往传统的广告，这一方式所关注的是足够引起大众、电视记者、新闻记者、博客、广播广告、抄袭者、在线留言关注的真实事件。这些事件会受到全国的关注，成为 T-Mobile 企业精神和能力的实际表现。品牌也许创造了事件，但最终是事件决定了品牌。

目标

企业的主要目标是为 T-Mobile 建立一个情感品牌承诺。T-Mobile 品牌必须使自己与众不同，让产品满足不同的功能和方向，以吸引旨在建立长期合作关系的高价值客户，保证未来的可持续发展。这也意味着要为品牌建立与时尚文化之间的联系。

策略

广告营销策略就是跳出传统电信行业的观念，认可 T-Mobile 在人们现实生活中的作用。这表明了企业从讨论账单和个人对话到通过认可 T-Mobile 的社会作用和集体传播中所扮演的角色，来赋予其品牌身份。

“生活就是为了分享”是对这种新型生活方式最好的解读，同时也为 T-Mobile 产品提供了最好的存在意义。然而，人们已经听够了企业灌输的陈词滥调，用 T-Mobile 的新理念对消费者指手画脚显然是不明智的，T-Mobile 需要展示这种生活方式，并用实际行动证明其对此深信不疑。

有机策略允许代理机构循序渐进，将广告企划设计成为与社交媒体紧密结合的三条电视广告。

“生活就是为了分享”广告的每一阶段［第一阶段：舞蹈，包括350名舞者踩着舞步进入利物浦大街车站；第二阶段：演唱，共有13 500名参与者在特拉法尔加广场进行大型卡拉OK；第三阶段：乔什乐队（John’s band）的表演］相对前一阶段而言都是一种进步，它必须建立在消费者对品牌的兴趣和激情之上，逐渐将广告的主导权交给品牌粉丝，让他们主动参与到广告中。现在，我们重点来看看第三阶段——乔什乐队的表演。尽管这涉及的环境挑战是相同的，但是这一阶段使用了SOSTAC®不同阶段的方法。

图13–9 T-Mobile“生活就是为了分享”——舞蹈

第三阶段：环境——乔什乐队

上文总体介绍中已经提到。

第三阶段：目标——乔什乐队

“生活为了分享”这一企划案的每一阶段都有一个特定的短期目标。乔什乐队的企划简报在7月完成，其主要策划为“生活的免费短信”活动。这一活动应是整个企划的核心内容，但同时又必须支持“生活就是为了分享”的主题。

乔什乐队企划案的具体目标有以下几点：

1. 增加现收现付（PAYG）成员的数量，以推动375 000个无限量短信与上网套餐的销售；
2. 优化品牌创新（创新要建立在T-Mobile品牌基础之上，不要仅仅是关注消费者的直接回应）以及确立增加消费者参与程度、将每单位购买成本（CPA）降低到200英镑的媒体原则；
3. 截至年底，将实际的品牌考虑度维持在28%（即考虑买手机时，有28%的人会考虑T-Mobile品牌），并将考虑度稳定在15%（与竞争对手相比，消费者在考虑买手机时更喜欢T-Mobile的比例）直至年终。

第三阶段：策略——乔什乐队

乔什乐队最终成了“生活就是为了分享”企划案的最佳代言人，英国公众一手打造了它。乔什乐队诞生于2009年9月，当时，业余音乐家乔什·沃德（Josh Ward）决定利用T-Mobile的“生活中的免费短信”活动来组建一支超级乐队，为T-Mobile进行音乐宣传。随后，乐队的发展走向了一条不同寻常的道路，盛世长城公司以及T-Mobile公司都曾对乐队产生过质疑。没人知道超级

图13–10 T-Mobile“生活就是为了分享”——大家一起唱

乐队能否成功，大家只能拭目以待。

一支纪录片制作团队跟随乔什的脚步，记录下了他从购买电话卡到环游英国招募成员的整个过程。故事的每一阶段都通过广告以及网络短剧的形式进行展示，乔什的 Myspace 和 Twitter 页面下全是感兴趣的人们的留言。2010 年初，乔什及其新乐队写下了《跟我走》这首歌，随后由乐队中遍布英国各地的 1107 位音乐家进行了录制。1 月，整个活动企划因公司播放的一段三分钟的电视广告达到了高潮，该广告是为配合宣传由联合唱片公司制作发行的乐队单曲而播放的。乐队中的每个成员都在广告宣传中拥有一席之地。

第三阶段：战术——乔什乐队

Facebook、Twitter 以及 YouTube 为乐队的组建提供了持续不断的传播流。纪录片团队对乐队的整个旅程进行了全程拍摄，而其中乐队大型的活动则雇用了一个庞大的团队来协助负责物流方面的事宜。乐队大型的户外活动都会进行公关和新闻发布会。公司鼓励乔什在活动启动之前进行自己个人的公关，邀请广播电台发布消息，并对活动进行持续报道。

第三阶段：行动——乔什乐队

制作过程是一个动态的过程，导演每周都会花上几天的时间与乔什一起记录他的活动，看他是如何为这一超级乐队带来生机的。另外，还会有一个小团队对乔什每天的日常活动进行记录，乔什还会用自己随身携带的小型摄影机记录下他自己对这段经历的感受。这些视频剪辑随后都会被分享到 Myspace 上，以吸引更多的人加入这一活动。

乐队的拍摄需要一支更大的制作团队。活动虽然仍是由乔什组织的，但是不同部分的拍摄则需要更多的人员进行管控。纪录片摄制和拍摄经常在同一活动中同时进行，再加上为最终参与活动的大众准备的发布视频，这些都需要经过协调规划。制作组再根据这些脚本进行电视剪辑，并在一周左右的时间内复审、修改、最终定稿，时间或短或长。

社交媒体网站是这类活动的主要宣传平台。乔什利用即时消息及社交媒体如 Twitter、Myspace 实时更新自己的状态，为乐队积攒了更多的人气。

他在 Google 地图上标注出了乐队中的每一个音乐家，这随后也成了英国音乐家使用的数据库。乔什还通过在全英国举办多种现场演唱会为乐队进行宣传。有一次，他乘坐敞篷公交环游伦敦，还造成了交通拥堵。乔什将自己的行动路线标注在 Myspace 个人页面上，以方便人们随时掌握自己加入或退出的地点。

此后，乔什与乐队中的三名成员决定在一位顶尖音乐制作人的指导下为乐队创作一首歌。歌曲在 Myspace 上一经播出，就迅速吸引了大批粉丝进行翻唱。但乔什想要的是将他们集中起来一起表演，组织一场全国性的巡回演唱会，他还是坚持只使用即时消息与社交媒体进行宣传联系。乔什会根据其成员所在的不同城市来选择巡回演唱会的地点，并得到了他们的帮助。但实际上，他对加入乐队的人以及在演出当天出场等工作完全是一手操办的。最终，有 1107 名成员参与了巡演，每个人都录制了属于自己的演唱版本，汇集成了由联合唱片公司出品的唱片。

第三阶段：管控 / 监控结果——乔什乐队

工作方式是如此的与众不同，以至于代理机构与客户都需要在某些方面进行放权以保证企划能够顺利进行，但在某些方面，管控却是很必要的。例如，乔什乐队的招募完全是通过乔什的空间和 Twitter 粉丝来进行管理。他们并不属于 T-Mobile 公司，招募信息的撰写就显得仿佛是乔什出于个人意愿想要招募乐队成员的。社交媒体发布的内容或推送并没有前期审核阶段，但是公司在每周末都会对内容进行复核，相关决策也在此时做出。

同样地，拍摄也是这样一个动态的过程。但是，乐队聚会或演出时的拍摄需要一定的管控，任何参与者都需要签署发布声明，刊登在广告中，还需要收集所需的视频片段和照片作为宣传企划的库存材料。

音乐虽是由乔什乐队创作的，但其旋律必须悦耳、简洁，方便新加入的乐队成员学习演唱。

成果

乔什的音乐会从没有在前期试演，因而企划成功与否主要通过与原定目标相比较，包括销售额是否提高、是否维持了品牌地位，甚至包括乔什是否实现了他的目标！

在 PAYG 消费者群体中，乔什乐队为公司带来了高达 61% 的消费额增长率（9 月与 10 月）。T-Mobile 公司度过了一个值得载入史册的圣诞节，无论是销售额还是客流量都大幅增加。所有品牌属性也比上个季度提高了一个级别。

在活动中，乔什共召集了 1529 名 Twitter 粉丝，其 Myspace 页面被浏览了 1 114 995 次，吸引了大约 1000 名 Facebook 粉丝，卖出了上千张唱片。

这是公司继舞蹈与演唱活动之后取得的另一巨大成功。舞蹈活动结束后，T-Mobile 产品每年的客流量与销售额都大幅提高。虽然演唱活动只针对那些购买电话卡以及 PAYG 客户，活动企划还是吸引了不少参与者。更棒的是，“生活就是为了分享”的视频在 YouTube 频道获得了大约 3000 万条评论，成为英国第二受欢迎的赞助频道（http://www.youtube.com/user/lifeforsharing）。

人员

乔什乐队企划案共有超过 50 名工作人员，包括 T-Mobile 的营销团队、盛世长城公司（广告代理机构）、MediaCom（媒体代理机构）、TMW（直接回应）、Elvis（零售）、Brands2Life（公关公司）以及制作公司 Pulse。

资金

未披露。

时间

简报：7 月

制作：8 月到 12 月

发布：9 月

从简报到发布持续时间：从简报到第一阶段开始（音乐宣传）花了四周时间，到主要企划活动则花了八周时间（乔什乐队）。

优势与劣势

接下来，我们分析一下广告这一营销传播工具的优缺点，以帮助企业在是否增减广告的使用方面做出更好的决策。

优势

广告在快速将信息发布给公众方面有着极大的优势。如今，广告不仅能够针对利基市场精准定位，还能够使用面向不同的消费者群体的不同的媒体载体（杂志以及电视节目）。当然，现在的 PPC 广告经过调整也能够适应不同消费者的独特兴趣。地理位置定位广告将这一优势进一步扩大。广告有利于建立品牌感知度，尤其是新品牌。但是对于平仓甩卖并没有优势。从千人成本的角度看，广告效率的确非常高，其传递的信息也能够进行规范（相对而言，公关和社交媒体的信息控制就没有那么容易）。

劣势

广告信息的可靠性往往不如公关或社交媒体，因为人们往往认为“广告就是引诱人们买东西”，信息可靠性还会受到来源可靠性的影响。有的媒体广告（例如电视广告）的预定时间很长，足够进行检查修改。这类广告还需要相当大的制作预算（注意，PPC 广告往往短小精悍，能够在几分钟的时间内进行修改）。在参与程度方面，广告比不上社交媒体或交互网站，当前也有许多广告通过整合社交媒体来改变这一形象。广告通常具有个人专属性，因而对沟通群体的细分有一定难度。

新营销箴言

◎ 媒体规划可以充满创意。

◎ 创意广告通常能打破常规，但往往会存在争议。

◎ 调查研究适用于宣传企划的各个发展阶段。

◎ 广告应该和社交媒体以及其他营销传播工具整合到一起。

第 14 章　线上与线下宣传与公共关系

积极的宣传能够培养企业与媒体（媒体关系）之间良好的关系。这就是企业公共关系部门唯一的责任，这一部门负责处理各种公共关系或应对各利益相关方。公关将公共事务、企业事务、社区事务、社区关系、企业关系以及企业营销传播整合到一起。本章将介绍公共关系是什么、公关适合何种营销活动；然后，将分析多种公关工具，以及公关与其他市场营销工具相比较存在哪些优劣势。"要博眼球，先获信心"这一金科玉律也将贯穿本章内容。

公关是什么

公关关系（Public Relation）的英文通常会简写成"PR"，这常常会让人们感到困惑，将其与新闻发布（Press Release）或出版关系（Press Relations）的英文缩写相混淆。事实上，这些都只是真正的公共关系的一部分。公共关系的简单定义是"与不同的公众建立并保持良好的关系"。公众是企业赖以生存的不同社会群体，包括雇员、投资者、供应商、客户、分销商、司法者、法规执行者、政府、施压群体、社区、媒体甚至还有竞争对手。大多数社会群体对某一特定的组织都有不同（有时甚至是相互冲突的）的兴趣。英国公共关系协会（IPR）所使用的公共关系定义则是"一个组织通过规划和持续努力，与公众建立并保持相互理解的良好关系"。1978 年，国际公共关系协会在墨西哥通过了《墨西哥宣言》（*Mexican Statement*），宣言规定："公共关系行为指的是，从组织及公共利益出发所进行的分析趋势、预测结果、为组织领导人提供顾问以及执行规划项目等活动，包括所涉及的方法和技术。"

公共关系与市场营销

传统的市场营销往往集中在市场或公众中的三个群体——客户、分销商（"贸易"）和竞争对手上，但是公共关系却包含其他更多的公众群体。再加上全球化的兴起（世界各地都能够浏览网站）、媒体对商业越发感兴趣、新型投资者准则（例如道德伦理政策）的出台、更高效的施压群体的出现、消费者渴求获得品牌信息、对能节省成本的传播工具的持续寻找，这一切都让人意识到公关正变得越来越重要了。事实上，大型国际品牌如谷歌、Facebook 和领英的出现都没有明显的广告宣传，这也从中证明了公关不断增强的潜力。关于对公关力量的全新理解，在商业分析中有着明确的描述，《金融时报》称无论是管理层还是企业联盟，在发生争端时都应该首先学会问一个问题："这个项目要如何与媒体合作？"

经典科幻电影《黑客帝国》通过公关名声大噪

"4月28日，星期一，电影的感知度达到了95%。"在电影《黑客帝国》（*The Matrix*）首映式前，制作人乔尔·西尔弗（Joel Silver）这样向《娱乐周刊》（*Entertainment Weekly*）夸赞道。哥伦比亚广播公司（CBS）和《纽约时报》的统计表明，在这个三分之二人口都不能说出民主党九位总统候选人中的任何一位的国家里，取得这样的成绩实属不易。

有的组织坚持让公关部门、广告部门、直邮部门乃至促销部门在各种项目会议中一起碰头，以互相交换意见、提供创意，从一开始就对营销传播进行整合。

谁该向谁报告？到底公关是营销的一部分，还是营销是公关的一部分？产品宣传作为营销传播组合的组成部分，也应该在营销总监或营销经理的管控之下。企业公关则往往需要直接向董事会或CEO汇报工作。

产品公关与企业公关

上述的定义让我们认识到了公关的多样性及其带来的深远影响。在此，我们需要将产品公关（面向产品或品牌的公关工作）和企业公关（针对企业形象改善的公关工作）区分开来。产品公关（有时也称"营销公关"）往往对一件产品或一个品牌进行宣传，属于营销经理的职责；而企业公关则是为公司进行宣传，是企业沟通总监的职责。负责产品公关的经理最终要向营销经理汇报工作，而负责企业公关的经理最终可能要向董事会或董事长进行汇报。但是，不同种类的公关会相互整合。琼·怀特（Jon White）在《如何理解与管理公共关系》（*How to Understand and Manage Public Relations*）一书中提道：

> 公共关系是营销方法的补充与集合……它创造了一个适宜营销的环境……由于营销手段将重点集中在市场、产品、配送渠道和客户上，又以销售额增长为导向，往往不能察觉公共关系所发现的问题。公共关系重视不同群体之间的关系、冲突中的相互关系以及社交关系中的利益冲突。

宣传的目标多种多样，包括产品推广（产品公关）以及在员工、客户、投资者、社会、法政部门中进行企业宣传（企业公关）等。而体现这些不同最简单的方法就是"将产品或品牌形象与企业形象区分开"。营销将逐渐向销售导向或市场份额导向转变，而尽管公关不总是以销售额或市场份额为导向，但也可以做到，例如，公关的目标可以是招募最佳员工、新工厂获批或是对政府造成影响。但是，如今的公关人员就像任何营销专业人士一样，需要精通博客、Twitter、维基百科、在线网络、RSS反馈、网站书签、标签和播客，同时还要学会优化各种新闻发布方式［社交媒体发布、带有社交媒体功能的新闻中心、社会专业网站如领英、Myspace及Facebook、社区、论坛、雅虎群、谷歌群、Ning、虚拟世界（如第二人生）、交叉来源新闻收集器（如Redit和Digg）以及网络杂志文章］。如今，衡量公关成效的标准逐渐由印刷品覆盖率（剪报）转向网站流量、注册数以及销售额。

公关的影响力会远远超出产品营销的范围，深入到企业战略的层面，尤其会影响到市场、产品、建厂地址、工艺流程等方面的长期战略。外部群体的要求越来越高，而企业也开始在全球范围树立自己肩负社会责任的形象。从传统的角度来看，道德责任与社会责任往往是公关的基石。当前所有的管理人员都需要增强意识，至少认识到公关不仅代表董事会，还代表着公司的营销决策、战略、政策以及行动（当然，如果公司在这些方面有所欠缺，公关也会表露无遗）。

公关不只是传播

如果企业不建立一个稳固的信用平台上，那其宣传与可视性又从何谈起？而这一信用平台的建立则取决于优质安全的产品、良好的售后服务、人文关怀及社会责任政策。公关组合（见图 14–1）介绍了公关的多样性及其深远影响。公关不仅仅是传播，还是更广阔的商业领域（如企业规划、融资、人力、制造与营销等）的有机组成部分。公关只有与这些领域结合起来，只有与产品质量、售后服务、设计管理（企业身份）等方面紧密相关，才能够发挥出最大的作用。这些都是为后续宣传活动建立平台所必备的信用基础，即可视化工具的一种。

一系列的调查结果表明，公众认为行业和商业对企业社会责任（CSR）的重视不够。人们认为一家能够支持社区的企业才是值得人们为之工作的好企业。人们认为企业应该懂得关怀员工、回馈社会，而不是只知道敛财。如今，道德问题已成为施压群体使用的手段之一。

尽管娜欧米·克莱恩（Naomi Klein）所著的《无标识》（*No Logo*）一书饱受诟病，但她的确认识到了问题所在，并提出企业需要持续承担自己的社会责任。

抵制耐克运动

据劳动权利宣传企划描述，迄今为止最大的一次反耐克运动发生在 1997 年 10 月 18 日：来自 30 个国家的 85 座城市参与了这次运动。并不是所有的抗议都能够吸引大批民众，但该运动是自发的。由于参与运动的人数过多，以至于耐克公司的公关部门竭尽全力试图在地方新闻发布中挽回企业的形象。

克莱恩（2000）

企业责任并不仅仅在海外需要承担，相反，企业应该从自己的母国开始。几年前，《芝加哥论坛报》（*Chicago Tribune*）报道，有数百名老年抗议者因人寿保险保金减少，而冲击了西尔斯·罗伯克百货公司（Sears Roebuck）。使得西尔斯百货大量关于宣扬人文关怀的新闻报道甚至广告都产生了负面的影响。直至这一基本的信用问题得到妥善解决。

即便是像吉百利·史威士股份有限公司（Cadbury Schweppes）这样传统的承担社会责任或社会信用极高的公司，未经仔细考量就擅自将市场营销与社会责任结合起来，都有可能达不到其公关的目标。过去几年，吉百利公司提出如果孩子们购买大量的巧克力，就可以向英国学校捐赠价值 900 万英镑的体育器材（要获得所有器材，孩子们需要购买上百万条巧克力）。于是媒体迅速做出反应，称青少年“需要吸收大量的卡路里才能够赢得一个新篮球”。采用与结果相关的营销方式来刺激消费、改善企业形象的做法在业内很普遍，但是，首先，这一方案需要进行详细的规划；其次，必须保证品牌与结果之间有着明确的积极的战略性匹配度。

好的企业不仅能达到其经济目标，对外还能表现出强烈的责任感。世界五百强企业以及富时指数 100 的企业市值，有半数都来自其无形资产，如管理、领导力、视野、创新能力、客户忠诚度、产品与服务质量、智力资产、品牌权益和声望。2001 年 9 月，美国股市总市值大约为 24 万亿美元；2002 年夏，这一数字下降到了 11 万亿美元。“9·11”事件以及经济的不稳定性都起到了关键的影响作用。随着安然（Enron）公司的破产，一系列丑闻也引发了公众对企业

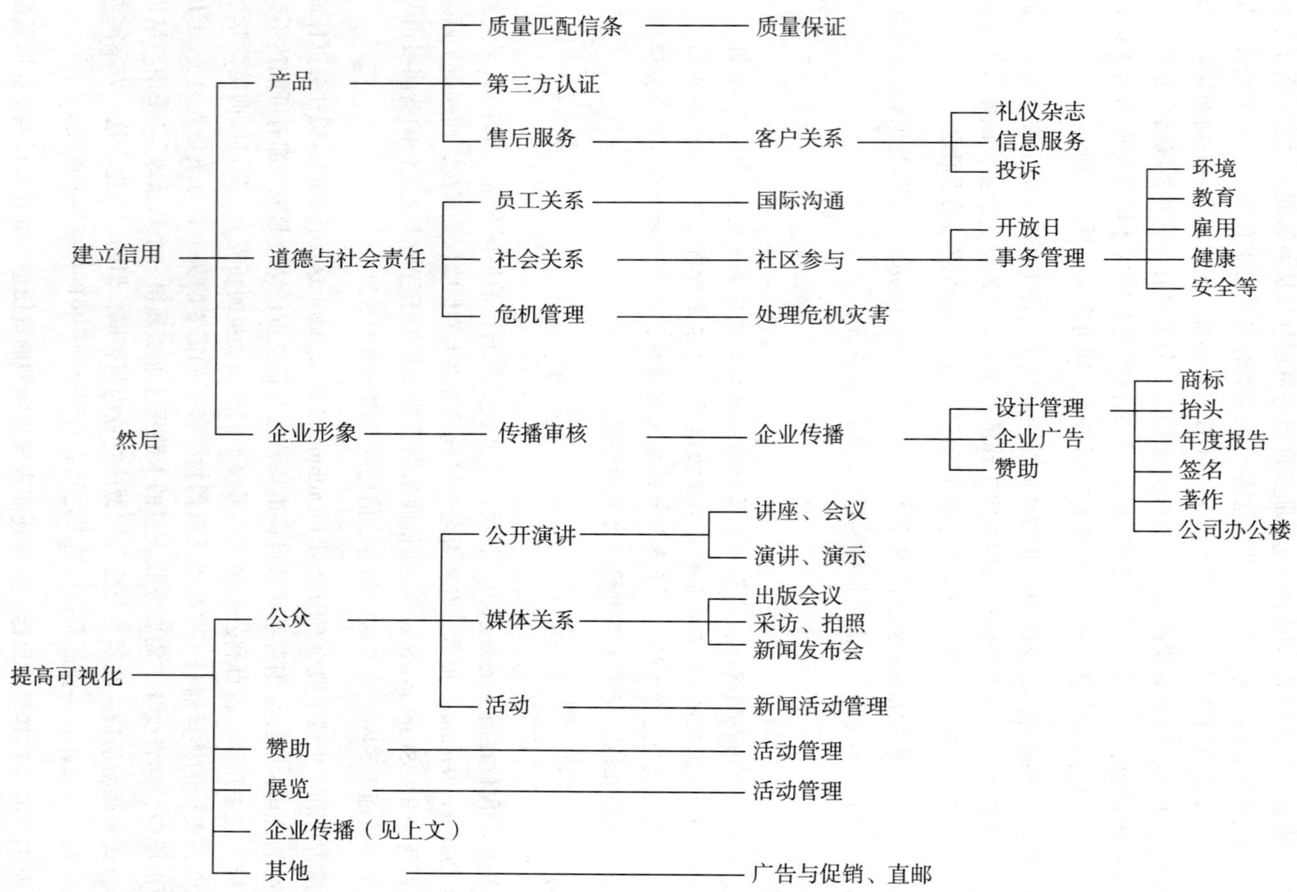

图 14-1　公关组合图

资料来源：摘自广受好评的公关视频《行动胜于雄辩》（*Actions Speak Louder than Works*），感谢 PRTV（伦敦）公司的大力支持。

管理的质疑。大部分（84%）美国民众认为公司管理者在为自己谋利，而非为公司鞠躬尽瘁。几年后，随着大规模经济危机及环境危机（BP 公司事件）的出现，企业比以往任何时候都更加需要提高参与度，以支持自身制定的道德政策。其中一种方法是参与百分之一俱乐部，承诺将 1%（或 0.5%）的利润所得捐给社区。还有百分之二俱乐部甚至百分之五俱乐部；另一种方法就是保证常规的道德与环境审核机制，并采取适当的行动。

这不仅仅关乎企业的良性发展，营销、公关和企业传播专业人士能够促进社区发展、推动各项事业建设和改善环境。至少，长此以往，这三者的结合就能够提高企业的道德性，为企业搭建了一个具有公信力的平台，从而加强了可持续的沟通。博雅公关公司的鲍勃·里夫（Bob Leaf）曾在获奖视频《行动胜于雄辩》中简明扼要地说道："道德有益于企业发展。"

取消圣诞晚会

作为电子数据系统公司（Electronic Data System）的首席执行官莫特·迈耶森（Mort Meyerson）做了一个并不受欢迎的决策，仅仅因为 36 万英镑的成本而取消了圣诞晚会。但他坚持说："我们可以用这 36 万英镑购买食物、衣服和玩具，我们可以让员工自己拿走这些东西，带到城乡接合部，送给那些一无所有的人。"一开始，所有人都对圣诞晚会的取消感到十分愤怒和沮丧，之后认识到公司的做法与众不同，并开始为那些参与了活动的人感到高兴。这一活动使他们感到更人性化、更像名优秀的员工、更好的家庭成员……其作用是不可估量的。迈耶森在担任 CEO 期间，将自己 10% 的时间都花在了社会慈善事业上面。

公关组合

图 14–1 还展示了"可视化"或宣传是如何生成活动的，如消息公开、新闻发布会、公众话题、论坛、时间、展览、赞助及促销等活动是如何相互整合的。在更仔细分析公共宣传之前，我们有必要再次强调，企业长期成功的关键是在提升企业形象之前先建立信用。信用可以通过良好的产品或服务质量来保证。这也意味着产品必须与营销传播宣传中的承诺相一致，例如，不要在广告中宣传劳斯莱斯汽车，却给客户送来一辆福特 Ka 汽车。期望的偏差可能会为消费者带来失望、挫败感以及极大的购物后紊乱综合征。这几乎消灭了任何再次购买的可能性。良好的售后服务会让与企业合作的任何一方都拥有一种轻松愉悦的体验。信用度高的企业能够让合适的人通过共同使用或购买它们的产品来提升自己的信用度。同样，道德感、社会责任以及企业形象也都能够帮助企业建立诚信的形象。

如果企业没有一个坚实的信用平台做基石，仅仅依靠挥舞旗帜或拓宽视野是不能达到实质性的效果的。将这两者区别对待的时代已经过去。企业缺乏公信力，在一项项目上花费成千或上百万英镑不仅仅是浪费，还有可能给企业带来毁灭性影响。因此，企业比过去任何时候都更加需要投入更多的人力、资金和时间，在建立企业形象之前建立公信力，并在网站或博客上积极展现自身的公信力，这些自媒体平台往往也是记者获取第一手信息的前沿阵地。

《哈利·波特》的反营销魔法带来公关热潮

不提供审阅样书给采访媒体，拒绝所有针对作者的采访，国外翻译本的出版延后，以防内容泄露；印刷厂和分销商都被要求签署十分严格、具有法律效力的保证合同，世界各地都在传该书库存数量不足。在假的电视广告中，荷枪实弹的保镖护送着《哈利·波特》去了网上书店。20 本先行本“一不留神”被位于在西弗吉尼亚的一家名不见经传的沃尔玛商店售出，买到这本书的幸运儿也神奇般地出现在世界各地媒体的头版头条……另一本先行本则“意外地”出现在了《苏格兰每日记录》(*Scottish Daily Record*) 杂志社的新闻办公室中。

传统与新型公关工具

媒体关系与宣传

让我们来看一下地方与全国性报纸、贸易周刊、广播节目与电视节目，注意那些能够成为新闻的商业事件或商业特色。虽然这些新闻看起来像是由一位编辑或记者执笔，但事实上它们往往是专业公关人士的思想结晶。与广告类似，编辑所具有的公共性也能实现各种沟通目标，诸如提高感知度、重新定位品牌、增加客户询问、刺激销售等。忙碌的编辑不可能花时间走遍世界，搜集自己所需的话题或信息，他们靠的是专业新闻话题的信息反馈与企业发布的消息。除了这些之外，媒体还会向编辑的邮箱中发送各种垃圾邮件，这些邮件往往文笔不堪入目，主题毫不鲜明，有时甚至还会发给那些常年不看报纸的人。

企业公开宣传可以通过撰写新闻发布稿与产品特色介绍、发布电视节目宣传视频、广播节目同步录音、数码印刷品打包宣传等活动来进行。同时还可以通过新闻发布会、媒体招待会、媒体活动（媒体称之为“噱头”）、会议上的公开演讲、讲座、研讨会、晚宴、茶话会等活动来进行。

新闻发布

“新闻”从定义上来讲就是“新的”——新的想法、新的进步、新的产品、新的服务乃至旧产品的新式用法。新闻应该“阐释期望”，为我们了解我们所生活的世界提供一种新的方式，因此它具有一定的新闻价值。新闻发布应该方便记者（或搜索引擎）提取新闻，关键信息应集中在新闻稿的第一段，标题或起始段应该使用关键词或关键短语（便于搜索引擎进行搜索）。随后，发布的新闻会被送往相关媒体、免费的宣传网站、新闻生成器、Digg 等相关社交网站以及相关的在线或传统的媒介。诸如 Pressbox、PRWeb、Free Press Release 或 ClickPress 等新闻服务网站也能够一次性完成这些工作。

企业要保证其新闻稿中要包括网络 URL，同时还要包含其他相关网站的链接，这样不仅便于访客浏览，而且还能成为内置链接，提高其他产品在搜索引擎上的排名。

随着在线新闻生成系统（如谷歌新闻）的逐渐兴起，业内一直存在着是聘请公关人员撰写新闻稿还是使用机器生成这样的争论——即人类编辑与机器编辑之争。在现实中，两种方式都有一定的应用。少数几家企业会让人类编辑和在线生成器分别撰写不同的新闻。

这则无聊的标题是为谷歌写的

多年来，记者们都认为他们撰写的标题是写给两种人的：冷酷无情的读者与吹毛求疵的编辑。如今，他们的劳动多了第三位评论者：充斥在网络上的各类软件程序，代表谷歌、Yahoo 及 MSN 等网络搜索引擎分析在线新闻稿并对其进行排序。搜索引擎"编写机器人"对网络世界的影响力越来越大，其输送了 30% 的报纸、杂志或电视新闻网站的流量。在这个主流媒体拼命想在网络世界谋求发展的时代，流量就意味着读者和广告商机。

赖安·辛格（Ryan Singel）以下的评论也引起了广泛的议论：

作为人工智能的代言人，新兴企业 Digg 希望其规模庞大的用户群体能够获得比谷歌或任何其他新兴公司更好、更快、更有趣的新闻。在硬件方面，最纯洁的新闻生成算法是谷歌新闻，该项目一经上市就掀起了媒体业的一阵狂潮。使用谷歌新闻，企业能够通过算法，而非编辑团队决定头版头条。

在线新闻室

要想在网站上建立在线新闻室或搭建媒体设施，首先要从记者的需求出发，投其所好以更便于企业创造新闻，如：

- 新闻发布与新闻稿（按照日期、题材或部门分类，易于搜索）；
- 新闻照片（与不同的新闻发布相互链接，构建一个含有高、中、低不同像素的图片库）；
- 视频（包括发布仪式、新闻发布会、演讲、采访、产品展示、公众舆论或背书等活动视频）；
- 新闻媒体组合（以上所有宣传形式打包成为一个文件，可供下载）；
- 关于企业的综合信息（企业背景、企业财务状况、企业统计数据与执行团队信息）；
- 调研数据、白皮书、链接与相关资源（包括博客，当前记者们越来越多地使用这一信息载体）；
- 企业获奖荣誉与称号；
- 即将开展的活动；
- 联系方式。

嵌入式数据媒体链接

博伟影业公司（Buena Vista International）创新性地采用了"数码媒体链接"方式来发布和宣传其出品的电影《星际征途》（*Starship Troopers*）。该链接连接到一个小型网站上，该网站集合了与电影相关的所有材料。其设计特点是能够与其他媒体网站相连接，方便媒体合伙人、发行商、代理商和推广方将小型网站与自身的网站联结。

请注意所有的媒体材料（包括视频、照片、新闻发布、白皮书等）都应该是易于搜索、分类和共享的。有效的在线新闻室应该邀请网络访客深入网站内部，了解企业背景、企业所承担的社会责任、企业员工与媒体资产等信息，这样一来，记者对企业就有了更加深入的了解，有助于与之建立健康长效的关系。

新闻发布会与采访

新闻发布会是企业向大批记者、报纸、博客、广播、电视台等媒体单位高效发布消息的一种方式。新闻发布会通常包括前期准备的发布内容。尽管企业通常没有时间准备提问环节，但最好还是有自行演练过的提问环节（即可能会问到的问题以及与之相关的合理解答）。

企业的核心员工应该进行关于发布会采访的相关训练。在接受采访时应该避免术语，实事求是，保持话题的相关性。如果可能，回答尽可能做到有所创新。那些可能制造麻烦的故事是记者心中的最爱。当然，回答时必须小心谨慎，保证百分之百准确，记者往往会进行深入调研，任何质疑都有可能会给企业带来灾难。最后，那些表现人文关怀的故事往往最能从情感角度打动人心，因此要善于使用语言描绘图像，正如斯科特·切斯霍尔姆（Scott Chisholm）所说："图像是你在接受采访时最有力的语言。"

通过《第二人生》举行的虚拟新闻发布会

为了满足世界各地的博客博主以及无法亲临现场的记者朋友的需求，位于北爱尔兰贝尔法斯特科技园的数码创意中心举办了一场虚拟的在线新闻发布会。50 余名博客博主出席了会议。实业部长、P R Smith 公司的虚拟化身也出席了此次会议，并进行了长约一个小时的提问。此次事件在国际主要博客上引起了广泛的讨论，提高了企业的感知度，并建立了一个世界级的博客网络，为企业带来了众多高质量的媒体链接。

社会名人影响销量

亿万富翁唐纳德·特朗普（Donald Trump）在电视节目《名人学徒》(*Apprentice*)中为通用汽车公司旗下的庞蒂亚克 Solstice 车型大作宣传，在节目结束后的 41 分钟内就为这辆价值 19 995 美元的跑车带来了超过 1000 个网上订购量。

视频新闻发布

视频新闻发布（Video News Release，VNR）从本质上讲与书面新闻稿是相同的，只不过其形式是具有广播质量的数字视频。最关键的一点是，视频内容必须具有新闻价值，或是与特色项目具有极强的相关性。VNR 使播出方不用派遣自己的拍摄团队在百忙之中进行拍摄，其内容一般包含两个部分：为时 90 秒的"A"段，通常是向编辑或记者展示新闻播出时的解说词；"B"段一般为三到五分钟，是一段剪辑松散的素材片段，供编辑按照个人风格进行剪辑，播出方可能使用自己设计的画外音、图表或注解文字，这样对于观众而言，这一广告就是播出方的原创作品。与印刷宣传品相似，渴求塑造积极的公众形象的企业会承担 VNR 的制作成本，而电视台则可以免费获得视频。当然，与印刷宣传品相似，企业不能保证自己的素材能否被用上，随时都可能发生更加重大、值得报道的事件。另外，VNR 本身也具有消极作用，视频不比广告，企业对最终成品缺乏控制。这些视频还可能出现在社交媒体、网站、博客以及作为其他新闻来源的素材。

联合电台采访与线下采访

联合电台采访平均历时三分钟，是关于人物、活动、企业、产品或服务的录音访谈。音频文件与台词在录制后寄送（或同步）到广播电台。其处理原则与 VNR 相似，内容应该具有新闻价值，而非赤裸裸的广告宣传。录音的制作成本通常只需几千英镑，而其最基本的组合应包括以下几项：

- 开场白；
- 采访者——筛选、预约和简报；
- 设置访谈构架；
- 演播室讨论（一小时）；
- 录音（三分钟）；
- 编辑录音主带；
- 为客户准备两个单独的文件备份；
- 准备采访稿（采访录音的书面介绍）；
- 挑选 30 家相关电台（每个领域的电台只选一家）；
- 管控——在宣传方案进行三到四周后，撰写书面报告，详细介绍哪些电台报道了哪些信息，后期是否需要撰写更为详尽的报告。

对于一段专业制作、既有新闻价值、精准定位市场的广播访谈，其 40% 能够为听众所收听到，就已经达到所谓的“平均成功率”了。这一数值往往因采访稿的地方化或海外播出而出现波动。

联合制作人常常会提出额外的服务，即线下采访。在这种情况下，受访人往往会接受录音室，一次性在当地广播电台现场接受一对一的采访。受访人平均每天要接受 10 次采访；有些受访人一天要接受 15 次采访。这不仅会让人精神疲倦，后期进行的采访效果也并不理想，受访者往往记不住自己之前说过什么了。

新闻照片

一张照片胜过千言万语。巧妙抓拍的照片往往在第一时间就吸引了美编的注意。新闻照片的标准与书面新闻相同——具有新闻价值、与众不同、讲述故事、吸引读者的眼球、为宣传推广增加价值。如果照片中包含名人形象，那其价值就更大。理想的新闻照片可以保存为三种文件，分别具有高、中、低三种像素，供印刷出版或新闻发布者使用。Flick.com 等社交图片网站能保存图片、将图片插入到公司或个人博客中，或是将其作为在线宣传组合的一部分。贴标签的方法同样能够增强图片的可搜索性与可分类性。以下是历史上曾引起较大轰动的著名照片。

图 14–2 贾维斯 · 考科尔的蓝胡子

- 贾维斯 · 考科尔（Jarvis Cocker）为 Oxfam 广告带上的蓝胡子（见图 14–2）。这是 Oxfam “蓝颜” 企划案的宣传照片之一，摄影师是兰金（Rankin）。该企划试图让人们关注气候变化对全世界穷人的影响，该广告在节日期间对全英进行了播放。
- 唐 · 佩德罗（Dom Pedro）及其 15 秒电影节（见图 14–3）。唐 · 佩德罗是 15 秒电影节宣传片中的偶像角色，该片旨在宣扬 15 秒电影这一新兴概念。每部电影都有开头、经过和结局，唐 · 佩德罗在电影中担任了主角和中介商的角色，并作为一名实干者吸引了电影编辑的注意。

- 唐宁街 10 号。英国计划一手打造了唐宁街 10 号这一形象，旨在向首相施加压力，帮助全世界 7200 万儿童接受小学教育（见图 14–4）。这项企划是一项长期活动的一部分，该活动通过公关方式来推动政府实现其千年发展目标中的承诺，并确保 2009 年 9 月在纽约举行的千年发展目标峰会的顺利召开。
- 议会项目：别忘了飞机！地球之友组织成功地通过其宣传企划将节能减排纳入了议会气候变化行动方案当中，并为应对气候变化的行动方案集聚了大量的公共与政治支援，引起了主流大众的广泛关注，同时也吸引了环境活动家与政客的注意（见图 14–5）。
- 议员支持环境之友为推广环境友好农业举行的“雨林免费午餐”（见图 14–6）。安德鲁·乔治（Andrew George）发现，只要食用肉类或奶制品，就不能真正做到“雨林免费午餐”。地球之友组织呼吁政府采取行动，减少畜牧业对环境带来的危害，共有 160 位议员对这一活动表示支持，而安德鲁·乔治正是其中之一。
- 尼尔森（Nelson）将军。围绕在尼尔森将军雕像周围的、震撼人心的天际线，反映了整个伦敦的信念、权威以及伦敦人民，也成为伦敦申办 2012 年奥运会的绝妙创意（见图 14–7）。

图 14–3　唐·佩德罗为 15 秒电影节网站所做的宣传广告

图 14–4　千年发展目标峰会上的唐宁街 10 号的形象

图 14–5　“别忘了飞机”的宣传活动

图 14–6　安德鲁·乔治支援地球之友的“雨林免费午餐”活动

图 14-7　尼尔森将军像支援伦敦申奥

宣传噱头

宣传噱头往往比新闻稿和图片发布更具风险性，因为企业需要邀请媒体出席观看。迪迪埃·帕斯奎特（Didier Pasquette）在泰晤士河上边走钢丝边为美国先锋集团（Vanguard）做宣传，并与另一头的杰德·金达-马丁（Jade Kindar-Martin）会面。两位表演者要在中间交汇，然后走上对方的钢丝，这也是泰晤士河上第一次进行的交叉钢丝表演，此活动受到了全球的广泛关注。

其他宣传噱头的例子如下所示。

- Archaos 的鱼饲料。这是一张经典的模仿艺术图片，也是一张让人一看就会脱口而出“这是什么”的典型案例（见图 14-8）。摄影师加文·埃文斯（Gavin Evans）接到的任务是拍摄一组鱼跃动作。为了选择最好的角度，加文将一条鱼塞进了表演者的嘴里。随后，Archaos 将这一独具噱头的活动作为宣传活动的闭幕式而进行表演。
- 科学博物馆的剃刀光芒乐队（Razorlight）。剃刀光芒乐队在伦敦科学博物馆举办了一场演唱会，以声援地球之友组织将节能减排纳入《气候变化行动方案》的呼吁（见图 14-9）。
- 皇家法庭外的燃料短缺宣传活动（见图 14-10）。“地球之友”与“助老协会”两大组织在 2008 年 10 月将政府告上法庭，谴责其未能解决燃料短缺的问题。
- Mortascreen 在其消费者数据库中有一份 700 万人的死亡名单，英国每个月大概会新增 5 万死者。众多品牌都会根据 Mortascreen 提供的死者数据库将死者从它们的邮寄列表中剔除，这样就能避免死者的亲人收到邮件触景伤情；同时，也能够提高品牌营销战略的效率。公关代理公司 Eulogy 为这些信件举办了一场传统的马拉棺材的葬礼（见图 14-11），并配备了四位哀悼者，他们跟着马车缓缓走过温斯敏斯特大桥与议会广场，最后来到终点——伦敦眼（见图 14-12）。葬礼的主角是一口装着寄给死者的直邮信件的棺材。在其登上 YouTube 后的短短一小时内，这一宣传活动受到了来自国家媒体、广播、贸易与在线媒体等 90 多家媒体的报道，在 Twitter 上，该活动的报道来得更加及时，为品牌带来了 3500 万次的关注机会，宣传价值总额达 578 000 英镑。考虑到其预算只有 8500 英镑，投资回报率高达 6800%。此次活动还带来了价值 6 万英镑的连锁许可消费，销售-成本比率达 7:1。

传奇的宣传噱头

最著名的宣传噱头莫过于一名叫吉米·莫兰（Jim Moran）的纽约人所亲手炮制的一位著名乐队领唱和一名路人的争斗。当调解者问到他们争斗的原因时，乐队领唱称是为了争夺 Pimms Cup 的秘方。原来是 Pimms 公司雇用莫兰来为其品牌在美国的推广。于是这场由莫兰策划的“争斗”引起了公众的广泛关注。

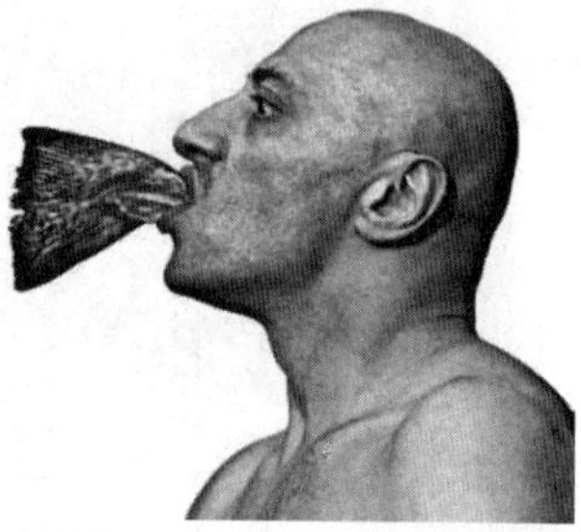

图 14–8　Archaos 鱼饲料宣传

图 14–9　剃刀光芒乐队在科学博物馆的表演

图 14–10　皇家法庭外的燃料短缺宣传活动：“温暖我们的家园，不是靠全球变暖”

图 14–11　Mortscreen 为无人认领的邮件准备的棺材

图 14–12　Mortscreen 的宣传噱头活动迅速为其带来了投资回报

病毒营销

病毒营销往往借助视频、游戏或小程序等宣传媒介，但也有可能是照片、图解或仅仅一段文字，只要一件事物满足启发性（信息性）、娱乐性（令人震惊或饶有趣味）、参与性（人们必须与之互动）或者只是简单地让人想要将其与家人、同事分享，就有可能成为病毒营销的载体。病毒营销载体有以下几个判断标准：（1）是否值得多次观看；（2）如果传播，是否具有一定价值？任何能够增加发送者（或传播者）价值的信息都能够进行病毒性传播。传统的病毒营销传播方式主要为视频剪辑、电视广告、卡通、搞笑图片、诗歌、歌曲、政治或社会信息、新闻稿，等等。这些媒介本身要足够吸引人，使人不由自主地助其继续传播。最好的病毒营销会驱使他人不得不看。

然而，只有伟大的创意材料（“病毒营销代理机构”）是不够的，我们还需要对这些材料进行选取、标签和测量。选取就是选择合适的网站、博客或名人，向其发送邮件或利用其 Facebook 的超高人气来开始进行营销传播。有些代理机构提供选取服务，它们拥有保存着重点人群的数据库，这些人喜欢病毒营销并热衷于将信息传播下去。还有的营销人员会建立自己的人脉清单，选择那些喜欢在第一时间获取新创意的人，这样的人往往在自己的朋友圈中威望很高，有利于传播信息。有的网站专门为喜欢传播新消息的受众准备了病毒营销信息。品牌推广意味着要清晰标明品牌和 URL，如果可能的话，品牌商标最好不要仅仅放在开头和结尾，否则在传播之前就可能被去掉。尽管病毒传播很难进行控制，但还是需要尽量衡量其效果，计算其吸引了多少用户，能够创造多少投资回报率。

E4 电视频道的“警察叠叠乐”病毒营销策划案综合使用了视频、动画、音频以及游戏元素为其最新电视节目进行宣传。这一企划案为电视台带来了 380 万的访问人次，其中有 14%（即约 50 万受众）通过点击对节目进行了解。每点击成本是 6 便士（30 000 英镑除以 50 万受众）。Kerb 病毒营销代理机构创作并将其价值定为 30 000 英镑。

Snack Dash 的病毒营销案例分析

Snack Dash 的病毒营销游戏

这一案例更加具体，以肥胖与健康饮食为话题展开营销宣传。

1. 环境

企划客户 Digital Public 为校园食品信托基金会（School Food Trust）设计了一款病毒营销游戏，以推广其健康饮食的理念，提高校园食品信托的品牌感知度，增加网站流量。这一企划的目标市场是那些愤世嫉俗的年轻人，而传达的理念又是这样俗套的保姆般的嘱咐，要做到既推广了理念而又能够吸引目标群体难度很大。

2. 目标

企划简报中将企划目标设定为向英国七岁以上的儿童宣传健康饮食理念，提高网站客流量，将这一游戏建设成为公司网站游戏区的旗舰项目。

3. 策略

企业要做的不是仅仅贴了公司标签的游戏，也不是要把健康饮食的主题强加进游戏中，而是一款真正通过单纯游戏和欢乐吸引儿童，并在游戏过程中潜移默化地传达健康饮食的益处。

4. 战术

企划所需的战术是设计制作一款游戏，玩家可以控制主角在最短时间完成任务，在过程中积累尽可能多的分数。为了体现企划的主旨，游戏过程中必须包括对健康饮食与不健康食品的选择。收集健康食品（如苹果、水、胡萝卜等）可以增加玩家分数，避开游戏陷阱。相反，收集不健康食品（如薯片、糖果、碳酸饮料等）会导致主角迅速增加体重。虽然玩家还是可以移动角色，但是速度很缓慢，难以完成翻筋斗、跳过坏人等难度动作。此时，角色需要进行一定锻炼减肥（切换 A 与 S 键能控制角色做俯卧撑减肥）。然而，这会浪费玩家宝贵的时间。最好的办法就是一直保持良好的得分与速度，避免食用易增肥食品。

5. 行动

- 第一周：设计。
- 第二周：开发。
- 第四周：测试。
- 第五周：推广。

6. 控制

- **结果**：与预期相同，该游戏一经推出就吸引了来自全球各地的关注，不花一分媒体宣传费用就创造了 7000 万的访问人次，其中 3%（即 200 万人次）来自英国。仅前两周，游戏就获得了 300 万次访问，其中并未涉及任何媒体购买开销。很快，游戏就像真正的电脑病毒一样迅速蔓延，分别得到 MemeCounter 和 Viralchart 两家机构的追踪调研。Viralchart.com 表示："在 400 个病毒营销企划案中，这是我们追踪过传播速度最快的一个。" MemeCounter 在一天内记录了 34 万次访问，打破了此前 8 万次的纪录（MemeCounter.com）。千人成本是每千人 8.33 英镑，受众达 300 万，成本为 25 000 英镑。成本看起来也许很高，但是受众参与的程度很高，每点击成本只有不到一便士（25 000 英镑除以 300 万人次）。
- **人员**：由 Kerb 病毒营销代理机构发掘、挑选。
- **资金**：25 000 英镑。
- **时间**：为期八周，需要进行制作、挑选并向 7000 万用户推广。

博客、Facebook 与 Twitter

博客既可以是个人撰写，也可以是由几个作者共同负责的企业博客。无论哪一种，博客博主都需要制定内容设计策略，保证发布的内容与目标群体相关且能提供价值。内容策略还可以帮助博主节省工作量，提前确定适合写进博客中的内容，例如演讲、白皮书或书籍。

虽然博客一般都是非正式的，但在涉及自由原则、泄露贸易机密、侵犯版权等情况中也被视为合法发布的文件，因此，撰写时要格外注意。如果企业的博客由几位写手负责，就需要一名总编进行集中管控，设置管理流程对发布内容与评论回复进行控制。

管理并回应众多读者的评论需要耗费大量资源。与 Twitter 的情况类似，博客也越来越需要营销部门或公关部门花费更多的时间集中资源进行管理了。

博客能帮助企业与目标受众建立联系，博客和 Facebook 配合还可以将品牌体验向其他领域扩展。例如，读者可以观赏与书籍相关的视频、参与自己感兴趣的话题讨论、将自己的故事上传到网上，以供书籍再版或博客的新内容发布，还可以收听作者访谈等。

在博客、Facebook 页面等大部分社交媒体平台中加入应用或小程序也能够进一步提高品牌体验。事实上，添加进运动员网站的视频播放器是一项十分基础的应用，但却为博客增加了巨大的价值，也为书籍本身增添了价值。

其他可视化工具（如广告、赞助、展览、促销、直邮等）都在本书的其他部分进行了更为详细的介绍。积极的编辑往往是仔细维护媒体关系的结果。无论是企业还是个人，都需要了解记者或编辑的需求，了解新闻视角、新闻的相关性、向报社发布消息的合理时间、标准的排版格式等知识。企业必须铭记，那些需要进行发布曝光的公关企划，尤其是媒体关系企划，不一定是短期、一次性的新闻事件，也可以是长期的策划。

公关的优势与劣势

上文提到，编辑新闻像广告一样，也能覆盖相当一部分受众，但公关与广告之间有以下三个重要区别：

- 公关没有媒体成本；
- 传达的信息具有较高的可信度；
- 企业对传播的信息缺乏控制。

零媒体成本

与广告需要购买广告位不同，公关所进行的新闻编辑没有任何媒体购买成本，但是新闻撰写、精准定位、在合理的时间以标准格式发送给相关的编辑等活动都构成了成本。这些成本既可以交给企业内的信息主管或公关部门来解决，也可以交给外部公关机构或咨询公司来处理。有些新闻发布公司专门负责在规定的时间内将新闻以纸质版本或电子版本交给相关编辑。“TSB 的罗伊·罗孚（Roy of the Rover）”这一案例显示了一份仔细撰写、精准定位、准时发送的新闻能够为企业宣传创造极高的自由度（详见第 15 章案例）。这类新闻编辑能够为企业带来积极而有价值的宣传。新闻编辑的可信度要胜过广告。虽然不需要媒体购买成本，但无论是企业内部的公关人员还是外部的咨询机构，新闻编辑都需要耗费一定的时间和精力：

- 在适当的时间挑选合适的目标媒体（合适的出版社与编辑）；
- 撰写发布新闻；
- 发送新闻；
- 处理任何发布需求（当然，这一过程还存在许多隐藏成本，例如摄影、文具、邮费、电话费、文字处理机、打印机等机器的损耗）。

新闻编辑越来越多地用于扩展线上广告企划的覆盖率。优秀的新闻发布官能够发掘广告中的公关潜力。布鲁玛妮鞋业公司（Bruno Magli）在美国橄榄球星 O.J. 辛普森（O J Simpson）案件审判期间获得了价值 1000 万英镑的免费宣传机会。其计算方法很简单：将专栏覆盖率相加，乘以广播覆盖率，找出能达到相同覆盖率的广告空间的成本。衡量价值的方法还有很多，包括正面与负面评论、页面位置、是否有图片、使用某品牌名称的次数，等等。在下面的“为你的公关表现评分”案例中介绍了 Forte 宾馆曾多次使用的针对新闻编辑的量化报告。

可信度高

新闻编辑的可信度要高于广告，人们通常认为新闻是由编辑或记者撰写的，而不是由那些只想着推销商品的广告商所创造的。人们对信息的抵触情绪会大大减少。数据显示，一条新闻信息的可信度会比同样内容的广告高三倍。但与此同时，编辑宣传也存在风险，因为信息内容得不到有效的控制。编辑可能在采纳某一条新闻的同时会质疑新闻的提供方。相反，广告商能够控制信息内容，它们在自己购买的空间中发布自己想要公开的符合法律法规的信息。不仅如此，鉴于新闻独特的可信度，其常作为实证案例应用于直邮、销售宣讲、广告或展览展位中宣传的一项噱头。有时人们甚至会在剧院做宣传展示，在剧院门口张贴巨幅剪报，在镁光灯下熠熠生辉。第三方编辑新闻会进一步增添可信度。同样地，评论家也能够通过严厉的批评败坏展示的名声，从而降低宣传的信度。

缺乏控制

P R Smith 公司的“核导弹”新闻发布的例子凸显了媒体关系中的不可控性，这一案例也显示了同样的新闻为不同的编辑所报道，可能会引发不同的反响（见图 14–13）。《华尔街日报》在其头版给予了简短而积极的正面宣传；而《今日人才》（*Personnel Today*）在揭示企划的很多细节的同时，也使用了诸多微词。虽然，在 P R Smith 的例子中，我们可以说“任何宣传都是好的宣传”，但这一说法明显不适用于 Ratners、IBM 以及麦当劳等公司。这些例子暴露了不可控的宣传的危害（详见下一部分），即使是经过严格控制的媒体活动（如年度大会等）也有可能在进行过程中出现错误。每场媒体活动都存在风险，一旦出现问题，企业就必须应对举着摄像机和记录笔等待着的记者。

不可控的宣传——任何宣传都是好的宣传吗

“任何宣传都是好的宣传”这句老话并不是永远的真理。虽然上文提到的公关培训视频的负面报道的确是有效的公开宣传，但这并不总是有效的。珠宝零售巨头 Ratners 就曾领教过负面报道带来的不良影响，公司总裁杰拉尔德·拉特纳（Gerald Ratner）就公开向媒体宣称自己的珠宝是“垃圾”。此事件虽然引起全国的广泛关注，但也使客户敬而远之，打击了员工士气。杰拉尔德很快就引咎辞职，Ratners 商店也从此销声匿迹了。另一方面，意料之外的新闻报道可能带来意想不到的帮助。布鲁玛妮鞋业公司却凭借辛普森一案涉及其生产的鞋，而使销售额上升了 50%。不可控制的报道，尤其是负面报道，很有可能会造成局面失控，给企业带来无法预期的结果。IBM 公司在 1996 年奥运会上发现其中一台奥运电脑不断地出现错误信息，新闻将此情况进行了报道，甚至指责 IBM 公司不作为。此事的余波还体现在了后来中央公园的爆炸案中，例如，《费城问询报》

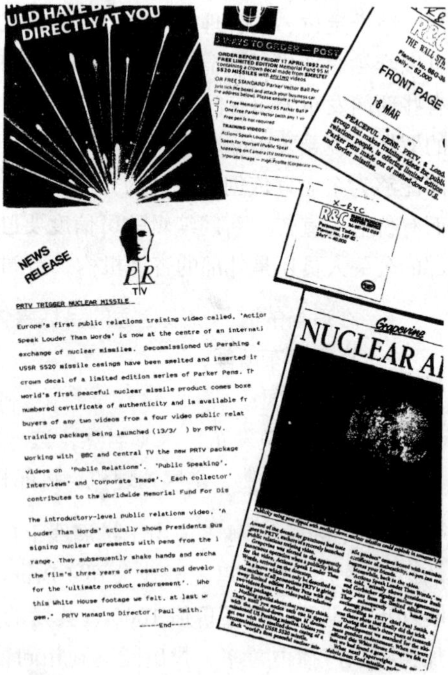

图 14–13　PRTV 新闻：同样一则新闻可能带来不同的反响，《华尔街日报》头版的正面报道与培训杂志的负面新闻就带来了截然不同的效果

（*Philadelphia Inquirer*）错误地报道了 IBM 电脑系统可能造成了安保的疏漏（摘自 1996 年 9 月 9 日的《财富》杂志）。企业与媒体的关系是对其公司价值的考验。1984 年，加州一家麦当劳餐厅发生枪击案，21 名客户丧生，麦当劳随即关闭了店面，将土地捐赠给了当地一家社区大学。因这样的悲剧而获得媒体关注当然算不上“好的宣传”。前几年，针对英国石油公司（BP）的负面报道时刻威胁着这家以常年高盈利而全球闻名的优质企业的生存发展，而危机管理的不足又会进一步恶化负面报道的影响（见下文“危机管理”）。

加强控制

企业应该从一开始就要避免自己的活动（如在全国食素日发布新的汉堡产品）与近期某新闻报道发生冲突，以规避上文提到的种种问题。企业可以翻阅相关指南，上面列有不同的事件活动，并按照种类、地区、日期等进行分类；还有一种指南列有编辑姓名、住址和电话，同样按照杂志种类或活动种类分类。企业也可以借助 Echo 这样的调查公司的帮助，规避报道风险，此类公司掌握为某组织、某产品或其他事件写过报道的记者名单，并对所有的文章进行打分排名。它们还可以将特邀报道与未经请求的报道进一步做比较分析，从中可以看出因记者与企业之间的关系而造成的明显的信息偏颇。如果一名记者向宣传部门致电，员工可以将其姓名输入信息终端，迅速调出记者的信息，甚至在宣传部门开始寒暄打招呼之前就完成了信息核实。公关经理也能相应地获得同步信息。

即使做了充足的准备和介绍，报道宣传仍然有可能出错。使用广告，企业拥有其最终版本的通过权，但新闻报道的时间限制太紧，即使是最和善的编辑也不会允许公关经理对语言或排版进行把关，这也导致了下文爱德华·皮姆洛特（Edward Pimlott）先生遭遇的困境。

爱德华·皮姆洛特先生糟糕的一天

《格兰瑟姆日报》（*Grantham Journal*）就皮姆洛特先生的信发表了这样一份道歉声明：“7 月 25 日我报发表的一篇报道中，皮姆洛特先生将自己比作社会的废物。这其实是编辑的疏忽。正确的内容是皮姆洛特先生将自己比作社会的栋梁。”

摘自 1997 年 8 月 28 日《独立报》

公关宣传的可控整合

公关宣传需要与其他营销传播组合元素相互结合。我们在第 1 章介绍了各种用于媒体发布的广告企划，在吸引了公众目光后，企业还可以进行一系列公关活动来维持在公众中的活跃度。TSB 的赞助案例（见第 15 章案例）将媒体关系企划与新闻编辑宣传进行了整合。在整合后的营销组合中，公关与促销活动在不动用任何传统线上支持的情况下，成功地维持了品牌的市场份额。在其他案例中，只要版权许可，展销会和展览中就能够使用新闻创意简报作为宣传。第三方宣传往往用在广告、新闻发布、销售说明、包装设计、促销等方面。仅仅一张照片就可能作为广告、包装、展会、直邮、媒体发布等各种媒体传播方式的素材使用。从公司战略的角度来看，所有的营销传播工具应该相互配合而非分散为不同的方向。最好是每项活动都能尽可能使用最多的媒体传播工具组合。

无法预见的机遇与挑战随时都可能发生，提前做出规划几乎是不可能的事。比如说，新闻编辑是不可预测的，即使编辑承诺要使用某一篇报道，他也很有可能在最后关头换掉新闻内容；有时报道时间并不像预期的那么及时。成功的积极宣传能够为其他邮寄、促销和进一步新闻宣传提供灵感。虽然优秀的企业都会在风险管理方面投入大量的资金，但危机和负面报道一样难以预计和规划，这就需要企业具备临场应对的能力。危机若能得到完美的解决，甚至能够帮企业创造强有力的市场地位，关于这方面的典型案例就是强生公司（Johnson&Johnson）在 1982 年处理的泰诺中毒危机，在此次事件中，芝加哥共有七人因止痛药中的氰化物而中毒死亡。

危机管理

事故的发生通常涉及大量人群。危机管理指的是当企业发生影响公司发展的重大问题时所采取的标准的紧急应对方式。顶级企业都会设置危机管理程序，处理自身或是他人造成的麻烦。企业通常会推举一名公认的发言人，负责设计公司要发表的核心关键词，并针对不同危机情景设计出相应的应对措辞。一旦危机发生，管理人员就会及时回顾这些内容。针对媒体的训练包括问答模拟，其中包含所有可能问到的问题，甚至还有那些故意刁难的问题。回答这些问题的关键在于，要始终秉承人道主义精神，并表现得体、有礼貌。另外，还要表达出公司的关心，及时查看网站、访问客户，认真回答问题，赔付一切损失（须获得法人同意），与所有的利益相关方进行沟通，尽可能避免铤而走险、触犯法律。诉诸法律可能是处理办法的一部分，但很少作为整个应对措施予以实施。要注意的是，法律手段耗时长、耗资大，而在危机处理中，时间是最为宝贵的资源。企业发言人必须注意言辞。亚历克斯·沃弗（Alex Wollfall）就曾指出："在经历了全球破产危机和政客贪污丑闻后，公众对政客、企业发言人以及大品牌的不信任度达到了前所未有的高度。"

危机处理过程通常包含以下步骤：第一，调查其范围。此次事件是只有几个受害者还是影响范围较大？受害者是否真正受到了侵害？第二，不要否认。如果事件真实存在就应该承担责任。保持开放诚信，尽可能地提供有效信息。Mattel 玩具公司在面临产品召回事件时，其 CEO 在公司网站上播放了一段视频信息，该视频迅速传遍网络，出现在各大电视新闻节目中。这样的效果要比电视新闻上播放消费者排着队要求退货要好得多。第三，表达对事件的真心关注。也许将这一条这样明着说出来很奇怪，但是只要企业表现出来一点点的不真诚，就有可能被愤怒的媒体迅速感觉出来。BP 公司总裁那句臭名昭著的"我想过回自己的生活"，在他人生活受到严重的环境威胁的期间内，这种只顾个人喜好的言辞迅速受到媒体关注和评论。第四，对员工保持开放心态，多向他们透露媒体信息。第五，完善机制，使企业获得更好的危机处理经验。仔细回顾所有的过程，防止危机再次重演。第六，修理或赔付所有损失，处理或召回所有问题产品。

大西洋油灾中的游艇度假

BP 公司的墨西哥湾危机表明，不良的沟通技巧只能将企业危机扩大化。要避免任何可能传达错误信息的照片流出。当然，每个人都需要一点休息时间，但是被抓拍到自己在海上游艇中享受假日的照片，而在大西洋的另一边，BP 油田正不断地向海中倾泻石油，这无疑就是自我毁灭了。这就是 BP 石油公司 CEO 唐熙华（Tony Hayward）最近犯的错误，而他不仅没有在 5 月 30 日进行道歉，反而愚蠢地加了一句："我想要过回自己的生活。"这简直就是没有判断能力的表现。他在议员委员会面前的表现再次证明了自己在这方面能力欠缺。也许有人会体谅他受到的压力，也能体会到他的法律顾问的恐惧，但是唐熙华这种过分自我、冷酷无情的表现使其成为众矢之的。

企业也许很难避免经济损失，但危机管理一旦顺利解决，就能够加强各利益相关方之间的关系。从这个角度来看，危机管理不仅弥补了对企业的危害，而且还是对未来的一种投资。良好的企业社会关系能为企业增添可信度，尤其在危急关头。

控制——对媒体关系进行衡量

免费公关宣传、新闻报道或编辑都能进行管理、测量和分析。传统方法是根据“专栏长度”和电视播放时间来计算覆盖率。如今，新闻报道可以通过受众印象、分享数、阅读数、流量以及参与度来衡量。新闻报道可以由公司自行撰写、外包给代理机构或是交给专业新闻撰写公司，它们能够管理、剪辑、粘贴并按照每天、每周或是客户所需的任何频率发送给媒体。Google Alert 还能在线标出所有新闻中提到的品牌或企业。

电视、广播以及互联网也提供类似的管控服务。产品、企业或是某一特定事件的文件大小、引用数量以及占用的空间或时间都能通过简单的方法进行计算。更为详细的分析能给出更多的信息：首页提及次数、独家新闻数、新闻长度、对此表示支持的人数、中立人数、反对人数、受众问询机会（包括文章覆盖率、传播、是否有联系地址或电话、问询卡或优惠券作为凭证等）。其他评价模式进一步计算了报道的质量而非仅仅衡量数量，包括文中的照片和图表。

在线评估包含以下内容。

- 阅读量测量的是新闻报道每天将被阅读多少次。
- 印象测量的是报道以怎样的频率出现在公关网站或 RSS 反馈头条，受众数量有多少。
- 活动显示了哪些人阅读了报道、哪些人浏览了头条、有多少人将其进行了分享。在社交媒体环境中，分享是十分重要的，评估可以看出报道在 Facebook、领英或 Twitter 上的分享数。
- 用于搜索新闻报道的关键词。
- 用于发现新闻被报道的搜索引擎。

所有这些都是铁的事实，它们能够提供一个绩效工资的简单构架。

这些真实数据的报告会令公关咨询机构更容易接受客户提出来的按结果付费的策略。公关行业还没有完全接受按结果付费这一原则（可能是因为有大量不可控因素会影响最终结果）。

培恩国际公关公司欧洲分公司（Porter Novelli Europe）的战略规划总监保罗·米勒（Paul Miller）发现：“公关行业在设定目标方面并非最复杂或最先进的，这一点如今越来越被视为其弱点之一，绩效相关的收费之所以受到欢迎是因为它能让客户真正关注自己想要什么。而不是提一些空洞无味的口号。”2002 年，顶尖的公关公司——伟达国际公关顾问公司（Hill&Knowlton）出品了儿童动画片《发动机班吉》（*Engie Benjy*），还邀请了电视明星安特（Ant，即 Anthony McPartlin）与迪克（Dec 即 Declan Donnelly）友情出演，公司所获得的 30% 经费来自节目所达到的观众数量。

这些分析方式只能测量有多少信息进入了宣传领域，却不能测量受众心中真正的想法，例如，报道是否改变或加强了受众的心理或想法、投票方式、价值分享、购买水准，等等。这些因素需要分别对心理和行为进行测量才能知晓。销售额可以衡量，但却很难将公关与其他传播方式分开来测量其影响力。也许这就是业内对按结果付费如此排斥的原因。然而，尽管存在着这样的困难，按结果付费仍能督促客户设立定义清晰、易于测量的目标。

总而言之，公关的作用举重若轻，是培养和加强企业核心利益相关方关系最高效的沟通方法。

为你的公关业绩打分

在介绍一家新酒店或新产品时，我们需要考虑五大核心信息——核心信息绝不能超过五个，而如果我们能成功传达其中两个信息，就能算得上是伟大的胜利了。接下来，需要确定核心受众以及最适合他们的宣传方式。这为企业建立起了一个能保证最高效率的行动方针。所有的宣传方案都要经过包含五个等级的量表衡量，衡量标准是信息有多受欢迎以及包含多少核心信息。这种做法让洛克·福特酒店的企业传播总监理查德·鲍尔（Richard Power）得以向洛克·福特本人以及其他执行官提交有关营销传播的量化评估报告。

案例 14-1：维珍手机新的收费政策

环境

对手机卖家而言，服务费是影响消费者购买的重要影响因素。过去，在这个混乱的市场中，企业往往采用的是公式化的公关策略。而维珍手机则采用了全新的公关方式，宣传手机的新颖、实惠、30 便士[①] 的服务费等特点，吸引了一大群其他企划难以达到的受众，在新收费政策下取得了客户始料未及的高覆盖率。

目标

- 维珍手机每天收取 30 便士的服务费，提供整天无限量的上网流量，利用服务费这一特点与手机客户、潜在客户以及网上的关键影响者进行互动；
- 用创新的方式让人们谈论枯燥的新闻故事；
- 增加内置链接到服务费官网；
- 三周内，保证在线国内新闻以及博客中出现至少 60 篇相关报道；
- 实现每月增加 4% 的新客户订单。

战略

使用创新数字技术构建在线公关与社交媒体宣传，吸引维珍手机客户、潜在客户以及影响者参与互动。企划设计必须包含品牌的核心理念，维珍手机在竞争对手圈的定位是“挑战者”，因而，青春、快乐、时尚、活力、鲜明等元素是必不可少的。

① 1 便士≈ 0.087 人民币。——译者注

策略

“30 便士”企划是首次出现在手机资费中的在线公关与社交媒体企划。其创新之处在于，用与众不同的、以数码为导向的方式，以及新奇有趣的方式宣传新的 30 便士收费政策。

在定格的宣传动画中，30 粒豆跳过黑洞，跃上山巅，打乒乓球，充分显示了维珍手机带给用户的欢乐体验，其隐含的信息是“如果上网资费每天只有 30 便士的话，试想一下 30 粒豆能为我们做什么”。

30 粒豆的宣传动画片在伦敦举行的首次交互式博客大会上进行了首映，会上还发布了病毒营销视频 Voscars（即维珍手机奥斯卡盛典）。

行动

30 粒豆视频首映式在伦敦梅菲尔区的科盛剧院举行，伦敦 30 位著名博主受邀出席活动，并展示了他们最喜欢的病毒营销视频。博主来自社会的不同领域，包括科技、猎酷、手机、社交媒体、营销、交通、食品与新闻等领域，为此次活动带来了不同的角度与活力。

展映结束后，博主为其最喜欢的视频进行投票。获胜视频将被进一步加工成故事，在“维珍手机每天 30 便士上网资费”视频首映式上出售。

Voscars 还为维珍手机带来了与在线消费者直接互动的机会。公司营销传播团队成员与网友们畅谈企划内容、数据流量资费以及维珍手机未来的发展展望。

有关博主们出席该活动的事实并未受到国内新闻的报道。倒是每位博主都为维珍手机、Voscars 视频、“30 粒豆”视频以及手机流量资费发表了自己的相关评论，其评论往往被链接或嵌入了“30 粒豆”的视频。

活动举办方还为未能参加活动的博主准备了在线延伸项目，与手机、创新、娱乐、猎酷、科技等相关的非伦敦博客也可以参与在线活动。

控制

结果

- 每月新增客户订单达 5% ~ 5.5%，超过预期目标 37%；
- 共出现了 99 篇新闻报道，其中一篇刊登在《地铁报》（*Metro*）的在线新闻及纸质报纸上；
- 超过 80% 的网站建立了 virginmobilepeople.com/30p 网站链接；
- 非手机博客或网站上有超过 2000 万的 OTS 链接；
- 视频在 10 天内获得了 10 000 次浏览；
- 75% 的网络位置建立了“30 粒豆”视频链接或内嵌该视频；
- 超过 95% 的网络位置对维珍手机有所提及；
- 宣传费每付出 1 英镑，能够达到受众 952 人；
- 成果：与企划内容建立了链接的网站中，80% 嵌入了维珍官方网站的链接。

人员

即企划所需的人力资源，包括客户总监、客户经理和高级经理。

资金（预算）

资金应包括原有的宣传维持费用、媒体佣金和按结果支付费用。所有公关活动总费用为 21 000 英镑，包括代理机构收费与第三方成本。

时间（时间规划）

包括从简报、企划执行到任务完成的整个时间段（详见表 14-1）。

表 14-1　　维珍手机企划时间规划表

起始时间	11 月 24 日	12 月 1 日	12 月 8 日	12 月 15 日	12 月 22 日
简报完成	■				
企划制定	■				
视频制作		■			
活动规划		■			
博主参与		■	■		
活动确定			■		
视频通过			■		
活动进行			12 月 11 日		
设计顶级病毒营销宣传				■	
推出顶级病毒营销宣传				■	
企划评估					■

案例 14-2：Muzu.TV 与明星亲密接触企划案

Muzu.TV 为广大受众提供免费音乐视频与现场活动视频在线观看。公司利用自己的录音室录制现场活动视频，为网站创造更多的专属内容，例如，杰德沃德组合（Jedward）就曾专门在公司的录音室举行了一次现场活动。Muzu.TV 对现场活动进行了录制。并邀请了全国性日报评选出的十位获胜者以及广播电台评选出的十位获胜者参与了这次明星见面会，参与者得以与明星见面，观看表演，获得明星照片、亲笔签名、纪念品以及网站、Facebook 网页和 Twitter 的反馈内容。

目标

活动宗旨是扩宽 Muzu.TV 的用户体验，以激发全英 1000 万名音乐爱好者的音乐热情，增加网站流量、签到和签入数量。音乐爱好者可以获取视频播放器的嵌入码，其中包含多条播放列表，可以与其 Facebook 页面相链接，分享到自己的页面空间中，并自动向所有好友公开。

战略

Muzu.TV 改变了自己的在线策略，由单纯增加官网的流量转向向多个平台提供服务，通过内嵌播放器同步播出现场表演，并整理视频点播器建立起自己的网上社区，这样用户就可以在社区中与好友讨论与音乐会相关的话题。

策略

Muzu.TV 网站目前每月仅英国地区就有 100 万的点击量，每次点击平均会逗留 7 ~ 10 分钟。与此同时，联合发布网络（包括媒体公司、艺人官方网站、艺人官方社交网络、广播站、音乐杂志与节日网站）每月能再获得 200 万到 300 万的点击量。Muzu.TV 提供视频发布前的广告以及播放器皮肤下载。

英国的一份全国性日报（例如《太阳报》）的读者可达 600 万之多，广播电台的听众有 100 万；在爱尔兰，一份同等地位的报纸的读者与广播听众一共可达 800 万。如果，其中只有 30% 是音乐爱好者，而音乐爱好者中只有 10% 是杰德沃德组合的粉丝，那么大约 800 万受众中就有大约 3% 的人属于热门目标受众，即 24 万人。如果这些人每人都拥有社交媒体朋友圈（假设每人有 50 个好友），那么潜在的受众就能达到 1200 万。

行动

Muzu.TV 的娱乐总监负责协调物流，并对活动管理进行精密调控。

控制

这一成功的发展模式目前已经推广到全英国，并适用于所有爱尔兰的落地活动。目前，英国国内的主要乐队都摩拳擦掌，期待着属于自己的私人表演以及粉丝见面会的到来。主要的活动所拥有的 Facebook 官方粉丝已达 200 万。

小结

以下总结一下企业增加或减少公关使用时需要考虑的优势与劣势。

优势

公关通常被视为记者的观点，或至少是来自第三方的新闻资源，因而其可信度比广告高。再加上企业承担社会责任的良好背景，公关甚至能够创造奇迹。其千人成本也要远远低于广告。公关适用于提高品牌感知度、增加品牌曝光率，以及促进品牌的全面建设，通常能创造金钱所不能及的效果。

劣势

一旦新闻编辑获取信息，公关就失去了足够的新闻控制权。编辑可以随意进行改写，而企业对广告则有足够的信息控制权。编辑、记者以及博主常常会透过表面信息来发掘其中的深层含义，信息也可能向目标群体之外传播。而公关无法推动销售的达成。

新营销箴言

◎ 公关与营销并不具有相互包含的关系，但两者确实能整合到一起。

◎ 新闻编辑成本低、可信度高，但因为信息缺乏控制而具有高风险。

◎ 社交媒体与公关具有天然的相合性。

◎ 整合后的公关能够提高营销传播的协同力。

第 15 章 线上与线下赞助

赞助是喜是忧

我们从不赞助体育运动，那个市场熙熙攘攘、杂乱无章，上百万的投入可能得不到任何回报。

大卫·戈登斯金（David Goldesgeyne），劳埃德银行赞助部门负责人

我们赞助世界杯的回报越来越多，并且我们在世界品牌曝光度、高端定位、促销以及巩固商业客户关系等方面都取得了可喜的成果。

吉列公司世界杯新闻

赞助是否值得投资？是否能够成为企业短期的战略工具？前者的答案可能是“是”，而后者近乎不可能。毫无疑问，一些主要的品牌商认为有些赞助机会价值非凡（因为这些品牌商会长期投资某些赞助机会），例如，可口可乐公司再次赞助 FIFA 世界杯。2005 年，可口可乐公司斥资五亿美元把对世界足球管理机构 FIFA 的赞助期限延长至 2022 年，这使得可口可乐公司不仅获得专营权，向所有包括世界杯锦标赛等主要赛事提供无酒精饮料，而且还获得在电视台与赛场的销售权。该企业还将其对奥运会的赞助期限延长了 12 年，直到 2020 年，包括 2010 年温哥华冬季奥运会、2012 年伦敦夏季奥运会，以及 2014 年、2016 年和 2018 年与 2020 年的主要赛事。需要注意的是，甚至签署的赞助协议也能提供公关的机会，可口可乐公司正是抓住这一点，将与国际奥委会的赞助签约仪式搬到了中国的长城上。这无疑是出自世界顶级的营销商的手笔。可口可乐公司认为其赞助管理（专业知识）的方式使其获得了绝对的竞争优势。

赞助的力量：泰格·伍兹能够重新定位一个品牌

对耐克高尔夫（Nike Golf）而言，泰格·伍兹（Tiger Woods）的身价是 8.5 亿美元；而对通用汽车公司来说，他更像一个魔术师，他改变了别克汽车作为老年人汽车的形象，将客户的购买年龄降低了近十岁。

伍兹先生与别克汽车之间的合作价值更应该用人口来衡量，而非美元所能体现的。自他于 1999 年与通用汽车公司签约（2004 年续签五年，签约金为 4000 万美元）以来，别克汽车司机的年龄从 65 岁降到 55 岁。另外，别克汽车还制造了新型、时髦的车型，以迎合更年轻的客户群的需求，在这方面，伍兹先生功不可没，通用汽车公司正在寻求加深双方的合作关系的时机。

此外，耐克公司与泰格·伍兹签订的合同中规定，伍兹先生在出席其他品牌的宣传活动时，要身着耐克公司的服装，因此，耐克品牌就可以借助其他品牌的赞助项目与广告扩大知名度。

然而，赞助也如公关一样无法控制，因为赞助商的品牌有可能会被其代言人破坏。

如今，专业赞助商都会抓住多种赞助商机，以达到投资回报最大化。赞助绝不仅仅是粉饰某一重大活动（或某一庆祝仪式）。例如，移动电话公司若赞助了某一夏季音乐节，那它就会寻求收集与分发宣传后台闲谈、制作独家视频、采访与即兴表演的权力，并与其观众分享，同时让其客户获得额外的利益，包括 VIP 通道、与表演艺术家的亲密接触与表演等。还有一些电话公司会在互动期间出借电话，这样一来，人们就能够在社交媒体网络上分享带有该品牌标识的照片和视频。

那么什么样的活动值得赞助呢？企业应该如何抉择？或许艺术赞助有利于计算机行业，而体育赞助并不利于银行业？若体育赞助对吉利公司百利而无一害，那么它为什么还要大费周章地进行广告宣传呢？又或者说，其广告毫无作用，稍微做些改善就能提高收益？赞助总是来自线上预算吗？赞助就意味着广告费用的减少吗？赞助费可不可以出自企业基金？应该赞助多少？多少算太多？什么情况下赞助让其投资回报降低？又该如何测量赞助的价值？最后，赞助到底意味着什么？上述问题就是本章要解决的。

什么是赞助

赞助不仅仅是资助、让对方受益，它还能够在帮助对方的同时，实现其既定的营销传播目标。有些赞助商认为赞助是一种实现自身利益的远见卓识，通过现金资助有价值的活动，以满足特定的营销或企业目标。赞助愈加成熟，其形式、目标、优势与劣势就愈加多样化，需要管理者对其有更深入的理解。

赞助商需要对目标受众进行深入调研，设定清晰的定性与定量目标，选择并确定合适的赞助工具。赞助项目若要保持与受众沟通的一致性，就必须规划精确，预算充足，以保证“杠杆化”，扩大或最大化赞助的整体效应。

新旧赞助工具

赞助能够渗透到社会的各行各业中，每个人、每件事都可以得到赞助，甚至你可以赞助促成“某一事件的可能性”，格拉纳达（Granada）电视台就曾经赞助过曼彻斯特角逐 2000 年奥运会的举办权。赞助活动只有想不到，没有做不到。体育、艺术、教育、社区与广播都是比较普遍的赞助领域。

体育活动规模大小与否（例如高尔夫或者板球）都能有效地影响目标市场。即使是一项特定的体育运动，也会有许多赞助机会。就拿足球来说，可以冠名赞助，例如英格兰联赛杯（Carling Cup）或是巴克莱信用卡超级联赛（Barclaycard Premiership）。企业可以赞助运动场，例如锐步（Reebok）运动场。更有趣的是，芝加哥的麦斯威尔（Maxwell House）咖啡品尝店购买了一场体育比赛的 37 000 张入场票作为赞助，观众只需购买两罐麦斯威尔咖啡就可以免费兑换一张门票，以此提高了其在店外的收入。另外，企业还可以赞助某个俱乐部（顺便说一下，20 世纪 80 年代以来，日本棒球队俱乐部大多数是由企业赞助的）、赞助某个比赛日、赞助足球赛开踢［美国安海斯-布希公司（Anheuser Busch）赞助了 NFL 足球赛的开踢］、可以赞助某种球类［例如英国水晶宫足球俱乐部（Crystal Palace FC）球赛的赞助成本为 250 欧元］、赞助公开赛奖品，等等。下列专栏中必胜客与美国运通卡公司（American Express）的赞助例子就体现了美国棒球创造了各种赞助商机。进球得分更新、对球员的评头论足、免费打赌甚至是编造的球队都可以得到赞助（见本章案例）。

赞助一次接球——球迷接住 33 000 个比萨

匹兹堡海盗队（Pittsburgh Pirates）的球迷泰德·比亚努奇（Ted Bianucci）在 Three Rivers 运动场观看比赛时被随机选为选手，得以上场接住 3 个飞球（从枪口中射击出球，帮助接球手练习防守）。赞助商必胜客承诺，球迷若接住一个、两个或三个飞球，将分别得到一杯免费软饮（观众要出示票根）或一个小比萨。从来没有人接住过三个球，但比亚努奇却做到了，让 33 789 名观众为之惊叹。而必胜客公司收获了价值 150 000 美元的比萨订单和一系列的好评，这不但让比亚努奇本人异常开心，而且吸引了 33 000 名客户到必胜客餐厅用餐。

任何事都可以得到有效的赞助，哪怕是月球上的高尔夫球也不例外。某家高尔夫球设备制造商请求在国际空间站工作的俄罗斯宇航员米哈伊尔·秋林（Mikhail Tyurin）将高尔夫俱乐部的名牌及其高尔夫球一并送到国际空间站，实现了最长的高尔夫球发球距离。营销人员的工作就是要善于发现商机，以决定是否只是赞助噱头，还是中长期的赞助项目。

对手失误带来的赞助

美国运通卡公司与 Best West 国际酒店联合赞助了一个项目，每次只要顶级棒球投手诺兰·莱恩（Nolan Ryan）将对方投手击败，这两家公司就给儿童棒球联盟捐助 300 美元，若莱恩让对方团队得零分，那它们就会向该联盟捐助 125 万美元。每次只要使用运通卡在 Best West 国际酒店消费，那两家企业还会共同捐出 3 美分。此外，通过摆放在 Best West 国际酒店三层的宣传册架子上的运通卡申请表申请运通卡的新成员都会得到 2 美元的奖励。

艺术赞助更是无所不有——例如赞助法国迪士尼、电影首映、某部类型模糊的演出，从而让企业接触到以其他方式难以接触到的目标市场。教育这一领域较为敏感，可以使用现金赞助，也可以使用其他物品，例如，某家电脑公司用电脑赞助学校。企业逐渐认识到社区的重要性以及自身的企业责任，从而使社区赞助越来越受到企业的重视。企业员工在这方面很活跃，积极加入“百分之一俱乐部”（在英国，美分俱乐部的企业成员承诺将企业利润的百分之一的一半用于社区项目；在美国还有百分之二与百分之五俱乐部）。在英国，赞助警队、消防队与海岸警卫队更是不足为奇，酒业连锁店 Thresher 就为 Avon & Somerset 警队赞助过一辆货车，纽卡斯托啤酒厂（Newcastle Breeries）还赞助过移动警局。

其他（不常见）赞助类型

赞助的类型可谓多种多样。企业可以赞助某个探险队，甚至赞助太空旅行；企业还可以赞助某个物种［负责对有机体进行分类的科学小组系统学协会（Systematics Association）同意以所罗门兄弟公司（Salomon Brothers）总监的名字为七种黄蜂命名，以抵销其 300 000 美元的负债］；多发性硬化症学会（Multiple Sclerosis Society）赞助的“Ugly Bartender”比赛是其第二大利润来源；几年之前，在伦敦-布莱顿铁路线附近农场上身披印有“弗拉迪瓦伏特加酒”（Vladivar Vodka）字样旗帜的奶牛在布莱顿狂欢节期间得到了赞助；雅佳（Akai）公司以每次 10 000 欧元赞助了斗牛比赛。

另外，广播赞助的形式也多种多样，既可以赞助别人的广告，可以赞助天气预报、特定的节目，也可以赞助有线电视的节目主题周。

网上虚拟世界所发生的事件，或者说网上社区活动（网络广播、讨论、视频墙等）都可以赞助。可以说任何地点发生的任何事情，不管是线上还是线下，都可以通过多种形式赞助。

管理赞助项目

我们在第 10 章中所提及的 SOSTAC®+3Ms 方法也可用来拓展并管理赞助项目。SOSTAC®+3Ms 方法包括：

- 确定目标群体；
- 明确赞助目标；
- 分析并总结当前的赞助情况（包括竞争力回顾、先前的赞助经历、赞助策略等）；
- 明确策略（赞助项目如何为企业或品牌使命、营销与传播目标做出贡献）；
- 制定整合战术细节以实现整体的统一协调；
- 建立测量标准以评估赞助项目是否值得继续下去；
- 明确项目融资来源，以达到收益最大化。

情境——目标群体

有两种不同的目标群体，一类是直接参与赞助项目的群体，一种是通过广告与媒体报道才能接触到的群体。虽然许多次要目标也能够为不同目标群体带来好处，但是主要目标必须与主要目标群体清晰地联系起来，这其中包括对目标受众的生活方式、态度、行为模式、业余活动、议题与人口特征的研究。早期研究要确定当前赞助项目的情况，例如，赞助商在目标群体心中的定位如何，从而揭示出赞助商要达成的特定的传播目标是什么。

目标

确定目标群体之后，就要明确目标，既要重视次要活动（例如与核心赞助项目相关的促销活动），又要重视市场支持活动（例如围绕赞助项目的广告和公开宣告活动）。一个赞助项目应该同时满足以下多个目标。

- 提高知名度——例如，佳能公司通过赞助足球联盟来提高知名度，也因此变得家喻户晓，从在巴西市场中默默无闻到占据一席之地。

- 建立品牌——特定的赞助活动可以对某个品牌或企业形象进行重新定位或得到强化，例如，社区项目可以为企业树立起有爱心的形象。赞助一定要能够维护品牌价值。
- 改善或保持关系——赞助活动中的热情好客与大众娱乐可以改善或保持与客户、商业伙伴、员工甚至投资者之间的关系。Rumbelows 百货公司赞助了英国足球联盟杯，其赞助协议允许赞助商指派自己的年度最佳员工与球队见面，并将奖杯颁发给冠军队的队长。通过赞助恰当的地方性活动，能够让企业的社会关系得以改善。
- 增加销售量并打开封闭市场——可口可乐公司因在以色列建饮料厂而导致其产品被禁止在阿拉伯市场销售，而它对 1989 年在利雅得（Riyadh）举办的阿拉伯青年足球赛的赞助帮助其再次打开了阿拉伯市场的大门。
- 增加销售量（样品赞助与直销）——在垄断市场中，消费者不需要做出各种权衡，样品赞助的机会层出不穷，例如，在维多利亚啤酒（Victoria Beer）赞助的橄榄球比赛中，观众就购买了维多利亚啤酒。赞助商还可以进行市场调查。赞助商可以创造与消费者对话的机会，但是大量的广告只是企业的独白（虽然有些广告会与消费者互动）。
- 吸引分销商或代理商——ECON 公司赞助了某家广播电台的天气预报，以提高品牌意识，吸引其他市场的代理商。
- 创造宣传材料——一些活动中会有许多风景名胜、明星的拍照机会。某家登山设备公司赞助了一系列的登山活动，这些登山活动拍的照片中必须明显地展示出该公司的登山设备。
- 绕过禁止做广告的规定——赞助尤其是赞助电视广播事件，使得赞助商避开了广告的限制，例如，烟草公司赞助了诸如斯诺克台球的体育运动。著名台球（斯诺克）球员史蒂夫·戴维斯（Steve Davis）与丹尼斯·泰勒（Dennis Taylor）的决赛使得三分之一的英国人都守在电视机面前直到凌晨三点钟。
- 其他目标——例如产品新创意（新产品普及竞争）、毕业生招聘等。

赞助策略

赞助策略简洁明了地说明企业更倾向于哪种赞助类型、选择某种赞助项目的原因，以及企业如何利用与整合赞助的方式和相应的成本。赞助要与其他营销传播工具相互配合，例如广告、促销、直邮广告与公共关系，以扩大企业的影响力。赞助需要在企业内部进行充分的解释，有时它会被用作员工精神收入的一部分（见第 12 章），以改善员工关系。

通过清晰地定义赞助的决定因素，赞助政策能够推动赞助项目的选择过程。例如，企业更倾向于哪种类型的赞助，以确保与企业使命、营销传播目标相一致。企业需要解决以下问题：赞助商与赞助主体之间是否有相关性？例如，棋类比赛与电脑公司都重视智力；企业选择的赞助项目背后传递的信息或企业目标相一致吗？赞助能为公司或产品带来增值吗？赞助有利于品牌价值的提升吗？赞助是否具有国际可接受性？赞助要具有全球性视野，也要因地制宜（虽然百事可乐公司赞助了斗牛比赛，但是该赞助并不具有国际可接受性）。某些类型或领域的赞助总是为企业所喜好吗？总是聚焦于某一特定领域的赞助会更好吗？什么是赞助最好的周期与最佳时机？至少三年？某个赞助项目什么时候应该放弃、改变或稍作调整？单独赞助、联合赞助可以接受吗？赞助可以让员工参与吗？赞助能通过相关促销与公开宣传获得融资吗？赞助有利于促销吗？可以进一步提高消费者的参与度吗？该赞助是独一无二的吗？可以避免伏击式营销吗？企业在竞争什么？相比模仿式赞助项目（模仿相似的赞助项目的竞争），企业更偏好独一无二的（不可复制的）赞助吗？预算是多少？怎样用金钱衡量价值？

泰格·伍兹与手表

赞助有助于提升品牌价值吗？泰格豪雅手表公司（Tag Heuer）赞助了泰格·伍兹150万英镑，他在打高尔夫球的时候不需要佩戴该公司的手表。对于双方的品牌而言，有人可能会觉得这两种品牌很相似，重点在于如何平衡明星与产品之间的关系。泰格·伍兹与泰格豪雅手表的品牌价值在时间、关注点与忠诚度方面做到了很好的平衡。

战术规划

企业应从赞助项目中获得尽可能多的利益。赞助不仅仅是将企业的名字加到某个事件、团队或情境中，坐等知名度在一夜之间就能提升。规划周密的赞助项目应涉及吸引媒体报道、企业娱乐节目、新客户招募、其他附加宣传与员工激励计划（详见第10章，帮助企业围绕赞助项目制订整个传播计划，将赞助项目整合到营销传播活动当中去）。

公布赞助项目很容易，之后真正的工作才开始，这是因为需要第一年、第二年与第三年持续不断地关注赞助项目的细节，企业需要建立一系列的检查清单与周密的计划（包括预防性措施）。

行动

赞助协议

企业要谨慎对待赞助协议，商家为了拉赞助获得资金往往会夸夸其谈，因此，赞助商需要采取谨慎态度，以下几点值得赞助企业注意。

- 请相关专家检查合同，特别要重点检查退出条款与退出事宜，因为终止赞助比开始赞助更难。例如，开始赞助当地的剧院很容易，但是当赞助商想要转向不同类型的赞助，撤回赞助资金时，往往会被媒体以“××公司切断了剧院的生路”或“××公司将剧院置于不堪的境地”等报道而登上报纸头条。除此之外，企业还要考虑退出策略。
- 被赞助的商家会履行诺言吗？有什么证据？它们之前这样做过吗？是否有参考？有资金保证吗？
- 协议是否对签约双方都公平合理？有时谈判者很犀利，以至于所签的协议对赞助商很有利，但最终还是会引发很多问题。例如耐克公司与巴西足球队之间的赞助协议（见下面专栏“聪明过头的赞助”）。
- 通过被赞助的明星或企业的其他营销活动，对赞助商而言，还有别的提升品牌知名度的商机吗？

试点计划

在试点测试中，行动与控制相互重叠。在完全竞争市场中可以通过测试与调查来降低风险。而额外的调查需要占用诸如时间与金钱之类的资源。有时赞助项目因其自身特点不能加以测试，例如赞助英格兰足球联盟，但赞助商会去调查客户对英格兰足球联盟的印象（在合约签订之前）。除此之外，企业还会赞助当地的联盟，以便让管理层了解和学习赞助的技能。据报道，澳洲电信公司（Telstra）参与赞助了 2003 年橄榄球世界杯，以了解赞助是如何运营的。由于竞争的激烈，企业往往会因为其所采取谨慎而滞后的试点测试而痛失一些千载难逢的赞助机会。因此，企业需要识别并抓住商机，以避免出现棘手的问题。

初试牛刀

刚开始，没有人完全意识到赞助的工作量，这让人很振奋。但即便是带有娱乐性质的赞助项目，也仍然是一项很艰巨的工作。若赞助项目较小，赞助商需要在娱乐大众的同时，坚持量入而出，问题总是会不期而至。若赞助项目较大，员工之间（或者咨询公司）可以共同谨慎对待、注重细节、做好随时行动的准备。赞助项目的知名度越高，越能激发员工的兴趣。企业要使员工了解赞助项目的运作情况及其是否符合目标，获得可期待的结果。如果可能的话，企业要设置项目奖励，作为激励员工的方式。玛莎百货公司就赞助了那些能吸引员工参与的项目。

控制——监督、测量与评估

在这一点上，那些明确的赞助目标会相对容易操作一些，因为其赞助结果能够与既定的目标进行比较。在测量了赞助结果之后，对赞助项目成功或失败的原因的深入分析，会有利于今后赞助项目的实施。上面所列的前三个目标：知名度、形象与关系通常需要一些正式的市场调查，例如问卷调查。除此之外，媒体报道与品牌知名度是评估赞助的临时方式，许多监测公司通常能够提供此类服务。

连续 35 天的监测

在 npower 赞助板球比赛期间，媒体监测得出了以下统计结果：

350 小时的电视报道（第四频道与 Sky 电视台）；

12 500 条广告横幅；

在全国性刊物中提到了 625 次；

成本：三年共计 1800 万英镑；

结果：知名度提高了 45%。

虽然板球运动项目已经出现在电视上很长时间了，但其观众却少之又少。赞助调查公司 AGB 按照观众规模为广播时间划分等级，板球仅得到 67 分，少于滑冰得分的一半。还有其他较为简易的测量赞助有效性的方法。例如，沃尔沃汽车通过计算得到其 300 万美元的网球赞助得到了 14 亿的关注量（提到品牌名字次数、看到品牌名字与观众规模）的统计结果，其广告价值为 1800 万美元。值得一提的是，这种方式仅仅测量了媒体报道数量或输出，并没有对提高知名度、改变消费者态度或改善与不同群体关系的最终目标进行测量，因此企业还应投资于内部，而非外部调查以及目标观众的想法。

若评估系统已经预先设定好，那测量赞助的其他目标就会相对容易些。例如，企业要简要记录并确定客户、代理商与批发商提问的来源，然后通过常见的方式确定赞助结果，例如，新的分销商与销售量的增加，这并不需要改变其他营销传播工具的组合（这里假定竞争中没有出现罢工与工厂火灾）。

华夫饼还是拉格啤酒

1979 年，比利时华夫饼的知名度远远高于拉格啤酒。当电视广告的费用超过预算时，女王网球锦标赛的赞助吸引了赞助商。电视曝光度、网球的励志性以及赢得比赛者的形象都与其赞助商丝黛拉（Stella）啤酒的目标相符。于是丝黛拉啤酒一跃成为英国高端拉格啤酒的销售冠军，销量增加了 400%。

而佳能公司仅仅对足球联盟赞助了一段有限的时间后就获得了巨大收益。据报道："英国几乎没有哪间办公室不配置佳能的办公设备，而这只花费了佳能公司 300 万英镑与三年的时间，对佳能而言，这简直就是九牛一毛。"

聪明过头的赞助

耐克公司与巴西足球队的赞助协议（耐克公司与巴西足球联盟签订了十年价值四亿美元的赞助协议）出现了一些法律问题。由于之前的合同条款规定，耐克公司能够冠名宣传 50 场巴西友谊足球赛，其中包括八名优秀的一流球星。这让人越来越感到耐克公司在巴西事务方面有过大的控制权。随着世界杯预选赛与其他友谊赛的组织，越来越多的人清楚地意识到之前耐克赞助的友谊赛过于庞大。1999 年 11 月，巴西队发现自己在同一时间被安排了两场比赛，这导致巴西的二流球队在澳大利亚比赛，而那时巴西国家队的大多数顶级球员正在与西班牙的比赛中。结果导致 2000 年 4 月，耐克公司不得不将其签订要宣传的比赛数量降低到每年两场。赞助协议调整之后，与 CFB 相关的法律纠纷也在巴西之外的国家得到调解。"CFB 将其作为公共团体的部分自治权移交给了耐克公司。"阿尔多·利内诺（Aldo Rebelo）说道。他曾是由 25 个成员组成的巴西国会众议院调查耐克赞助案的负责人。

预算

实际上，预算分配决定了赞助项目的选择，而不是其他因素。决定赞助预算的方式多种多样，但是以往经验表明，基本的赞助费用至少应该加倍，以便从项目中获得最大的融资（可口可乐公司的预算是其赞助费用的 16 倍，以保证最大的融资）。这样就能留出一部分预算给诸如广告、公关甚至一些直接相关的营销活动。不仅如此，还能将资金分配给其他相关活动，例如，奥运会的赞助商除了印有"奥运会官方标识"之外，往往还会通过促销为奥运会提供奖品与捐赠，以尽可能让赞助得到最大化的回报，这种回报可以是现金，也可以是其他形式。有时，赞助商的服务与设备很可能比现金赞助更值钱，例如，某家赞助拳击比赛的报社会为此次比赛的宣传方提供免费的广告版面，以获得独家赞助权。但若该报社不能卖出所有的广告版面，那它获得的收入将会最少，而这对比赛的宣传方来说，价值则是不可估量的。

许多政府担保的赞助项目也占据了很大一部分成本（看看政府补贴，例如艺术与商业就有不同的补贴项目)。

另外，企业需要将 3M（人员、金钱与时间）考虑到预算与赞助计划中去。谁对什么负责（例如相应的广告、相关的促销活动、提供茶点的帐篷、邀请以及公关等）？这些活动是由代理商负责还是由内部团队控制管理？时间往往会是为赞助项目融资的最大约束，这是因为其间会产生很多尽可能利用赞助商机的创意，而每个创意都需要时间去规划，才能最终付诸实施。据估计，最少需要九个月才能制订出合适的赞助策略与项目计划。

赞助的优势与劣势

赞助的优势

赞助在吸引特定客户方面具有成本效益（相比广告来说），通过其他方式难以企及的客户可以通过赞助关注到品牌。赞助可以达到许多不同的目标，例如：提高知名度；促进企业形象的塑造；改善与不同群体的关系；为新的宣传材料搭建平台；绕过广告禁止的内容，等等。赞助还能为企业带来具有创意的商机，例如，让客户轻松参与到赞助项目中去。公司款待客户的相关事务也能为其与消费者沟通打开大门，提供对话的机会，这是传统的媒体无法做到的。正如阿兰·米切尔（Alan Mitchell）所说："赞助能够做到传统的广告无法做到的事情。"赞助有助于整合营销传播方式，实现企业相关活动的成本效益。最后，赞助项目的效应是可以测量的。

即便赞助不可控制的特点也是可以评估的。想想 1996 年奥运会赞助商（每家赞助商需要付 4000 万美元）这一经典案例吧，这些赞助商很高兴在利勒哈默尔冬季奥运会中获得赞助权。在奥运会开始之前的六周，美国滑冰选手南希·克里根（Nancy Kerrigan）被袭击，这次袭击是其主要竞争对手托娅·哈德（Tonya Hard）的前夫一手策划的。然而，袭击发生前后，公众对克里根的康复的兴趣受到媒体报道的广泛关注，使得赞助商们不得不谨慎评估这些额外的、意外的报道的价值。

赞助的劣势

有人认为赞助具有很多潜在的问题，破坏了艺术的整体性。许多人认为在健康与教育等领域的问题非常重要，不能依赖某家企业的心血来潮。虽然赞助能够带来巨大的成本效益，但是如果企业员工对赞助项目一无所知，而同时企业又进行了裁员，那赞助就会被误解为企业过度的放纵。不管赞助是大是小，特别是大型赞助项目，都需要让员工知道赞助是具有成本效益的商业工具，能够有利于企业未来商业的发展繁荣。对竞争性活动的赞助，例如足球俱乐部会使竞争对手球迷远离该赞助公司及其产品，例如，观看国际性比赛球队的国内球迷，或者更多观看踢得很差劲的球队或球员的观众。TSB 通过具有创意的赞助项目避开了这一潜在问题，详见后面的案例。

若在某个国家的赞助并不为另一个国家所接受，那进行全球性的媒体报道对其并没有好处，例如斗牛比赛、骆驼搏斗等项目。信息作为媒介（赞助的选择反映了赞助商的价值观）也会因不被接受的赞助事件而受到损害。有些赞助会脱离整个国家，特别是人们认为赞助商只是为谋私利（见上述专栏"聪明过头的赞助"）。天气、粉丝、罢工、暴乱等情况都是企业无法控制的，这会使赞助比广告的风险系数更大。即使是流行音乐演唱会也具有风险性，如娜奥米·克莱恩（Naomi Klein）所说："波士顿、费城与华盛顿等城市的人权倡导者联合抗议席琳·迪翁（Celine Dion）的巡回演唱会，而她本人并不知道其演唱会的赞助商爱立信公司作为缅甸的外商投资商，拒绝终止与军政府的合作，并丝毫不妥协，尽管国际上联合抵制运动此起彼伏。"伏击式营销也使得不参与赞助的竞争者不需要付全额赞助费，就可以坐收渔翁之利。

伏击式营销

伏击式营销者通过进行与官方赞助商相似的竞争性宣传、活动与广告等，以打击官方指定的赞助商。通过这种方式，它们让人们误以为它们也是官方赞助商，但实际上并没有支付任何官方赞助费。柯达公司 1984 年经典的伏击式营销案例就是很好的例子。柯达公司赞助了 ABC 电视报道，而富士（Fuji）公司是奥运会的官方赞助商。1988 年，柯达公司成为奥运会的官方赞助商，而富士公司却赞助了美国游泳队。耐克公司"通过大肆广告、利用明星品牌效应成功毁掉了 1996 年奥运会的官方赞助商"。迫使国际奥委会不得不在后来的奥运会中介入，规定雅典奥运会所有张贴海报的地点都需要购买并得到公平分配。1998 年世界杯期间，阿迪达斯公司投资 2000 万英镑，成为官方赞助商，并在巴黎埃菲尔铁塔下建造了足球村，同时，耐克公司则在巴黎郊区选址；另外，阿迪达斯还与保罗·加斯科因（Paul Gascoigne）、保罗·因斯（Paul Ince）以及大卫·贝克汉姆（David Beckham）签订了代言协议，同时成为九支球队的服装赞助商，包括德国、法国与西班牙。而耐克公司赞助了六支球队，其中包括最为人们喜爱的巴西球队（签订了 10 年 2.5 亿英镑的合约）。据《每日电讯报》报道："传言耐克公司在法国世界杯期间，投资 2000 万英镑以打击竞争对手阿迪达斯公司。"为此，阿迪达斯公司做出了一系列"反击噱头"，计划通过自己的噱头与技巧隐藏对手的伏击式营销。两家公司在五个月内都先后投入了 2000 万英镑，其中包括竞争所需的费用（高于阿迪达斯的赞助费）。

伏击式营销并不是什么新鲜事物，它伴随着赞助而同时出现。1991 年橄榄球世界杯对广播赞助商的评估表明，伏击式营销对消费者的影响力，远远超过了其他赞助商。索尼公司的品牌知名度在橄榄球世界杯观众中从 8% 提高到 61%（9 月到 11 月）。虽然处于萧条时期，该公司在 12 月仍然保持着较高的销售纪录。索尼公司不是此次世界杯的赞助商，但却赞助了 ITV 报道。ITV 在关于这次世界杯的报道中，将索尼公司作为其提到的第一个品牌，因此索尼公司也被观众误认为是此次世界杯的主要赞助商。

然而，赞助商过分的监控只会事与愿违。百事可乐是 2003 年南非板球世界杯的官方赞助商，它不得不回避曝光并做出驱逐喝可口可乐的球迷的不明智之举。在这之前，可口可乐公司是日本足球世界杯的官方赞助商，比赛举办方禁止球迷带百事可乐进球场。这种行为未必能保护赞助商免受伏击式营销的伤害，但却表明了赞助商事无巨细地避免竞争对手的伏击式营销的良苦用心，甚至为保护赞助商的利益，连赛事主办方也会被牵扯其中，这只会让公众产生反感情绪。

伏击式营销方式的确能起到一定的作用。例如，温迪国际快餐连锁集团（Wendy's）的投资就远远少于麦当劳，它只花了区区 2000 万美元就得到了其所期望的效果。而麦当劳并没有很好地为其赞助融资，广告宣传的对象也仅限于其超值晚餐与双层汉堡，而非奥运会赞助。

20 年来，奥委会制定了清晰的反伏击式营销条例，包括所有商标的注册、与举办城市官方合作控制赛点上空以及确保在电视直播奥运会的国家，赞助商有选择广播与广告的优先权。

2010 年，一家啤酒公司试图通过一组穿相似衬衫的女人进入赛场，以达到伏击式营销的目的，但这群女人被驱逐了出去。相关法律与规定越来越严苛（英国颁布了具体的奥运会法规以阻止伏击式营销）。

赞助商因膝盖受伤事件获得的意外惊喜

当美国花样滑冰选手塔尼娅·哈丁（Tonya Harding）的助理捶击了其主要竞争对手南希·克里根（Nancy Kerrigan）的膝盖后，她们的卑劣行径却无意间使得克里根的赞助商金宝汤（Campbell Soups）大发横财，这是其十年赞助生涯中的头一遭。该公司还是美国滑冰协会的赞助商。受伤事故发生后，金宝汤在各处大肆张贴广告，在克里根康复之后回到赛场赢得银牌之后，该公司的销量一路飙升。这表明，没有什么计划能够像选手膝盖受伤事故一样会受到公众如此高的关注，随之而来的就是赞助商销量的猛增。虽然金宝汤一度被公众误认为是 1994 年奥运会的赞助商，但实际上它并不是。

案例：TSB 的罗伊·罗孚

这一案例阐述了公众与媒体调查是如何非常谨慎地识别出之前未发现的赞助商机，与公关相互协调，以获得传统方式无法企及的目标市场的。

情境分析

英国信托储蓄银行（TSB）调查将体育运动尤其是田径运动与足球作为其年轻客户的关键兴趣点。体育运动的成功需要纪律与控制，而研究表明，年轻人需要管理自己的金钱。于是 TSB 针对年轻人推出了相关产品，以帮助他们设立管理消费的机制（例如，即时更新的账户使年轻客户免于透支的梦魇）。因此，TSB 在年轻市场中的整体营销战略建立在体育运动与个人财务控制上，以此与年轻人的目标市场相联系。在某次奥运会中，该银行成为英国主要田径运动比赛的赞助商，赞助费用达 520 万英镑。

由电视与媒体报道宣传的银行开户奖励活动，主要集中在奥林巴斯商店中的耐克训练装备到 Head 网球拍的满减折扣活动。而媒体宣传则聚焦在诸如购买二手车、获得假日短工工作机会或成家等与个人理财相关的问题上。

尽管已获得了田径运动的赞助机会，但要想赞助足球比赛却面临着更大的挑战。足球的魅力往往会因一些无法控制的风险而被减弱，例如受伤、不公平的比赛、被罚下场、纪律严明的委员会、董事会变动、抗议的球迷、不满意的结果、球场内外的暴力以及天气等因素。若某著名品牌的标识印在某球员衣服上，而这名球员刚巧因犯规而被罚下场，或者印有其标识的衣服穿在发生暴乱的球迷身上，营销负责人还如何能让其品牌标识大张旗鼓地出现在国内报纸上呢？

尽管存在上述风险，足球还是具有其独特魅力的——紧张、忠诚、大量的年轻人、男性、有业余时间、可以节省金钱。年龄在 7 到 12 岁的男孩都是该银行 FirstSave 账户的目标客户。银行喜欢吸引年轻客户，这是因为这类客户通常会在其一生中固定选择同一家银行，而这些账户中的 50% 都是在他们 16 岁之前开设的。这种行为是代表年轻人懒惰还是忠诚，我们并不明确，但是这的确提高了他们一生中在银行中所获得的价值。

困境

TSB 在英格兰足球超级联赛第一赛季发布之时就面临着困境。作为大型机构，银行已经做好了快速行动的准备，并留出了预算以便抓住利用创意媒体的机会。

目标

增强 TSB 与其年轻人市场的联系。

战略

通过媒体宣传活动来支持对 Melchester Rovers 球队的赞助。Melchester Rovers 是一支优秀的球队，不管天气好坏，它每周都能吸引 125 000 名在校男生前来观看其比赛。该球队的队长是英国国家足球队前队长加里·莱因克尔（Gary lineker）最好的朋友，而且该球队非常神圣纯洁，从没有过暴乱、酒后驾驶、破坏酒店酒吧、拒绝接受善良的孩子的不良记录。甚至该球队的比赛结果在比赛几个月前就已经知晓，结果就是他们总是会赢得比赛。这支模范球队的明星球员罗伊·罗孚及其队员都如同神话般具有传奇色彩。罗伊自 1954 年在男孩漫画《老虎》（*Tiger*）中首次露面以来，就成为英国最受欢迎的足球运动员（1976 年以后有部漫画就是以他的名字命名的）。

具体策略

漫画中，TSB 的标识出现在了联赛场地围栏上的 Melchester 红黄条的标志上。并将银行与年轻人之间的故事情节写进了漫画中。其竞争对手的信息被从奥林巴斯系列产品中剔除，并附刊附赠小礼品（与漫画相关的促销）。

行动

媒体宣传活动需要有清晰的策略规划。

- 与传奇球队签署协议的消息准备在八月三伏天的一个安静的周一，向国内电台与报纸透露，并由其进行报道。
- 罗伊与其代理戴维·亨特（Dave Hunt，实际上是他的编辑）被“抓走”，并将秘密谈话的内容留在了城堡酒店（Tower Hotel）。
- 泄露消息有两个目的：将相关漫画印到地图的背面，旨在为 TSB 的赞助吸引更多的客户，并确保记者招待会与发布会的观众出席率。
- 宣布赞助这一消息的记者招待会将在城堡酒店举行，由体育广播员丹尼·巴克（Danny Baker）主持。

控制

关于赞助项目发布会的消息得到各大全国性或地方电视台，以及全国性或地方性刊物的广发报道。新账户的开设量远远超过 TSB 设定的目标。

人员

昆汀·贝尔公关咨询公司（Ouentin Bell Organization，QBO）与 TSB 营销团队密切合作。

资金

赞助费用 20 000 英镑，另有 12 000 英镑来自媒体关系预算。

时间

TSB 与 QBO 行动迅速，在三周内就宣布了消息。

关于赞助的优劣势总结

在考虑增加还是减少赞助这一传播工具的使用时，可以参考下列关于该工具的优劣势总结。

优势

赞助能够建立品牌意识，推动品牌在目标市场的曝光率。如果管理得当的话，那赞助还能产生与消费者的情感联结；赞助还能用于员工激励计划；在 CPT 的基础上，赞助比广告更有效，若能将赞助用于诸如网页、比赛以及用户生成内容等其他方面，客户的参与度就会更高；赞助还能提高赞助方在全球市场（如世界杯）或本地利基市场（如本地艺术剧院）的品牌意识。

劣势

赞助无法完成最终销售，只能建立品牌意识。虽然有些品牌商将赞助用于不同层面，这需要更详细的品牌价值信息，但是赞助始终只能传递有限的品牌信息（为大众），通常只是品牌的名字。另外，这种信息是无法控制的，例如，身着赞助商品牌俱乐部服装的足球流氓会因袭警而登上报纸头条。伏击式营销也会对赞助商产生负面影响。改变信息以及迅速退出赞助项目并非易事（除非经过周密规划）。如同公关一样，赞助也无法控制诸如罢工、暴乱、天气、媒体等因素，而它们都会对赞助产生很大影响。

新营销箴言

◎ 几乎任何事都可以得到赞助。

◎ 几乎所有的目标群体都可以通过赞助得以接近。

◎ 谨慎选择赞助项目，将一时的冲动与理智的数值分析分隔开。

◎ 赞助是一种具有成本效益的营销传播工具，能够满足不同的目标。

◎ 整合赞助与其他传播工具以达到融资最大化。

◎ 赞助并不能完全掌控信息，要制订应急计划以备不时之需。

◎ 既要具备全球化视野，又要因地制宜（当今的卫星通信往往强调为海外接受而不被国内接受的赞助项目，或恰恰相反）。

◎ 要有适当的预算，以便为赞助项目融资，并通过其他传播工具扩大影响。

◎ 确保员工了解赞助项目，员工的参与往往会增加融资。

◎ 将小型实验计划付诸实施，可能的话，及时解决初期的问题。

◎ 警惕伏击式营销。

第 16 章 线上与线下促销

促销占商业的很大一部分。实际上，在英国，促销比广告的规模大得多，其增长主要取决于以下几个因素：

- 所有活动都与关系营销有关（奖励忠诚客户）；
- 直邮广告（与激励）的增多；
- 消费者的促销意识增强，并期望特定产品的促销活动；
- 在经济萧条时期，对价格敏感的消费者希望促销物有所值；
- 大型零售商往往偏向于那些产品能快速销售的供应商（能为其产品投入大量的广告与促销活动）；
- 高昂的电视广告费用迫使营销经理寻求那些促销成本效益更高、要求低的宣传活动。

剥离并精确计算行业数据并非易事，原因如下：第一，因打折促销而放弃的收益包括在促销成本中；第二，一些企业将促销视为公关的一部分，例如，有些公司将促销预算的资金用于制作免费的宣传册，而有些企业则将这部分支出视为公关费。促销不管作为哪一部分，它的门槛都很低，既可用于外部终端用户（消费者）与中介（贸易经销商），也可用于内部组织的销售。促销、赠品、奖励与激励措施都用于消费者市场、B2B 市场以及行业市场的产品与服务中，主要有以下三类促销：

1. 消费者促销（赠品、礼物、奖品与竞争，例如早餐谷类食品盒背面）；
2. 贸易促销（特殊条款、销售点材料、免费钢笔、日记、竞争奖品，等等）；
3. 推销人员促销（奖励与激励措施）。

促销的优劣势

不管促销是以竞争、降价、免费礼品、赠券、样品、特别说明还是销售点的形式进行，消费者促销往往都会影响后期营销传播与消费者购买过程，例如商品购买行为或某种特定品牌使用量的增加，而广告往往影响营销前期，例如品牌意识、兴趣与购买欲望（也有例外，特别是在直销广告中）。然而，通过促销建立品牌意识不仅成本很高，而且还需要公关与社交媒体的配合。促销注重行动，因为其目的是吸引消费者购买，或者至少是激发他们购买商品与服务的欲望，这类促销往往是促使消费者购买商品与服务的最终动力。

就了解品牌及其用途而言，有些企业认为许多促销及与其相关的活动（填写表格、收集赠券、张贴申请表、尝试免费样品，等等）是操作性条件作用的一种形式，就像斯金纳小鼠实验中的表现一样（见第 4 章）。而有些企业认为广告能够帮助消费者了解并记住品牌及其益处，这是通过重复信息，在品牌、标识、形象与利益之间建立联系，这是巴甫洛夫的狗所表现出来的古典条件反射作用（见第 4 章）。促销经过周密的规划，能够维护品牌价值，给消费者带来便利，才能算是成功的。例如，特易购在几年前就开始为学校提供电脑促销优惠，当时英国三分之二的学校都积极参与，消费者达到百万以上。促销首先应该在目标消费者心中建立清晰的定位，然后需要问："促销能够支持品牌的长期战略（维护品牌价值）吗？"促销应该促进企业形象的建立。

有些促销不能获得成功，主要有两个原因：（1）这些促销与品牌价值、长期品牌建立毫无联系；（2）这些促销不注重细节，因而出现问题，例如无法完成订单（例如酒吧员工需要训练才能通过短信提供优惠代金券）。详见下文主要品牌因促销引起的灾难性后果例子。

而有些促销就能够提升产品与服务的形象与品牌价值，这类促销建立了"消费者特许权"，这表明赠品是与品牌、形象与产品特性相联系的［例如，约翰尼·沃克（Johnnie Walker）戴着帽子、穿着燕尾服的绅士形象］。与折扣相比，建立特许权的促销虽然能够增加短期销售量，但是却会稀释品牌价值，不利于品牌忠诚度的提高。经典的 Miss Pears 在竞争中增强了其香皂柔软、天然的品牌形象，这就是消费者特许权的建立。基于消费者特许权建立（CFB）的促销往往具有长期性，需要战略支持，而非基于消费者特许权建立的促销可以通过短期的策略实现。

促销可以通过很多创意的想法（见下文"创意促销"）来实现。有效的促销不仅能够建立品牌特许权，而且还能够达成许多目标，例如增加销量、增强客户忠诚度、建立数据库、提高公众关注度，等等。

适得其反的促销

尽管促销领域的成功例子屡见不鲜，促销数据数不胜数，但是还是有许多低效的促销活动，其中有些促销活动实际上对品牌形象、销售与现金流都造成了消极影响。例如，在价格促销中，购买一次就能获得两张折扣券并且还有 10% 的折扣，这种方式有利于短期销量的增加，但是长期来看，这又能为企业品牌带来什么呢？打折就意味着品牌打折扣，仅仅着眼于价格竞争（并不是稳定的竞争优势），从而降低了品牌的价值。现在有很多促销不仅损害了企业核心的价值、企业形象与品牌定位，而且还仅仅吸引了那些一味贪图便宜的消费者，一旦促销活动结束，他们就会转向其他品牌消费。

有些促销会带来短期销量的增加，但随之而来的是销量的骤减，这是因为消费者因促销会增加购买量，囤积商品，用尽后才会重新购买（如图 16–1 所示）。还有些促销损害了品牌形象，甚至对企业形象、销量、利润与现金流也造成了消极的影响（如下面的"Hoover 4800 万英镑的惨败"的例子）。

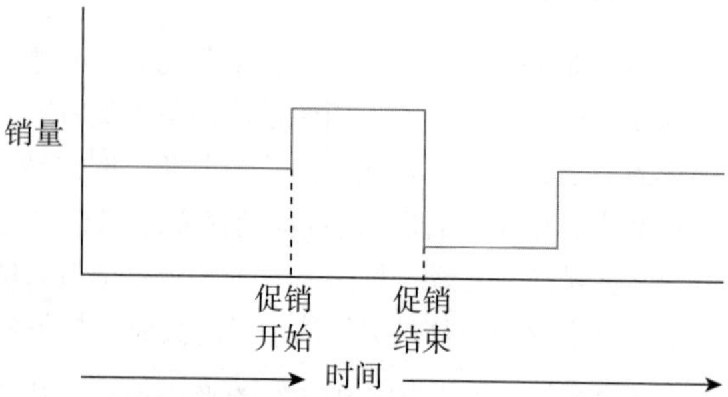

图 16–1　有些促销因消费者囤货不再重新购买，销量只是在短期增加而已

促销也跟很多营销传播工具一样容易出现问题，使原本周密的营销计划无法付诸实施。试用装有可能会影响其他商品的销售，赠品也可能被偷窃，还有可能出现失误补偿（没有购买商品的消费者获得购

买该商品的消费者的代金券)、错误补偿(大量假的代金券赎回)、过度补偿(太多消费者索要奖品)以及扔在门外的试用品被小狗或小孩捡到，而没有被大人看到。总之，微型市场中出现不良后果的可能性很大。如今，有关竞争对手在做什么、商家提供什么奖品、在哪里可以得到参与表格以及什么人有资格参与(例如标签)以及什么时间结束等新闻与评论，都可以在《竞争对手指南》(*Competitors' Companion*)月刊中找到。据该杂志称："你可以从他们所提问题的答案以及一系列胜利标语中得到启发……通过这种方式，你可以了解今天是什么吸引了判断者的眼球，并让他们明天为你服务。"下列是一些营销出色的大型企业错误的促销案例。

- Typhoo 茶的钱罐促销。1984 年，据说，吉百利 Typhoo 支付了超过 100 万英镑的现金。据《营销周刊》(*Marketing Week*)报道，吉百利 Typhoo 促销活动的承保人将一些公司告上高级法院，声称"有些销售钱罐的竞争者不遵循竞争规则"。尽管如此，高昂的促销显然使该公司市场份额增加，并创下了自 1982 年公司成立以来的新高。但代价又是多大呢?
- 可口可乐的魔法罐。1990 年，可口可乐公司在美国的促销得到 1 亿美元的经费支持。魔法罐的外观、重量和感觉(即使在摇晃时)跟普通的易拉罐没有区别。拉掉易拉罐的拉环后，获奖的罐里会将卷起的美元钞票推到罐顶，现金奖励从 5 美元到 200 美元不等。有奖的易拉罐中的可乐较多，以确保该罐重量与感觉与普通易拉罐相同。但实际上大多数这样的易拉罐并没有像所期望的那样。在有些易拉罐中，将可乐与美钞分开的隔条损坏了。虽然这并没有多大危害，但是有个小男孩(不知道该促销活动)喝了这样的可乐，从而让公共健康部门介入调查，引起了媒体轰动。可口可乐公司召回 750 000 个易拉罐并摇晃每一个易拉罐，以确认里面的隔条有没有损坏。有关电台与媒体立即报道了此次促销，并警告消费者不要喝隔条损坏的可乐。
- 百事可乐公司在菲律宾的分公司将 100 万比索奖金(大约 26 000 英镑)赠给喝到瓶盖上印有 349 这一数字的消费者，百事公司为此付出了 800 万英镑的代价，它们没有想到得奖的瓶盖到处都是。当该公司不再支付奖金时，公众游行抗议，百事公司的工厂还被扔进了手榴弹，其卡车严重烧毁(三人死亡)，百事公司首席执行官在逃离所在国家时还雇用了贴身保镖。
- 亨氏食谱书上面印有"Pickering Fruit Pie Fillings"的促销活动，但是亨氏公司忘记将回复地址印上，因此没有人能够参与这次促销活动。
- 肯德基的塑料娃娃似乎是个创意之举(给一些享用晚餐的客户分发免费的塑料娃娃)。虽然它们对塑料的耐热性做过实验，但是没有想到小朋友会吞掉塑料，用其中的线戳自己的眼睛，因此造成人身伤害，公司遭到了索赔要求。
- Macy 商场寻才计划旨在为百老汇新电影《安妮》(*Annie*)寻找一位安妮。一位 12 岁的女孩有幸被选上，但是，后来她因被该片拒绝而起诉 Macy 商场这一消息更为引人注目。
- Hoover 公司的促销活动是向购买其产品超过 100 英镑的客户免费赠送去纽约的机票。由于公司是根据另一个有关"购买一次可以免费乘坐两次飞机"的促销活动得到的回复率来预测这次促销活动的回复率，从而导致公司在预测回复率时出现严重失误。该公司预测会有 5000 个回复，但却收到了 600 000 个回复！ 由于公司此前已与一家小的旅行社签订了 50 万英镑限额的协议。而直至该旅行社倒闭时，Hoover 公司还面临着大量的回复(保险费至关重要)。同时 Hoover 公司的一些廉价产品因提价也已超过 100 英镑，从而导致客户每次购买 Hoover 的产品都有资格获得免费机票的资格（Hoover 公司本应将此次促销限制在一定的产品中）。这次促销成本高达 4800 万英镑，损害了公司形象。

从上述事件中，我们应该吸取什么教训？看看造成不良后果的所有情形吧！向第三方征求建议，对促销做试验，准备好促销保险金：专业的赔偿金保险覆盖了代理商对其客户的责任；产品召回保险覆盖了产品召回或促销礼品的成本；过度赎回保险是保护公司不受不期而至的过多投诉。这些保险是由客户付还是由代理商付，需要在促销活动开始之前达成一致。

还有更糟糕的情况，那就是没有人对促销做出反应。大量赠品囤积在仓库中，负责订单的员工（分发奖品）无所事事。

新型促销

创意促销

创意无所不在。不管是登月旅行，还是在地下核防护所举行的晚会，促销只有想不到，没有做不到。促销活动若做得成功，很可能会导致竞争，除非这种促销专属于某个品牌，正如《周末体育》（*Sunday Sport*）这种小型报纸做的那样。这类“岳母是外星人”的促销活动，以符合读者心理的礼物吸引了公众的眼球，迅速强化了品牌的意识，扩大传播率并增强了读者的忠诚度。这一礼物既与目标读者的幽默感相关，也关系到该报纸的形象，从而提升了报纸的品牌价值，从某种程度上说，这种做法增强了品牌特许权或建立了消费者特许权。

你的岳母是外星人吗

《周末体育》为读者提供了一个免费的测试工具，以测试其岳母是否为外星人。该报纸随即被一扫而空。

吉百利公司的促销活动令岳母们印象深刻。在该公司的白巧克力 Snowflake 上市后，其代理商 Triangle 通过与公司协商所策划的“*OK*！杂志随刊免费赠送巧克力棒”的促销活动受到了消费者的力捧。该公司在知道了明星安西娅·特纳（Anthea Turner）的婚讯后，便说服 *OK*！杂志免费赠送巧克力棒给所有出席婚礼的名人们。这次品牌曝光使得吉百利登上头条，该报道价值 100 万英镑，确保了新产品上市的成功。

NatWest 银行将促销与直接营销相结合作为“直接促销”（这是大多数邮寄广告所利用的奖励机制），以彰显出创新性与原创性相辅相成的特色。该公司打破常规，不用银行传统的钟表、收音机、计算器、旅行包等物品作为奖品，而是赠予 1 到 10 幅委托五位艺术家所创作的限量版印刷作品。NatWest 银行将这些作品邮寄给 65 000 个人（这些人购买了该银行超过 25 000 英镑的理财产品），获得了大约 12.3% 的回复率（而非预估的 5%）。健力士啤酒公司的可充气扶手椅促销活动作为橄榄球世界杯赞助活动的一部分，也非常具有创意，深受欢迎，该公司甚至得到了来自白金汉宫的订单。

尽管麦斯威尔咖啡新品上市所进行的促销活动非常有效，但是风险也很高。为了把该品牌的宣传做到独一无二，其代理商 Triangle 说服电视名人诺埃尔·埃德蒙兹（Noel Edmonds）随机给观众打电话，同时让带有该产品广告的热气球飞遍全国。为此，公司赠送了50万英镑，包括最高奖10万英镑，该品牌的销量在促销期间也达到市场份额的最高值。当然，独具创意的促销也会带来一定的风险，因此进行促销时还要购买保险（索赔保险、赎回保险等），特别是高创意、高风险的促销活动。另外，当独具创意的促销活动逐渐成熟时，独特的公关机会也会被有创意的营销人员所利用，这可以通过社交网络进行传播，媒体对此会很有兴趣。

由社交媒体驱动的促销在接下来的案例分析中会有所探究，三个促销案例分别是关于用户生成诗歌与音乐（说唱）、数字艺术与（电影）配乐。

富有创意的营销人员还会利用由组合促销引起的巨大协同效应。让我们先来看看网上，特别是社交媒体世界作为促销工具的虚拟礼品吧。

虚拟礼品

虽然营销人员对消费者用真金白银购买不存在的商品（虚拟商品）这一行为感到困惑不解，但消费者的这种行为却越来越常见。营销人员很清楚这种行为对线下与线上消费者所产生的影响。当这种虚拟商品可以被收藏或者象征着地位时，这种影响就更显而易见。“美国虚拟问候”这一案例（案例21–2）表明，虚拟世界与现实世界的区别一直都是模糊不清的，电影《黑客帝国》更是以一种戏剧化的方式很好地诠释了这一点。这引出了阿里巴巴集团硅谷投资部门原董事长迈克尔·蔡瑟（Michael Zeisser）对虚拟礼品的有用分析。

为什么消费者会喜欢那些根本不存在的虚拟物品

虽然虚拟商品的概念——用于网上社区与游戏中的非实物一直困扰着许多营销人员，但是这种虚拟商品却深受消费者的喜爱。人们在Foursquare、Zynga等网站疯狂抢购虚拟商品。据估计，虚拟商品的交易已经成为世界上价值50亿美元的产业。

那为什么消费者会为并不存在的网上虚拟物品买单呢？他们的动机更证明了我们的想法，那就是用户在寻求自我在网络上的重要性：他们购买虚拟商品主要是寻求自我表达（例如虚拟房子或虚拟礼品）与认可（例如成为Foursquare酒吧经理的虚拟勋章）。这种行为会一传十十传百，逐渐形成一种风尚，营销人员需要认识到其中的意义。不同品牌要积极地将虚拟商品作为口口相传的催化剂。

在社交网络盛行这一背景下，将虚拟礼品作为重要的目标无法持久，特别是当这些虚拟商品受到严格限制时。狂热的消费者会收集各种各样的商品，例如棒球卡、布娃娃、硬币等。虚拟商品若能满足消费者的欲望，就很可能成为消费者与营销人员之间价值不菲的交易，还会成为有利于口口相传的工具。

我们发现，消费者行为的基本法则在虚拟世界依然适用：消费者喜欢讨价还价，企业应该好好利用社交网络，将其作为有力的传播工具。企业能够提醒网民注意促销以及宣传活动，但要认识到这些宣传只是作为虚拟世界口口相传的催化剂。它们不是社交媒体的垃圾邮件，而是合法的内容载体——我们希望接收人将它们传递给朋友。

最后一点建议是不要耍花招。忘记跳舞的猴子、人工竞赛或愚蠢的诡计，这些伎俩不会提升企业价值，只会浪费人们的时间。社交媒体活动只有创造高品质的互动才会更有意义。

蔡瑟（2010）

联合促销

联合促销与交叉促销已经有超过 25 年的历史了，这种营销工具的结合方式使企业能以最经济的方式瞄准目标消费者。例如，可口可乐公司于 1991 年春天与吉百利公司合作进行联合促销，紧跟着其主要竞争对手百事可乐公司与另一个著名品牌家乐氏（Kellogg's）就达成了协议。Deep Pan 比萨与乐高（Lego）进行联合促销，通过免费赠送小朋友玩具而让其儿童晚餐套餐销量加倍，赠送的玩具每个季度更新一次以吸引回头客，成本都包含在套餐的价格中。企业在选择合作伙伴时需谨慎，品牌地位、预算以及相关细节都要事无巨细地考虑周到。WLK 公司 [与玛斯凯（Mothercare）以及宝莹（Lever's Persil）公司进行联合促销] 的董事总经理斯图尔特·哈迪（Stuart Hardy）说道："在真正的合作关系中，双方各持 50% 的话语权，但是许多营销人员却想花 50% 的成本争取 100% 的话语权。""虽然市场商机无限，但是几乎没有哪次联合促销得以顺利进行，有 10 个完全失败。"罗杰·希斯洛普（Roger Hyslop）也曾这样说道。联合促销与其他合作关系一样须强调细节，合作双方需要针对各自的任务、所得（例如数据、空间分配、偏好等）达成一致。

由社交媒体驱动的促销

由于言论能够迅速在社交媒体这一平台上传播，社交媒体成了促销活动中重要的一环。社交媒体具有"社会性"，表明人们喜欢社交，与他人保持联系，分享相关（有用或有趣的）信息。当人们搜到"免费的东西"或特殊礼品，尤其是当这些礼品是限量版时，他们的想象或兴奋点就会迅速提高。传播关于促销的有用信息增加了这种联系的价值，人们分享的好东西越多，他们就被会认为越有价值，因此促销乐于搭上社交媒体这一有力工具。上文提到的"虚拟礼品"与接下来的案例，表明有关数字艺术所产生轰动的促销效果，而这一促销都是由社交媒体推动的。

整合促销

促销通常能与其他营销传播工具，特别是包装（包装促销）、售点、推销、赞助、公关、广告、销售与社交媒体等结合起来使用。传统来说，有广告支持的促销要比没有广告支持的好。然而，在很多情况下，却是媒体支持不到位，或者现场售点材料比线上宣传更具有成本效益。实际上，本章所写的促销案例都是通过社交媒体这一平台完成的。但是，某个促销活动若没有人了解就注定会失败，因此，促销需要广告、售点、公关以及社交媒体的支持。有创意的促销更需要媒体报道，因此企业需要有一定的预算用于公关（照片、幻灯片、网站与有图像与新闻可供下载的社交媒体平台，等等）。

Coke 拍卖

Coke 的拍卖活动非常具有创意，将促销包装与用于网上拍卖的在线设备、线下收音机、电视广告、网上邮件病毒营销结合起来。网上拍卖利用了网络的一些独特功能。Coke 创造性地将原本丢弃的戒指变为网上货币，称为"Coke 积分"。这些积分可以用于诸如体育赛事票、在主要广告会场成为 Coke 广告中的名人（把他们的脸印在 Coke 的海报上）。

促销管理

促销活动策划

SOSTAC®+3M 策略可以用来制订促销计划。情境分析需要调研过去、现在与未来可能的活动，同时还要分析目标市场。

情境（研究）

促销活动进行期间，调研是必不可少的。企业首先要回顾以往的促销活动（包括竞争者的促销），然后进一步研究目标市场。

除了通常的人口与心理因素，对目标市场的进一步分析会揭示出营销大师菲利普·科特勒所确定的三种对促销感兴趣的群体：（1）同类品的竞争品牌的使用者；（2）不同类品的使用者；（3）频繁更换品牌的使用者。具有购买倾向的消费者，即频繁更换品牌者往往对品牌忠诚度不高，很可能转向另一种低价或免费商品。英国 MS 调查公司前董事总经理彼得·霍洛韦（Peter Holloway）将这种消费者称为“混乱的游牧人”，他们很容易被收买，而转身就会离开——但是代价是什么呢？处在另一端的目标市场称为“不可动摇的消费者”，他们表现出很高的品牌忠诚度。“没有什么促销活动能够动摇他们，因此没必要在他们身上浪费金钱。”霍洛韦说道。企业瞄准的真正目标称为“忠诚度易受影响的消费者”。霍洛韦认为“这个群体是要争取的（若他们是你的品牌的消费者，他们也有可能离你而去），一旦他们对某一品牌的忠诚度降低，他们就会寻求新的品牌”。了解这个群体以及他们易受影响的原因，才能更好地利用这一点制订促销计划，这才是关键所在。只有这样，才能增加市场份额，而不只是短期的销售量增加。

越过鸿沟

跨越个人主观臆断的孤岛到达真实的目标消费者这座桥，具有很多的不确定性，需要考虑周全，做好规划。促销的第一步就是要知道你要跟谁对话。

霍洛韦

分析了真正的目标市场之后，最终的促销理念需要在焦点小组或消费者抽样调查中进行实践。针对促销建议以及工具达成一致之后，在小范围的消费者小组中进行实验是很有必要的，只有这样才能够在国内外进行促销活动之前，发现促销活动潜在的问题或者机会。

促销目标

正如促销这一名称所揭示的，促销的时间是有限的。因此，我们不难知道，促销往往只有短期的策略目标（虽然有时也并非如此）。而促销的一些目标可能有以下几种。

- 增加销量（虽然只是暂时的增加，这是因为消费者会囤积商品，在促销期间转向有促销活动的品牌），主要有以下方式：
  - 奖励忠诚的消费者；
  - 将消费者锁定在忠诚度项目上（为了收集一定数量的代金券、优惠券或获得其他物品，消费者需要在一定时期内持续购买某产品或服务）；

- 提高偶用者的复购率；
- 鼓励新客户使用产品或服务（通过激发冲动消费）；
- 展示产品或服务的新特征，或引进新产品或服务；
- 开发新用途；
- 提升形象（形象感知与重新定位）；
- 季节性销售非季节化（例如夏季的滑雪期）。

- 发展新的销售机会。
- 通过令零售商满意的整体打包促销方案，达成交易。
- 清除多余存货。
- 堵截竞争者（通过激励消费者囤货）。
- 与竞争者抗衡（例如汽油通证）。
- 建立数据库（一些促销活动也可用来建立数据库）。
- 吸引关注度。

将不同类型的促销与特定目标匹配

不同的促销工具适用于不同的既定目标（见表 16-1）。

表 16-1 将促销工具与目标匹配

目标	促销工具
消费者层面	
消费者实验	样品、优惠券、免费抽奖、降价、清仓处理（预留资金用于促销成本）、额外费用、包装中、包装上以及包装外促销、可回收容器促销、个性促销
再次实验	下次购买的优惠券、降价
增加使用量	收集、比赛、竞争、加量包装款或促销款、多次购买降价
利用新形象开发新用途	品牌联合促销、公开宣布、研讨会
贸易层面	
增加分销、货架展示促销、店内促销	打折、信用延期、售点促销材料、与广告绑定促销
店内促销	打折、信用延期、售点促销材料、与广告绑定促销、消费者奖励、促销补贴
增加销量，促进良好关系建立	促销竞争与回扣（大部分是独立商店与批发商）、礼品、假期与奖品
销售人员层面	
鼓励推销人员和分销商	精神收入与现金收入

为了对比不同目标和不同工具的有效性，有人做了很多努力，确定了特定的促销与不同目标的匹配性（详见表 16-2）。

表 16-2　测量促销工具与目标的匹配度

目标	工具	即时免费供应	延迟免费供应	即时价格优惠	延迟价格优惠	返现	竞争	游戏与抽奖	慈善性优惠	清仓处理	利润促销
增加销量		9	7	9	7	5	1	3	5	2	1
增加试用者		9	7	9	2	9	2	7	7	2	1
提高复购率		2	9	2	9	5	3	2	7	3	3
提高忠诚度		1	9	0	7	3	3	1	7	3	3
扩大使用范围		9	5	5	2	3	1	5	5	1	1
激发兴趣		3	3	3	2	2	5	9	8	8	8
建立品牌意识		3	3	3	1	1	5	9	8	8	8
减少对价格的关注度		9	7	0	7	7	3	5	5	2	2
获得媒介支持		9	5	9	5	9	3	7	5	1	1
展示		9	5	9	5	9	3	7	5	1	1
每个方格内的数字从 0（并不匹配）到 10（匹配度很高）不等，参考这个表格，将你的目标与工具联系起来											

战略

所有的促销都应该是企业长期战略的一部分。长期促销战略是有关建立与提升品牌形象、提高使用者的忠诚度，以及吸引新用户加入俱乐部，而不仅仅是短期的销量增加。促销不管是建立在一次性的策略基础上，还是建立在系统化的战略决策上，都会对企业品牌或整体形象产生重要的影响。企业形象对企业长期的战略营销传播至关重要。持续的市场调研能够时刻监控企业品牌形象的不同层面或维度的变化。

一些企业认为促销只是作为短期的策略工具，以支持更具战略性的营销传播工具（如广告等）。然而，事实上，若客户一开始就不喜欢促销活动，那企业就不能达成战略目标。例如，某零售商声称："我不需要这种促销来提升品牌形象，否则我也不会在电视宣传上花费上百万。我需要的是带 50 000 个人来参加我的新店开张活动。"战略性促销可能不会在短期内得到消费者的回应，这让促销难上加难。促销长期形象的建立会因短期"实验销售"的目标而被搁置吗？卡明斯（Cummins）说明了为什么企业更偏向战略性的方式：

1. 它能够让新的促销建立在之前的促销基础上，以此确保传播的持续性；
2. 它能让品牌形象价值与产品功能沟通成为可能，促销也会更具方向性；
3. 能够节省大量时间与金钱；

4. 将其他活动整合到营销项目中去（例如与广告与公关整合起来）；
5. 为联合促销提供了更好的方式（见上文）。

战略方法并不会将策略性促销排除在外，这是因为策略性促销能提供决定短期策略的框架。促销战略通过这样的方式更容易且高效地制订策略性计划。

如何确定战略方法

1. 确定消费者（潜在消费者）真正想要什么（就促销来说）。
2. 确定长期战略性营销与传播目标。
3. 为每种产品或服务制定指导原则，以使促销方式更符合品牌长期发展的需要。确保这种方式有利于实现战略性营销目标（而不是背道而驰）。
4. 决定促销所需的全部营销传播预算。
5. 确保能够得到高层管理者的支持与承诺（例如营销总监），使促销活动获得足够的管理专家与资金，以实现促销目标。
6. 建立评估机制以评估促销的长期绩效与目标是否一致，并且与其他营销工具比较。代理商与咨询公司在年末会评估营销活动的有效性，并会问："哪种营销工具更有效？为什么？"
7. 建立记录促销建议与成本的文档，这些在做策划时能够用到。
8. 规划并预测促销的结果。显然这一点很难做到，特别是第一次做的时候。通常情况下，最佳预测、最差预测与中等预测都有利于制定管理控制标准。

策略——短期策略计划

短期促销的"即时行动"特征与广告的长期形象与品牌建立形成了鲜明对比。但实际上未必如此，因为促销也可以在战略层面上进行规划。但为什么大部分促销都是短期性的呢？

这可能是因为：

1. 由于增加季度销量的管理压力，从而推动利用迅速获得成效的促销；
2. 缩短产品生命周期，这也需要能迅速获得促销结果；
3. 日益激烈的竞争，加快新产品上市，都增加了对防御性促销的需求；
4. 商业问题的解决需要快速的反应；
5. 提供全面服务的代理商试图向客户兜售额外的服务，例如特别或附加促销。

行动

这一环节需要注重细节，适当的程序与资源是保证促销顺利进行的基础。资源的可利用性直接影响促销工具的选择。人员、资金和时间（3M）这三种资源都与促销相关。企业还要制订周密的应急计划，以应对不期而至的投诉。保险在促销中是必要的，以防出现问题，使成本骤增。尽管促销建议很令人振奋，但完成促销的过程却很无聊，这个过程需要真正具备专业性才能得以完成。

促销截止日期、物流安排（归还未用存货），甚至是宣布促销的结束也要花费时间与金钱。例如，如果壳牌公司的客户无法在他们的礼品过期或不值钱之前兑换成现金，那他们就会大发雷霆。为避免这种情况的发生，该公司通过广告来宣布促销活动的结束。

检查清单

下列清单包括了一些关键的促销细节。

1. 促销是否利用了品牌的关键优势以及独特的销售主张（USP）？
2. 促销能够建立品牌特许权吗？礼品、奖励措施与提高产品与服务价值、企业形象有关吗？促销能够传达销售信息或至少是销售信息的暗示吗？不相关的奖励、竞争、返现或者打折并不能提升品牌或企业价值。
3. 哪里会出现问题？应急计划、风险管理与保险值得借鉴。
4. 促销合法吗？应该接受 CAP 管理促销部门的检查吗？
5. 促销只有短期成效吗？也就是说，消费者在促销期间囤货，在非促销时期不再重新购买（详见图 16-1）。已有的存货（不参与促销）浪费了吗？
6. 促销需要广告与公关的支持吗？如何利用社交媒体网络传播？有新闻价值（例如做公关的人能否得到媒体报道）吗？在 B2C 市场中，零售交易需要高于标准的支持吗？某次促销若无人了解，就会被扼杀在摇篮中。
7. 还需要哪些传播工具——新包装、售点材料或合同销售团队？这些都在预算内（时间与资金限制）吗？
8. 新的预订表格、优惠券、判断并选择赢得奖品的消费者、分发奖品等对企业行政部门有负担吗？或者这些工作都可以交给外部代理吗？
9. 有没有截止日期？有明确的规定吗？基于对奖品出清时间的预估，规定了出清的时间吗？规定了交付周期（从确立促销到产品上市的时间）？
10. 促销成本高吗？符合预算吗？具有成本效益吗？可以评估吗？

控制与评估

控制、评估与监管是管理系统的重要环节。如何评估促销是否有效？回应者数量、赎回量与增加的销售量都相对容易计算，但这些只是一些表面数据。它们掩盖了这样一个事实：即许多回应者是不符合要求的（“混乱的游牧人”），或者仅仅是兴奋的消费者在某一周买两倍的商品，下一周就不买了。实际上，只有不到四分之一的回应者才真正代表了新的商机。

促销在某一层面是有效的，但在另一层面却未必。评估与监管的目的有两个：（1）控制当前的活动；（2）通过当前活动改善未来活动。促销活动只有建立在一系列营销传播工具的基础上才会成功。正如霍洛韦所说：

> 促销应该能够激起消费者的兴趣，被消费者理解信任，具有包容性、相关性和说服力，能够从目标消费者那里得到想要的回应。要想让消费者注意到促销，就要将其放到包装内、包装上、POS 机等上，由于很多商品包装上的促销无法被目标消费者注意到，因此视觉上的设计元素必须引人注目。评估营销传播有效性的中等标准，与促销的特点、所涉及的平台以及促销的视觉 / 素材有关。促销能否说服消费者，能否得到消费者的回应，取决于这些变量的结合。通过促销前后的实验能够调整促销活动。

以下这个案例，表明利用社交媒体传播信息，提高利益相关者参与度——合作创造具有多样性。这种促销活动利用社交媒体平台产生用户生成的内容，通过数字艺术的形式表现出来。

案例：V&A博物馆的数字艺术宣传

情境分析

2009年12月8日，V&A博物馆举办了“解码：数字设计视觉”展。这次展览展示了世界上最新的数字与交互艺术设计的最新发展，该博物馆在接下来的四个月里要制订线上与线下的营销计划来宣传这次展览。

目标

- 提高观众对这次展览的感知度；
- 吸引至少40 000名游客前来参观展览；
- 鼓励人们积极参与；
- 掀起围绕数字艺术文化展开激烈的广泛讨论。

战略

这次展览的核心目标是激发出那些了解科技的年轻男性观众的开放性、灵活性、合作性与活泼性，这些特性正是数字艺术的核心价值所在。举办方通过发起一场真正的开源参与活动，不仅对展览起到宣传作用，而且还能使其进一步深化。此次活动利用其观众的创造性，鼓励他们帮助举办方在线上与线下营销与宣传这次展览。

策略

卡斯滕·施密特（Karsten Schmidt）是世界上德高望重的数字艺术家，他与数字代理商Saint合作，专门为这次展会共同创造一幅作品，放在展览会的官网上。施密特的作品作为公共开放资源，能够被“重新编码”（用户可进行修改）。由此，“重新编码与解码”（Recode Decode）活动得以诞生。

浏览网页的人应邀在这个微型网页上下载、修改并上交自己对这幅作品的解读。这些用户生成的“重新编码”将会在解码网站上展示出来，最好的“重新编码”作品会被用作在伦敦地铁与网上横幅广告营销与宣传展览的一部分。

另外，Saint公司还建立了AR平台，使人们能够提前目睹卡斯滕·施密特的作品。所有的印刷宣传资料与电子信件上都有AR标志，以此鼓励人们浏览这个网站并了解“重新编码与解码”活动。这次展览还通过Twitter上的主题讨论宣传。

为了提高曝光度，该团队还与第三方代理商合作，瞄准在数字艺术世界的网络大V（见下面的专栏）。这些人被委托写关于解码的微博并在自己的主要微博上分享，通过这种方式来增加口口相传的渠道。另外，V&A博物馆还举行了博客活动，并为博主们提供抢先观看展览的机会。

控制

参观展览的人数达到88 000人，远远超过了预期，比既定的目标多出两倍。在活动的前三个月，重新解码申请的下载次数超过3500次，表明观众的高参与度。54幅重新解码的作品被选入展览，其中 3 幅被选为展览的代表。

在社交媒体应用方面也卓有成效：

- 有 157 篇博客提到了这次展览；
- 69 条新闻提到了这次展览；
- 相关推文 942 条；
- 留言板上有 23 条留言。

人员

Saint 团队完全通过组织内部独立策划了这个项目，聘请了一个核心创意团队（一名创意总监与创意策划组员）、一名策划师、一名信息架构者、两名设计师、一名交响乐程序员、一名动作编剧与一个致力于测试问题-解决方案的团队。该公司邀请观众参与测试、回顾并反馈此次活动的各个方面——网站可用性、增强现实效果等的感受。

资金

此次活动的总成本为 40 000 英镑，包括创意的开发、建立、测试以及所有媒体费用（包括印刷宣传品）。

时间

Saint 团队于 2009 年 8 月获得为此次 V&A 博物馆展览的代理权。网站于同年 10 月面世（四周时间），展览从 2009 年 11 月持续到 2010 年 4 月。

寻找舆论导向者

媒体合作伙伴 Agenda 21 利用自己的定制工具来寻找网上的舆论导向者，它通过在博客空间追踪一系列相关的关键词（例如“数字”“艺术”“V&A”“博物馆”）、艺术家的名字以及展览艺术品的名字等来完成。Agenda 21 追踪那些经常发表有关这些关键词的文章的博主，并确定他们的博客阅读量以及读者的活跃度（评论）。有了这些信息，就能够找到真正的舆论导向者——该公司邀请了 100 个博主参加 V&A 博物馆的预展览，共有 300 名博主浏览了展会的官网。

引导网络大 V 参与活动分为两个阶段：（1）公司在伦敦与大伦敦地区找到 100 个网络大 V 并邀请他们在 12 月初参观预展览，以此振奋人心，鼓励他们在网上宣传这次活动；（2）300 名网络大 V（包括上述 100 位被邀请者）浏览“重新编码与解码”网站，下载卡斯滕·施密特上传的作品，以争取在伦敦地铁展览自己作品的机会，使自己的作品成为 V&A 博物馆高标准宣传活动的一部分。

优势与劣势

在考虑是否增加或减少促销这一营销传播工具的使用时，参考其以下优势与劣势。

优势

企业若试图增加销量、鼓励消费者完成购买过程的最后一步，促销就会大有作为。促销还能通过奖励消费者的忠诚度来改善企业与消费者的关系，维护品牌与消费者之间的关系。企业可以从战略层面上去发展促销，加强与消费者的关系。

劣势

促销需要其他工具的协助，例如广告、公关、直邮与社交媒体宣传。中间会出现难以预料的突发情况，因此需要保险。有些促销实际上会损害品牌。从发起、进行到管理、放慢促销，其成本都会很高，即使可以通过协议交给第三方。促销虽然在 CPO 基础上更具有成本效益，但是在 CPT 基础上成本更高。

新营销箴言

- ◎ 企业可以从战略层面上利用促销，而不是将其作为短期策略工具。
- ◎ 促销必须与其他营销工具结合使用。
- ◎ 因为促销有可能会酿成大错，因此企业要注重细节。
- ◎ 企业一直有创造的空间，因为社交媒体打开了广泛合作的大门。

第 17 章　线上与线下直邮

直邮（和电子邮件）营销

直接营销中的营销传播工具直接与消费者联系，这些工具包括直接电话回复广告、电话推销与直邮（电子邮件）。本章主要讨论直邮与电子邮件。与消费者联系、数据挖掘与描述详见第 3 章。

直接营销与直邮的增长得益于：

- 定制技术的发展；
- 分析技术的发展；
- 邮寄名单或数据的爆发式增长；
- 整合营销的发展；
- 对成本效益的不懈追求。

定制技术

线上时事通信和电子邮件、线下时事通信、报纸与信件都可以按名字或不同的需求实现个性化。例如，多年前，美国《农夫》杂志（*Farmer's Journal*）发行量为 825 000 份，其中至少有 2000 份专属杂志，以及 8896 个不同话题的版本。在养猪农民的版本上不会有谷物种植的广告，因为农民都偏好刊登与他们相关的内容的杂志；广告商也很喜欢这类杂志，因为能够更好地瞄准目标市场；杂志也因此节约了花在纸张和邮寄上的成本；环保倡导者更是喜欢这样的杂志。总有一天，每个人都会有属于自己的杂志，私人交互电视节目早已在西班牙与法国盛行，网络上也能够提供个性化报纸与定制的网上时事通信。

分析技术

不同的邮件寄送清单与客户数据库能够通过基础的技术互相叠加、相互组合，而叠加或融合的部分可以删除掉（去重）。地理人口数据能将地理位置、邻近人口与人口特征数据（诸如年龄、收入与家庭生命周期等）组合在一起，还可以加入其他领域或层面的数据。每个人都有自己所属的群体，例如，通过输入某人的地理位置，数据库就能够确定其周边所属的类别。这种地理人口类型转换运用速记名字来识别群组。例如，美国数据库公司将居住在富裕城镇的完整家庭归为“游泳池与露台”，而居住在穷困的乡下地区的家庭则归为“手枪与皮卡”，住在这类地区的人会胸怀梦想，向“高尔夫球俱乐部与沃尔沃”努力。

他们比你更了解你自己

有位调查记者想了解自己，因为他不久就要移居到旧金山东南部了。他在网上键入自己的住址后，数据库公司显示他被归为“具有影响力的年轻人”。他将要成为“三十几岁养小孩的人”。而且，“他可能仍然在一个小镇的房子或连栋房屋内居住，或可能还没有离开单身公寓，但是可以肯定他将要有小孩，从以夫妻为主的生活方式转变为以家庭为主的生活方式”。另外，这个“具有影响力的年轻人”类别的人群年龄在 20 岁到 35 岁之间，有 39 500 美元的中等收入，喜欢慢跑、旅行、新潮音乐、投资、阅读诸如 *Rudder*、*Scientific American* 与 *Town and Country* 之类的杂志，还喜欢喝酸奶、吃全麦面包与墨西哥食物、喝低脂牛奶。这些描述与该记者的个人情况完全相符，这件事发生在 20 年之前。场景式广告（第 13 章）更为有趣。

人口特征就是指“你代表了你居住的地方”（这意味着你的邻居正是一个测量你的生活方式以及你偏好购买的产品种类的指数），心理数据则是指“你代表了你的所作所为”（这意味着你的行为模式和购买偏好可以从所收集的与你相似的人的数据中来进行评估，例如你是否喜欢拥有 ipod）。在英国，诸如 ACORN、Pinpoint、Mosaic、SuperProfile 等的地理人口分析数据不仅可以根据使用媒体、产品与生活方式声明相互参照，还可以根据你在某个网站上的行为增添场景（详见第 11 章的数字语言）。

如果你是负债经营……

“……电脑会知道的，若你订阅了不可靠的杂志，忘记去图书馆还书，或购买停车票，只要通过电脑，人人都会知道的！”这一诙谐幽默的警告刊登在了《营销周刊》杂志的一篇文章中。但如果你因坏账而受到了法院的起诉，那你最好还是尽可能去租台电视机，零售商们可以通过联邦贸易保护协会的在线数据库轻松找到你的信息。

邮寄名录或数据的爆发式增长

直接营销增长的第三个推动因素是线上与线下数据的爆炸性增长。只有你想不到，没有做不到，如果无法用不同的方式来确定目标市场或消费者，那就会影响直接营销。例如，家装工人可以重新定义为“家庭搬迁者”。这样一来，英国大约有 100 万家庭搬迁者可以从在一定区域或是所在地周边地区居住的数据库中减少，以表明他们想自己装修房屋（而不是找人帮忙）。通过某些软件包，可以租用或者购买、测试、重新确定想要的邮寄名单。谨慎地选择与检查名单非常重要，因为尽管数据整合较之从前已经得到了很大改善，尤其是有了新的生活方式数据，但是英国许多的“冻结”名单却造成了很多问题。

邮寄名单花样百出，这既新奇有趣又让人手足无措。名单上有“愤世嫉俗富有幽默感的智者”（18 000 个订阅 *Punch* 杂志的人）“阅读 *Sun* 杂志购买塑形药丸的人”“年轻的妈妈”，还有“叉车购买者”，可以把每个人、每件事作为目标，即便是“右翼、只图钱、受广告影响、喜欢新想法、收入可观的赌徒”也可以作为目标（例如，300 万英国天然气股东的信息可以从英国投资者数据库中找到）。

给名录中介与持有名录的人打电话索要名录（消费者或者 B2B 市场）并花上一个小时浏览是很有必要的。这些名单是通过公开记录、姓名地址录、交易注册等途径获得的。根据 *World List News* 的调查，邮件回应式名录比编制的名录要多 300% 的回复量。而企业内部关于消费者、问询者、访问者、员工与股东的名录是最可靠的名录。

整合系统

直接营销能够并且应该与其他营销传播工具相结合，创造出更具成本效益的营销传播方法。这一切可以通过领先客户的影响力来实现。企业既可以通过邮寄宣传手册来跟进这些领先客户，也可以打电话预约热点人物，或邀请他们来参加相关活动。

企业可以通过直邮的方式来邀请阅读者、评论者或听众，只要他们回复就免费赠送礼品，以此抓住领先客户人群。一些营销人员认为 45% 的问询者会在 12 个月内购买相关产品。识别这些最有潜力的领先客户，以及指导销售人员在 12 个月以内购买过产品或服务的问询者当中，从每 2.2 个人中挑选出 1 个人来进行跟进，并时刻关注其他领先客户，这对企业而言，无疑是一个巨大的挑战。

企业可以通过电话访谈寻找或“筛选”最有潜力的客户，确定他们所处的状态。如果优惠券是用来捕获所需的详细信息，那可以对此进行分析。电话访谈能够帮助销售人员搜寻并为进一步的销售拜访进行预约，或推进客户进入购买过程中的下一阶段。公司设置的 0800 或免费电话是用来为客户解难答疑的，这些问题可能来自广告或邮件。

这只是个开始。首次销售完成后，客户会再次购买，基于数据的营销有利于企业与客户之间保持联系。根据保守估计，对现有客户进行销售，要比对新客户销售容易五倍。

每单的成本效益

理想情况下，成本应该用结果来衡量，而不是用产出来评估。电话销售的成本可能是 10 000 英镑（每次电话 10 英镑，共打给 1000 个客户），但是成功率可能只有 2%，或只有 20 个新客户。在这个例子中，每单或每个客户的成本为 500 英镑，应该如何将其与其他营销工具（如直邮、展览、广告或现场销售等）所产生的单个客户成本做比较呢？如果电话销售团队只负责预约而现场销售团队负责其他事项，结果与成本都会有所不同。电话销售团队的预约成功率为 15%（共 150 人），而现场销售团队将其中 30% 的人，也就是 45 个人转化为新客户。将 10 000 英镑的电话销售成本加到 8550 英镑的现场销售成本中去。用 18 550 英镑除以 45，就得到每个新客户的成本为 412 英镑。而给 1000 个人邮寄广告的成本为 2000 英镑，1% 的人被说服购买，因此每单成本为 200 英镑（2000 英镑除以 10 单）。

每个客户的终生价值就可以通过用每年期望订单的平均值乘以客户的寿命来计算。每个客户的后续订单的成本远远低于第一单的成本，这是因为之前提到过，向新消费者销售比向现有客户销售难度高五倍。

电话销售可以帮助推销人员服务好重要的客户，以取代销售人员每月的登门拜访，还可以发现并筛选新的领先客户。电话销售每次预约的成本在 7 到 70 英镑之间，并能够将销售人员从寻找新客户甚至管理这些销售代表常做的琐事中解脱出来。有人估计销售人员只有 20% 的时间是真正用在销售上的，其他时间都花在了寻找客户、出差、填写各种表格等上了。如果销售人员不用做后面这些琐事，那就可以将每次销售拜访的平均成本降低150英镑，从而让销售人员有更多的时间去进行拜访。有些能与电脑模型相连的电话销售，能够优化最佳的电话计划，以减少销售人员出差的时间。所有这些活动（包括订单交付）都可以通过外部代理来完成。

电视广告与邮寄广告能够将活动与图像联系起来。德雷顿·伯德（Drayton Bird）所著的《直接营销常识》（*Commonsense Direct Marketing*）一书揭示了，消费者在看到电视上某一航空公司的广告后四个月的品牌意识，要比那些只收到与电视广告相同内容的邮寄广告的消费者的品牌意识高出50%，那些没有收到邮寄广告的消费者的品牌意识更低。数据库还可以用来研究电视广告或者赞助对不同群体的影响。

具有挑战性的数据挖掘简介

挖掘数据中那些有意义的模式，瞄准潜在消费者、有效维护现有的消费者，预测购买某种产品的消费者，预测高利润产品的销量，挖掘并利用交叉优惠的机会。

选择性加入电子邮件与移动短信

选择性加入电子邮件是一个有用的线上传播工具，主要用于客户维护，并不适用于获取客户。尽管电子邮件的使用率正在逐渐下降，但是一些企业仍会购买有关选择性加入电子邮件地址的巨大数据库，并进行个性化优惠。虽然回复率很低，但是这对大众市场还是很有用的。然而，选择性加入电子邮件最好作为企业针对那些已问询过或购买过企业产品的客户制定的联系战略的一部分。联系战略应包括电子邮件、邮寄信件、电话营销和私人拜访。邮寄（线上与线下）可以是短信、信件、时事通信、代金券或者宣传小册子（或链接到某个网站：视频、电子书或网页）。

电子邮件与直接邮寄相似，被广泛应用，以期消费者的直接回复（与品牌建立或品牌意识相反），而电子时事通信也有助于提高消费者的品牌意识。电子邮件能够将有目标、个性化的信息传递给消费者，通知并提醒他们相关活动。其最坏的结果就是，收到邮件的人看到收件箱里的标题栏就直接删掉邮件。而网页却是一种拉入式媒介，消费者会进行有目的的浏览。但是，未经请求的邮件（垃圾邮件）在B2C市场中是不合法的，会损害品牌。

不管是在B2C市场还是B2B市场，选择性加入是邮件营销成功的关键所在。只给那些选择加入的人发送邮件才是最佳方法。在企业开始与消费者用邮件沟通之前，必须要求消费者提供邮件地址。有些国家的隐私法律要求消费者通过检查收件箱（以某种方式同意邮件进入）来选择性加入。在英国，如果潜在的消费者购买过产品，或问询过，或提供过电子邮件地址，那给这些人发电子邮件都是无可厚非的。然而，随着邮件的增多，营销人员要为消费者提供简捷的方式以随时删除邮件。

选择性加入电子邮件

电子邮件这一外推式的网上传播方式非常有效。但它最基本的是电子邮件必须是选择性加入的，这至关重要。否则就是违法的垃圾邮件。企业可以通过冷电子邮件、品牌合作电子邮件、第三方邮件来获取客户。以家庭为单位的电子邮件要不断实验，以达到正确的频率，或者给消费者一个选择。可以考虑活动自动生成邮件的方式。并要用心地设计邮件，不断更新邮件名录，并在法律允许的范围内行事。

成功因素

无论是哪种类型的电子邮件，直邮的各种变化因素都将对回复率产生更大的影响，其中相关性的影响最大。

提议与创意执行

如果企业的提议与消费者没有任何相关性，那它就不会得到消费者的回复。若电子邮件中的主题与消费者没有关系，那它们也不会被打开。

持续的消费者调查有助于企业的提议与消费者保持相关性。有创意的实施方式则多种多样。而正如前面所提到的，这一切的关键在于邮件标题要醒目，能激起读者的兴趣。电子邮件打开后，内容一定简短（应该有链接，从而看到其他诸如看、试、买的信息）。布局、颜色与图像需要谨慎对待，因为它们会影响消费者对内容的感受，邮件内容也应该经过仔细斟酌（内容的斟酌也是联系战略的一部分）。要能够激励消费者立即采取行动：欲购从速，机不可失。在发邮件之前，对比测试以及多元测试有助于确定最好的方式。建立品牌的最后一步是要问："所呈现的创意内容与品牌价值一致吗？"

电子邮件应该做到以下几点：

- 标题与第一句话一定要夺人眼球；
- 简洁并与目标细分市场相关（链接到网站，搜索其他相关信息）；
- 个性化——不是"亲爱的客户"而是"亲爱的史密斯先生"；
- 内容开始与结尾要有清晰的倡导消费者采取行动的话语；
- 提供"放弃"或"取消订阅"选项；
- 包含企业完整的地址与联系方式；
- 在国家的法律以及伦理的允许范围内；
- 根据邮件阅读器的不同，发送多个文件类型。提供 HTML 或文本的选择。

时机

电子邮件的回复率会因一天、一周、一月、一年中的时间的不同而不同。由于邮件主题可能会与时事相关，外部事件也会影响回复率。有些企业发现，通常周五下午的电子邮件不起作用，而周二上午才会起作用。许多企业还了解到特定时间内的电子邮件的阅读率较高。不管邮件是线上还是线下，发送邮件前进行对比测试，以及发送邮件后的谨慎监控都是有必要的。

目标明确

在选择名录或数据库时，影响选择成功与否的最重要的因素是目标明确：将企业活动与消费者匹配。企业的活动与目标市场的相关性越高，回复率就越高。而客户的信息需要不断更新，企业才能获得更多的数据及更精确地确定消费者的偏好。

回复机制

发送邮件的同时要附上相关的登录页面（或微型网站），不要将主页地址发送给消费者，让他们自己搜索邮件中所说的内容。有些邮件点击进去会有一张网上表格用来调查消费者，简化表格能产生很大影响，正如不同的登录页面会对销量也有很大的影响一样。

测试：A/B 测试与多元测试

A/B 测试使营销人员得以测试不同的标题、提议、图片以及背景颜色的效果，以找到最佳效果。A/B 测试通过对一个变量进行两种不同版本的测试（例如两个不同的标题），能够确定较好的一个。多元测试则用来测试多个元素，即同时有效进行多个 A/B 测试。通过分析不同的测试结果，营销人员可以确定不同变量更好的版本。

客户维护

如前面所说，电子邮件营销是维护客户最好的方式。作为联系战略的一部分，它能够保持与客户的联系，通知他们相关的最新信息、活动和建议等。电子邮件还能为客户提供回复机制，帮助他们表达自己的观点，给出有意义的反馈。与消费者的每次联系都是不断添加客户数据的过程。因此，营销与企业的各个运营程序的协调就显得非常重要，以避免消费者回复骤增、而企业缺乏相应的系统来管理这些回复（不管是问询、投诉、建议还是试图购买产品与服务）的情况发生。这个系统中的任何小故障都会损害企业与客户长期建立起来的关系。如果企业相关系统管理得当的话，应该在活动开始之前做相关测试，并具备持续对客户数据进行更新的分析软件，以确定不同客户可能购买的不同产品或服务。

客户获取

如果企业想运用选择性加入电子邮件来获取客户的话，那有以下三种选择，这在戴夫·查菲和史密斯合著的《卓越网络营销》一书中有所提及。

- **冷电子邮件**。在这种情况下，客户会收到选择性加入的电子邮件，企业从客户电子邮件名录提供商那里租来这些名单，这些提供商有 Experian 、Claritas 和 IPT Limited，商业电子邮件名录提供商有 Mardev 和 Corpdata，以及交易出版商或活动提供商 VNU 等。尽管消费者同意通过邮件接收企业的相关活动内容，但往往都是冷邮件。例如，信用卡提供商会给名单上的某位成员发送冷邮件，但是该成员现在并不是其会员。运用某些形式的“来源声明”很有必要，否则会被当作垃圾邮件。尽管通过发送冷邮件来获取一位客户，往往比采用其他形式的网上营销成本要高，但是企业应针对不同的名录进行不同的评估。
- **联合品牌电子邮件**。在这种情况下，消费者会收到某公司的电子邮件，这家公司与该消费者有着密切的联系。例如，信用卡公司会与诸如沃达丰之类的移动服务提供商合作，发送电子邮件给客户，这些客户会选择接收来自第三方的邮件。虽然这也是冷邮件，但是这类邮件更有人情味，因为客户与其中的一个品牌有着密切的联系，而邮件的主题会同时提及两个品牌。鉴于消费者与其中一个品牌之间的关系，联合品牌邮件往往比冷邮件的回复率更高，企业活动也较少。
- **第三方电子时事通信**。在这种情况下，公司会在第三方的时事通信上进行公开宣传，这可以以广告、赞助或公关（可编辑）的形式连接到目的网站上。这些形式可能只是作为交互式广告购买的一部分，许多电子时事通信都有永久性版本。由于该电子通信的接收者往往会对邮件标题进行筛选，只有在空闲之余才会阅读，所以这种方式具有一定的成本效益。

移动短信

不管是短信、代金券、可下载播客、视频剪辑还是照片，移动短信越来越随处可见（以地理位置为基础的广告在第 13 章中有所涉及）。可以说特殊的优惠只能提供给相对应的目标市场，只有这样才能实现相关性，也才会在短期内起到作用。长期的成功则取决于行业自我约束能力以及保护隐私能力（这个话题会越来越重要）。若出现过多的以地理位置为基础的移动短信，那消费者的收件箱中就会被各种商业信息所填满，他们很可能会阻截这类信息，还可能会诉诸法律。

管理直邮活动

企业无论是制订广告计划还是直邮计划，其采用的方式都很相似，包括情境分析、撰写信息（创意邮件）、媒体规划（名单选择与邮寄时间）、测试与监管等程序。

直邮与广告一样都要用到 SOSTAC®+3M 方法（见第 10 章）。但是，针对以下六个因素——时间、名单选择、创意邮寄、预算、实践与测试，需要利用 SOSTAC® 结构进行更加细致的检查。

情境分析

常见的产品问询、趋势把握与消费者反馈请求，能够为企业的品牌定位提供整体方向。

目标

企业要将清晰的目标进行分解，以确保每个人都了解企业的品牌定位。在理想状况下，营销传播的目标应该是销量、问询与品牌意识。

策略

运用 STP 分析（来自第 10 章的战略组成部分 STOP & SIT）。通过市场细分，企业能够从数据库中生成消费者档案（或者只是从邮寄清单中选择名字），然后瞄准或选择最合适的目标市场，并通过市场定位确保信息的正确性。

名单选择是整个直接营销流程中最重要的一环，一个项目 60% 的时间应该花在这一环节上。俗话说：“在没有鱼的池塘中钓鱼毫无意义。”在运用名单前，需要回答以下问题：

1. 这些名单是从哪里来的（累积的还是从之前回复性邮件订阅名单而来的）？
2. 名单是什么时候创建的？
3. 名单多长时间更新一次？是由英国邮政优惠服务（MPS）来更新吗？
4. 最后一次使用名单是在什么时候（谁使用的）？删除名字的占比如何（多余的名字或无效地址）？是否能够从之前使用过的人那里获得到相关的结果或参考吗？
5. 无效的名单是否需要返还给名单持有者，以备未来更新之用？而其中所涉及的无效名单的费用是否该退款？

6. 该名单能覆盖多少比例的目标市场？例如，名单上的 100 万家庭迁移者能否代表所有的家庭迁移者？或者只代表一半？还是多少？
7. 都有哪些筛选标准（例如地理位置划分、职称划分等）？会产生额外的成本吗？
8. 引用网络名的人占多少比例（例如与其他名单去重后的网络可用名）？
9. 租用名单有哪些限制（如最低数量、竞争性产品要获得名单拥有者的允许等）？
10. 假设名单所罗列中的名字相符（与你的目标市场相似），你还需要检查：
   - 是否有具体的名字，而不是只有职称或“邮箱使用者”；
   - 格式（例如标签、磁盘的格式）是否恰当；若是磁盘，检查磁盘是否符合信件公司的要求；
   - 是否有邮政编码（为了邮局的邮件分类优惠折扣）；
11. 成本是多少？从订购到交货的时间如何安排？

租用的名单只能有一个用途。名单中会有“沉睡者的名字”，要确保这些名字不会被二次使用（否则，沉睡者会立刻通知名单拥有者）。租用名单的费用从每一千个名字 50 英镑到 350 英镑不等。而许多名单是无法购买的，那些可以购买的名单价格比租用价格高出至少四倍。

战术：创意邮件

创意无处不在。大多数邮件都会与广告或声明竞争，但是很多独具创意的人仍然认为电视广告更有魅力。因此，大多数邮件不是受到发明它们的人的约束，就是受到使用它们的经理的限制。下面是一些例外。

- 直邮销售局（Direct Mail Sales Bureau）将用塑料包裹的黄瓜邮寄给所有英国媒体，以此提高他们对直邮的感知度。
- 当 Prince’s Trust 慈善组织将企业的董事长作为目标时，它们给董事长们邮寄了一个盒子，里面装有一个陶瓷碗，是由该慈善组织支持的某家公司制作的（这个碗作为礼物通过董事长秘书转递给董事长，以便让董事长了解了这家慈善机构的成就，从而推动慈善事业）。
- 公文包被邮寄给了汽车经售商。公文包被设计成汽车仪表板的样子，里面装载了音响系统与车载电话。收到公文包的人将 CD 插进去，拿起电话就能听到销售人员的演示音频，来说明为什么这一款特制的汽车电话很出色。该公文包作为汽车经销商销售点的附加产品，销量倍增。
- 邮件与激励措施对预算有着重要影响。有些创意邮件只需要几句富有智慧的话就能打动收件人。最近的一封邮件仅仅写了“早上好”几个字，就激起了读者的兴趣，并期待着收到第二封邮件。

行动

整合系统

企业需要仔细规划运营流程，以显示公司活动真正的运转情况。例如，电话访问收集的信息该如何处理？销售代表的日志该如何更新？谁来监管这些代表？据欧洲 RSCG Direct 的调查，企业回复处理机制被滥用，只有 70% 的邮件回复者获得公司的跟进信息，而这 70% 中的大多数人不再被公司联系，只有 5% 的人收到了跟进电话。企业有确保后续工作顺利执行到位的计划或系统吗？谁来控制并递送货物或小册子？发票如何、什么时候开出来？

营销是自动化的最后堡垒，许多企业在制造与生产环节都实现了自动化，使得劳动力成本只占生产成本的 8% ~ 12%，而销售与营销的成本却占到了 15% ~ 35%。自动化系统可以降低成本，提高营销的有效性，有利于销售的顺利进行。通过整合系统，销售人员能够清楚地知道在什么时间需要留心哪个消费者，而所有的消费者问询也都能得到解决（信件会随着宣传册一起寄出；电话销售能够跟进销售人员安排的预约）。自动化系统不会遗漏任何环节，也不会遗漏任何问询。自动化系统还能处理退回商品与取消的订单。但随着越来越多的销售追踪软件包在市场上出现，企业对自动整合系统中的先期投资也越来越少了。

是办公室的负担吗

哪怕只是简短的回复，邮件也会给办公室带来负担。你的电话系统能在一小时内处理成千上万个电话吗？你的员工在经历了一天抓狂的回复之后，还能热情地招待顾客吗？面对成堆的邮件，你有足够的内存空间吗？你有时间及时回复吗？若做不到这些，专业的公司会为你提供帮助。

皇家邮局（Royal Mail）

时机

图 17-1 中所展示的邮件时间表表明，企业为什么需要最低 12 周、最好 6 个月的时间来制订直邮计划，为数据库系统提供资料。正如伯德所说："越需要在很短的时间内做完的事情，越容易犯错误。要么有更多的时间，要么花更多的钱。"企业要明确销售活动是应该分阶段（问询产生、筛选、跟进电话、销售拜访等）进行的，还是单阶段（直接订单）进行的，是否应该多媒体还是单个媒体，等等。要从战略层面上决定每种邮寄形式如何组成整体活动的一部分，从而实现累积影响，后者比前者要重要得多。大型的一次性邮件应该逐渐被小型、更频繁的邮件代替，这是因为数据库是根据人与时间来确定需求的。许多直邮代理公司用四到六周就可以制订活动计划，但是这种活动应该从战略层面上进行研究并制定规划，强调创意，以取得成果，理想的时间应该是 17 周。

时机也是指确定目标市场购买的时间以及频率。市场在不断变化，消费者时刻都处于购买环节的不同阶段。还有些市场具有季节性，有些市场则在一周不同的时间段有高峰有低谷。目标回应者在周五早上比在周一早上更能接受邮件吗？

图 17-1 是活动的组织与时间进度表，与广告的程序一样：创意简报、概念开发、市场调研、制作与实施（注意持续不断的实验可作为调研的补充）。

直邮跟广告一样，一旦有了创意性简报之后，就需要对邮件宣传的理念进行修改、调研，最终形成统一的版本。再经过检查、校对就可以印刷成品了。但是在此之前（或者同时），一定要制定清单简报，以确定目标市场，这个清单要经过仔细的研究与检查。

之后，清单提议还需要获得批准，方可用来处理订单（购买或租用）。信件公司将信件输入系统，以备打印生成个人化信件。在准备、合并和清理（去掉重复名字）名录的同时，要检查信件校样并最后定稿。印刷厂在印刷好小册子后，信件通过激光扫描、折叠、整理，插入小册子或者邮寄件中，放到激光扫描过的信封中，邮寄出去。一包包邮件寄送出去之后，迎来的是漫长的杳无音信的等待。邮件寄送之前可能会有一些突发事件发生，例如邮局罢工、多余的名单、印刷错误、错误的截止日期或者零回复。

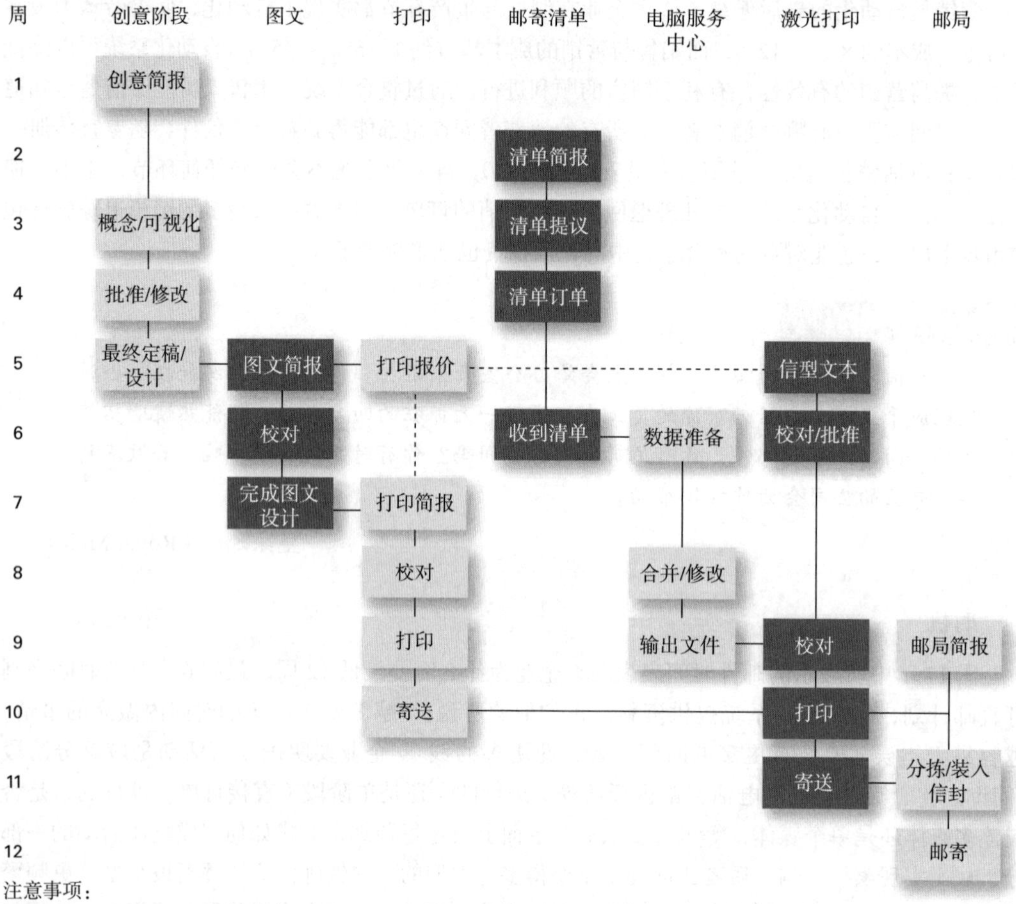

注意事项：

1. 打印包括信件、宣传册和信封。
2. 如果是大规模邮寄，需要更加注意细节。
3. 如果要求使用特殊信封则用时更长。

资料来源：直接营销研究所。

图 17-1　邮寄时间进度表示例

如果企业规划得当，那一定能够确保使用最恰当的名录（可能基于测试结果），检查印刷、校对与日期，以及可接受的预期结果。即使有很多未知变量，谨慎的规划也能够降低失败率。

控制

预算“资金”

做预算的方式之一就是通过问“企业能够花费多少吸引新客户？”“一位新客户的价值是多少？”或者“企业对每个客户所允许花费的成本是多少？”“消费者的终生价值是多少？”，然后将其与客户数量相乘就能获得预算。而另一种估计预算或大致成本的方法是设定每封邮件的成本为 50 便士，若企业有 20 000 封邮件，包括所有流程（设计、插图、印刷、名录、信件公司、插入或校对、激励措施、装入信封与邮寄）产生的成本大约为 10 000 英镑；若企业有 500 000 封邮件，能够享受大规模的优惠，成本会少于 250 000 英镑。

每千人成本

让我们将每千人成本 500 英镑在不同营销传播渠道做以下比较：

电话销售（例如 10 英镑）	10 000 英镑
登门拜访	250 英镑
插入式邮件（包括印刷品）	100 英镑
杂志广告	30 英镑
网络广告	10 英镑
电视广告	5 英镑

每次回复以及每个订单的成本是决定营销传播成功与否的底线。虽然现在有很多回复率高的例子——高达 60%——特别是针对现有消费者采取的高度相关的激励措施，但是通常的回复率是从 0.5% 到 5% 不等（注意问询与订单不同，问询很容易得到，由此所带来的回复率也较高）。

你会花费多少成本去获取客户？你会制定什么样的激励措施鼓励客户下订单？下面是一些激励措施的例子：亚马逊的 50 美元代金券；英国联合莱斯特银行（Alliance & Leicester）50 英镑的开户奖励金；联邦快递公司（FedEx）价值 1000 英镑的免费个人电脑；Streamline.com 价值 1000 英镑的免费冰柜。

图 17–2 中的直邮预算表能够帮助企业确定并控制成本。

测试、测试再测试

直接营销的一个优势在于能够不断进行测试、做出调整和监管，直至找到最合适的方式。在这里，什么都可以被测试，包括签名的颜色。白色的信封比马尼拉纸质的信封好，亮色信封比白色信封好（但是这是否会影响企业长期的形象）。如果企业能将 10% 的直接营销预算用于不断地测试，那么回复率就会不断提高。

杜雷顿·伯德测试了 12 种不同的“合适”名录、三种不同价格、两种付费方式、不同的邮寄时间、不同的回复方式以及几种创意方式。他发现，这些因素的最佳组合比最差的组合结果要好 58 倍。通过识别每一变量的最好与最差的回复，来实现回复的差异最大化，如表 17–1 给出的结果。

表 17–1　不同直邮变量对回复水平的影响

变量	最好与最差的回复差异
名录	× 6.0
优惠	× 3.0
时机	× 2.0
创意性	× 1.25
回复	× 1.2

理想状态下，应该对每个流程都进行单独测试，以便得出更接近现实的结果。组合太多往往会使测试陷入无限循环中。而那些影响较大的变量则应该被测试。因此，企业要根据清单不断测试，直至测试成本高于利益为止。前面说过，直邮有利于测试，能够让营销经理更加科学精确地进行管理，成为更优秀的经理。测试签名的颜色可能仅仅占回复差异 1% 中的 1/20，但是这样仍然会提高收益，因此测试是值得的。

直邮与广告或促销相比的优势所在

与广告和促销相比，是否要分配更多的营销预算给直接营销，这个问题一直存在争议。因此我们在这里详细列出了直邮的优劣势。

活动名称：		预计	实际
预算：	宣传日期：		
目标：	邮寄数量		

项目	明细	预估成本	实际成本	是否开发票	评论
1. 组织	– 文案/设计 – 图文制作				
2. 数据清单准备	– 租借邮寄清单 – 数据准备 – 合并/清除 – 分拣				
3. 激光打印	– 文本设置 – 打印				
4. 印刷制作	– 信纸抬头 – 续页 – 宣传册 – 传单 – 订单表格 – 其他				
5. 装信封	– 外封 – 回复				
6. 信件公司	– 折叠 – 整理 – 装入信封				
7. 邮寄	– 邮寄 –（折扣）				
8. 其他	– 快递等				
9. 总成本					
10. 每千人邮寄成本 =（总成本/邮寄数量）× 1000					
11. 回复成本 =总成本/回复数量					
12. 每单销售成本 =总成本/订单数					
13. 总收入					
14. 收入成本 =收入/总成本					

资料来源：直接营销研究所。

图 17–2　直邮预算表示例

若企业找到正确的目标市场，那直接营销在获取（或维持）客户方面就更具成本效益，还能打通新的分销渠道，将商品直接从供应商送到消费者手中。虽然直接营销能够省下分给批发商与零售商的那部分利润，但是如果批发商觉得直接营销与它们存在竞争关系，那也会对企业与它们的关系造成损害。另一方面，直邮能够通过为批发商提供商机、扩大市场来改善与它们的合作关系。

1. **目标确定**。细分目标人群并与之保持紧密的对话，例如“阅读《太阳报》并购买塑身药的人”。细分市场避免了因向大众市场促销而造成的浪费。
2. **成本效益**。开始联系的成本很高，但是每个问询或订单的成本却很低，特别是重复销售的概率更小。
3. **控制与责任**。得到的回复会很容易测量并得出结果，这有助于改善未来活动并把握方向。
4. **几天之内快速回复**。邮件或选择性电子邮件很容易做到这一点。
5. **不断测试不同变量的机会**。例如价格、促销、时间、名录，甚至是签名颜色与信封颜色（分离邮寄——50% 蓝色，50% 黑色）。
6. **国际性**。为打入新市场提供了另一种方式。在购买早期，用邮件或电话直接联系比私人拜访成本更低、速度更快。
7. **建立数据库的机会**。通过私人对话争取消费者的重复购买，并与其建立持续的关系。数据库有利于测试并研究电视广告对不同群体的影响。
8. **专属信息**。不同的客户因需求不同，忠诚度也会不同，从而收到不同的优惠。例如，品牌忠诚度高的消费者会收到与品牌转换频繁的消费者不同的邮件。
9. **维护长期客户**。通过数据库与客户建立长期的关系。
10. **建立客户档案**。这要通过收集对广告、促销、邮件的反应，以及购买或不购买的原因等信息，将消费者细分成不同的群体，并寻找商机并加以筛选、销售并提供服务来完成。

案例：安克诺斯公司的自动营销活动

情境分析

安克诺斯公司（Acronis）是一家软件公司，专注于帮助中小型企业管理它们的后台系统以及灾后恢复运营工作。安克诺斯公司邀请自动化营销代理商 CleverTouch 帮其在英国发起一场名为“数字资产”的活动，主要面向员工人数超过 500 人的企业的中高层 IT 经理人。

目标

吸引英国的新客户，每场网上研讨会达到 65 个人出席的目标。每场线上研讨会大约有 10 到 20 个商业机会，每个商业机会的平均价值为 5000 英镑，每场活动的商业价值共计 50 000 英镑到 100 000 英镑不等。

战略

CleverTouch 公司制定了相关的战略，以便让企业的 IT 经理了解在存储、后台支持与恢复的最新情况，同时确保与已有的联系人保持紧密的关系。制定战略的主要目的是对潜在客户在购买过程中提供帮助，帮助他们了解情况，不仅仅要将商品销售给他们，还要实现预销售。

策略

安克诺斯公司前期已做了充分的市场调研，从而找到了 IT 经理在进行存储支持、灾后恢复工作时所遇到的瓶颈问题。调查结果将会出现在安克诺斯公司的白皮书中，同时也是其号召采取行动的第一封邮件，标题为“数字资产调查结果：揭开欧洲的后台支持与恢复实践的神秘面纱”。

- 阶段 1：第一封电子邮件将发送给 24 000 位联系人，发送的另一个目的是清除掉不相关的联系人数据。最初的邮件发送给所有没有点击与注册但其邮箱仍然有效（大约有 21 500 人）的人，在所有阶段都会避免重复。
- 阶段 2：第二封邮件则发送给那些打开第一封邮件的人，第一封邮件附有邀请函，邀请读者下载安克诺斯公司关于后台与灾后恢复机制的蓝图。同时，这封邮件会再次发送给没有打开它但邮箱地址仍然有效的人。简单来说，这封邮件要发送给所有下载“数字资产研究结果”的人。
- 阶段 3：第三封邮件将发送给回复了前两封邮件的人，前两封邮件邀请他们参加有关市场调研的网上研讨会——再次强调了由市场调研得到的研究结果以及如何将研究结果与安克诺斯公司的最佳实践相联系。简单地说，这封邮件发送给下载了邮件 1 与 2 的人。
- 阶段 4：整个活动中都有一个链接，使得接收者能够将邮件发送给自己的朋友，使安克诺斯公司可能获得相关联系人的信息。
- 阶段 5：对联系人进行互动营销，这些联系人包括注册信息并参加了研讨会的人，也包括注册了信息但没有参加研讨会的人，以寻找销售契机。符合预先设置标准的销售机会会交给安克诺斯公司的销售团队跟进。

行动

整个活动持续了五周，邮件的发送通常都在五个工作日进行，这意味着不在办公室的联系人也不会错过邮件。重新发送的邮件与之前的邮件标题不同，邮件地址无效的接收者会被从邮寄清单中清除。

营销自动化技术在整个过程中提高了有效性，降低了成本。

控制

活动的目标是邀请 65 个人参加网上研讨会（基于以前的经验），而结果却有超过 140 人参加了网上研讨会，获得了 10 个商机（第一年价值超过 50 000 英镑），第一次活动的销售额就达到了 10 000 英镑，获得了成功。第二次活动的整个流程与第一次都一样，为期三周，并取得成果，有超过 140 个人参加了研讨会。

由于活动很成功，目前该营销活动已经扩展到了欧洲的其他国家与地区。为了增加活动的曝光度，该公司又推出了渠道合作伙伴版本，以改善营销活动。

这场活动的关键是培养潜在的客户，建立联系人数据库以用于未来的活动，例如直邮。这类系列活动旨在教育联系人，引导他们参与，这比单独的活动效果要好得多。

人员、时间与资金

安克诺斯公司预计活动将为期 10 天，CleverTouch 公司则预估五天。整场活动完全实现数字化和分阶段进行，每个阶段都需要不断增加任务与参与度。调研时间为八周，实际进行了八周。这场活动的预算，包括图像与 CleverTouch 开发、策划和实施的时间，共计 25 000 英镑。而如今该公司的 ROI 为 4:1，预计这次活动后会达到 10:1。

优势与劣势

在考虑是否增加或减少该营销传播工具的应用时，需要参考以下优劣势。

优势

直邮营销传播工具有利于市场的精确定位（如电子邮件营销）。尽管直邮的 CPT 很高，但是其 CPO 却比其他营销传播工具都低。它还可以用于客户维护与长期培养。直邮在客户维护方面要比在客户获取方面效果更好。这一工具（与电子邮件）应该整合到联系战略当中，联系战略要根据客户偏好来制定，只有这样才能提高客户的满意度，因为邮件与客户需求相关（记住神奇的营销公式）。邮件的目标群体明确，可以连同礼品和吸引人的优惠奖励一同打包发送给客户，这样就能够产生很高的回复率，促进口口相传，增加企业品牌的曝光度。

劣势

除了让人厌烦的中介（通过直接销售给消费者），直邮还给人留下不好的印象。直邮暗示着“垃圾邮件”，因此很容易受到环保倡导群体的谴责，选择性电子邮件同样如此。尽管研究表明，大部分人更喜欢收到直接邮件，但是还有一部分人认为这是侵犯个人隐私的行为。网上未经允许的邮件更加无法让人接受（它不仅违反了网络规则，还被视为垃圾邮件），它在消费者市场已够得上违法行为了。因此，难怪愤怒的消费者会不断发送辱骂性邮件作为还击，他们要么就发邮件炸弹（大文件），要么关闭垃圾邮件始作俑者的系统，垃圾邮件制作者也因此引火上身。另外，数据库的维护也很重要（需要资源）。这一问题越来越严重，因为电子邮件名录很便宜，每 100 万个名字只需 35 美元（与信件邮寄地址的每千人 200 英镑的成本相比）。用信件邮寄的方式获取消费者的成本会很高（后续交易成本较低）。与广告相比，直接营销的 CPT 较高，平均 1% 的回复表明 99% 的邮件被扔到垃圾箱里。人们认为目标群体不明确的邮寄信件有一天会对树木会造成威胁。建立数据库的投资成本也很高。直接营销对于一次性销售成本很高，但对于多次销售、获取“终生价值”、培养客户关系方面的成本却较低，利润也较高。最后，每一个营销传播活动都有风险。例如，不好的邮件不仅会令企业损失资金，还会降低销售量，破坏企业形象，而垃圾邮件被认为是公司不负责任的表现。

新营销箴言

- ◎ 直接邮寄信件与电子邮件可以用来发现新商机。电子邮件不仅可以用于新客户获取，还可以用于现有客户维护（或作为 CRM 联系战略的一部分）。
- ◎ 直接邮寄很有针对性，相对容易测试与控制。
- ◎ 活动背后的系统与数据库必须与整体联系战略协调。
- ◎ 忽视直接营销与数据库技术的企业不可能获得竞争优势。

第 18 章　线上与线下展会

想象一下，将整个市场聚集到一个屋檐下并持续几天。这个主意够令人振奋的吧？这是否算得上一个爆炸性的理念？其实这种情况每天都在发生。展览会的独特性在于它是唯一能将市场聚集——买家、卖家与竞争者的媒介——到同一个屋檐下。人们在展会上可以看到、展示和测试产品与服务，在很短的时间内，大量的相关决策者可以进行面对面的交流。如果企业规划得当的话，那就可以借此加强与客户的关系，并捕捉到无限商机。展览是一种强有力的营销传播工具，但是无论是在线下、线上还是在虚拟世界中，都需要进行谨慎的策划。营销策划的规则同样也适用于展览——全面策划与培训是很有必要的。

管理展会

展会对于执着的营销经理来说，既是商机无限，又是问题与挑战重重。通过与其他营销传播工具相结合，展会能够培养营销经理的长远视野，帮助其制定整体展会战略，以发挥展会的最大效用。营销经理想要掌握详细的展会策划技巧就要做到以下几点：

- 情境：是否进行展览；
- 目标：优先考虑展会所要达成的目标；
- 战略：制定展会战略，包括：
  - 选择恰当的展示方式；
  - 对设计战略达成一致。
- 策略：确定展会前的宣传方案；
- 行动：培训负责展览的员工：
  - 落实展会实施计划（日常工作）；
  - 确保后续跟进。
- 控制：评估展会后的成效。

情境分析：是否进行展会

许多营销人员认为展会的投入成本很高，因为展会不仅需要租赁场地、搭建展台、宣传展览、招待客户以及负责客户的游览与食宿，还需要投入大量的人力与时间。就投资回报来说，展会往往并不是很好的选择，营销人员必须要做出艰难的决定，是否继续参加所有的展会，特别是目前很多消费者都已转移到网上，在网上做生意，不再去交易展示现场。对于那些想参加线上或线下展会的营销人员而言，以下的展会策划步骤能够帮助其提高投资回报率，节省时间，并降低工作强度。

目标：优先考虑展会所要达成的目标

如果不知道自己走到了哪里，又怎会知道你什么时候抵达终点？又如何知道这是一次成功的展览，还是在浪费时间与金钱？你又怎会知道自己的这一天过得好不好？如果连自己的目标都不清楚，又怎么会达成目标？只有目标明确，才能有的放矢地去付出努力。尤其是那些问询和订单很容易量化，可以细化为日常（甚至是每小时）的目标。员工之间相互打赌（猜测问询和订单的数量）有助于他们集中注意力。虽然展会不是一件容易的工作，但是能够有效达成许多目标：

- 销售。能够激发新客户与现有客户、代理商与批发商购买与问询；
- 发布新产品；
- 在市场中取得一席之位；
- 媒体报道。获得内部（通信）与外部公关的机会；
- 通过热情接待和结识企业高管，能够加强与客户、批发商与代理商之间的关系。在展览会期间对客户给予关怀是企业联系战略的一部分（包括电子邮件、信件邮寄、电话营销与销售团队上门拜访，等等）；
- 通过展会给予当地经销商与代理商支持；
- 市场调研。在客户、非客户与批发商之间展开调研；
- 测试新想法。产品测试与非正式创意性讨论；
- 竞争者分析与情报收集；
- 激励员工。有些展会成为企业年度的焦点，员工能够到展览现场进行展示，自豪之感会油然而生；
- 招聘到新员工或潜在的人才。

战略

制定展览战略

展会不能被当作一次性的临时活动。只有在下列情况中，其有效性才能凸显：(1) 有一系列的展览；(2) 与其他营销传播工具互相协调；(3) 提前做好选择与计划；(4) 不断评估有效性。展会战略概括了展览会的频率与类型（是全国性展会还是国际性展会？是实体展会还是虚拟展会？见下文的“选择清单”）。企业要针对市场中的不同群体，在不同的地理区域以及不同的购买周期（例如在每年的 1 月份就开始为即将到来的圣诞节商品展销会做准备）提供不同类型的展览、产品与服务，并对展会的举办时间、类型以及费用有一个全面的了解，也就是说要不断收集各种展会指南，将其放到展会文件夹中，以备研究。

展会战略还能为如何协调和支持相关营销活动及相关成本提供指导。企业需要记住的是，租赁展会场地的成本往往只占总成本很小的一部分（在 20% 到 25% 之间，见下文“成本”）。

选择合适的展会形式

展会与广告等其他营销活动一样，需要谨慎地确定目标市场。目前，各种类型的展会越来越多，其中良莠不齐，企业也没必要全都参加。所有展会的推销人员都会不遗余力地进行宣传与销售，参展商要谨慎选择，选择的技巧与媒体策划人员相似。展会主办方通常会提前两年，为参展商提供不同版本的展会申请和活动指南。

选择清单

1. **展会类型**。展会是本地的、全国性的还是国际性的；垂直的（只关注于买家或卖家的兴趣）还是水平的（广泛兼顾买家与卖家的兴趣）；面向大众；交易活动；私人活动；专题研讨会还是限制展览设施的会议。
2. **目标群体**。参观者的类型与数量；要有经审核的数据支持，例如 ABC 数据要通过 AEO 的审核（使用 ABC 数据是 AEO 会员的强制要求，因为 ABC 数据可以重复，以供检验）。
3. **展会筹备时间**。展会符合采购者的购买模式吗？展会主办方能按时完成筹备吗？例如，国外的展会需要提前 18 个月进行规划。
4. **展会设施**。是否有任何限制与约束；主办方要如何宣传此次展会；是否有支持性的联系活动，例如晚宴、颁奖典礼、研讨会、早餐接待，等等；
5. **展会成本**。比较不同展会的“场地成本”与“观众到场”之间的比率。尽管场地成本对于比较而言很有用，但只代表了展会总成本很小的一部分。如果参展商已经有了自己的移动展台，那展台的设计成本可以忽略不计，但是其他杂项（如图 18–1 所示）会使其成本猛增。
6. **以往几届展会的成果**。展会连续举办了多少届？有成效吗？成效一年比一年大吗？有客户（参展商）证明或其他参考资料可以证明吗？
7. **展会举办许可**。展会是由什么官方机构支持的？独立调查机构会列出展会的参观者数量、参观者的质量、销售问询与参展商结果一览表（见“展后评估”）。

对展会战略达成一致

展台设计是整个展览战略的关键部分，应该体现出企业的正面形象，宣传产品与服务，并使客户看到产品与服务的益处，激起客户的兴趣。展会还具有审美价值，同时还能起到展示、引起讨论、体现企业热情以及储存的作用。企业应制定评估展览成功与否的标准，例如销量或订单量、问询数量、每个问询的成本、每个订单的成本、数据库中合格的联系人名录、参观者的印象或对企业展台的感知度、展台传达的重要信息，等等，以指导展台的整体设计。

参观者可能只会用不到三秒的时间来决定是去某个展台还是去其他同类竞争者的展台。参观者的时间有限，能够参观的展台数也有限（据美国展览调查中心统计，不论展会规模大小，参观者平均只能参观 13 个看台），参观者必须快速决定要不要看某个展台。许多展会都会打印出参展商的名录，这些参展商都是那些参观者感兴趣的供应商。打印内容往往会有一幅地图，标有参展公司展台的具体位置，这样，参观者就能够在进入展览主厅之前决定走哪条路线，参观哪个展台。虽然参观者在参观之前就会提前规划，但还是会被独特的展台设计或宣传噱头所吸引，忍不住驻足参观。但是，这些宣传噱头也会浪费参观者的时间、造成展台拥挤、吸引非目标参观者等，因此很多企业高层决策者打消了使用噱头的念头，他们觉得这种方式只是针对低层级的参观者。

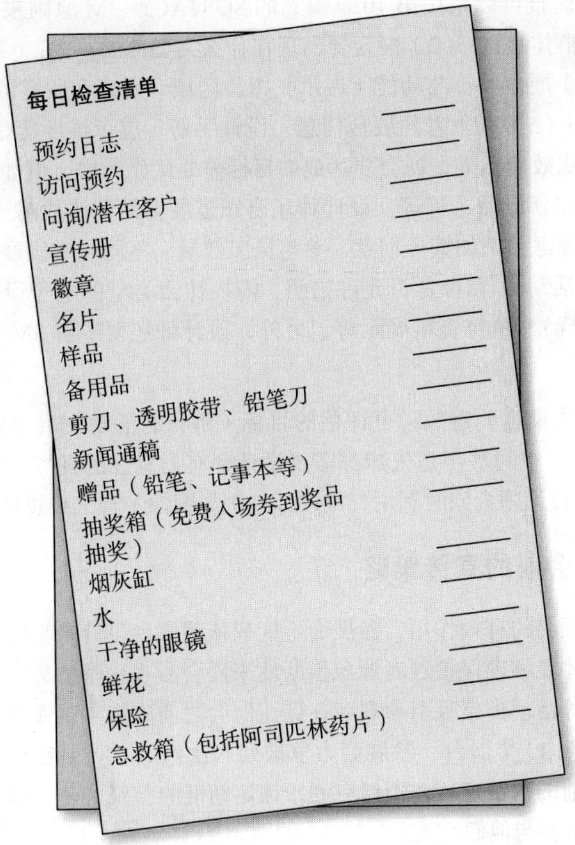

图 18–1　检查清单需要在每天结束时进行检查以保证第二天要做的事尽在掌控中

三秒钟测试

下次你在参加展会时，不妨环顾一下四周，看看有多少展台清晰地展示了它们想要展示的东西。又有多少展台简洁明了地介绍了参展商的业务？是否展示了其产品的特征与益处？有多少展台的设计能在三到五秒钟之内吸引你？

很多参展商在展会中首先会宣传企业的名字，其次才是产品的名称，其产品及其特征几乎没有提及，这很让人震惊。产品的益处（买家真正要找的）很难看到。许多买家必须到看台上参观，参与讨论，才能了解被隐藏了的产品益处。大型企业可能认为，它们有太多的产品需要展示，不能单独展示某一产品，或者它们的名字已经与产品紧密联系了，很多参观者（包括海外的）实际上早已了解参展商的业务，只是想知道公司的名字罢了。或许有些参展商为了防止竞争并不想这么快就将产品的益处展示出来，也可能是没有要求展台设计者考虑这一点。

展会设计应该与企业品牌的形象指南保持一致（设计手稿要具体到标识风格、字体、主要颜色与次要颜色）。展台的设计要足够吸引参观者，为产品的展示提供一个舒适的空间，并为销售人员与客户进行深入讨论与谈判营造一种和谐的氛围。

展会展台的设计简报可以采用第 10 章提到的 SOSTAC®+3M 原则来写。设计师需要知道以下几点：（1）目标群体是谁；（2）展台要出现在什么类型的展览中；（3）展览地点以及展台位于展场的位置；（4）展台大小与功能（展示、招待区域、入口和所需的服务设施）；（4）展台是否可以循环使用；（5）竞争者的展台信息、设计手册、展示维度等信息也很重要。另外，还需要确定评估展览成效的标准，展会要达成的目标需要优先考虑，例如展示形象、吸引新客户、接待老客户、发布新产品，等等。设计师还要知道展会的整体战略（上面讨论过），有时展会策略也需要一并考虑，例如宣传创意、参与员工数量、不同时间段展台的参观者数量、吸引参观者驻足的展台活动 、看台是否允许拍照、需要什么类型的电子设备（数据投影、笔记本、音箱，等等）、产品与销售资料展示等。另外，设计师还要了解 3M 原则，即人员、资金（预算）以及时间。

整个展会设计应该聚焦关键的、可评估的目标（所有的活动与展会的整体战略保持一致吗？），如声音、视觉、空间甚至是气味都需要设计师有创意性的发挥（有时展会主办方会有一些限制条件）。好的设计师会同时利用二维设计（例如图像）与三维设计（例如利用空间）。

策略：制定展会前的宣传策略

想要最大化发挥展会的有效作用，参展商不能只依赖展台设计来吸引参观者。只有做好展会前期的宣传工作，才能够确保参观者源源不断地来展台参观。附加奖励与促销的直邮、免费入场券、广告、宣传等活动都是吸引参观者在到达展会之前决定参观哪家展台的有用手段。由于参观者平均只能参观 13 个展台，参展商力争被列入他们的“必须参观”清单中就显得至关重要了。因此，展会前的营销宣传，不仅有利于锁定精准的参观群体，而且还可以在展会给他们带来震撼之余，有机会与他们交流。

由于展会需要投入大量资源，展会前的宣传活动的目标就是让投资的有效性最大化。有些展会（例如会议与研讨会）几乎完全依赖于前期的准备工作，因为出席者从来不会是从大街上拉来的。广告与媒体机会来自日常的交易、专业媒体报道、区域性媒体与交通工具（出租车、火车、汽车与车站），也来自展览会名录本身。还可以通过广告、插入式软文、邮件、电话营销等方式，来为目标参观者提供展会引导、预热促销、免费礼品。一个好的展会策划能够在早期阶段就与其他营销传播活动整合到一起。也就是说，在展会主办方同时采购不同的促销礼品时，提高其购买力，从而降低促销与激励的成本。另外，还可以通过延迟发货和开发票的时间，以避免出现现金瓶颈情况。如果可能的话，可以与非竞争关系的参展商联合进行宣传，让公司的产品或服务（或者只是奖励）与其他企业的产品或服务一起列入参观者的“必须参观”清单中。

总的说来，展会前的宣传活动包括：

- 信件邮寄邀请（是否附有奖励措施）；
- 电子邮件营销邀请与提醒；
- 对关键客户与潜在客户进行电话销售；
- 媒体报道；
- 销售人员工作简报（邀请他们的客户）；
- 公司日历、工作日记等，包括重要展览的日期；
- 赞助活动；

- 外围广告（在活动地点周围做广告）；
- 媒体广告（针对商业杂志）；
- 联合宣传。

行动

培训负责展会的员工

展会前的工作都已完成，出色的展台已搭建完毕，活动开始大肆宣传，前往展台的人流井然有序，如果因员工不知道如何接待参观者而丢掉客户，岂不是一件令人遗憾的事。为展台安排员工不是一项容易的工作。如果负责展台的员工没有目标，也没有经过培训，就会感觉展台的一天很漫长。负责展览的员工要简要了解企业参展的目的（包括将目标分解成日常目标）。因此，展会开始前，要对员工进行以下培训：如何站立（身体语言的重要性）；如何接近参观者（不要以“我可以帮你吗”开始，而是要试着问开放性问题：“是什么让您在此驻足？”）；应该从参观者那里收集什么信息（见下列专栏）；什么时候应该让高级经理到现场；如何展示（产品知识与技巧）；如何完成销售；如何展示记录。并在展会开始之前（或在安静时刻）不断练习，这一点很重要。

寻找符合要求的潜在客户的六个重要问题

1. “谢谢您停下来。您是怎么知道我公司的？”“是什么吸引您到我们的展台的？”或者“您怎样看待您所喜欢的？”（这能让你了解潜在客户的经历并知道从哪里入手进行销售）
2. “您现在的状况如何？”（这能让你知道潜在客户是否真的有需求）
3. “您想达到什么（或改变什么）？”（这进一步确定了潜在客户对产品的应用）
4. “您在预算方面有什么顾虑吗？”（这能让你了解潜在客户是否有资金）
5. “您对这些产品有无时间的限定？”（这能让你了解潜在客户购买或采取行动的时间）
6. “您接下来还想了解什么呢？”（这让潜在客户掌控对话）

落实展会行动计划

从培训员工、样品展示到促销等所有活动都需要详细的规划，永远不要低估细节的重要性，应将所有的不确定性都要考虑进去。展会不是一件容易的事。在安排参展员工花名册时要保证时间安排合理，让他们有休息的时间，可以借此参观展会（并报告自己的观察）。更重要的是，花名册能够确保展台不会出现员工人手不够或过多的现象，或有太多没有经验的员工。预期会来多少参观者？需要安排多少名员工？多少名初级员工、多少名高级员工？谁负责安排展台员工？什么时候安排？员工穿着舒适的鞋子、在展会期间定期的休息也很重要。而负责展台的个人表现可以用预先设定的标准来加以评估（问询的数量与质量）。

“越担心什么地方可能出错就会出错”这一规则在展会中肆行。应急计划能够降低风险，但是有些预料之外的事情还是会不期而至。本书作者曾有过两次这样的经历，都发生在国际展会上：第一次是在英国伯明翰，展览的电子产品着火了；第二次是在美国纽约，运输公司丢失了所有的展品。还有其他展会突发状况，例如展台搭建完全颠倒（因为建筑师把策划书读反了），邻近的展台侵占了彼此的展台（有时是偶然性的）。

小型参展商同样也很精彩

NCH 儿童慈善行动组织受场地的影响，只能在展场挤出一个 2 米 ×2 米的小展台。但是其展台背板映出的儿童笑脸却十分耀眼，将展会主题“所有孩子的梦想”阐释得淋漓尽致。而展台工作人员训练有素，在沟通技能和收集关键信息方面都表现得出类拔萃。在整个展会期间，他们完成了自己的“核心联络人员名单”，与前来参观的议员合影留念，抓拍了许多珍贵的照片，在展会中脱颖而出。

确保后续工作

虽然展会结束后，员工会感到筋疲力尽，认为工作结束了，但是展会结束并不意味着工作的结束。必须要谨慎对待后续的工作，立即跟进，通过这些后续工作的完成，展会才能获得收益。销售机会、产品问询、报价单、销售与售后讨论都需要相关专业人员完成，因此，企业需要召开会议，所有员工要回顾收集到的名片、交谈的人以及讨论过的项目与工作。通过这种方式，能有效地避免重复与矛盾，因为同一个潜在客户有可能会让不同的员工给他报价，或者两个潜在客户问了同样的问题。更糟糕的是没有得到答复的问题。还记得你有多少次问了参展商问题却没有得到回复？展会后没有任何跟进，会使所有在展览上做出的努力白费。

管理者应决定谁负责跟进什么工作，并通过设定报告会议日期，来了解销售进展情况。可以更详细地评估展会的成效，以改善以后的工作。另外，规范化评估过程，使得趋势、个人表现与竞争者表现都能被测量，这是值得管理者去做的一件事。

控制

展会后评估

展会后要对展会的成果是否与目标相一致进行评估，还要检查目标是否达成，展会是否无误，企业的表现好坏以及竞争者的表现好坏。展会的成效如何得到提高？明年还需要继续参展吗？这值得投入资金吗？

关于展会成效评估的一些问题如下所示：

1. 潜在客户与参观整个展台的人数（符合目标市场）的百分比是多少？
2. 驻足但是并没有参观展台人数的百分比是多少？
3. 参观了展台但没有驻足的人数的百分比是多少？
4. 产生了多少销售机会与产品问询？
5. 每个联系人或参观者的成本是多少？
6. 计划购买产品或服务的联系人或参观者的百分比是多少？
7. 每个“有诚意购买”的参观者的成本是多少？
8. 每个订单的成本是多少？
9. 每个参展员工的表现如何（据哈里·迈克德莫特的展览调查，负责展台的员工应该为每位来到展台的参观者讲解，要让这些参观者想到产品时就会想到了该参展商。调查能够使参观者评估员工，因为参观者的评论与展台的联系人记录是相联系的）？

10. 花销过大还是过少（展台太大还是太小，或者负责展台的员工太多还是太少）？

展会价值分析

展会价值分析是一项调查，它包括多客户调查与私人秘密调查，可以比较客户与竞争者的表现。这份调查的内容包括参观者的潜力、参观、驻足或参观某个展台的百分比、参观者的评价、购买意图、基于参观者对样品的印象分析的展台优缺点（由公司提供）。有些调查显示，有的企业参展并不是想要达到销售目的，而是建立品牌意识。

成本

企业要格外关注展会的成本。许多资料表明，租赁展览场地的成本只占展会总成本的 1/5，而成本的多少取决于成本是否包括展台设计费用、其他宣传费用以及销售团队“不在状态”的机会成本。展会成本计算最重要的一点是保持一致性，这样才能比较不同年份的参展情况。每个问询的成本、每个订单的成本、销量百分比、投资回报率（ROI）与实验性缺席都包括在成本分析中。注意在计算 ROI 时，将成本当作投资（而不是花费），从技术上来说是不正确的。

- 每个问询的成本。一般在 25 英镑到 500 英镑不等。而许多企业的底线是“谈成了多少笔生意？”

  展会总成本 / 有诚意的问询数量 = 每个问询的成本

- 每个订单的成本。展会总成本除以订单总数就能得到每个订单的成本，但是这会带来一些问题。首先，这里存在时间差（有些从交易展会上得到的订单需要几个月甚至更长的时间才能最终确认）；其次，销售人员的日常订单应该和在展会上下的订单分开；再者，有一些人认为展览不会增加销量，只是让参展商与目标市场接触而已。目标群体是否购买取决于很多因素，这些因素与展会没有关系（例如产品、竞争者产品与价格）。英国本土与海外展会的每个订单成本分别为 75 英镑与 125 英镑，这个结果忽略了订单规模及其利润。订单规模的表达方式与营销传播预算（营销费用占销售总额的百分比）一样。因此，展会成本占总销量的百分比可以表示为：

  展会总成本 / 订单数量 = 每个订单的成本

销售比例

这里的难点在于将单独由展会产生的销售剥离出来，也就是忽略由销售人员产生的销售。而且，销售人员上门销售所产生的问询与销售成本要与展会期间产生的问询与销售成本做比较。

投资回报率

销售产生的长期利润应该是所有衡量指标中最重要的一个，这个指标很难计算，因为一个消费者一生的价值很难衡量。但是，短期的 ROI 则可以用订单利润除以展会总成本得到。

例如，如果展会期间订单总额为 200 000 英镑，展会成本或投资为 20 000 英镑，那计算方法如下：

销售额	200 000 英镑
减去销售成本（假设 50%）	100 000 英镑
毛利	100 000 英镑

减去成本 / 投资	20 000 英镑
投资回报利润	80 000 英镑
投资回报率	80 000/20 000 = 400%

而实际的 ROI 应该通过展会增加的销售额来计算。例如，展会只增加了五个新客户，销售额为 50 000 英镑，实际的 ROI（一个新订单）应为 25%。“投资”一词有点误导性，因为如果展会的展台不能二次使用就不能算是投资，而只能算作费用。如果展会只增加了一名新客户，销售额为 10 000 英镑，那 ROI 应为负数。

媒体覆盖率

可以通过收集展会期间的媒体报道剪报来衡量这一指标。媒体报道的重要性取决于展会目标，它决定着这一标准的重要程度。关于如何评估媒体报道详见第 14 章。

实验性缺席率

有些企业不再参展，并以此来评估未出席展会的人对其销量以及竞争者展会成效的影响。

展会的许多其他作用并没有包括在前面的成本或收益计算中。其他诸如维持出席率、建立企业形象、接待客户、市场调研、竞争者分析、产品测试等非销售类活动，从某种程度上来说，如果不放在展会范围内考虑，都能节约成本。按理说，这些“节省的成本”可以从这些计算中的其他成本中扣除。在展会规划周期内，通过各项工作的全面协调来节约成本。

展会成效不佳的 12 种原因

詹姆斯·达德利（James Dudley）的研究表明，展览成效不佳主要是由以下 12 个因素导致的：

1. 关于展会的目标强调得不够，没有人知道应该做什么；
2. 参观者的质量不高；
3. 展台的位置不佳；
4. 展台的设计与利用率较差；
5. 由于选择、培训、激励或管理不当，对负责展台的工作人员的表现没有加以区分；
6. 缺少销售机会与问询的跟进工作；
7. 忽视竞争，让竞争者抢了潜在的参观者；
8. 购买者对公司品牌的感知度不高；
9. 企业的识别度不高，参观者对展台印象不深；
10. 组织与控制没有协调好，引发开展前最后的恐慌，例如展会开始当天，展台没有布置好，或销售资料、礼品没有及时送达，等等；
11. 对负责展台的员工安排不到位，例如员工住处离展会现场太远，没有拿到停车许可或没有准备餐券；
12. 对成本与预算的控制不够，导致费用过高、投资回报率很低。

案例：Segwick 公司在蒙特卡洛 RIMS 大会上

这一案例表明展会的成功需要经过全面细致的规划。

情境分析

Sedwick 公司是欧洲最大的保险中介以及风险管理咨询公司（世界排名第三），在欧洲拥有 60 个分公司。虽然该公司备受推崇，但是竞争者的产品与服务与其非常相似，使得专业水平、质量与专家人才成了为"看不见的"服务增值的关键所在。整个企业的信誉度主要取决于销售人员与辅助性员工的诚信度。展会为客户了解员工、建立企业与客户之间的联系搭建了平台。蒙特卡洛风险与保险管理协会（Risk and Insurance Management Society，RIMS）大会是欧洲风险与保险市场的焦点，每两年举办一次，期间有为期三天、高水准的会议与展览，吸引了所有主要的企业与客户参加。因此，对 Sedgwick 公司来说，参会就显得格外重要。

目标群体

目标群体是欧洲大中型公司的风险管理者以及负责购买企业保险（财务总监、公司秘书以及行政主管）的经理。

目标

营销目标包括：

- 介绍欧洲新型的客户服务网络；
- 介绍几个泛欧洲产品（包括多语言服务与东欧网络）；
- 创造交叉销售的机会（为已有客户提供新产品）；
- 每天吸引 100 名参观者到展台参观。

营销传播目标包括：

- 巩固公司作为欧洲最好保险中介、拥有最好网络（包括东欧）的地位；
- 在客户面前展现一个真实的欧洲专家形象（如多语言服务）；
- 打造一个清晰可见的欧洲企业形象（而非以英国为主导的）；
- 通过清晰的可视化方式展现一个和谐统一的"一个公司"的形象（只针对欧洲公司）；
- 为来自世界各地的员工创造一次集聚一堂的机会，从而打破各贸易公司之间的障碍，提升企业内部的沟通能力。

战略

要达到上述这些目标，并将成本降到最低，需要组织一场精彩的泛欧洲展览活动，活动内容包括：新闻发布会及午宴、高层演讲者的会议晚宴、举办晚宴、举办夺人眼球的创意展览，所有活动都围绕着"一个欧洲，欧洲第一"的主题展开。

展台设计

鉴于所处的行业特点以及经济环境，排场太大的展台会让客户产生一种错觉："是花我们的钱搭建的，当然不心疼。”因此，展台设计一定要美观大方、彰显专业性和欧洲特色，但不能设计得太奢华。展台的风格源于*ERA*杂志，视觉上给人一种和谐的感觉，所有的图文都采用法语与英语两种语言。

策略

由于RIMS大会的大部分参观者都是目标群体，在Sedgwick公司展台周围举办各种活动很重要。新产品展示会在人员最密集的漫画艺术家活动区域旁边进行，漫画艺术家会在事先打印好的、带有公司标志的纸上为过往参观者进行素描，这吸引了许多人围观，而画作的纸张背面是公司产品的详细介绍与联系方式，这使得客户与潜在客户能将既个性化又带有公司品牌的画作带走。这位艺术家在各种竞赛中画过许多欧洲的浮雕。经过了周密的策划，Sedgwick公司在展会上还出版并发布了欧洲杂志*ERA*2（有六国语言版本）。该杂志的第一篇文章重点介绍了该公司在东欧的运营情况。

行动

展台全程由国际团队负责。

控制

展会结束后，Sedgwick公司召开了会议，安排后续的工作，并制定了日程表，以评估展会的整体效果。新产品与服务巩固了与老客户的关系，吸引了新客户。报纸在头条报道了公司的展台，公司重要的高层演讲者登上了由竞争者赞助的杂志，这些都表明展会取得了成效。所有的展台工作人员都觉得展览鼓舞了他们的士气，使他们更有信心与客户打交道，同时也对自己是这家欧洲公司大家庭中的一分子而感到自豪。有400名（接近整个欧洲公司员工的20%）公司员工报名参加了之后举行的泛欧洲标语竞赛，赢得比赛的标语灵感来自展会后的新口号："一个欧洲，一个中介，Sedgwick"。

人员

整个项目都是由公司的内部团队完成的，团队成员的组成非常国际化，并且都具备展览会的专业知识。法国分公司的高管不断出现在团队中并积极参与整个项目，从而表明该展会得到高层管理者的全力支持。英国总部的欧洲公关经理则负责整个项目策划方案的制定与实施。

资金

3米×3米的展台的成本在3000英镑到9000英镑之间，具体取决于展览会本身。而RIMS大会的3米×6米的展台（两个）的成本为6500英镑，另外有5000英镑的其他杂费，例如邀请漫画家、承办商、运输、图文制作与展台电话线安装。专门为RIMS展览会定制的高质量、轻型、灵活、可循环使用的展览设备，被安装在18平方米的展台场地中。公司并没有采用标准展台（太没有创意），也没有专门搭建展台（太昂贵，成本在10 000英镑到30 000英镑之间）。展会预算不包含差旅费与食宿费，这些费用采取大型企业惯常的做法，由单独的贸易公司支付。

时间

RIMS 大会每两年举办一次，Sedgwick 公司通常会提前 18 个月就开始筹备。提前规划并与展览主办方保持良好的关系，使公司能获得最好的展位（选择最好的大厅）、邀请到最好的演讲者、获得出席者的具体信息，尤其是媒体信息。在展会开始之前，公司总部会与法国同事每季度开一次会，即时筹划展会。展会期间，所有工作人员（大约 70 人）的日常会议都会在每天早上展场开门之前进行，以讨论当天的战略。

优势与劣势

企业在考虑增加或减少展览这种营销传播工具时，可以参考以下优劣势。

优势

展览会将整个市场都置于同一个屋檐下，每个人都会积极参与，并得到有效控制：潜在客户、消费者、批发商、竞争者、媒体，等等。展会不仅能够培养客户的品牌意识，而且还能够产生新的商机。通过展会可以完成订单（完成销售），企业可以让新客户了解其品牌，进行产品问询。同时，企业也可以了解消费者的需求，而这些信息是通过其他方式很难获得的。

劣势

许多参展商会评估展览的总成本（包括展览前宣传、出席成本、展台设计与搭建成本、员工成本、促销成本、礼品与“免费礼物”）。有些展览会周边的交通每况愈下，因此让参展商的成本骤增。总之，参展不是件容易的事，需要提前培训和鼓励员工，这也需要花费大量的时间。

新营销箴言

◎ 展会不是一项容易的工作。展会需要与其他营销传播工具相结合，经过详细的规划才能发挥作用。

◎ 展会可以成为联系战略的一部分。

◎ 展会需要参观者，因此展会之前的宣传工作很重要。

◎ 展会中的每个部分都需要进行监管与评估，以提高下一次展会的水准。

第 19 章　经销与销售点经营

人们曾认为，作为线下销售点（POS）的经销只与化妆品、香水、糖果等冲动性消费产品有关。如今推销有着更广阔的应用市场，从消费者市场到企业市场。尽管企业的大部分预算都用在了线上活动（如广告），以此吸引消费者的注意或改变他们的态度，但是在购买过程的关键时刻——消费者面对产品或服务时，做出是否购买的决定或者经过销售点——被分配的资源却越来越少。实际上，经销也已开始用于展示产品与服务的网站。从某种程度上来说，经销与销售点经营的重要性在网上更为凸显（见第 21 章）。

为了快乐而购物

在线下的现实世界中，购物是英国第二大受欢迎的休闲活动，仅排在看电视之后。这种现象在美国也很明显，零售中心的数量是休闲中心数量的两倍多。"逛商场"这一活动地位举足轻重。英国北部的消费者会乘坐客车去欧洲最大的零售中心 Gateshead's Metro 待上一整天。

在消费者市场中，消费者往往是在商店内做出最终的购买决定的，而不是在商店外，但是人们对在店内做出决定的人数比例有所质疑。虽然"70% 的消费者在店内做出购买决定"这一说法得到了广泛认可，但是有人认为这个数字会因行业不同而不同。在建立新产品感知度时，零售商店比电视广告的影响力更大。

网站、移动电话与应用软件往往会对这些数字都会产生重要影响，因为商家都在借助这些工具想方设法地吸引消费者的注意，赶在销售点说服消费者之前就让他们做出购买决定，就像我们在第 4 章中所举的多乐士漆的例子一样，商家会通过移动设备在消费者购物之前、期间、之后对其进行影响。电子代金券、特殊促销、SMS 短信与基于地理位置的广告都有可能对消费者的购买决策过程产生重要的影响。

诸如展示、商店设计等经销方式都是很重要的营销传播工具，作为与消费者最后的交流机会，能够引导消费者做出购买决定。经销不仅适用于传统零售商店、汽车维修站与商场，还可以用于 DIY 商店、黑色家电零售商店（立体音响与电视）、街角小店、办公室设备陈列室与仓储式销售商店。

另外，诸如电子产品批发商、建筑商的供应商等企业批发商还没有利用经销这一方式。在这些领域，经销往往被认为是一种杂乱无章、无趣的方式。但是，如今经销在这些领域还是有发挥创意、智能与有效性的空间的，这需要企业进行仔细的权衡，例如，当一名电工在寻找某种三毫米的双核电线时，如果电线太奢华，摸起来很舒服的话，那他就会认为批发商的定价会很高。另一方面，经销能够为消费者提供有用的信息，例如，给消费者提示其他相关产品与特殊活动。

在商店内能提高感知度

近十年来，商店成为提高包装新产品感知度的首要推动力，远远超过了电视广告的影响力。商店的货架通常是营销人员与消费者成交的地方——消费者做出购买决定，但是相对于其他媒体而言，它们在提高产品感知度方面也越来越具有影响力。在美国、加拿大、英国、德国、法国与意大利这六个国家，商店作为提高产品感知度的推动力，以50%的影响力超过了电视的36%。

经销商需要换位思考

有能力的供应商能够分别站在消费者与零售商/批发商（经销商）的角度进行换位思考。既要了解消费者，也要了解经销商及其想法、目标、战略与策略。在商店内精心设计和布置销售点的展示，以契合广告的主题。认识到这种做法的重要性并不难，难的是要知道零售商什么时候、为什么以及如何将空间用于这些宣传活动，也就是说零售商的经销方式以及运作方式。

这种“经销商换位思考”使得供应商的产品与服务（相关营销传播）能够与零售商的计划相契合。如今在英国，供应商处理好与零售商的关系越来越重要，因为市场力量已经从生产商手里转移到几个大型零售商手中。因此，很有必要了解经销商的战略和经销方式。

有些零售商并不会与供应商一起进行经销规划，它们更喜欢独自控制产品展示的方方面面，以确保商店的共通性与一致性，这需要由严谨的商店人力部门、流动展览管理部门与经销团队共同完成。这并不意味着供应商没有机会参与经销。许多商店鼓励供应商积极参与经销，有些供应商获得许可，能够让自己负责产品展示的团队在货架上淋漓尽致地展示商品的独特性（见本章案例）。

经销工具

除了商店设计、布置、经销范围与方式外，还有很多店内经销工具可利用：

- 宣传单与自动售货机（“取走一个”机器）；
- 便签；
- 店内海报；
- 广告牌与纸板剪影；
- 品牌展示架或展品区；
- 垃圾箱；
- 三维展示：
  - 铸模制品（有些活动花太多时间制作工具）；
  - 全息图；
  - 独立式展示。

- 电子配件：
  - 现场灯光系统；
  - 视频墙；
  - 液晶显示屏幕；
  - 光纤照明展示系统；
  - 透镜技术；
  - 魔法镜；
  - 交互式 POS 系统，例如产品建议系统、私人顾问系统、智能卡 POS 系统；
- 货架布置，例如面向顾客摆放的货架数量、拼色与整体包装设计（各个包装在货架上的排列方式）；
- 货架位置（最佳位置、交叉经销等）；
- 店内样品；
- 橱窗陈列；
- 数字图像与基于网络的经销分析工具。

这些系统已经广泛使用了多年。高科技的销售点潜在的问题之一就是消费者往往只顾惊叹于销售点绚丽夺目的布置，却忽略了购买产品。然而，销售点的布置的确有利于产品销售，因为商品在超市陈列的 25 000 种食物中很容易被忽略。创意的销售点会吸引消费者——这是 AIDA 传播模式的关键环节（见第 10 章）。虽然向多次到店的消费者展示新形象，以保持他们的兴趣与忠诚度这一点很重要，但是很多零售商则热衷于提高产品的密度与每平方米的利润，却忽略了大多数供应商的品牌经销工具。实际上，大多数商店没有灵活性，不会将店内空间留给一次性的“噱头”促销，然后就弃之不用。

窃窃私语的橱窗

英国的商业街道正向科幻电影里的反乌托邦世界迈进，街边商店的橱窗广告竟然能够与路过的人对话。这种新科技源于 2002 年的火爆电影《少数派报告》（*Minority Report*）中的情境。在这部电影中，汤姆·克鲁斯（Tom Cruise）扮演的角色受到了一块能叫出他名字和他们产品的、会说话的布告板的质问。

约翰·李维斯（John Lewis）安装的这个会窃窃私语的橱窗并不是什么先进的高科技，但是公司声称在这次尝试中取得了不错的效果。“在商店门前安装这种橱窗后，前来参观橱窗展示的人数增加了近 50%。”李维斯公司位于伦敦西部斯隆广场的彼得琼斯商店的可视化经销经理凯文·斯库里（Kevin Scully）说道。该商店从 6 月就开始对系统进行了测试。

该技术源于美国海军的声呐系统，新西兰科学院正将其应用于约翰·李维斯公司，该公司附属于赫尔大学。该技术通过安装在橱窗上的“窃听器”震动发声，从而将商店橱窗变为巨大的话筒。

目前，约翰·李维斯公司使用这一设备将 DVD 播放机与高端等离子电视播放的音乐结合投射到商店橱窗上——发明者声称这也可以让假人说话。窃窃私语的窗户能够监测到街上的噪音强度，并输出比周围声音更大的声音。

未来的经销技术源于昨日

15年前，布莱恩·奥利弗（Brian Oliver）在《营销》杂志中写道：

> 想象一下，你走进大街上的一家商场中，一个有着栩栩如生的约翰·麦肯罗（John McEnroe）脸孔的3D头部复制品向你打招呼。当你走过它时，它就开始移动，甚至跟你说话……告诉你悬在半空中的网球拍有什么特点，但你看不出有什么辅助设备支撑着她。之后，安装在玻璃展品上可以移动的嘴唇突然向你说话，邀请你试穿商店的冬季新装，它没有让你脱衣服，只是让你站在“魔法镜子”前，选择一件衣服，在你说出“布鲁斯·奥德菲尔德（Bruce Oldfield）”服装品牌之前，你的镜像就穿上了你选的衣服。如今许多网站为了提高访问者的参与度，邀请他们上传自己的头部与肩部照片（在眼镜网站上试戴眼镜），或者给精品店上传全身照（可以看到自己穿上某件衣服是什么样子）。

透镜展示可以展示多个形象，吸引着路过的人群。当人们路过运动鞋与时尚鞋店时，这些商店就会上传广告（就像将口香糖数字化）。根据消费者的定位信息，还可以发布广告与电子代金券，因此当他们经过购物中心时，手机就会响起来，或者收到短信，通知他们周围商店当前的优惠活动。当消费者在结账处刷卡时，商店内安装在此处的屏幕与视频终端能够将店内优惠活动发送给他们。最后，虚拟现实技术使消费者无须离开家门或者虚拟商场的安全区就能够享受到这种服务（步行、浏览、检看、购买与推广）。如果感到无聊，不用离开座位，就可以去虚拟的罗浮宫或者电影院稍作休息。

零售战略

零售商都有自己的营销组合，与其零售战略相互协调，而该零售战略能够使其竞争优势（独家产品、低价、地理位置与形象）得以充分利用。商场会充分利用自身的地理位置、产品与服务质量的优势，而那些小型独立杂货店在产品种类与价格上都没有竞争力，但是在地理位置、营业时间以及与客户培养友好关系方面却很有优势，外卖店也会宣传其独特的送餐服务。竞争优势与竞争者独特的销售卖点与消费者需求（USP）相关。时刻监管影响市场的不可控变量，能让企业在很短的时间内知道如何发掘竞争优势，了解竞争优势缺失的原因。企业文化也会影响其经销战略，例如，有些经销商与零售商更关注利润，而不是营业额，这反过来会影响它们的定价策略、宣传方式与经销方式，最终影响到经销战略。

下面总结了六种常见的技术水平较低的经销工具：

- 商店形象（外部与内部）；
- 商店布局（消费者流量）；
- 经销范围；
- 颜色搭配；
- 销售点陈列展示与零售促销；
- 其他杂项。

商店形象

人的眼睛比想象的更敏感，例如人们往往意识不到自己的大脑已经吸收有关商店的一些线索，心理学家称之为“暗示模式”。这种模式有助于购物者在进入商店之前就能确定商店的商品种类。商店的外部布局是与消费者沟通的一种方式，通过这种方式邀请他们进入商店，提高商店的正面形象。商店内的“零售剧院”的概念更为凸显。据说一种零售设计理念仅能维持三到五年，因此零售剧院要具有适用性，使店内的布局与设计易于做出调整。要记住，产品、服务与商店设计都是商店整体形象的一部分，但是如果消费者之前没有到过某家商店，或者没有同龄人的口口相传，那么他们是否会进入商店就取决于商店的视觉形象（或者仅仅是外观），商店的外部布局就是一系列暗示。哪怕商店的大门只是一种心理障碍，商家也应尽可能移走或者尽量减少，这样才能使消费者更容易进入商店。

商店布局

商店布局会影响客流量。例如，10 个人中有 9 个习惯用右手，更喜欢向右转，因此大多数商场的主门在左边，消费者就会顺时针在右边购物。定时流量模型图能够分析什么样的消费者在店内的什么地点（什么时间、哪一天、哪一周或哪一月），还可以进一步分析人口密度高的区域，这些地方是否流动性强。客流的移动可以通过诸如“如果消费者在这里（在商场内），他 / 她接下来会去哪里”等建模问题进行预测，这很重要，因为放在不恰当位置的商品是不会被销售出去的，也就是“看不见，想不到”，这是普遍的规则。初级视觉点与次级视觉点（与混乱相对）能够吸引消费者参观商店，或走遍整个商场。灯光、标牌、照片、软件包甚至食品超市的价格敏感商品，都能让消费者购遍整个商场（看得越多，买得越多）。据估计，在超市展示的25 000种食品中，只有约250种是重要的价格敏感商品，例如茶叶、咖啡与面包，等等。

经销范围

消费者走进商店之后，就会面对一系列刻意的零售提示。水果或香水被放置在商店（超市与商场）的前侧，这能够让消费者感到新鲜或奢侈。冲动性购买产品会被放置在关键位置。交叉经销将相关产品放在一起，提醒消费者这两者的相关性，例如，衬衫与领带、意大利面与酱料。“满满的货架卖得最好”法则适用于快速消费品的零售，但是未必适用于服装精品店。尽管眼睛看到的地方就是购买的地方，但是货架的摆放也能反映出产品处于在生命周期中的哪个阶段。大型零售连锁店都使用经销展示软件包来确定某个产品或品牌最恰当的摆放位置。图 19-1“最佳货架布局”展示了能够最大化商店目标（提高销售量、减少存货过多或过少情况、提高利润）的包装组合与数量。有些零售商喜欢将自己的品牌放置在重要品牌的左边（这是因为西方人的眼睛从左向右看，首先就会看到零售商自己的品牌）。

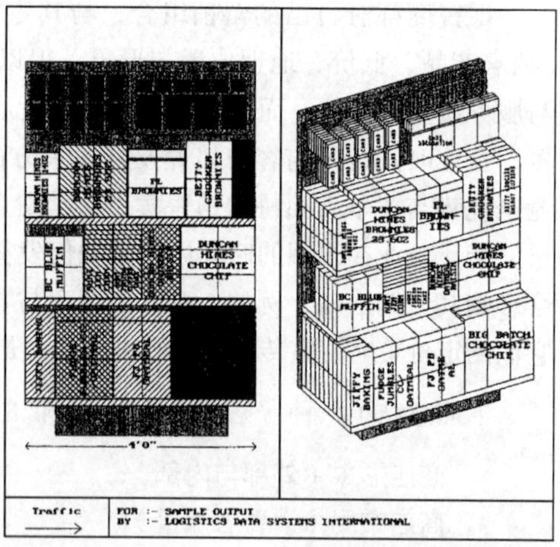

图 19-1 从两个不同的角度展示的最佳货架布局

颜色搭配

超市里的消费者在离货架 8 英尺时会以每秒 4 英尺的速度浏览货架，因此零售商需要在包装上下功夫，以吸引消费者的眼球。零售商与包装设计者通常利用颜色搭配，即将颜色相近的产品放在距离较近的地方，以凸显货架。颜色搭配也可以将颜色与产品用途联系在一起，例如，蓝色、绿色与白色与惊险刺激、新鲜的冲浪相联系，这种组合可能会在沐浴专区。

销售点陈列展示与零售促销

这种方式包括陈列、样品与人体模特展示等。许多零售商不允许供应商使用这块免费区域，因为零售店的每个角落都会产生一定的收益。零售商会将商店适当的位置留给供应商，供应商也可以购买最好的销售位置。产品的销售额可以通过其放置位置与货架摆放得到提高。店内的促销可以与广告、联合广告、曝光、交易折扣、退款等方式结合起来，在不损害商店整体形象的前提下提高销量。要利用平衡、比例、灯光、颜色与展品来创造最佳效果并保持这种效果的持续性（在多个商店统一实施）。区域营销代理商一旦获得商店的许可后，就会指派经销团队来负责销售点陈列与货架布置。

杂项

商店内的声效可以用作消息通知（例如通知购物者优惠活动）、营造氛围（运动商店视频墙上的掌声）、使消费者放松身心、激励消费者快速走（例如改变音乐风格），等等。有些 POS 工具通过提问的形式来让消费者参与到对话中来。

商店内的气味也可用来改变消费者的心情与购买行为。位于费城的 Monell 化学感官中心的试验项目说明了气味对销售的影响。例如，某些气味（例如花果香）使随意逛珠宝店的客户停留更长的时间，可以通过减少某些气味的浓度来改变人的思想与心情（放松的、信任的）。英国的某个家居零售商利用烤面包房与咖啡厅的气味，来吸引客户到店内购买与食物没有关系的产品，例如衣服、灯具等。

在超市中可以发现气味的奥妙，例如，售鱼柜台的气味就没有售面包处的华夫饼的气味重。位于伦敦的 DigiScents 可以通过不同的分散技术在零售店内营造不同的氛围，勾起消费者的联想，这包括处理喷雾、液体、颗粒、胶体、粉末（或者对压力敏感的微囊密封条）的中心通风设备。这些方法都能让消费者产生某种情绪，或者仅仅是中和令人不愉快的气味，用香味有效地为产品、服务或企业资料打造出一种“芳香标识”。

最后，将“品牌心理份额”与经销技术结合起来，能够在宣传供应商的商品时，将商店内的销售人员、空间与陈列结合起来，共同创造出非常有潜力的传播组合。

评估经销的有效性

结账处的条形码扫描器能够即时记录销售的商品，当给予某个产品更大的货架空间、不同的放置位置、特别陈列时，能够记录这些调整对其销售量的影响。电子售点（EPOS）扫描器不仅能够评估新广告与定价对销量的影响，还能向仓储中心提供库存控制数据。随着供应商与批发商合作越来越密切，成为战略伙伴，一些供应商能够使用 EPOS 数据来以天、周甚至小时为单位，评估国内不同商店的销售结果。

这种做法与网站管理方式相似，营销团队要分析某种产品或服务的购买频率是否过高。网站的主页会重点宣传浏览量或销量的骤增，以此提示其产品与服务的受欢迎程度，这样就能进一步提高产品的销量——直到网站主页强调下一个受欢迎的商品。在网站主页上寻找最有利可图的商品组合，与在商店关键位置寻找最有利可图的商品组合一样，持续的分析与改善会得到更好的结果。

案例：汤姆森之旅

本案例表明经销的重要性以及区域营销代理管理整个运营过程的方式。

情境分析

在如今旅游行业的竞争越来越激烈、经济乏力的情况下，在旅游市场上占主导地位的汤姆森之旅（Thomson Tour），作为主要的旅游经销商占有很大的市场份额，通过旅行代理为客户提供长短途假期服务。“装架”（旅行代理的旅行手册陈列）对旅游经营商来说至关重要。若没有与不同竞争者的服务比较，就不会有太多的假期预定。超过75%的假期预定都是通过消费者阅读旅游手册了解的。消费者很少向柜台的工作人员索要手册，因此，要确保汤姆森之旅的三种不同的产品手册在合适的时间放在恰当的商店、货架上至关重要，所以负责替换手册的供应商要做好相应的准备。旅行社成千上万，汤姆森之旅锁定了3000家英国旅行社，而将该工作完全交由自己的营销与销售团队负责，难度相当大。

目标

确保3000个旅行社在恰当的时间放置了恰当的产品手册。

战略

建立全面的产品手册管理与经销支持项目，将其外包给区域营销代理商。

策略

- 按需求与库存允许量进行冲压、装架与预订手册，这就要用到BOBCAT——汤姆森利用CPM区域营销发明的Psion技术的电脑化手册预定系统。该系统使经销商每天通过电脑将手册传递到手册分销库，确保库存控制与运动系统的快速性、精确性与有效性。
- 简要向柜台人员说明销售要点。
- 在关键时期通过其他方式支持手册的发布。Biltz运营团队在两天内打了3000个电话，三周后将最终结果呈交给了汤姆森公司。
- 每两周访问3000个旅行社。

控制

之前，诸如旅行社是否有旅游产品手册、哪个旅行社将旅游产品手册放在什么位置、哪个旅行社将产品手册堆在商店内的此类信息，汤姆森在不需要掌握这些信息的情况下，就能将旅游产品手册分发给这些旅行社。其新型经销系统提供网上数据，使得团队确保在恰当的时间将恰当的产品手册放在恰当的货架上，从而减少了浪费。这种方式既确保了产品手册的及时供应，提高了销量，同时又避免了不必要的印刷与运送，从而降低了成本。

人员

CPM 指派一个团队负责区域营销活动，其中有 65 个工作人员、8 个主管与 1 名客户经理。由 150 个经销商与 8 个主管组成的团队在关键时期负责相关工作，例如产品手册分发。两个团队由全国区域经理领导，他们负责向汤姆森营销部门报告。

资金

全面的区域营销活动每年需要 50 000 英镑到 1 000 000 英镑不等，取决于项目的规模。

时间

所有的区域营销工作人员都要参加每两周一次、为期半天的简要汇报会议，还有每六个月举行一次的销售会议，需要做重要的汇报与回顾。呼叫周期通常为两周，包括 3000 家旅行社的每位成员，所以每个目标旅行社都有参观机会，每两周更新一次。通过增加 150 个经销商可以在两天内完成工作。

优势与劣势

企业在考虑是否增加或减少经销这种营销传播工具应用时，可以参考以下优劣势。

优势

经销与售点出现在消费者做出购买决定的关键时刻，这是在消费者做出决定之前与其沟通的最后机会。而沟通的内容是可控的，可以确保消费者全面了解品牌，鼓励他们购买，强调优惠活动与促销活动。

劣势

零售空间有限，并且价格昂贵，各种品牌都在争取，而且建立、运送、安装销售点的材料也很昂贵。销售团队既要付出努力，又要激励零售商。在促销结束、销售点移除之后，会出现逆向物流。订货到交货时间要包括零售商的时间范围与生产、运送、安装销售点的时间。

新营销箴言

- ◎ 经销方式不仅是与消费者沟通的最后机会，而且对消费者选择会产生重要影响。
- ◎ 生产商需要理解分销商的战略与经销方式。
- ◎ 零售战略包括商店形象、商店布局、经销范围、颜色搭配、销售点陈列展示、宣传与其他杂项。
- ◎ 持续的分析与改善会得到更好的结果。

第 20 章　包装

沉默的推销员：包装

包装作为“沉默的推销员”，为企业达成许多目的提供服务，它有助于企业获得竞争优势和节约成本。包装设计者应关注与包装相关的六大因素（形状、大小、颜色、图形、材料与气味）。管理包装设计过程与管理其他营销传播工具的过程大同小异。

包装的重要性

如今，随着越来越多的销售助理正被自我服务系统所代替，产品的包装成了一名“沉默的推销员”，能够引起消费者对某一品牌的关注，强调独特的销售主张（USP），给出产品用途的提示，让消费者摆脱多个同质化品牌选择的困扰。随着同质化产品与品牌过剩，以及市场不断分化，企业要想在这个竞争激烈、产品生命周期短促的市场生存，就得在包装设计上多下功夫。

包装设计能够提高产品的价值，改善产品（例如提高新鲜度，使液态产品容易倾倒等），让产品在货架上的陈列更加醒目，通过包装这一特别的方式来定位品牌，建立并巩固消费者与品牌之间的关系，从而形成企业的竞争优势。包装应该如顶级设计师迈克尔·彼得斯（Michael Peters）所说的那样，是“看得见的磁铁”，它能够吸引消费者购买产品，并成为这个品牌的忠实客户。包装还是有效的广告媒介，特别是在节约成本与市场渗透方面，能够起到向目标市场进行有效传播的作用。不管是在货架上还是在家中，包装无时无刻不在发挥着作用，从某种程度上来说，它是一种免费的媒介。

没有哪种营销传播工具比包装所经历的环境检查更多的了。从某种程度上来说，迫于环境压力（与成本压力），企业会将超大箱子包装和不必要的包装层去掉，包装会逐渐减少。好的包装设计能够提高分销、库存与货架的有效利用，从而赢得分销商与零售商的芳心。随着许多仓库逐渐变成全自动化分拣中心，这就需要产品包装设计要与仓库的设备相适应。好的包装设计还能节省生产成本。

爱上产品的包装

包装能帮助消费者做出选择。当消费者面对着几千种包装各异的产品，这些产品仿佛都在喊着“买我”时，他们很少会理性地做出选择。设计感好的包装会让消费者免于选择的烦恼。著名的市场心理学先驱欧内斯特·迪希特认为“这种释然源于消费者对某种产品的喜欢，几乎是无可挑剔地、非理性地爱上它”。设计感好的包装赋予了消费者这种权力，帮助他们做出选择。

包装带来的商机

包装领域蕴藏着很多商机，这是因为有些行业要么包装很难达到行业要求，要么商标不全，要么包装做得不好，例如装茶叶的盒子漏茶叶碎末，装糖的包装撒了糖，或者装液体的瓶子漏了，等等。如果市场上产品的包装设计不好，那新的设计就会形成竞争优势。要记住，虽然包装最不济也是一个识别标志，但是它还有更多作用。随着广告成本越来越高，产品生命周期越来越短，竞争越来越激烈，营销人员需要挖掘包装的更多作用。创意包装能够形成企业的竞争优势。即使产品的原包装设计了无趣味、死板保守，也可以重新进行创意设计，以形成竞争优势，同时提高成本效益（见下文“行业的创意包装也能让企业获得竞争优势”专栏）。

包装的三个基本功能

包装有以下三个基本功能：

- 保护（产品容器）；
- 方便；
- 传播。

首先，包装在储存、运送与使用时要能起到保护内容物的作用，有些包装还起到使内容物远离某些使用者（例如除草剂、药品、化学用品要远离儿童）的作用。如今，包装还要防拆封，例如，芝加哥曾有六个人死于混有氰化物的止痛药，市场上有防拆封包装与可拆封包装两种。

其次，包装还要便于倾倒、挤压、储存、堆叠放与消费（在车中、花园内、沙滩上、在家中，甚至在太空中）。而糖与牛奶的包装要以方便为主进行设计。包装上的一点小改变也能为企业带来竞争优势。例如，1961年，舒力茨（Schlitz）啤酒推出了易拉罐包装，销量从当年的570万罐增长到了1970年的1510万罐。然而，有些包装设计不当，也会出现问题。例如，1985年，挪威Elopak公司不得不通过电视广告来说明如何打开Elopak包装箱的方式。

最后，包装还能起到营销传播的作用。在说明包装的营销传播功能之前，值得一提的是包装的三个基本功能互相影响。前两个功能——保护与方便功能能起到直接传播的作用。例如，如果产品的包装受到损坏、玷污，变得不整洁，就会对其品牌形象造成负面影响，其广告、曝光度与促销活动也无法弥补。同样地，如果说明书上没有清楚说明商品储存与倾倒方法，该包装也就失去了保护性与方便的功能。

有些产品设计将某些功能放在优先地位，有些设计（或重新设计的包装）因成本或包装大小限制，无法同时兼顾三种功能，这就需要权衡不同的功能。但是，包装的功能也会因其他原因而丧失。

包装的营销传播功能

包装的营销传播功能主要分为以下几个不同的子功能：

1. 吸引路过的购物者注意；
2. 让看到它的人相信内容物与广告或包装描述得一致（包装要说“买我”）；
3. 建立品牌个性，与消费者建立联系；
4. 建立消费者对某些包装的忠诚度：
   - 摆放在桌子上很美观；
   - 在花园阴凉处以及在仓库中容易找到；
   - 在有着 9000 种商品的商店中容易辨认；
5. 指导使用者使用产品的方法；
6. 提醒使用者强制性要求，例如警告、生产来源与原料（如今购买者想了解更多的信息）。

沉默的推销员

包装是与消费者沟通并推销商品的最后甚至是唯一的机会。在商业信息泛滥的市场中，每条信息都想吸引消费者的眼球，而营销的其他工具容易找不到方向，而包装却是一位沉默的推销员。它需要大声呐喊，吸引消费者的注意力，然后渐渐融入场景中，以凸显产品功能。当消费者在销售售点浏览产品时，如果产品的包装设计得好，那一定会让消费者停止徘徊，驻足欣赏包装，并拿起它观看，这无疑是销售的关键时刻。包装通过吸引消费者，能激起他们无意识的欲望，提醒消费者，提高消费者的参与度，娱乐消费者，最终让他们信服。

包装还会让消费者想起他们在电视广告中所看到的形象，消费者的记忆主要来自电视广告，电视广告中可以设计“包装特写”，或者包装上有电视广告中的形象。品牌反映形象与强烈的欲望。包装能够让消费者唤醒其欲望，并在消费者欲望与品牌之间建立联系。当消费者将包装从货架上拿起的那一刻起，就是让自己的欲望向品牌更靠近一步。

类似亨氏这样的包装往往被称为“触发包装”，因为包装与消费者之间没有沟通，只有语调坚定、自信的宣传，这种包装设计通过独特的视觉识别符号、颜色、要点、名字与字母让消费者容易辨认，同时通过大量的广告引爆品牌价值与欲望。坎贝尔汤宝（Campbell’s Soups）放弃使用安迪·沃霍尔（Andy Warhol）的经典红白专色，而采用另一个能引起人们喝汤食欲的图案替代。该公司的新包装图案彰显出了产品的价值，但是人们还是会认为，这样会降低品牌的保护性，因为零售商会纷纷模仿这类商标。而亨氏公司的包装与形象显得独一无二，因此更具有保护性（就品牌建立来说）。

过度保护的包装

企业需要对保护性包装、销售额、回报率以及整体成本进行权衡。以下三个例子摘自詹姆斯·皮尔迪奇（James Pilditch）有关包装设计的著名书籍《沉默的推销员》(*Silent Salesman*)，说明如何识别过度包装，以减少这种情况，从而增加企业的销量与利润。

- 电子灯泡公司的灯泡破损率很低，于是引发了公司提出下列问题：灯泡是否存在过度包装？还是保护得太好了？然后就会降灯泡的包装纸板的级别，因此回收率（破损灯泡）就会提高，但是由此节省下来的包装成本却比灯泡破损的回收成本要高得多。
- 销售清洁剂的公司使用比其竞争者更结实的盒子，分销商了解到这个情况后，很喜欢这种盒子，因为即使他们把这种盒子放在堆积物最底层，盒子也不会破损。这样一来，产品就会被放在商品的最底层，而无法达到最佳“购买水平线”。因此，公司将盒子的重量减轻，这样盒子放在底层就容易破损，因此分销商不再将其放在最底层，从而提高了销量。

- 伦敦的一家折扣店从没有人来偷窃，这让店主忧心忡忡。因为他们认为这可能因为他们的商品太难拿了的缘故。因此重新设计了包装。

长期承诺

由于市场上的商品（及其包装）在不断变化，包装设计也需要不断推陈出新。包装要反映出消费者欲望的变化，体现人口因素的变化（例如人口老龄化），还要利用新的科技（例如微波炉需要新型食品包装），强调产品自身的新变化。企业要不断研究消费者及其认知、需求、动力以及竞争性的包装，消费者往往会厌倦某种包装设计。

关于包装设计的一个问题是，它不会出现在通常的媒体预算中。重新设计包装的形状以及图案所需要的成本通常会在 25 000 英镑到 250 000 英镑之间不等，工具使用（生产线需要机器生产新包装）的成本往往会使成本加倍。包装设计是进化而非革命的过程，但不是所有的设计都需要三维变化，有时只是二维图像的变化，有时则变化细微（“设计微调”），甚至消费者都不会意识到这种变化。但是新的包装设计也要为生产商做出相应的贡献（详见图 20–1 亨氏的大豆罐及其设计微调例子）。包装设计在营销预算中并不稳定，但是如果企业无法生产合适的包装，就等同于浪费了线上广告中的上百万英镑。

图 20–1　细微差别：罐上的副标题的微调扩大了产品在货架的展示面

设计分析主要看设计是否能对品牌定位起到巩固作用。亨氏公司保住了市场份额，却牺牲了利润，新的包装设计使其有了起色。除了亨氏公司外，没有哪家公司会将天蓝色与食品联系在一起。亨氏公司对产品包装做了细微的调整，使产品更具吸引力，建立起更好的产品形象。亨氏的印字原来字体很细，现在变得饱满大气；公司的宣传重点得以放大，并用白色的线加以强调；单词“烤箱”与“用番茄酱”的字体颜色由天蓝色变成了金色，使天蓝色背景更加丰富，从而使包装更加贴近消费者。

正如迪希特所说，消费者很可能会爱上某个包装。包装还会建立相互信任的牢固关系，甚至婴儿也可以，这种包装有助于建立品牌意识，树立生产商与分销商的企业形象。下一部分，我们将讨论如何通过包装来建立品牌形象的。

你会将无名的白色爽身粉倒在新生儿身上吗

你有信心将你不了解的白色爽身粉倒在新生儿身上吗？将白色爽身粉放在被称为强生的包装内，妈妈 – 孩子之间的亲密情感瞬间就会被激发。你肯定会信任这个产品。尽管你不想在爽身粉上花太多钱，但是你绝对愿意给你信任的品牌付额外的钱。

品牌、包装与企业形象

有些品牌及其包装与其所属的公司紧密相联（例如亨氏、本田、BP 等公司）；有些企业比较低调，更多的是企业集团背书的子品牌［像英国帝国化学工业集团（ICI）的皇冠牌油漆］，还有些企业的品牌及其包装与企业完全分离，消费者并不知道品牌所属的企业（例如 After Eight 巧克力与雀巢公司）。这三种方式各有利弊，需要根据企业文化、产品多样性以及市场来确定采用哪种方式。尽管包装的功能都是一样的——将品牌与母公司联系起来，但是产品的多样性以及市场会加以区分。例如，像埃索冰淇淋（Esso ice cream）、拉达航空（Lada airline）、比彻姆啤酒（Beecham beer）这样的产品如果与企业联系起来，非但不利于品牌形象，反而会损害企业的品牌形象。

巩固公司与品牌、包装的联系，能够促进新产品上市、品牌扩张与延伸（例如亨氏体重观察者项目），树立企业形象，从而巩固与不同消费群体（如老客户、新客户、投资者、员工等）的关系。然而，这种联系会限制设计，如李维斯所说："这种限制会阻碍针对不同目标市场的子品牌的发展。"由于不同的目标市场往往需要截然不同的品牌形象，这些形象会朝着不同的方向发展，从而与企业的整体形象不符。另外，一旦某一品牌出现问题（例如产品侵害、产品有瑕疵），就会立刻对母公司造成负面影响，特别是当品牌与母公司的关系根深蒂固时。而且这种消极影响还会蔓延到该公司的其他子品牌。如詹姆斯·皮尔迪奇所说："包装能够让消费者立刻对公司或者品牌形成感知。"接下来，让我们看看包装的其他传播功能。

包装设计者的工具

包装设计者关注的六个因素或工具是：（1）形状；（2）大小；（3）颜色；（4）图形；（5）材料；（6）气味。

形状

有些品牌的包装形状非常独特，人们一眼就能认出来，例如百利甜酒（Baileys）、玛德露桃红葡萄酒（Mateus Rose）、巴黎水（Perrier），等等，还有些品牌通过形状进行有意识与无意识的传播。

让一组人听到"爱"这个词之后，画出第一个映入脑海的形象。如果他们做不到，就让他们想象自己是一家设计顾问公司，需要为名为"爱的政党"的政党设计标识，过一分钟让他们就"恨"一词做同样的事情（闭上眼睛想象或者自己涂鸦一下）。超过 95% 的图画形状都会是一样的，即爱的图像往往具有柔软的边缘和曲线，或者是心的形状，而恨的形象往往是锯齿形的边缘、尖锐的形状，类似于纳粹标识与匕首。或许我们并没有意识到能将不同的形状与不同的含义联系在一起，但是我们都这样做了。第二次世界大战期间，美国空降兵接受测试，以确定他们在观看抽象图形与模型时更关注形状还是颜色。形状从右向左移动，而颜色从左向右移动，然后问空降兵设计移动的方向。关注形状的人更聪明、更稳定、更少有情绪化。瑟斯顿（Thurstone）测试同样可以用于包装设计。该测试表明，比起形状，儿童更关注颜色，而成年人，特别是男人，更关注形状。

皮尔迪奇曾提出，长方形盒子是尖锐、整齐与整洁的象征，而圆形盒子是安全、丰富与慷慨的象征。你可以走进药房观察一下，成年人与儿童泡沫沐浴液的包装形状。有些形状会比内容物更能给产品带来价值，形状既可以具有阳刚之气，也可以具有阴柔之美。威士忌瓶子的形状往往展现出男性魅力，而香水的瓶子往往体现出女人的韵味。

另外，包装形状还影响着包装在携带、倾倒与储存时所表现出的保护与方便的功能。人体工学会研究包装是如何适应人的手的。好的包装设计能够让人们的手拿起来更加舒适，这也是为什么可口可乐公司能够自豪地称自己的可口可乐瓶为“手上的装饰品”（放在手上感觉很好）的缘故（如图20–2所示）。1910年，著名的可口可乐公司在其包装设计简报中写道：“我们需要新的瓶装设计，来打败我们的竞争对手……即使消费者在黑暗中或者瓶子破了，一摸也知道是可口可乐的瓶子。”

图20–2 可口可乐的这款产品形状即使是在黑暗中也能让人感知出来

错误的人体工学会给消费者传递错误的信息。例如，凹陷（手指抓住的地方）往往在瓶子的一侧，而实际上人们很少利用两侧凹陷部分来拿住瓶子，而是利用包装前后的平整部分。这些错误的人体工学却认为“这种包装看起来更美观更友好”。消费者不会有意识地选择某一品牌而不选择另一种，人体工学可以帮助他们决定哪一个更好。人体工学应用得好，会给消费者带来更好的体验，从而重复购买产品。

有些包装形状将产品的特点融入了包装设计中，来凸显产品的价值。蜂蜜罐的蜂窝效应，或带凹纹的两升塑料啤酒瓶将产品与带凹纹的啤酒杯联系起来。有些产品的形状还提高了品牌的价值，例如，之前将白酒瓶设计成僧侣的形状，再就是Jif柠檬汁的柠檬形状的包装设计所引起的争议。最后上议院高级法官判决利洁时公司拥有这种形状的专利权，Jif公司只能使用这种独特的形状来包装柠檬汁。

生产商可以垄断包装的形状吗？问题在于“形状是否用于区分产品，竞争者使用该形状是否会误导消费者”。包装的形状数不胜数，可以成为品牌无价的资产。

大小

包装的大小也是与消费者沟通的媒介。你会送给爱人一瓶两升的香水吗？“大包装是质量好的象征”这一规则只适用于诸如早餐谷物等产品。消费者对玉米片的评价会随其包装大小的变化而变化，谷类包装越大，消费者就认为其营养越丰富，越能供应能量，包装越小，他们就认为这种产品越重，质量越差。包装大小可以通过不同的方式与消费者进行沟通，例如，半品脱①的啤酒装不下33厘升②杯的高端啤酒，这会让喝酒的人在倒满啤酒杯后将瓶子带走，放到桌上，这样没有倒完的啤酒瓶就成了一种标志和宣传广告。

不同的包装大小会针对不同的目标群体，例如家庭装。是包装大小决定目标市场，还是后者决定前者？这与埃伦伯格的营销原理相似，该原理认为，营销就是为某种产品清除某些消费者（目标营销排除大众市场）的。特定的目标市场会排除某些规格的包装，可口可乐公司发现

① 1品脱≈568.26125毫升。——译者注

② 1厘升≈0.01公升。——译者注

西班牙很少有人拥有大冰箱，所以就不再在西班牙市场推出两升的瓶装饮料。那么包装的颜色改变之后，包装还适合装在冰箱中吗？诸如红色和黄色等暖色调会让包装看起来较大，而诸如蓝色等的冷色调会让包装看起来较小。虽然可口可乐公司改变了包装的颜色，但也无法改变大瓶装在西班牙市场的宿命。而包装的颜色则可以通过不同的方式来达到交流的目的。

颜色

颜色是与消费者沟通的媒介。美国集装箱公司（Container Corporate of America）前首席设计师阿尔伯特·科尼（Albert Kner）说："颜色是通往情感最快的捷径。"语言要转化成脑海中的形象，这些形象要经过组合、组织与分类才能富有意义，从而激发情感，引起身体反应，而颜色则可以略过这些过程，直接激发情感，引发人们的身体反应。颜色是有形的，俄国教育机构发现，大多数人都能够感知颜色，非目视视觉或"生物内视仪"表明所有人的皮肤都具有看见的力量。红色、绿色与暗蓝色具有黏性，这可能与电子磁场有关系。多年前，美国颜色调查机构发现，办公室墙面的颜色会让人感觉困倦、兴奋或健康。最近，英国警察局做了一项让囚犯待在粉色监狱中的实验。红色会提高血压与脉搏跳动频率，而蓝色的效果相反。

Lüscher 颜色测试利用不同的颜色卡来分析观看者的心理与情感状态。绿色在欧洲是环境的象征，在墨西哥则是国家的代表色。

颜色编码

有些产品，特别是食品有自己的颜色编码。例如，在碳酸饮料中，红色代表可乐，而黄色代表汤利水。冻肉是红色的，鱼是蓝色的，低卡路里的食品是白色的。皮尔迪奇表明，在烟草世界引起健康问题的恐慌之后，烟草的包装如今也更倾向于使用白色，因为它们认为白色代表干净纯洁。

人们认为颜色是有意义的，许多人将颜色与形象相结合，例如"花园般清新""高山般冷酷""粗犷的男子气概"。有些人认为 7UP 的绿色瓶装与医疗有关，这是人们患流感时要喝的东西，医生会告诉你要喝很多。不管是在年度报告上，还是在接待室，抑或是销售资料，或是包装，颜色都能起到营销传播的作用，这在消费者与行业市场的产品与服务中都适用。

颜色还会影响人的看法，这在欧内斯特·迪希特的研究中得以说明。该研究说明了包装颜色是如何影响人对味道的看法的。在调查对象不知情的情况下，将同样的咖啡放到四个颜色不同的杯子中，并且四个杯子互相挨着，要求被试将下列对咖啡味道的描述与每个杯子匹配起来，以研究颜色与人们的看法之间具有密切的相关性：

- 黑棕色杯子：73% 的人认为香味太浓；
- 红色杯子：84% 的人认为香味有点浓；
- 蓝色杯子：79% 的人认为香味中等浓度；
- 黄色杯子：87% 的人认为香味太淡。

最近，有关包装颜色与人们对洗衣粉的看法的实验也得出了有趣的结果。同样的洗衣粉放入三种颜色不同的包装中，被试分别用三个包装的洗衣粉清洗柔软的衣服，几个星期之后，当问这些人哪种洗衣粉最适用清洗柔软的衣服时，他们认为的效果（同一种洗衣粉）截然不同，结果如下：

- 大型黄色包装：太强，会伤害衣物；

- 大型蓝色包装：不起作用，衣服还是很脏；
- 蓝黄包装：效果很好，很棒。

之前美国的特雷尔・威廉（Terrell William）做过同样的实验，但是实验结果完全不同。黄色包装的清洁剂太温和，蓝色的是非常好的洗衣产品，红色包装的去污能力强。

颜色并不具有国际性，因为不同颜色在不同国家有着不同的意义。例如，白色在英国象征着生命、纯洁与节食，而在日本象征着死亡。不同地区的人对柔和的颜色与明亮的颜色有不同的解读。中国人认为明亮的颜色象征着高质量，斯科特公司（Scott）将在英国销售的颜色柔和的厕所用纸打入中国台湾市场，产品一上市就备受打击，在公司将颜色改为红、黄、金色之后，销量猛增。你能想象英国人在厕所用亮红色的卫生纸吗？皮尔迪奇指出："通常简朴的人喜欢强烈的颜色，住在阳光充足的房子里的人与住在阴暗潮湿房子里的人的价值观不同，例如英国的铅色天空。卖给意大利葡萄酒农与格拉斯哥码头工人的商品包装肯定不同，这很重要，因为跨境包装会比跨境广告更重要。"

包装图案

包装图案在不同层面能起到与消费者沟通的作用。商标上的二维设计可以展示并保护产品的个性与唯一性，凸显品牌名称与形象。它还有利于品牌的重新定位，提高产品在货架上的曝光度等。作为设计师的分析工具之一，图案最容易引起争议，这是因为营销经理在设计图案时还要考虑文字的设计。如果啤酒瓶上的商标出现裸体的图形也许会很吸引人，但并不是每个品牌经理都想要这种吸引力。设计师还可以选择其他形象作为包装的图形，来让产品包装脱颖而出。在品牌宣传方面，包装图案要具有特色和辨识度高。即便是一只普通的马口铁盒，一旦被赋予独特的图案后，就会变得很有价值。另外，图案还能增加审美情趣，提升产品的价值，从而创造出"后留价值"，即在很多年后，品牌还会影响消费者甚至几代人。有时，包装图案还可以被设计为限量版或珍藏版，用于促销，就如健力士啤酒公司一百周年纪念日的圣诞节标识。图案还能为产品增添特色，例如游戏（一盒用于猜谜的火柴）；谜语；家居装饰品；能带来乐趣的玩意、而不是了无趣味的必需品（如婴儿润肤露附送儿童玩具）；或像质量协会的标志采用的是一个远方的图案（咖啡与棕榈树）。

好的图案能够为消费者带来好心情，激起其生活的欲望，从而反映出目标市场的潜在需求。例如，某种洗发液在某一目标市场的包装设计图案是英语国家的场景，而在另一个充满激情的生活方式的目标市场却是荒芜的沙漠。

另外，设计师还需要注重细节，深入了解与某一目标市场相关的特定符号和线索，才能充分发挥符号与图像的潜在意义。就拿烹调脂肪这一产品来说，心理学家指出，木质汤匙的包装设计能够让家庭主妇情不自禁地想试用该产品，即使它是被放在货架上。皮尔迪奇曾指出："汤匙能为产品增添了一种外祖母般的信任感和真诚感。"在另一个独立研究中，分析者将研究转向了某种饼干包装上的数字与布局设计：第一幅设计图上到处是饼干，让人心里感觉很不舒服、很不协调，因为它暗示着华丽、无组织、许可与不负责任（永远不知道孩子吃了多少）；第二幅设计图上，饼干被有序排列着，让人联想到秩序、节俭以及因拿掉一块饼干而打破秩序的担忧，这样也让人心理上感觉紧张、不舒服；第三幅设计图上，只是在一个盘子里放了几块饼干，既让人们没有了混乱与不负责任的感觉，还能让人们能够自在地拿起一块饼干，但是饼干的数量却不能展现出权力与控制的意思。

图案影响口味

与颜色一样，图案也会影响人们对口味的看法。包装设计者通过焦点小组或消费者反映研究小组进行调研，让他们给出对相同产品（他们自己不知道）的口味看法。其得出的结论是，越精致的瓶子的口味越好，具有阳刚之气的标识的口味更强烈。

图案与其他包装变量相结合，能够提高营销传播的有效性。李维斯曾指出，如果包装的形式（形状与大小）能陈述清楚产品的特性，那图案就应退居次位。刘易斯·莫伯利咨询公司（Lewis Moberly）曾负责法国尹夫·黎雪（Yves Rocher）芳香油的包装设计项目，它们的设计为消费者提供了一种触摸体验，它们将产品的名称字母围绕着瓶子设计，以激励消费者去旋转和触摸，通过包装来体验该产品。

许多年前，可口可乐公司发现，其包装图案上流动的白色轮廓线（在可口可乐标识下的白色丝带）会让看到的人联想起可乐瓶子那家喻户晓的、凹凸有致的外观。

设计师在开始设计图案前，需要回答以下关键问题：包装是否有效地利用了品牌标识？图案设计为以后的包装宣传留出了足够的空间了吗？图案为外语版本留出了足够的空间了吗（通常其他语言比英语需要更大的空间）？图案与现场销售点的宣传材料有联系吗？图案是独一无二的吗？它具有保护性吗？别人也能设计类似的图案迷惑消费者，让他们也没有意识到自己换了品牌吗？

好的包装图案也能促进包装其他功能的发挥，例如，图案与文字说明结合起来，能够让消费者易于使用并储存产品（方便与保护）。

图案还能体现生产过程与企业关怀价值，例如“可回收”“无动物实验”。如果企业未对恰当的标识形成统一的意见，那只会对品牌造成混乱。

最后，零售店的条形码与结账处的 EPOS 扫描器相联，能够即时更新存货水平、记录预订信息与其他销售分析（按产品、按商店或时间分析），从而促进零售商与供应商的内部沟通。

包装材料

包装材料也具有营销传播功能。某些材料（例如玻璃与金属）本身就很有价值，玻璃仍然被看作高质量的象征。如果将上乘的葡萄酒装在塑料瓶中，那喝酒的人就会质疑其质量。近年来，葡萄酒的包装也经历了天翻地覆的变化。30 年前，如果有人预测人们将来会用纸盒喝啤酒，那将会被认为是一种侮辱性言语——暗示着不为社会接受的行为。但是如今整个国家都在用硬纸盒喝酒，这是葡萄酒瓶包装的一大创新。

包装材料还会影响人们对产品质量的看法。美国的一个研究例子表明，人们会认为质量好的产品会装在难打开的包装中。新鲜度相同的薯片分别装在蜡纸包与聚乙烯包里，人们会认为（87%）虽然后者很难打开，但是口味跟新鲜度会较好。

健力士啤酒公司发现，包装材料（特别是锡制材料）会影响人们对口味的看法。许多人认为“气泡太多，破坏了味道，尝起来像锡”。健力士啤酒产品上市之前的口味盲测表明，人们在不知道啤酒口味的前提下，更喜欢纯生啤与听装生啤，接下来的视觉测试（展示包装，也就是听装与桶装）揭示了锡制听装与口味的相关性：喜欢这种包装的与不喜欢的人数比例为 7：3。Pretty Polly 丝袜就采用了马口铁作为尼龙紧身裤的独特包装。

海外市场的包装材料与英国通常所使用的材料有所不同。例如，欧洲的肉类、水果、蔬菜、宠物食品与水果汁都装在玻璃瓶中，因此，英国生产商如果想打入这些市场，就必须要利用新的包装材料，最好是玻璃。英国人对马口铁情有独钟，当这种材料与形状、颜色结合时更能让人产生情愫，例如，在情人节，用红色马口铁心形盒装的巧克力。如今马口铁盒被广泛用于拳击手短裤、儿童服装与食品包装中。

随着科技的发展，使得高精尖的印刷技术可以被用于任何包装表面，如今装啤酒的硬纸盒与听装就说明了这一点。

有些包装材料还要能承受外部压力，例如，微波炉的包装材料既要能在零下温度下起到保护与储存食品的作用，还要方便在高温环境中加热。有些包装材料还要适用于食用。自动加热与自动冷却的易拉罐能将方便程度发挥得更淋漓尽致。包装材料除了能提供方便与促进沟通外，还要与其他因素（诸如大小、重量、强度、成本、填充速度、颜色、二次包装、保质期、防护性能、触摸特性、货架影响等因素）相结合。

最后，材料是包装中直接受环保倡导群体影响的因素。新出台的法律对生产商与零售商施加压力，敦促他们使用更加环保的包装。如今，美国垃圾学家通过探测垃圾填埋场来确定不同材料的腐烂程度。在欧洲，德国在环保立法方面一直遥遥领先。公司的海外扩张可能会由于包装与材料不符合法律标准而受到压制。抛开物流问题，如今利用可重复填充的包装材料已被人们广为接受。环境因素对包装产生直接影响，特别是包装材料。华纳兰勃特（Warner-Lambert）公司发明了新的一次性塑料袋，该包装材料是由从土豆、玉米、水稻与小麦中提取的生物可降解的淀粉。

气味

气味会改变消费者的购物行为。许多年前，在美国费城的一家珠宝店，闲逛的客户比平常待的时间要长，原因正如 Monell 化学感觉中心所指出的，是气味改变了人们购物的心情，这家珠宝店中有花果香。气味改变人们的心情，进而改变他们的思维模式。据《芝加哥论坛报》（*Chicago Tribune*）报道，芝加哥著名气味与口味治疗与研究中心的神经科主任阿兰·赫希（Alan Hursch）说道："最终，我们能够以更有力的方式去影响他人，让人们感觉轻松，更加信任你，从而卖出更多的产品。"因此，有气味的包装越来越受到人们的欢迎。

行业的创意包装也能让企业获得竞争优势

设计元素并不专属于 FMCG 的产品，它在行业市场中也能发挥设计、创新的作用。电缆生产商 BICC 凭借包装在电缆市场脱颖而出，并为传统市场提供了 USP。尽管该公司把电缆卷变为新型电缆盒，方便了批发商堆叠、储存、辨认缆线（包装上的洞能够看见不同颜色的缆线），但该包装却不能进入高端的消费者市场，这是因为保守的购买者认为这种缆线更昂贵。在老式缆线包装退出市场之前，它们更习惯对新型包装——电缆盒的上市做广告宣传。

包装设计过程

为什么要重新设计包装

“东西没有损坏，就不用修理。”但是包装的设计却会过时，让人厌倦，而且市场还在不断发展前进，一成不变的包装会变成企业的负担。但是，诸如名称、标识等的品牌资产却值得维持不变，这些资产往往需要进行“微调”，但是不需要彻底改变。有创意的品牌管理者与印刷专业人员可以设计出新颖的包装图案。科利波特贝尔（Coley Porter Bell）公司前任总裁杰·赫尔（Jan Hall）指出这就像“让教皇与绘画公司一起描绘西斯廷教堂”一样。阿伦·图帕连（Alan Topalian）指出，设计者对包装设计的兴趣（或投入）是会随着产品的生命周期而不断提高的（见图 20–3）。换句话说，竞争越激烈，包装设计就越重要。

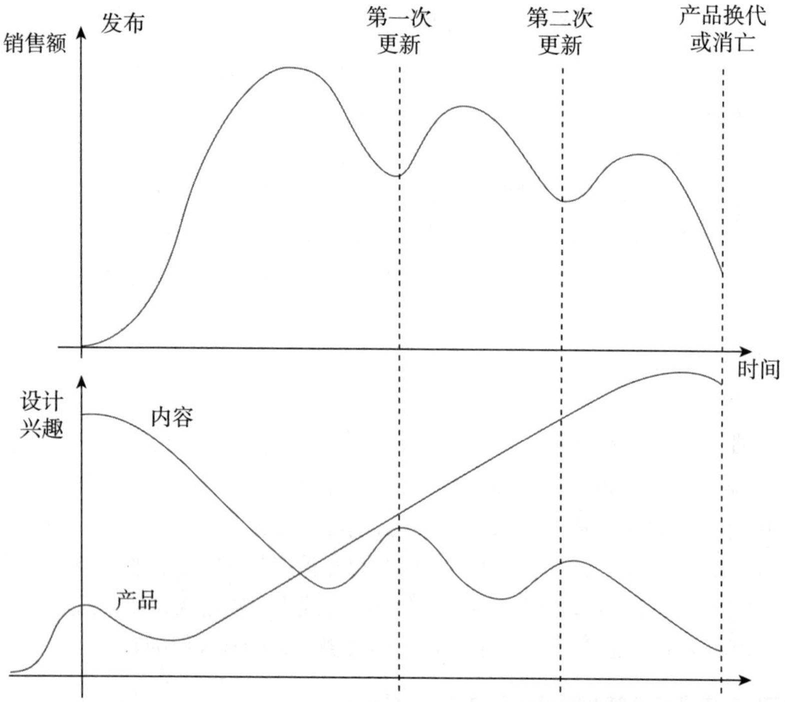

图 20–3　在产品的生命周期内，设计的关注点是如何随着内容和演示方式的变化而变化的

包装设计简报

在写设计简报时，可以运用 SOS+3M 来完成设计清单，然后再将其修改为包装设计简报。

情境 / 背景

- 公司（历史、生产设施）；
- 产品［范围、特征与用途、材料性能（例如液体、气体、化学药物）］；
- 市场［大小、增长、竞争结构、定位、具体要求（例如托盘配置）］；
- 目标市场：市场细分、目标、决策单位——特别是礼品，例如设计的目标群体是赠送者还是接收者？

- 设计理由（例如来自零售商本身所拥有的商标压力）；
- 品牌因素与个性、关键设计元素；
- 商业展览机会。

目标

要优先考虑包装的什么功能（保护、方便还是传播）？如果是营销传播功能的话，那就把目标具体化，例如，如何重新定位？或者新的包装设计主要是助长声势还是提高产品在货架上的曝光度？

战略

包装如何与其他营销传播工具相互协调（传播目标与工具）？设计简报说明了包装设计是否是风险低的项目（新的货物装载单位、新材料、临时促销、新原料，等等）还是风险高的项目（新名称、新颜色、新形象、新标识、新形状，等等）。

策略

这里不需要细节。

人员

这是指为技术讨论（例如生产经理）与营销讨论而准备的联系名单。要分清是谁做出关键决策（谁否决或批准设计方案），谁可以解决琐碎问题。提供其他负责诸如广告与促销的营销活动的代理商的名称。

资金

资金是指设计费用、否决设计案所产生的费用（当设计被否决时，有些设计者会收取演示创意与设计理念的费用）、转换成本（如果包装形状的改变需要新设备，会产生资本支出费用），还有新包装的最大单位成本（设计者需要知道生产规模大小）。

时间

这里指时间范围。上市的最后期限是什么时候？设计理念什么时候需要演示、达成一致、研究、修改并通过？最终的设计品在什么时候完成？加工作业需要多长时间（占总设计时间的 50%，例如三个月）？

评估

为了评估新包装设计的有效性，需要进行什么样的调研？

其他

要充分考虑设计的一些限制条件，例如由于技术、法律与企业限制某些材料、相关警告或标识使用等原因，需要使用或避免使用的包装大小、形状、颜色、图像与材料。

包装设计过程

营销人员在对包装设计做粗略的概要之后，就会制定创意简报。而设计师（不管是企业内部还是外部顾问）往往会拿走创意简报，进行解读并重写设计简报。然后会将其呈现给营销团队，确保达成一致，以便开始进行创意设计与研究。接下来，设计团队会进行深入调研，最终得到一系列概念（二维标识与三维包装形状、大小与机制）并做进一步研究，从而选择最终开发成新包装的概念。图 20-4 是整个包装设计项目的标准程序。

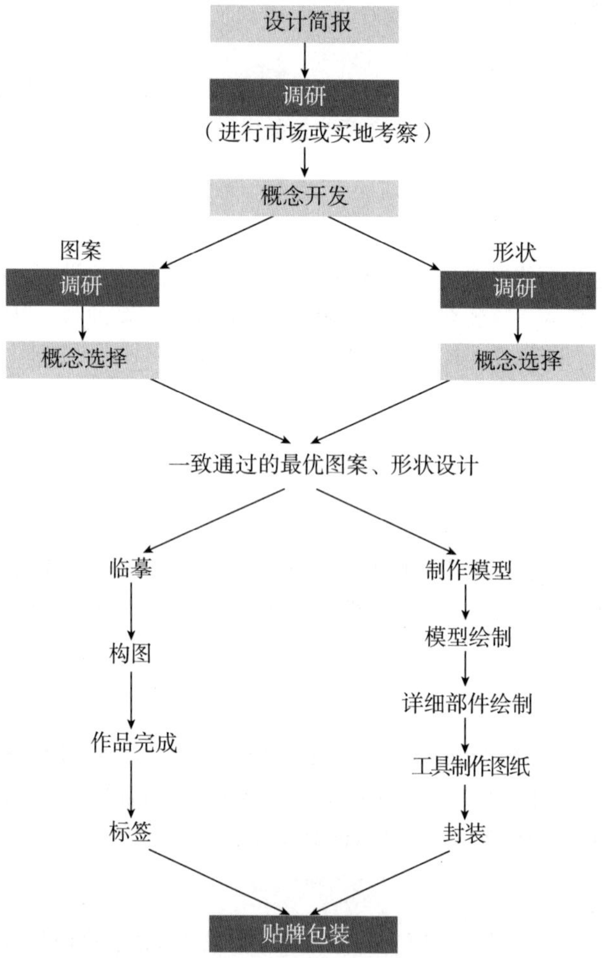

图 20-4　包装设计过程

来源：改编自史密斯制作的包装设计管理视频《从梦想到现实》（*From Dream to Reality*）

案例：印度的系列品牌开发

情境分析

背景

在印度的北部与东部，到了冬季，晚上的气温就会降到 5℃以下，这使得那些干性皮肤的人的皮肤会极度缺水、脱皮甚至干裂。市场上有很多生产商声称自己的护肤产品“能保持皮肤健康”。

1929 年，位于加尔各答的 GD 制药商发现了市场对消毒膏的需求——用它来对抗皮肤干燥问题。于是第一款消毒膏品牌Boroline便诞生了。这是一款为消费者提供的有香味的多用途护肤膏，可用于切伤、烧伤以及干裂皮肤，等等，该品牌迅速渗入印度的东部市场。虽然Boroline奠定了自己所在市场的地位，但是它没有抓住渗入全国市场的机会。全国市场巨大，人口多达10亿，前景远大。

1982年，Boro Plus硼砂消毒护肤霜（Antiseptic Cream）面市，掀起了一场消毒膏市场的变革，即通过改变产品配方与品牌来区分Boro Plus与Boroline两种消毒膏。正如Boro Plus这个名字所表达的，它传递了一种附加价值的理念。这种药膏用草本配方与印度的传统医学阿育吠陀的（即印度草药按摩，意为“生命科学”）的理念相结合，具有防护与治愈作用，并得到了著名的阿育吠陀官方组织授权。

- 竞争。20世纪80年代，印度美妆与保健产品生产商Emami公司发现了巨大的商机，将低端产品引进大众市场，直接与其旗下的Boroline产品竞争，低端市场有冷霜（晚用）与粉底霜（早用）。如果消毒膏定位与营销得当，那在大众市场具有多种用途。
- 包装。人们认为Boroline的包装既无趣也很老式：简单的绿色包装，自1929年上市以来就一成不变，没有任何吸引力，没有让人产生拿起来的冲动。而20世纪80年代出品的Boro Plus消毒膏的包装颜色是紫色与白色，传递出一种明亮鲜艳的时尚颜色，这些颜色能够夺人眼球（如图20-5所示）。
- 广告。通过邀请宝莱坞名人代言该品牌，使得该产品给人一种年轻向上、激情四射的感觉。

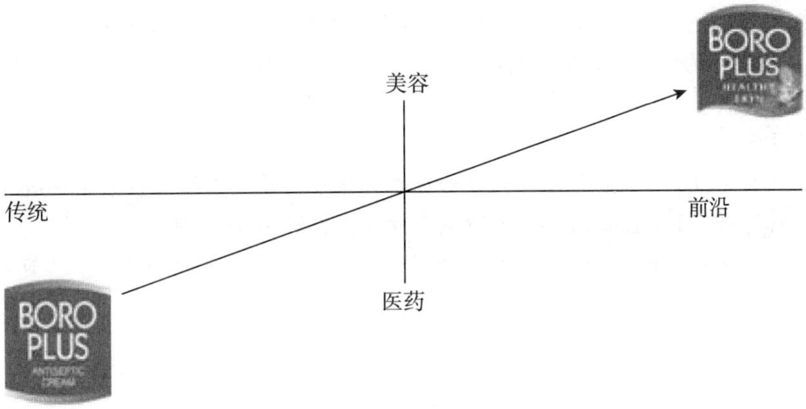

图20-5 传统医药产品重新定位成为新兴美妆产品

挑战

自20世纪80年代成功上市以来，Boro Plus消毒膏一直销售可观，但是也面临着越来越激烈的竞争，特别是国际品牌逐渐进入印度国内的大众市场。Boro上市20年之后，其生产商Emami公司认为是时候需要做些改变了，这是因为，首先，人们认为消毒膏具有多种用途，这限制了产品的扩展；其次，生产一系列护肤产品销往国内与海外市场无疑是一个巨大的商机。Emami公司雇用了伦敦一家名为Evolve Creative的设计代理商，来共同打造新品牌，设计新包装，因为这家代理商曾与国际美妆与保健公司合作过。两家公司通力合作，开发并调整了产品设计，以适应不断变化的市场。

Emami 公司对零售商店与用户进行了市场调研，得到的关于 Boroline 产品偏油性的结论，即在温暖的季节，由于温度较高，使用油性护肤霜会让人们的皮肤不适，因此该产品具有季节性，在冬天销量较高，从而也就限制了该产品的多用途定位。于是，Emami 公司决定重新定位品牌，不再走传统的医药产品路线，而要打造消费者梦寐以求的美妆产品。

目标

- 打造印度国内与海外市场的品牌新形象（确定包装设计）；
- 强化品牌作为护肤专家的可信度，同时扩展品牌范围，满足消费者新的需求；
- 提高至少 30% 的销量。

战略

将传统的多用途药用产品重新定位为消费者梦寐以求的护肤品牌，并将皮肤健康与美肤结合起来，并且扩大了产品的范围，以满足市场不同的需求。

品牌发展

通过强调产品的自然草本配方，设计让人感觉更加舒服、更具特色的标识，来重新定位品牌。该设计将产品更直接地与媒体属性结合起来，而这些媒体属性能够有助于产品在电视与电影院的宣传。结果很成功，每年销量增加了 32%。

新产品拓展

新包装设计在获得重新上市的许可之后，公司开始为国内外市场开发系列产品，并于 2007 年与 2008 年在印度的国内市场进行测试和上市。成功地将 Boro Plus 系列产品进行了定位，使其在更广阔的护肤市场中更具竞争力，为消费者带来了全新的自然护肤方式。Emami 如今与 Evolve 设计顾问公司更加紧密合作，致力于进一步扩展产品范围。市场研究表明，市场对抗菌系列的低价产品（LUP）也有需求，大量女性想在她们的手包中携带一小瓶 Boro Plus，但是由于包装太大而装不下。Emami 公司注意到了这一点，于 2002 年推出了八克重的迷你装，售价为五卢比。实惠的价格引发了人们冲动性购买，提高了消费者的忠诚度，从而买更高价的产品。

结果

Boro Plus 占据了市场的主导地位，市场份额高达 70%。该品牌根据持续不断的市场调研来扩展产品的范围，以满足不断变化的市场需求。该品牌广泛的产品系列已经在国际市场占有一席之地，其中包括俄罗斯与非洲。

人员

团队由三个人（两名设计师和一名会计）组成。

资金 / 预算

品牌宣传的预算为 8500 英镑，包装预算 7000 英镑。

时间 / 时间范围

创造、开发、测试、修订和推出品牌与包装的时间分别是三个月和五个月。

优势与劣势

企业在考虑是否增加或减少包装的应用时，可以参考以下包装的优劣势。

优势

包装是沉默的推销员，夺人眼球，能吸引消费者，有助于消费者理解商品信息并推动其购买行为的发生。对于商家而言，包装是在消费者做出购买决定之前与他们进行沟通的最后机会。包装为营销人员提供了一个控制准确信息的平台（与公关、社交媒体不同），它还能将品牌带到消费者的家中或工作地点，能在售后发挥作用。好的包装既能脱颖而出，提高产品的附加值，还能在零售领域提高品牌感知度，有利于销售的完成。

劣势

包装需要很长的周期，改变包装的成本也很高。而它仅仅能在零售店中被人们看到或触摸到。浪费性包装不仅会让消费者恼怒，还不环保（在有些市场中，这一点事关法律规定）。若包装太整齐或者太轻便，产品还有可能会受损。

新营销箴言

- ◎ 包装有三大功能：保护、提供方便与营销传播。
- ◎ 包装设计能够使企业获得竞争优势。
- ◎ 包装设计师的六个工具是形状、大小、颜色、图案、材料与气味。
- ◎ 所有的营销都是由一系列流程构成的，包装也不例外：管理包装设计过程需要制定一定的流程。

第 21 章　网站与社交媒体

成功的网站

如何让消费者满意

消费者在线上或线下体验的质量直接影响到企业品牌形象。产品质量低劣和服务不周，会迅速破坏企业通过大型广告长期建立起来的品牌形象。毫无条理性的网站不但不能给公司带来销量，而且还会毁坏品牌形象。链接中断、注册表过长、订单不清晰、网站上错误连篇，都将对品牌形象产生负面影响。网络使用专家雅各布 · 尼尔森确定了网站成功的四个基本因素，这四个因素能够保持浏览者的满意度，让他们多次浏览网站，它们分别是：（1）高质量的内容；（2）易浏览；（3）下载快；（4）信息及时更新。

后面两个因素易于解释：下载速度慢（特别在移动设备上）、内容过时的网站会失去浏览者。本章主要讲前面的两个因素：高质量的内容与易于浏览。营销人员要熟悉不同的技术，以便恰当地利用这些因素。本章还将探究令人振奋的高附加值的内容、用户参与度、消费者转化（从潜在消费者到终生消费者）以及为改善网站所做出的调研，最后将探讨如何确保成功地利用社交媒体。

让网站浏览者满意的关键因素之一：高质量的内容

除了通过常见的线下与线上市场调研来了解目标市场对网站内容的需求外，营销人员还可以利用下列工具来提高网站的相关性：

- 情境策划；
- 创建人物角色模型；
- 刺激；
- 消费者参与度。

情境策划

品牌必须与消费者建立起相关性。如果失去这种相关性，那品牌与消费者的关系也就结束了。情境策划是确保相关性的经过实践验证的技术。营销人员需要确定每位目标消费者的类型，考虑他们所处的情境，他们如何使用产品或服务，在购买产品或服务时所采取的措施。对巧克力公司来说，有的消费者想买礼物送给爱人，有的消费者想买来用作晚宴，还有的消费者买来用于婚礼。营销人员通过探究不同情境下消费者的需求来建立网站，以满足不同情境下的消费者需求，例如，婚礼部分会有婚礼上关于桌子的布置、巧克力上的爱情宣言等的建议；晚宴部分会列出晚宴游戏的清单。情境策划增加了刺激，具有高度相关性，消费者很喜欢这一点。管道系统公司不仅要确定消费者的紧急情况（他们需要一个称为“紧急情况——拨打7天24小时电话”的小组），而且还要为那些想改变浴室布局与重新装饰房屋的人提供建议。最后一个例子是关于美国国家半导体公司（National Semiconductor，NSC）的情境策划做得很好，使公司不断壮大，为公司带来了可持续的竞争优势。

取得巨大成功的情境策划

NSC为移动设备与DVD提供了处理声音与图像的模拟物以及数字微芯片。公司的目标决策者是设计工程师与企业采购代理商（虽然他们不购买，但是能够在新产品开发初期决定需要的组件）。旧网站会给出产品的信息。

有一天，首席执行官问了大家一个具有挑战性的问题：“网站如何为工程师提供帮助？”因此，公司团队发起了一个项目，旨在深入了解工程师，包括他们如何工作（他们所处的情境如何），这有助于项目团队了解工程师如何设计组件，从而考虑设计网上工具（在网站上），帮助工程师做得更好（节省时间）。

团队发现，设计工程师大多都有时间压力，为此，它们应该开发易于使用的工具，以帮助工程师加快设计过程和节省时间。于是，它们组成了一个多功能的团队（包括营销、应用程序设计者、网站设计者与工程师），并确定了设计工程师的工作流程如下：

1. 设计组件；
2. 开发设计；
3. 分析设计（仿真）；
4. 建立原型。

然后，NSC开发了基于网页的称为“网页平台”的工具，让设计者在不需要特殊软件的帮助就能完成设计程序。工程师登录网站后，只要详细输入整体参数与关键组件，“网页平台”就自动生成相关的设计，完成技术参数、部件清单、价格与成本收益分析等事项，然后再由工程师对生成设计进行修改。此后，工程师就可以进行实时仿真（用NSC得到许可的精尖软件）。

工程师可以轻易进行多次设计修改，在“我的文件夹”保存重复程序，并将链接发给同事，以便他们使用，减少仿真次数。一旦工程师确定同意最终的设计后，系统将为产品原型自动生成所需的材料清单，其中包含NSC的组件部分以及其他制造商的要求，还附上了分销商的链接与价格。

其结果就是，工程师用两个小时就可以完成以前几个月才能完成的工作。工程师非常喜欢这个工具也就不足为奇了。第一年，就有超过20 000个电源设备通过这种方式设计而成。

接下来，公司会怎么做？公司团队会进一步征询问工程师的意见，还有哪些有困难，于是有关热模拟与电路的问题被提了出来。因此，公司又为设计无限设备的工程师们开发了新的情境与应用程序。到年末，NSC网站的浏览量达到31 000次，每天生成大约 3000 个订单，其中一个订单来自诺基亚公司，它需要预订 4000 万个集成插座。

人物角色模型

人物角色模型有利于确定什么样的网站内容会受到消费者的喜爱，从而能简单勾勒出浏览者的类型。广告商多年来一直利用这种方法策划广告，现在网页设计者也觉得这种方式很有帮助。

让我们来看看多乐士是如何运用人物角色模型来建立相关、有用的网站的。这个项目的目标是将 Dulux.co.uk 定位为“网上色彩设计与形象之家，让你的居家更富有个性化”，将网站访问人数从每年 100 万提高到 350 万，并激励 12% 的浏览者预订样品。

其目标群体包括：

- 网上 25 ~ 44 岁自称富有冒险精神的女性；
- 缺乏自信；
- 灵感（来自电视、杂志、广告）与现实经历（阴影、紧张不安）的差距；
- 在装修过程中没有指导与保障；
- 色彩与色彩组合是关键；
- 网上渠道能够就其他话题提供帮助与指导；
- 12 个月的装修期；
- 喜欢社交；
- 多乐士以质量、技术创新与高超的科技水平作为保证。

其建立的人物角色模型的例子有：

- 初次购买者潘妮·爱德华兹（Penny Edwards），年龄：27 岁，伴侣：本，居住地：伦敦北部，职业：推销助理；
- 兼职妈妈简·劳伦斯（Jane Lawrence），年龄：37 岁，丈夫：乔，居住地：曼彻斯特，职业：兼职公关顾问；
- 单身妈妈蕾切尔·威尔森（Rachel Wilson），年龄：40 岁，居住地：雷丁，职业：商业分析师。

每个人物角色在决定买哪种油漆时都有着不同的决策方式（最终都会与品牌互动）。潘妮道出了自己的性格特点：“我这人主意多多，热情满满。就是不知道从何开始。”顾客的购买决策过程取决于不同的情境与人物角色模型，最终的网站设计通过在顾客购买过程中帮助他们而体现出这一点。因此，人物角色模型能够将网站内容与消费者需求匹配，最终确保内容的高质量。现在再来考虑在网站上增添一些振奋人心的刺激吧。

刺激

互联网能够为品牌的活力以及为客户带来兴奋点提供了机会，它能够为品牌增加一点刺激，增加额外的价值（或附加值），延伸品牌的体验，改善品牌的形象。不妨问问自己：“我们的网站能够为访问者提供什么样的体验？这种体验是独一无二，且能代表品牌的形象吗？我们的网站如何帮助顾客（或其他利益相关者——见‘情境策划’）？我们的网站如何能提高品牌的附加值，令人振奋？"

可以参考以下比较有创意的点子。伦敦的千年轮渡能够为那些实际参观过它的人提供一次虚拟的参观体验；BBC 电视节目可以在演员休息室安装网络摄像头；足球俱乐部可以在特定的日子在训练基地与更衣室安装网络摄像头；摄像机公司可以通过模拟拍摄不同场景的照片，让用户比较效果（指导如何维护相机，邀请他们发送最满意的照片参与比赛），从而指导用户拍出好看的照片；旅游公司还可以为顾客提供"虚拟的朋友"服务，给出在每个城市"你可能会做的事"（根据顾客的兴趣来决定）。

使用人物角色模型与情境改善网站设计的指南

建立人物角色模型时可以参考以下指南与建议，先给或者最后为你的人物角色取名字。具体的步骤如下所示。

1. 给人物角色建立人物特征

- 人口因素：年龄、性别、教育程度、职业，B2B 中公司的规模与定位；
- 心理因素：目标、任务与动机；
- 网络因素：网站体验（按月）、使用地点（家中或工作地点）、使用平台（拨号上网、宽带上网）、使用频率与最喜欢的网站。

2. 记住人物角色只是性格特点与环境的模型

- 设计对象；
- 刻板印象；
- 通常三到四个用于提高使用性能，还需要更多的具体行为；
- 选择最主要的人物角色，这一角色应该让人满意。

3. 为不同的人物角色设定不同的情境

- 搜索信息的情境（网站注册）；
- 购买的情境：新客户（销售）；
- 购买的情境：老客户（销售）。

在建立不同的人物角色后，要确定主要（最常见）的人物角色与次要角色。虽然剩余的角色并不常见，但是如果可以满足需求，就会产生额外收益，这将有助于营销人员打破常规思维。

百加得朗姆酒（Bacardi）通过冠名广播、视频剪辑与鸡尾酒配方等形式确定其网络的价值定位，以维持其在俱乐部中的品牌地位，在网上引起关注；食品网站提供可打印的菜单、视频展示、论坛与"询问专家"板块；巧克力公司给出在甜品、晚宴游戏、桌面布置等方面使用巧克力的创意；英国专利局的商标部门提供网上便捷服务，浏览者可以根据名称、设计与日期搜索相同或相似的商标，该整合系统确保了专利局的员工在整个过程中都在与客户进行对话，浏览者还能查看自己的档案——只需点一下鼠标。原本复杂无趣的程序就这样变成用户友好型的体验了。

哈雷戴维森摩托车的网站能够让网站浏览者体验虚拟的驾驶，能体验到驾驶哈雷摩托的司机所看到的景象，在乡村尽情驰骋。这种刺激提高了品牌的形象，这样的品牌形象改善也只能在网上做到。有些刺激尽管很简单，但是能为品牌增加正面的体验。现在我们再来看另一个因素——用户参与度。

用户参与度

情境策划、人物角色模型与刺激要确保内容的质量高，激发消费者的兴趣，这样才能激活神奇的营销公式（确定需求、反映需求并满足需求），从而让浏览者再次回到网站，提高销量。另一种方式是用户参与，是指让浏览者参与到网站上来，参与的最终体现是用户建立 UGC，这种协作式创意在第 1 章中详细讲过。

有些用户参与的形式非常别致，会引起不小的轰动。第 1 章中提到的一个经典案例就是 threadless.com，用户可以将自己设计的 T 恤上传到该网站，所有的用户投票选出最好的设计，然后生产，在网上售卖，这就是 UGC 销售。这些用户参与度很高，因为他们与品牌密切相关——甚至创造自己的产品。所有的品牌都可以通过创新用户的网上参与形式来延伸品牌的体验。

用户不再对内容评级，而是亲自参与到协作式创新的讨论中去，不管是广告创意，还是产品与服务创意，他们的参与度都在不断提高。UGC 若能让用户将自己的创意用到某个品牌的网站，就能引起轰动，这就是协作式创新，这种创新就会生成网站内容。内容有好有坏，因此需要投票机制或评判机制来确保内容的高质量性。

总的来说，用户参与、创造刺激、建立人物角色与情境策划相互结合，才能确保网站具有高质量的内容，并且这些内容与用户具有相关性，从而更好地发挥神奇的营销公式（确定、反映与满足）的作用。

让我们再来看一下第二个影响满意度的因素——易于浏览。

让用户满意的关键因素之二：易于浏览

好的网站会同时注重形式与功能的设计。形式是指网站的外观（例如美学，包括布局、图形、色彩与字体）；功能是指交互性、整体性、导航与结构。每个网页的导航与布局需要得到专家的指导建议与企业的用心设计。浏览是关键的一环，它决定用户如何利用功能选择单、超链接、标识与控制板浏览网站。

不同的用户会使用不同的方式进行搜索，他们会用不同的关键词、不同的标题，点击不同的链接。下一个订单不应该超过三次点击。需要注意的是，有些人想立即购买，有些人想先试试，还有些人想了解更多的信息。应该让用户随时能看到公司的联系电话与其他联系方式，网站结构要简洁、统一，指示明确，以保证浏览量。

网站导航原则

整个网站的导航结构应该清晰地呈现内容的组织结构，以及不同网页之间的联系。如果网站毫无结构可言，就会成为“垃圾网站”，最坏的结果就是惹怒用户，最好的结果就是让他们晕眩、无法集中注意力，失望之极。若网站没有自然流量，用户就不会再来浏览了。

导航需要进行周全的考虑与使用测试，这可以通过在纸上进行屏幕截屏模拟，不需要在已建立的网站上进行测试。许多导航问题可以在网站建好之前就被发现。这里有三个来自 eMarketing 和 eXcellence 官网的导航原则。

- **做到简洁**。网站不要有太多的按钮。心理学家研究过电脑用户的行为，认为最多设置七个按钮（或更少）。超过七个，用户就会很难做出选择。可以采用嵌套与快捷菜单来避免使用太多的菜单。要避免困扰用户，简洁很重要。

- **始终保持一致**。网站的一致性很重要，要避免用户在浏览网站的过程中看到不同的菜单与页面布局。例如，用于用户支持的菜单结构要与浏览产品信息的菜单结构一致。
- **清晰的指示**。网站要有清晰明了的指示，告诉用户在网站的位置以及其他他们想看的内容。

要满足处于不同购买阶段的消费者的需求。有些人想了解更多的信息，有些人想试用样品，还有些人想要立即下单，因此，要设置“浏览”“试用”“购买”选项（见下文）。这些选项可以有不同的形式，特别是有的消费者更喜欢以不同的形式接收信息，例如视频（展示）、文本（PDF 文章）或与人对话（回叫技术）。要在网站上清晰标注和设置不同的文件夹与目录，以便用户参考网站不同信息的描述。

主要任务

网站导航的另一个功能就是辨识网站访问者浏览网站时想要完成的主要任务，网站的设计就是由这些任务来决定的。尽管主要任务的确很重要，但还是被很多网站忽视了，特别是当不同的部门想在官网主页上凸显自己时，这就是范围蔓延（见第 3 章中的“了解范围蔓延”一节）的另一种形式。格里·麦戈文阐明了确定主要任务是如何直接影响消费者转化率、质询与最终销量的：

> 一家法律与医学出版社用了很长时间来弄清楚其客户的主要任务是什么。它们的出版领域之一是家庭法，经过多次讨论，它们认为客户只有两个要点：结婚与离婚。去浏览他们的网站就会发现，这些要点很难找到。
>
> 听说过网站蔓延吗？公司建立起新网站，要点也清晰列出来，但是却出现了处理那些琐碎事情的压力。
>
> 它们都想出现在主页中，都想成为新闻或广告宣传的重点，都想要更多的链接。于是，它们不断给网站团队施压，要求实现自己的这些诉求。渐渐地，这些琐碎的事情占据了网站主页、其他主要网页、浏览与搜索。一旦这些琐碎之事被呈现在页面上，就再没有清除它们的动力，因此网站变得越来越糟糕。怎么解决？当然是重新设计。

怎样将网站访问者转化成消费者

在现实中，许多推销员都忌讳被问及销售情况或是否拿到订单，这或许是因为他们对销售失败有种莫名的恐惧，抑或是培训不足。无论什么理由，如果推销员主动寻求商机，那寻找潜在消费者、与客户预约、准备、产品展示、处理回绝等工作都白费了。在网上做生意也是一样。吸引消费者浏览网站是一个方面。而下列因素才是影响浏览者是否会购买产品的关键所在：

- 号召采取行动（用激励措施）；
- “浏览”“试用”“购买”选项；
- 价格排列；
- 简化购买流程；
- 减少消费者的忧虑；
- 联系策略与数字化身体语言；

- 相关登录页面。

号召采取行动

不管是电子新闻讯息上的“现在注册”还是“立即购买”，企业都可以通过激励措施来号召访问者行动起来。有效的激励包括礼品、免费产品、降价，以及其他可以让潜在消费者立即行动而不是延迟决定的措施。限量的礼品与产品也可以激励消费者“立即决定”（见第 16 章）。目标明确的激励措施不需要太多的成本，就会对目标市场产生价值，这些知识资产往往是企业为其他目的而创造的网站内容，企业不需要花任何成本就能将其作为奖励赠予消费者。不管有什么优惠，要确保浏览者时刻看到号召采取行动的标识，因为他们会登录不同的页面。要注意有些国家不允许网站出现免费礼品与优惠的信息。企业若想瞄准某些出口国家，首先要通过英国贸易与投资部门检查，或者通过同等效力的出口机构检查。最后，确保消费者有信用担保，包括返现担保、消费者评级、评论与代言、隐私政策、安全保障与包括邮寄地址与消费者服务（电话、电子邮件、短信与聊天）等在内的联系方式。

“浏览”“试用”“购买”选项

实体服装零售店会将店里最好的衣服展示给顾客，鼓励他们试穿，希望他们购买。同样地，网站也要经历“浏览”“试用”“购买”三个阶段。如果网上的消费者能够立即试穿，或者试用一段时间，然后立即购买（联系战略），这三个阶段就会很快完成。实体服装零售店意识到让顾客试穿衣服会提高购买率，网店也同样如此，虽然实现购买的时间可能要长一些。这里要记住一点，有些浏览者一旦找到他们想要的，他们就会立即购买；有些浏览者会想先试用；还有些人感兴趣想货比三家。因此，网站要提供三种选择，满足这三种浏览者。

价格范围

有效的价格范围意味着企业能为消费者提供一系列的价格选择，供不同预算的消费者选择购买，即使只是针对一个样品或一个版本。不同的价格选择能够让不同消费水平的消费者能够购买到他们想要的东西。即使没有足够的钱或预算也不成问题。另外，可供不同预算选择的方式多种多样，租借或租赁就是其选择的延伸，例如，有些企业与租赁公司合作，让消费者能够以每周支付很少的金额来分期购买大额商品。

简化流程

所有的网站与浏览者之间的互动一定要便捷，尤其是表格填写。有些营销人员对数据很贪心，他们认为如果消费者要注册或购买产品，就要尽可能多地收集许多数据（最终做一些有用的消费者建档与分析），这完全是错误的。一般来说，浏览者不喜欢注册，如果必须让他们注册，那最好只问他们几个简单的问题，更多的信息可以留待未来收集。如果消费者最主要的任务是下载一张表格或注册获得电子通信的，那就一定让这个过程变得简单，并把表格设计简单一点，不要设有任何限制。

格里·麦戈文举了几个表格填写如何直接或间接影响销售的例子。

烦琐的表格会吓走顾客

几年之前，香港汇丰银行（HSBC）制作了一份自认为合理、直截了当的有关抵押贷款的问询表并在其官网上发布，它包括有 17 项要求：

- 房产信息（地址、价格）；
- 申请人信息（姓名、职业）；
- 贷款信息（贷款金额、还款期限，等等）。

汇丰银行在一周之内只收到2份问询表。它们觉得应该进一步改善这份问询表，于是向布雷特·金（Brett King）求助。布雷特是我的朋友，他刚刚出版了一本名为《银行2.0》（*Bank 2.0*）的好书，他的团队建议汇丰银行应该要简化表格。

于是汇丰银行将问询表上的17项要求缩减为3项：姓名、电子邮件与电话。简化过程遭遇到了一些抵制，人们认为原来的调查表所收集的数据可以很好地整合到内部系统中，而新的调查表只会收到很多诸如唐老鸭和阿诺德·施瓦辛格（Arnold Schwarzenegger）粉丝无聊的问询。

但最终它们还是顶住质疑，在官网上发布了新的问询表。由于没有大肆宣传，抵押页面的访问量没有太大的变化，但是问询却从每周2个上升到每周180个。是的，它们的确收到了来自阿尼（Arnie）的抵押贷款咨询。虽然无聊的问询很多，但是与网上新的简洁的问询表相关的抵押贷款生意却在第一季度达到了2000万美元，而原来的问询表每季度却只有不到100万美元的生意。

浏览者的时间有限，因此企业一定要将表格简化。简化信息让汇丰银行获得了巨大成功，该银行还想尝试在别的层面实践这一理念，它们决定将其应用到旅行保险中。公司有2%的旅行保险申请是通过网站进行的。为了提高该申请量，公司修改了申请表格，只用了短短两周时间就将表格修改成一页表。如麦戈文所说："整整花了四个月的时间才得到了相关法务部门的批准，因为它们不喜欢简单的方式——这表格缺少他们习以为常的细节。那么简化的结果又如何呢？汇丰银行收到的75%的旅行保险申请来自其官网。"

乐购公司线上与线下结合进行有关注重细节的可用性测试

"琐碎的细节会对消费者的体验产生重大的影响，乐购公司就做到了这一点。"Foviance调查公司的主管卡特里奥娜·坎贝尔（Catriona Campbell）说道。乐购公司在建立网上直销时，Foviance公司曾组织消费者参与了乐购公司的网站测试。

"我们运用了眼睛跟踪技术，能够追踪消费者的眼睛看到了网页呈现的哪些产品分类目录。我们发现，分类目录里的创意并没有被转移到网页上。"她说。通过调研获得的可用性创新并没有产生轰动效益，但是却产生了不小的影响。

例如，将分类目录的页码放到网页中，方便消费者搜索在目录中看到的信息。消费者还希望在网站的目录中看到熟悉的乐购超市的产品优惠"标签"，就像他们在实体店中看到的那样。尽管这些标签读起来有些费事，但是他们就是想看到那些又大又红的标签。

坎贝尔说，最重要的是，真正的可用性并不取决于没有来源的创意，而是取决于消费者。"调研的结果绝不是自己能凭空想出来的，"她说，"创意要根据实际情况与调研相结合，最理想的状况是将调研技术与设计者的想法结合起来，从而获得那些真正能做到非同凡响的创意。"

检验网站是否易用的最终方式是进行可用性测试。公司会为符合目标市场条件的消费者设置一些他们需要完成的任务，来完成网站的可用性测试。

减轻消费者的顾虑

消费者对于将自己的个人数据与钱交给千里之外的陌生人，多少都会有所顾虑。令他们不安的还有，在点击某个网络链接后，得到的是毫不相干甚至让人抓狂的信息，从而浪费了他们的第三个关键资源——时间。因此，没有打印错误的专业设计网站以及整齐有序的网站设计就显得至关重要了。有消费者代言与知名度高的消费者的背书能够让大众安心，就像 VeriSign 这样可信度高的网络设施服务商所做的一样，作为专业机构，它们当之无愧。网站上的“关于我们”部分要有公司员工的照片、联系方式与公司大楼的照片。最后，在“加入购物车”以及“结账”处要有提醒消费者返现的相关保障条款，无论商品是否有库存还是让消费者选择何种快递方式，都要让消费者知道多长时间可以收到商品，下一步该做什么。公司应该做到每一个环节都要减轻消费者的顾虑。

联系战略

即便浏览者离开了网站，也可以转化为消费者。这首先需要企业获得潜在消费者的电子邮箱与姓名，其次企业要制定相关的联系战略。每个联系方式（电子邮件、信件或电话）往往都可以激励消费者行动起来（可以参考第 3 章关于乐购公司针对不同阶段消费者的电子邮件联系策略）。可以根据消费者是否注册了电子时事通信、是否在线进行了咨询、是否试用了产品或者真正购买了产品的不同情况，制定不同的联系顺序。购买产品往往只是一个开始，企业都希望能与消费者建立终生的联系。

聪明的营销人员会观察网站浏览者的行为（或者数字身体语言），以确定什么联系方式对他们最有帮助，这可能是网页弹出信息，或是电话通知，或是销售代表登门拜访，等等。浏览者连续三次浏览网站会引起销售代表的注意（有相关的数据表明），然后会礼貌地给其打电话。企业应该为那些通过搜索、广告、网络研讨会或白皮书等方式参与与品牌互动的潜在消费者制定灵活的联系战略，然后组织相应的“培养活动”，将直邮与电子邮件结合，以巩固品牌的定位。如果浏览者连续三次浏览网站，那公司应该安排销售顾问与浏览者会面，这也是一种激励措施。

联系战略会随着潜在的消费者对媒介类型、频率与风格的偏好不同而不同

有些人希望通过 RSS 将信息转到他们的 RSS 阅读器上；有些人更喜欢电子邮件、直邮、播客、贸易展览会以及行业分析报告；有些人喜欢按季度、按月或按周联系他们，参与度越高的消费者往往更喜欢更高的联系频率。经过一个销售周期后，企业可以通过分析联系频率与回复来确定跟进潜在的消费者的进展。网页打开率降低，有可能是潜在的消费者时间有限，或对网站失去了兴趣，因此，企业有必要重新考虑联系战略。企业可以制定一系列相关规则，来推动联系战略的制定、价值定位以及优惠活动的开展。有些潜在的消费者更喜欢通过丰富的视觉传播而获得信息，而有些消费者只想通过短信或电子邮件来获取基本信息。

数字身体语言与联合营销

B2B 购买者如今可以在不需要任何销售人员协助的情况下进行网上采购。他们可以列出一系列潜在的供应商，简要了解它们的情况并分析最佳解决方案，而这一切都不需要销售人员的帮助，从而有效地将销售人员排除在采购流程之外。如今，许多专业的购买者逐渐减少了与销售人员的接触，因为他们可以在网上完成采购。因此，尽管无法观察购买者的身体语言，但聪明的营销人员还是知道如何解读（使用）潜在的消费者的数字身体语言。营销人员会观察网站浏览者的行为，知道浏览者处在什么阶段以及他们是如何思考的，从而可以在合适的时间为他们提供相关信息，在无须看到消费者本人的情况下帮助他们来购买产品（线上或线下），这就是数字身体语言与联合营销相结合的结果。

营销人员可以根据浏览者的以下数字行为并对其进行评分：浏览某个部分的次数；在不同页面上逗留的时间；下载了什么。正是这些行为让营销人员能够知道某个浏览者对某种产品或服务的兴趣如何。同样地，如果同一组织的几个人花时间浏览某个网站，那就说明这个潜在的消费者对某一产品或服务很有兴趣。

营销专家会根据消费者不同层级的兴趣（或网上行为）来识别潜在的消费者目前处在购买周期的什么阶段，什么时候引入销售人员最为合适。销售与营销经理能够知道哪个购买者积极参与到购买过程中，哪个没有参与，他们会看到一些微妙的数字购买信号。若某个消费者的数字身体语言得到了客观的评分，但是突然有了很大的变化，这说明他处在购买周期的不同阶段。传统的消费者通过公司提供的高度相关的信息与优惠进入了销售漏斗。

相关登录页面

消费者点击付费广告关键词或者超链接时，希望登录到包含相关信息的页面上。他们不希望登录到主页，让自己到处搜索相关信息，因此，要确保浏览者点击一次就能获得相关信息。页面的相关性越高，就越能反映消费者的需求，他们就越有可能购买。其中一种方式是有些网站提供个性化网页，能够有效地记住消费者的偏好，会提供相关性更高的信息；另一种方式是建立微型网站，专门定制信息，以匹配促销或广告活动（详见案例21-1）；还有一种方式就是建立同一个网页的不同版本，设有不同的优惠活动，有些则呈现的图像不同，有些则设有不同语言的版本，以观察哪个网页与消费者相关性最高，而潜在的消费者转化为最终的消费者数量最多。这种方式成本不高，如案例21-2所示，营销团队可以自己设立这些网页的变量，以便进行测试。首先，让我们来看看某些品牌是如何建立某个专属主题的微型网站的。

案例21-1：《泰晤士报》为布莱恩·克劳夫的生平宣传影片《魔鬼联队》所建的微型网站

情境分析

《泰晤士报》（*Times*）的官网邀请数字代理商Moonshine传媒公司来策划一场关于布莱恩·克劳夫（Brian Clough）丰富多彩的人生的网上展览，布莱恩·克劳夫是英国历史上最具争议、最坦率的足球经理。

目标

网站的最终目标是宣传电影《魔鬼联队》（*The Damned United*），这部电影改编自大卫·皮斯（David Peace）的同名畅销小说《魔鬼联队》，小说描述了克劳夫担任利兹联队（Leeds

United）经理 44 天期间所经历的狂风暴雨。

战略

网站的设计重点放在克劳夫的职业生涯上，而不是他的私生活，这就是为什么网站布局的设计灵感来自对收集卡片以及简洁、少文字页面的兴趣。

策略

网站设有链接，可以看到有关克劳夫的视频、图像与文章等信息，在网页的最后还显示了交互式时间轴，展现了“困难时期的克劳夫”，并搭配展示了相关视频和图像。《星期日泰晤士报》（*Sunday Times*）着重强调了克劳夫在职业生涯中的重大事件，让读者能够探索并浏览到这位运动员一生中最值得怀念的时刻。

行动

见图 21-1。

控制 / 结果

《泰晤士报》官网非常欣赏这个微型网站，声称这是“睿智而令人振奋的设计，将我们的内容表现得惟妙惟肖”。《泰晤士报》官网非常自信地认为这个微型网站能够提高读者的参与度，并能够娱乐读者。

人员

由《泰晤士报》官网的五个人组成的研究团队在该项目启动前就已经花了一个月时间来收集信息，扩大网站的知名度。他们看了报纸上的相关报道，观看了所有关于克劳夫的采访视频，还购买了很小一部分电影脚本，并将网站内容提供给了 Moonshine 传媒公司，让它们大力宣传该网站。

资金

微型网站的预算是 13 000 英镑（没有预付金，按最终的成效付费）。

时间

从开始到结束共计 30 天。

不要忘记内部沟通——10% 的预算

将营销活动举办得完美无瑕，以及利用像网站这样单一的工具并不是一件很简单的工作。几年前，美国作家博西迪（Bossidy）与查若（Charan）合著的一本书中强调，执行是竞争优势的最后一道壁垒，也就是说能够将计划执行得比竞争者好，那就能获得竞争优势。而要保证营销工作执行到位的一个关键是内部营销，也就是与你的团队、同事、员工以及企业内其他部门进行沟通。虽然预算金额不尽相同，但大多数优秀的企业都会在内部沟通上分配至少 10% 的预算资金。

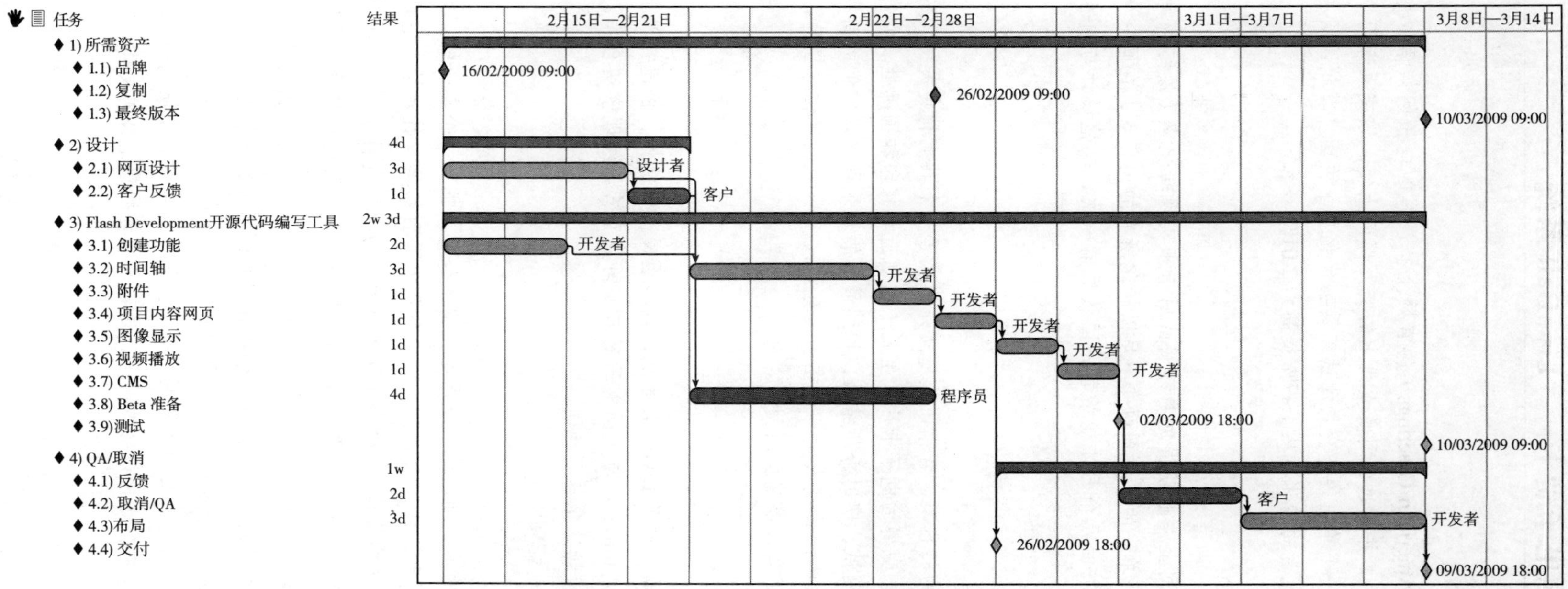

图 21-1 《泰晤士报》微型网站的时间轴

案例 21-2：美国电子贺卡——LiveBall 系统

情境分析

美国电子贺卡（American Greetings）的官网上有最多的电子问候语，都在 AmericanGreetings.com 网站上显示，并通过公司负责线上的交互部门上传。该交互部门负责将用户引导到网站的主页，或通过一个单一的多变量测试工具去优化登录页面。营销团队决定进行一项登录页面的测试，以将浏览者的转化率从 1.47% 提高到 2.01%。

目标

目标是利用用户网上注册获得免费订阅试用卡来实现转化率（最终将免费订阅者转化为付费客户）；但是一个单一的登录页面并不足以转化所有的浏览者，在同一个登录页面上进行测试进展相当缓慢，并且几个月才能给营销团队反馈一次，其他设计与内容的实验性进展更缓慢。

战略

为了提高浏览者的转化率，营销团队建立并测试了多个具有特定关键词的登录页面，这些关键词有：电子卡片、免费的电子卡片、生日卡、创造与打印和国际性。它们需要对网站的内容与布局进行广泛的测试，实时分析结果，找到最好的登录网页。它们的新战略是建立一个被称为“LiveBall”的系统，营销人员可以在上面直接改变服务、定位与图片，甚至不需要开发人员与设计人员进行编码，以建立新网页。

策略

美国电子贺卡公司采用了 LiveBall 系统，以希望提高敏捷性，快速打入市场，最终以低成本提升客户的转化率。Ion 公司与美国电子贺卡公司交互营销经理密切合作，进行了不同的登录体验，不同的目标市场体验各不相同。

行动

经过为期三个月的第一期测试，美国电子贺卡公司从拥有一个单一的、优化的登录页面变为拥有超过 40 个独一无二的登录页面，每一个登录页面都具有针对性。它们对三个完全不同的设计版面、12 种不同的价格、200 个不同的目标市场分别进行了测试。通过与不同的群体对话，尽管受到经济不景气的影响，客户减少了访问量，但是浏览者的转化率却提高了。

顾客会用不同的短语搜索电子贺卡。测试能够揭示出每个关键词的最佳登录页面，一旦这些搜索“冠军”页面被识别出来后，同一个关键词的访问者就会被引导到这个关键词下的搜索“冠军”页面上。例如“电子卡片”“生日”“创造与打印（属于自己的卡片）”三个关键词，每个关键词都与某个特定的登录页面相关联。每个登录页面在营销团队选择之前，都会对不同的版本进行测试，从而从中挑选出最好的一个，这就是神奇的营销公式发挥了效用。

控制

每个登录页面都是专门定制的，与相应的付费广告匹配。该测试使得浏览者的转化率迅速提高了30%，获取每个消费者的成本下降了20%（净收益，包括与Ion公司的LiveBall平台合作、转化最优服务的附加费用）。电子卡片同时进行了13或14个测试，能够快速了解情况。

使用LiveBall系统的前五个月里，该公司的线上营销团队创建了700多个登录页面，并经过了上百个到访来源的测试。LiveBall的实时测试与分析确保了访问者登录到最匹配的页面。美国电子贺卡网站一旦得到统计数据，就会立即将访问者引导到最佳登录页面。单母亲节一天，公司就增加了45 000美元的收入，要是不采用LiveBall的实时方式，就不会有这笔收入。

新的测试还在筹备当中。该网站2010年的转化目标比2009年至少高40%，2011年比2010年提高33%。该公司利用LiveBall平台提高了ROI。顶线销售的一点点改善也会对底线的利润产生重大的影响。LiveBall平台加快了营销速度与学习速度，以作为一种可视化工具让营销人员关注能够改善结果的东西。

卓越的市场领先者都是不断地提高自己的营销技能，美国电子贺卡公司就是个不错的例子，测试不同的登录页面是将浏览者变为消费者的方式之一。营销人员现在需要将老客户变为终生、重复购买的顾客，下面就是方法。

将老客户变为终生客户

据说客户第二次浏览网站就是与企业关系的开始。如今营销人员都会问自己，是否给了客户足够的再次访问网站的理由，这是个很好的问题。诚实的回答有助于改善网站设计。假设网站能发挥作用，消费者就会购买。营销人员如何将这些客户变为终生客户？如何保持与客户的关系？答案就是去用心经营彼此的关系——倾听他们的心声，理解他们的需求，经常与他们沟通，履行诺言，偶尔给他们一个惊喜。这意味着什么？意味着营销人员要履行品牌承诺，提供优质产品或服务，制定联系战略，回应客户——他们的问题、询问、疑虑、投诉或建议——并偶尔奖励他们。确认订单、确定运送日期、满意度调查都是联系战略的一部分。持续的专属优惠与提醒是维持关系的推动力。

既然探究了成功的网站，再让我们来看看社交媒体获得成功的关键因素以及应该避免的错误。

成功的社交媒体

我们在第1章中提到，社交媒体是“自工业革命后最大的变革”。第1章与其他章节的内容都涉及了社交媒体，以及如何将其与不同的营销工具整合。在第16章中，我们具体提到了有关数字化艺术的社交媒体活动。这种用户生成内容让人振奋，这是客户参与度最高的形式（见第1章）。在第13章中，我们讨论了UGC运动，能够产生很长的广告，有些广告以电影的形式播出。随着商业越来越紧跟社交媒体的潮流，我们有必要探究如何将社交媒体整合到商业系统中，社交媒体最优化（SMO）如何成为最优化的新型搜索引擎（SEO），如何避免使用社交媒体所犯的10个常见错误。

将社交媒体整合到商业中的10个步骤

以下是将社交媒体整合到商业流程中的10个步骤，从而使之成为商业运营的常规流程。这10个步骤与写博客的三步法——潜伏（倾听与学习）、参与（写评论）、写博客（写自己的帖子）有着相似之处。

下面的步骤更为详细，这些步骤改编自布莱恩•索利斯（Brian Solis）的著作，他认为我们正在见证商业的敏捷转型，同时它也在改变着文化与沟通方式，这种文化与沟通方式的改变促进了企业内部与外部的倾听、交流、学习与适应性……倾听是智慧参与的基础。索利斯认为好的企业都是在不断改善社交媒体的利用方式：社交媒体营销的下一阶段将从倾听与零指导式的参与逐渐成熟过渡到战略性的观察、分析与参与。下面就是他所说的10个步骤。

1. **倾听**。应该将员工指派到不同的网络组别与网络社区当中，去研究特定品牌的用途、人与关键词，可以使用倾听工具，例如Google Alterts、Twitter Search、Radian6、PR Newswire's Social Media Metrics来监控他们所负责的社区。记录热点话题（有很多评论）与正反面评论（情绪）。倾听关注度高的话题及其所引发的情感。
2. **刷存在感**。在诸如Twitter、Facebook（粉丝页面）、YouTube、Flickr等常用的社交网络平台刷存在感，这不是战略性参与，此阶段只是实验，与传统的信息广播类似。
3. **参与对话**。要敢于尝试，参与网络的相关对话，在自己的主页或Twitter上发布活动、事件与竞争信息。如果是在别的社区参与讨论，只有所宣传的活动与讨论主题具有相关性时才能发布。时刻注意朋友、粉丝、跟随者、对话、情绪发泄、提及、访问的数量等的变化。
4. **找到社区、热点问题与舆论影响者**。企业不仅要倾听，还要观察重要的对话在哪里，回复的类型与使用的语言会揭示出热点问题、痛点、新想法以及其他有价值的洞见。企业无须到处去宣传自己，只需要在有重要影响者的相关对话中彰显自己即可。
5. **内容战略**。只要了解了相关的社区的需求，并找到舆论影响者，企业就可以确定需要将什么内容、问题、挑战与合作共创融入到这些社区中。这不再是即兴的沟通，而是经过周密规划的沟通。企业要从战略层面上确定话题、问题、议题、社区的疑虑与担忧，并能通过组织或专家解决这些问题，这是由品牌整体定位与市场共同推动的。
6. **社交媒体指导手册**。指导手册既要发给企业中的每个人，也要给那些参与到讨论中、负责制作视频、图像或将其他资料上传到社区上的人。指导手册上要有品牌定位、与品牌相关的关键词、企业擅长解决的热点问题、品牌自身关注度高的网页链接、某些登录页面、文章、幻灯片与视频，还有其他包括音调、标识与线条等在内的品牌指南。
7. **壮大社区**。仅仅通过建立博客、Facebook粉丝主页、群组以及任何传统网络档案，是不足以壮大社区的。因此，仅仅出现在这些社交网络上是不够的，还需要高质量的内容，以鼓励成员彼此分享，参与进来。另外，还需要诸如舆论影响者等社区成员的帮助。在这一阶段，品牌商要邀请参与度高的人与倡导者参与到社区中来。邀请并鼓励成员参与到新的社交媒体社区是一项很重要的工作，这是一个费时又长期的过程。
8. **团队社会化**。企业的团队要相信社交媒体的力量，不管是出于个人兴趣还是公司的业务考虑，要研究与探索不同的社交媒体平台，才能获得有用的信息。员工要习惯于社交媒体的分享与合作特性。倾听与对话环节只能促进关系的转变，更重要的是部门之间的合作（分享）。所有的员工都是品牌大使，都是社交团队的成员。由于团队要回答问题，因此应将社交营销整合到 CRM 系统当中。任何与外部交流的部门都要具有社会流动性，要发现内部善于社交的人，鼓励他们参与进来。

9. **商业过程与工作流程社会化**。监控讨论、发现好的资源、参与对话、发博客、鼓励用户生成内容既需要时间，也需要一定的流程，以确保完成对话，收集、分享信息，利用这些信息做出更好的决策，促进企业良好的运转。新的工作流程需要重新组织团队与安排流程。企业要管理社会工作流程，其未来的适应力决定了其学习与调整能力。
10. **评估与报告**。要让营销部门不再是公司的点缀，营销人员就要评估社交媒体营销（还有所有营销方式）并公之于众。不管是线上还是线下，国内还是国外，每个社交媒体工具都可以量化并与其他营销工具比较 ROI、CPT、每个问询的成本、每个订单的成本以及获得每个消费者的成本。其难点在于评估社交媒体对品牌价值的影响，品牌价值现在已经作为资产出现在了资产负债表中。

社交媒体优化——SMO 是新型 SEO

搜索引擎优化是指优化某个网站，以便通过搜索引擎（SEO）找到该网站，在搜索结果中出现在靠前的位置（SERP）。许多企业在 SEO 方面做了许多工作，但是随着越来越多的搜索是在社交媒体平台上进行的，社交媒体的内容也需要进一步优化。社交媒体内容，也称为社交媒体对象，包括视频、图片、博客、文章、白皮书、评论、状态更新与涂鸦墙，等等。SMO 提高了社交媒体内容的可检索性以及可见性。

当将传统网站与新型社交媒体平台结合起来搜索时，SMO 适用的规则与 SEO 相同，即使用关键词或关键短语、标题、描述、标签与链接来进行。

- **关键词或关键短语**。使用关键词或关键短语：标题、标签与描述。第一步是建立关键词清单或关键词库，这些词或短语是目标市场在搜索企业产品或服务时可能用到的。这就需要营销人员换位思考——站在消费者的角度思考并列出他们可能使用的词语。营销人员还要学会利用自己的网页分析，找到能让访问量最大化的词语。他们的销售团队会问消费者在搜索产品或服务时会用到什么短语，营销人员可以利用工具产生关键词，并将其应用到不同网站上进行比较。一旦不同的产品或服务有了不同的关键词，营销人员就可以将这些词语加到网站内容与标题、标签以及内容描述中去。
- **标题**。要包含吸引搜索者的关键短语。要试着将关键词用到标题中，而不是使用高深莫测的头韵或有趣的措辞。
- **内容描述**。要包含关键词，至少要包含三个，但是在使用时要注意合情合理，不要让人觉得生搬硬套，不自然。
- **标签**。这种关键词能够进一步将社交媒体内容进行分类。标签要包含与内容相关的关键词。
- **链接**。链接就像 SEO 一样，对可检索性与可见性的影响最大。链接放在 Twitter 或涂鸦墙上，会直接影响到访问量，还能使搜索引擎意识到这个内容具有权威性（因为链接代表权力，特别是当链接来自某些权威机构或关注度高的网站时）。这会提高内容排名，在搜索结果中排名靠前。

使用社交媒体的10个常见错误

以下是由Econsultancy调查机构的帕特里夏·罗伯斯（Patricia Robles）于2010年总结的人们在使用社交媒体时常犯的10个错误：

许多企业越来越喜欢使用社交媒体，认为社交媒体非常重要，需要不断尝试。但是，社交媒体世界的日渐成熟，并不能说明企业会少犯错误。相反，许多企业一次又一次犯着同样的错误。以下是10个常见的错误。

1. **过度追随**。社交媒体称为“社交”媒体是有原因的，但是追随众多用户，尤其在短时间内，并不能称之为“社交”。成功的社交媒体就像营销、销售与公关一样：一次只能成功一次。
2. **使用市面上所有的工具**。要想正确地使用社交媒体很难。企业需要有重点，但是要在每一个社交媒体网站都体现自身的存在并有所侧重更难，因此，企业要避免使用所有新型耀眼的工具，而是要选择最合适的社交媒体平台。
3. **中途放弃**。开始使用社交媒体很容易，但是坚持下去很难。简单来说，使用社交媒体是一段旅程，而不是目的地。没有准备好长途旅行的企业很可能会中途放弃，这样并不好，因为社交媒体就好像一个聚会，如果你昏倒了，其他参加聚会的人（消费者、竞争者等）就会发现。
4. **不培训员工**。使用社交媒体看似简单，实则不易。员工的行为对公司社交媒体的名声有着很大影响。积极使用社交媒体的公司需要为员工制定目标与政策，这是确保维护名声的最好方式。
5. **让新人或职位低的员工管理公司的社交媒体**。谁应该负责公司社交媒体工作？2004年加入Facebook、在Twitter上拥有5000个粉丝的年轻员工似乎是个不错的选择，但或许他或她并不合适。公司使用社交媒体的工作交给一位没有经验、不了解公司或没有为公司的成就做出过贡献的新人并不可靠，而且会很快引发问题。
6. **假装社交媒体是免费的**。注册Twitter账户的Facebook主页可能是免费的，但是要想管理好它们（管理得当），如果没有资金的投入，就不会取得成功。社交媒体需要员工付出时间、需要企业分配资源，因此企业在制定社交媒体战略与评估结果时不能忽视这些成本。
7. **先发表后思考**。在社交媒体的世界中，你说的每件事都可能会反对你。不幸的是，社交媒体网站的实时性鼓励人们这种“先发表后思考”的做法。但是公司无法承担巨大的损失，需要确保公司公开的信息都是精确的、真实的，与公司价值观一致的。有时候，不公开未必是件坏事。
8. **度量标准**。公司需要习惯对社交媒体进行实验，但是实验并不意味着公司不需要确定评估进步与成功的标准。评估社交媒体与评估其他工作同等重要。
9. **认为社交媒体的ROI是无法计算的**。字母R-O-I往往让社交媒体支持者阿谀奉承，反对者咧嘴一笑。许多企业认为社交媒体非常重要，但是就ROI来说，其价值不能合理计算出来。这是不对的，因为企业在社交媒体所做的所有努力都会产生有形的价值。

10. **期望获得整个世界**。社交媒体可以为企业做很多事，但是也有其局限性。例如，它无法促进销售，提高品牌忠诚度，促进口口相传——特别是一夜之间。要从社交媒体获得更多，就需要企业制定更切合实际的目标。

以上就是使用社交媒体时需要避免犯的错误。企业的首席执行官需要更加谨慎，以更加系统化、可评估的方式来使用社交媒体。但是，企业不能忽视社交媒体在巩固品牌关系、倾听利益相关者的心声、提高企业知名度、产生问询与销售机会等方面的作用。下列的统计数据表明了在互联网做生意越来越多的益处。

- 线下电视广告的有效性降低了。只有 18% 的传统电视广告产生正的 ROI。
- 互联网络的蓬勃发展。近七年来，互联网的使用率每年都增长 70%。2010 年数字化广告费用超过 250 亿美元，甚至超过了印刷品广告的费用。
- 社交媒体使用的增加。71% 的企业计划加大在社交媒体方面的投资，投资的平均增长率为 40%。
- 成本降低。联想集团自发布消费者社区网站之后，花在电话客户中心的成本下降了 20%。
- 销量增加。Blendtec 公司由于在 YouTube 上发布了"Will it blend"系列，销量达到原销量的五倍。
- 销量增加。Naked Pizza 利用社交媒体创下了一天最高的销量纪录，68% 的销量来自 Twitter，85% 来自新顾客。
- 销量增加。戴尔公司通过 Twitter 使公司的销量额超过了 700 万美元。
- 转化率的提高。据软件公司 Genius.com 报道，24% 的社交媒体引导转化了销售机会。
- 认知度的提高。37% 的 Y 世代在 Ford Fiesta 在美国上市之前，就通过社交媒体了解了这家公司；如今，福特公司 25% 的预算都用在了数字化或社交媒体上。
- WebPaint/Altimeter 小组研究发现，广泛使用社交媒体的企业在收益与利润方面都普遍高于同行。

下面的案例体现了社交媒体的创意应用。社交媒体能够不断地与利益相关者进行系统性的对话（而不是一次性运动）。这些有关社交媒体的活动是 UGC 电影与客户建立对话和交流的开始，它能够提高客户的参与度，并植入关键信息。

案例 21-3：利用社交媒体（和 UGC 电影）帮助 11 到 15 岁青少年戒烟

情境分析

在英国，虽然 11 岁到 15 岁的青少年吸烟比例在过去 10 年有所下降，但据 2008 年报道，15 岁以下的青少年一周至少吸一次烟的比例大约提高了 14%。吸烟是可预防疾病与早逝的主要成因。Deborah Hutton Campaign 正在与政府、慈善团体通力合作，致力于降低青少年的吸烟率。

目标

ICE曾与该组织合作举办了一个题为“Cut Films”的电影制作竞赛（见图21-2和图21-3），这个比赛在英国的10所学校和一个全国青年俱乐部举行。该比赛的挑战是打造一个富有创造性的新理念，使青少年产生共鸣并受到鼓舞。整个比赛得到了学校与国内青少年的热情支持，影响力迅速扩大。最终，比赛的目标是产生1000部电影，以改变青少年对吸烟的态度，减少青少年吸烟的数量。

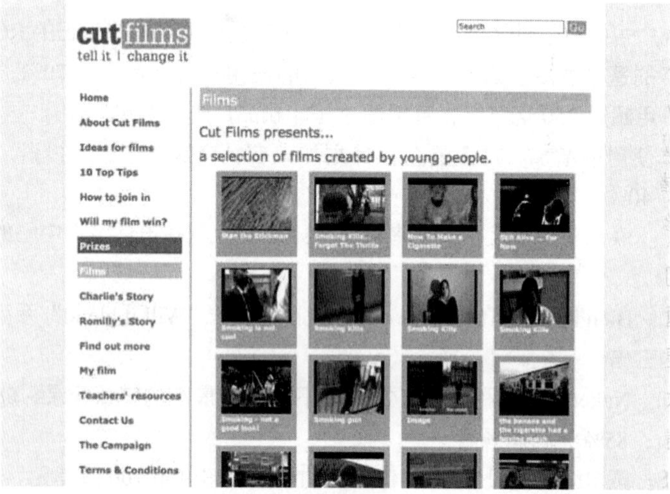

图21-2 Cut Films网站——可获取多屏幕画面的“电影网页”

图21-3 YouTube网站上关于“吸烟并不酷”的视频

战略

“Cut Films”竞赛采用了最具创意的电影制作过程，通过社交媒体，对11岁到15岁的青少年产生深远影响。这一比赛要吸引青少年，鼓励他们利用自己的社交媒体关系网分享自己的私人信息与创意作品，让他们能不断地传播电影与活动信息，从而使比赛的影响力如滚雪球般不断扩大，旨在使青少年改变对吸烟的态度。此次活动通过采用端到端的社交媒体应用方式，让青少年通过创意电影与新的媒体技术参与到此次活动中来。

策略

“Cut Films” 竞赛活动出现在了各种不同的社交媒体网站上，上传到 YouTube，出现在 Facebook 与 Twitter 主页，并让主要利益相关者都知悉。

行动

这一比赛由活动总监负责，他在整个比赛过程中负责全力支持学校与青少年俱乐部的活动。但是，整个活动的结果主要是通过“我的电影” 文档来进行管理的，这个文档是用来帮助青少年规划、构思和评估整个电影的制作过程，并仔细打磨他们在整个制作过程中发现的问题。所有的电影都要上传到 Cut Films 网站，经审查后，再上传到 YoutTube。团队一直在努力地向各个学校介绍此次活动，并与利益相关者不断沟通，其中包括：

- 健康部门；
- ITV 专题节目负责人；
- 重要的健康宣传学术专家；
- 爱丁堡大学公众健康科学负责人；
- 学校与青少年俱乐部；
- 当地 NHS 服务机构中负责地区戒烟的领导。

控制

Cut Films 活动围绕着 PSHE 课程范围内的健康与公民议题展开，这些议题都是在全英社会营销中心的社会营销与社会变化规则指导下展开的，使得比赛的长期影响得到了严格的评估与权威认可。

为确保该活动的各个方面顺利进行，ICE 的社会营销部门致力于不断修正有关正常行为的概念，以激励青少年及其所在社区所采取的行动作为电影主题，来表达他们独到的见解。该社会营销部门还建立了评估的框架与焦点小组，以便在全英国开展并评估活动。

人员

活动总监是唯一一名全职员工，她获得了来自董事会的支持，并且与社会营销公司 ICE 一起工作，该公司主要为此次活动提供免费的网站开发、设计、社会营销与公关方面的专家支持。

资金

为了为慈善活动贡献一份力量，ICE 为此次活动免费提供了专业支持。

时间

- Cut Films 比赛时间：2009 年 6 月到 2010 年 3 月；
- 网站与资源设计：2009 年 8 月到 9 月；

- 电影提交的最后期限：2009 年 11 月；
- 颁奖典礼：2010 年 3 月；
- 全国活动启动时间：2010 年 9 月。

优势与劣势

企业在考虑是否增加或减少这种营销工具时，可以参考以下优劣势。

优势

网站可以建立品牌的可信度，以独特的方式让消费者参与进来，让其转变为终生客户与品牌宣传者。将网站与社交媒体平台结合起来，可以提高消费者的参与度与品牌知名度。网站往往受控于环境（假设要经过审查），但企业可以不断提高网站的价值。社交媒体有助于提高品牌知名度，让消费者参与到购买与品牌宣传的过程中。网站虽然不能建立品牌认知，但可以将客户的认知转化为关系。另一方面，社交媒体能够帮助客户建立品牌认知、改变态度，将潜在客户变为客户，将现有客户转变为终生客户。

劣势

网站完全依赖访问量，没有访问量，网站就一无是处。首先，需要大量投资来开展引流活动；其次，需要不断更新网站内容以维护网站，社交媒体也需要不断更新内容（以及回应网站讨论），这样有可能会引起资源匮乏（SMO 是新型 SEO），而且至今很少有模式表明，企业会将最好的资源分配到社交媒体上。诸如服务器崩溃、安全系统侵入、诈骗与垃圾邮件制作者威胁着信息的控制，这些都是网站与社交媒体所面临的挑战，需要时刻警惕。在社交媒体上的对话也需要不断监管与跟踪。范围蔓延与诸如过期内容等网站内容的管理不善，都将不利于网站的维护，这一点至关重要。

新营销箴言

◎ 网站有四个关键满意度因素：高质量的内容、易于浏览、下载速度快与不断更新的内容。

◎ 高质量的内容需要情境策划、人物角色建立、创意刺激与客户参与。

◎ 浏览需要全面的规划，包括网站导航规则、识别主要任务。

◎ 提高客户转化率，并获得成功的几个关键要素：号召采取行动；“浏览”“试用”与“购买”；价格排序；简化流程；减轻消费者的顾虑；联系战略与数字身体语言以及相关的登录页面。

◎ 社交媒体的成功应用需要高质量的内容、持续不断的优化，以及在不同的社交网络上传播。

◎ 社交媒体需要整合到商业系统与数据库中。

◎ SMO 是新型的 SEO——社交媒体需要不断优化。

◎ 要避免使用社交媒体时常犯的 10 个错误。

Marketing Communications: Integrating offline and online with social media(Fifth Edition)
ISBN:978-0-7494-6193-5

图书在版编目（CIP）数据

新营销实操：从新手到高手（原书第5版）/（爱尔兰）保罗·拉塞尔·史密斯（Paul Russell Smith），（英）泽·祖克（Ze Zook）著；丁晓松，宋冰玉，李晓飞译. -- 北京：中国人民大学出版社，2018.10

书名原文：Marketing Communications: Integrating Offline and Online with Social Media

ISBN 978-7-300-25404-3

Ⅰ.①新… Ⅱ.①保… ②泽… ③丁… ④宋… ⑤李… Ⅲ.①网络营销－指南 Ⅳ.① F713.365.2-62

中国版本图书馆 CIP 数据核字（2018）第 006320 号

新营销实操：从新手到高手（原书第5版）

［爱尔兰］保罗·拉塞尔·史密斯
［英］泽·祖克 著

丁晓松 宋冰玉 李晓飞 译

Xin Yingxiao Shicao：Cong Xinshou Dao Gaoshou（Yuanshu Di 5 Ban）

出版发行	中国人民大学出版社		
社 址	北京中关村大街 31 号	邮政编码	100080
电 话	010-62511242（总编室）		010-62511770（质管部）
	010-82501766（邮购部）		010-62514148（门市部）
	010-62515195（发行公司）		010-62515275（盗版举报）
网 址	http：//www.crup.com.cn		
	http：//www.ttrnet.com（人大教研网）		
经 销	新华书店		
印 刷	天津中印联印务有限公司		
规 格	185mm×260mm 16 开本	版 次	2018 年 10 月第 1 版
印 张	25 插页 1	印 次	2018 年 10 月第 1 次印刷
字 数	600 000	定 价	99.00 元